キーワード式 消費者法事典

〔第2版〕

日本弁護士連合会消費者問題対策委員会編

消費者問題対策委員会
設立30周年記念出版

発行 ☬ 民事法研究会

第 2 版の刊行にあたって

　当連合会の消費者問題対策委員会は、1985年に設置されて今年で満30年となります。同委員会は、全国の単位弁護士会で消費者問題に取り組む弁護士185名が委員・幹事として参加し、15の部会を設けて、消費者問題のあらゆる分野について被害の救済・防止に向けた情報交換や法制度の改善に取り組んでいます。当連合会の中で最も活発な活動を展開する委員会の一つです。

　とりわけこの10年間の同委員会の取組みをみると、金融商品取引被害対策として金融商品取引法改正（2006年等）、消費者契約法改正による消費者団体訴訟制度の導入（2006年）、多重債務対策として金利引下げ・過剰与信規制等の貸金業法改正（2006年）、悪質商法・クレジット被害対策として特定商取引法・割賦販売法改正（2008年）、先物取引被害対策として商品先物取引法改正による不招請勧誘の禁止（2009年）、消費者行政一元化に向けた消費者安全法制定と消費者庁・消費者委員会の創設（2009年）、消費者市民社会の形成に向けた消費者教育推進法の制定（2012年）、集団的消費者被害回復に向けた消費者裁判手続特例法の制定（2013年）、景表法改正による課徴金制度の導入（2014年）などを、次々と実現しました。これらの成果は、被害実態を踏まえた具体的な提言を日弁連意見としてとりまとめたうえで、消費者団体等とも連携して関係省庁のみならず国会議員への要請活動を含めて取り組んだ結果であり、これによる消費者被害防止の効果も目覚ましいものがあります。

　本書は、同委員会の30周年記念事業として、2005年に刊行した『キーワード式消費者法事典』の第2版として刊行するものです。改訂版では、初版に掲載したキーワードを絞り込んだうえで、この10年間に生じた新たな消費者被害や消費者法制度に関するキーワードを掲げ、簡潔に解説することに力点を置きました。各分野の消費者被害の救済や法制度の改正運動に取り組んできた同委員会所属弁護士を中心に、分担執筆したものです。

第 2 版の刊行にあたって

　分野ごとの課題について体系的に全体像を解説した『消費者法講義〔第 4 版〕』（日本評論社、2013年）とともに、本書が、消費者問題に関心をもつ実務家、学生、研究者、消費者団体関係者の皆様に、広くご活用いただくことを祈念しています。

　2015（平成27）年 6 月

　　　　　　　　　　　　　　日本弁護士連合会会長　村　越　　進

発刊にあたって（初版）

　日本弁護士連合会消費者問題対策委員会は、1985（昭和60）年、その前身である司法制度調査会消費者部会から独立して誕生し、昨年、満20年を迎えた。当初、委員39名、幹事19名で発足した同委員会は、いまや、150人の委員・幹事が参加するまでに成長しています。

　それまでの間、その活動対象範囲をみれば、サラ金等高利金融に起因する多重債務者問題、主に高齢者を対象とした先物取引・証券取引被害やより悪質な投資詐欺商法、割賦販売の悪用・濫用と訪問販売の被害、霊感商法をはじめとする宗教活動に起因する諸問題の取組に始まり、独占禁止法と景表法の積極的活用を求める諸活動、欠陥商品・欠陥住宅の被害救済と防止を図る立法提言とその実現をめざす諸活動、最近では、消費者契約法・消費者団体訴訟法の提言とその実現をめざす諸活動、電子取引の拡大に伴うさまざまな弊害を除去し防止する諸活動にも範囲を拡大し、さらに進んで、消費者教育に力を注いで、大学・大学院でも用いうる基本テキスト『消費者法講義』を編集することにも取り組んできています。

　その活動形態については、当連合会の数ある委員会の中でも抜きん出て多数の意見書を起草し、それらが会内手続を経て当連合会の正式意見書として公表されるばかりか、その意見・提言を広く世間に訴えるため、シンポジウムや公開研究会を開催したり、その実現を図るべく、関係消費者団体との協力連携にも意を用い、また、当連合会執行部に協力して国会議員・関係省庁への働きかけを行うなど、時期・事案に応じた多面的な活動形態を展開してきました。加えて、当連合会会員が実務上直面する上述の各種消費者事件における法的救済手引書を作成し、多数会員の法律実務の向上発展に役立ててきました。

　このたび発刊する『キーワード式消費者法事典』は、同委員会20周年記念事業として、上述した同委員会20年間の諸活動を踏まえ、同委員会委員・幹

発刊にあたって（初版）

　事諸氏多数の執筆参加によってまとめ上げられたものです。本書は、キーワードを素材にそれに関連する諸問題を法律的観点から簡潔に解説しており、当連合会会員はもとより、広く消費者法にかかわり、また、関心をもたれる実務家・研究者には不可欠なもの、さらには、学生・院生にも必要なものであろうと自負しています。

　お読みいただければおわかりいただけるとおり、本書は、多くの研究者および消費者団体関係者の資料提供と執筆協力なくては完成し得なかったものです。この場を借りて厚く御礼を申し上げる次第です。

　2006（平成18）年1月

　　　　　　　　　　　　　　日本弁護士連合会会長　梶　谷　　剛

目次（キーワード一覧）

I 消費者契約法・消費者法理論

概　説 …………………………………2	消費者の利益を一方的に害する条項[法] …………………………21
消費者契約法の目的[法] ………………5	消費者契約法と民法・特別法との関係[法] …………………………22
消費者契約・消費者・事業者[法] ……6	学納金返還訴訟[法] …………………23
事業者の努力義務[法] …………………7	原状回復・敷金・更新料返還請求訴訟[法] …………………………24
「勧誘をするに際し」[法] ……………8	消費者契約法をめぐる裁判例の動向[法] …………………………25
不実告知[法] ……………………………9	消費者契約法の課題[法] ……………26
断定的判断の提供[法] …………………10	冠婚葬祭互助会契約の問題[法] ……27
不利益事実の不告知[法] ………………11	旅　行[法] ……………………………28
「重要事項」として認定される事項[法] ……………………………12	適合性の原則[理論] …………………29
不退去と退去妨害[法] …………………13	断定的判断の提供[理論] ……………30
心理的方法による困惑惹起[法] ………14	不招請勧誘[理論] ……………………31
取消の効果[法] …………………………15	状況濫用の法理[理論] ………………32
取消権の行使期間[法] …………………16	情報提供義務[理論] …………………33
媒介者の行為の効果[法] ………………17	消費者法典・消費法典[理論] ………34
約　款[法] ……………………………18	
事業者の免責条項[法] …………………19	
違約金の制限条項[法] …………………20	

II 特定商取引法・悪質商法

概　説…………………………………36	電話勧誘販売…………………………42
訪問販売………………………………39	訪問販売・通信販売・電話勧誘販売の適用除外……………………43
キャッチセールス・アポイントメントセールス……………………40	連鎖販売取引（マルチ商法）………44
通信販売………………………………41	ネズミ講………………………………45

目次

書面交付義務……………………46
クーリング・オフ制度……………47
次々販売・過量販売………………48
特定継続的役務提供………………49
業務提供誘引販売取引……………50
訪問購入……………………………51
禁止行為・行政処分………………52
不実告知・不告知による取消……53
指定商品制・役務制の廃止と
指定権利制…………………………54
ネガティブ・オプション（送り
　つけ商法）………………………55
その他の悪質商法…………………56
再勧誘の禁止・不招請勧誘………57
提携リース…………………………58
Do-Not-Call制度と訪問販売
　お断りステッカー………………59

Ⅲ　情報化社会の進展に伴うトラブル

概　説………………………………62
不正アクセス禁止法………………65
プロバイダ責任制限法……………66
電気通信事業法・放送法…………67
出会い系サイト規制法……………68
サクラサイト………………………69
電子商取引及び情報財取引等に
　関する準則………………………70
電子消費者契約……………………71
ネットオークション………………72
越境取引……………………………73
電子マネー…………………………74
迷惑メール…………………………75
架空請求・不当請求………………76
フィッシング・ファーミング……77
情報商材……………………………78
アフィリエイト・ドロップシッ
　ピング……………………………79
ステルスマーケティング…………80
フラッシュマーケティング………81
フリーミアム………………………82
アプリ………………………………83
マルウェア…………………………84
SNS…………………………………85
ソーシャルゲーム…………………86
個人情報保護法……………………87
EUデータ保護規則………………88
個人番号法…………………………89
プライバシーポリシー……………90
ビッグデータ………………………91
クラウドコンピューティング……92

目 次

Ⅳ　金融サービス被害

概　説 …………………………………94
豊田商事事件 …………………………98
日本版金融ビッグバン ………………99
金融（投資）サービス法 …………100
自主規制団体 ………………………101
ペイオフ（預金保険制度）………102
融資者責任 …………………………103
金融商品のネット取引 ……………104
不招請勧誘 …………………………105
適合性の原則 ………………………106
説明義務 ……………………………107
断定的判断の提供 …………………108
過当取引・無意味な反復売買 ……109
無断売買・一任売買 ………………110
向かい玉・自己玉・取組高均衡 …111
海外商品先物取引・海外先物オプション取引 ……………………112
CFD 取引 ……………………………113
FX 取引（外国為替証拠金取引）…114
詐欺的投資勧誘取引 ………………115
出資法違反・組織的詐欺 …………116
和牛預託商法 ………………………117
仕組商品（仕組債など）…………118
為替デリバティブ商品 ……………119
信用取引 ……………………………120
投資信託 ……………………………121
大和都市管財事件 …………………122
第一種金商業者と第二種金商業者…123
MRI 事件 ……………………………124
適格機関投資家等特例業務（プロ向けファンド）……………………125
クラウドファンディング …………126
有価証券虚偽記載 …………………127
投資運用業・投資助言業 …………128
相場操縦・インサイダー取引 ……129
損失補塡・事故確認制度 …………130
金融 ADR ……………………………131
金融機関破綻時の処理 ……………132
金融取引と過失相殺 ………………133
生命保険における転換・乗換え …134
告知義務 ……………………………135
変額保険・変額年金保険 …………136
保険不払い …………………………137
責任開始前発病の不担保 …………138
傷害保険の保障範囲と立証責任 …139
無認可共済 …………………………140

Ⅴ　宗教トラブル

概　説 ………………………………142
統一教会と霊感商法 ………………144
霊視商法・法の華三法行 …………145
オウム真理教 ………………………146

7

目　次

神世界などヒーリングブーム ……147	脱会カウンセリング ………………154
医療類似行為 ……………………148	日本脱カルト協会 ………………155
社会的相当性の逸脱 ……………149	EC決議と日弁連判断基準 ………156
違法伝道訴訟（青春を返せ裁判）…150	高島易断・開運商法 ……………157
マインドコントロール ……………151	名誉毀損訴訟と宗教団体 ………158
自己啓発セミナー ………………152	宗教活動と子どもの人権 ………159
破壊的カルト ……………………153	宗教法人法と解散命令・破産 ……160

VI　クレジット契約被害

概　説 ……………………………162	架空クレジット（名義貸し）被害…175
割賦販売法の制定・改正 ………164	大規模クレジット被害事件① ……176
信用購入あっせん ………………165	大規模クレジット被害事件② ……177
ローン提携販売・提携ローン ……166	大規模クレジット被害事件③ ……178
支払方法・割賦手数料 …………167	多様化する決済手段① …………179
指定商品制度 ……………………168	多様化する決済手段② …………180
前払式割賦販売・前払式特定取引…169	決済代行業者・決済システム被害…181
抗弁対抗 …………………………170	チャージバック …………………182
既払金返還ルール ………………171	カード犯罪 ………………………183
過剰与信の禁止 …………………172	クレジットカード番号の保護 ……184
加盟店管理責任・適正与信調査	個人信用情報（クレジット）………185
義務 ……………………………173	認定割賦販売協会・加盟店情報
事業者クレジット被害 …………174	交換制度 ………………………186

VII　サラ金・ヤミ金・商工ローン被害

概　説 ……………………………188	被害者運動 ………………………195
多重債務者 ………………………192	みなし弁済規定 …………………196
2006年改正貸金業法① ………193	商工ローン ………………………197
2006年改正貸金業法② ………194	連帯保証・根保証 ………………198

名義貸し（サラ金利用詐欺）事件…199
個人信用情報（貸金業）………200
不動産担保ローン ………………201
ヤミ金融 …………………………202
年金担保融資 ……………………203
偽装質屋 …………………………204
振り込め詐欺被害者救済法 ……205
整理屋・提携弁護士・提携
　司法書士 ………………………206
債務整理事件処理の適正化 ……207
自己破産 …………………………208

免責不許可事由 …………………209
個人再生手続・住宅ローン特則 …210
任意整理（日弁連統一基準）……211
日本クレジットカウンセリング
　協会（JCCO） ………………212
特定調停 …………………………213
過払金返還請求 …………………214
貸金業者の統廃合 ………………215
借金の消滅時効 …………………216
借金の相続 ………………………217
サービサー ………………………218

VIII　欠陥商品被害

概　説 ……………………………220
製造物責任法（PL法）…………222
製造業者等 ………………………223
製造物 ……………………………224
欠　陥 ……………………………225
製品起因性 ………………………226
誤使用 ……………………………227
製造物責任における損害 ………228
製造物責任の責任期間 …………229
製造物責任の免責 ………………230
製造物責任における過失相殺 …231
製造物責任の立証 ………………232
製品事故の情報・証拠の収集 …233

リコール制度 ……………………234
業界ごとの補償制度 ……………235
PLセンター ……………………236
製造物責任保険（PL保険）……237
森永ヒ素ミルク中毒事件 ………238
サリドマイド事件 ………………239
スモン事件 ………………………240
カネミ油症事件 …………………241
薬害エイズ事件 …………………242
パロマ事件 ………………………243
携帯電話熱傷事件 ………………244
茶のしずく石鹸事件・カネボウ
　美白化粧品白斑事件 …………245

目 次

IX 食の安全

概　説 …………………………248
食品安全委員会 ………………251
食品衛生監視指導計画 ………252
食品衛生監視員 ………………253
放射性物質 ……………………254
こんにゃくゼリー ……………255
残留農薬 ………………………256
食品添加物 ……………………257
遺伝子組換え食品 ……………258
毒物混入 ………………………259
食品表示法 ……………………260
食物アレルギーと学校給食 …261
トレーサビリティ ……………262
食品偽装 ………………………263
健康食品と健康増進法 ………264

X 住宅被害

概　説 …………………………266
欠陥住宅 ………………………268
建築基準法 ……………………269
建築士 …………………………270
設計図書 ………………………271
建築確認・検査制度 …………272
構造安全性能① ………………273
構造安全性能② ………………274
構造計算偽装事件（耐震偽装
　事件） ………………………275
別府マンション事件 …………276
損害①（補修費用） …………277
損害②（補修費用以外の損害）……278
追加変更工事トラブル ………279
リフォームトラブル …………280
シックハウス …………………281
住宅品質確保法 ………………282
住宅瑕疵担保履行法 …………283
阪神・淡路大震災 ……………284
既存不適格建築物 ……………285
東日本大震災 …………………286
地　盤 …………………………287
付調停・専門委員制度 ………288
住宅ADR ………………………289
建築関係訴訟委員会・司法支援
　建築会議 ……………………290
請負代金前払い事件 …………291
借家の原状回復トラブル等 …292
追い出し屋被害 ………………293
脱法ハウス（違法貸しルーム）……294

XI　独占禁止法・不公正取引・不当表示

概　説 …………………………296
私的独占 ………………………299
不当な取引制限 ………………300
不公正な取引方法 ……………301
公正競争阻害性 ………………302
不当廉売 ………………………303
再販売価格維持行為 …………304
ぎまん的顧客誘引 ……………305
優越的地位の濫用 ……………306
フランチャイズ契約 …………307
公正取引委員会 ………………308
措置請求・差止請求 …………309
犯則調査権限 …………………310
課徴金 …………………………311

リニエンシー制度 ……………312
意見聴取手続・不服審査手続 ……313
独占禁止法上の損害賠償請求権 …314
鶴岡灯油訴訟 …………………315
下請法 …………………………316
景表法 …………………………317
不実証広告 ……………………318
二重価格表示 …………………319
有料老人ホーム ………………320
協定または規約（公正競争規約）…321
ニセ牛缶事件・主婦連ジュース
　訴訟 …………………………322
美容医療広告 …………………323

XII　消費者訴訟

概　説 …………………………326
成年後見制度 …………………329
ADR ……………………………330
支払督促 ………………………331
少額訴訟 ………………………332
日本司法支援センター（法テラス）
　の法律援助制度 ……………333
訴訟援助（条例）……………334
弁護士費用の敗訴者負担・少額
　事件の訴訟費用負担 ………335
管　轄 …………………………336

支配人訴訟 ……………………337
証拠収集手続 …………………338
弁護士会照会制度 ……………339
強制執行の開始・範囲・対処 ……340
強制執行の実効性の確保 ……341
適格消費者団体 ………………342
適格消費者団体による差止請求 …343
消費者裁判手続特例法（集団的
　消費者被害回復訴訟制度）……344
消費者団体訴訟制度の課題 …345
クラス・アクション …………346

目　次

インジャンクション・ディスゴージメント……………347
ディスカバリー………………………348
懲罰的賠償制度・抑止的付加金…349

XIII　消費者行政・消費者政策

概　説 …………………………352
消費者の権利 …………………354
消費者基本法 …………………355
消費者庁 ………………………356
消費者委員会 …………………357
消費者担当大臣 ………………358
消費者基本計画 ………………359
消費者安全法 …………………360
多数消費者財産被害事態 ……361
事故情報の一元化 ……………362
消費者安全調査委員会 ………363
国民生活センター ……………364
PIO-NET（パイオネット）……365
地方消費者行政 ………………366
消費生活条例・消費者被害救済委員会 …………………………367
地方消費者行政活性化基金・交付金 …………………………368
消費生活センター ……………369
消費生活相談員と消費者行政担当職員 …………………………370
地域における連携・人材育成 ……371
高齢化社会と消費者行政 ……372
消費者行政への民間人の参画 ……373
公益通報者保護法 ……………374
内部告発事件 …………………375
被害回復給付金支給制度 ……376

XIV　消費者教育

概　説 …………………………378
消費者教育推進法 ……………382
消費者市民教育 ………………383
消費者教育を受ける権利 ……384
消費者の責任と消費者教育 …385
学習指導要領と消費者教育 …386
消費者教育の推進に関する基本的な方針（基本方針）……………387
消費者教育推進会議 …………388
都道府県消費者教育推進計画・消費者教育推進地域協議会 ……389
地域連携と消費者教育 ………390
消費者教育の実践 ……………391
高齢者と消費者教育 …………392
消費者教育の担い手 …………393
海外の消費者教育 ……………394

目 次

XV 消費者運動

概　説 ……………………396	製造物責任法制定への運動 ………417
消費者運動の意義 …………………400	情報公開を求める運動 ……………418
消費者運動の類型 …………………401	消費者契約法の立法推進活動 ……419
日本における消費者運動の主体 …402	消費者団体訴訟に関する運動 ……420
米よこせ運動 ………………………403	グリーンコンシューマー運動 ……421
生活協同組合運動 …………………404	食品の安全を守る運動 ……………422
新生活運動・生活学校活動 ………405	金利引き下げ運動と貸金業法等の
主婦連合会 …………………………406	2006年大改正 …………………423
全国地域婦人団体連絡協議会・	全国クレサラ・生活再建問題対策
ちふれ化粧品 ……………………407	協議会（クレサラ対協）………424
全国消費者団体連絡会 ……………408	割賦販売法改正運動 ………………425
日本消費者協会 ……………………409	消費者庁設置運動 …………………426
消費科学センター …………………410	全国消費者行政ウォッチねっと …427
日本消費者連盟 ……………………411	反貧困ネットワーク ………………428
ラルフ・ネーダー …………………412	ペット・動物と消費者 ……………429
せっけん使用推進運動・「びわ湖条	日本消費者法学会 …………………430
例」の制定・レジ袋持参運動 …413	国際消費者法 ………………………431
再販制度廃止運動 …………………414	国際消費者機構（CI、旧IOCU）…432
公共料金に関する運動 ……………415	津谷裕貴消費者法学術・実践賞 …433
公共料金 ……………………………416	

参考資料

- 《年表》日本弁護士連合会の消費者問題についての取組み（1945年～2013年）……………………436
- 事項索引 ……………………………476
- 判例索引 ……………………………486
- 執筆者一覧 …………………………491

13

凡　例

凡　例

●法令等●

医薬品医療機器等法	医薬品、医療機器等の品質、有効性及び安全性の確保等に関する法律
ADR 法	裁判外紛争解決手続の利用の促進に関する法律
海先法	海外商品市場における先物取引の受託等に関する法律
割販法	割賦販売法
割販規則	割賦販売法施行規則
旧貸金業法	貸金業の規制等に関する法律
貸金業規則	貸金業法施行規則
金商法	金融商品取引法
金商業等府令	金融商品取引業等に関する内閣府令
旧抵当証券業規制法	抵当証券業の規制等に関する法律
刑訴法	刑事訴訟法
景表法	不当景品類及び不当表示防止法
高齢者虐待防止法	高齢者虐待の防止、高齢者の養護者に対する支援等に関する法律
ゴルフ会員契約適正化法	ゴルフ場等に係る会員契約の適正化に関する法律
資金決済法	資金決済に関する法律
JAS 法	農林物資の規格化及び品質表示の適正化に関する法律
住宅品質確保法	住宅の品質確保の促進等に関する法律
出資法	出資の受入れ、預り金及び金利等の取締りに関する法律
障害者虐待防止法	障害者虐待の防止、障害者の養護者に対する支援等に関する法律
消費者教育推進法	消費者教育の推進に関する法律
消費者裁判手続特例法	消費者の財産的被害の集団的な回復のための民事の裁判手続の特例に関する法律
情報公開法	行政機関の保有する情報の公開に関する法律
組織的犯罪処罰法	組織的な犯罪の処罰及び犯罪収益の規制等に関する法律
通則法	法の適用に関する通則法
電子消費者契約法	電子消費者契約及び電子承諾通知に関する民法の特例に関する法律
投資信託法	投資信託及び投資法人に関する法律
独占禁止法	私的独占の禁止及び公正取引の確保に関する法律
住宅瑕疵担保履行法	特定住宅瑕疵担保責任の履行の確保等に関する法律

凡　例

特定商取引法、特商法	特定商取引に関する法律
特商令	特定商取引に関する法律施行令
特商規則	特定商取引に関する法律施行規則
特商法通達	「特定商取引に関する法律等の施行について」（平成25・2・20）
特定商品預託取引法	特定商品等の預託等取引契約に関する法律
特定電子メール法	特定電子メールの送信の適正化等に関する法律
不正アクセス禁止法	不正アクセス行為の禁止等に関する法律
振り込め詐欺被害者救済法	犯罪利用預金口座等に係る資金による被害回復分配金の支払等に関する法律
プロバイダ責任制限法	特定電気通信役務提供者の損害賠償責任の制限及び発信者情報の開示に関する法律
保険業規則	保険業法施行規則
民執法	民事執行法
民訴法	民事訴訟法
無限連鎖講防止法	無限連鎖講の防止に関する法律
預金者保護法	偽造カード等及び盗難カード等を用いて行われる不正な機械式預貯金払戻し等からの預貯金者の保護等に関する法律
一般指定	「不公正な取引方法（一般指定）」（昭57・6・18公正取引委員会告示15号）
消費者庁ガイドライン	インターネット消費者取引に係る広告表示に関する景品表示法上の問題点及び留意事項

●判例集等●

民録	大審院民事判決録
民集	大審院民事判例集、最高裁判所民事判例集
刑集	最高裁判所刑事判例集
家月	家庭裁判月報
高民集	高等裁判所民事判例集
集民	最高裁判所裁判集民事
訟月	訟務月報
審決集	公正取引委員会審決集
判時	判例時報
判タ	判例タイムズ
金商	金融・商事判例

凡　例

金法	金融法務事情
ジュリ	ジュリスト
法教	法学教室
法セ	法学セミナー
労判	労働判例
法ニュース	消費者法ニュース
セレクト	証券取引被害判例セレクト
欠陥判例3集	消費者のための欠陥住宅判例第3集
欠陥判例4集	消費者のための欠陥住宅判例第4集
欠陥判例5集	消費者のための欠陥住宅判例第5集
裁判所HP	最高裁判所ホームページ＜http://www.courts.go.jp/＞
消費者庁消契法運用状況調査	消費者庁「平成23年度消費者契約法（実体法部分）の運用状況に関する調査結果報告」（2012年6月）
兵庫県弁護士会HP	兵庫県弁護士会ホームページ消費者問題判例検索システム＜http://www.hyogoben.or.jp/hanrei/index.html＞
LLI	LLI判例検索システム
TKC	TKC法律情報データベース LEX/DB判例データベース
WLJ	Westlaw判例データベース

●団体名等●

日弁連	日本弁護士連合会
PIO-NET	全国消費生活情報ネットワーク・システム

▶本事典の特徴と使い方◀

① 本事典は、消費者法に関する諸問題を理解するうえで必要と思われるキーワードを、15分野に分けて合計370項目ピックアップした。
② 各分野の冒頭に「概説」を記載した。その分野の論点の全体像を知るためには、まず「概説」を読んでいただきたい。「概説」の本文中に太字または小見出しで記載している用語は、キーワードとして解説を加えた項目である。
③ キーワードは、1項目につき1頁で簡潔に解説した。
④ 各キーワード解説の末尾に【関連キーワード】を記載したので、その項目の解説をあわせて参照することにより、一層理解を深めることができる。さらに、【参考】として、文献や裁判例を紹介した。
⑤ 巻末に、事項索引・判例索引を設けたので、重要な用語・判例を事項索引・判例索引から引くことができる。
⑥ 年は西暦で表示した。ただし、判決年月日等は判例集等の検索に関係するため元号で表示している。
⑦ 各分野について体系的に理解する必要があるときは、日本弁護士連合会編『消費者法講義〔第4版〕』（日本評論社、2013年）を参照されたい。

I

消費者契約法・消費者法理論

概説 —消費者契約法とは—

1 はじめに

消費者契約法は、2001年4月1日に施行され、2006年5月には、消費者団体訴訟制度が追加された。

2 消費者契約法の目的

消費者契約法1条は、「消費者と事業者との間の情報の質及び量並びに交渉力の格差にかんがみ」、①事業者の不当勧誘行為により消費者が誤認・困惑した場合に取消を認め、②消費者の利益を不当に害する不当条項の全部または一部を無効にするほか、③消費者被害の発生または拡大を防止するため適格消費者団体による差止請求を定め、「消費者の利益の擁護を図り、もって国民生活の安定向上と国民経済の健全な発展に寄与することを目的とする」としている。民法では契約当事者は互いに対等であることが前提とされているが、消費者契約法は、これを修正し、事業者と消費者間の情報・交渉力の格差を正面から認めた点に重要な意義がある。

3 消費者契約・消費者・事業者

消費者契約法で「消費者」とは、個人(事業としてまたは事業のために契約の当事者となる場合におけるものを除く)をいう(2条1項)。「事業として又は事業のために」は、契約ごとに実質的に判断される。「事業者」とは、法人その他の団体および事業としてまたは事業のために契約の当事者となる場合における個人をいう(2条2項)。ただし、権利能力なき社団である大学の運動クラブについて「消費者」とした裁判例も存在し、法の目的に即して判断する必要がある。「消費者契約」とは、消費者と事業者との間で締結される契約をいう(2条3項)。適用除外は労働契約だけで、消費者と事業者との間の契約であれば同法が適用される。

消費者契約法3条は、**事業者の努力義務**と消費者の努力を規定している。

4 消費者による意思表示の取消

事業者が消費者契約の締結を「**勧誘をするに際し**」て、次の事由がある場合には、それによってなされた消費者の契約の申込みまたは承諾を取り消すことができる。

① **不実告知**による誤認:事業者が重要事項につき事実と異なることを告げ、消費者がこれを事実であると誤認したとき(4条1項1号)。ここでいう「**重要事項**」として認定される事項とは、当該契約を締結するか否かの判断に通常影響を及ぼすべきものであって、ⓐ当該消費者契約の目的となるものの質、用途その他の内容、ⓑ消費者契約の目的となるものの対価その他の取引条件である(同条4項)。

② **断定的判断の提供**による誤認：事業者が契約の目的となるものに関し、将来におけるその価額や受け取るべき金額その他の将来における変動が不確実な事項について断定的判断を提供し、消費者が提供された断定的判断の内容が確実であると誤認したとき（同条1項2号）。なお、断定的判断の提供は金融商品取引法、商品先物取引法で禁止行為として規定されており、金融サービス被害においても問題となる。
③ **不利益事実の不告知**による誤認：事業者が、重要事項または重要事項に関連する事項について消費者の利益となる旨を告げ、かつ当該重要事項について消費者の不利益となる事実を故意に告げなかったことにより、当該事実が存在しないと誤認したとき（同条2項）。なお、重要事項の意義は前記と同様である。
④ **不退去と退去妨害**による困惑：ⓐ消費者が、事業者に対し、住居または業務を行っている場所から退去すべき旨の意思を示したにもかかわらず事業者が退去しないこと、あるいは、ⓑ事業者が勧誘している場所から消費者が退去したい旨の意思を示したにもかかわらず、その場所から消費者を退去させないことにより、消費者を困惑させたとき（同条3項1号・2号）。なお、現行法では、**心理的方法による困惑惹起行為**についての取消が困難であるという課題がある。

取消の効果は、善意の第三者には対抗することができないと定めるのみで、原状回復・清算に関する特別な規定はない。もっとも、契約が有効とされる場合と同様の経済的利益を事業者が得ることのないように解釈すべきである。

また、事業者が第三者に対し、消費者契約の締結について媒介することを委託した場合には、当該第三者の行為を事業者の行為として、上記取消規定が適用される（**媒介者の行為の効果**）。リース契約の仲介をした販売店等が第三者の例である。

取消権は、追認できる時から6カ月間行わないときまたは消費者契約の締結の時から5年を経過したときは時効によって消滅する（**取消権の行使期間**）。

5　不当条項の無効

消費者契約では、事業者が作成した**約款**等で消費者に不利益な条項が定められていることが多い。そこで、消費者契約法は、消費者の利益を害する不当な契約条項を無効としている。

具体的には、**事業者の免責条項**に関し、①事業者に過失がある場合に債務不履行あるいは不法行為による損害賠償責任の全部を免除する条項（8条1号・3号）、②故意または重大な過失がある場合に債務不履行あるいは不法行為による損害賠償責任の一部を免除する条項（同条2号・4号）、③消費者契約が有償契約である場合に、目的物に隠れた瑕疵があるとき、その瑕疵から消費者に生じた損害を賠償する事業者の責任の全部を免除する条項（同条5号）は無効である。ただし、5号については、瑕疵修補義務や代替物給付義務がある場合には、無効とされない。

違約金の制限条項に関しては、①解除に伴う損害賠償額の予定または違約金の条項で、解除事由、時期等の区分に応じ、その消費者契約と同種の消費者契約の解除に伴いその事業者に生ずべき平均的な損害の額を超える部分は無効とされる（9条1号）。当該規定は**旅行**における取消料規定で参考にされている。また、②年14.6％を超える損害賠償額の予定または違約金の条項は無効とされる（同条2号）。

さらに、一般条項として、任意規定（民法・商法等の公の秩序に関しない規定）の適用による場合に比較し、消費者の権利を制限し、または消費者の義務を加重する条項で信義誠実の原則（民法1条2項）に反して**消費者の利益を一方的に害する条項**は無効となる（10条）。

6　他の法律との関係

消費者契約法は、民法・商法の特別法である。ただし、双方の適用がある場合には、いずれも排除されず行使できる。一方、11条2項は、「民法及び商法以外の他の法律に別段の規定があるときは、その定めるところによる」と規定する。消費者契約法が、業種・業態を問わず適用されるのに対し、個別法は、個別業種等の取引の実情や特殊性等を考慮して制定されていることから、後者を優先させるものである（**消費者契約法と民法・特別法との関係**）。

7　消費者契約法の今後

消費者契約法に関しては、**学納金返還訴訟**、**原状回復・敷金・更新料返還請求訴訟**、**冠婚葬祭互助会契約**の問題等の裁判例が蓄積されてきている（上記のほか**消費者契約法をめぐる裁判例の動向**参照）。

もっとも、現在の消費者契約法には不十分な点が少なくない。この点、消費者など社会的弱者保護の観点からの**適合性の原則**、**断定的判断の提供**、**情報提供義務**、**不招請勧誘**、**状況の濫用**といった法理論・解釈論の進展や個別法（特定商取引法、金融商品取引法など）における法制化の動きは重要である。これらの理論は、金融取引など個別分野で発展してきたが、消費者契約全体に関して検討されるべきである。消費者契約法の実体法部分については、消費者被害の防止・回復に向け、上記のような議論の進展や社会状況の変化を踏まえた法改正が必要である（**消費者契約法の課題**参照）。現在、消費者庁と内閣府消費者委員会において実体法改正に向けた作業が進められており、その動向を注視する必要がある。

なお、わが国とは異なり、海外ではフランスなど諸分野にまたがる消費者法を統合し、**消費者法典・消費法典**として包括的な法律を制定している国もある。

【参考】日弁連消費者問題対策委員会編『コンメンタール消費者契約法〔第2版増補版〕』（商事法務、2015年）、消費者庁消費者制度課編『逐条解説消費者契約法〔第2版補訂版〕』（商事法務、2015年）

（舟木諒）

法 消費者契約法の目的
― 消費者と事業者の格差の存在 ―

■消費者と事業者との間の格差の存在

　消費者と事業者との間には、情報の質・量、交渉力等の格差が構造的に存在する。

　事業者は、継続的・反復的に取引を行うことで、その商品・権利・役務や契約に関する詳細かつ正確な情報を豊富に取得・保有・処理するとともに、契約等に関するノウハウを蓄積しており、消費者を圧倒する質および量の情報と交渉力をもって消費者との契約締結過程に入る。

　他方、消費者は、商品・権利・役務が複雑多様化する中で、取引しようとする商品・権利・役務や契約に関する詳細かつ正確な情報を十分に保有せず、事業者が作成した約款等に含まれる不利な内容の契約条項を交渉によって変更することも現実にはできないなどの状況におかれた中で、事業者との契約締結過程に入らざるを得ない。

　消費者と事業者との間に構造的な格差が存在することについては、消費者契約法1条のほか、消費者基本法1条にも規定されるなど広く認められてきている。

■消費者契約法の立法目的

　消費者契約法は、消費者と事業者との間には情報の質・量、交渉力における構造的な格差が存在し、消費者は事業者よりも構造的に劣位におかれていることを明文の規定で初めて認めたうえで（1条）、当事者の対等性を前提とした近代民法原理を修正し、事業者の不当勧誘行為によって消費者が誤認し、または困惑した場合の契約の取消権を定め（4条）、消費者の利益を不当に害することとなる条項の全部または一部を無効とした（同法8条・9条・10条）。

　さらに2006年の法改正によって、被害の発生や拡大を未然に防ぐために適格消費者団体による差止請求の制度が導入され（12条以下）、上記の不当勧誘行為や不当条項の使用を行う事業者に対して適格消費者団体が差止請求を行うことができることとなった（2007年6月7日施行）。

　消費者契約法は、これによって、「消費者の利益の擁護」を図ることを通して「国民生活の安定向上と国民経済の健全な発展に寄与する」ことを立法目的としている（1条）。

　この「消費者の利益の擁護」を図るという立法目的は2条以下の条文の解釈指針であり、2条以下の解釈においてはこの立法目的に十分に配慮した解釈がなされなければならない（大津地判平18・6・28公刊物未登載、東京地判平15・10・23判時1846号29頁等）。

【関連キーワード】消費者基本法、消費者契約・消費者・事業者　　　（前川直善）

消費者契約・消費者・事業者
－消費者契約法の適用範囲－

■消費者契約・消費者・事業者

「消費者契約」とは、消費者・事業者間で締結される契約をいい（同法2条3項）、消費者契約法の適用を受ける（適用除外は労働契約のみ。同法49条）。

「消費者」とは、個人（事業としてまたは事業のために契約の当事者となる個人を除く）をいう（同法2条1項）。

「事業者」とは、法人その他の団体および事業としてまたは事業のために契約の当事者となる場合における個人をいう（同法2条2項）。

■「事業として」「事業のために」

個人が「事業として」契約の当事者になるとは、自己の事業に直接関連する契約を締結することを意味し、たとえば、商店であれば商品を売る行為そのものをいう。

これに対し、個人が「事業のために」契約の当事者となるとは、自己の事業そのものではないが、事業遂行に通常必要な契約を締結することをいう。

もっとも、上記基準により「事業者」か否かを形式的に判断したのでは、消費者契約法の範囲が不当に狭められ、消費者－事業者間の格差是正という消費者契約法の目的（1条）にそぐわない結論になりかねない。そこで、「事業として」「事業のために」の判断は、より実質的になされるべきである。たとえば、「特定商取引に関する法律等の施行について」（経産省平17・12・6改正通達）では、一見事業者名による契約であっても、主として個人用・家庭用に使用するためのものであった場合には原則として特定商取引法が適用されると明示されている。

特定商取引法に関する裁判例においても、名古屋高判平19・11・19（判時2010号74頁）、東京地判平20・7・29（判タ1285号295頁）、大阪地判平20・8・27（法ニュース77号182頁）では、いずれも、事業者が締結した契約あるいは株式会社が締結した契約につき、特定商取引法の適用を肯定しているものがある。

■法人その他の団体

消費者契約法2条1項および2項を形式的にあてはめると、法人その他の団体は全て事業者に該当することになる。しかし、PTA、マンション管理組合、大学サークル等、営業活動の素人が集まった団体まで、営利事業者との関係で「事業者」とするのは合理的といえない。実際、裁判例においても、大阪高判平15・7・30（法ニュース57号155頁）、東京地判平21・4・13（法ニュース80号198頁）、東京地判平23・11・17（判時2150号49頁）では、株式会社等の団体であってもなお特定商取引法や消費者契約法の適用を肯定している。上記平成23年東京地判は、大学サークルとして契約した事案において、その事業者性を否定したものである。団体であっても安易に「事業者」と判断していない点が注目される。

（井田雅貴）

法 事業者の努力義務
― 透明性原則と情報提供義務 ―

消費者契約法3条は、消費者契約の当事者である事業者の努力義務を規定している。

■事業者の努力義務

消費者と事業者との間には情報の質および量並びに交渉力に厳然たる格差が存在するにもかかわらず、事業者が作成する契約条項は消費者にとって理解困難な用語や表現で記載されていることも多く、このことが紛争の原因や消費者被害を生む重大な原因となっている。また、格差が存在するにもかかわらず、消費者契約締結にあたり消費者が十分な情報提供を受けなかったために被害が発生した例は多い。

そこで、消費者契約法3条1項は、事業者に対して、①消費者契約の内容が消費者にとって明確かつ平易なものになるように配慮して契約条項を定めるよう努力する義務（透明性原則）、および、②消費者契約締結の勧誘に際して、消費者の理解を深めるために消費者契約の内容について必要な情報を提供するよう努力する義務（情報提供義務）を課している。

①は、消費者契約における契約条項が事業者によって一方的に作成される場合がほとんどであることから、契約内容が不明確ないしわかりにくい条項を作成して消費者に不利益を与えることがないように、また、②については、消費者と事業者との間に情報格差があることから、消費者契約の内容について消費者の理解を深めるために必要な情報をもたないことによって消費者が不利益を受けることがないように、事業者に対して情報提供をする努力義務を課したものである。

■消費者の努力

消費者契約法3条2項は、消費者に対して、契約締結の際に事業者から提供された情報を活用し、消費者の権利義務その他の消費者契約の内容を理解する努力をすることを求めている。消費者が誤った理解・判断をしないためにも、事業者からの適切な情報提供は不可欠である。

■事業者の努力義務違反の効果

消費者契約法の情報提供義務は努力義務にとどまるので、違反から、直ちに民事上の効果は発生しない。

しかし、本条項で努力義務を課した趣旨からすれば、消費者契約法上の情報提供義務違反が消費者契約の解釈や拘束力が問題となる場合に、契約上の信義則あるいは公序の判断の際の大きな要素として考慮されることになるし、不法行為における違法性や過失の認定の際に考慮すべき重要要素となるなど、違反の内容や程度によっては消費者契約の効力に影響を及ぼす義務として従来以上に容易にかつ広く認定するための根拠となると考えるのが妥当である。

【関連キーワード】情報提供義務（Ⅰ理論）、説明義務（Ⅳ金融）
【参考】大津地判平15・10・3（裁判所HP）、最判平23・7・12（判時2128号43頁）反対意見

（釜谷理恵）

I 消費者契約法・消費者法理論

法 「勧誘をするに際し」
―広告・パンフレット・チラシと勧誘―

　消費者契約法4条は、事業者の不適切な行為により、消費者を誤認または困惑させ、契約を締結させた場合、消費者に取消権を付与し、契約締結過程の適正化を図っている。

　事業者の不適切な行為として、不実告知、断定的判断の提供、不利益事実の不告知、不退去、退去妨害の5類型が条文化されている。これら不適切な行為が、事業者が消費者契約の締結について「勧誘をするに際し」行われたことが共通の要件とされている。

■勧誘

　「勧誘」とは、消費者の契約締結意思の形成に影響を与える程度の勧め方をいい、直接的に契約締結を勧める場合だけでなく、その商品を購入した場合の便利さを強調するなど、消費者の契約締結の意思形成に向けた働きかけがあればよい。口頭の説明に限らず、文書、電子メール等の通信手段による伝達等、事業者が用いる手段が広く対象となる。

■勧誘をするに「際し」

　「際し」とは、勧誘を始めてから契約を締結するまでの時間的経過の間をいう。

■広告、チラシ・パンフ配布と勧誘

　不特定多数向けのものなど客観的に見て特定の消費者に働きかけ個別の契約締結の意思表示の形成に直接影響を与えているとは考えられない場合には「勧誘」に含まれないとして、広告、チラシの配布、パンフレットの交付等は「勧誘」に含まれないとの見解がある（消費者庁企画課編『逐条解説消費者契約法〔第2版〕』108頁）。

　しかし、契約締結過程の適正化を図る本条の趣旨からは事業者の行為は広くその対象とされなければならないことや、広告やチラシ・パンフレットが消費者の契約締結意思に影響を与える目的で作成されるものであること、現に消費者の契約締結の意思形成に対する働きかけが認められるものであればこれを除外する理由はないことなどから、広告やチラシの配布、パンフレットの交付も、それが消費者の契約締結意思に影響を与える限りは「勧誘」に含まれると解される（落合誠一『消費者契約法』73頁、山本豊「消費者契約法(2)」法教242号89頁、道垣内弘人「消費者契約法と情報提供義務」ジュリ1200号51頁、後藤巻則『消費者契約の法理論』199頁ほか）。神戸簡判平14・3・12（兵庫県弁護士会HP）や京都簡判平14・10・30（法ニュース60号57頁）も、パンフレット等が「勧誘」に当たることを前提として判断している。訴訟実務においても、不実告知行為の立証のためにパンフレット等の記載内容が用いられることが多い。

【関連キーワード】不実告知、断定的判断の提供、不利益事実の不告知、不退去と退去妨害、消費者契約法の課題（上田純）

法　不実告知

消費者契約法4条1項1号は、事業者が消費者契約の締結につき「勧誘をするに際し」、「重要事項」につき「事実と異なること」を「告げ」、消費者がこれにより「告げられた内容が事実であるとの誤認」をし、それによって契約締結の意思表示をしたときに、これを取り消すことができるとしている。

事業者の不適切な情報提供に対し、契約の拘束力から消費者を解放し、取引の適正化を図る趣旨である。

■事実と異なること

「事実と異なること」とは、告知の内容が客観的に真実に反しまたは真正でないことをいう。

主観的な評価であって客観的な事実により真実か否かを判断できない内容は、不実告知の内容となり得ない。そのため、主観的な評価を含む不実告知の場合、客観的事実により真実性を判断し得るかが重要である。たとえば、「安い」の場合、品質等から客観的な相場（市場価格）を事実として確定し、「新鮮」の場合、当該物品の種類や収穫時期・保存方法等から客観的に鮮度を保てる期間を事実として確定し、そこからの逸脱の有無により真実性が判断し得るため、不実告知の対象となる。

■告げる

「告げる」とは、口頭による場合だけでなく、書面等によって消費者が認識し得る方法であればよい。状況によっては、黙示の告知も認められる。

■誤認

「誤認」とは、当該消費者が不実告知の内容が事実であると認識したことであり、確信までに至らないが事実であるとの蓋然性が高いと認識した場合も含まれる。事業者による不実告知があれば、通常、消費者は誤認するので、「誤認」は事実上推定される。

■因果関係

事業者の不実告知により誤認が生じ、その誤認により契約締結の意思表示をしたという因果関係が必要である。この点、消費者が元々別の要因（例：雑誌記事等）により誤認しているところに不実告知のためその誤認状態が是正されない場合も、因果関係は否定されない。また、当該誤認事実と別の理由が競合して消費者の意思表示がなされた場合でも、誤認が一部でも原因となっている以上、因果関係は肯定される。

■事業者の故意・過失

事業者の故意や過失は要件となっていない。前述の各要件さえ満たせば取消権は成立する。

■債務不履行との関係

事業者が告げた内容が当該契約の内容となっていると認められる場合には債務不履行の問題となり、民法に基づき損害賠償（民法415条）や解除（同法541条・543条）による救済を求めることができる。

【関連キーワード】「重要事項」として認定される事項、「勧誘をするに際し」

（上田純）

法 断定的判断の提供
―将来における変動が不確実な事項―

■消費者契約法4条1項2号

消費者契約法4条1項2号は、事業者が消費者契約の勧誘に際して、「物品、権利、役務その他の当該消費者契約の目的となるものに関し、将来におけるその価額、将来において当該消費者が受け取るべき金額その他の将来における変動が不確実な事項につき断定的判断を提供」したことにより、消費者が「当該提供された断定的判断の内容が確実であるとの誤認」をし、それにより「当該消費者契約の申込み又はその承諾の意思表示をしたとき」は、「これを取り消すことができる」と定めて、「断定的判断の提供」による取消を認めている。事業者の故意・過失は必要ない。

■断定的判断の対象

「将来におけるその価額」とは、将来における契約目的物自体の価額であり、たとえば、不動産取引における将来の不動産価額などである。

「将来において当該消費者が受け取るべき金額」とは、契約の結果として将来受け取ることができる金額であり、たとえば保険契約で将来において受け取るべき保険金額などである。

「その他の将来における変動が不確実な事項」には何が該当するか。上記二つの概念には必ずしも含まれないが、消費者の財産上の利得に影響するものであって将来を見通すことがそもそも困難であるもの、たとえば証券取引における将来における各種の指数・数値、金利、通貨の価格などを言うことは争いがない。このような財産上の利得に影響するものに限らず、たとえば「この健康食品を使えば体重が減ります」といった将来の変動の見込みが不確実なものを確実であると告げるような場合もこれに当たると解すべきである（日弁連消費者問題対策委員会編『コンメンタール消費者契約法〔第2版〕』71頁。神戸地尼崎支判平15・10・24法ニュース60号58頁参照。ただし控訴審で覆されている）。

■断定的判断の内容

「断定的判断」とは、将来における変動が不確実なものを確実であるかのように決めつけた判断をいう。たとえば裁判例においては、業務提供誘引販売における「月2万円は週2～3回で2～3時間業務をこなせば確実に稼げる」旨の説明（東京簡判平16・11・15裁判所HP）や、商品先物取引における「灯油は必ず下げてくる、上がる事はあり得ない」「当たりの宝くじを買うみたいなもの」との説明（名古屋地判平17・1・26判時1939号85頁）などがこれに該当するとされている。

「絶対に」「必ず」等の文言は必ずしも必要ではない。「予想する」等の表現の場合、該当しないとされることが多いだろうが、表面だけでなく説明全体の趣旨から判断すべきである。

【関連キーワード】「勧誘をするに際し」、取消の効果、断定的判断の提供（Ⅰ理論、Ⅳ金融）

（石田光史）

法 不利益事実の不告知

　消費者契約法4条2項は、①事業者が勧誘に際して、②重要事項やそれに関連する事項について利益となることだけを説明して、③重要事項について不利なことを故意に告げなかったために、④消費者がそのような不利益な事実はないと誤認して契約の意思表示をした場合は、その意思表示を取り消すことができる、として「不利益事実の不告知」による取消しを認めている。本来は利益な面と不利益な面が一体となって契約内容となっているものであるから、事業者が、消費者にとって利益となる面だけを強調し、不利益な面を隠すことは、不正確な情報を提供するものである。そこで、誤認した消費者に取消権を付与することにしたものである。

■取消の要件

　取消をするためには、上記①～④の要件をいずれも満たす必要がある。要件②で、利益なことを告げる対象は重要事項そのものだけでなく、重要事項に関連する事項であればよい。要件③の不告知の対象となる不利益な事実は、重要事項に関連する事項は含まず、要件②より範囲が狭められている。最判平22・3・30（判時2075号32頁）は、金の先物取引に関して、事業者から、いま金を買っておけば金相場が上昇して利益が得られると告げられて金の先物を買注文をしたが、その時点で存在していた金相場が暴落する可能性を示す諸事実について説明されなかった事案で、将来における金の価格は「重要事項」に当たらないと厳格に解して、取消を認めなかった。

　また、不告知は、事業者が単に不利益な事実を説明しなかったというだけでは足りず、「故意に」説明しなかったことが必要である。故意は、「害意」がある必要はなく、不利益な事実を知っていながら、あえてその事実を消費者に説明しないことで足りるが、「故意」という事業者の主観面を要件としたことで、消費者には使いにくいものになっている。要件④は、要件②および③の結果として、消費者が要件③における不利益事実が存在しないと誤認して、契約締結の意思表示をしたことである。なお、事業者が不利益事実を告げようとしたのに消費者がこれを拒んだ場合には、取消ができない（消費者契約法4条2項ただし書）。

■不利益事実の不告知の該当例

　不動産業者から、眺望がよいと勧められてマンションを購入したが、隣接地に直後にマンションの建設計画があり、眺望の悪くなることを知らされていなかった事案で、購入契約の取消が認められている（東京地判平18・8・30WLJ）。ただし、類似の事案で、事業者に故意がないとして取消が認められなかった裁判例もある（福岡地判平18・2・2判タ1224号255頁）。

【関連キーワード】「勧誘をするに際し」、「重要事項」として認定される事項

（佐々木幸孝）

法 「重要事項」として認定される事項
－動機は重要事項となるか－

消費者契約法で取り消すことのできる不実の告知は、「重要事項」についてのものでなければならない（同法4条1項1号）。また、不利益事実の不告知は「重要事項又は当該重要事項に関連する事項」について利益になることを告げ、「当該重要事項」について不利益事実を告げることを要する（同条2項）。

何が「重要事項」に当たるかは、同法4条4項に、①物品、権利、役務その他の当該消費者契約の目的になるものの質、用途その他の内容、②物品、権利、役務その他の当該消費者契約の目的になるものの対価その他の取引条件のいずれかの事項であって、「消費者の当該消費者契約を締結するか否かについての判断に通常影響を及ぼすべきもの」と定められている。

■契約の動機は重要事項に当たるか

重要事項の中核は、「消費者の当該消費者契約を締結するか否かについての判断に通常影響を及ぼすべきもの」にあるが、前記①②で掲げられた事項に限定されるのか否か、特に契約の動機が重要事項となるかについて争いがある。消費者被害では、点検商法など、不実告知等が契約の内容や取引条件そのものではなく、契約を必要とする事情等の動機に関する場合が多くある。

消費者契約法4条4項各号は限定列挙であるとし、かつ重要事項に動機を含まないとするのが立法担当者の考え方であるが、学説は解釈によって動機を重要事項に含めようとしている。前掲の重要事項の中核を重視して、4条4項各号が重要事項の例示列挙にすぎないとする有力説がある（山本敬三「消費者契約法と情報提供法理の展開」金法1596号11頁等）。また、各号は例示ではないとしても、「質、用途その他の内容」を広く捉えることで具体的妥当性を図ろうとする見解もある（四宮和夫ほか『民法総則〔第6版〕』249頁、道垣内弘人「消費者契約法と情報提供義務」ジュリ1200号49頁）。動機が当事者間で表示されていれば、動機も意思表示の内容となり、契約内容となったと解することも考えられる（池本誠司「不実の告知と断定的判断の提供」法セ549号20頁）。

消費者契約法の趣旨や動機に対する不実告知が多い被害の現状からは、重要事項を広く解釈すべきである。特定商取引法9条の3・6条1項6号では、契約の締結を必要とする事情に関する事項の不実告知は取消ができる。

■参考裁判例

通信機器リース契約の勧誘で、「当該機器を使用しないと従前の電話が使えなくなる」、「電話機を交換しないと光ファイバーを敷設できない」などと述べたことを不実告知とした神戸簡判平16・6・25、大阪簡判平16・10・7（いずれも兵庫県弁護士会HP）がある。

【関連キーワード】消費者契約法の目的、不実告知、不利益事実の不告知

（野々山宏）

法 不退去と退去妨害

　消費者契約法4条3項では、事業者の不適切な勧誘行為のうち、「消費者の住居や勤務先を退去しなかった」あるいは「当該消費者を退去させない」との行為があった場合に、一定の要件の下、これによりなされた意思表示を取り消すことができるとして、不退去ないし退去妨害による困惑を理由とする契約の取消を認めている。

　契約の締結過程では、事業者が勧誘するに際し、消費者への不適切な強い働きかけを行い、その結果、消費者にとって本意ではない契約が締結される場合が生じうる。このような場合、民法の強迫（民法96条1項）が成立しない場合も、契約における合意の瑕疵は重大であるため、消費者から契約の効力の否定を主張しうるとして困惑による取消権を付与することにしたものである。

■不退去

　「不退去」とは、事業者が消費者契約の締結について勧誘をするに際し、消費者が、その住居またはその業務を行っている場所から退去すべき旨の意思を示したにもかかわらず、事業者がそれらの場所から退去しないことをいう。このうち、消費者が「退去すべき旨の意思を示した」とは、「帰ってくれ」と直接退去を求めた場合はもちろんのこと、時間的余裕がないことを伝えた場合（例：「時間がありませんので」「これから出かける」）、契約を締結しないことを伝えた場合（例：「いらない」「結構です」「お断りします」）、口頭でなくともこれらの趣旨を意味する身振り・手振りの動作表示をするなど、社会通念上退去を求める意思を推認できる表示があれば足りる。

■退去妨害

　「退去妨害」とは、事業者が消費者契約の締結について勧誘をするに際し、当該事業者が当該消費者契約の締結について勧誘している場所から当該消費者が退去する旨の意思を示したにもかかわらず、その場所から当該消費者を退去させないことをいう。このうち、「消費者が退去する旨の意思を示した」とは、「帰ります」と直接退去する意思を示した場合はもちろんのこと、時間的余裕がないことを伝えた場合（例：「これから別の場所で用事がある」）等、不退去の場合と同様に社会通念上、退去する意思を推認できる表示があれば足りる。

■困　惑

　なお、不退去や退去妨害による取消の要件として、こうした事業者の行為により、消費者が困惑した結果、当該消費者が意思表示をすることが必要である。「困惑」は、「畏怖」よりも広く、困り戸惑い精神的に自由な判断ができなくなることで足りる。

【関連キーワード】「勧誘をするに際し」、心理的方法による困惑惹起
【参考】消費者法判例百選㉞（羽山茂樹）

法 心理的方法による困惑惹起
－勤務先への執拗な電話等－

■心理的方法による困惑

消費者契約法4条3項は、不退去および退去妨害により消費者が困惑して契約を締結した場合における契約の取消について規定している。

しかし、現実の消費者トラブルでは不退去や退去妨害という身体拘束型以外の方法により消費者が困惑して契約締結に至る場合も多い。

たとえば、勤務先等への電話を何度も繰り返すなど執拗・強引な勧誘行為がある。また、声を荒げて「買ってくれないと困る」と言われたり、契約しないと断ると「ここまで話が進んでいるのに無責任だ。勤務先へ行って上司に言う」と迫られたりして、困惑して契約してしまった場合などがある。他にも、霊感商法など消費者の不安や恐怖心につけ込んだ勧誘行為もある。

■現行法による救済方法

現在の消費者契約法では、身体拘束型ではなく詐欺や強迫にまでは至らない心理的方法により消費者が困惑して契約を締結した場合には、取り消すことが困難である。

そのため、以下の裁判例のように、事業者の勧誘行為について不法行為に該当するとして消費者に対する損害賠償を認めたケースや、契約が公序良俗（民法90条）に反し無効とすることにより救済を図ったケースがある。

営業担当者らが、消費者の勤務時間中に勤務先に電話をかけてきたり訪問してきたりして取引の勧誘をし、不当勧誘により、それまでハイリスクの取引とは無縁であり、先物取引の知識・経験のなかった消費者を誘い込んだ事例（東京地判平21・9・25消費者庁消契法運用状況調査399頁№13）。

祈禱・易断などでことさらに不安や恐怖心を煽るような勧誘が行われた事例（神戸地洲本支判平19・12・25法ニュース75号227頁）。

「先祖のたたりがある。このままでは子どもたちに不幸が及ぶ」などと告げて高額な壺等を売りつけた事例（福岡地判平11・12・16判時1717号128頁）。

■消費者契約法の改正の必要性

心理的方法により消費者が困惑して契約を締結した場合に消費者の意思決定に瑕疵が生じていることは、不退去・退去妨害により困惑した場合と同じである。このような事業者が消費者を不安にさせる等の心理的方法により消費者を困惑させて契約を締結した場合においても、契約自体の取消ができるよう消費者契約法は改正されるべきである。また、高齢化社会の進展によるさらなる高齢者被害の増加は容易に想像できるところであり、非身体拘束型の困惑惹起行為に対する法規制は必要不可欠である。

【関連キーワード】不退去と退去妨害、消費者契約法の課題　　　　（二之宮義人）

取消の効果
－押し付けられた利得と不当利得－

　消費者契約法4条各項に基づく取消は、その効果を善意の第三者に対抗できない（同条5項）点を除き、特にその効果に関する定めはない。民法の不当利得の法理により、既履行双務契約が取り消された場合には、受領した物は原物で返還し、金銭的対価は全額返還する、役務提供を受けた場合には原物返還できないため、享受した役務の客観的価値を金銭で返還する、と一般に解されている。たとえば売買契約では、売主は代金の返還義務を、買主は目的物（費消済みであるときはその価値相当額）の返還義務を負う。商品の果実や使用価値も返還するのが原則だが、学説・判例は反対給付との牽連性を考慮し、民法189条を適用するなどして返還義務を否定ないし限定する。役務提供契約では、役務提供者は既受領金員の、役務利用者は享受した役務の価値を金銭で返還する義務を生ずるが、通常は両者の債務は相殺される。

■返還すべき利得・価値の算定基準

　費消済みの商品や提供済みの役務の「価値」の算定にあたっては、通常、取り消された契約で設定された対価が参考にされるが、消費者契約においては、①問題ある勧誘が行われた事例では、事業者による契約上の価格設定が不当に高額であったり、②消費者は、事業者の勧誘等により当該商品・役務の効能等を誤認しているため、たとえ商品等に一般的には効能等が存したとしても、当該契約において期待した目的を達しないことがある。

　そのため、「価値」は、同種商品等の市場価格等を参考にして客観的・合理的に算定すべきであり、商品等が費消されたときに消費者に生じた「利得」は、当該消費者が当該商品・役務を利用した目的、勧誘時の事業者の説明内容等を勘案して、当該消費者にとっての利得の有無および程度を決定しなければならない。

■押し付けられた利得論

　消費者契約法4条や民法96条における取消では、事業者の不当な勧誘行為により消費者は意思決定が歪められて締約に至るため、不当利得関係の発生につき事業者側に大きな責任がある。ところが、「取り消された契約で設定された価格＝返還すべき利得」と考えてしまうと、事業者は費消済み・提供済みの商品・役務については相当の対価を得ることができてしまうため、不当勧誘によって給付を押し付けながら、契約が有効とされるのと同様の経済的利得を保持できるという矛盾が生ずる。それゆえ、事業者の悪性が高い場合、消費者の義務は目的物の返還に尽きるとし、目的物の減価を考慮せず使用利益の返還を否定する見解や、特定商取引法のクーリング・オフ規定を参考に、消費者の義務を限定すべきとの見解が提唱されている。

【関連キーワード】消費者契約法の課題
【参考】河上正二編著『消費者契約法改正への論点整理』（信山社、2013年）20頁
〔丸山絵美子〕　　　（五條操・牧野一樹）

取消権の行使期間

■法の規定
　消費者契約法4条に基づく取消権は、「追認をすることができる時から6箇月間行わないときは、時効によって消滅する。当該消費者契約の締結の時から5年を経過したときも、同様とする」とされている（同法7条1項）。
　この取消権は、裁判外で行使すれば足りる。たとえば、内容証明郵便で意思表示を取り消す旨を事業者に通知するなどである。

■民法の取消権の行使期間との比較
　民法上の取消権の行使期間は、追認可能時から5年間、行為の時から20年間とされている（民法126条）。
　消費者契約法上の取消権の行使期間が民法に比べて短くされている理由としては、民法の場合よりも取消の要件を広げたこととの均衡や、法律関係の早期安定の必要性があげられている。しかし、消費者契約法で新設された取消権の範囲が行使期間を短くする必要があるほど広範なものか、実際に消費者が6カ月間のうちに取消権を行使することが期待可能かどうかは、いずれも極めて疑問である。また、保険契約や会員権契約など長期継続する契約は、契約時から5年を超えて問題化することが多いが、現行法では対応できない。取消権の行使期間は、少なくとも、短期3年、長期10年とすべきである（「消費者契約法日弁連改正試案（2014年版）」(2014年7月)）。

■短期消滅時効の起算点
　現行の消費者契約法では、短期消滅時効（6カ月）の起算点は「追認をすることができる時」とされている。しかし、消費者契約においては、誤認・困惑状態から脱した後でも、消費者が明確に意図しないまま全部または一部の履行をするといった法定追認事由が起こりうることから、追認および法定追認の概念は排除されるべきである。また、物理的な退去が実現されても、心理的な困惑状態が続いている限り消費者に取消権の行使は期待し難い。
　したがって、短期時効の起算点は「取消の原因となっていた状況（心理的な影響を含む）が消滅した時」とすべきである（前記日弁連改正試案）。

■裁判例
　退去妨害により困惑して絵画を購入させられ、契約締結日から約7カ月後に取消の意思表示がされた事案について、裁判所は困惑の継続等を認めて起算点を契約締結から約1カ月後の商品引渡し時と捉えて取消を認め、消費者を救済した（東京簡判平15・5・14裁判所HP）。他にも、時効の起算点を遅らせることにより契約から約11カ月後（佐世保簡判平17・10・18公刊物未登載）、契約から約1年後（東京地判平22・5・28WLJ）の取消を認めた裁判例がある。

【関連キーワード】取消の効果、消費者契約法の課題　　　　（長野浩三・城田孝子）

法 媒介者の行為の効果
―第三者の行為の影響―

■媒介とは
「媒介」とは、一般に、他人間の法律行為が成立するように両者の間に介在して行為することをいう。

消費者契約法では、消費者契約の締結について事業者から媒介の委託を受けた第三者および代理人の行為の効果について規定している（同法5条）。

■消費者契約法5条の趣旨
消費者契約法5条では、消費者契約の締結について事業者から媒介の委託を受けた第三者（受託者）およびその第三者から委託を受けた者（「受託者等」という。第二次受託者、さらにその委託が数次にわたり繰り返されている場合を含む）が、同法4条1項～3項に該当する誤認惹起行為や困惑惹起行為を行った場合は、事業者の行為と同様に取り扱って、消費者において取消ができるとするとともに（5条1項）、消費者・事業者・受託者等の各代理人は、それぞれ消費者・事業者・受託者等とみなすとされている（同条2項）。

消費者が上記のような第三者から消費者契約法4条1項～3項の不当勧誘を受けて、誤認または困惑して消費者契約を締結した場合、消費者の自由な意思決定が不当に妨害されたという点では、4条に規定する事業者自身による不当勧誘があった場合と異なるところはなく、事業者は第三者に媒介を委託して事業活動を行っている以上、同法5条でそれに伴う責任を負担させるのが適当という判断のもとに規定されたものである。

民法では、第三者が消費者に対して詐欺を行ったことにより消費者が消費者契約の締結をした場合は、事業者がその詐欺の事実を知っていたときに限って取消ができる（民法96条2項）のに対し、消費者契約法では、事業者の善意・悪意を問わず、同法4条所定の要件を満たせば取消ができるとされていることからすれば、より消費者の保護が図られたものといえる。

なお、同法5条の趣旨からすれば、同条に民法の詐欺取消（民法96条1項）も含める方向での改正を検討するする必要があろう。

■第三者の具体例
このような第三者の例としては、不動産の売買や賃貸借を仲介した宅地建物取引業者、クレジット契約やリース契約の仲介をした販売店、生命保険や損害保険の代理店、旅行サービスを手配した旅行代理店などがこれに当たる。

したがって、たとえばクレジット契約の締結にあたって販売店による誤認惹起行為や困惑惹起行為が行われた場合、消費者は消費者契約法5条により当該クレジット契約を取り消すことができる。

【関連キーワード】不実告知、断定的判断の提供、不利益事実の不告知、不退去と退去妨害

（上田憲）

法　約　款

■約款とは
　消費者契約においては、同種の契約が大量になされることが前提とされているため、事業者があらかじめ画一的な契約内容を定め、消費者はこれに従うものとされている場合が多い。事業者によって定型的に作成された契約条項群は「約款」と呼ばれている。

■約款をめぐる法律問題
　このような約款に関しては、①事業者が一方的に定める約款がいかなる場合に契約の内容になり得るのか（組入要件の問題）、②通常予期できないような約款条項は契約内容にならないと考えるべきではないか（不意打ち条項の問題）、③相手方に不当に不利益な約款条項は法的効力を否定すべきではないか（不当条項規制の問題）、④個々の相手方の承諾を得ていない約款変更にいかなる場合に法的拘束力を肯定できるのか（約款変更の問題）といった法律問題が存在する。

■約款に関する法制度等の現状
　わが国では現在、約款をめぐる法律関係を包括的に規律した法律が存在しない（消費者契約法8条〜10条で消費者契約の不当条項に関する一定の法規範が存在する程度である）。
　判例では「約款によるという意思があったと推定する」との論旨で約款の拘束力を肯定した例がある（大判大4・12・24民録21輯2182頁）。
　裁判実務では、約款内容の説明不足や不当条項がある場合に、公序良俗違反、信義則、契約の合理的解釈による適用範囲の制限等によって個別的な解決が図られている。
　約款取引の安定や消費者保護のため、約款をめぐる上記①〜④のような法律問題を包括的に規律する法規範の制定が望まれる状況である。

■民法における約款規定導入の動き
　この点、2015年3月に閣議決定された民法（債権関係）の改正に関する法律案では、民法に以下の内容の約款規定を導入することとされている。
① 適用対象：民法の適用対象となる約款を「定型約款」と名づけ、事業者間契約で用いられる基本取引契約書や労働契約を除外する。
② 組入要件：定型約款が契約の内容となる旨が表示されている状況で定型取引合意をした者は、定型約款に合意をしたものとみなす。
③ 内容規制：相手方の利益を一方的に害する約款条項は合意されなかったものとして効力を否定する。
④ 開示義務：相手方から請求があった場合には遅滞なく定型約款の内容を開示しなければならない。
⑤ 約款変更：変更の必要性、変更後の約款内容の相当性等に照らして約款変更が合理的なもので、一定の周知手続がなされたとき、個別合意なく契約内容を変更できる。

【関連キーワード】消費者の利益を一方的に害する条項、消費者契約法の課題

（北村純子・山本健司）

事業者の免責条項

■消費者契約法8条1項

消費者契約法8条1項は、①事業者の債務不履行（同法8条1号・2号）または不法行為（同条3号・4号）により消費者に生じた損害を賠償する責任の全部または一部を免除する条項、②有償の消費者契約の目的物（たとえば、ペット）に隠れた瑕疵があり、その瑕疵が原因で消費者に生じた損害を賠償する責任の全部を免責する条項（同法8条1項5号）を無効とする。

①の不法行為（消契法8条3号・4号）には、民法709条、同法715条（使用者責任）、同法717条（土地工作物責任）、同法718条（動物占有者責任）等に該当する場合も含まれる。

「全部を免除する」とは、「当施設の設備を利用される際、お客様に損害を生じても、当社は一切責任を負いません」等、事業者に責任があっても全く賠償しないことであり、「一部を免除する」とは、「責任範囲を10万円までといたします」等、一部しか賠償しないとすることである。

なお、一部免除の条項は「事業者、その代表者又はその使用する者に故意又は重過失がある場合」に限って無効となり（消費者契約法8条1項2号・4号）、単なる過失による場合は、同法8条違反とはならない。しかし、このような場合であっても、責任の一部免除が信義則に反して消費者の権利や利益を一方的に制限することがありうる。その場合には、消費者契約法10条該当性が問題となる。

次に、②は「当社が引き渡した物に関するクレームは一切受け付けません」といった場合である。①と異なり、全部免除条項のみを無効としたのは、瑕疵担保責任は無過失責任であり、債務不履行責任や不法行為責任と同じように故意過失といった主観的態様で責任の有無を区別できないからである。この結果、瑕疵担保責任の一部免除条項は、消費者契約法8条1項5号違反ではなく、同法10条に違反となることはありうる。なお、民法改正により瑕疵担保責任は、債務不履行責任として整理されることになっているため、同法8条1項5号の規定は削除されることとなる。

■消費者契約法8条2項

②は代物の提供義務や瑕疵補修義務を定めている場合は適用されない。このような場合は、被害が救済されるので賠償責任を免除しても不当とはいえないからである。なお、この規定も民法改正に伴い改正されることになっているが、引き渡された目的物が契約の内容に適合しない場合の事業者の免責条項の特則として、本項と同趣旨の規定が設けられることとなっている。

■効果

①、②により、免責条項が無効とされた場合、事業者は損害賠償責任あるいは瑕疵担保責任を免れない。

【関連キーワード】 約款、消費者の利益を一方的に害する条項　　　　　（井田雅貴）

違約金の制限条項
― 平均的損害とは ―

消費者契約法9条1号は、解除に伴う損害賠償額の予定または違約金を定める条項について、当該事業者に生ずべき平均的な損害の額を超過する部分を無効とし、同条2号は、金銭支払義務の不履行に対する損害賠償額の予定または違約金を定める条項について、年14.6%の割合を乗じて計算した額を超過する部分を無効としている。

■消費者契約法9条の意義

民法420条によれば、損害賠償額の予定も違約金の定めも有効であり、裁判所はその額を増減できないとされている。しかし、情報の質および量、交渉力の格差を前提とする消費者契約においては、事業者によって、実損害額を上回る高額な金員の支払いを求め得る旨の規定が置かれる場合が少なくない。このような実損害額を上回る賠償を認めると、事業者が不当な利益を得る結果となってしまう。このため、対等な当事者間を前提とする民法の一般理論を修正し、損害賠償額の予定・違約金の定めに対し制限を加え、消費者の利益を保護したのが、消費者契約法9条である。

■消費者契約法9条1号の解釈

「消費者契約の解除に伴う」には、事業者からの債務不履行解除のみならず法定解除や合意解除も含まれ、消費者契約が解消された場合における支払義務を定めた契約条項は広く該当することとなる。

「平均的な損害」とは、同一事業者が締結する多数の同種契約事案について類型的に考察した場合に算定される平均的な損害額をいうが、その解釈については必ずしも一様ではない。特に逸失利益が「平均的な損害」に含まれるかについては裁判例でも大きな争点となっているが、消費者契約法9条1号の趣旨に鑑みれば、当該消費者契約の目的が他の契約において代替ないし転用される可能性のない場合に限られるべきであると考えられる。

「平均的な損害」の立証責任について、最判平18・11・27（判時1958号12頁）は消費者の側に主張立証責任がある旨判示している。しかし、「平均的な損害」について、事業者の事業内容の詳細など知り得ない消費者が立証するのは極めて困難であり、消費者契約法9条1号の趣旨の趣旨を没却しないため、事実上の推定等が積極的に活用されるべきである。

■消費者契約法9条2号の解釈

商品の売買代金、役務提供契約の役務の対価、立替払契約における支払い等、契約から生じる金銭債務の支払遅延が発生する場合が消費者契約法9条2号の対象であり、不正行為の懲罰的規定等は含まれない。なお、金銭消費貸借については利息制限法があり、同法が消費者契約法の特別法となって適用される（消費者契約法11条2項）。

【関連キーワード】 学納金返還訴訟、消費者契約法と民法・特別法との関係

（増田朋記）

消費者の利益を一方的に害する条項
― 不当条項の一般条項 ―

■消費者契約法10条

消費者契約法10条は、民法、商法その他の法律の公の秩序に関しない規定の適用による場合に比し、消費者の権利を制限し、または消費者の義務を加重する消費者契約の条項であって（前段要件）、民法1条2項に規定する基本原則に反して消費者の利益を一方的に害するもの（後段要件）を、無効とする。

本条は、消費者契約において消費者に不当に不利益な契約条項を無効とする一般条項であり、同法8条および9条に該当しない契約条項であっても、消費者に不当に不利益な契約条項は本条によって無効となる。

■前段要件

「民法、商法その他の法律の公の秩序に関しない規定」（任意規定）は、明文の規定に限られるか問題となるが、当該条項がなければ消費者に認められていたであろう権利義務の確定には、明文の規定のみならず、裁判例の蓄積によって承認されている不文の任意法規や契約に関する一般法理等も考慮する必要があるから、明文の任意規定に限るのは相当でない。この点、判例も、明文の規定のみならず、一般的な法理等も含まれると解するのが相当であるとしている（最判平23・7・15判時2135号38頁）。

■後段要件

民法1条2項は、信義誠実の原則を定める法文であるところ、民法1条2項と本条の関係が問題となる。この点、本条で無効とされる契約条項は、民法1条2項によっても無効とされるものに限るとする見解もある。しかし、これでは、消費者契約法が本条を規定した意味がなくなる。消費者契約法と民法では、予定する契約当事者像も立法目的も異なる。本条は、民法では必ずしも無効とされない契約条項についても、これを無効とする旨規定した条項であると解すべきである。

なお、判例は、当該条項が信義則に反して消費者の利益を一方的に害するものであるか否かは、消費者契約法の趣旨・目的（同法1条参照）に照らし、当該条項の性質、契約が成立するに至った経緯、消費者と事業者との間に存する情報の質および量並びに交渉力の格差その他諸般の事情を総合考量して判断されるべきであるとしている（前掲最判平23・7・15）。

■効果

本条に該当する契約条項は無効となる。その範囲が問題となるが、一部だけ無効で裁判所が有効な範囲を画して維持してくれるのでは不当条項の流布が止まないから、条項の全部が無効になると考えるべきである。

【関連キーワード】事業者の免責条項、違約金の制限条項、学納金返還訴訟、原状回復・敷金・更新料返還請求訴訟、消費者契約法の課題　　　（谷山智光）

消費者契約法と民法・特別法との関係

■消費者契約法と民法との関係

契約当事者間の権利義務を定めた一般的な法律は民法であり、消費者契約法は消費者契約についての民法の特別法である。

消費者契約法は、詐欺取消（民法96条）の要件を緩和した、事業者の一定の行為により消費者が誤認して行った意思表示の取消権（消費者契約法4条1項・2項）や、強迫取消（民法96条）の要件を緩和した、事業者の一定の行為により消費者が困惑して行った意思表示の取消権を定めている（消費者契約法4条3項）。ただし、取消権の消滅時効期間は、民法が5年であるのに対し（126条）、消費者契約法では6カ月とされている（7条1項）。

また、消費者契約法は、信義則（民法1条2項）や公序良俗（同法90条）といった民法の一般条項を具体化し、事業者の損害賠償責任を減免する契約条項、契約解除に伴い事業者に平均的損害を超える損害賠償ないし違約金を認める契約条項、年14.6％を超える遅延損害金を定める契約条項および消費者に一方的に不利な契約条項について無効と規定している（同法8条・9条1項・2項・10条）。

なお、消費者契約法と民法の双方の規定に該当する場合でも、民法の適用が排除されるのではなく、いずれも行使することができる（消費者契約法11条1項）。

■消費者契約法と特別法との関係

消費者契約法11条2項は「消費者契約の申込み又はその承諾の意思表示の取消し及び消費者契約の条項の効力について民法及び商法以外の他の法律に別段の定めがあるときは、その定めるところによる」と規定する。この規定は、民法および商法以外の個別法の規定と消費者契約法の規定が抵触する場合に、個別業種における特殊性等を考慮して定められた個別法の規定を優先適用することとしたものである。

たとえば、契約解除に伴う損害賠償の額を予定し、または違約金を定める契約条項が存在する場合における請求額に制限を設ける特定商取引法10条・25条・40条の2・49条・58条の3、割賦販売法6条・30条の3は、消費者契約法9条1号と抵触し、前者の規定が優先適用される。また、金銭を目的とする消費貸借上の債務の不履行による賠償額の予定に制限を設ける利息制限法4条は、消費者契約法9条2号と抵触し、前者の規定が優先適用される。

なお、クーリング・オフ規定（特商法9条・24条、割販法4条の4・29条の3の3等）や消費者の誤認による取消権規定（特商法9条の2・24条の2・40条の3・49条の2・58条の2）は、消費者契約法4条と抵触せず、いずれも行使できるものと解される。

【関連キーワード】 取消権の行使期間、消費者の利益を一方的に害する条項、違約金の制限条項、クーリング・オフ制度、不実告知、不利益事実の不告知

（吉村健一郎）

学納金返還訴訟

■学納金返還訴訟とは

わが国の大学の学則や入試要項では、入学を希望する学生に対して合格発表後に入学金・前期授業料・施設利用費等の学納金の前納を求め、その後に学生が入学辞退した場合にも学納金を一切返還しないと定めていることが多い。学納金返還訴訟は、このような学納金不返還特約は消費者契約法9条1号および民法90条に違反しており無効であるとの主張のもと、集団提訴された訴訟事件である。

■学納金返還訴訟の争点

学納金返還訴訟における主たる争点は、①在学契約の法的性格、②前納学納金の法的性格、③前納学納金不返還特約の法的性格、④消費者契約法9条1号の平均的損害の立証責任、⑤前納学納金不返還特約の有効性(主として平均的損害の存否)と学生の学納金返還請求権の存否であった。

■最高裁判所の判断内容

上記各争点について下級審判例の判示内容は様々であるが、最高裁判所は、最判平18・11・27(判時1958号12頁)において次のように判示している。

第1に、在学契約は有償双務契約としての性質を有する私法上の無名契約であり、特段の事情のない限り学生が要項等に定める入学手続を完了することによって成立し、学生の入学辞退の意思表示によって終了する。

第2に、入学金を除く授業料や施設利用費などの金員は大学が提供する教育役務の対価であるが、入学金は、その額が不相当に高額であるなど特段の事情のない限り、学生が当該大学に入学し得る地位を取得するための対価としての性質を有する。

第3に、入学金はもともと学生が返還を求めることのできない性格の金員であるが、授業料等の不返還特約は、在学契約が解除されれば本来学生に返還すべき金員を大学が取得することを定めた特約で、損害賠償額の予定または違約金の定めの性質を有することから、消費者契約法9条1号の適用がある。

第4に、消費者契約法9条1号の平均的損害の立証責任は、事実上の推定が働く余地はあるとしても、基本的に特約の無効を主張する学生側にある。

第5に、推薦入学試験である場合など特殊な事案を除き、大学が合格者を決定するにあたって織り込み済みのものと解される在学契約の解除の場合、具体的には学生の契約解除の意思表示が学年の始期である4月1日以前(3月31日まで)に行われた場合には、原則として大学に生ずべき平均的損害は存在せず、授業料等の不返還特約は消費者契約法9条1号に反し無効であり、学生は大学に対して授業料等の返還請求権を有する。一方、授業料等の不返還特約が公序良俗(民法90条)に反するとまではいえない。

【関連キーワード】違約金の制限条項

(山本健司)

原状回復・敷金・更新料返還請求訴訟

■建物賃貸借における原状回復とは

建物の賃貸借においては、通常損耗（賃借人が社会通念上通常の使用をした場合に生じる賃借物件の劣化または価値の減少）に係る投下資本の減価の回収は、通常、減価償却費や修繕費等の必要経費分を賃料の中に含ませてその支払いを受けることにより行われている。したがって、本来であれば、賃借人には、通常損耗についての原状回復義務はない。

■原状回復義務特約の有効性

最判平17・12・16（判時1921号61頁）は、消費者契約法施行前の事案において、通常損耗についての原状回復義務を賃借人に負わせるのは特別の負担を課すことになるので、特約が有効となるためには明確な合意が必要と判示した。そのうえで、退去時の補修費用について詳細に説明があった事案であっても、合意が成立したとはいえないとした。

■敷引特約の有効性

敷引特約とは、通常損耗についての原状回復費用として、あらかじめ敷金から金額を明示して差し引くという特約である。最判平23・3・24（判時2128号33頁。関連・最判平23・7・12判時2128号43頁）は、消費者契約法施行後の事案において、敷引特約について、消費者契約法10条の前段要件には該当するが、後段要件の信義則に反して消費者の利益を一方的に害するものであるとは直ちにはいえないと判断した。

最判は、有効となる理由として、金額が明示されていることをあげる（原状回復義務特約の場合金額の明示はない）。しかし、本来、賃借人は通常損耗についての原状回復義務を負わない。それにもかかわらず、金額が明示され合意されているから有効とする最判の理由は、私的自治の例外として不当条項を排除する消費者契約法の趣旨に悖るものと言わざると得ない。

■更新料返還訴訟

最判平23・7・15（判時2135号38頁）は、更新料は賃料とともに賃貸人の事業の収益の一部を構成するのが通常であり、その支払いにより賃借人は円満に物件の使用を継続できることからすると、更新料は、一般に、賃料の補充ないし前払い、賃貸借契約を継続するための対価等の趣旨を含む複合的な性質を有するものと解するのが相当であるとしたうえで、消費者契約法10条後段要件に該当しないと判断する。

しかし、更新料は賃料とは明らかに異なるものとして示されているため、賃借人としては、更新料が賃料という認識は有していない。更新料に対する最判の認定は、賃借人の認識を正当に評価しているとは言い難い。また、円満に物件の使用を継続することの対価という理由は、法定更新を保障する借地借家法の趣旨に悖るものと言わざるを得ない。

【関連キーワード】消費者の利益を一方的に害する条項、消費者契約法の課題

（平尾嘉晃）

消費者契約法をめぐる裁判例の動向

国民生活センターが2013年11月21日に発表した資料によれば、同センターが2013年9月末日までに把握した消費者契約法に関連する主な裁判例は304件である。

裁判例は、大きく、不当勧誘（消費者契約法4条）関連と不当条項（同法8条～10条）関連に分類できるが、消費者契約法の適用範囲を画する「消費者」の定義について、団体や法人の消費者該当性が争われるケースがあり、権利能力なき社団を、構造的格差を実質的に解釈して「消費者」とした裁判例（東京地判平23・11・17判時2150号49頁）がある。

■不当勧誘に関する裁判例

不当勧誘関連のうち、誤認類型については、まず、パンフレット等の記載についても「勧誘」に含まれることを前提として判断した裁判例（神戸簡判平14・3・12兵庫県弁護士会HPほか）がある。

また、不実告知による取消については、投資取引事案で主張されることが多いが、それ以外の様々な取引類型においても裁判例がある。いわゆる契約締結の動機について、「重要事項」に当たるとして不実告知取消を認めた裁判例が複数ある。

断定的判断の提供については、不実告知と比べて裁判例の数は少ないが、特にパチンコ攻略法や投資取引事案において多く主張されており、いくつかの裁判例で取消が認められている。もっとも、取消が認められているのは、財産上の利得に関し、断定的な判断の提供が明確になされた場合であり、要件は限定的である。

不利益事実の不告知については、別荘地売買契約や診療契約等で取消が認められているが、数としては少ない。

他方、困惑類型は、誤認類型に比べ、裁判例で主張されたケースも実際に取消が認められたケースも非常に少なく、裁判ではあまり活用されていない。

■不当条項に関する裁判例

不当条項関連については、不当勧誘関連よりも裁判例の数は多く、消費者契約法の施行当初は、大学等の学納金不返還条項や、賃貸借契約に関する敷引特約、更新料特約等がその多くを占めていた。なお、これらについては、近時、最高裁判例も出されている。

最近は、上記以外の取引類型、たとえば通信サービス、保険契約、旅行契約、冠婚葬祭互助会契約等においても不当条項無効が裁判例で主張されている。不当条項無効の一般条項である消費者契約法10条関連としては、解約権制限条項、専属的合意管轄条項、クレジットカードの不正利用に関する条項等様々なものが争われているが、無効とされたものは多くない。

【関連キーワード】学納金返還訴訟、原状回復・敷金・更新料返還請求訴訟

【参考】国民生活センターHP「消費者契約法に関連する消費生活相談の概要と主な裁判例」

（上田孝治）

消費者契約法の課題
－実体法改正の必要性－

　消費者契約法は、2001年4月1日に施行された後、実体法部分に関しての見直しは行われないままとなっており、改正に向けた課題は多い。

■適用範囲の拡張と特則の充実化

　消費者契約法は、消費者契約に関する包括的な民事ルールを定める法律であるから、民法上の原則に関する消費者契約の特則規定を充実させて、事業者と消費者との間の情報の質および量の格差の是正を目指す必要がある。

　この点、まず、消費者契約概念の見直しがあげられる。個人事業主が一律排除されるとの誤解を生まないよう「消費者」（2条1項）の定義を見直すべきであるほか、零細企業等情報の質および量の格差の是正を図る必要がある者に対して消費者契約法が準用される旨の規定の新設が待たれる。

　そのほか、民法（債権法）改正をめぐって消費者契約の特則が議論されたとおり、無効・取消の効果や、取消権の行使期間、契約各論（継続的契約に関する消費者からの解除に伴う規律、抗弁権接続に関する規律、期限前弁済に関する規律等）について、消費者契約の特質に鑑みた規定を設ける改正が望ましい。

■不当勧誘規制の問題点

　消費者契約法が本来予定する立法目的は、情報力等の格差の是正による消費者利益の保護にある。この点を達成するために、事業者の情報提供義務を法的義務に格上げすべきである。また、現在の消費行動に照らして、インターネット取引における広告・表示や包装・容器への表示など、契約締結に直結する広告・表示に対しても適用範囲とすべきである。

　このほかにも、これまでの被害実例に照らせば「つけ込み型不当勧誘」等を救済できる条項の整備、不招請勧誘、適合性原則に反する勧誘、不当勧誘の包括条項新設など不当勧誘の適用範囲をさらに充実させて、消費者相談の現場で活用できる規定の整備が進められるべきである。

■不当条項規制の問題点

　現代社会においては、事業者が一方的に作成・使用する消費者契約約款が広く浸透している。しかし現行法では、消費者契約約款に関する一般的規律は存在しない。消費者保護の観点に立ち、組入れ要件、不意打ち条項の無効、透明性原則、消費者有利解釈等のルールを明確にすることが必要である。

　また、現行法8条および9条の不当条項リストは極めて不十分である。現行法10条がカバーしている様々な不当条項を類型化して抽出し、よりきめ細やかにリスト化のうえ整備して消費者被害救済を容易にすべきである。

【参考】消費者庁「平成23年度消費者契約法（実体法部分）の運用状況に関する調査結果報告」（2012年）、消費者委員会「消費者契約法に関する調査作業チーム論点整理の報告」（2013年）、日弁連「消費者契約法日弁連改正試案（2014年版）」

（吉野晶）

法 冠婚葬祭互助会契約の問題

■解約手数料
　冠婚葬祭互助会は、加入者から将来の儀式施行のため掛金を集める。しかし、儀式施行に至らず解約した場合、解約手数料を差し引いた残金しか返金されない。この解約手数料を定めた違約金条項の正当性が問題となる。

■適用される法律
　冠婚葬祭互助会契約は、割賦販売法2条6項の「前払式特定取引」に該当するが、この前払式特定取引には、契約の解除に伴う損害賠償の額の制限の規定（同法6条）は適用されない。
　そこで、解約手数料を定めた違約金条項の正当性は、消費者契約法9条1号、あるいは訪問販売や電話勧誘販売であった場合には特定商取引法10条・25条を適用のうえ、判断される。

■大阪高判の判断
　大阪高判平25・1・25（判時2187号30頁。原審・京都地判平23・12・13判時2140号42頁）は、消費者契約法9条1号に基づき、約款の一部を無効とした。
　具体的な冠婚葬祭の施行の請求がされる前に互助会契約が解約された場合、損害賠償の範囲は原状回復を内容とするものに限定されるべきであり、具体的には契約の締結および履行のために通常要する平均的な費用の額が「平均的な損害」となるものと解される。そして、上記の平均的な費用（経費）の額というのは、現実に生じた費用の額ではなく、同種契約において通常要する必要経費の額を指すものというべきであり、ここでいう必要経費とは、契約の相手方である消費者に負担させることが正当化されるもの、言い換えれば、性質上個々の契約との間において関連性が認められるものを意味するものと解するのが相当である。なお、最高裁は2015年1月20日、本件の上告受理申立てにつき不受理決定とし、原判決が確定した。

■上記判決の評価
　上記判決は、人件費等は事業の運営に係る一般的な経費であると判断し、平均的な損害には含まれないとした。
　他方、入会関連書類の作成費用については、個々の契約との具体的な結びつきが認められるとして、平均的な損害に含まれると判断する。しかし、入会関連書類といわれるものの中には、いわゆる販売促進グッズなども混在しているところ、これらは宣伝費などと同様、事業の運営に係る一般的な経費というべきものである。この点は、上記判決が「契約の相手方である消費者に負担させることが正当化されるもの」という実質的な規範とともに、「関連性」という規範を定立するところから生じる問題と思われる。
　今後、具体的適用にあたっては、「契約の相手方である消費者に負担させることが正当化されるもの」という実質部分を重視することが必要と考えられる。

【関連キーワード】違約金の制限条項

（平尾嘉晃）

[法] 旅　行

　旅行業法は、旅行業者の登録制度を採用し、観光庁長官および消費者庁長官が定めて公示した標準旅行業約款と同一の約款を用いている限り、認可約款を使用しているものとみなしている。実務上、旅行業者はほぼ例外なく標準旅行業約款を用いている。

■旅行契約の種類

　旅行契約で多用されるのは、募集型企画旅行と手配旅行である。

　募集型企画旅行（いわゆるパックツアー）は、旅行業者が作成した旅行計画により実施される旅行である。

　手配旅行は、旅行業者が、旅行者の委託を受け、代理・媒介・取次により、運送・宿泊等のサービス機関を手配する旅行である。

■旅行業者の債務と責任

　企画旅行契約を締結した旅行業者は、旅行者に対し、①手配債務、②旅程管理債務、③旅程保証責任、④安全確保義務、⑤特別補償責任を負担する。

　①手配債務は、運送・宿泊機関を予約し確保する義務である。

　②旅程管理債務は、旅行計画どおりの旅行ができない事情が生じた場合に、できるだけ計画に沿った旅行サービスの提供を受けられるよう必要な措置を講じ、旅行内容を変更せざるを得ないときは、最小の費用増加で、契約内容の変更をできるだけ最小限にとどめるような代替サービスを手配する義務である。約款上、旅行者には、契約内容変更に対抗する手段として、一定の場合に解除権が付与されている。

　③旅程保証は、旅行業者が、旅行者に対し、重要な旅程変更が生じたときは、過失がなくても、旅行代金に対する一定率の額の変更補償金を支払う制度である。瑕疵担保責任の一種と考える説もある。

　④安全確保義務とは、企画旅行契約において、旅行業者が、旅行中の旅行者の生命・身体・財産の安全を確保する義務をいう。旅行行程の設定、運送・宿泊等のサービス提供機関の選定、添乗員による危険排除等について、安全を配慮しなければならない。

　⑤特別補償制度は、旅行業者が旅行中の事故による旅行者の身体傷害および手荷物損害に対し、死亡補償金、後遺障害補償金、入院見舞金、通院見舞金および携帯品損害補償金を、自己の過失がなくても支払う制度である。一種の強制保険である。

■取消料規制

　企画旅行では、原則、申込金の支払いが契約成立要件であり、また、出発日が近づくにつれて高率となる取消料規制がなされている。この取消料規制が消費者契約法9条1号の立法にあたり参照されたといわれている。

【関連キーワード】違約金の制限条項
【参考】兵庫県弁護士会消費者保護委員会編『Q&A旅行トラブル110番』（民事法研究会、2009年）　　　　（鈴木尉久）

> 理論

適合性の原則

 適合性の原則とは、投資取引において発展した理論で、業者は顧客の知識・経験・投資目的・財産状況に照らして不適当な勧誘をしてはならないとの原則である。同原則は、たとえば商品先物取引の差金決済取引特有の、仕組みが難解で、高い危険性を認識、理解することが困難であるとの点(理解困難性)や、顧客は専門業者の助言に頼らざるを得ないこと(信認関係)から、業者が手数料稼ぎの不当目的により顧客の能力や資力に配慮せず頻回な取引をさせた点(過当取引・過剰性)などで主に問題となる。

■事業者の責務

 国民生活審議会消費者政策部会の提言「21世紀型の消費者政策の在り方について」(2003年5月)を受けた2004年5月改正消費者基本法5条1項3号は、「消費者との取引に際して、消費者の知識、経験及び財産の状況等に配慮すること」を事業者の責務としている。現在、適合性原則は、法的効果を伴う原則として消費者契約一般に導入できないか検討されている。

■理解困難性

 21世紀は金融技術と情報通信技術などの革新が著しく、高齢化の進展と相まって、新規性・専門性ゆえに、消費者が、商品・役務を的確に理解し、契約の目的や必要性を適切に判断し難い場合が増えつつある。たとえば、電話機等のリースで、消費者が抱いた締約の必要性・目的に比し、客観的には不要な最新の機能が付いた商品を、適合すると推奨され、消費者がミスマッチを自覚していない場合などに、適合性の原則が問題となる。特定商取引法7条4号、同法施行規則7条3号は、訪問販売等において「顧客の知識、経験及び財産の状況に照らして不適当と認められる勧誘」を禁止している。

■過剰性

 過当性・過剰性の点からは、従来、支払能力に配慮しない次々販売が問題となった。判断力に問題のある高齢者が主に被害に遭ったが、販売会社が自社の従業員に対し事実上の影響力を用いて買わせた場合でも問題となった(大阪地判平20・4・23判時2019号39頁)。また、大阪地判平21・3・24(法ニュース81号362頁)は、キャッチセールスで営業所まで連れられてソフトウェアを購入させられた際、クレジット与信審査が通らないとわかると、業者従業員が消費者をサラ金まで連れて行き、借金をさせて代金を支払わせたデート商法に関し、一連の勧誘行為について適合性原則違反を認めた。こうした問題に対処する2008年の法改正で、いわゆる過量販売は禁止され(特商法7条3号、特商規則6条の3)、過量販売解除権が法定された(特商法9条の2、割販法35条の3の12)。

【関連キーワード】適合性の原則(Ⅳ金融)
【参考】最判平17・7・14(民集59巻6号1323頁)、河上正二編著『消費者契約法改正への論点整理』(信山社、2013年)56頁

(牧野一樹)

理論　断定的判断の提供

■消費者契約法における取消事由
　消費者契約法4条1項2号は、事業者が消費者へ情報を提供する際、事業者が「断定的判断の提供」をした結果、消費者が誤認して契約を締結した場合には、消費者はその契約を取り消すことができると定めている。

■金融商品分野での断定的判断の提供
　断定的判断の提供に関しては、消費者契約法施行以前より、主に金融商品の分野で議論されてきていた。すなわち、証券会社の従業員が顧客に対して断定的判断の提供を行って取引を勧誘し、顧客と証券会社との間でトラブルになる事例が多くみられており、1965年の証券取引法改正により、断定的判断を提供して取引を勧誘することが禁止された。この規定は、現行の金融商品取引法38条2号に引き継がれている。

■断定的判断の提供による損害賠償
　前項の規定は行政規制であるが、断定的判断の提供は、単なる行政上の行為規制のみならず、裁判例においては、不法行為を構成する違法要素とされてきた。たとえば大阪高判平11・10・12（セレクト14巻55頁）は、株取引に関し、「3割の無償増資もある。マルコ株は1株3000円くらいになるからその時に責任を持って売却する、絶対大丈夫である」と述べたことについて、将来の株価予想を述べたにとどまらず、断定的判断を提供したものであるとし、損害賠償を認めた。その他、変額保険についての東京高判平12・4・27（判時1714号73頁）、海外商品先物オプション取引についての東京地判平13・6・28（判タ1104号221頁）など、株取引以外でも断定的判断の提供を理由として損害賠償を命じた裁判例があり、金融商品の取引に共通する違法類型である。

　これらの裁判例の集積等を踏まえ、2006年改正の金融商品販売法では、4条で断定的判断の提供の禁止を明示したうえ、違反の場合の損害賠償責任を定め（5条）、さらにその場合元本欠損額を損害と推定する旨の規定を置いた（6条）。

　同法の規定と消費者契約法における取消規定はいずれも民事上のルールであり、重複して適用されうる。同法に基づく損害賠償請求と消費者契約法に基づく契約の取消の主張をあわせて行うことが可能である。

■その他個別法における規定
　商品先物取引法214条1号は、商品先物取引業者に対し断定的判断の提供を禁じているが、違反の場合の民事的効果は定められていない。

　また金融取引以外の分野でも、宅地建物取引業法47条の2は、宅建業者等に対し、断定的判断の提供を禁止している（民事的効果の規定はない）。

【関連キーワード】断定的判断の提供（Ⅰ法）

（石田光史）

[理論] 不招請勧誘

不招請勧誘とは、消費者が契約の勧誘を望まないにもかかわらず、その意向を無視して行われる勧誘のことをいう。消費者に契約意思がないにもかかわらず、不意打ち的に勧誘を行うものである。たとえば事業者が、あらかじめ消費者の承諾を得ることなく一方的に自宅や勤務先等を訪問したり、勧誘の電話をかけたり、ファクシミリや電子メールを利用するなどして勧誘を行う方法である。

■不招請勧誘禁止のあり方

アメリカでは、電話勧誘を望まない消費者のためにあらかじめその旨登録し、事業者がそれに違反して消費者の承諾または要請なく電話勧誘を行った場合には制裁するという電話勧誘拒否登録制度がある（オプトアウト）。しかし、不招請勧誘から消費者を保護するためには、消費者に事前の勧誘拒否の意思表明を求めるべきではなく、オプトイン（事前に要請または同意がない限り勧誘してはならない）を採用し、これに反した勧誘を禁止すべきである。金融商品取引法38条4号は、訪問販売と電話勧誘についてオプトインの不招請勧誘禁止を規定し、2009年改正の商品先物取引法214条9号でもオプトインが採用されている（ただし、2015年省令改正で大幅緩和された）。さらに、2012年の特定商取引法の改正により、訪問購入におけるオプトインの不招請勧誘禁止が規定された（58条の6第1項）。

■不招請勧誘規制の効果

不招請勧誘がなされると、契約締結には至らないが、被勧誘者が私生活の平穏を害されているという事態も生じうる。そこで、消費者の私生活の平穏を保護するために、上記の各法令に違反して不招請勧誘がなされた場合には、それにより不法行為が成立し、損害賠償が認められると考えるべきである。なお、不招請勧誘の結果、契約締結に至った場合は、困惑による取消をする余地はある。

■一般的な不招請勧誘規制の必要性

不招請勧誘は、①消費者が冷静かつ自由な判断をする機会を阻害し、不当な契約を勧誘するものであること、②時間や状況を選ばずに無制限に消費者個人の生活圏に入り込むものであり、住所や勤務先等に対して行われた場合、消費者の平穏な生活を侵害すること、③各地方自治体の消費生活条例で不招請勧誘禁止条項を制定していることからも、不招請勧誘の禁止の必要性は、極めて高いといえる。したがって、一般法たる消費者契約法において、困惑行為による取消に類するものとして、事業者による不招請勧誘から消費者を救済する規定を置く必要がある。

【関連キーワード】不招請勧誘（Ⅳ金融）
【参考】国民生活センター「第37回国民生活動向調査」（2007年3月）、同「不招請勧誘の制限に関する調査研究」（2007年2月） （大橋賢也）

> 理論

状況濫用の法理

■状況の濫用

わが国では、事業者が、消費者との間の格差を背景に、消費者が契約を締結するか否かについて合理的に判断することができない状況にあることを不当に利用する状況の濫用によって、本来ならば不要な契約を消費者に締結させる消費者被害が多発している。具体的には、高齢、認知症、知的障害等によって知識や判断能力が不足していることに乗じて呉服や宝飾品、ハイリスクな金融商品等を販売する事案、健康等の不安に乗じてさらに不安を煽って高額な祈禱料等を支払わせたり壺等を購入させる事案、従業員の従属性に乗じて呉服等を次々販売する事案、病気に乗じて必ず治せる等と告げて医学的根拠のない高額な治療契約をさせる事案、友人関係を利用して大学生に高額な投資用DVDを購入させる事案等の被害が後を絶たない。特に、判断能力に問題があると思われる高齢者の被害相談は増加の一途をたどっており、深刻である(国民生活センター「2012年度のPIO-NETにみる消費生活相談の概要」等)。

■現行法による被害救済と限界

状況の濫用について、現行法にはこれを対象とした直接の救済規定がない。そのため、これまでの裁判例では公序良俗違反や不法行為等、民法の一般規定の適用が可能な限度で一定の救済が図られてきてはいるものの、これらの一般規定による救済にはもとより適用上の限界がある。

■状況濫用の法理

そこで脚光を浴びているのが、状況の濫用によって締結させられた契約の効力を否定する状況濫用の法理である。

比較法的に有名なのはオランダ民法の規定で、同法第3編44条では、「1 法律行為が強迫、詐欺または状況の濫用によって成立したときは、その法律行為を取り消すことができる」「4 状況の濫用は、相手方が窮状、従属、軽率、異常な精神状態または無経験のような、特別の状況によって法律行為への着手に導かれたことを知りまたは理解しなければならない者が、その者が知りまたは理解しなければならない事情によればそれを思いとどまるべきであったにもかかわらず、当該法律行為の実現を促したときに、認められる」とされる(消費者委員会「消費者契約法に関する調査作業チーム論点整理の報告」参考資料6 (2013年8月))。

わが国においても、具体的な要件設定については十分な検討が必要ではあるが、事業者が消費者の知識・判断力の不足等によって契約締結の要否について合理的に判断することができない状況を不当に利用して勧誘を行い、契約を締結させた場合には、消費者に意思表示の取消権を付与する、などの立法措置を消費者契約法の改正で行うことを考えるべきである(「消費者契約法日弁連改正試案(2014年版)」6条)。

(前川直善)

[理論] **情報提供義務**

　情報提供義務は、消費者契約法3条1項で努力義務が課されているほかは民事上の義務を課す規定は他に無いが、判例や学説において、民法上の信義則等により、一定の状況のもとでこれが肯定され、情報提供義務違反を理由とする損害賠償が認められてきた。業法では商品、サービス内容、取引や契約条件についての開示義務や書面交付義務を課すことによって情報提供を義務付ける法令がある（割賦販売法3条、特商法4条等、宅地建物取引業法35条等）。

■情報提供義務の根拠

　事業者は商品・役務に関する取引等を反復継続して行っており、商品・役務およびその契約に関する情報・知識を豊富に有している。また、商品・役務自体、非常に専門化・複雑化し、契約関係や内容も多様になっており、商品・役務および契約に関する情報量自体が増加してきている。事業者は増加している情報に接する機会が多く、質の高い有用な情報を多量に収集する能力と情報処理能力も高くなっている。

　これに対して消費者は、契約しようとする商品・役務およびその契約に関する知識・情報を十分には保有せず、収集するにしてもそれは事業者側から与えられた一方的なものが多く、質の高い多数の情報を収集することはもとより、これを自ら分析し取捨選択することが困難な状況におかれている。

　このような事業者と消費者の圧倒的な情報力格差から、事業者の情報提供義務が学説・判例上認められてきた。

■情報提供義務の内容・効果

　事業者は、消費者に対して、その契約締結の意思を左右し得る事実、その判断をするために必要な情報およびその情報を分析するための情報について情報提供義務を負う。

　事業者の情報の不提供が情報提供義務違反により違法と評価された場合、事業者は、消費者に生じた損害を賠償しなければならない。

　なお、「情報提供義務」という概念のほかに「説明義務」という概念がある。両者の関係をどう捉えるかは難しい問題であるが、「説明義務」という概念は金融商品分野でとりわけ進化を遂げており、ここでは「情報提供義務」とは異なる概念として説明されている（詳細は、金融サービスの「説明義務」の項目を参照）。これは、金融商品が他の商品の中でもとりわけ仕組みが複雑であり、情報格差・交渉力格差が顕著な部分である一方で、商品を目で確かめたり、触ったり、試用することができない性質の商品でパンフレット等の説明文書や担当者の言葉による説明でしか内容を確認できないという性質に由来すると思われる。もっとも、ここで深化した「説明義務」の概念は消費者取引一般に通じる考え方であり、今後情報提供義務との関係性がより検討される必要がある。

【関連キーワード】説明義務（Ⅳ金融）

（釜谷理恵）

> 理論 **消費者法典・消費法典**

　世界的に消費者法が整備される潮流はあるが、対応すべき分野の広さ、対応方法の多様性、また日々新しい問題が発生すること等から、法律の数が増え、法制全体が複雑化する傾向にある。諸分野にまたがる消費者（保護）法を統合し、包括的な法律（法典）にまとめたものが、消費者法典である。国によっては、消費法典とも称される。

■消費者法典整備の目的と必要性
　第1に、利用者によるアクセスの容易性を実現することにある。消費者法は、日常生活にかかわる法であり、活用されなければ意味がない。現状は、消費者だけでなく、法律家でさえ理解困難になっており、改善の必要がある。
　第2に、法典の編纂にあたり、体系的な整理を行うことで、法の隙間を縮小し、規制の均衡化を図ることが期待できる。この効果は、実体法のみならず、法の執行（エンフォースメント）にも妥当する。
　第3に、法典編纂により、法体系における消費者法の地位向上を図ることができる。対等な個人を前提とする近代民法だけで、情報・交渉力に格差のある当事者間を規律することが相当でないことは周知の事実となっているが、消費者法が特別な「保護」法制ではなく、当然あるべき法制であるとの認識をさらに広める必要がある。

■各国の消費者法典・消費法典
　名称の違いはあれ、独立した包括的な消費者法をもつ国・地域は、フランス、イタリア、ルクセンブルク、ブラジル、フィンランド、スペイン、ニュージーランド、台湾などである。どの範囲の法規を取り込むかは一様でなく、安全・信用分野の規定や、刑罰・手続法等を取り込むかは、各国の事情による。オーストラリアでは、包括的な消費者法が競争法と一体となっている。

■民法に統合するアプローチ
　一方、ドイツ（および以前のイタリア法）では、民法に消費者保護に関連する基本規定が取り入れられ、当事者の非対称性から生じる問題への対処が図られている。わが国でも民法改正において同様の議論がされたが、この方法には、必要に応じた柔軟な改正が可能かという問題、民事ルール以外の法整備を別に要するなど課題もある。

■本邦消費者法典制定へ向けて
　1989年日弁連松江人権大会において、消費者庁の設置、消費者のための訴訟制度の導入とともに、包括的消費者法の制定が決議された。このうち、消費者法典の整備だけは、未だ先が見える状況にない。わが国でも法制が複雑化する中、法典編纂の必要性を指摘する意見も多く、一層の取組が必要である。

【関連キーワード】消費者庁、消費者委員会、消費者基本法、消費者の権利
【参考】野澤正充「債権法改正と消費者法の関係－消費者法典の構想との関係」NBL946号32頁、近畿弁護士会連合会消費者保護委員会編『消費者取引法試案』（消費者法ニュース発行会議、2010年）

（川本真聖）

II

特定商取引法・悪質商法

概　説

1　訪問販売法制定まで

　現代型の消費者取引被害は、高度経済成長を迎えた1960年代に出現した。**訪問販売、通信販売、連鎖販売取引（マルチ商法）** などの特殊な販売方法による被害が多発して社会問題となり、法的規制の必要性が高まったことから、1976年に訪問販売等に関する法律（訪問販売法）が制定された。同法では、政令で指定した大量生産品に関する訪問販売、通信販売と物品に関する連鎖販売取引（マルチ商法）の3種類の取引、および、**ネガティブオプション** についての規制（民事効とともに **禁止行為・行政処分**）を設けた。訪問販売と連鎖販売取引については契約書面等の **書面交付義務** と **クーリング・オフ制度** を導入した。通信販売については広告規制が中心であり、返品制度の有無等を広告に表示すべきことを義務付けた。
　マルチ商法とよく似ているが商品等の販売の実態がなく金銭配当組織にすぎない **ネズミ講** については、無限連鎖講の防止に関する法律によって全面的に禁止された。

2　適用対象取引の拡大

　その後、サービス化が進展しサービス取引の被害が多発した。さらに、若者を狙う **キャッチセールスやアポイントメントセールス**、高齢者を狙う催眠商法（SF商法）など、消費者にとって不意打ち的な悪質商法が多発した。そこで、1988年に訪問販売法が改正され、サービスおよび権利にも対象を拡大するとともに、消費者にとって不意打ち性の強い取引を特定顧客取引として、営業所等の取引であっても訪問販売となるものとする定義の拡大を行った。クーリング・オフ期間も延長された。
　その後、サラリーマンなどを狙った暴力的な電話勧誘により資格取得教材や講座を契約させる消費者被害が急増し、1994年に **電話勧誘販売** が規制対象に追加された。
　サービス取引をめぐっては、エステティックサービスや英会話教室などの継続的サービス取引をまとめて契約させ、中途解約を禁止したり倒産するなどの被害が多発した。そこで、1999年に、政令で指定した継続的サービス取引が **特定継続的役務提供** として規制対象とされた。
　一方、経済低成長の時代を迎え「仕事を提供する」と勧誘して商品やサービスの契約をさせる悪質商法が多発した。そこで、2000年に、**業務提供誘引販売取引** として規制対象に追加されるとともに、法律の名称が **特定商取引に関する法律（特定商取引法）** と改正された。
　2004年には、クーリング・オフ妨害行為があった場合のクーリング・オフ期間の延長、契約締結の勧誘時の **不実告知・不告知による取消** の制度、連鎖販売取引への中途解約制度の導入などの民事ルールの強化が行われた。これにより、特定商取引

法の消費者法に占める位置は、より重要なものとなった。

　高齢社会を迎えて高齢者を狙った悪質商法が増加するようになり、2000年に入ってからは同一の高齢者に対して不必要な商品を次々と売り付ける**次々販売**などの被害が多発し、社会問題となった。そこで、2008年に、訪問販売に関して**過量販売**が禁止されるとともに、過量販売を理由に契約を解除できる民事ルールが導入された。あわせて、立法当初から後追いとの批判が強かった**指定商品・指定役務制度を廃止**し、原則としてすべての商品と役務に係る訪問販売・通信販売・電話勧誘販売が規制対象とされた。ただし、**指定権利制**や、**適用除外**の問題がある。

　2010年には、高齢の女性に対して、貴金属などに関する押し買い被害が多発した。そこで、2012年に、**訪問購入**として規制対象に追加された。消費者が対価を支払って商品などを購入する契約だけでなく、不必要になった商品を事業者に売却する取引を規制対象にしたわけである。モノ余りで低成長期を迎えた新たな消費生活を見据えた規制であり、消費者法は新たな展開の時代を迎えたといえる。

　また、**提携リース**や**その他の悪質商法**として投資用マンション、美容医療など、特定商取引法の適用が問題となる事案への対応が必要でもある。

3　不招請勧誘の禁止

　訪問販売・電話勧誘販売・訪問購入は、事業者の都合で一方的な勧誘がなされるために消費者被害が多発する傾向がある取引である。特定商取引法では、訪問販売と電話勧誘販売では勧誘に対して消費者が契約の締結を断った場合の**再勧誘の禁止**を定め、訪問購入については消費者の同意がない訪問勧誘（**不招請勧誘**）を禁止した。金融商品取引法と商品先物取引法では、消費者の同意のない訪問勧誘・電話勧誘・メールによる勧誘を原則として禁止している。これらと比較すると、特定商取引法の不招請勧誘の禁止は不徹底との批判があり、今後、**訪問販売お断りステッカー**の有効化、Do-Not-Call 制度の導入が課題となっている。

4　高齢社会・情報化時代の悪質商法

　高齢社会を迎えて高齢者の消費者被害が多発し、深刻化している。2013年度の国民生活センターのデータによれば、消費者被害の契約当事者の3人に1人が高齢者である。高齢者の被害は悪質な訪問販売や電話勧誘販売、パンフレットの送付と電話での勧誘を組み合わせた「買え買え詐欺」による被害などである。ことに、「買え買え詐欺」などの手口では、実態の不明な権利に関するものが多くを占め、権利の内容はめまぐるしく変化している。政令指定権利制度は維持されたままであるため、これらの権利に関する電話勧誘販売などには特定商取引法の適用がなく、悪質な販売行為は野放しとなっている。指定権利制度の廃止が重要な課題となっている。

　すべての年代の消費者に被害が多発しているものとして、インターネット通信販

売による被害がある。注文して前払いしても商品が届かない商品未着の被害が増えている。また、オンラインゲームやサクラサイト、アダルトサイトの被害は消費生活相談の第一位を占めている。現行のインターネット通信販売に対する規制では不十分であり、新たな見直しが求められている。

5　特定商取引法の見直し

　2008年改正法附帯決議で施行後5年をめどに見直すこととなっていたことから、2015年3月から消費者委員会の特定商取引法専門調査会において同法の見直しの検討が始まった。前回の改正から、消費者被害の実情はかなり大きな変化がみられる。高齢者人口の増加率をはるかに上回る高齢者被の増加、スマートフォンの普及に伴いSNSなどの新しい通信手段が日常的に利用されるようになるとともに悪質商法でも消費者に接触する手段として用いられるようになったことなど、さまざまな新たな問題点がある。

　大きな論点としては、従来から問題となっている**政令指定権利制**の廃止、訪問販売や電話勧誘販売で高齢者の被害が増加し続けていることから**不招請勧誘**の禁止の導入などがある。専門調査会における検討はまだ始まったばかりで課題は絞り込まれてはいないが、抜本的改正が望まれるところである。

【参考】 齋藤雅弘ほか『特定商取引法ハンドブック〔第5版〕』（日本評論社、2014年）、消費者庁取引対策課＝経済産業省商務流通保安グループ消費経済企画室編『特定商取引に関する法律の解説〔平成24年版〕』（商事法務、2014年）、圓山茂夫『詳解　特定商取引法の理論と実務〔第3版〕』（民事法研究会、2014年）

（村千鶴子）

訪問販売

「訪問販売」とは、典型的には販売業者が消費者の家庭や勤務先を訪れ勧誘して販売行為を行う形態である。消費者が自ら店舗に出向いて取引をする場合（店舗取引）と異なり、業者により不意打ち的に、閉鎖的な場所で強引・巧妙な勧誘がなされ、説明も不十分で十分な契約締結の意思がない状態で取引を迫られがちである、などの特徴があるので、契約トラブルが生じやすい。そこで、このような取引における消費者の保護を目的として、特定商取引法第2章が訪問販売を規制している。

■要件

訪問販売の基本的な要件は、商品・指定権利の販売業者または役務提供事業者が、営業所等以外の場所で契約の申込みを受けまたは契約を締結するものをいう（特商法2条1項）。ここで、「営業所等」とは、営業所、代理店その他の主務省令で定める場所のことで、基本的に、長期間にわたり継続して販売等の取引を行うための場所を指す。特商規則1条4号の「一定の期間にわたり、商品を陳列し、当該商品を販売する場所であつて、店舗に類するもの」は、①最低2、3日以上の期間にわたって、②商品を陳列し、消費者が自由に商品を選択できる状態のもとで、③展示場等販売のための固定的施設を備えている場所、と解釈されている（特商法通達）。

「営業所等」における取引であっても、特定の誘引方法により誘引した顧客（特定顧客）との取引は、訪問販売として規制される（特商法2条2項。キーワード「キャッチセールス・アポイントセールス」参照）。

訪問販売の規制対象取引は、商品・指定権利の販売および有償の役務提供である。

■行政規制

① 氏名等の明示義務（特商法3条）
② 契約を締結しない旨を表示した者に対する勧誘の禁止等（同法3条の2）
③ 書面交付義務（同法4条・5条）
④ 禁止行為（同法6条）
⑤ 合理的な根拠を示す資料の提出義務（同法6条の2）
⑥ 指示・業務停止等（同法7条・8条）

■民事規制（民事ルール）

① クーリング・オフ（特商法9条）
② 過量販売解除権（同法9条の2）
③ 不実告知等による勧誘があった場合の意思表示の取消（同法9条の3）
④ 契約の解除等に伴う損害賠償等の額の制限（同法10条）
⑤ 適格消費者団体による不当勧誘行為・不当条項の差止請求権（同法58条の18）

【関連キーワード】キャッチセールス・アポイントメントセールス、訪問販売・通信販売・電話勧誘販売の適用除外、指定商品制・役務制の廃止と指定権利制、次々販売・過量販売　　　　　（五十嵐潤）

キャッチセールス・アポイントメントセールス

　訪問販売は、通常、営業所等(営業所、代理店その他の主務省令で定める場所)以外の場所における取引を指す(特商法2条1項)が、「営業所等」における取引であっても「営業所等以外の場所において呼び止めて営業所等に同行させた者その他政令で定める方法により誘引した者」(特定顧客)との取引である場合には訪問販売として規制され(同法2条2項)、かかる特定顧客に対する誘引方法として法が定めているのが、①キャッチセールスと②アポイントメントセールスの2つの取引形態である。

　これらの取引形態には、営業所等以外の場所で消費者に特定の方法で接触して営業所等に呼び寄せ、一方的・不意打ち的な勧誘をする点で、通常の訪問販売と同様の危険があることから、訪問販売として規制対象とするものである。

■**キャッチセールス**

　キャッチセールスとは、街頭などで歩行者に声をかけて呼び止め、その後、営業所等に同行して契約させる形態である(特商法2条2項)。

　呼び止める際に販売目的を告げたか否かは問わないので、「アンケートに答えてください」などと販売目的を隠す場合だけでなく、販売目的を告げていても適用される。キャッチセールスは化粧品、エステティックサービス、宝飾品、絵画などの勧誘に多く見られ、クレジットを利用した高額契約トラブルも少なくない。

■**アポイントメントセールス**

　アポイントメントセールスとは、電話・ファクシミリ・電子メール・ダイレクトメール・チラシなどにより、販売目的を告げず(販売目的隠匿型)、または特に有利な販売条件で購入できる(有利条件提示型)などと告げて消費者に営業所等への来訪を要請して勧誘し契約させる形態である。具体的には、「来店していただければ、購入しなくても、プレゼントを差し上げます。見にくるだけでよいので来てください」(販売目的隠匿型)とか、「あなただけに期間限定で特別割引で販売します」(有利条件提示型)などと勧誘して店舗に呼び出し、出向いた客に販売勧誘をして契約させるものである。

■**特定商取引法による規制**

　キャッチセールスおよびアポイントメントセールスは「訪問販売」に該当するので、クーリング・オフ等、訪問販売の全ての規定の適用がある。

　なお、特定商取引法6条4項は「契約の締結について勧誘するためのものであることを告げずに営業所等以外の場所において呼び止めて同行させることその他政令で定める方法により誘引した者に対し、公衆の出入りする場所以外の場所において」勧誘する行為を禁止行為としている。

【関連キーワード】訪問販売、書面交付義務、クーリング・オフ制度、次々販売・過量販売、禁止行為・行政処分

(五十嵐潤)

通信販売

通信販売とは、事業者が、郵便、信書便、ファクシミリ、インターネット通信などの方法により売買契約または役務提供契約の申込みを受けて行う販売または役務提供であって、電話勧誘販売に該当しないものをいう（特商法2条2項）。

■民事ルール

通信販売は、契約意思をもった顧客が自ら事業者にアクセスして取引を行うのが一般的であるから、訪問販売等と異なり不意打ちの可能性は少ないため、クーリング・オフ制度は設けられていない。

しかし、通信販売は、非対面の取引であり、商品の実物を確認しないまま購入するのが一般的であるため、購入した商品が意に沿わなかったりするトラブルも多い。そのため、事業者が申込みの撤回等についての特約を広告に表示していない場合には、商品の引渡しを受けてから起算して8日を経過するまでの間であれば、契約の解除等ができるとされている（特商法15条の2第1項）。この解約返品制度は、申込みの撤回等についての特約が広告に表示されていない場合の補充的な制度であること、商品の返還等に関する費用が購入者の負担であること（同条2項）、起算日が商品引渡日であること等、クーリング・オフ制度と異なる性質・内容を有している。

■広告規制

通信販売は、前述したように非対面の取引のため、事業者から消費者に対する情報提供手段は一般的には広告しかない。そのため、取引条件等について正確な情報を広告に表示させることが重要であることから、広告について、一定の事項の表示を義務付ける積極的広告規制（特商法11条、特商規則8条・9条）および一定の事項についての虚偽・誇大広告を禁止する消極的広告規制（特商法12条、特商規則11条）を設けている。

■電子メール広告規制

消費者が望まない通信販売取引に誘引されることを防止するとともに、取引の公正を確保するため、あらかじめ承諾を得ていない消費者に対する電子メール広告送信は、原則として禁止されている（特商法12条の3・12条の4）。

■電子消費者契約法による手当

消費者がパソコン等の操作ミスにより意図しない契約の申込みをしてしまうトラブルを防ぐため、事業者が消費者の意思を確認するための適切な措置（確認画面の設定等）を設けていない場合には、原則として操作ミスによる意思表示につき民法95条ただし書の適用を排除し、同意思表示を無効としている（電子消費者契約法3条）。

【関連キーワード】訪問販売・通信販売・電話勧誘販売の適用除外、クーリング・オフ制度

【参考】日弁連消費者問題対策委員会編『改正特商法・割販法の解説』（民事法研究会、2009年）262頁 （森哲也）

電話勧誘販売

　「電話勧誘販売」は、販売業者が、個人宅や勤務先へ突然に電話をかけ、契約の勧誘を行うことにより販売を行う形態である。各種の資格取得講座の受講契約や、紳士録の販売などの被害例が多かったが、近時、投資勧誘被害が増えている。電話でのやりとりという曖昧な会話に乗じて、販売業者から一方的に契約の成立を主張してくる例が多い。この種のトラブルが多発したため、1996年の訪問販売法（当時）の改正により、電話勧誘販売が規制されることになった。最近では、いわゆるカモリストに載っている者へ電話して詐欺的な投資勧誘をする手口も増えている。

　特定商取引法が規制する電話勧誘販売は、販売業者から電話してくる場合が原則であるが、販売目的を隠匿したチラシなどに電話番号を記載して、消費者から販売業者に電話させた場合も含んでいる（特商法2条3項、特商令2条）。

■訪問販売などと同様の規制

　電話勧誘販売は、通信手段を用いた契約の勧誘・締結であり、形態としては通信販売に類似している。しかし、勧誘の強引さや不意打ち性はむしろ訪問販売と類似しており、通信販売よりも厳しく規制されている。規制内容も訪問販売に近い。電話勧誘では相手方の素性がよくわからないという特性があるので、勧誘に先立って業者名および電話している者の氏名、商品の種類並びにその電話が契約の勧誘のためのものであることを明示しなければならない（特商法16条）。電話勧誘では契約の成否や内容が曖昧になりがちである。その対処として、契約後に、契約内容や8日間のクーリング・オフ期間などを記載した書面を交付することを義務付けている（同法19条）。また、訪問販売と同様に、禁止行為（同法21条）や指示処分対象行為（同法22条）による行政規制が行われ、クーリング・オフや不実告知、故意の不告知の取消権（同法24条の2）といった救済方法が定められている。

■契約意思のない者への勧誘の禁止

　電話勧誘は、顧客にとっては不意を襲われて迷惑なうえ、執拗な勧誘から解放してもらえない。そこで契約を締結しない旨の意思表示をした顧客に対しては勧誘してはならないこととした（特商法17条）。これは、オプトアウト型の規制である。ドイツでは電話勧誘が禁止されており、アメリカでは顧客の同意がない限り電話勧誘ができないことになっている（Do Not Call：オプトイン型規制）。訪問購入については、オプトイン型の不招請勧誘規制が規定された。高齢者の電話勧誘被害防止のために、警視庁などでは、高齢者宅に悪質電話撃退の録音装置を配備するなどの取組みがなされている。

【関連キーワード】再勧誘の禁止・不招請勧誘、書面交付義務、Do-Not-Call制度と訪問販売お断りステッカー、クーリング・オフ制度　　　　　（国府泰道）

訪問販売・通信販売・電話勧誘販売の適用除外

■営業のために・営業として

特商法は、消費者保護を目的とすることから、次の場合は、訪問販売、通信販売および電話勧誘販売の規制全部が適用除外とされる。

「営業のために」とは、営利法人や自営業者等の商人がその営業に関連して行う附属的商行為（商法503条）である（特商法26条1項1号）。事業者名の契約でも、購入商品・役務が主として個人用・家庭用である場合は、適用対象となる（特商法通達）。町工場を営む株式会社が消火器薬剤充填契約を締結した事案につき、大阪高判平15・7・30（法ニュース57号155頁）は、特商法の適用を認めた。

「営業として」とは、営利を目的として反復継続して業務を行う営業的商行為（商法502条）である。ただし、もっぱら個人的労務により賃金を得る程度の零細規模の取引の場合（商法502条ただし書）や、実質的に廃業していたり事業実態がほとんどない零細事業者の場合は本法が適用される（特商法通達）。1人で印刷画工を営み賃金程度のわずかな収入を得ていた個人が締結した電話機リース契約の事案につき、名古屋高判平19・11・19（判時2010号74頁）は、特商法の適用を認めた。

■他法令との調整

政令指定商品・指定役務制の廃止に伴い、他の特別法により消費者保護のための取引適正化の行政措置がある取引分野については、二重規制を避けるため、約50の特別法分野を適用除外としている。特商法26条1項7号・8号に、弁護士業、金融商品取引業、宅地建物取引業および旅行業を規定し、政令5条別表第2に、金融機関、電気通信業、運輸業、国家資格関連事業、その他の特別法規制事業が規定されている。

■事業者と従業者との取引

事業者が従業者に対し福利厚生のために商品を販売するような取引は、事業者内部の規律に委ねるものとした（特商法26条1項5号）。ただし、アルバイト募集に応募した者に高額商品を販売する商法は、雇用関係の形成は販売手段の一環として評価され、適用除外とならない。呉服店展示会の販売員を募集し着物等を販売した事案につき大阪地判平20・1・30（判時2013号94頁）がある。

■その他の適用除外

書面交付義務とクーリング・オフが適用除外とされる取引として（特商法26条2項）、飲食、マッサージ、カラオケボックス等の呼び込みがある。

書面交付義務、勧誘行為規制、クーリング・オフ等が適用除外とされる取引として（特商法26条5項）、消費者が契約締結のために来訪を請求した取引、お得意顧客への反復訪問による取引などがある。 （大濵巌生）

連鎖販売取引（マルチ商法）

「マルチ商法」とは、アメリカで生まれた「マルチレベルマーケティング・プラン（MLM）」の略称で、多重階層式販売組織を指す。ピラミッド状に販売組織で発展する形態をとるのでピラミッド式販売とか、ねずみ講式販売とも呼ぶ。人のネットワークを通して販売組織が拡大することから、ネットワークビジネスともいう。

日本には、1970年前後にホリディマジック社が上陸し、そのほかベストライン、ジェッカーフランチャイズチェーン、APOジャパンなどが猛威を振るった。ホリディマジックは1976年に公正取引委員会により独占禁止法の欺瞞的顧客誘引に該当するとして排除命令を受けた。

■特定商取引法の規制

1976年に制定された訪問販売法では、マルチ商法を連鎖販売取引として規制した。連鎖販売取引の規制の考え方は、販売組織のあり方を規制するのではなく、個別の取引ごとに連鎖販売取引に該当するかどうかを認定して規制する手法をとっている。

連鎖販売取引の要件は、相手方が商品・役務の販売を業とするものであること、契約の締結の際に特定利益が得られるとして誘引すること、販売員になるために金銭負担（これを特定負担という）を伴うこと、である。販売員の立場は、再販売をする者でも、委託販売員でも、紹介販売により紹介料が得られる場合でもかまわない。

立法当時は再販売型に限定されていたが、1988年改正で受託販売（委託販売型）、販売のあっせん（紹介販売型）も対象として拡大された。

■特定利益

勧誘時の特定利益による誘引がポイントである。特定利益とは、販売員の拡大による利益を対象とするもので、小売利益は含まない。

最近では、最初は特定利益の存在を告げずに契約させ、その後マルチ商法の正体を現して販売員を増やすように圧力をかけてくる後出しマルチが社会問題となっている。

■規制内容

連鎖販売取引の規制は、勧誘の適正化ルール、取引の内容を開示させるための書面交付義務、選択の自由を確保するためのクーリング・オフ制度、勧誘時の不実告知や不告知による取消制度、クーリング・オフ期間経過後の中途解約と返品ルールなどである。これらの適用対象は、販売員となる者が店舗によらない個人の場合に限られる。

破綻必至のマルチ商法はネズミ講と同様に禁止すべきとの指摘もあるが、現状では禁止されていない。

外形上はマルチ商法を装うものの商品流通の実態がないものもあり、この場合には、ネズミ講に該当する。

【関連キーワード】ネズミ講、クーリング・オフ制度

（村千鶴子）

ネズミ講

ネズミ講は、1965年頃に熊本県下で内村健一が天下一家の会・第一相互経済研究所と名乗って始めたものである。Aが一定の金額を天下一家の会に支払って会員になり、知人などを勧誘して自分の下に2名以上の会員を獲得し、各段階の会員が同様の行為を繰り返すことによって一定の段階までのピラミッドが完成すると、下位の会員が入会する際に支払った金員の中から、会員Aに、入会時に支払った金員よりも多額な配当が入る仕組みである。

類似の詐欺的な儲け話は欧米にもあり、この手口を始めた人物の名前を取って「ポンジー詐欺」と呼ばれている。

■ネズミ講の破綻性

しかし、会員が永久に増加し続けることはない。ネズミ講組織は、構造的に必ず破綻するものであり、組織のトップと一部の上層部の会員以外は損失を被ることになる欺瞞的な取引である。

■ネズミ講に関する判決

天下一家の会は、国税庁の査察、その後の脱税による起訴、内村の有罪判決(その後服役)により、その欺瞞的な実態が明らかとなった。これがきっかけとなって被害者の会が組織され、内村らに対する民事訴訟が提起された。当初は「欲にかられた」被害者を批判する意見も強かったが、長野地判昭52・3・30(判時849号33頁)は、公序良俗に反し無効と判断して入会金の返還を命じた。静岡地判昭53・12・19(判時934号87頁)は、組織の破綻性の明白性や勧誘方法の違法性を指摘し不法行為による損害賠償を命じた。その後、被害者らによる破産の申立てにより破産手続が進められ、2005年にようやく最後配当手続が行われた。

■法律規制

被害者らは、ネズミ講を禁止する立法化をめざして運動に取り組み、1978年、超党派の議員立法により、無限連鎖講の防止に関する法律(ネズミ講禁止法)が制定された。2名以上の会員の勧誘を義務付ける金銭配当組織を無限連鎖講として定義し、開設・運営・勧誘・加入の全てを禁止した。開設・運営・勧誘は、刑事処罰の対象とされている(同法3条・5条〜7条)。

■国利民福の会

その後、天下一家の会のNo.2の地位を占めていたとされる人物が、「国に利益をもたらす国民の助け合い」を標榜して、収入印紙と国債を用いたネズミ講「国利民福の会」を始めた。ネズミ講防止法では金銭配当組織を規制対象としていたため、収入印紙や国債を送る手法には規制が及ばない点に目をつけたのである。そこで、1988年、収入印紙や国債などを用いる場合も規制対象とするため、禁止の対象を「金品」の配当組織を対象とするとの法改正がなされた。

【関連キーワード】連鎖販売取引(マルチ商法)

(村千鶴子)

書面交付義務

　特定商取引法は、事業者に対し、法定の記載事項を記載した書面を消費者に交付すべき義務を課している。その主な趣旨は、訪問販売・電話勧誘販売・訪問購入では、不意打ち的な勧誘に対処するため、また連鎖販売取引・特定継続的役務提供・業務提供誘引販売取引では、契約内容が複雑あるいは効果の有無がわかりにくいなどに対処するため、取引に際して消費者に取引内容を十分に理解させ、後日、契約に関して事業者と消費者の間で紛争を予防するとともに、消費者に対してクーリング・オフ権の存在を知らせ契約からの解放の手段を確保する趣旨である。

■書面の種類と交付時期

　訪問販売・電話勧誘販売・訪問購入においては、事業者は、契約の申込み時に申込時書面および契約締結時に締結時書面を、申込みと締結が同時のときは契約書面を、遅滞なく（訪問販売・訪問購入の申込書面は直ちに）、消費者に交付しなければならない。

　連鎖販売取引、特定継続的役務提供、業務提供誘引販売取引においては、事業者は契約を締結するまでに概要書面を、契約締結後は遅滞なく締結時書面を作成して消費者に交付しなければならない。

　訪問販売では一般に、事業者は、申込み時に契約書面を渡す場合が多い。具体的には、自動複写式の書面に販売員などが必要事項を記載して消費者に渡し、消費者が当事者としての属性事項を記入・捺印し、その書面が回収されてお客様控え分を受け取る方法が多い。

■書面の記載事項

　書面の記載事項は、①訪問販売では特定商取引法4条以下、②電話勧誘販売では18条以下、③連鎖販売取引では37条以下、④特定継続的役務提供では42条以下、⑤業務提供誘引販売取引では55条以下、⑥訪問購入では58条の7以下に法定事項が規定されている。

　主な内容は、当事者の特定に関する事項、目的物の特定に関する事項、代金支払いや商品引渡し等契約の履行に関する事項、クーリング・オフその他取引条件に関する事項等である。なお、役務全部の履行が契約の締結後直ちに行われることが通例であるとされる場合、書面交付義務が免除され、クーリング・オフできない場合がある（特商法26条2項等）。

■書面の不交付・記載不備の効果

　書面不交付の場合や記載不備の場合、書面交付時からクーリング・オフ期間が起算されることから、この期間が進行せず、消費者はいつまでもクーリング・オフができることになる（ただし、信義則上、制限される場合もある）。この書面交付義務違反は、国や都道府県による業務停止命令などの行政規制の対象となるし、刑事罰（直罰）の対象にもなる。

【関連キーワード】クーリング・オフ制度、訪問販売、不実告知・不告知による取消、禁止行為・行政処分　　　　（岡小夜子）

クーリング・オフ制度

　クーリング・オフ制度とは、契約後、法律で定めた一定期間内（8日・20日等）であれば、消費者は無理由かつ無条件で申込みの撤回や契約の解除ができる制度であり、特定商取引法では通信販売以外の6つの取引で認められている。これらの取引では、消費者にとって不意打ち的で攻撃的な勧誘または複雑な契約が行われることが多く、消費者は熟慮する間がないまま自由な意思形成を妨げられて契約するおそれがあるので、消費者に冷静に再考して契約関係から離脱できる権利を付与する趣旨である。クーリング・オフは、書面の発信時に効力が発生し、販売業者等は、違約金等が請求できず、原状回復費用も負担し、また、提供済み役務の対価や商品の使用利益も請求できない（同法9条3項〜5項）。

　通信販売では、通信販売業者が広告で返品ができないなどの特約を表示していない場合、商品引渡し時から8日間は申込みの撤回や契約の解除ができる（同法15条の2）。

■**クーリング・オフ制度の変容・拡大**

　2012年改正によって新設された訪問購入取引においてもクーリング・オフが規定されている（特商法58条の14）。訪問購入業者は、クーリング・オフ期間内に物品の引渡しを受けるときは、消費者に対し当該物品の引渡しを拒否できる旨を告げなければならず（同法58条の9）、事業者が消費者から物品の引渡しを受けてクーリング・オフ期間内に第三者に引き渡したときは、クーリング・オフの実効性確保のため、消費者に法定事項を通知しなければならない（同法58条の11）。

　取引形態が多様で巧妙化・複雑化している実情から消費者を保護するには、訪問販売等の店舗外取引に限らず、店舗取引にもクーリング・オフ制度を導入することが望ましい。電気通信サービス取引にもクーリング・オフと同様の制度を導入する方向で議論されている。割賦販売法、金融商品取引法、宅地建物取引業法、特定商品預託取引法、ゴルフ会員契約適正化法、不動産特定共同事業法、保険業法等にもクーリング・オフ制度が導入されている。

■**書面交付の要件と起算日**

　クーリング・オフの行使期間は事業者が消費者に法定書面を交付した時から起算されるので、書面不交付の場合や重要事項の記載不備・欠落がある場合も、書面交付がないものとされ、クーリング・オフ期間は進行しない。

■**クーリング・オフ妨害**

　事業者が不実告知・威迫困惑により消費者のクーリング・オフの行使を妨害し、その結果、クーリング・オフができなかった場合には、事業者は、再度、消費者に対してクーリング・オフができることを記載した書面を交付しなければならず、クーリング・オフ期間はこの書面を交付した時から再度起算される（特商法9条1項等参照）。

【関連キーワード】書面交付義務

（岡小夜子）

次々販売・過量販売

「次々販売」とは、特定の顧客に対して次々と商品購入をさせる形態の被害をいう。何点もの呉服を購入させたり、宝石を何点も購入させるという例が多い。住宅リフォームに関して、床下耐震工事、サイディング工事、屋根工事と次々と契約させる例もある。

そして、次々販売は、過量販売になることが多い。また、クレジットを利用してこれらの商品を購入する場合には過剰与信とみられる場合もある。

■法規制と救済方法

過量販売については、特定商取引法の2008年改正により、訪問販売により日常生活において通常必要とされる分量を著しく超える商品・役務に関する契約は契約締結後1年以内であれば解除できると規定された。ただし、購入者等が必要とする特段の事情があった場合には、解除できないともされている（特商法9条の2）。

同規定は、購入者の判断能力などを問題にしないことやクレジット契約についても解除できる（割販法35条の3の12）といった利点があるものの、訪問販売のみに適用されることや行使期間が契約締結日から1年という問題もある。

しかし、訪問販売以外の場合や同行使期間を経過した場合においても、民法上の救済が否定されるものではなく、過量販売等を不当な取引行為として規制していることが多い各自治体の消費者保護条例などを拠り所に、不法行為を理由とする損害賠償請求や信義則違反・公序良俗違反による無効の主張により救済を図ることが考えられる。また、過剰与信禁止の規定（割販法42条の3）について、直接の民事的効果は定められていないものの、信義則や権利濫用の法理によりクレジット会社の請求権が制限されたり、不法行為による損害賠償が認められる余地がある。

■特定商取引法の適用除外との関係

過量販売解除権の適用除外の一つである「継続的取引関係のある顧客への販売」（特商法26条5項2号、特商令8条2号・3号）に該当するのではないかが懸念されるが、特商令8条2号・3号では、「法第9条の2第1項各号に該当する契約を締結することを目的としないものに限り」と限定を付し、過量販売の規定に該当するような取引が繰り返されていても、同法26条5項2号による適用除外とならないことが明確化されている。また、同法26条5項2号、特商令8条2号・3号により過去に取引がある場合の適用除外が認められるのは、消費者と事業者の間に信頼関係があるとみられるからである。短期間に次々と過量に契約させるのは、信頼関係が形成されたとはいえず、一連の販売活動を1回とみるべきであるとされてきた（平17・8・10改正特商法通達）。

【関連キーワード】訪問販売、クーリング・オフ制度、過剰与信の禁止

（国府泰道・松苗弘幸）

特定継続的役務提供

　特定継続的役務提供とは、役務提供事業者が、特定継続的役務を政令で定める一定の期間を超える期間にわたり提供することを約し、相手方がこれに応じて政令で定める一定の金額を超える金銭を支払うことを約する契約を締結して行う特定継続的役務の提供をいう（特商法41条1項）。そして、特定継続的役務とは、政令で指定される国民の日常生活に係る取引において有償で継続的に提供される役務であり、心身または身上に関する目的を実現させることをもって誘引が行われ、役務の性質上それが実現するか不確実なものをいい（同条2項）、現在、エステ、語学教室、学習塾、家庭教師派遣、パソコン教室、結婚相手紹介サービスが指定されている（特商令12条・別表5）。

■行為規制

　特定継続的役務提供は、効果の有無や程度がわかりにくいという性質があるうえ、長期間にわたり契約に拘束され、取引金額も小さくないため、消費者が契約内容をきちんと把握したうえで契約を締結する必要性が高い。そこで、誇大広告の禁止（特商法43条）、契約締結前の概要書面の交付（同法42条1項）、契約締結後の契約書面の交付（同条2項）といった規制がなされている。

■民事ルール

　特定継続的役務提供の上記性質に鑑みれば、意に沿わない契約からの離脱を認めないと消費者保護を図り得ないおそれがある。そこで、契約書面の交付を受けてから8日間は契約を無理由・無条件で解消できるクーリング・オフの制度を設ける（特商法48条）とともに、クーリング・オフ期間経過後においても契約関係からの離脱を可能にすべく、中途解約権を認めている（同法49条1項）。なお、消費者が中途解約権を行使した場合、事業者は損害賠償請求が可能であるが、その額の上限が定められている（同条2項）。

　また、事業者において重要事項の不実告知・不告知があった場合にも契約関係を解消する必要性が高いことから、その場合の取消権を認め（同法49条の2）、消費者保護を図っている。

■関連商品

　関連商品とは、特定継続的役務の提供を受ける際、消費者が購入する必要のある商品をいい、役務の種類により政令で指定されている（たとえば、エステにおける化粧品や石鹸など）。クーリング・オフや中途解約により、役務提供契約自体を解消する場合、これら関連商品の購入契約についても解消が認められなければ、消費者保護の実効性が図られない。そこで、このような場合には役務提供契約と一体のものとして購入契約の解消を認めている。

【関連キーワード】書面交付義務、クーリング・オフ制度、不実告知・不告知による取消
　　　　　　　　　　　　　　　（森哲也）

業務提供誘引販売取引

「業務提供誘引販売取引」とは、内職商法やモニター商法のように、業者から提供またはあっせんされる業務に従事することにより利益（業務提供利益）を収受しうることをもって誘引し、商品購入・役務提供または取引料の支払い（特定負担）を伴う商品購入・役務提供の取引をいう（特商法51条）。具体的には、販売されるパソコンとソフトを使用して行うホームページ作成の在宅ワーク、購入したチラシを配布する仕事、販売される着物を着用して展示会で接客を行う仕事、販売される健康寝具を使用した感想を提供するモニター業務などがある。

いずれも、仕事を提供するから収入が得られるといって、必要な商品等の売買契約などを締結させるものである。この手口の特質は、当初の説明に反して提供されるはずの仕事による収入やモニター料が支払われないのに、購入した代金の支払いのみが残るとかクレジット代金が請求されるといった被害が生じることにある。

■業務提供誘引販売取引の規制内容

2001年6月1日から施行された改正特定商取引法では、これら内職・モニター商法が新たに規制対象として追加された（第5章）。規制の基本的な考え方は、消費者に対し、取引に関する情報を開示するように、以下のようなことを事業者に義務付けたことである。具体的には、広告・概要書面・契約書面などに必要事項を記載するよう定めており、さらに、契約締結には契約書を交付させて契約内容を消費者が確認できるようにしたうえで、この日から20日間のクーリング・オフ制度が設けられている。

① 広告の表示の規制、誇大広告の禁止（同法53条・54条）、未承諾広告メールの禁止（同法54条の3）
② 不当な勧誘行為の禁止、クーリング・オフ妨害行為の禁止（同法52条・56条）
③ 氏名・名称、勧誘目的等の明示義務（同法51条の2）
④ 概要書面・契約書面の交付義務（同法55条）
⑤ 20日間のクーリング・オフ制度、クーリング・オフ妨害時の期間の延長（同法58条）
⑥ 取消制度（同法58条の2）勧誘の際に重要事項について事実と異なる説明をしたり隠したために、消費者が説明を信じて契約したときには、追認できる時から6カ月間は取り消すことができる。
⑦ 行政監督制度（同法56条・57条）
⑧ クレジット取引における支払停止の抗弁（割販法8条1項）

【関連キーワード】書面交付義務、クーリング・オフ制度、禁止行為・行政処分、不実告知・不告知による取消

（上田申平・松苗弘幸）

訪問購入

■訪問購入とは

「訪問購入」とは、物品の購入を業として営む者（以下、「購入業者」という）が、営業所等以外の場所において、売買契約の申込みを受け、または売買契約を締結して行う物品の購入であり、特定商取引法58条の4以下に規定されている。訪問購入の主体は、物品の購入を業として営む者（物品の購入を反復・継続して行っている者）であり、取引が行われる場所は「営業所等以外の場所」であり、訪問販売と同様である。

購入する目的物は「物品」、すなわち有体物である動産に限られ、政令で指定された以下の物品（特商令16条の2：①自動車（2輪のものを除く）、②家庭用電気機械器具（携行が容易なものを除く）、③家具、④書籍、⑤有価証券、⑥レコードプレイヤー用レコードおよび磁気的方法または光学的方法により音、映像またはプログラムを記録した物）は適用除外とされる。

■特定商取引法改正の経緯

典型的な訪問購入は、購入業者が消費者の自宅を訪問して、貴金属や着物など比較的価値の高い物品の買取りを勧誘するというものである。

購入業者が強引・執拗な勧誘をして消費者に十分な検討をする機会を与えずに低価格で買い取るという被害事例が多く、その際に、購入業者の名称、連絡先等を告げないため、購入業者を特定できない場合も多かった。

従前の特定商取引法では、不意打ち勧誘型の取引として、「訪問販売」についての規制はあったが、業者が消費者から物品を購入する取引である訪問購入は規制対象とされていなかったため、2012年の特定商取引法改正により、新たに、規制対象の取引類型として追加されたものである。

■特定商取引法における主な規制内容

行政規制としては、①購入業者の氏名等の明示義務（58条の5）、②不招請勧誘の禁止（58条の6）、③申込書面・契約書面の交付義務（58条の7・58条の8）、④物品の引渡拒絶権の告知義務（58条の9）、⑤不実告知、故意による事実不告知および威迫して困惑させる行為の禁止（58条の10）等である。

民事ルールとしては、①8日間のクーリング・オフ（58条の14）、買い取られた物品が第三者に転売されてしまった場合に消費者の利益を保護するため、第三者が善意・無過失でない限り、第三者に対しても物品の所有権を主張して返還を請求できること（58条の14第3項）、②クーリング・オフ期間中の物品の引渡しの拒絶権（58条の15）、③解除に伴う損害賠償等の制限（58条の16）等である。

【関連キーワード】 訪問販売、書面交付義務、クーリング・オフ制度、再勧誘の禁止・不招請勧誘　　　　　　（渡邊大）

禁止行為・行政処分

特定商取引法は、事業者に対して行為規制・広告規制・開示規制・書面交付義務等の行政規制を課すとともに、禁止行為を明示的に定めている。そして、これらを担保するための行政処分、刑罰（直罰と間接罰とがある）が定められるという構造になっている。

■直罰対象禁止行為と行政規制対象行為

直罰により規制している行為としては、意思形成を歪める不当勧誘行為（不実告知・不告知、威迫困惑、閉鎖的場所での勧誘）、契約書面の交付、概要書面の交付、誇大広告、未承諾広告メール等がある。

行政処分により規制している行為としては、販売目的明示義務、拒否者に対する勧誘禁止、広告表示義務、指示対象行為がある。

■行政処分①－合理的資料の提出制度

合理的資料の提出制度とは、行政は事業者に対して、広告の表示、勧誘時の説明が事実であることを裏付ける資料の提出を求めることができ、その提出がなされない場合には、誇大広告・不実告知として行政処分ができるとする制度である。

■行政処分②－指示

指示とは、事業者が法で定める行為を行った場合等において取引の公正および消費者利益が害されるおそれがあると認められる場合に、事業者に対して必要な措置を講ずることを指示するという行政処分である。

指示の内容としては、違法な行為をしないよう指示するものが多いが（予防型）、債務の履行として事業者に契約者へ返金することを指示する内容のものもある（リコール型）。後者の行政処分は、違法収益金の吐出しによる被害救済の行政手法の観点から注目されている。

■行政処分③－業務停止

業務停止とは、一定期間当該事業者の業務の全部または一部の停止を命じる行政処分である。

事業者が法律によって規制されている行為を行った場合等において、取引の公正および消費者利益が「著しく」害されるおそれがあると認められるとき、または事業者が指示に従わないときになされる。

■行政処分の課題

2002年頃から行政処分の実績が徐々に増えてきているが、被害件数と比較して、なお、行政処分件数は少ない。消費者庁には地方支分局がないため、経済産業者の支局である経済産業局が国の処分の多くを担っている。多くの事業者は複数都道府県で営業活動を行っているが、都道府県が処分する例が多く、その効力は当該県内にとどまることから、これへの対応のため複数府県による共同処分の例が増えている。また、域外効力を付与すべきではないか議論されている。

【関連キーワード】消費者庁、訪問販売、書面交付義務　　　　　　（国府泰道）

不実告知・不告知による取消

■特定商取引法が規定する取消権

特定商取引法は、訪問販売、電話勧誘販売、連鎖販売取引、特定継続的役務提供および業務提供誘引販売の各類型で、事業者が禁止されている「不実告知」および「故意による事実不告知」違反の勧誘を行い、これにより、消費者が誤認して行った契約の申込みおよび承諾の意思表示を取り消すことができる旨を規定している（9条の3・24条の2・40条の3・49条の2・58条の2）。

■取消権が規定された経緯

民法は、錯誤無効（95条）や詐欺取消（96条）等の規定を置いているが、消費者被害救済の観点からは不十分である。

また、消費者契約法は重要事項についての不実告知や重要事項についての不利益事実を故意に告げない場合に取消ができるとの規定を設けているが（4条）、「重要事項」の範囲が限定的であるため、契約動機に関する不実告知を受けた場合に適用されるか見解が分かれるなど、消費者保護には十分ではなかった。

このような状況で、2004年の特定商取引法改正によって、前記取消権が規定されたものである。

■消費者契約法の取消権との比較

特定商取引法は、不実告知の範囲について、顧客が「契約の締結を必要とする事情に関する事項」を例示列挙し、契約締結の動機に関する事項の不実告知も取消の対象となることを明らかにした（6条1項6号・21条1項6号・44条1項7号）。

また、消費者契約法の不利益事実の不告知は「消費者の利益となる旨を告げ、かつ、消費者に不利益な事実を告げなかった」ことを必要とするが、特定商取引法においては、消費者の利益となる旨を告げることは必要ではない。

■行使期間

取消権は、追認をすることができる時から6カ月間（時効）、契約締結時から5年間（除斥期間）で消滅する（特商法9条の3第4項）。

■取消の効果

不実告知・故意の事実の不告知による意思表示の取消がなされた場合、特定商取引法は特別の規定を置いていないため、民法121条が適用され、その契約は初めから無効であったものとみなされる。

したがって、代金の支払いや商品の引渡しがされている場合は、販売業者は購入者に代金を返還する義務を負い、購入者は販売業者に商品を返還する義務を負うのが原則となる。

■刑事罰・行政処分

なお、不実告知・故意の事実の不告知については、特定商取引法上、刑事罰や行政処分の規定が置かれている。

【関連キーワード】訪問販売、電話勧誘販売、特定継続的役務提供、連鎖販売取引（マルチ商法）、業務提供誘引販売取引、不実告知、不利益事実の不告知、「重要事項」として認定される事項　　　　（渡邊大）

指定商品制・役務制の廃止と指定権利制

■指定商品制・役務制の廃止

特定商取引法においては、従前、訪問販売、電話勧誘販売および通信販売の3類型について、取引の対象となる商品、権利または役務が政令で指定されたものに該当する場合に限って適用するという政令指定制度を採用してきた。

しかし、政令指定制では、悪質な業者は、規制の対象とされていない物品等を販売することにより規制を逃れることが可能であり、被害が相当程度拡大した後に政令で新たに当該物品等を追加指定しても、業者側がさらに新たな規制対象外の物品等を販売するといういたちごっことなり、消費者被害救済が後手後手に回ってしまっていた。

このため、2008年の特定商取引法改正により、「商品」と「役務」については、政令指定制を廃止し、原則として、すべての商品・役務の取引に同法が適用されることとして、逆に、同法26条1項〜9項および特商令4条〜8条・10条・別表第2・第3に記載されている取引を特定商取引法の適用から除外することとされた。

■指定権利制の維持

他方で、「権利」については、政令指定制を維持し、特定商取引法の適用される権利については、特商令3条・別表第1により、①保養のための施設またはスポーツ施設を利用する権利、②映画、演劇、音楽、スポーツ、写真または絵画、彫刻その他の美術工芸品を鑑賞し、または観覧する権利、③語学の教授を受ける権利に限定している。

■指定権利制維持の制度矛盾

指定権利制を維持した理由として、2008年の特定商取引法改正を検討した経済産業省産業構造審議会消費経済部会特定商取引小委員会では、「権利については、その外延が不明確であることや、消費者相談の数が極めて少数であるという実態を背景に、当小委員会においては商品・役務を優先して指定制の見直しを行うことが重要」であるからとの説明がされていた。

しかし、権利はその内容も多種多様なものを含むため、実態は「商品」・「役務」の取引と変わらないのに、事業者の意思で自由に「権利」の取引と構成することによって特定商取引法の適用を免れることが可能となり、「商品」・「役務」について政令指定制を廃止した趣旨が没却されてしまう。実際、指定外権利についての被害も多発している。

このため、商品および役務と同様に、権利についての政令指定制も早急に廃止されることが望まれる。

【関連キーワード】訪問販売、通信販売、電話勧誘販売、その他の悪質商法
【参考】日弁連「特定商取引に関する法律における指定権利制の廃止を求める意見書」(2013年12月19日)、内閣府消費者委員会「詐欺的投資勧誘に関する消費者問題についての建議」(2013年8月6日)

(渡邊大)

ネガティブ・オプション（送りつけ商法）

「ネガティブ・オプション」は、購入の申込みをしていない者に対して一方的に商品を送り付け、相手方から商品の返送または購入をしない旨の通知がない限り、購入の意思があるとみなしてその代金を請求する行為のことである。

■送りつけ商法と電話勧誘販売

消費者からの申込みの意思表示がないにもかかわらず商品を送りつけた後、電話で売買契約の締結を迫った場合、消費者が契約を承諾すれば電話勧誘販売となり、契約を承諾しなければネガティブ・オプションとなる。

■契約の成否

販売業者が一方的に商品を送り付ける行為は、売買契約の申込みにすぎず、「購入しないとの通知がない限り購入する意思表示をしたとみなす」と通知したとしても、消費者が承諾しない限り売買契約が成立することはない。また、「返送しなければ購入する意思表示をしたとみなす」と通知したとしても返送義務を負うことはない。

ただし、消費者が送付された商品を使用・消費した場合は購入を承諾したと評価される可能性がある（民法526条2項）。また、購入代金を支払うことも購入を承諾したと評価されるが、代金引換郵便で商品が送り付けられ、消費者が商品の内容を認識することなく代金を支払ってしまった場合は、特定の商品を購入する意思表示があったとは評価できず、売買契約は成立しないと考えられる。

■商品の保管義務

販売業者が一方的に送り付けてきた商品について、売買契約は成立しないが、商品の所有権は販売業者にあるため、消費者が自由に処分することはできず、「自己の財産と同一の注意義務」（民法659条）で保管する義務を負う。しかし、長期にわたりそのような保管義務を負わせることは消費者に過度の負担を強いることになるため、特定商取引法は、販売業者の返還請求権を制限する規定を設けている。

■商品の返還請求権の喪失

消費者が商品を受領してから14日、または消費者が商品の引取りを請求した日から7日を経過すると、販売業者は商品の返還請求権を失う（特商法59条）。その反射的効果として、上記期間の経過後は、消費者がその商品を処分・使用・消費したとしても、販売業者は代金請求や損害賠償請求をすることはできない。

また、送付された商品の種類は限定されておらず、権利や役務については経済的価値を有する有体物としての保管義務が想定できないため対象となっていない。

【関連キーワード】 電話勧誘販売

（大濵巖生）

その他の悪質商法

■権利の販売

近時、「○○権」（たとえば温泉付き有料老人ホーム利用権、CO_2排出権等）や「○○権利」（たとえば水資源の権利、鉱山の採掘に関する権利等）と称する、実体があるか疑わしい権利や取引の対象とはなり得ない権利を購入させられるというトラブルが増加している。訪問や電話勧誘などにより、「必ず儲かる」などと勧誘され、購入に至るケースが多い。

この点、特定商取引法は、2008年の法改正により指定商品制および指定役務制については廃止したものの、指定権利制を未だ維持しているため、訪問販売や電話勧誘販売により権利の販売が行われても、指定権利でない限り、購入者は同法による保護（クーリング・オフ等）を受けることができない。この指定権利制が権利の販売に関するトラブルを助長している側面は否定できない。

なお、2012年6月19日、消費者庁は、CO_2排出権取引契約に際して重要事項の不告知等があったとして、訪問販売事業者に対し、特定商取引法に基づく行政処分を行った。これは、CO_2排出権の店頭デリバティブ取引の勧誘につき、同取引を役務として認定して行った処分であり、直接に権利を販売していた事案ではない。

■投資用マンション販売

また、近時、投資用マンションの購入を電話や訪問により強引に勧誘するトラブルが増加している。

この点、宅地建物取引業者を売主とする不動産販売は、特定商取引法の適用が全面的に除外されており（同法26条1項8号ロ）、宅地建物取引業者の訪問等に基づき同業者を売主とする投資用マンションを購入した場合、購入者は、同法に基づく保護（クーリング・オフ等）を受けることはできない。ただし、この場合、宅地建物取引業法が適用され、同法にもクーリング・オフ制度がある（同法37条の2）が、クーリング・オフ妨害に対する救済規定がない、キャッチセールス・アポイントメントセールスの場合に利用できないなど、特定商取引法と比べて救済範囲が狭く、これがトラブル拡大の一因となっているとの指摘もある。

■美容医療サービス

また、最近は、脱毛等の美容医療サービス契約につき、キャンセルを拒否されたり、高額なキャンセル料を請求されるなどのトラブルも目立つ。

このような美容医療サービスは、特定商取引法の特定継続的役務に該当しないと解釈されているため、クーリング・オフや中途解約権などの規定が適用されず、これが上記トラブルの解決を難しくしている。

【関連キーワード】指定商品制・役務制の廃止と指定権利制、書面交付義務、クーリング・オフ制度

【参考】国民生活センター報道発表資料（2010年11月25日、2011年9月22日、2012年6月21日）　　　　　　　（森哲也）

再勧誘の禁止・不招請勧誘

■再勧誘の禁止

再勧誘の禁止とは、契約を締結しない旨の意思を表示した者に対して、その契約について勧誘をしてはならないこと（オプトアウト規制）である。

消費者が勧誘を拒否しても、事業者が言葉巧みに、または長時間にわたって執拗に勧誘を続けて、契約をさせられてしまうケースは多い。

そこで、特定商取引法は、消費者が勧誘を断った場合の自己決定を尊重するために、勧誘の継続および再勧誘を禁止する規定を定めている。

まず、電話勧誘販売では、以前から、契約を締結しない旨の意思を表示した者に対し、継続して勧誘を行うことや再勧誘を行うことが禁止されていた（特商法17条）が、2008年の法改正で、電話勧誘販売に加え、訪問販売においても、事業者に対して、勧誘を始める前に勧誘を受ける意思があることを確認するよう努めなければならないという努力義務と、契約を締結しない意思を表示した者に対して継続して勧誘を行うことおよび再勧誘の禁止が規定された（同法3条の2）。

また、2012年の改正で規制対象となった訪問購入では、購入業者は、勧誘に先立って、勧誘を受ける意思があることの確認をすべき義務が定められ（同法58条の6第2項）、契約を締結しない旨の意思を表示した者に対しては、当該売買契約の締結について勧誘することが禁止されている（同条3項）。

これらの拒否の意思表示は、必ずしも言葉で行う必要はなく、身振りなどの方法であっても契約を締結する意思のないことが明確になればよい。

なお、地方自治体が、消費生活条例などで、「訪問販売お断り」などのステッカーによる拒否を無視する勧誘を禁止しているところもある。

海外では、アメリカ、カナダ、オーストラリアなどで、電話勧誘を望まない消費者があらかじめ電話勧誘拒否リストに電話番号を登録しておくと電話勧誘事業者による電話勧誘が禁止される制度（Do Not Call Registry）が運用されている。

■不招請勧誘の禁止

不招請勧誘の禁止とは、勧誘の要請のない者に対して勧誘をしてはならないこと（オプトイン規制）である。

訪問購入では、売却した物品そのものが返品されることが望ましいが、すでに売却等により、物品が逸失していることも多く、現実の被害回復が困難なケースが多い。

そこで、特定商取引法では、訪問購入に係る売買契約の締結の勧誘を要請していない者に対して、契約の勧誘および勧誘を受ける意思の有無の確認をしてはならないという、訪問購入業者の不招請勧誘を禁止する規定を設けた（同法58条の6第1項）。

【関連キーワード】不招請勧誘（Ⅰ理論、Ⅳ金融）、迷惑メール、Do-Not-Call制度と訪問販売お断りステッカー

（大濵厳生）

提携リース

■リースの仕組み

リース取引は、リース会社とユーザーの他に、サプライヤー（販売会社）が登場する。リース対象物件は販売会社からリース会社に対して売却され、リース会社から販売会社に対して売買代金が支払われる。そして、リース会社はユーザーに対し、リース対象物件をリース契約に基づき賃貸する。リース料を完済しても所有権が移転しない点、クレジット契約と異なる。

■提携リースの特徴

近年社会問題化した提携リースは、以下のような特徴を有する。

① リース会社と販売会社が業務提携関係にあること：販売会社はリース会社所定の申込用紙をあらかじめ預かり作成業務を代行する媒介者の立場にある。

② 訪問販売の手法：提携リーストラブルは、訪問販売の手法で、提携販売会社が押し売り的にリース契約をさせており、リース会社と販売会社が共同してリース提携販売を行っていると評価できる。

③ 中小零細事業者が狙われていること：提携リース被害者たる中小零細事業者は、リースの仕組みについて無知であり、また、リース対象物件についても知識がない。「電話代が安くなる」などと虚言を弄され、全く必要のない多機能ビジネスフォンを市場値より数倍も高額な金額でリース契約を締結させられるといった例が典型である。

■被害を救済した裁判例

詐欺・錯誤・媒介者の法理など様々な被害救済の解釈が提案されているが、以下では救済された裁判例をあげる。

① クーリング・オフ：2005年12月に経済産業省が特定商取引法の通達を改正し、事業者名での契約であっても、主として個人用・家庭用に使用するためのものは、「営業のため」の適用除外にならないとして、リース契約でも一定の事案については同法の適用を認めたことを受け、クーリング・オフによる救済を図った裁判例が複数存在する（名古屋高判平19・11・19判時2010号74頁等）。

② 信義則：大阪地判平24・5・16（金商1401号52頁）は、ホームページリースの事案につき、信義則を根拠に、リース会社に対する未払リース料の支払義務を否定した。

③ 不法行為（販売店管理義務違反）：大阪地判平24・7・27（判タ1398号159頁）は、提携販売店の違法な勧誘行為につきリース会社に販売店監督責任を認め不法行為責任を負わせた。

【関連キーワード】訪問販売・通信販売・電話勧誘販売の適用除外、訪問販売、クーリング・オフ制度

【参考】近畿弁護士会連合会ほか編『中小事業者の保護と消費者法』（民事法研究会、2012年）、高橋正人編著『Q＆A悪質リース被害の救済』（民事法研究会、2013年）

（村井潤）

Do-Not-Call 制度と訪問販売お断りステッカー

■不招請勧誘とその規制

消費者の要請なしに行われる取引の勧誘（不招請勧誘）は、それ自体が迷惑であるだけでなく、悪質商法の温床ともなりやすい。訪問勧誘や電話勧誘など消費者が応答を余儀なくされるタイプ（リアルタイム型）の勧誘では、その傾向がより顕著となる。

不招請勧誘の規制には、招請・同意のない勧誘を禁ずるオプトイン規制と、拒絶後の勧誘を禁ずるオプトアウト規制との2種がある。

特定商取引法は、訪問販売および電話勧誘販売につき、契約を締結しない旨の意思を表示した者に対する勧誘を禁止する（3条の2・17条）。これはオプトアウト規制であるが、希望しない勧誘をあらかじめ防ぐことができず、規制として十分ではない。

■Do-Not-Call 制度

Do-Not-Call 制度は、電話勧誘を受けたくない人に電話番号を登録してもらい、これをリスト化し、登録された番号への電話勧誘を禁止する制度である。

この制度は、オプトアウト規制を基礎としつつも、事前に包括的な拒絶の意思の表示を認めることで、希望しない勧誘を未然に防ぐことを可能にする。

2003年に全米で導入され、その後、カナダ、オーストラリア、イギリス、デンマーク、ベルギー、インド、オランダ、イタリア、メキシコ、ブラジル（州）、シンガポール、韓国、アルゼンチンなど、世界的に広がりつつある。わが国においても、導入することを具体的に検討すべき時期にきている。

■訪問販売お断りステッカー

訪問販売お断りステッカーは、勧誘を拒絶する旨を表示するステッカーで、これをドアなどに貼って、あらかじめ訪問勧誘を拒絶しようとするものである。

多くの自治体がステッカーを配布しているが、消費者庁は、このステッカーを無視しても、特定商取引法3条の2の違反にはならないとしている。大阪府などでは、条例でステッカーを無視する勧誘は禁止しているものの、行政処分や罰則の対象とはしておらず、「公表」という対応しかできない。

外国では、オーストラリア、ルクセンブルク、アメリカ（地方自治体）において、ステッカーを無視して勧誘することを禁止し、行政処分等の対象としている（ルクセンブルクでは契約も無効となる）。

今後、わが国でも、法律や条例で、ステッカーに行政処分等の法的効果を付与していくことが期待される。

【関連キーワード】再勧誘の禁止・不招請勧誘、不招請勧誘（Ⅰ理論、Ⅳ金融）、訪問販売、電話勧誘販売

【参考】三枝健治「電話勧誘規制ー全米 Do-not-call 制度の導入可能性の検討ー」国民生活研究44巻1号13頁、津谷裕貴「不招請勧誘規制なくして悪徳商法対策なし（上）（下）」法ニュース85号224頁・86号162頁

（薬袋真司）

III

情報化社会の
進展に伴うトラブル

Ⅲ　情報化社会の進展に伴うトラブル

概　　説

1　情報化社会の進展

　1997年末にわずか9.2％であった日本の個人におけるインターネット普及率は、5年後の2002年末には50％を超え、2013年末で約83％と、ここ十数年の間に急速に増加している（統計資料は総務省ホームページによる）。インターネットを利用する端末も、当初は自宅に据えられたパソコンが中心であったのが、現在では携帯電話・スマートフォン・携帯ゲーム機などのモバイル端末が中心となりつつあり、インターネットがより身近で生活に密着したものへと進化している。このように、日本ではここ十数年の間で急速に情報化社会が進展し、インターネットはもはや個人の生活になくてはならないものとなっている。
　一方で、新たな消費者問題も発生・増加している。情報化社会の進展に伴った消費者問題は、大きく次の3つに分類できる。すなわち、①取引手段の電子化・情報化に伴うトラブル、②情報・通信サービスに伴うトラブル、③個人情報に関するトラブル、である。

2　取引手段の電子化・情報化に伴うトラブル

　消費者問題は、商品やサービスの売買（取引）に伴って生じるものである。かつては消費者が店舗まで出向き、店主と対面して取引していた（店舗販売）のが、情報化社会の進展に伴い、現在ではインターネットを介して商品やサービスを取引するネットショッピングが一般化している。
　インターネットを介した取引は、基本的には特定商取引法上の「通信販売」に該当する。しかし、ネットショッピングにおいては、商品・サービスに関する説明や販売主に関する情報などがインターネット上のホームページに掲載され、売買の申込み・承諾も電子メールによって行われるなど、取引に至る過程が電子化・情報化されているところに特徴があり、これまで「通信販売」の典型例であった「テレビショッピング」や「カタログショッピング」などとは異なった配慮が必要となっている（なお、現在では「テレビショッピング」や「カタログショッピング」などにおいても電子メールやホームページが利用されている）。そこで、**電子消費者契約に関する特則（電子消費者契約法）**や**電子商取引及び情報財取引等に関する準則**などが順次整備されてきた。さらに、**電子マネー**といった新たな決済手段も誕生し、取引における決済手段の電子化・情報化も進んでいる。
　インターネットは、個人が手軽に世界中の個人・企業とつながることを可能にしたが、そのことに伴って新たな消費者問題も発生している。たとえば、ネットショッピングによって、消費者は日本国内のみならず海外からも商品・サービスを購入

することが可能になったが（**越境取引**）、その際に生じたトラブルを解決するための裁判管轄や準拠法などが問題となるケースがある。また、インターネットは**ネットオークション**など消費者同士の取引（C to C）を進展させたが、代金を支払ったにもかかわらずオークションで競り落とした商品が届かないなどのトラブルが発生している。

3　情報・通信サービスに伴うトラブル

　情報化社会の進展に伴って、これまでにはなかった新たな情報・通信サービスが続々と誕生している。

　2ちゃんねるに代表される電子掲示板は、インターネットの普及当初から始まったサービスである。インターネットを通じて様々な人々と意見交換できるのがこのサービスの利点であるが、匿名での書き込みが可能であるため、他人を誹謗中傷する書き込みがなされるといったトラブルもサービス開始当初から発生している。2002年にいわゆる**プロバイダ責任制限法**が施行され、一定の場合に発信者の氏名等をプロバイダに開示請求することが可能となったが、法の定める開示要件が限定的であるなど問題も多く、根本的な解決には至っていない。

　ホームページやブログもインターネット普及当初から存在するサービスであるが、悪質な**情報商材**の販売ツールとしても利用されているし、**アフィリエイト・ドロップシッピング**など、ホームページ・ブログやそれに付随したサービスを巧妙に利用して消費者に被害を与える悪質業者も存在する。また、著名人が宣伝・広告であることを隠して自身のブログに特定の商品・サービスについて好意的な書き込みを行う**ステルスマーケティング**、無料・割引などを謳って消費者を誘い込む**フリーミアム**や**フラッシュマーケティング**などについても、様々な問題点が指摘されている。

　電子メールも情報化社会の進展に伴って誕生したサービスである。郵便に代わって手軽にコミュニケーションを促進するツールとして普及したが、その手軽さゆえに業者が大量に**迷惑メール**を送りつけるという問題も生じている。また、**架空請求・不当請求**など、悪質業者による勧誘や詐欺のツールとしても利用されている。悪質業者による勧誘はより巧妙になっており、現在では**フィッシング・ファーミング**なども問題となっている。

　インターネットを介して交際相手を紹介する出会い系サイトというサービスも誕生した。しかし、児童買春の温床となるなど問題も多く、2003年にはいわゆる**出会い系サイト規制法**が施行されている。また、出会い系サイトを装って、利用料等を徴収されるのみで実際には交際相手を紹介してもらえないという**サクラサイト**なども問題となっている。

　インターネットの利用端末が自宅に据え置かれたパソコンから携帯電話、スマートフォンへと広がるにつれて、**SNS**や**ソーシャルゲーム**などのサービスが普及し

Ⅲ　情報化社会の進展に伴うトラブル

た。しかし、それら新たなサービスが悪質商法の勧誘ツールとして利用されたり、知らない間に高額な利用料を請求されたりするといった消費者問題も発生している。また、スマートフォンでは**アプリケーションソフト（アプリ）**が利用されるが、安全なアプリを装ってスマートフォンに蓄積された個人情報を勝手に取得する**マルウェア**も登場している。

　インターネットの利用には、端末の購入等とともに、サービス利用契約を締結する必要がある。当該サービス利用契約については主に**電気通信事業法**や**放送法**が規定しているが、そこに規定されたサービスについては特定商取引法の適用除外となっていることから、勧誘段階や契約締結段階において様々な消費者問題が発生している。そのため、2015年に電気通信事業法の改正が行われた。

4　個人情報に関するトラブル

　情報化社会の進展に伴い、個人の氏名・住所などの個人情報（狭義の個人情報）のみならず、個人の行動（ホームページの閲覧、商品・サービスの購買行為、特定場所への移動・訪問など）に関する情報（広義の個人情報。**ビッグデータ**ともいわれる）についても、電子化され大量に蓄積されるようになった。

　これら個人情報は、効率的・効果的なマーケティングや災害時の避難誘導など、利用の仕方によっては個人の生活に大きな利便性を与える可能性を秘めている。しかし、個人情報の利用には個人のプライバシーを侵害する危険が常につきまとっている。そのため、個人情報の適切な利用について現在も模索が続いているところである。

　企業などは**プライバシーポリシー**などによって個人情報利用の適正化に努めているが、企業が収集した大量の個人情報が流出するなどの問題は未だ後を絶たない。また、**クラウドコンピューティング**等、新たなサービスも誕生しており、情報の保存・管理の態様が多層化・複雑化している。

　この点、わが国では**不正アクセス禁止法**、**個人情報保護法**、**個人番号法**などが整備されてきたが、個人情報の問題は、わが国の法制度のみならず、**EUデータ保護規則**など海外の動向とも足並みをそろえる必要性がある。

　2014年6月、高度情報通信ネットワーク社会推進戦略本部が「パーソナルデータの利活用に関する制度改正大綱」を公表し、2015年から個人情報保護法の改正を含む法整備が実施される予定である。

（奥野弘幸）

不正アクセス禁止法

「不正アクセス」とは、コンピュータの利用権限をもたない第三者（一般に「ハッカー」と呼ばれる）が、他人のパスワードを使用したり、ソフトウエアの不具合などを悪用して、コンピュータネットワークを通じて他人のコンピュータに無断で侵入することをいう。不正アクセスは、情報の閲覧・取得・改竄、迷惑メールの転送、他の不正アクセス行為への足がかりなどの目的で行われる。「ハッカー」は、コンピュータに精通した人物という意味もあるので、データの改竄などの犯罪行為を行う者を「クラッカー」と呼んで区別することもある。

■電子計算機関連犯罪

刑法では、他人のコンピュータに無断で侵入してデータを消去もしくは改竄する行為は、電子計算機損壊等業務妨害罪（同法234条の2）、電子計算機使用詐欺罪（同法246条の2）等の電子計算機関連犯罪により処罰される。しかし、単に他人のコンピュータに侵入しただけでは犯罪にはならない。そこで、電子計算機関連犯罪に至る前段階の不正アクセス禁止のために制定されたのが不正アクセス禁止法である。

■不正アクセス禁止法

不正アクセス禁止法は、その利用権者をIDやパスワードなどの識別符合によって分別するというアクセス制御機能の信頼性を確保することにより、コンピュータネットワークの安全性を実現しようとしている。2012年改正では、昨今のサイバー犯罪の増加を背景に、他人のID・パスワードの不正流通を防止するための規制強化およびアクセス管理者による防御対策の向上が図られた。同法が規定する禁止行為は、不正アクセス行為（同法3条）、他人の識別符号を不正に取得する行為（同法4条）、不正アクセス行為を助長する行為（同法5条）、他人の識別符号を不正に保管する行為（同法6条）および識別符号の入力を不正に要求する行為（フィッシング行為、同法7条）である。不正アクセス行為とは、①アクセス制御されているサーバに、ネットワークを通じて、他人の識別符号を入力して不正に利用する行為（たとえば、他人のIDやパスワードをネットオークションなどで無断で利用すること）、②アクセス制御されているサーバに、ネットワークを通じて、情報や指令を入力して不正使用すること（たとえば、IDを不正に登録して利用したり、セキュリティホールを攻撃してコンピュータに侵入する行為）などである。2012年改正により罰則の法定刑も引き上げられ、たとえば不正アクセス行為をした者に対しては、3年以下の懲役または100万円以下の罰金が科せられている（同法11条）。

【関連キーワード】迷惑メール、フィッシング・ファーミング、電子商取引及び情報財取引等に関する準則

（宮田隆男・中嶋慎治）

プロバイダ責任制限法

■プロバイダの責任免除要件の定めと発信者情報の開示請求権

プロバイダ責任制限法（2001年11月成立、2002年5月27日施行）は、プロバイダやサーバ・電子掲示板の管理者等「特定電気通信役務提供者」を対象として、インターネット上で名誉毀損や著作権侵害等の権利侵害があった場合のプロバイダ等の責任の制限と発信者情報の開示について規定している。

同法は、流通した情報による権利侵害があったとしても、プロバイダ等が技術的に送信防止措置を講じることができ、かつ、情報流通による権利侵害を知っていたときまたは情報流通を知っていて権利侵害を知り得たときに該当しない場合に、プロバイダ等を免責している（同法3条1項）。ただし当該プロバイダ等が当該権利侵害情報の発信者である場合はこの限りでない。また、プロバイダ等が一定の要件の下で該当情報の公開を停止したり削除するなどの措置をとった場合、プロバイダ等は発信者に対する損害賠償義務を免れるとした（同条2項）。さらに、情報流通により権利侵害された被害者は、正当な理由があるときは、プロバイダ等に対し、発信者情報の開示請求ができると規定した（同法4条）。

■ガイドライン

プロバイダ責任制限法の円滑な運用のため、実務上の行動指針となる分野別のガイドラインが作成されており、名誉毀損・プライバシー関係、著作権関係、商標権関係、発信者情報開示関係の各ガイドラインがある。

■経由プロバイダの情報開示義務

複数のプロバイダを経由して情報が発信される場合、中継をしたプロバイダ（いわゆる経由プロバイダ）に発信者情報の開示請求ができるかという問題につき、下級審の判断は分かれていたが、最高裁は、経由プロバイダは、同法2条3号の「特定電気通信役務提供者」に該当すると判断した（最判平22・4・8判時2079号42頁）。

■発信者情報開示義務違反

プロバイダ等が発信者情報開示請求に応じなかった場合、プロバイダ等に対する損害賠償請求が認められるのはどのような場合か。最高裁は、プロバイダ等は、侵害情報の流通による開示請求者の権利侵害が明白であることなど当該開示請求が同法4条1項各号所定の要件のいずれにも該当することを認識し、または要件のいずれにも該当することが一見明白であり、その旨認識することができなかったことにつき重大な過失がある場合にのみ、損害賠償責任を負うものと解するのが相当とした（最判平22・4・13判時2082号59頁）。

■プロバイダ責任制限法の適用範囲

同法は流通情報そのものによる権利侵害を対象としているので、虚偽情報に騙されて財産的損害を受けた場合に虚偽情報の発信者情報開示を求めることができないという問題がある。

（足立珠希）

電気通信事業法・放送法

電気通信事業法（以下、「事業法」という）と放送法は、有線または無線の方法により、情報を伝達する事業に係る法律である。両法の趣旨・目的は異なるが、ICT社会の進展により通信と放送の区別が意味を失いつつある現実を踏まえ、通信と放送に係る法制の統合が検討されている（『平成23年版情報通信白書』など）。

■電気通信事業法

事業法は、電気通信設備を用いて電磁的方式により、符号、音響または影像を送り、伝え、または受けることによって他人の通信を媒介すること、その他電気通信設備を他人の通信の用に供する「電気通信役務」（2条3号）を他人の需要に応ずるために提供する事業（同条4号）について規律している。同法が対象とする事業には、電気通信回線設備の規模と設置区域に応じ、登録制（9条）と届出制の2種類がある（16条）。前者には、役務提供の義務付け（19条・20条・25条）やユニバーサルサービス費用により営業経費補填を受けられる（106条以下）、①基礎的電気通信役務（7条・19条）、②指定電気通信役務（20条）、③特定電気通信役務（21条）の事業がある。

事業法には、事業者の運営を適正かつ合理的にし、公正な競争を促進して電気通信役務の円滑な提供の確保と利用者利益の保護のために（1条）、各種規定がある。消費者に直接関係するものとして、①不当な差別的取扱いの禁止（6条）、②提供義務（25条）、③契約約款公表・掲示義務（23条）、④説明義務（26条、同法施行規則22条の2の2）、⑤苦情等の迅速適切処理義務（27条）、⑥休廃止の周知義務（18条3項）等がある。④～⑥につき総務省のガイドラインが制定されている。

スマホ等の通信端末の販売と回線契約のトラブルの増加を踏まえ、2015年事業法改正で初期解約ルール（民事効）が導入された。

■放送法

放送法は、公衆によって直接受信されることを目的とする事業法2条1号に規定する「電気通信」の送信（他人の電気通信設備を用いて行われるものを含む）を行う事業を規律する業法である（2条1号・26号）。無線に限らず有線の放送も含まれる。放送事業者には、総務大臣の認定が必要な「基幹放送事業者」（2条2号・23号）と、登録制の「一般放送事業者」（同条3号・25号）とがある。放送法では、放送の性質上、番組の編集等に関する規律（3条～14条）が置かれており、消費者にかかわる規制としては有料基幹放送契約約款の届出・公表等の義務（147条）、役務の提供義務（148条）、業務休廃止の周知義務（149条）、提供条件の説明義務（150条）、苦情等の処理義務（151条）等、事業法と同様の規定がある。

事業法と同様の初期解約ルールは2015年改正で放送法にも導入された。

（齋藤雅弘）

III 情報化社会の進展に伴うトラブル

出会い系サイト規制法

インターネットは、多くの人と出会う機会を提供するが、匿名性が特徴である。特に、異性との交際・結婚、孤独の癒しなどを求める出会い系サイト利用者は、相手の実態を知り得ないまま、相手と親しい人間関係が形成されたとの錯覚に陥りやすい。こうした出会い系サイトは、売買春、詐欺、恐喝等の犯罪の温床となるおそれがある。また、インターネットを通じて会員登録をさせ希望する異性を紹介するという事業は、契約内容が不明瞭であったり、業務の実態がなく高額な会費をとるという詐欺的営業がなされやすい。

■出会い系サイト規制法

こうした背景のもと、児童買春等の犯罪から児童を保護するため、2003年6月に出会い系サイト規制法が成立し、同年12月に全面施行された。これにより被害は一時減少したが、再び増加したことから、2008年5月、事業者に対する規制強化等を内容とする法改正がなされ、同年12月に施行された。

同法は、何人も、インターネット異性紹介事業を利用して、①児童を性交等の相手方となるように誘引すること、②人（児童を除く）を児童との性交等の相手方となるように誘引すること、③対価（有償の対価）を供与することを示して、児童を異性交際の相手方となるように誘引すること、④対価を受けることを示して、人を児童との異性交際の相手方となるように誘引すること、⑤以上に掲げるもののほか、児童を異性交際の相手方となるように誘引し、または人を児童との異性交際の相手方となるように誘引することを禁じる（6条）。

「性交等」とは、性交だけでなく性的行為を広く含む。「異性交際」は、面識のない異性との広い交際を意味し、性交等を目的とする場合に限られない。①～④に違反すると100万円以下の罰金が科される（同法33条）。⑤は罰則の対象とされていない。

インターネット異性紹介事業を行おうとする者は、都道府県公安委員会に届出をしなければならない（同法7条）。また、事業者は、①広告または宣伝をするときに、児童が利用してはならない旨を明らかにし、②事業を利用しようとする者に対して、児童がこれを利用してはならない旨を伝えなければならない（同法10条）。さらに、事業者は、あらかじめ、異性交際希望者が児童でないことを確認しなければならず（同法11条）、その方法は法改正により厳格化された（同法施行規則5条）。

■今後の課題

近時は、出会い系サイトよりも、SNSなどのコミュニティサイトに起因する犯罪が増えている。フィルタリングの徹底や利用可能なサービスを年齢別に区分することなど、対策が求められる。

【関連キーワード】迷惑メール、サクラサイト、SNS　　　　　　　　（中嶋慎治）

サクラサイト

■詐欺の手口と被害

サクラサイトとは、サイト業者に雇われたサクラが、異性、タレント、資産家、弁護士などになりすまして被害者をサイトに誘導し、メール交換等の有料サービスを利用させ、その料金を詐取する詐欺サイトである。出会い系サイトを装うことが多いが、相手はサクラなので実際に会えることはなく、「出会えない系」ともいう。被害者は出会いを期待して、延々と有料サービスを利用することになり、多額の利用料の支払いを余儀なくされる。2005年頃から被害が発生し始め、現在でも多くの被害事例が報告されている。

被害者が途中でサイト利用を止めようとすると、「会うことができれば利用料以上の金銭を渡す」と言われ、深追いすることになる。また、サクラが「自殺する」などと述べて被害者を不安に陥れ、利用を継続させる手口もある。

この詐欺が登場した当初は、女性との交際を望む男性を、経済的に余裕があると称する自称女性が誘う「逆援助交際」という手口が主流だった。しかし、次第に「遺産をあげる」「収入が得られる」などの利益誘導型の手口や、「相談にのってほしい」といってサイト利用を続けさせるものが増加した。

サイト利用中に「文字化けを直す費用が必要」「規約違反があったので罰金を請求する」など、意味不明の理由でさらに金銭を要求する例もある。

被害の端緒は電子メールが多いが、最近では、SNSやスマートフォンのアプリを利用してサイトに誘導するものもみられる。さらには、有料の対戦型ゲームでの仲間を装うサクラが、有料ゲームから離脱させないように働きかけるという事例も報告されている。このように、サクラサイト詐欺の手口は複雑多岐にわたっている。

■決済手段との関係

サクラサイトの料金支払いには、決済代行業者を通じたクレジットカード決済のほか、ビットキャッシュやペイパルなどの新しい決済手段も利用される。詐欺サイトの排除のため、決済手段提供業者の管理責任も問われる。

■裁判例

被害者の側で、サクラの存在を直接立証するのは困難だが、この種のメールは、サクラの存在を前提にしなければ説明がつかない。メールの相手が一般の会員であるとすれば、相手にも多額の利用料金が発生するはずであり、何の利益もないのにそのような負担をする合理的な理由がないからである。

東京高判平25・6・19（判時2206号83頁）は、「高額な利用料金を支払わせることによって利せられるのはサイト業者」「被害者が本件各サイトにおいてメール交換した本件各相手方等は、一般の会員ではなく、サイト業者が組織的に使用している者（サクラ）であるとみるほかはない」と明言している。

【関連キーワード】多様化する決済手段、出会い系サイト規制法、SNS

（土井裕明）

電子商取引及び情報財取引等に関する準則

■電子商取引

電子商取引は、インターネット等の電子的通信手段を利用して契約・決済等を行う取引形態をいう。隔地者間取引で、コンピュータ等の通信端末を利用して行うものであり、ICT技術の発展に応じて拡大してきている。また、ICT技術を用いた新しいビジネスモデルも開発・利用されてきている。ところが、民法をはじめとする現行法の多くは、このような電子商取引を前提としたものでないものが多く、電子商取引について現行法がどのように適用されるのか必ずしも明確になっていない。また、司法判断の蓄積も十分ではない。そのため、安心して電子商取引を行える法的環境にあるとは言い難いところがある。

■「電子商取引及び情報財取引等に関する準則」の公表

電子商取引をめぐる法律問題についての現行法の解釈に関し、電子商取引や情報財取引等についてどのように法令が適用されるのか、司法判断およびその解釈を示して取引当事者の予見可能性を高め、取引の円滑化に資することを目的として経済産業省において策定されたものが、「電子商取引及び情報財取引等に関する準則」(経済産業省HP)である。

経済産業省は、2002年3月に「電子商取引等に関する準則」を公表し、2007年に情報財取引の論点をも加えて「電子商取引及び情報財取引等に関する準則」と名称を変更して、現在は2014年8月版まで新たな論点の追加や既述論点の見直しをして改訂を重ねている。2014年8月版の準則は、「電子商取引に関する論点」、「インターネット上の情報の掲示・利用等に関する論点」、「情報財の取引等に関する論点」および「国境を越えた取引等に関する論点」の4章からなる。

■電子商取引の論点

電子商取引に関する論点には、たとえば、他人のIDやパスワードを本人に無断で利用して、本人のふりをして取引を行う「なりすまし」の場合の民事責任、本人への効果帰属等の民事的効力については原則として効果が帰属しないが、本人に一定の帰責性が認められる場合等に本人への効果帰属が認められる場合があるなどの解釈を説明している。

ほかにも、新しいビジネスモデルについての法的解釈の可能性やデジタルコンテンツの法律問題などの論点を提示しているなど、電子商取引をめぐる実務や技術動向、国際的なルールメイクの動向を踏まえて、最近は毎年改訂されている。

【関連キーワード】フィッシング・ファーミング、ネットオークション、フラッシュマーケティング、越境取引、電子消費者契約、ソーシャルゲーム、通信販売、アプリ　　　　　　　　　　（高木篤夫）

電子消費者契約

　消費者が、インターネットなどのコンピュータ・ネットワークを利用して電子メールなどの電子的な方法により締結する契約を「電子消費者契約」という。インターネット・ショッピングなどの電子商取引が代表的である。電子消費者契約は、簡便性・迅速性という利点が大きく、インターネットの普及とともに増加している。他方、消費者に与えられる情報が不十分であったり、匿名性を利用した詐欺が行われやすいなど、トラブルも増加している。この点、民商法は、もともとインターネットや電子消費者契約の出現を予定しておらず、それらの定める基本ルールだけでは対応が困難である。また、インターネットを介して国境を越える取引がなされることから、国際的な動向も踏まえる必要がある。

■電子消費者契約法
　電子消費者契約法（「電子消費者契約及び電子承諾通知に関する民法の特例に関する法律」）は、①消費者の操作ミスによる錯誤（民法95条関係）、②隔地者間の契約の成立時期（民法526条1項関係）について、民法の特例を定めたものである。①は、消費者がコンピュータの画面に表示された手続に従って申込みなどを行う場合の電子消費者契約を対象としている。このような電子消費者契約においては、消費者が通常の注意を払っても操作ミスをしやすいという特性がある。たとえば、商品を1個注文するつもりであったが、誤って注文ボタンを2回クリックしてしまうようなことがある。このような場合、事業者が、消費者が申込みを行う前にその申込内容を確認する措置を講じていないときは、原則として操作ミスによる契約を無効とし、事業者による重過失の反論を封じて、消費者保護を図っている（3条）。②は、電子的な方法によって行われる申込みやそれに対する承諾の通知は瞬時に相手方に到達するという特性に対応したものである。国際的にみても、隔地者間の契約の成立時期については到達主義が支配的である。そこで、電子承諾通知について、民法の規定（発信主義）を修正したものである（4条）。なお、①は、消費者と事業者の間（BtoC）の電子消費者契約を対象としているが、②は電子消費者契約に限定されていない。

■電子消費者契約の課題
　たとえば、スマートフォンや携帯電話の映像画面は小さいため、契約の内容を確認するにはスクロールが必要だったり、契約の重要な項目がリンク先に表示されるなど、消費者が、契約の手順や内容について正しい理解を得ることが困難なことが多い。電子消費者契約法が定める特例だけでは十分とはいえず、電子消費者契約の特性に応じた、さらなる消費者保護のルールの整備が必要である。

【関連キーワード】電子商取引及び情報財取引等に関する準則、越境取引

（中嶋慎治）

III 情報化社会の進展に伴うトラブル

ネットオークション

■ネットオークション

　ネットオークションとは、オークションサイトにおいて、インターネットを介して競りを行うことである。日本では、1999年9月にヤフーオークションが開始されてから盛んになった。

　オークションサイト運営者が自ら売主となる「販売型」と、オークションサイト運営者は競りの場を提供するだけの「仲介型」等があるが、後者が一般的である。また、落札形式として、競り上がり式のものと競り下げ式によるものがあるが、前者が一般的である。オークションサイト運営者を取り締まる法規としては古物営業法（2003年9月1日改正）がある。オークション運営者は、同法2条2項3号に定義する「古物競りあっせん業」に該当するので、営業の届出義務等、同法に定める義務が課されている。

　詐欺的取引に関するオークション運営者の責任について判断した事例として、名古屋高判平20・11・11（裁判所HP）がある。

■トラブルの傾向

　国民生活センターによれば、2009年以降、ネットオークションの相談件数は毎年減少している。オークションサイト運営者側で、商品受取り後に決済を行う仕組みの導入や、IDやパスワードの管理強化等の各種対策を実施したことから、トラブルが減少傾向になったものと考えられる。

　主な相談事例は、商品未着や商品の不具合、偽ブランド品などである。中古品の売買の場合、説明のない損傷があったというだけでは「隠れた瑕疵」に当たらないという裁判例が多い。

■ペニーオークション

　2010年から2011年にかけて、ペニーオークションという、新しいタイプのオークションの被害が急増した。

　ペニーオークションは、新品の家電等が破格の安値で出品されたため、一時人気を集めたが、入札には費用がかからない一般的なネットオークションとは異なり、入札するたびに手数料の支払いが必要になるため、落札できなかったにもかかわらず、高額の手数料を支払うことになったなどのトラブルが相次いだ。2011年3月31日には、一般消費者に対して、著しく安価に商品が手に入ると誤認させたなどとして、ペニーオークション運営業者3社に対し、景表法に基づく措置命令等が出された。

■業者か否か

　ネットオークションはCtoCの取引がなされる点に特徴があるが、業者であると明示していなくても、実質的には業者に当たるとして、特定商取引法等が適用される場合がある。2006年1月31日に、経済産業省が「インターネット・オークションにおける『販売業者』に係るガイドライン」を出している。

【関連キーワード】景表法、通信販売

（弘中絵里）

越境取引

■越境取引
　越境取引とは、国境を越えて取引することをいう。以下、事業者・消費者間の越境取引について述べる。

■裁判管轄
　仲裁合意があれば仲裁合意が優先されるが、消費者は仲裁合意を解除できる（仲裁法附則3条）。仲裁合意がない場合または解除された場合は、消費者から事業者への訴えも（民訴法3条の4第1項）、事業者から消費者への訴えも（同条3項）、消費者の住所がある日本の裁判所に管轄が認められる。

　紛争を生じる前に結んだ裁判管轄の合意は、消費者自らが合意を援用した場合や、消費者契約締結時における消費者の住所のある国の裁判管轄を合意した場合は別として、無効である（同法3条の7第5項）。

■適用される法規
　国際動産売買についてはウィーン売買条約の適用が問題になるが、買主が消費者の場合は適用が除外されている（同2条）。

　ウィーン売買条約の適用がない場合、当該取引にいずれの国の法規が適用されるか（準拠法）は、オンライン取引か否かを問わず、2007年1月に施行された「法の適用に関する通則法」に従うことになる。

　まず、準拠法について当事者間に合意があれば、契約の実質的成立要件および効力は、その合意に従うのが原則である（通則法7条）。しかし、消費者契約の場合は特例が適用され、日本の特定の強行法規（特定商取引法上のクーリング・オフなど）を適用すべき旨事業者に意思表示をすれば、当該消費者契約の成立および効力に関し、その強行法規による保護を受けられる（通則法11条1項）。また、準拠法の合意がなければ、契約締結時における消費者の常居所地法が準拠法となる（同条2項）。

　ただし、消費者契約でも、特例の適用がない例外がある。たとえば、消費者が自分で海外のホテルのサイトで予約をし、宿泊するなど、勧誘を受けずに履行の全てを海外で受けた場合である（いわゆる能動的消費者。通則法11条6項）。

　また、消費者・消費者間の取引（ネットオークションなど）には特例の適用がない点に注意を要する。

　なお、これらの裁判管轄や準拠法の考え方は、当該紛争について日本の裁判所に訴えが提起された場合の日本の考え方であり、外国の裁判所に訴えが提起された場合は、当該外国の法に基づいて管轄や準拠法が判断される。

■相談窓口
　消費者庁では、2011年11月1日から「消費者庁越境消費者センター（CCJ）」を開設し、解決の支援をするとともに、トラブル情報を収集・調査している。

【関連キーワード】クーリング・オフ制度、ネットオークション　　　　　（弘中絵里）

電子マネー

電子マネーは、電磁的に記録された価値情報を利用して契約に基づく一定範囲で決済が行われる仕組みである。

■電子マネーの分類①－支払時期による分類

前払方式（プリペイド方式、Suica、Edy等）、同時（デビット）、後払方式（ポストペイ方式、iD、QUICPay等）の3タイプがある。

■分類②－流通形態による分類

利用者間で電子マネーの支配価値が転々流通するもの（オープンループ型）と、電子マネーの利用があると直ちに発行者に還流するもの（クローズドループ型）がある。前者のほうが現金に近い流通となるが、市場で利用されているのはクローズドループ型であり、支払いに利用された電子マネーは、転々流通せず発行体において換価される。

■分類③－利用形態による分類

磁気カード、ICカード等を携帯して使用するものと、インターネットのネットワークで使用するもの（デジコイン、ちょコム等）がある。

■分類④－価値の保管形態による分類

支払手段そのものに価値が記載されるもの（ストアドバリュー型）とコンピュータサーバに価値が記録されるもの（サーバ管理型）がある。ICカードがある場合も価値情報は発行者のサーバで管理していることがある。2010年4月施行の資金決済法は、サーバ管理型も含む前払方式電子マネーについて、規制や利用者保護を定めた。

■電子マネーの法的な位置づけ

電子マネーの法的性質は、利用者はその価値情報を相手方の店舗に移転することによって債務を免れ、代わりに発行体が支払いをする義務を負うという免責的債務引受説が有力である。

電子マネーは現金に匹敵する支払決済機能を持つが、通貨ではなく、互換性に乏しく、約款の規定が重要である。

前払方式の電子マネーの中には、チャージされた電子マネーの有効期限を設定しているものがあり、一定期間利用がなければ電子マネーとしての価値を失うことがある。電子マネーは預金には該当せず、預金保険制度の適用はない。

■電子マネーの盗難・不正使用

電子マネーデータを記録したICカード等を紛失した場合、無記名式のものは利用者が損害を負担することになる。これに対し、記名式のものは、利用者が発行者に連絡することで利用停止・再発行の措置をとる仕組みになっているものが多いが、利用停止前に第三者に使われた金銭価値までは戻ってこない。

サーバ管理型の場合には、パスワード等の不正認証による不正アクセスによる被害の問題となる。

【関連キーワード】多様化する決済手段
【参考】松本恒雄ほか編『電子商取引法』（勁草書房、2013年）、吉川達夫『電子商取引法ハンドブック〔第2版〕』（中央経済社、2012年） （足立珠希）

迷惑メール

　受信者の承諾を得ずに一方的に送り付けられてくる電子メール（迷惑メール）は、「特定電子メールの送信の適正化等に関する法律」（特定電子メール法）により、一定の規制がなされており、また、特定商取引法によって、受信者の承諾を得ない一方的な電子メールによる商業広告の送りつけも規制されている。

■特定電子メール法による主な規制

　広告等の電子メールを送る際には、原則として、相手からの電子メールの送信を求める旨または送信に同意する旨の通知を必要とし、同通知がなければ、送信してはならない。また、相手から電子メールの送信をしないように求める旨の通知を受けた場合、その通知に示された意思に反して広告等の電子メールの送信をしてはならない。なお、事前に許可していない広告メールをスパムメールともいう。

　広告等の電子メールを送ることができる場合でも、送信者の氏名・名称などを表示しなければならない。

　広告等の電子メール送信については、送信に用いた電子メールアドレス等を偽ってはならず、また、架空の電子メールアドレスを宛先とする電子メールの送信をしてはならない。

■特定商取引法による主な規制

　特定商取引法では、通信販売、連鎖販売取引、業務提供誘引販売取引に関し、特定電子メール法とほぼ同様の規制がある。

■海外の規制状況

　従来は、送信は自由だが、受信者が拒否した場合には広告メール等の送信が禁止されるという規制（オプトアウト方式）が多かったが、現在では、広告メール等についてはそもそも受信者の事前の同意が必要であるという規制（オプトイン方式）が主流である。日本においても、オプトアウト方式からオプトイン方式へと変わった。

■巧妙化・悪質化する迷惑メール

　ウィルス感染等により、外部から不正に操作することが可能となったパソコンで構成されるネットワーク（ボットネット）が形成され、同ネットワークを用いて送信される迷惑メールが増加している。このように、特定電子メール法では想定されていなかった形態も出現してきている。

　また、金融機関などからのメールを装い、暗証番号やカード番号などを詐取するケース（フィッシングメール）も増加しており、手口が巧妙化している。

■対策

　法的整備では、巧妙化する手口に対して、どうしても後追いになりがちである。そこで、万全とまではいえないが、携帯電話等の設定で、迷惑メールブロック対策をとるなどの対応が必要であろう（詳細は、総務省HP、日本データ通信協会HP参照）。

【関連キーワード】フィッシング・ファーミング、架空請求・不当請求（富本和路）

III　情報化社会の進展に伴うトラブル

架空請求・不当請求

「貴殿がご利用になられた番組サイトへの入金確認が未だとれません。〇万円（延滞料金含む）を至急指定口座へ必ずお振り込みください」

突然、消費者のもとに、こうした内容のメールや葉書、はては手紙や電報が突然送られてくる。一般市民が驚くのは当然で、2002年以降、消費生活センターなどに相談が殺到した。同年の特定電子メール法の制定とその後の相次ぐ改正などで激減したものの、警察庁の統計では、詐欺への入口が電話に変わる形で、振り込め詐欺の一種に変貌し、2014年上半期だけでも、約70億円もの被害が生じている。

■**支払う必要はない**

相談に対応する弁護士は、「支払う必要はない」「対応する必要はない」「心配なら最寄りの消費者センターか警察へ」という答えをしているが、被害者も「使ったかもしれない」「無視するのは相手に悪い」「何かあるかもしれない」などと、業者に善意に考えるのは絶対に禁物だ。業者のほうは「自分のほうが悪いかもしれないと考えるタイプ」「強く言えば取れるタイプ」と考え、一層、厳しく請求してくる。問合せをすれば、「同姓同名の方に間違って請求が届いたかもしれませんから、確認のためご住所とお電話番号を教えてください」などと述べて照合を装う。住所等の連絡先を調べる手口で、絶対に乗ってはいけない。

そもそも「架空」請求は、契約が成立していないのだから、法的な支払義務は生じない。消費者がどうしても支払いに応じない場合、業者は裁判を起こすしかないが、業者側は法的義務を証拠に基づいて立証する義務もある。立証ができなければ敗訴する。それが正当なやり方で、消費者を騙したり脅したりして支払わせれば、詐欺罪や恐喝罪に当たる。いずれも10年以下の懲役となる犯罪だ。情報料金に関し架空請求の相談が始まったのは1993年頃のことで、ダイヤルQ^2料金に関するものだったが、現在まで、取立てのために裁判を起こした業者は、ほとんどない。つまり裁判するぞという脅しに屈する必要は全くない。逆に「恐ろしいから」「使ったかもしれないから」と支払ってしまうと、再度「別の未払いの料金があった」と請求される可能性すらある。「根拠薄弱でも払ってくれる人」「和解もしないのに払ってくれる人」は「おいしい顧客」だからだ。こうした被害者情報は業者間を転々流通し、カモリストへ登録され、別の業者から取立てを受ける可能性すらある。

架空請求による被害の多発は、実は、日本にしかない消費者被害類型でもある。世界の標準は、まず相手を疑い、コミュニケーションを通じて次第に相手との信頼を築いていくという手法をとる。新タイプの消費者被害・詐欺事案の発生は、日本人の発想方法に変革を迫っている。

【関連キーワード】迷惑メール、個人情報保護法　　　　　　　　　（紀藤正樹）

フィッシング・ファーミング

■フィッシング

「fishing」が、洗練された（sophisticated）という単語と合体し「Phishing」と綴る。ネット時代の典型的な造語である。手口は、実在の企業を装ったメールを顧客に送付し、レイアウト、デザイン、URLまでそっくりな「罠のサイト」に呼び込み、被害者にキャッシュカードやクレジットカード番号、そしてパスワードなどを入力させるというものだ。警察庁は「国内初の金銭的な被害が確認された」として、2004年12月24日、①フィッシング詐欺については、詐欺に至らない段階で防止・検挙することが何よりも重要とし、関係機関・団体と連携し、詐欺に至らないフィッシング行為の防止を図るとともに、フィッシング行為自体を業務妨害罪や著作権法違反等で検挙するよう努める、②具体的施策として、全国の都道府県警察において「フィッシング110番」を設置して取締りを強化する、などと発表した。しかし、これまでほとんど摘発例がないのが現状で、ネットバンキングの普及につれて、かえって2013年頃から、被害が急増している。

■個人情報保護法との関係

フィッシング詐欺は、事前に企業の保有する顧客情報が犯人側に渡ることでより洗練される。顧客のメールアドレスを事前に知っていれば、当該企業の偽ホームページにたやすく誘導可能である。その意味で、フィッシング詐欺は、「企業の顧客情報の流出＋洗練された詐欺」という複合犯罪とも評価できる。金融機関は、メールでは、カード情報、口座、暗証番号は聞かないとしているが、個人情報保護法との関係で、当然、顧客情報を利用したフィッシング詐欺の横行は、利用された企業は、行政指導等の対象となり得る。

■ファーミング

「pharming」は、「farming」（畑仕事）から派生した造語で、フィッシングが、偽装サイトに吸い寄せられる被害者を1人ずつ釣り上げる方法であるのに対し、ファーミングは、被害者を、本来訪れようとしている企業サイトから偽装サイトに自動的に導き、まとめて刈り取ろうとするものだ。偽装メールにウィルスをしかけ、直接、パスワードを奪ったり、企業のアドレス自体を偽装してしまう手口、企業のサイトに不正アクセスしてアドレスを乗っ取るという手口などがある。ファーミングの場合、画面上のアドレスが本物と同じとなれば、被害者は詐欺に気づくことすら難しい。

金融機関は、個人の被害については、2008年から、預金者保護法の趣旨から補償を行ってきたが、2014年になって、一定のセキュリティ対策を条件として、法人のネットバンキングも補償するとの方針を打ち出した。とはいえ、消費者にとっては、より一層の注意が必要だろう。

【関連キーワード】不正アクセス禁止法

（紀藤正樹）

III 情報化社会の進展に伴うトラブル

情 報 商 材

「情報商材」とは、主にインターネットの通信販売を通じて取引される各種の情報であり、情報それ自体に価値を設定して販売されるものである。

「月収50万円を稼ぐ秘訣を公開」、「パチンコ必勝法」、「FX必勝バイブル」などといった金儲けに関するもの、「異性にモテる方法」など男女関係に関するもの、美容やダイエットのノウハウなどその内容は多岐にわたる。

こうした情報はPDF形式で取引されることが多く、自分でパソコンなどを使ってダウンロードして閲覧することができ、比較的容易に入手可能である。販売業者によっては、冊子やDVDの形式をとる場合もある。

販売代金は数千円から数万円の場合が多く、現金払いのほか、クレジットカードによる決済も利用される。

■情報商材の特徴・問題点

情報商材は、情報それ自体が商品とされるため、ウェブサイトなどで当該情報商材に関する詳細な説明がなされない。そのため、消費者としては、販売者による宣伝文句（ウェブサイトでの広告表示）だけを頼りに当該情報商材を購入するか否かを決めざるを得ない。

ところが、事業者の宣伝文句の中には、実際にはほとんど収入が得られないにもかかわらず、確実に儲かるという断定的な説明を行うものや、返金保証付きの契約であると表示しておきながら、いざ返金を求めると厳しい条件を突きつけて返金をしないものなど、問題のある表示がなされるケースがある。

また、提供される情報が容易に入手可能で価格に見合った価値がないものや、購入した情報商材を見ても内容がよくわからないため業者に問い合わせたところ、ドロップシッピングを行うための契約が必要だとして、別契約を勧誘されるケースも存在する。

■取引拡大の背景

情報商材を専門に取り扱うショッピングモール業者やオークションサイトを介して販売されることが多く、こうしたサイトにより取引が拡大した。

また、アフィリエイターが自身のブログやメールマガジンなどで商材についての宣伝をすることにより、消費者を刺激して購入に結びつけた側面も指摘される。

詐欺まがいの商材を購入した者が少しでも損失を回収しようと、報酬目当てに情報商材を宣伝する側に回るケースもある。

■被害救済・責任の所在

不実告知、断定的判断の提供、詐欺等を理由とする契約取消、損害賠償請求をすることが考えられる。

コンテンツ販売者はもとより、情報商材を販売するショッピングモール運営業者、アフィリエイターに対する法的責任の追及も問題となる。

【関連キーワード】ネットオークション、アフィリエイト・ドロップシッピング

(石井研也)

III 情報化社会の進展に伴うトラブル

アフィリエイト・ドロップシッピング

アフィリエイトは、アフィリエイト・プログラム（Affiliate Program）の略語であり、ホームページ（以下、「HP」という）やブログ、メールマガジンにネットショップ等への広告リンクを張り、利用者がそのリンクを経由してリンク先サイトを閲覧したり商品購入等をすると、報酬が支払われるインターネット（以下、「ネット」という）広告の仕組みである。

ドロップシッピング（Drop shipping）はネット通販の一形態であり、商品仕入ルートを持たない者がネット上で商品販売サイトを開設運営し、そこで注文を受けた商品を、提携する仕入業者を通じて、直接購入者に納品するものである。

■特徴

アフィリエイトは、個人が自分のHPやブログ等にバナー広告を貼り付けて宣伝したり、商品の使用感や自分の趣味や好み等を紹介しながら、広告主の商品等を宣伝することに特徴がある。副業や小遣い稼ぎ目的の場合が大多数だが、成果報酬を得るために業務として行っている者も多数いる。広告企業にとっては、広告費用を安価に抑えて、関心の高い顧客層に向けた効果的な宣伝・広告が可能であり、他方、アフィリエイターにとっては、自分の意見や感性の発信が収入につながるので、双方にメリットがあるとされる。

ドロップシッピングでは、注文受付のサイトを開設運営すれば、仕入先を持たずに簡単にネットの通信販売業（特商法2条2項）を始められる点に特徴とメリットがあるといわれている。

■問題点と法適用

アフィリエイトでは、多額の成果報酬を得るため、欺瞞（ぎまん）的な表示や不実表示など消費者に誤った認識や判断を与える広告が行われている例も少なくない。アフィリエイターの不当表示が不法行為の幇助に該当するとされた例（東京地判平20・10・16先物取引裁判例集53巻352頁）もあるが、不当表示をしたアフィリエイターを直接規制する業法があるとは見られない。しかし、アフィリエイターが掲載する広告主のバナー広告の表示に関しては、その表示が記載された商品・サービスの内容または取引条件についての不当表示（景表法4条1項）に該当すれば、広告主は措置命令の対象となったり（消費者庁ガイドライン）、特定商取引法の広告規制（11・12条）を受ける。

他方、ドロップシッピングを始めれば利益を上げられるとして、これを行うために必要なホームページの作成やSEO対策等の運営ノウハウの提供の対価を支払わせる取引は業務提供誘引販売取引（特商法51条）に該当し（大阪地判平23・3・23判タ1351号181頁）、書面交付義務やクーリング・オフ、意思表示の取消等が認められる（同法52条〜58条の3）。

【関連キーワード】通信販売、業務提供誘引販売取引、景表法　　　（齋藤雅弘）

III 情報化社会の進展に伴うトラブル

ステルスマーケティング

■概要

「ステルスマーケティング」(stealth marketing)とは、消費者に広告・宣伝であると気付かれないように商品を宣伝する行為をいう(略称「ステマ」)。「ステルス」は、こっそり行うという意味である。

飲食店の人気口コミサイト「食べログ」に、一般の投稿者を装い、特定の飲食店に好意的な口コミを行う見返りとして報酬を受け取る「やらせ業者」が存在することが発覚し、問題となった。

また、複数の芸能人が「ペニーオークション」利用体験談をブログに掲載したが、実際には商品を落札しておらず、業者から金銭を受け取ってペニーオークションサイトを宣伝するものであったという事例もみられた。

■問題点

消費者は、商品・役務を購入する際、当該商品・役務に関する第三者の評価・感想を信頼して取引を行うことが多く、こうした情報は消費行動に大きな影響を与える。

ステルスマーケティングは、事業者から対価を受け取った利害関係者による情報であるにもかかわらず、それを隠し客観的立場を装って商品・役務に関する肯定的な意見を掲載し、一般消費者の評価がさも高いかのようなイメージを与えようとするものである。消費者に対して誤った情報を提供するものとして批判が大きい。

■消費者庁ガイドライン

消費者庁は「インターネット消費者取引に係る広告表示に関する景品表示法上の問題点及び留意事項」(2011年10月28日公表、2012年5月9日一部改定)において、商品・サービスを提供する事業者が、顧客を誘引する手段として、口コミサイトに口コミ情報を自ら掲載し、または第三者に依頼して掲載させ、当該「口コミ」情報が、当該事業者の商品・サービスの内容または取引条件について、実際のものまたは競争事業者に係るものよりも著しく優良または有利であると一般消費者に誤認されるものである場合には、景表法の不当表示として問題となる旨、指摘している。

■FTCガイドライン

アメリカ連邦取引委員会(FTC)の「推奨及び体験談の広告への使用に関する指針」(2009年10月改訂)では、広告主以外の第三者の意見等を反映しているものと消費者が信じる可能性のあるあらゆる広告メッセージを推奨表現としたうえで、広告主および推奨者は、推奨表現を通じて行った誤解を招きやすい、あるいは裏づけのない表示について責任を免れないこと、広告主と推奨者との間に推奨表現の影響力・信憑性に影響を与える可能性がある関係(対価の授受等)がある場合には、かかる関係性について明確かつ明瞭に開示すべきであることが示されている。

【関連キーワード】ネットオークション、景表法　　　　　　　　　　(石井研也)

フラッシュマーケティング

　フラッシュマーケティングとは、商品・サービスの価格を割り引くなどの特典付きのクーポンを、一定数量・期間限定で販売するビジネスモデルをいう。「共同購入クーポン」という形で、2008年頃から展開されてきている。その特質として、①カウントダウン手法（購入に際して制限時間内に一定数量の申込みがなければ販売契約が成立しないなど）を用い、かつ②高い割引率や値引き額を示して通常価格よりも有利な価格で購入できると顧客を誘引すること（ただし、二重価格表示を示さないものもある）があげられる。

■共同購入クーポン

　共同購入クーポンは、事業者またはクーポンサイト事業者が、消費者に対してクーポンを有償で販売し、クーポンを事業者に提示することで商品・役務の提供を受けるものであり、販売にはフラッシュマーケティングの手法が用いられることが多い。

■問題点

　フラッシュマーケティングの手法を用いて顧客を誘引する場合には、制限時間を明示することによって、購入条件の比較検討などの熟慮する時間を十分に与えない可能性もあり、また制限時間の存在自体が消費者の軽率な判断を招く危険性もある。さらに、一定数の申込みが契約成立に必要なことから、このような情報を知った消費者の口コミによる情報流布による購買行動が期待され、販売事業者が口コミ情報として事業者側の一方的な意図を反映した内容を自ら掲載し、または第三者に依頼して掲載する（いわゆるサクラ、ステルスマーケティングの利用）こともありうる。

　事業者のクーポンの割引率や値引き額の明示に際して、基準とした通常価格の設定が適切でなければ、消費者に著しく有利な条件で購入できるとの誤認のもとでの購入行動をさせる可能性があり、この場合には、景表法上、有利誤認表示（同法4条1項2号）が問題となりうる。また、クーポンにより提供される商品・役務等が、通常の提供商品とは異なる場合も考えられ、実際のものや競争事業者に係るものよりも著しく優良であると一般消費者に誤認される場合には、優良誤認表示（同法4条1項1号）となりうる。さらに、クーポン利用が事業者の能力をオーバーしてしまい、現実には購入者が希望する時期に役務・商品を提供できないというトラブルもある。クーポンサイトと商品・役務を直接提供する事業者との法律関係も一律には判断できず、利用規約などで個別に契約主体などを判断するほかない。

【関連キーワード】景表法、ステルスマーケティング、電子商取引及び情報財取引等に関する準則

【参考】消費者庁「インターネット消費者取引に係る広告表示に関する景品表示法上の問題点及び留意事項」　（高木篤夫）

フリーミアム

　フリーミアムとは、基本的なサービスを無料で提供し、高度な、あるいは、追加的なサービスを有料で提供して収益を得るビジネスモデルをいう。フリーミアム（freemium）という用語は、free（無料）にPremium（上質な）を組み合わせた造語である。ソーシャルゲームや動画視聴などのオンラインサービスにおいて取り入れられている。フリーミアムでは、オンラインゲームで消費者は基本的なゲームを無料で行うことができたり、動画も混雑する時間帯を除いて視聴したりすることができる。事業者は、基本的サービスのほかに、月額利用料の支払いや有料アイテムの購入などの形で、付加的な有料のサービスをあわせて提供する。消費者は、付加的サービスの利用を申し込み、対価を支払うことで、基本的サービスよりも高度なサービスの提供を受けることができる。

■フリーミアムの特徴

　インターネット上のサービス提供においては、サービス提供のためのシステムを構築し終えた後は、サービスを受ける顧客が1人増加した場合に新たに必要となる費用は僅少にとどまる。このようなインターネット上のオンラインゲーム等のサービス提供の特徴を踏まえて、できる限り多くの顧客を得るため、無料の基本的なサービスをまず提供することで顧客を誘引する。

　オンラインゲームでは、有料アイテムを購入してゲームをしないとなかなかゲームが進行しなかったり、ほかのユーザーより有利に進めることができなかったりする。また、レアアイテムを獲得するには付加サービスを利用することが必要となったりする。動画視聴サービスでは、月額使用料を支払うと混雑時間帯でも制限なく視聴することができたり、無料では視聴できない高画質のコンテンツを視聴できるなどする。事業者は、これらの有料サービスの利用により利潤を得ることになる。

■フリーミアムの問題点

　フリーミアムを採用したオンラインゲームでは、初期には「無料でできる」ということを強調して消費者にアピールしていたため、消費者に誤解を与えることがあった。そのため、未成年者が、無料でできる範囲を超えた有料サービスを親権者の同意なくして行い、あるいは親権者が有料課金がなされることを理解せずに未成年者に利用を認めたりしたことにより、未成年者課金や高額課金の問題が生じている。無料サービスの具体的内容・範囲を明確に提示し、有料サービスの利用に関して理解していない消費者・未成年者が容易に利用して意図しない課金の発生を防止することが必要である。

【関連キーワード】景表法、ソーシャルゲーム
【参考】消費者庁「インターネット消費者取引に係る広告表示に関する景品表示法上の問題点及び留意事項」　（高木篤夫）

アプリ

　アプリとは、アプリケーションの略で、OS（オペレーティング・システム）にインストールして利用するソフトウェアのことである。スケジュール管理、表計算、動画や画像編集、音楽・映像の視聴、ゲームなど、ビジネス向けから娯楽向けまで幅広く用意されている。

　OSとは、システム全体を管理する基本ソフトウェアのことであり、パソコン向けにはMicrosoft社のWindowsシリーズやApple社のMac OS X、スマートフォンやタブレット向けにはGoogle社のAndroidやApple社のiOS等があるが、アプリは、どのOSにもインストールできるわけではなく、それぞれ対応するOSが決まっている。

　アプリは、パソコンやスマートフォンを購入した際に、あらかじめインストールされているものもあるが、購入者がインターネットを通じてダウンロードするなどして追加的にインストールすることもできる。

■不正アプリの問題

　無料でダウンロードできるアプリも少なくないが、無料だからといって安易にインストールするとトラブルに巻き込まれることがある。アプリの中には、機器や端末の中の電話帳、位置情報その他の個人情報を盗み取り、勝手に外部に送信するような不正アプリも存在するからである。

　Androidでは、「電池長持ち」などの機能改善を装って電話帳データを抜き取るアプリや、金魚すくい等の無料ゲームのアプリでGPS等を用いた位置情報を米国の広告会社に送信するものなどが見つかっている。

　こうした不正な情報の取得や保管は不正アクセス禁止法で規制されるようになったが、ダウンロードする際にアプリの動作に関する確認画面が表示され、形式上は確認を経ていることも多いため、適用については慎重とならざるを得ないとする見方もある。

　ほかに、使い方次第で問題となるものとして、「カレログ」というアプリが話題になったことがある。GPS機能を用いて家族やパートナーが所有しているスマートフォン端末の位置情報を通知するサービス等を内容とするものであるが、悪用されて、端末所有者が知らないうちにインストールされるとプライバシー侵害につながるとの指摘を受け、現在は、サービスが停止されている。

　iPhoneに関しては、Apple社自身が運営するアプリ提供サイトApp Store経由でアプリをインストールするため、比較的安全性は高いが、それでも絶対的なものではないといわれている。

　いずれにせよ、アプリをダウンロードするときは、信頼できるサイトから行い、作成者や提供元が不明なアプリはダウンロードしないように心がける必要がある。

【関連キーワード】不正アクセス禁止法

（松本圭司）

マルウェア

マルウェア（malicious soft-ware）とは、コンピュータに侵入し、様々な害悪をもたらすソフトウェアの総称であり、ウイルス、ワーム、トロイの木馬、スパイウェア等がこれに当たる。

■マルウェアによる被害
① データが消去されたり、コンピュータやソフトウェアの動作がおかしくなったりすることがある。
② 情報を盗み取られることがある。コンピュータ内の情報を勝手に取得して外部に送信する仕組みのものだけでなく、カード会社の正規サイトを開こうとするとカード情報の入力を要求する別画面が立ち上がるような巧妙な手口のものも存在が確認されている。
③ 悪意のある第三者にコンピュータを遠隔操作されることがある。迷惑メールやフィッシング詐欺サイトへの誘導メールの大量送信に利用されたり、標的となるサーバに多数のパソコンから過大な負荷を掛け機能停止に追い込むDDoS（ディードス）攻撃の踏み台として利用されたりすることがある。

■感染原因
ウェブサイトにマルウェアが仕込まれており、閲覧の際に感染したり、メールあるいはその添付ファイルを開いて感染したりするのが典型的であるが、その他、ソフトウェアの脆弱性を悪用されて感染してしまうケースやUSBメモリ等の外部媒体を介して感染してしまうケースもある。

■対策
マルウェアの作成や供用等については、不正指令電磁的記録に関する罪（刑法168条の2）により、IDやパスワード等の情報の不正取得や不正利用は、不正アクセス禁止法により、それぞれ処罰の対象とされている。

不正な動きをするソフトウェアであればアンインストールするだけで解決することもあるが、ウイルス等は、いったん感染すると駆除や復旧に非常に手間がかかり、最悪の場合、コンピュータを初期化しなければならない。

そのため、感染する前に予防することが重要であり、普段から、以下のような点に心がけておく必要がある。
① セキュリティ対策ソフトを導入する。なお、偽セキュリティ対策ソフトなるものも出回っており、知らずに利用すると逆にマルウェア被害に遭うきっかけとなるので、注意が必要である。
② ウェブサイトやメールのリンクをむやみにクリックしない。
③ 安全性の確認できない添付ファイルは開かない。
④ 信頼できないソフトウェアはインストールしない。
⑤ 普段使っているソフトウェアは更新して常に最新の状態にしておく。

【関連キーワード】迷惑メール、フィッシング・ファーミング、不正アクセス禁止法
（松本圭司）

III 情報化社会の進展に伴うトラブル

ＳＮＳ

■SNSとは

SNSは、ソーシャル・ネットワーキング・サービス（Social Networking Service）の略であり、「個人間のコミュニケーションを促進し、社会的なネットワークの構築を支援する、インターネットを利用したサービス」などと定義される。

代表的なサービスとしてFacebook、Twitter、Google＋、LINE、mixi、GREEなどがあげられ、それぞれのサービスに特化したアプリが多くの場合無償で公開・配布されている。

スマートフォンの普及に伴ってSNS利用者も増加しており、日本における利用者数は4965万人に上るともいわれている（ICT総研「2013年SNS利用動向に関する調査」）。

■問題点①－個人情報の意図せぬ公開

多くのSNSでは、自分のプロフィール（氏名、出身地、出身校など）や写真などをインターネット上に公開し、会員間で共有して交流を促進する機能が備えられている。しかし、情報の公開範囲の設定方法が複雑な場合があり、自分や他人のプライベートな情報を意図せぬうちに一般公開してしまう危険性がある。

また、個人のメールアドレスを公開することにより、悪質業者からの勧誘メールを誘発するおそれもある。

■問題点②－サービス提供業者による個人情報の取得

SNSによっては、利用者の行動に関する情報（訪問した場所やホームページの閲覧履歴など）をサービス提供業者が取得し（こうして収集した大量のデータを「ビッグデータ」という）、広告主に提供している場合がある。広告主は、これらの情報から個人の趣味・嗜好を推測し、当該個人が興味のありそうな広告を、SNSを通じて当該個人に提供する（ターゲティング広告といわれる）。

多くの場合、利用者は、サービス利用約款等によってサービス提供業者による個人情報の取得・提供について同意している。しかし、同意がある場合も含め、ビッグデータの取得・利用がどこまで許されるかについては個人情報保護法の見直しにおいて検討がなされている。

■問題点③－悪質商法被害の端緒

ターゲティング広告や、知人になりすました偽アカウントからの勧誘などによって、SNS利用者がサクラサイトなどの悪質商法に勧誘・誘導される被害が増加している。SNSに限らず、情報通信サービスは悪質業者による勧誘ツールとして悪用される危険性を常に孕んでいる。

■正しい知識で適切な利用を

SNSは、これら問題点だけではなく、メディアとしての有用性なども注目されている。サービス提供業者、利用者、行政などが、適切な利用・規制のあり方を模索しているところである。

【関連キーワード】アプリ、ビッグデータ、サクラサイト　　　　　　（奥野弘幸）

ソーシャルゲーム

ソーシャルゲームとは、主にソーシャル・ネットワーキング・サービス（SNS）上で提供されるオンラインゲーム・ブラウザゲームをいう。従来のオンラインゲームと異なり、専用のアプリケーションソフトウェアを利用せず、ブラウザ上でゲームをすることができ、SNSアカウントで利用できる。コミュニケーション機能をもち、基本利用料が無料でアイテム課金により収益を上げるフリーミアムのビジネスモデルを採用していることが多い。最近では、ブラウザ上で動作するウェブアプリではないネイティブアプリ（ブラウザ上ではなくそれ単独で端末上で動作するアプリ）で、ソーシャル機能を有するものはソーシャルゲームといわれることがある。

■課金上のトラブル

ソーシャルゲームでのトラブルは、フリーミアムのビジネスモデルに起因することが多く、有料サービスの利用による高額課金、未成年者の有料サービス利用による課金という問題がある。

ソーシャルゲームは、ゲーム自体が比較的単純で、幼年者にも親しみやすいゲーム内容であることが多い。また、ゲームの操作もクリックでできるなど入力等の複雑な操作を要しないものが多く、細切れの時間でも利用していくことができる。有料サービス利用の課金は、アイテム購入やガチャ（仮想空間でのカプセルトイの形でアイテムを購入する）に対してなされ、ポストペイの仕組みではゲームに熱中した消費者が利用した料金の累積金額を消費者が認識しにくいという面もあり、特に未成年者利用で思わぬ高額の課金請求を受けるトラブルは多い。未成年者が親のクレジットカードを利用した場合、カード会員規約上同居の親族の利用の場合は支払義務を負うこととされていることからクレジット会社との紛争も関連して発生している。

■不正利用のトラブル

ソーシャルゲームでは、ゲーム提供業者による一方的な利用停止措置や突然のゲームサービスの終了に伴うゲーム提供事業者と利用者間のトラブルもある。ゲーム提供事業者による利用規約違反による利用停止措置がなされても、具体的な違反行為について事業者側から説明されることがないのが大多数であり、トラブルになりがちである。また、利用者同士のRMT（リアル・マネー・トレード：ソーシャルゲームの中で入手されるアイテムや仮想通貨を利用者に現実の通貨で売買する行為）などの取引におけるトラブル（RMTの代金詐取など）、ソーシャル・ネットワーキング・サービスのID・パスワード等の登録情報を乗っ取りやハッキングなどにより不正利用され、ゲーム上のアイテムがなくなる等のトラブルも発生している。

【関連キーワード】フリーミアム、SNS、不正アクセス禁止法
【参考】経済産業省「電子商取引及び情報財取引等に関する準則」　　（高木篤夫）

個人情報保護法

　高度情報化社会の進展により、個人情報の保護が重要な課題となり、2003年5月23日、個人情報保護法が制定された。同法は、目的、定義、基本理念等を定める基本部分（第1章～第3章）と、民間部門における個人情報取扱事業者の義務等を定める一般法的部分（第4章以下）の二重構造となっており、2005年4月1日より全面施行されている。

■個人情報流出事件

　同法施行から10年が経過したが、個人情報の流出や漏洩等の事件は後を絶たない。2014年7月には、ベネッセコーポレーションの通信講座「進研ゼミ」等26サービスの顧客の個人情報約760万件が外部に流出するという過去最大規模の情報流出事件が発生した。

■個人情報保護に対する過剰反応

　個人情報保護に対する社会的な意識が高まった一方で、社会的な必要性があるにもかかわらず、法の定め以上に個人情報の提供を控えるなど「過剰反応」といわれる問題が生じている。国民生活審議会は、「個人情報保護に関する取りまとめ（意見）」（2007年6月29日）において、法の具体的な内容の広報・啓発等、「過剰反応」対策に万全を期すことを求め、政府も、個人情報保護関係省庁連絡会議を開催し、今後の対策を決定（「個人情報保護施策の今後の推進について」（2007年6月29日決定））し、実施している。

■法改正の動き

　個人情報保護法施行後に生じた問題や、急激なITの発達により現行法施行当時には想定していなかった「ビッグデータ」といわれるような多種多様な個人に関するデータが登場したことから、これらに対応するために、個人情報保護法の改正が進められている。政府は、2015年3月10日に改正個人情報保護法案を閣議決定した。改正法案の主な内容は以下のとおりである。

① 　個人情報の範囲が拡大され、指紋など身体の特徴を電子化した情報や、携帯電話や免許証などの番号が保護対象に加えられた。

② 　「個人情報保護委員会」が新設され、業界ごとに所管省庁の大臣が分かれていた権限を一元化して、国家公安委員会や公正取引委員会と法的に並ぶ独立した組織とした。委員会は、企業に報告や資料提出を求めることができるほか、立入検査の権限も与えられている。

③ 　「匿名加工情報」（個人を識別できないよう情報を加工し、かつ個人情報を復元できないようにしたデータ）が新設された。企業が集めた顧客のデータを、本人の同意なく他社に提供できる枠組みで「ビッグデータ」の活用をしやすくするための制度である。これに対しては、加工された情報の提供先を本人に伝える規定がないことなど、個人情報保護の不備も指摘されており、法制化に向けた動きを注視する必要がある。

（小野寺友宏）

EUデータ保護規則

■EUデータ保護指令の時代

「EUデータ保護規則」とは、EUデータ保護指令を改定して、インターネットをはじめとする急速な技術的進歩やグローバル化の進展によって発生してきた新たな課題に対処しようとするものである。

「EUデータ保護指令」とは、1995年10月24日「個人データの取扱いに係る個人の保護及び当該データの自由な移動に関する欧州議会及び理事会の指令」の略称である。この指令は、EUのスタートにあたり、各国の個人情報保護（プライバシー保護）にかかわる法制度の共通化を求めたもので、採択から3年後の1998年10月25日までに、EUに加盟する15カ国に、国内の法制度に指令を反映することを求めた。この指令は、25条に個人データに関して十分なデータ保護レベルを確保していない第三国へのデータの移動を禁止するという条項があったため、各国はEU諸国からのデータ流通を確保するために個人情報保護の制度の実施を急ぐことになった。日本では、1997年に経済産業省が「個人情報保護に関するガイドライン」を改定し、翌年には「プライバシーマーク制度」を発足させたほか、2003年には個人情報保護法が制定された。

■EUデータ保護指令から保護規則へ

従来の指令の採択から15年以上が経ち、クラウドコンピューティングやソーシャル・ネットワーキング・サービスにおけるデータ保護のあり方、多国籍企業のビジネスに過度な負担をかけるような非効率・非整合的な規制の改善等が課題となっていたため、これに対応することを主たる目的に、2012年1月25日に、欧州委員会が、欧州議会および欧州理事会の個人データ保護規則の案を発表した。その骨子は、①「指令」（指令の中で命じられた結果についてのみ、加盟国を拘束し、それを達成するための手段と方法は加盟国に任される）から「規則」（すべての加盟国を拘束し、採択されると加盟国内の批准手続を経ずに、そのまま国内法体系の一部となる）への格上げ、②個人データ保護の権利の強化、③EU域内でのデータ保護ルールの一元化、④グローバル環境でのデータ保護ルールの詳細化等というものである。

個人データ保護の権利強化には、機微情報つまり思想良心等のセンシティブなデータの原則取得禁止、自己情報に関する抹消権つまり一定の範囲で、自己の情報を削除する請求権を認める条項が含まれている。

個人データ保護規則改正案は、2014年7月末の時点で、欧州議会の決議を経ているが、理事会決議は未了である。

【関連キーワード】個人情報保護法、SNS

（壇俊光）

個人番号法

　個人番号法とは、「行政手続における特定の個人を識別するための番号の利用等に関する法律」のことで、2013年5月31日に成立し、2014年4月1日から施行されている法律であり、具体的運用は2016年1月からと予定されている。
　同法の目的は、行政機関が個人を番号で特定し、情報の管理・利用等を効率的に行うとともに、これにより、国民側の手続負担の軽減を図ることにある。「行政機関の保有する個人情報の保護に関する法律」の特例に当たる。

■個人番号の主たる利用範囲
　個人番号は、大きく分けて、3分野において利用される。一つ目は社会保障分野であり、年金、労働、福祉・医療等に利用される。二つ目は税の分野であり、確定申告や税務署の内部事務に利用される。三つ目は災害対策分野での利用がなされる予定である。
　また、その他、地方公共団体が条例で定める事務にも利用される予定であり、地方公共団体と国との連携についてもなされることが予定されている。

■行政の個人情報利用
　税務関係では、確定申告書、調書等に個人番号が記載され、内部事務に利用される。年金分野では、年金の資格取得や年金支給に関する事務などに個人番号が使われる。労働分野では、雇用保険等の資格取得、保険給付、ハローワークの事務などに個人番号が使われる。福祉・医療分野では、保険料徴収手続、福祉に関する給付、生活保護の事務等に個人番号が利用される。災害分野では、被災者生活再建支援金の支給に関する事務等に利用される。

■個人番号カード
　個人番号カードとは、氏名、住所、生年月日、性別、個人番号等が記載され、本人の写真が表示されている電磁的方法により記録されたカードで、その者の申請により発行される。

■民間での利用
　個人情報カードは、本人確認資料として利用されるほか、各企業が税務署へ提出する源泉徴収票、金融機関が発行する支払調書などへの個人番号の記載において利用されることになり、この限りにおいて、民間での利用がなされることになる。

■個人情報の管理等
　個人番号関係の事務を処理するものおよびその委託を受けた者は、個人番号の漏洩・滅失・毀損の防止等、個人番号の適切な管理のために必要な措置を講じなければならず、情報漏洩や盗用などについては、刑事罰が定められている。
　また、個人番号を詐欺や脅迫により不正取得した場合にも刑事罰が定められている。

【関連キーワード】個人情報保護法、プライバシーポリシー
【参考】内閣官房社会保障改革担当室「『マイナンバー法案』の概要」（内閣官房HP）
　　　　　　　　　　　　（富本和路）

III 情報化社会の進展に伴うトラブル

プライバシーポリシー

プライバシーポリシー（個人情報保護方針）とは、企業などが収集した個人情報の取扱いについて企業等が定める指針のことをいう。一般的には、インターネットのウェブサイトなどで運営主体の連絡先とともに公表されている。

そもそもプライバシーポリシーが定められるようになったきっかけは、社会的には、インターネット等を通じた取引が増加したことで企業等が消費者の個人情報を簡単に取得できることとなった点があげられ、法的には、個人情報保護法の制定により、法的なプライバシーポリシーの公表義務はないものの、閣議決定において、プライバシーポリシーの策定およびその公表が推奨され、各企業が同法および閣議決定の趣旨に沿った自社のガイドラインを設定するようになった点があげられる。

■プライバシーポリシーの対象

プライバシーポリシーにおけるプライバシーとは、判例法理におけるプライバシーとは異なり、個人情報保護法における「個人に関する情報であって、当該情報に含まれる氏名、生年月日その他の記述等により特定の個人を識別することができるもの」（同法2条1項）とされている。

■個人情報流通の利点・欠点

企業側において、個人情報を取得することは、効率的な事業展開というメリットがあり、また、消費者にとっても、情報やサービスを受けることができるというメリットがある。しかし、一方で、個人情報が漏洩してしまうと、消費者にとっては悪用される危険があり、事業者にとっても、個人情報の漏洩による社会的信用が低下するという危険がある。

■一般的なプライバシーポリシー

一般的には、個人情報取得時の利用目的の通知、個人情報利用目的についての同意、個人情報の開示・訂正・削除などの対応、個人情報の適切な管理などが定められている。

■プライバシーマーク制度

日本情報経済社会推進協会が、個人情報を適切に取り扱うことのできる団体等を審査し、同審査によって認定されれば、プライバシーマークが付与される。

左図のようなマークであるが、実際には、マークの下に、番号が付されており、個人情報の適切な管理が保証されている。

【関連キーワード】EUデータ保護規則、個人情報保護法、個人番号法
【参考】日本情報経済社会推進協会「よくわかるプライバシーマーク制度」5頁以下、『狙われる！ 個人情報・プライバシー』（民事法研究会、2005年）

（富本和路）

ビッグデータ

近年、コンピュータの処理能力が向上したことにより、その扱えるデータ量も爆発的に増大し、テラバイト、ペタバイト単位での処理も可能になりつつある。データ量の飛躍的な増加は、データの利活用の範囲や精度の面で、質的にも変化をもたらすことになる。工場の製造ラインのログデータを分析して歩留まりを向上させる、気象データをもとに商品需要の予測をする、運転者の属性ごとに細分化した自動車保険商品を開発する、健康診断や診療報酬明細のデータを分析して医療費の削減や保健指導に役立てるなど、すでにビッグデータは多方面で利用され始めている。ビッグデータは、多種多様なデータの集積である。ネット上の書き込み、ポイントカードで収集される購買履歴、カーナビゲーションから吸い上げられるGPSデータなども、利用されるデータの対象となる。そのため、ビッグデータの利用は、個人情報保護、プライバシー保護と対立することが避けられない。

■Suicaデータの社外提供問題

2013年7月、JR東日本は、鉄道サービスや構内店舗の運営改善に役立てることを目的として、日立製作所に、Suica利用データを提供した。JRが提供したのは生のデータではなく、氏名・電話番号・物販履歴を除外し、生年月日を生年月に変換し、IDも復元不可能なものに変換したデータであり、両社間では個人を特定する行為を禁止する契約が締結されていた。それでも、一般の利用者からの自己の移動履歴が外部に提供されることに対する不安の声は強く、その後、JRはデータの提供を中止し、日立もすでに受領したデータを抹消した。

この事件では、JRによる事前の説明が不十分であったこと、情報提供の除外を申し入れるオプトアウトの受付も事後的であったことなどが問題であったとされている。

■個人情報保護法の改正

パーソナルデータを加工して、個人を特定しにくいようにすることを「匿名化」という。ビッグデータの利活用を推進する立場からは、匿名化したデータの利用や譲渡に対する規制の緩和を求める声が強い。2015年の改正個人情報保護法も匿名加工情報の作成や譲渡については、本人の同意を不要としている。しかし、匿名化の程度が小さいと、プロファイリングによって再び個人が特定されるおそれがある。JRの例でも、乗降客の少ない駅で毎日同じ列車を利用しているなどの条件が揃えば、個人が特定される可能性は十分ある。匿名化は万能な対策ではなく、完全な匿名化も困難である。データを第三者に提供するにあたっては、たとえ匿名加工情報であっても、本人への通知や個人情報保護委員会への届出を義務付けるなどの方策が必要である。

【関連キーワード】個人情報保護法、プライバシーポリシー、SNS　　（土井裕明）

III　情報化社会の進展に伴うトラブル

クラウドコンピューティング

■クラウドコンピューティング

　従来、データやアプリケーションは、ローカルのコンピュータか、せいぜい自社のサーバに保存して利用するのが通常であった。しかし、クラウドコンピューティングでは、これらはインターネットの先にあるサービス提供事業者のサーバに保存される。利用者はクラウドサービス提供事業者のサーバにインターネットを介してアクセスして、これを利用する。一般向けのクラウドサービスとしては、G-mailやGoogle Apps、EVERNOTE、Dropbox等が有名である。

　インターネットにつながる環境にあれば、どこからでも同じデータやアプリを利用することができ、メンバー間でデータを共有することも簡単なので、利便性は高い。また、ローカルのシステムに事故があっても、クラウドのデータが残っていれば消失事故は避けられる。自社でシステムを構築するのに比べて、安価にサービスを利用できるという利点もある。

■データ管理上のリスク

　しかし、クラウドサービスを利用すると、データがどこのサーバに保管され、どのように管理されているかがユーザにはわからなくなる。そのため、情報の保管と漏洩リスクの管理は、サーバの運営者頼みとならざるを得ない。

　一般的には、自社でサーバを管理するよりも、専門のクラウド事業者の管理に委ねたほうが、より高い安全性を備えていることが多いであろう。しかし、クラウド事業者のシステムに事故が生じるおそれがないわけではない。2012年6月20日に発生したファーストサーバのデータ消失事件のように、クラウドのデータに事故があると復旧が不可能となったり、クラウド側の原因によって情報漏洩事故が発生することもあり得る。

　もちろん、ユーザ側の設定のミスにより、情報が漏洩することもある。無料のメーリングリスト開設サービスを利用するにあたり、誰でも閲覧可能な設定がデフォルトになっていたために、内部情報が筒抜けになっていた事例も存在する。

■クラウドと個人情報保護法

　自社が保有する顧客の個人情報を、ユーザ企業がクラウドに保管することは、個人データの取扱いの委託（個人情報保護法22条）に該当すると考えられる。この場合、委託をした個人情報取扱事業者は、クラウド事業者に対して安全管理に関して監督をする義務を負うことになる。

　しかし、ユーザ企業によるクラウド事業者に対する技術的な監督を期待することは現実的ではない。ユーザ企業側としては、クラウド事業者のセキュリティ体制を吟味し、データの目的外使用の禁止や閲覧の禁止などを契約によってクラウド事業者に遵守させるほかない。

【関連キーワード】個人情報保護法、EUデータ保護規則　　　　（土井裕明）

IV

金融サービス被害

IV 金融サービス被害

概　説

1　金融サービス分野の被害と勧誘規制・適合性

　金融サービス分野の被害のきっかけは、業者の勧誘によるものがほとんどであることから、**不招請勧誘**の禁止が特に重要である。一部の法令ではすでに規制されているが、規制緩和の流れの中での見直しなどの意見も出されており、より包括的な立法で全面的に禁止する必要がある。不招請勧誘については①消費者契約法・消費者法理論、Ⅱ特定商取引法・悪質商法の中でも取り上げられているが、わが国の法律でオプトイン規制が行われたのは、金融サービスの分野が最初である。

　勧誘する場合の大原則が、**適合性の原則**である。適合性の原則については①消費者契約法・消費者法理論の中でも取り上げられているが、元来金融サービスの分野で論じられてきた原則であり、この分野における議論が他の分野の議論に波及している。

2　自己責任と違法行為

　金融サービス分野の被害事案ではよく自己責任原則が強調されるが、そのためには、公正な市場とともに、**説明義務**が尽くされることや、**断定的判断の提供**等により顧客の判断が歪められていないことなど、業者の違法行為がないことが大前提である。断定的判断の提供については①消費者契約法・消費者法理論の中でも取り上げられているが、従前より金融サービスの分野で問題になることが多く、勧誘の不法行為性を基礎づける違法要素として、損害賠償請求の根拠として位置づけられてきた。

3　金融取引と過失相殺

　金融取引における違法行為による被害については、債務不履行もしくは不法行為を理由として、業者から顧客に対しての損害賠償責任が認められるが、顧客にも落ち度があるとして過失相殺がされ、損害額に何割かを差し引いた金額の賠償しか認められないことも少なくない。しかし、安易な過失相殺は問題であり、許されるべきでない。

4　金融自由化

　わが国では、1990年代後半から、**日本版金融ビッグバン**の名の下で、金融自由化・金融規制緩和が進められ、様々な金融商品が登場しているが、中には、仕組みが複雑でわかりにくかったり、危険性の高いものもあり、新たな被害が生まれている。

また、金融自由化に伴い、**金融商品のネット取引**も盛んになっており、それによる新たなトラブルも生じているため、消費者としては、一層の注意が必要である。

5 消費者保護のルール

金融サービス分野における包括的な消費者保護のルールが必要であり、日弁連も**金融（投資）サービス法**の制定を求めていたが、2000年の金融商品販売法の制定、2007年の金融商品取引法の施行、その後の両法の改正、2014年の保険業法の改正などにより一定の成果を得た。また、日本証券業協会・投資者保護基金・日本商品先物取引協会などは、**自主規制団体**として、消費者保護のルールを定め、それなりに機能している面もある。また、**金融機関破綻時の処理**についても一定の整備は進んだが、消費者保護の視点からのさらなる整備が必要である。

6 銀行の責任

銀行は、消費者から最も信用の高い金融サービス業者の1つであり、公的な存在でもある。銀行融資においても、**融資者責任（貸し手責任）**が問われることもある。特に銀行が顧客に対して投資案件などを提案し融資させる提案型融資は、バブル期を中心にして多くの被害を出し、社会問題にもなった。

金融自由化に伴い、銀行の破綻も続出し、預金保険による完全補償の限度を1000万円とする**ペイオフ（預金保険制度）**も施行され、2012年9月には発動もされた。

7 保険会社の責任

バブル期に特に問題となったのが相続税対策として融資とセットで販売された**変額保険**である。相続税対策を謳いながら実際には相続税対策には役に立たず、資産の下落と変額保険の運用の低迷にもかかわらず、借入れの利息分が増加して多額の損失を発生させた変額保険は、提案型融資の中でも特に多くの深刻な被害を生み出した。現在販売されている**変額年金保険**もリスクがあるので要注意である。

高金利時の高い配当率の保険から低い配当率の現在の保険への**生命保険における転換・乗換え、告知義務違反**などを口実にした**保険不払い、責任開始前発病の不担保**も社会問題化した。

また、**傷害保険の保証範囲と立証責任**も消費者側に厳しいものであってはならず、判例の見直しが必要な時期にある。

保険類似の**無認可共済**も、破綻や不払いなどの被害を呼ぶ危険性があり、規制されることとなった。

8 金融商品取引法と証券会社の責任

1991年に明らかとなった証券会社による一部有力顧客へのいわゆる**損失補塡**をき

っかけに、**事故確認制度**が設けられた。

金融商品取引法においては、健全な市場実現のために、有価証券の発行者等に開示義務を課し、**有価証券虚偽記載**には刑事責任・民事責任を課している。また、**相場操縦・インサイダー取引**が禁止され、投資家への情報開示のための目論見書の作成・交付も定められている。

株式の取引では、**保証金**を積めばその3倍程度まで株式を売買させる**信用取引**が盛んであり、説明不足や過当な売買による被害に結び付くこともある。

金融自由化の進展に伴い、**為替デリバティブ商品**や仕組債などの**仕組商品**の取引が行われ、それによる被害も生じている。これらの事案の解決には、一時、**金融ADR**が比較的多く利用された。

投資信託は、貯蓄から投資への流れの入口と位置づけられており、販売窓口も証券会社から銀行や郵便局へと広がっているが、その仕組みやリスクは多種多様であり、多数のトラブルが発生している。

金融商品取引業者は**第一種金融商品取引業者**と**第二種金融商品取引業者**、**投資助言業・代理業**、**投資運用業**に区分されているが、一定の要件を満たす場合に参入規制や行為規制の緩い**適格機関投資家等特例業務（プロ向けファンド）**が認められており、詐欺的投資に用いられる弊害が生じているため、規制が求められる。また、少額資金を集める**クラウドファンディング**の制度が導入されたが、未公開株詐欺商法などに用いられないよう規制の整備が必要である。

9　先物取引の被害と規制

先物取引においては、商品先物取引法の規制の下に、各種規制が定められている。規制強化により苦情相談は一定減少したが、被害実態に変化はなく、依然として**過当取引・無意味な反復売買（両建）**、**無断売買・一任売買**などによる手数料稼ぎが行われている。また、いわゆる客殺しとして**自己玉**を顧客の委託玉に向かわせる**向かい玉**や、売りと買いの取組高を委託と自己の合計で、ほぼ同数に調整する**取組高均衡**により売りと買いの差玉だけを向かわせる差玉向かいが問題となり、法規制が行われた。なお、2009年改正法で**不招請勧誘**が原則禁止となったものの、これを解禁しようとする動きがあり、2015年1月には、省令改正により、実質解禁に近い大幅緩和が行われた。

2009年改正法により許可制となった**海外商品先物取引**、**海外先物オプション取引**、ロコ・ロンドン金取引などの**CFD取引**は急減したが、金の現物まがい積立商法などに形を変えて存続している。

10　尽きない悪徳利殖商法

悪徳利殖商法は続出し、尽きることがない。有名な集団事件は、現物まがい商法

の**豊田商事事件**、悪質投資顧問・悪質証券担保融資詐欺商法、二八商法の投資ジャーナル事件などである。

　リゾート会員権・ゴルフ会員権などの会員権商法、**和牛預託商法**、**大和都市管財事件**などの抵当証券、利殖目的の預り金をする**出資法違反・組織的詐欺**の被害も大きかった。

　また、未公開株・社債・ファンド等の投資を装う**詐欺的投資勧誘取引**が、劇場型詐欺商法により蔓延し、二次被害も生み出している。米国の診療報酬債権をファンド化した**MRI事件**も多数の被害を生み出した。

　詐欺商法として生起した**FX取引（外国為替証拠金取引）**は質的な変容を見せ、現在はネット取引で隆盛しているが、システムトラブルや口座の強制解約といった新たな問題も生み出している。　　　　　　　　　　　　　　　（加藤進一郎）

豊田商事事件

「金の現物まがい商法」による史上最初で最大の組織的詐欺事件。高齢者を中心に約3万人が被害に遭い、被害総額は2000億円近くに上った。豊田商事は多数の営業社員を抱え、組織的に不招請勧誘を行った。主に高齢被害者に対して「金はインフレに強い」などと長時間にわたって執拗に不招請勧誘をし、「当社が預かって運用する」と高額の賃借料を支払って賃借するという「純金ファミリー契約」を締結させて金の現物を渡さなかった。豊田商事は純金を保有しておらず、受け入れた金銭を高額の従業員給与や海外投資、宗教団体、ゴルフクラブ会員権商法、ダイヤモンドのマルチまがい商法に使途し尽くして、破綻した。

■被害の救済

1985年7月に債権者破産申立ての結果、中坊公平弁護士らが破産管財人となり、強力に散逸財産の回復に励み、約10.5％の配当を果たした。

被害者側弁護士は全国被害者弁護団を組織して連携を強め、また消費生活センターとの強い連携がなされた。

■豊田商事国家賠償事件

被害者有志は公正取引委員会・警視庁・法務大臣・経済企画庁の規制権限不行使と、通商産業省の行政指導不作為の違法を理由に国家賠償請求訴訟をした。国はいち早く被害実態を知りながら、詐欺会社に事業者性はないなどの理屈をつけて放置したとの内容である。裁量権収縮の主張(一定の場合には、行政庁の裁量は収縮・後退し、結果発生防止のための権限行使を義務付けられるという理論)に対し、大阪地判平5・10・6(判タ837号58頁)などは監督官庁の責任を否定した。以後、2008年の大和都市管財事件で勝訴するまで、「国家無責任の思想」が貫かれた。

■関連法の整備

本件を契機に、1986年5月に現物まがい商法を規制する特定商品預託取引法が制定された。さらに、豊田商事商法が強引な訪問販売によることから、1988年に訪問販売法(現在の「特定商取引法」)が改正された。

■豊田商事事件の歴史的意義

豊田商事事件は「平気で人を騙せる詐欺師」らを増やした。豊田商事をまねる悪質業者が相次ぎ、高齢者は増え続ける詐欺犯人のターゲットにされた。違法収益は海外送金などで散逸・隠匿され、判決を得ても被害回復は果たせなかった。強制執行手続の不十分さと国際的司法共助の必要性、高齢者の消費者被害の防止の必要性、不招請勧誘に対する対応、違法収益剥奪問題など、現代の消費者問題の多くがこの事件に集約されていた。国賠事件を教訓に国が早期に消費者保護に取り組んでいたら、詐欺の横行する現状は防げたかもしれない。

【関連キーワード】不招請勧誘(Ⅰ理論、Ⅳ金融)、大和都市管財事件、和牛預託商法、詐欺的投資勧誘取引、MRI事件、強制執行の実効性の確保、被害回復給付金支給制度　　　　　　(山﨑省吾)

日本版金融ビッグバン

■金融商品

消費寄託契約である預金は、預金という金融商品の売買と捉えることができ、保険契約、デリバティブ取引も同様に捉えることができる。このように、顧客が資金を出して将来その増減した金額等を受け取る取引を広く金融商品の売買と捉え、共通ルールを構築することが課題となった。

■日本版ビッグバン

1996年11月の「我が国金融システムの改革～2001年東京市場の再生に向けて～」と題する首相指示が日本版ビッグバンの始まりである。改革と金融機関の不良債権処理が車の両輪であるとし、フリー（市場原理が働く自由な市場へ）、フェア（透明で信頼できる市場に）、グローバル（国際的で時代先取市場に）を改革3原則として掲げた。これを受けた金融関係3審議会の検討結果が1997年6月13日に公表された。

日弁連はその直後の6月20日に「日本版ビッグバン（金融制度改革）に伴う消費者保護方策についての提言」を発表し、金融制度改革を進める場合には、金融サービス分野の消費者被害の実態を踏まえ、十分な消費者保護方策が同時に検討されるべきであると指摘した。その後、1997年7月から1998年6月にかけて、国では省庁横断的な会議である「新しい金融の流れに関する懇談会」が開催され、金融商品横断的な法律の検討がなされた。日弁連はこの会議の場でも前記提言を述べ、1998年3月19日には「日本版ビッグバン（金融制度改革）に伴う消費者保護方策についての意見書」を公表して、金融規制緩和が消費者保護方策を後回しにして進められていることを指摘し、金融機関の破綻処理と消費者保護・金融機関の監視体制の深刻な問題を明らかにしたうえ、消費者保護のため充実した「金融サービス法」の早期実現を求めた。

ところが、実現したのは従来の縦割りのままの規制緩和であった。それが1998年4月の外国為替自由化、同年12月施行の金融システム改革法（証券取引法等24本の法律の改正）である。後者の内容は、投資法人や私募投資信託の導入、銀行による投資信託販売開始、有価証券店頭デリバティブ取引解禁、証券会社の専業義務撤廃、株式売買委託手数料自由化、火災保険・自動車保険等につき算定会保険料率使用義務廃止、証券会社を免許制から登録制に移行、銀行・証券会社・保険会社の相互参入促進、店頭登録市場の補完的位置づけの見直し等である。

■セカンドビッグバン

日弁連はその後も、消費者の立場に立った金融商品横断的なルールを提案し続け（1999年1月・7月、2000年1月、2004年5月など）、2007年9月30日施行の金融商品取引法（セカンドビッグバン）でその一部が実現した。

【関連キーワード】金融（投資）サービス法

（桜井健夫）

金融（投資）サービス法

「金融サービス法」とは、2004年5月、日弁連等が制定を求めた法令の体系で、株式や社債等の証券および保険、預貯金等を含む金融サービス全般について消費者保護を図るため、証券取引法（当時）や保険業法、銀行法、商品取引所法（当時）、集団投資スキームに関する諸法を統合して、包括的に、業者の参入規制、行為規制、履行確保、被害救済、自主規制機関、監督体制等を規定しようとする提案である。

■金融商品販売法

1990年代後半の日本版金融ビッグバンにより進んだ金融分野での業態を越えた規制緩和に対応して消費者保護法制を整備するために、「金融サービス法」が各界で構想され、2000年には金融商品販売法が制定された。同法は、業法の縦割り規制を超えて横断的に、一定の説明義務と同違反の場合の損害賠償責任、適合性原則についてのコンプライアンスを規定した。しかし、被害救済の実効は上がらなかった。

■金融商品取引法

2005年の金融審議会の投資サービス法（仮称）に関する報告を経て、証券取引法が改正され、2007年9月30日から金融商品取引法（金商法）となった。

金融商品取引法は、金融サービス法構想が提起したいくつかの消費者保護規定を実現した。たとえば、投資サービスの包括的定義（集団投資スキームに関する2条2項5号。それまでの証券取引法の規制対象規定は限定列挙であった）、不招請勧誘の禁止（38条4号、金商法施行令16条の4。最初に導入されたのは2005年改正金融先物取引法）や広告規制（37条）、商品および取引の仕組みやリスク、手数料の説明義務（37条の3・38条7号、金商業等府令117条等）、適合性原則（40条。最判平17・7・14判時1909号30頁参照）などである。

■そのほかの法改正

その後、金融商品取引法の課徴金関係規定、監督指針・検査マニュアルのデリバティブや仕組商品関係規定、証券業協会の自主規制規定などが現れた。2011年には、商品デリバティブ取引に不招請勧誘規制等が導入された（ただし、逆流が現れている）。2014年改正では、保険業法にも、意向把握義務や情報提供義務の規定が導入された。

このように、金融サービス法が提起した内容は、かなり実現したといえるが、依然として、実効的な履行確保や被害救済などの課題がある。

【関連キーワード】日本版金融ビッグバン、不招請勧誘（Ⅳ金融）、適合性の原則（Ⅳ金融）、説明義務（Ⅳ金融）

【参考】日弁連「金融サービス法の制定を求める意見書」（2004年5月）、桜井健夫ほか『新・金融商品取引法ハンドブック』（日本評論社、2011年）、神田秀樹責任編集『利用者の視点からみた投資サービス法』（財経詳報社、2006年）、大森泰人『金融システムを考える』（きんざい、2007年）、森田章『金融サービス法の理論』（有斐閣、2001年）　　（上柳敏郎）

自主規制団体

■日本証券業協会

　日本証券業協会は、金融商品取引法の規定により内閣総理大臣の認可を受けた法人で、全国の第一種金融商品取引業者および登録金融機関を協会員として組織されている。

　2014年7月18日現在、金融商品取引業者の会員は254社、特別会員である登録金融機関は212機関である。

　日本証券業協会では、「協会員の投資勧誘、顧客管理に関する規則」「協会員の従業員に関する規則」「広告等の表示及び景品類の提供に関する規則」などの自主規制規則や協会員向けガイドラインを設けている。

　同協会では、法令・自主規制ルール違反に対し、協会員・外務員に対する処分を行っている。顧客からの苦情相談およびあっせん業務は、特定非営利活動法人証券・金融商品あっせん相談センター（FINMAC）に業務委託している。

　FINMACでは、相談・苦情・あっせんの受付状況とともに、あっせん事案のうち手続終結事案の概要を「紛争解決手続事例」として公表している。事実の主張に大きな隔たりがあるケースは不調となることもあるが、そうでなければ、紛争解決委員の見解を踏まえた和解事例も多数公表されている。

■投資者保護基金

　投資者保護基金は、金融商品取引法上の認可を受けて設立された法人である。金融商品取引では、証券会社が顧客資産を自己の固有財産と分別して保管することが義務付けられているが、証券会社の破綻によって、顧客資産の円滑な返還が困難な場合などに、その認定と補償支払いを行っている（全ての返還が困難な場合、補償限度1000万円）。

　商品先物取引法上では、同じような制度として、日本商品委託者保護基金がある。

■日本商品先物取引協会

　日本商品先物取引協会は、商品先物取引法の規定により、農林水産大臣並びに経済産業大臣の認可を受けた法人である。2014年6月4日現在、51社の会員で構成されている。

　日本商品先物取引協会では、受託等業務の円滑かつ公正な運営と委託者保護を図るため、自主規制規則を定めて、法令・自主規制ルールに違反した会員の制裁を行っている。

　また、会員の受託等業務に関する苦情・紛争の解決のために、紛争処理規則を設けて、苦情・相談を受け付け、委託者の申出により、あっせんまたは調停を行っている。近年は、先物取引の出来高減少、不招請勧誘禁止の効果で、苦情・相談件数は大きく減少している。

【関連キーワード】 金融ADR

（斎藤英樹）

ペイオフ（預金保険制度）

「ペイオフ」とは、狭い意味では、金融機関が破綻した場合に、預金者に保険金を預金保険機構から直接支払う方式（保険金支払方式）のことを指し、より広くは、預金全額保護の特例措置が終了するということ、すなわち、金融機関が破綻したときには預金等のうち元本1000万円を超える部分とその利息等が一部カットされることがあるという意味で、「ペイオフ解禁」といったように使われる。

■預金保険制度

わが国では、1971年、預金という金融商品の特殊性に配慮し、金融機関が経営破綻して預金全額の返済ができなくなった場合に備え、破綻した金融機関に代わって預金保険機構が預金を弁済する、預金保険制度が開始された（預金保険の上限額は当初100万円だったが、その後段階的に引き上げられ、1986年から1000万円となった）。

■預金全額保護の特例措置

ところで、このように預金保険制度が開始されたが、護送船団行政の下、預金者が預金をしている金融機関の破綻リスクを意識することがなかったため、預金者の間に不安や混乱が生じることはなかった。

しかし、1990年代に入り金融機関の破綻が相次ぎ、信用不安を醸成しやすい金融環境にあったことなどから、1996年6月、臨時異例の措置として「ペイオフを一時凍結し、預金全額を保護する」という預金全額保護の特例措置がとられた。この預金全額保護は、万が一金融機関が破綻してもその預金等をカットすることのないよう、金融機関が預金保険機構へ納める預金保険料で賄い、それが不足する場合には税金でカバーするという仕組みである。

■ペイオフ解禁

このように、ペイオフの一時凍結による預金の全額保護は、あくまでわが国の金融業界が異常事態に陥ってしまったためにとられた特例措置である。そこで、金融システム全体の効率化のためには、環境が整い次第、ペイオフを解禁することが重要であるとして、預金保険法の改正により、2002年4月、流動性預金を除いた定期預金等についてのペイオフが解禁され、元本1000万円までとその利息が最低保障として預金保険の適用を受けることとなり、続いて、2005年4月からは、当座預金等の決済用預金（無利息・要求払い・決済サービスを提供できること、という3要件を満たす預金）以外の預金、すなわち、普通預金そして別段預金の流動性預金についてもペイオフが解禁されるに至っている。その後、2012年9月に日本振興銀行が経営破綻をした際に、初のペイオフが発動された。

なお、決済用預金については、安全確実な決済手段を用意しておくという観点から、2005年4月以降も全額保護の対象となる。

【関連キーワード】日本版金融ビッグバン

（石川真司）

融資者責任

「融資者責任」とは、文字どおり融資する者（貸し手）の責任を借り手が問う法理論で、貸し手責任、レンダーライアビリティともいう。狭義では後述する提案型融資での責任が問題にされるが、広義では融資拒否や取引約款の問題も含めて広く融資者の責任を指す。融資する者は権利者であり義務者でないから責任など生じないという形式論に対し、現実の被害実態が反省を迫って打ち立てられた法理である。

■提案型融資

日本で融資者責任という言葉が使われたのは、バブル崩壊後に全国の裁判所で金融機関を相手に多数提起された変額保険、不動産共同投資、賃貸不動産投資、ゴルフ・リゾート会員権訴訟においてである。1980年代末から1990年代初めのバブル期の金余り現象の中で、銀行を中心とした金融機関が貸し出し競争に覇を競う中、金融機関が相続税対策（変額保険）、資産形成（不動産共同投資・ゴルフリゾート会員権）、節税や不動産有効活用（賃貸不動産投資）などのセールス文言で積極的に資金需要を提案して融資を行った。にもかかわらず、バブル崩壊に伴う不動産・会員権相場の急落および株価暴落による変額保険の運用成績下落で、不動産・株価上昇を前提とした運用に狂いが生じて返済が立ち行かなくなった借り手に対し、金融機関は当初予定どおりの返済を強要したため、借り手から提案した責任はどうなっているのかという自然な抗議の声が湧き起こったものである。とりわけ、大銀行の言葉を信じたがために自宅を競売されるに至った変額保険問題は深刻で自殺者まで発生し、変額保険の訴訟は全国で600件以上提訴されたといわれる。

■法の欠陥

これらの訴訟は、特別な金融消費者保護法を根拠に提訴されたわけではなく、不法行為（説明義務違反）、詐欺・錯誤、信義則を根拠に融資者側の責任が追及されたもので、資金投資先との契約と融資契約は別契約だから一方との事情は他方に主張できないとか、単なる紹介であって保証したわけではないと判示する裁判例が多く、勝訴できた例は少なかったが、変額保険訴訟で顧客の錯誤を認めた高裁判決（東京高判平16・2・25金商1197号45頁）が最高裁判所で維持されている（最決平16・9・3公刊物未登載）。

勝訴判決は多くなくとも、金融機関、特に銀行の旧来からの姿勢を変えさせる影響力をもったといえる。

■1996年日弁連大分人権擁護大会

日弁連は、1996年10月の第39回人権擁護大会のテーマの１つに、「銀行と消費者──融資者責任の確立を求めて」を掲げてシンポジウムを行い、この基調報告の一部が日弁連編『銀行の融資者責任』として東洋経済新報社から出版されており、参考文献・判例が多数紹介されている。

【関連キーワード】変額保険・変額年金保険　　　　　　　　　　　　（塚田裕二）

金融商品のネット取引

インターネット等を利用した金融商品のオンライン取引（ネット取引）は、自分の好きな時間に注文することができ、金融商品取引業者の勧誘がない、手数料が安いというようなことが人気の原因のようだが、ネット取引では、一般の金融商品取引業者での取引以上に信用取引や証拠金取引が多く利用されるなど、リスクの高い取引が簡単にできるだけに、トラブルも起きている。

■自己責任

金融商品取引業者の勧誘に頼らずに自ら金融商品取引をするのだから、取引による損失が顧客に帰属するという自己責任の原則は、一般の金融商品取引の場合以上に、問われる可能性がある。

■操作ミスと電子消費者契約法

ある証券会社で、注文の指値と株数をとり違えたことから、400億円以上の損失を出したという事件があったが、金融商品取引の専門家でも入力ミスで大損害を被ることがあり、銘柄ごとの売買単位や、注文する銘柄、指値の金額や桁、注文の数量・桁などを間違えないように細心の注意が必要である。

2001年12月25日施行の電子消費者契約法は、ネット取引についても適用があるので、誤操作の場合に、申込ボタンクリック後の注文確認画面がなければ錯誤が認められて（同法3条）、取引が無効となる（民法95条）可能性がある（もっとも金融商品のネット取引では、多くの場合、注文内容を確認する画面がある）。

■システム障害

ネット取引の大手業者でもシステム障害が発生することがあり、取引ができない時間帯があったが、ネット取引の場合は、必ずシステム障害があり得る。

■情報や送金のタイムラグ

ネット取引の場合、インターネットを通じてオンラインで市況等の情報が流れてきて便利であり、オンラインであるためにその時点での情報と思ってしまいがちだが、多くの場合、実際の状況と流れてくる情報にはタイムラグがあり、必ずしも市場とリアルタイムではない。顧客の注文が市場に取り次がれるのにも当然タイムラグがあり、これらのタイムラグのため、成行注文をすると思わぬ高値（買の場合）や安値（売の場合）で成立することがあり得るし、注文を取り消したいと思っても間に合わずに成立してしまうことがあり得る。

また、資金をネットバンキング等でオンライン送金する場合に、追加保証金等が期限に遅れて着金したため、証券会社によって強制手仕舞いされてしまうなどのトラブルも起きている。

【関連キーワード】信用取引、電子消費者契約

（武井共夫）

不招請勧誘

■不招請勧誘とは
「不招請勧誘」とは、消費者が希望しない勧誘のことである。電話、訪問、チラシ入れ、ファクシミリや電子メールなどの方法による勧誘が問題となる。

不招請勧誘のオプトイン規制とは、事前の承諾のない限り勧誘が禁止されるというもので、オプトアウト規制とは、拒否している者への勧誘が禁止されるというものである。

■不招請勧誘による被害
各種の消費者被害の多くが不招請勧誘を契機としている。国民生活センターによると、寄せられる苦情相談の約6割を訪問販売が占め、電話勧誘による苦情も増加している。

■無差別電話勧誘、執拗な勧誘
不招請勧誘の禁止までには至らなくても、非常に危険性の高い商品先物取引などについて、適合者・非適合者の区別もなく、電話帳などで無差別に次々と勧誘する無差別電話勧誘や、何度断られても勧誘を続ける執拗な勧誘は、各種法令により禁止されている。

■外国での規制の例
アメリカでは、2003年10月から、電話勧誘拒否登録リストに登録した電話番号に勧誘の電話をすることを禁止し、違反者に罰則を科す制度（Do-Not-Call）が実施されているなど、先進諸国においては、不招請勧誘を規制する動きが活発化している。

■日本の立法例
日本でも、2005年7月1日から施行された改正金融先物取引法により、外国為替証拠金取引について、訪問・電話による不招請の勧誘が禁止されるに至った（同法76条4号）。その後、同法は金融商品取引法に吸収され、現在では金融商品取引法38条4号・同法施行令16条の4で、対象となる金融商品取引契約を、①店頭金融先物取引、②個人を相手方とする店頭デリバティブ取引に限定してではあるが、不招請勧誘は禁止されている。

また、2011年1月施行の商品先物取引法214条9号では、元本以上の損失の生じるおそれのある商品先物取引について、省令で定める例外を除き、不招請の訪問・電話勧誘が禁止されるに至り、その結果、商品先物取引被害は激減した。

■今後の展望
不招請勧誘規制は、入口のところからそもそも不当な勧誘を開始させないようにし、不当勧誘や不当勧誘業者そのものを駆逐してしまうもので、消費者被害の防止に極めて大きな効果が期待される。

ところが、2015年1月23日、経産・農水両省は、前記の商品先物取引法の不招請勧誘禁止規定を骨抜きにする省令改正を強行したことから、今後の被害状況を注視する必要がある。

【関連キーワード】FX取引、外国為替証拠金取引

【参考】現代消費者法9号特集「不招請勧誘規制」（2010年）　　　（山﨑敏彦）

適合性の原則

「適合性の原則」とは、投資勧誘に際して、投資者の投資目的、財産状態、投資経験等に鑑みて不適合な取引を勧誘してはならないという原則をいう。

■証券取引と適合性の原則

わが国においては、適合性原則は、まず証券取引においてその考えが示された。1974年12月2日の大蔵省証券局通達において、「投資者の意向、投資経験及び資力等に最も適合した投資が行われるよう十分に配慮すること」を証券会社に求めたことに始まる。その後、証券取引法において、1992年改正により、「顧客の知識、経験及び財産の状況に照らして不適当と認められる勧誘を行って投資家の保護に欠ける場合又は欠けるおそれのある場合」に大蔵大臣の是正命令の対象とされ、1998年改正によって、適合性の原則違反が禁止行為として明文化されるに至った（証券取引法43条）。2006年改正（証券取引法が金融商品取引法となる）では、その判断要素として「契約を締結する目的」も明示された（金融商品取引法40条1号）。

■先物取引と適合性の原則

商品先物取引においては、適合性の原則は当初、「取引に不適格な者の勧誘の禁止」として規制されていた。商品取引所法においては、1998年改正において、「顧客の知識、経験及び財産の状況に照らして不適当と認められる勧誘を行って委託者の保護に欠ける場合又は欠けるおそれのある場合」に主務大臣の監督権限の発動事由とされ、2004年改正において、適合性の原則違反が禁止行為として明文化されるに至った（商品取引所法215条）。2006年改正では、その判断要素として、「契約を締結する目的」も明示された。そして、2009年改正により、商品先物取引法215条にそのまま引き継がれた。

■適合性の原則の適用範囲

商品先物取引においては、適合性の原則は、当初、取引開始時の勧誘のみがその適用範囲と考えられていたが、商品取引所法に適合性の原則が規定されるようになった1998年以降は、証券取引の場合と同様に、取引開始後においてもその適用があるものとして規制がなされていった。

■適合性の原則違反の民事効果

適合性の原則は、業法ルールであると同時に、私法原理でもある。業者の担当者が顧客の意向と実情に反して、明らかに過大な危険を伴う取引を積極的に勧誘するなど、適合性の原則から著しく逸脱した取引の勧誘をしてこれを行わせたときは、当該行為は不法行為上も違法となる（最判平17・7・14判時1909号30頁）。証券取引被害や先物取引被害の事例において、その違法性を認めた判例は多数存在している。

【関連キーワード】過当取引

【参考】日弁連消費者問題対策委員会編『金融商品取引被害救済の手引〔五訂版〕』（民事法研究会、2008年）150頁以下、同編『先物取引被害救済の手引〔10訂版〕』（民事法研究会、2012年） （大田清則）

説明義務

　金融商品取引における説明義務の法理は、1990年代以降の多数の裁判例により確立されたものである。すなわち、金融商品は、消費者にとってリスク・リターンの理解が必ずしも容易ではないうえ、消費者は知識量や情報収集・分析能力において金融商品取引業者等よりも格段に劣ることから、自己責任原則および公平・公正な取引を確保する前提として、業者には説明義務があり、その違反は不法行為として損害賠償の責任原因になる。

■説明義務の根拠および内容

　判例法理における説明義務は、信義則を根拠とし、取引態様（勧誘のありようなど）、商品特性（複雑さ・危険性の大きさ・周知性）、顧客属性（知識・経験・財産状況・投資意向）、行政上の規制または業界の自主規制などの諸事情に照らし、業者は消費者が正しくリスクを理解したうえで投資判断ができるように配慮するべき作為義務を負うというのがその内実である。

　したがって、単なる情報提供義務ではなく、説明するべき事項も説明の方法・程度も、これら諸事情を総合的に衡量して事案ごとに決せられる。

　たとえば、単純なように見える普通社債でも、経験が浅い一般投資家には必ずしもリスクが正しく理解されているとはいえない。そのような場合は、単に発行会社が倒産すれば損失が発生するという基本的な仕組みを説明するだけでは足りず、当該社債の格付や流通利回りなどをもってそのリスクの質および程度を実感するに足る説明がなされていることが必要となる。

■金融商品販売法上の説明義務

　金融商品販売法は、不法行為の特則として、説明するべき重要事項を法定し、その説明がなかった場合の損害額および因果関係を推定する（3条・5条・6条）。この説明義務は、勧誘の有無に関係なく、また、一般の預金や保険も含め、金融商品の販売に広く適用されるものであり、最低限度遵守されるべき説明義務ということができる。さらに、2006年の改正では、顧客への説明は、「顧客の知識、経験、財産の状況及び当該金融商品の販売に係る契約を締結する目的に照らして、当該顧客に理解されるために必要な方法及び程度によるものでなければならない」（同法3条2項）とされ、当該顧客の理解を核心とした総合衡量を求める点において、判例法理上の説明義務に近づいている。

■適合性原則との関係

　説明義務は適合性原則とは別の概念ではあるが、適合性原則が遵守されているか疑問がある事案では、比較的高度な説明義務を業者に課して同義務違反を認定している裁判例も少なくない。このような意味では、両概念には相関関係が認められる。

【関連キーワード】適合性の原則（Ⅳ金融）

（今井孝直）

断定的判断の提供

「断定的判断の提供」とは、確実でないものを確実であると誤解させるような勧誘をいい、消費者契約法4条1項2号、金融商品販売法4条、金融商品取引法38条1項2号、商品先物取引法214条1号などで規定されている。

顧客の判断を誤解させるような内容であれば、「絶対に」「必ず」などの言葉を用いたかどうかを問わない。

■消費者契約法と断定的判断の提供

物品・権利・役務その他消費者契約の目的となるものについて、①将来変動が不確実な事項（たとえば、株価、債券価格、解約返戻金、為替相場等）について、断定的判断を提供する行為があり、②告げられた内容が確実であると誤認し、③誤認したことによって消費者契約の意思表示をした場合、消費者は消費者契約の意思表示を取り消すことができる（消費者契約法4条1項）。

■金商法・商先法と断定的判断提供

金融商品取引法および商品先物取引法において、断定的判断を提供した勧誘は、不当勧誘として禁止されている。

有価証券や商品の価格は常に変動するものであるが、専門家である証券会社や商品先物取引業者の外務員が、騰貴・下落の断定的判断を提供して勧誘すると、顧客はそれを理由づける相当な根拠があるものと信頼して、損害を被る危険があるため、断定的判断の提供が禁止されているものである。

なお、断定的判断の提供と類似する行為として、「虚偽告知」（金商法38条1号）、「不実表示・誤解表示」（同条6号、金商業等府令117条2号）、「特別の利益提供」（同府令117条3号）がある。

■断定的判断の提供と効果

断定的判断の提供を禁止した趣旨は、投資家保護のためにその保護に欠ける行為（社会的相当性を逸脱する行為）を類型化したものである。

裁判例では、行政法規違反が直ちに民事上違法となるわけではないとして、社会通念上許容された限度を超えるか否か検討するものも多いが、これに違反した勧誘は、民事上も違法となると考えるべきである。

他方、金融商品販売法は、2006年改正によって、業者は断定的判断の提供によって顧客に生じた損害につき賠償責任を負うとした（同法4条・5条）。これは無過失責任の規定である。商品先物取引法にも同様の規定が設けられた（同法218条4項）。

断定的判断の提供について、金融商品取引・商品先物取引のいずれでも、違法性を認めて、不法行為責任を肯定する判決は多いが、過失相殺される点は課題である。

【関連キーワード】適合性の原則（Ⅳ金融）、説明義務（Ⅳ金融）
【参考】日弁連消費者問題対策委員会編『金融商品取引被害救済の手引〔五訂版〕』（民事法研究会、2008年）194頁

（斎藤英樹）

過当取引・無意味な反復売買

「過当取引」とは、証券取引や商品先物取引の分野において、証券・先物会社が、顧客投資家の信頼・依存を逆用して、その知識・経験・資産状態・意向・目的にふさわしくない大量・頻回の売買取引に誘導し、その顧客投資家に多額の損害を被らせることをいう。証券会社や商品先物取引業者は公的な登録・許可を得た専門事業者であり、その専門性を強調して取引勧誘を行うことから、一般投資家は、専門情報に関する圧倒的格差もあって、証券・先物会社を信頼しその判断に依存して投資行動を行うことが多い。一方、証券・先物会社では、顧客投資家の売買手数料がその収益源であることから、顧客投資家をより多くの数量・回数の売買取引へと誘導する傾向がある。その行き過ぎた例が過当取引といえる。

■過当取引の認定要件

過当取引は、その本質において、証券・先物会社が顧客投資家との信頼関係を逆用して顧客投資家に損害を与える反面で自己の利益を図るものであるから、民事法的に違法な行為であり、証券・先物会社は投資家が被った損害の賠償に任じなければならない。

過当取引の認定要件は、①取引の過度性、②取引の主導性、③取引の悪意性、の3つとされる。「取引の過度性」とは一連の取引が顧客投資家の知識経験・資産状態・意向目的に照らして過度であること、「取引の主導性」とはその取引を実質において証券・先物会社が主導していること(事実上の一任売買)、「取引の悪意性」とは証券・先物会社に過度性につき故意または重過失があること、である。なお、「悪意性」要件については、前2要件の充足によって当然に推定されるとするのがアメリカにおける法実務である。また、日本法実務では、証券・先物会社が誠実公正義務を負う事業者であることから、「悪意性」要件は不要と思われる。

■無意味な反復売買・手数料稼ぎ

過当取引(の違法)はアメリカ証券法において発展した法理である。日本では、この分野は、商品先物取引の被害救済の実務において取り上げられたことが出発点となっている。その出発・発展の過程で、商品先物業界の自主規則が、短日時の間における頻繁な建て落ちの受託を行うことなどを「無意味な反復売買」(転がし)と呼んで禁止事項としていたことから、この呼称を用いて主張・立証が行われてきたとの経緯がある。「無意味な」というのは、経済合理性がみられないということであり、結局は、証券・先物会社の手数料獲得を目的とする誘導行為としか考えられないという点で「手数料稼ぎ」と同じ意味である。「無意味な反復売買」「手数料稼ぎ(の反復売買)」とは「過当取引」と同じ事象を指している。

【関連キーワード】適合性の原則(Ⅳ金融)
【参考】今川嘉文『過当取引の民事責任』(信山社、2003年)

(三木俊博・石川真司)

無断売買・一任売買

「無断売買」とは、投資取引において業者が顧客の同意を得ずに、顧客の計算によって取引を行うことをいう。

「一任売買」とは、投資取引において、業者が顧客に個々の取引ごとの同意を得ないで、売買の別、銘柄、数または価格の一つでも定めて、顧客の計算で取引を行うことをいう。

■無断売買の規制

商品先物取引については、商品先物取引法214条3号において、証券取引については、金融商品取引法38条7号、金商業等府令117条1項11号において、無断売買が禁止されている。

■無断売買の効果

無断売買の効果は顧客に帰属しない（最判平4・2・28判時1417号64頁）。ただし、被害救済の観点からは、その無断売買の部分のみを正面から捉えてその効果不帰属を主張する場合と、勧誘から取引終了までに存在する各違法行為の一つとして位置づけ、全体として不法行為が成立するとして取引全体に対する損害賠償責任を追及する場合とが考えられる。

■一任売買の規制

証券取引については、1991年の証券取引法の改正の際に、原則として禁止されるに至り、1998年改正でも、そのまま残された。そして、金融商品取引法になってからは、一任売買を禁止した規定は置かれていないが、基本的に証券取引法における規制を踏襲している。金融商品取引法では、一任勘定による投資一任業務は、投資一任契約によることとして（同法2条8項12号）、投資運用業としての登録が必要とされ（同法28条4項）、金融商品取引業者一般の行為規制のほか、投資運用業に関する特則により、金融商品取引法42条～42条の8、金商業等府令128条～135条が適用され、それらの規律のもとで認められることとなる。商品先物取引については、商品先物取引法214条3号において禁止されている。なお、商品先物取引においては、一任勘定の契約というよりは、事実上あるいは実質的意味での一任売買が問題とされている。

■一任売買の効果

一任売買は、背任的・利益相反的取引が行われる温床となって投資の合理性を害するおそれがあり、顧客保護のうえでも問題があり、顧客に好ましくない結果が生じた場合には、私法上の違法性が認められる。とりわけ、商品先物取引においては、業者がその裁量権を濫用して過当な数量の取引をし、無意味な反復売買による手数料稼ぎの手段となっていることが指摘されている。

【関連キーワード】過当取引・無意味な反復売買

【参考】日弁連消費者問題対策委員会編『金融商品取引被害救済の手引〔五訂版〕』（民事法研究会、2008年）246頁以下・260頁以下、同編『先物取引被害救済の手引〔10訂版〕』（民事法研究会、2012年）

（大田清則）

向かい玉・自己玉・取組高均衡

■向かい玉とは

商品先物取引において、「向かい玉」とは、①商品先物取引業者（先物業者）が自己玉（自己の計算をもってする建玉）注文と委託玉（顧客の委託に基づいてする建玉）注文を付け合わせて取引を成立させること、②故意に自己玉を特定の委託者のポジションと対当させ先物業者が反対のポジションをとること、③故意に自己玉を委託玉総体の玉尻（買建玉数と売建玉数との差）を埋め、取組高が売買均衡するようにポジションをとることを指している。

■向かい玉の利益相反性

自己玉を委託玉と付け合わせて取引を成立させる場合（上記①）には、委託者と先物業者は注文執行時に利害相反関係に立つ。また、自己玉を特定の委託者のポジションと対当させ、反対のポジションをとる場合（上記②）には、委託者が益のときには先物業者は損の関係に立ち、当該委託者との間で利害が相反する。さらに、先物業者の取組高が自己・委託合計で均衡するように自己玉のポジションをとる場合（上記③。この取引手法は、「差玉向かいシフト」、「取組高均衡仕法」と呼ばれる）には、先物業者の委託者全体が益のときに先物業者は損の関係に立ち、委託者全体と先物業者との間で利害が相反する。したがって、これらの場合には、委託者の利益を害するおそれが高い。

■司法判断と向かい玉の法規制

先物取引被害事件において差玉向かい・取組高均衡の取引手法（本件取引手法）がいわゆる「客殺し」の温床となっていると指摘されてきた点について、最高裁は、最判平21・7・16（民集63巻6号1280頁、板寄せ取引）および最判平21・12・18（集民232号833頁、ザラ場取引）で明確な方針を出した。すなわち、特定の商品先物取引について、本件取引手法を用いている先物業者が専門的な知識を有しない委託者から当該特定の商品の先物取引を受託しようとする場合には、当該先物業者の従業員は、その取引を受託する前に、委託者に対し、本件取引手法を用いていることおよびこの取引手法が先物業者と委託者との間に利益相反関係が生ずる可能性の高いものであることを十分に説明すべき義務を負うものというべきであるとした。

上記最判を受け、2009年に改正された商品先物取引法214条および同法施行規則103条21号は、先物業者が向かい玉を行っている場合に、顧客に対し、向かい玉を行っている旨と、それにより先物業者と委託者との間に利益が相反するおそれがある旨を説明しないで、その委託を受けることを禁止し、現在に至っている。

【関連キーワード】説明義務（Ⅳ金融）
【参考】神戸地姫路支判平14・2・25（先物取引裁判例集32巻16頁） （平田元秀）

海外商品先物取引・海外先物オプション取引

　現在は、海外先物取引・海外先物オプション取引による被害はほとんどない（海先法の適用下にある取引類型を取り込んだ商品先物取引法の施行に伴って海先法は廃止され、許可制度などの参入規制は相当厳しく運用され、海外先物取引被害事案は消滅した）ことから、概略を示しておくのみにとどめる。

■海外先物取引被害の消滅の経緯

　海外先物取引を規制する海先法は、1982年7月16日に公布され、1983年1月15日に施行されたものだが、同法は、当時著しい急増傾向をみせていた海外先物取引被害に対処するため、同商法を事実上消滅させることを指向して制定されたものであった。政府は、国会における答弁においても、業者に対する説明においても、海外先物取引の経済行為という面からみて現在社会的にこれを認知して育成する段階に至っておらず、したがってこの法律は海外先物取引を行うと称する業者を締め出す実質禁止法の趣旨で制定されたものであると述べている（1982年4月27日衆議院商工委員会議録、同年7月6日衆議院商工委員会議録）。そして、現に、同法の施行および刑事摘発（1982年から1988年までの間で46業者に及び、起訴事実はすべて詐欺である）により、海外先物取引被害はほとんど消滅していた状況にあった。

　海外先物取引商法は、起訴事例によると、呑み行為を行って証拠金を詐取する方法や、向かい玉を建てて顧客と業者の利害が対立する構造を作り出し、顧客に利益が出ているときには仕切りを引き延ばし、逆に顧客に損失が出ているときに決済を仕向けるなどして証拠金を取り込む方法などを用いて行われていたことが判明し、海外先物取引を行うと称する商法自体が詐欺商法であることが明らかになっている。これら取引の実態は、「起訴事例に見る悪徳商法詐欺事犯の実態」法務総合研究所研究部紀要32号35頁以下にとりまとめられている。

　その後、平成に入り、再度被害が増加傾向を見せ、商品先物取引法が施行される2011年まで夥しい被害を生んだ。もっとも、1985年から1991年頃にかけて集積された裁判例は受託契約を無効とするなど厳しい姿勢で臨むものであった。

■海外先物オプション取引被害の消滅の経緯

　海外先物オプション取引被害は、平成に入って被害を急増させていたが、特段の事情のない限り、一般消費者には適合しないものとする裁判例が圧倒的多数であった。大規模にこの種商法を行っていた業者が2011年4月に破産手続開始決定を受け、この種商法は消滅した。商品先物取引法の施行もあり、被害の再燃は現在のところ懸念されていない。

【関連キーワード】適合性の原則（Ⅳ金融）、向かい玉・自己玉・取組高均衡

（荒井哲朗）

CFD取引

■差金決済取引

CFD（Contract For Difference）取引とは、差金決済取引を意味し、市場等で値段が形成されるものを対象に、売り手と買い手が、ある日の値段で一定量の売買契約をし、一定期間内に、反対売買で決済して値段の差額をやりとりする取引一般を指す言葉である。契約期間中、対象物の実際の受け渡しはされず、決済時に損益に相当する額が金銭で清算されるだけである。対象商品の売買の形をとってはいても、金銭のやりとりだけであるから、投資・投機を目的とする金融商品と同じ働きをすることになる。

■証拠金取引

消費者を対象にして行われるCFD取引は、ほぼ例外なく「証拠金取引」として行われている。消費者は入れたお金の何倍もの取引を行っていることにされているので、いわゆる「レバレッジが効いている取引」となって、投下資金に比べて何倍もの利益や損失が出る可能性がある。

■ロコ・ロンドン金取引の被害

CFD取引の一種である「ロコ・ロンドン金取引」は、過去に多数の消費者被害を生んだ。ロコ・ロンドンは「ロンドン渡し」を意味する言葉で、金の世界的市場であり大量の金を取り扱う業者がいるロンドンを中心に形成される金の市場価格を指標として差金決済を行うものを「ロコ・ロンドン金取引」と呼んだ。その後、被害が多発したため、2007年7月15日に、特定商取引法の政令指定役務に含められ、同法の規制が及ぶようになった。その結果、ロコ・ロンドン金取引の悪いイメージが急速に広まったため、それを嫌った業者に、「貴金属スポット取引」「CFD取引」という名前が用いられるようになった。そして、金だけではなく様々な物を対象物とするCFD取引が生まれた。しかし名前が変わっても、その本質はほとんど変わらない。なお、現行の特定商取引法は役務の政令指定制をとらないので、訪問販売・電話勧誘販売の形式で勧誘するCFD取引は同法の規制の対象となる。

■賭博性

CFD取引は、対象物の相場での値段の変動という偶然の事情により、互いに金銭のやりとりをするものであるから、賭博性を有する。商品先物取引法などの法令により違法性が阻却されなければ、公序良俗違反となる可能性もある。行為態様等も含め、違法性の強い場合は取引の無効も検討できよう。商品CFD取引に賭博性を認め、これを勧誘して行わせた業者およびその代表者や従業員は違法な取引をさせた不法行為が成立するとした大阪高判平24・5・16（先物取引裁判例集65巻216頁）、同じくスポット貴金属取引と称するCFD取引に賭博性を認めてその勧誘が不法行為に当たるとした東京高判平24・4・26（法ニュース95号354頁）がある。

（大迫惠美子）

FX 取引（外国為替証拠金取引）

■詐欺商法としての生起と消滅
　FX 取引は、詐欺商法として生起し、2001年頃から未曾有ともいうべき大量の被害を生んだが、2005年7月1日に金融先物取引法改正法が施行され、登録制度、不招請勧誘禁止（無差別の電話・訪問勧誘を一律に禁止する制度）が導入された結果、近時は、その被害は大きく質的変容を見せている。

■システムトラブル等
　FX 取引において現在顕在化している問題は、（広義の）システムトラブルである。相場が乱高下する場面で、取引画面がフリーズしたり、注文が出せなくなったりする、といった事象が多く発生している。また、システムの正常さ・公正さが外部から見えにくいこともあって、スプレッド（売買の提示価格差）が恣意的に拡大されたり、スリッページ（提示価格と約定価格の乖離）が相当と考えられる範囲を超える頻度・範囲で生じたり、俗に「ロスカット狩り」と呼ばれる、恣意的にロスカットを誘発して顧客に損害を与えるような手法が用いられているのではないかとの疑念が生じるような状況もしばしば見られる。この点に関しては、ロスカットの発動が適切になされなかったという事案について、適切にロスカットがされていたであろう場合との差額の賠償請求を認めた東京地判平20・7・16（金法1871号51頁）が注目されている。特に相対取引業者においてはこの種のシステムトラブルは後を絶たず、提示レート（スワップを含む）が誤りであったなどとして事後的に取引益金の出金を拒まれるという事案も相当数ある。関連する問題として、FX 取引業者は利益を出す顧客を締め出してしまうという姿勢をとっているのではないかと思われる節があり、不正取引をしたなどと強弁して口座を強制解約したり、いわゆる「キャッシュバックキャンペーン」で約束した金員（取引量に応じて支払いを約した「キャッシュバック金」）の支払いを拒むという事例も多く生じている（東京地判平26・6・19金商1448号56頁）。

■分別管理の問題
　2007年頃には、FX 取引業者の分別管理のあり方が不適切であったことから、複数のFX 取引業者が破綻した。中には、顧客の預り資産がカバー取引とは名ばかりの業者構成員の「手張り」のための証拠金に用いられ、その結果、巨額の証拠金が欠損するという事態が明らかになったものさえあった。この点、東京地判平22・4・19（判タ1335号189頁）が参考になる。

■FX 関連ファンドまがい商法
　自動売買システムでFX 取引をして高率の配当をするなどと称する詐欺的預り金商法被害も根強く存在している。中には、マルチレベルマーケティングの手法を併用して数百億円規模の被害を生んでいる著しく悪質性の高いものもあり、海外の法人を絡ませる例も増えてきている。　　　　　（荒井哲朗）

詐欺的投資勧誘取引

■典型例

詐欺的投資勧誘取引とは、投資の実態がないにもかかわらず、投資を装って出資を募り、金銭を騙し取る詐欺の総称である。

未公開株・社債・ファンド等の投資を装い、「必ず儲かります」などと述べて出資金を出させ、ある程度の配当をしたうえで、「投資元本を大幅に下回る損失が出ました」と報告して投資元金を大幅に下回る金額を払い、あるいは全く支払うことなく、音信不通となるという手法が典型例である。

近年は、第三者を装った者が「A社の社債のパンフレットが届いていませんか。3倍の値段で買い取りたいという人がいるので、A社から社債を購入したうえで売ってください」などと述べて、社債等を購入させ、その後、第三者は連絡がとれなくなる等の劇場型詐欺がむしろ主流となっている。また、過去に詐欺的投資勧誘にあった消費者に対し、被害回復等を名目に金銭を騙し取る二次被害も横行している。

■対象

詐欺的投資勧誘の商材は近年多様化しており、未公開株・公社債や集団投資スキーム（ファンド）持分が多い一方で、国内で取扱いの少ない外国通貨（イラク、アフガニスタン、スーダン等）、「水資源の権利」、「温泉付き有料老人ホーム利用権」、「鉱山の採掘、鉱物に関する権利」、「CO_2排出権取引」、「天然ガス施設運用権」、「iPS細胞の特許権」、「カンボジアの土地使用権」などの多岐にわたる。

■犯行ツール

詐欺的投資勧誘の犯行ツールとしては、他人名義の携帯電話（レンタル携帯電話を含む）、金融機関の預金口座、郵便物受取サービス、電話受付代行サービス、電話転送サービス、レターパック・宅配便等があげられる。近年、振り込め詐欺救済法に基づく金融機関の口座凍結が浸透していることから、預金等の口座が利用されるケースが減少する一方、レターパック・宅配便等が利用されるケースが増えている。

■裁判例・行政処分例

詐欺的投資勧誘取引に関する裁判例としては、携帯電話のレンタル業者について過失による幇助責任を認めた東京地判平24・1・25（先物取引裁判例集64巻422頁）などがある。行政処分例としては、適格機関投資家等特例業務届出者につき特定商取引法を適用して処分を行った東京都平成23年10月20日付け業務停止命令などがある。

【関連キーワード】海外商品先物取引・海外先物オプション取引、CFD取引、出資法違反・組織的詐欺、MRI事件、適格機関投資家等特例業務

【参考】消費者委員会「詐欺的投資勧誘に関する消費者問題についての調査報告」（2013年8月）、荒井哲朗編著『Q&A投資取引被害救済の実務』（日本加除出版、2012年）

（若狭美道）

出資法違反・組織的詐欺

■出資法
「出資の受入れ、預り金及び金利等の取締りに関する法律」の略称である。出資法は、大衆が出資したり金銭を預けたりすることで被る損害を未然に防止するとともに、借り手の弱い立場を利用して暴利をむさぼる高利貸しなどを禁止することによって大衆を保護することなどを目的としている。

■組織的犯罪処罰法
「組織的な犯罪の処罰及び犯罪収益の規制等に関する法律」の略称である。組織的に行われた詐欺・殺人等の一定の犯罪に対する処罰を強化し、犯罪による収益の没収の特例等について定める。組織詐欺（同法3条1項13号）が適用されると、法定刑が1年以上の有期懲役と重くなる。

■著名事件
利殖名目で資金の預託を受け、多数の被害者を出す事件は後を絶たない。これらの事件では、出資法2条違反を端緒に捜査が開始され、事件の全容が明らかにされた後、詐欺罪または組織的犯罪処罰法違反（同法3条1項9号）で起訴されることが多い。

① 八葉物流事件：健康食品を一定数購入すると、特約店・代理店になることができ、短期間に高収益を上げられるうえ、子会員・孫会員を紹介すれば、紹介料を得ることができるなどといって、1999年から2001年にかけて、4万名余りに約495億円の被害を発生させた事件。組織的詐欺で9人が起訴され、元名誉会長に懲役9年の判決が言い渡されたのをはじめ、主要な関係者に有罪判決が言い渡された。

② ジーオー事件：会員に、通信販売の商品を選択させ、その商品の新聞・テレビへの広告代金名下の出資を募り、途中からは利益確約をして出資させるなどして、1996年から2002年2月頃までの間に約200億円の被害を発生させた事件。出資法違反で捜索がなされた後、首謀者と幹部7名が組織的詐欺罪で起訴され、首謀者は懲役18年の有罪判決を受けた。

③ L&G事件：2001年頃より円天という疑似通貨を発行し、元本を保証したうえで高配当を支払うなどとして、約5万人から1000億円を超える資金を集めたという事件。出資法違反で捜索された後、22名が組織的詐欺で起訴され、首謀者は懲役18年の有罪判決を受けた。

④ 岡本倶楽部事件：2005年頃より、熱海の岡本ホテルの会員権を購入すれば、多額の配当と割引サービスが受けられるなどとして、約8000人から約300億円を集めたという事件。組織的詐欺で起訴され首謀者が懲役18年の判決を受けている。

【関連キーワード】金融（投資）サービス法、和牛預託商法　　　　（島幸明）

和牛預託商法

■和牛預託商法とは
　たとえば、100万円を出資して子牛（和牛）の所有者になると、成牛として出荷できる3年後には育成経費等を差し引いて118万円の利益が生じるから、毎年6万円の還元金と、満期時に106万円が返還され、その間、産地直送、自然農法で育てた高級和牛肉を安価で購入することができる、などという触れ込みで、1997年頃をピークに、多数の業者が全国各地の消費者から出資を募った。

■和牛預託商法の実態
　そもそも、出資者から資金を集めるだけで、契約に相当する和牛を保有していなかったり、高価な黒毛和牛を購入するとの契約に対して、安価な乳牛しか飼っていないなど、詐欺が疑われる事案も多々あった。

■和牛預託商法の摘発
　和牛預託商法は、1997年3月14日付けの、農林水産省経済局保険業務課長、食品流通局消費生活課長、畜産局畜産経営課長から地方農政局、都道府県等宛通達で、出資法に違反するおそれが指摘されたことから、マスコミ等がこの商法の欺瞞性を追及して大きく取り上げるようになり、その後、破綻する会社が続出し、またいくつかの業者が出資法違反等で摘発され、その頃から社会問題化した。

■特定商品預託取引法による規制
　特定商品預託取引法は、豊田商事事件を受けて1986年に制定されたものであるが、1997年8月に、「ほ乳類または鳥類に属する動物で、人が飼育するもの」が指定商品となり、和牛預託商法についても、同法の規制が及ぶこととなった。これにより、元利金保証を謳わず、出資法違反が問えない場合でも、クーリング・オフや中途解約が認められ、また、預託者の書類閲覧権、主務大臣による報告、立入検査が認められるなど、法規制が整備された。

■安愚楽牧場の倒産と国家賠償訴訟
　1997年の社会問題化の際も倒産等に至らず、結局1981年の設立から特に問題が表面化することなく推移してきた安愚楽牧場が、2011年12月に破産手続開始決定を受け、倒産した。
　同社の被害者は全国で約7万3000人に上り、一般債務も含めた負債総額は4300億円に上るなど、豊田商事事件、大和都市管財グループ事件をしのぐ、史上空前の消費者被害事件となった。
　同社は顧客との契約の対象となっている繁殖牛が3〜4割も不足していたうえに、牧畜業では利益を上げておらず、実態は詐欺商法そのものであった。
　同社の被害に関しては、2009年1月に農林水産省が同社に対して特定商品預託取引法に基づく立入検査を行い、その後も一定の報告を受けていたにもかかわらず、同社の「詐欺商法」を見過ごしたことに過失があるとして、全国で国家賠償訴訟が提起されている。

【関連キーワード】豊田商事事件、出資法違反・組織的詐欺　　　　（山﨑敏彦）

仕組商品（仕組債など）

デリバティブ取引を債券に組み込んだ仕組債、預金に組み込んだ仕組預金、仕組債に投資するノックイン投資信託などの総称である。ITバブルの終盤である1999年～2000年（第1次）、世界的に多くの資産クラスの価格が上昇した頃から世界金融危機の少し前までの2005年～2007年（第2次）、という長期にわたる上昇相場の最終局面に組成・販売された。

■第1次

1999年から2000年にかけて、仕組商品の一種であるEBや株価指数リンク債などの仕組債が、公募により個人顧客に数十万円、数百万円単位で販売された。その後、これらの取引の勧誘に問題があったとして訴訟が相次ぎ、損害賠償を命ずる判決も出され、EBなどに絡む不祥事が表面化して、仕組債の販売は急激に減少した。

■第2次

2005年から2007年にかけて、商品特性を変えた仕組商品が大量に組成販売された。①普通型仕組債（株価指数リンク債、EBなど。いずれも第1次のときのものと名称は同じでも、償還元本のほか、利金、償還時期にもオプションが組み込まれており、より構造が複雑でリスクが大きい。1顧客あたりの取引額も、数千万円、数億円とはるかに巨額）、②倍率型仕組債（株価指数2倍リンク債、複数銘柄株価リンク債10倍型、複数銘柄ワーストEB、複数指標リンク債など。いずれも①よりさらに複雑でリスクが大きい）、③長期型仕組商品（期間30年などの長期満期の為替デリバティブ債（PRDC債、FXターン債など。販売資料では単に「ユーロ債」と表示されることが多い）や為替デリバティブ預金。期限前償還条項付きであるため、短期運用の意思で購入した顧客が多い）、④仕組投資信託（株価指数リンク債に投資するノックイン投信）である。

①②③は、証券会社や銀行が、個人顧客、財団法人、地方自治体、学校法人に売り込んだ。1件が数千万円から数億円の契約であり、それを複数抱えた顧客も多い。同じ頃、銀行が高齢の預金者に対し④を、リスク限定型投資信託、元本確保機能付き投資信託などの表示とともに勧誘販売した。数百万円から数千万円の契約が多い。

■裁判例の動向

2008年以降に損失が表面化して多数の訴訟提起や金融ADRあっせん申立てがあり、特に2010年以降、判決が続いた。①～④いずれについても、請求を一部ないし全部認容した判決と全部棄却した判決がある。裁判所の姿勢の差が大きい。償還条件や金利計算式等が記載された1～2枚の販売資料を日本語として理解できるように説明すればよいのか、顧客に仕組商品のリスクの大きさを実感させる必要があるのかによって、結論が分かれる。

【関連キーワード】適合性の原則（Ⅳ金融）、説明義務（Ⅳ金融）、為替デリバティブ商品

（桜井健夫）

為替デリバティブ商品

■為替デリバティブ問題

2004年から2007年を中心として、外貨建て輸入取引の円安リスク軽減手段に有効であるなどとして、銀行から輸入企業（中小企業）に対し勧誘された為替デリバティブ取引について、その後、大幅に円高に振れたことによって当該企業の存亡にかかわる巨額の為替差損が発生し、企業経営の根幹を揺るがし、社会問題となった。

■為替デリバティブ取引

為替デリバティブ取引とは、為替を原資産とした金融派生商品である。これにはいくつか種類があるが、銀行との取引で主として問題となったのは、①顧客側が銀行よりドルコール円プットオプションを買い、同時に、②ドルプット円コールオプションを売るという、二つの通貨オプション取引の合成商品である。オプション取引とは権利を売買する取引であり、買い付ける権利をコールオプションといい、売りつける権利をプットオプションという。

■プットオプションの売り取引を組み合わせる意味

輸入企業にとって、ドル高・円安になることは、仕入コストが高くなるということであり、その損失をカバーするためにコールオプションの買い取引を行う、と考えれば、リスクヘッジの効果が認められる。このように、円安リスクに対するヘッジ効果が認められるのは、コールオプションの買い取引だけである。にもかかわらずこれにプットオプションの売り取引を組み合わせるのは、顧客が、銀行に対してドルプットオプションを売ることにして、この売り取引によって銀行から得るオプション料でもって、顧客が銀行から買うドルコールオプションの代金（オプション料）の支払いにあてるためである。そして、ここで、顧客が銀行から受け取るオプション料と、顧客が銀行に支払うオプション料とを見かけ上等価にすることによって、通貨オプション取引を行う際のオプション料をゼロにする。こうすることで、当該通貨オプション取引には、あたかも顧客の負担はないかのように偽装して、セールスされたのである。

■問題点

銀行が販売した通貨オプションは、ドルプットオプション売却のリスク負担で、ドルコールオプションを買わせるということであるが、さらに見かけ上有利に見せるため、レシオ、ノックアウト条項、早期償還条件、ギャップ条項など種々の条件が組み合わされ相当に複雑にされているケースが多い。

リスクとリターンが釣り合っているかを判断するのが極めて困難な商品であり、はたして顧客のヘッジニーズに適合していたか、あるいは、説明義務が尽くされたかが疑問な商品である。この問題の解決のため、全国銀行協会のあっせん申立てが多く利用された。

【関連キーワード】 適合性の原則（Ⅳ金融）、説明義務（Ⅳ金融）、仕組商品、金融ADR　　　　　　　　（石川真司）

信用取引

■信用取引とは

　証券取引における信用取引とは、投資家が、有価証券の売買を行う際に、購入代金を証券会社等から借りて株式を買い付け、または、売却証券を借りて株式を売却する取引である。すなわち、投資家が株式を購入する代金がなくても株式を買い付けることができるし、売却する株式がなくても株式を売却することができるシステムである。

　取引所規則により弁済の期限等が定められた制度信用取引と、証券会社と顧客との合意した内容に従って行うことができる一般信用取引がある。

■取引の仕組み

　信用取引では、投資家は、保証金を支払うか、担保となる代用証券を差し入れたうえで、証券会社等から購入代金を借りるか、売却株式を借りて取引所との間では受渡しの決済をする。

　一般信用取引では、決済期限がないものまであるが、制度信用取引の場合、6カ月の弁済期限までに建玉（買いまたは売り）を決済しなければならない。

■投資勧誘上の問題点

　信用取引による株式の売買取引は、ともすれば投機的な取引になりやすいため、信用取引の利用客について、投資経験および資力が十分な顧客の中から厳選されるべきである。そこで、日本証券業協会では、証券会社に対して、預り資産の規模、投資経験その他必要と認める事項を定めた「信用取引開始基準」を定めることを義務付けている。信用取引は、仕組みも難しく、リスクも大きい取引であるから、投資経験・知識が十分で資金的にも余裕がある顧客が、この取引を十分に理解して自ら希望する場合に初めて開始すべきものである。

■その他の問題点

　制度引用取引を行う場合、保証金（ないしは代用証券。時価の80％で評価）は取引高の30％必要であるが、建玉（取引株式）の評価損の発生や代用証券の値下がりにより20％を下回った場合は、20％との差額分の証拠金を追加して差し入れなければならない。

　また、信用取引で株を買っている場合、毎日利息が加算されるし、売っている場合も、取引が過熱した場合に新たに貸し株料が毎日かかってくる（逆日歩）ので、その点についても注意が必要である。

　さらに、現物株を代用証券にしていると、信用取引株自体の下落の危険性にとどまらず、その処分にも制限が加えられ、代用証券の株価が下落するだけで追証がかかるなど、投資家の投資判断はさらに難しくなる。信用取引の違法性を認めた判決としては、大阪高判平20・8・27（判時2051号61頁）などがある。

【関連キーワード】過当取引・無意味な反復売買　　　　　　　　　　（山﨑敏彦）

投資信託

■投資信託とは

　投資信託は、信託の受益権を販売する形で多数の顧客から資金を集め、それをまとめて専門家が運用して、運用の結果を顧客に渡す金融商品である。投資対象は、有価証券、不動産、商品、デリバティブ取引であり、販売窓口は銀行、証券会社、投資信託会社である。投資信託法と金融商品取引法で規制されている。一般的な委託者指図型投資信託では、投資信託会社が商品設計し、自らを委託者、信託銀行を受託者とする信託を設定し、その信託受益権を細分化したものが顧客に販売される。投資信託会社は信託銀行に運用方法を具体的に指図し、信託銀行はそれに従った投資を忠実に実行して、その結果得たものを保管する。信託の法形式をとることによって、受益者である顧客が投資信託会社の倒産等の影響を受けない（倒産隔離）ことにして、その限度で、投資商品としての安全性を確保している。

■投資信託は入れ物にすぎない

　投資信託は、一般に、小口の資金でも専門家による運用および分散投資が可能となるというメリットを有しており、個人の中核的な投資商品となる可能性があるが、問題もある。投資信託は入れ物にすぎず、その入れ物に何を入れるかによって特性やリスクの程度は千差万別である。リスクの小さいものから極めて大きいものまであり、中には、投資信託の上記メリットを有せず、かつ、安全性を誤解しやすい、単一の仕組債に投資する投資信託もあるし、実質的には日経平均先物取引をするのと同様の投資信託も売られている。

■投資信託の基本概念

　「基準価格」は、純資産総額÷口数により定まる。投資信託を購入・換金する際の基準である。1日1回、値がつけられ、新聞等に公表されている。

　一部の投資信託は、年1回～12回、「分配金」を出している。運用益を分配するものと、運用益とは別の基準で分配するものがあり、後者では元本を取り崩して分配することもある。

　投資信託を募集する際には、顧客に「交付目論見書」を交付することが義務付けられている。投資信託の目的・特色、投資リスク、運用実績、手続・手数料が記載されている。顧客から請求があれば、これに加えて、その投資信託の沿革や経理状況が記載された「請求目論見書」が交付される。

■投資信託の紛争

　投資信託に元本割れのリスクがあることは相当周知されており、紛争ではリスクの程度など、投資判断に必要な事項の説明義務が争点となっている。これまで、投資信託の勧誘に関し説明義務違反を理由に損害賠償を命じた判決は多数ある（桜井健夫ほか『新・金融商品取引法ハンドブック〔第3版〕』463頁）。金融ADRでも相当数が解決されている。

【関連キーワード】説明義務（Ⅳ金融）、金融ADR　　　　　　　　（桜井健夫）

大和都市管財事件

■大和都市管財事件とは

　大和都市管財事件とは、抵当証券等を消費者に販売していた大和都市管財が約1万7000人から約1112億円を集めたまま2001年4月に破綻し、同社の詐欺的な販売手法が明らかになったという巨額の消費者被害事件であり、第2の豊田商事事件といわれている。

　同社は、不動産鑑定士と共謀し、関連会社所有の不動産に著しく高額の鑑定をして抵当権を設定し、旧抵当証券業規制法に基づき小口化した抵当証券を消費者を中心に販売し、償還期間が迫ると営業員が新たな抵当証券や類似の詐欺商品への乗換えを勧め、自転車操業に陥りながらも破綻を回避して営業を継続していた。

■弁護団の活動

　大和都市管財破綻直後に東京・大阪・名古屋で結成された弁護団は、同社の役員に対して告訴を行い（代表者については懲役12年の実刑が確定）、破産手続における配当を受領するとともに役員・従業員や不動産鑑定士・顧問弁護士に対する民事責任の追及を行ったが被害回復が十分ではなく、2003年6月、国に対し、旧抵当証券業規制法上の監督を怠ったとして国家賠償請求訴訟を提起するに至った。

■国賠訴訟で裁判所が官僚の怠慢と不法行為を認定

　当時、本件のように投資詐欺業者により財産的被害を受けた消費者が国賠訴訟で勝訴した事例はなく、訴訟は提訴直後から困難を極めた。しかし、国から開示された大蔵省内部の資料から当時の官僚の大和都市管財に対する対応の問題性が浮かび上がり、また旧大蔵省の官僚が原告側証人として当時の近畿財務局の実態を証言したことにより、訴訟の流れが一気に被害者側に傾いていった。

　訴訟上の争点は、1997年に近畿財務局が大和都市管財に対して立入検査を行った際に、同社には債務超過や提出書類の不実記載といった抵当証券業規制法上の登録更新拒絶事由があり、近畿財務局がこれを把握していたにもかかわらず更新登録をしたといえるかという点であった。国の反論は、当時の監督権限が限定されていたとして責任逃れに終始するものであったが、1審判決（大阪地判平19・6・6判時1974号3頁）は、近畿財務局が当時、同社の問題を十分に把握していながら問題を先送りして更新登録をしたことが被害の拡大を招いたと認定し、国の賠償責任を認めた。控訴審では、国の違法性がさらに明確に認定されるとともに、損害の範囲が拡大され（大阪高判平20・9・26判タ1312号81頁）、国の上告断念によりこの国賠訴訟は終了した。

【関連キーワード】豊田商事事件
【参考】今西憲之『闇に消えた1100億円』（花伝社、2010年）

（吉岡康博）

第一種金商業者と第二種金商業者

■金融商品取引業者

2006年6月に成立（2007年9月施行）した金融商品取引法（改正証券取引法）は、証券業の名称を金融商品取引業に改めた。金融商品取引業とは、同法2条8項1号〜17号に掲げる行為およびそれらに類する行為として政令で定める行為を業として行うことをいう。具体的には、金融商品の売買、媒介・取次・代理、引受、募集、売出、運用、助言、保管等である。これら金融商品取引業を行う業者で、登録（同法29条）を受けた者が金融商品取引業者とされている（同法2条9項）。そして、法は、金融商品取引業を、①第一種金融商品取引業、②第二種金融商品取引業、③投資助言・代理業、④投資運用業の4つに区分し、この区分ごとに最低資本金額等の登録拒否事由を定めている（同法29条の4）。

■第一種金融商品取引業者

第一種金融商品取引業は、有価証券（株式や公社債、投資信託等）の売買、店頭デリバティブ取引（取引所外の外国為替証拠金取引や通貨オプション取引等）、有価証券市場デリバティブ取引（国債先物取引等）などの業務が該当し（金商法28条1項）、従来の証券業務にほぼ対応するものである。これらの業務を行う登録業者が第一種金融商品取引業者に当たる。

■第二種金融商品取引業者

第二種金融商品取引業には、投資信託や集団投資スキーム持分等の自己募集、みなし有価証券（集団投資スキーム持分等）の売買、有価証券以外についての市場デリバティブ取引（取引所における外国為替証拠金取引等）などの業務が該当し（金商法28条2項）、流動性の低いものを取り扱う業務といえる（上記の集団投資スキーム持分は、同法2条2項5号に定義されているが、いわゆるファンドを想定したものである）。そして、これらの業務を行う登録業者が第二種金融商品取引業者に当たる。

なお、第二種金融商品取引業登録の例外として適格機関投資家等特例業務があり（同法63条）、一定の要件を満たせば、簡易な届出のみでファンドの販売等を行うことができるため、悪質な届出業者が販売・運用するファンドによる投資被害が近時多発している。

■金融商品取引業登録の意義

登録により、金融商品取引業者は金融庁の監督を受け、金融庁は業務停止命令等の処分を行うことができる。そして、無登録営業は犯罪となる（金商法197条の2第10号の4）ほか、無登録業者による取引は原則として無効とされる（同法171条2）。

【関連キーワード】クラウドファンディング、適格機関投資家等特例業務

【参考】日弁連消費者問題対策委員会編『金融商品取引被害救済の手引〔五訂版〕』（民事法研究会、2008年）51頁、桜井健夫ほか『新・金融商品取引法ハンドブック〔第3版〕』（日本評論社、2011年）69頁

（西本暁）

MRI事件

■MRI事件とは

　MRI事件とは、MRI INTERNATIONAL, INC.（MRI社）が、診療報酬債権（MARS）の購入および回収事業から生じる利益を配当することを内容とする権利（本件ファンド持分）で利益が得られるとして、日本国内の顧客約8700名から額面総額約1365億円の資金を集めたが、いずれかの時点から、出資金を適切に運用することなく、他の顧客や関係者への支払いにあてていて、その返還がなされなくなったという事件である。

　MRI社は米国法人であり、その日本支店が第二種金融商品取引業の登録を受けて、基本的に日本人のみに勧誘行為を行っていた。

■MRI事件の発覚と行政処分

　配当遅配等を契機に証券取引等監視委員会による検査が行われ、2013年4月26日にMRI社は登録取消等の行政処分を受け、事件が発覚した。行政処分によれば、MRI社では少なくとも2011年以降には出資金の流用があり、2012年における勧誘に関して虚偽の事実を告げる行為があり、2010年および2011年分の事業報告書に虚偽の記載がなされていたとのことであった。

■弁護団の結成と被害回復に向けた手続等

　MRI事件の発覚を受け、主に在京の投資被害救済を取り扱う弁護士約70名（団長・山口広弁護士）によって弁護団が結成され、顧客（被害者）の過半数が弁護団に加入した。

　弁護団は、米国ネバダ州において、米国の弁護士に依頼してクラスアクション等の訴訟手続を行っているほか、日本国内でも被害回復に向けた種々の活動を行っている。

■MRI事件の特徴

　MRI事件は従来の大規模投資被害事件と異なり、米国に本社を置くMRI社が日本に在住する日本人顧客に対して募集行為を行っていたこと（米国では基本的に募集行為をしていなかった）、MRI社は日本には支店があるのみでその財産や事務所等の実態は米国にあったことなどの特徴がある。

■MRI事件を受けた法改正

　金融庁は、海外取引が絡む不正な事案が発覚した場合、国内拠点がないと被害の把握等に大きな支障が生じる事案が見受けられるとして、2014年5月23日、ファンド販売業者に対して「国内拠点」および国内における代表者の設置を義務付けるなどの法改正を行った（金商法29条の4）。

【関連キーワード】第一種金商業者と第二種金商業者

【参考】島幸明「MRI事件からみる監督機関の役割の違いと問題点」現代消費者法23号74頁

（島幸明）

適格機関投資家等特例業務（プロ向けファンド）

■**適格機関投資家等特例業務とは**

適格機関投資家等特例業務とは、金融商品取引法63条1項に定められている業務を指している。同法および同法施行令17条の12では、①適格機関投資家（いわゆるプロ投資家）と49名以下の一般投資家を相手方として行う集団投資スキーム持分の私募、および②集団投資スキーム持分の対価として適格機関投資家等から出資・拠出された金銭の運用を行う投資運用業を、適格機関投資家等特例業務として定めている。「プロ向けファンド」などともいわれている。不動産開発やベンチャー企業の支援などのファンドが組成されている。

適格機関投資家等特例業務となる私募の要件としては、「適格機関投資家以外の者が当該権利を取得するおそれが少ないものとして政令で定めるもの」である必要があり、集団投資スキーム持分について次々と譲渡されると49名以下と定めたことが無意味となるため、譲渡禁止の制限がついていることなどが要件とされている（金商令17条の12第3項1号・2号）。

■**問題点**

金融商品取引業を行うには金融庁への登録が必要であるが、適格機関投資家等特例業務では届出をするだけでよい。これは、取引の相手が適格機関投資家（プロ）である場合は規制を緩めて取引の自由度を高めても支障がなく、プロ同士の取引の円滑に資することができるとの趣旨によるものである。もっとも、その手続の容易さや、適格機関投資家以外の者（アマ）については49名以下ということ以外に規制がないことから、個人への詐欺的な勧誘形態にも利用されるようになり、犯罪の温床になっていると指摘されてきた。参考になる裁判例として、京都地判平24・4・25（先物取引裁判例集66巻357頁）がある。

■**制度のあり方**

日弁連では、適格機関投資家以外の者について何ら限定していないことが問題であるとして、その範囲を「適格機関投資家の役員およびその親族」に限定し、個人投資家への勧誘を禁止することなどを求めてきた（日弁連「適格機関投資家等特例業務に関する意見書」（2014年2月20日））。

金融庁も、適格機関投資家の名称の記載や商業登記事項証明書の提出を求めるなどの対応を行ったが、それでも被害事例がなくなることはなかった。そのため、2014年5月14日、適格機関投資家以外の者について、一定の制限を加える方向で政令・内閣府令を改正することを検討するに至っているが、業界からの反対意見も出ている。有用なファンドがあるとしても、全く関係のない一般個人に被害が及ぶことは防止すべきであり、今後もその規制のあり方がなお注視される。

【関連キーワード】第一種金商業者と第二種金商業者、詐欺的投資勧誘取引

（桑原義浩）

クラウドファンディング

クラウドファンディングとは、インターネット上で、不特定多数の群衆（クラウド）から、少額ずつの資金を集めるものである。クラウドファンディングには、①資金拠出者への見返りがない「寄付型」、②商品が提供される「購入型」、③株式やファンド持分が提供される「投資型」がある。共感に基づいた支援を旨として、資金が提供される場合が多いとされる。

「寄付型」については、特段の法規制は行われていない。「購入型」については、インターネット上で商品を提供することになるので、通信販売に該当し、特定商取引法の規制を受ける。

■投資型クラウドファンディング

2014年5月の金融商品取引法改正により、新規・成長企業への資金供給を図る観点から、③「投資型」の制度整備が行われた。これには、非上場株式への投資によるものと、ファンド持分への投資によるものがある。

従前、非上場（未公開）株式の販売勧誘は、日本証券業協会の自主規制により禁止されていた。改正法では、少額（募集総額1億円未満、1人あたり投資額50万円以下）の非上場株式の募集または私募を、インターネット上で行うことが解禁された。また、株式の募集または私募を行うには第一種金融商品取引業者としての登録が必要であるが、上記の業務のみを行う業者について参入要件が緩和された（第一種少額電子募集取扱業者）。

ファンド持分の募集または私募は、前記金融商品取引法の改正前も、第二種金融商品取引業の登録を得て行うことができた。改正法では、少額のファンド持分の募集または私募をインターネット上でのみ行う業者について参入要件が緩和された（第二種少額電子募集取扱業者）。

また、インターネット上で資金を集めるという方法の特殊性に鑑みて、ウェブサイトを開設する金融商品取引業者に、ウェブサイト上に適切な情報提供を行うこと、発行者の財務状況・事業計画の内容・資金使途等の適切な審査を行うこと等の規制を整備した。

■問題点

非上場株式は、一般に経済的価値が把握しにくく、市場がないため換価が極めて難しい。また、ファンド持分についても、匿名組合契約等においては投資者保護の制度が脆弱であり、リスクやリターンがわかりにくい。

また、悪質業者や詐欺グループが関与したり、いい加減な事業者が安易に資金を集める場として利用することが心配される。

ウェブサイト上に提供された情報が虚偽であったことにより、投資者に損害が発生したときには、ウェブサイトを開設した金融商品取引業者の損害賠償責任等が問題となる。

【参考】消費者委員会「クラウドファンディングに係る制度整備に関する意見」（2014年2月25日）　　　（坂勇一郎）

有価証券虚偽記載

　金融商品取引法は、有価証券の発行者その他の者に、重要情報を強制的に開示させている。そして、有価証券届出書、目論見書、有価証券報告書等において開示するべき事項に虚偽記載や記載欠缺などがあった場合、是正のための行政手続がとられるとともに、種々の刑事責任・民事責任が発生する。上場会社の粉飾決算などが開示義務違反事件の典型である。
　開示義務は、発行市場におけるものと流通市場におけるものがある。

■発行市場における開示義務

　有価証券の発行（募集または売出し）に際しては、一定の重要事項を記載した有価証券届出書の作成・提出が義務付けられ（金商法5条）、同書は公衆の縦覧に供される（同法25条）。また、その内容を記載した目論見書が作成され（同法13条）、個別の取得者に対して交付される。
　有価証券届出書に虚偽記載等があった場合、提出者（発行会社）は損害賠償義務を負い、これは無過失責任である（同法18条）。その役員等も損害賠償義務を負い、こちらは過失責任ではあるものの、過失の立証責任が転換されている（同法21条2項）。また、有価証券届出書は5年間、公衆の縦覧に供され、その間は流通市場における開示文書としても機能するため、流通市場における取得者に対する損害賠償義務も定められている（同法21条の2・22条）。
　目論見書に虚偽記載等があった場合も、その作成者である発行者、その役員等も損害賠償責任を負う。のみならず、その使用者も損害賠償義務を負う（同法17条）。なお、17条は、目論見書だけでなく、虚偽記載等のある「資料」の使用者にも損害賠償義務を定めている。

■流通市場における開示義務違反

　一定の有価証券の発行者には、有価証券報告書、半期報告書、四半期報告書、臨時報告書および内部報告書の作成・提出が義務付けられている。
　これらに虚偽記載等があった場合、発行者は損害賠償義務を負う（金商法21条の2）。ただし、損害の立証が困難な場合が多く、2004年改正で損害の推定規定（同条2項）が定められたものの、被害救済の範囲は限定的である。たとえば、虚偽記載がなければ有価証券を取得しなかったとみるべき場合でも、判例は、その取得価格と処分価格の差額そのものを損害とはせず、一定の市場価格の下落分の控除を要求する（最判平23・9・13判時2134号35頁）。
　上記開示文書に虚偽記載があった場合、発行会社の役員、公認会計士・監査法人は損害賠償義務を負う。
　上記はいずれも過失責任であるが（発行者については2014年に改正）、過失の立証責任は転換されている。

　　　　　　　　　　　（今井孝直）

投資運用業・投資助言業

■投資顧問業法から金融商品取引法へ

投資顧問業者が、必ず儲かる、確実な情報が入るなどの表示をして多数の顧客から金銭や有価証券の預託を受けたうえで横領をして大きな被害を発生させた投資ジャーナル事件を契機として、1986年、証券投資顧問業法が制定された。その後、2007年に施行された金融商品取引法制の下で、投資顧問業は、投資運用業、投資助言・代理業と、法律上の呼称・位置づけが変わり、証券投資顧問業法は、金融商品取引法に統合される形で廃止された。

■投資運用業

金融商品取引法は、前記証券投資顧問業法で規定されていたもののほか、新たに、集団投資スキーム等を組成して主として有価証券等取引に係る権利に対する投資として運用する業務（自己運用）も金融商品取引業と定め、①投資法人と締結する資産運用に係る投資法人の資産運用業務および投資一任契約に基づき投資者から投資判断や投資に必要な権限を委任され投資を行う投資一任業務、②投資信託の資産の運用業務等、③ベンチャー企業の育成や事業会社の再生等を目的として組成されたファンドの財産を、主として有価証券等への投資として運用を行う集団投資スキームの自己運用等を、投資運用業としている（同法28条4項）。

次に述べる投資助言業務が助言にとどまり、実際に投資するか否かは顧客の判断であるのに対し、投資運用業は、顧客から投資判断の全部または一部を一任されるだけでなく、当該顧客に代わって投資を行うこととなる点が異なる。

■投資助言・代理業

投資運用業、投資助言・代理業には、①顧客との間で締結した投資顧問（助言）契約に基づいて、有価証券など金融商品への投資判断について、顧客に助言を行う投資助言業務（投資判断は顧客自身が行う）と、②顧客と投資運用業者との投資一任契約または投資助言業者との投資顧問（助言）契約の締結の代理・媒介を行う業務がある（金商法28条3項）。

■行為規制

これら投資運用業者、投資助言・代理業者は、登録制の下に置いて監督がされるとともに、投資者保護に係る行為規制（金商法36条～40条の3）に服するほか、忠実義務および善管注意義務、顧客の利益を害する行為の禁止、金銭または有価証券の預託の受託・貸付けの禁止等の特別の規制がされている（同法41条～42条の7）。

【参考】神崎克郎ほか『金融商品取引法』（青林書院、2012年）857頁、桜井健夫ほか『新・金融商品取引法ハンドブック〔第3版〕』（日本評論社、2011年）161頁

（石川真司）

相場操縦・インサイダー取引

■相場操縦規制の趣旨

　相場（株価）操縦とは、本来は自由競争原理によって正常な需要・供給の関係に基づき形成されるべき証券相場に、人為的操作を加えてこれを変動させる行為である。詐欺的あるいは不公正な行為である相場操縦がなされたならば、市場の価格形成機能が害されるのみならず、相場に真の需要が反映しているものとして行動した投資者の証券市場に対する信頼が著しく損なわれるので、法は重い制裁を置いてこれを禁止している（金商法159条）。

■相場操縦規制の内容

　金融商品取引法159条は、仮装売買・馴合注文という偽装取引（同条1項）、現実取引による相場操縦（同条2項1号）、偽装表示による相場操縦（同条2項2号・3号）、さらには政令の定めるところに違反する相場の安定操作を禁止し（同条3項）、これら規制は取引所取引に限定されない。相場操縦行為は証券市場にとって極めて有害な行為であるので、その違反行為者には、10年以下の懲役もしくは1000万円以下の罰金という重い刑事責任が科せられ（同法197条1項5号）、当該行為で損害を被った者に対する損害賠償責任もある（同法160条）。

■インサイダー取引規制の趣旨

　内部者取引（インサイダー取引）とは、投資家の投資判断に影響を及ぼすべき情報について、その発生に自ら関与し、または容易に接近しうる特別な立場にある有価証券の発行会社の役員等が、そのような情報で未公開のものを知りながら有価証券にかかわる取引を行うことである。会社関係者等一定の者が、投資家の投資判断に影響を及ぼす未公表の内部情報によって証券取引を行い利益を上げることは、当該内部情報を入手する機会をもたない一般投資家との間で不公平を生じ、証券市場の公正性・透明性を著しく害して証券市場に対する投資家の信頼を失うことになるので、これを禁止している。

■インサイダー取引規制の内容

　金融商品取引法166条・167条は、発行会社の役員・主要株主といった内部者等が同条に規定された上場会社等の業務等に関する重要事実を同条で定められたところにより知った場合につき、その重要事実が公表された後でなければ、内部者等による当該上場会社の株式等の売買を禁じている。当該規制違反行為については、5年以下の懲役または500万円以下の罰金（同法197条の2第13号）、没収、追徴が科せられる（同法198条の2）ほか、2004年の改正で、課徴金が課せられることとなった（同法175条）。民事責任も、同法157条違反に基づく不法行為責任（民法709条）としての追及が考えられる。

【参考】神崎克郎ほか『金融商品取引法』（青林書院、2012年）1212頁以下

（白出博之・石川真司）

損失補塡・事故確認制度

■損失補塡

1991年6月以降、証券会社による大口顧客などへの多額の損失補塡、暴力団との深いかかわりなどが続々と表面化した。いわゆる証券不祥事である。

こうした証券不祥事は、証券市場に対する信頼を失わせるとともに、大口顧客優遇の不公平感を広く国民にもたらした。こうした社会的批判の高まりを背景に、1991年に証券取引法改正が行われ、損失補塡を原則禁止とする規定が新設された。

■証券取引法改正と事故確認

改正証券取引法では、証券会社の勧誘段階での事前の損失補塡や利益保証の約束はもちろん、事後の損失補塡も禁止され、顧客の側から損失補塡の約束を要求したりその実行を要求することも禁止されている。証券事故の場合に限っては、損失補塡を行うことができるとされた。そして、損害賠償名目で損失補塡がなされることを防ぐために、交渉で損害賠償をするには、内閣総理大臣の事故確認が必要となった。ただし、訴訟、調停、日本証券業協会のあっせん手続による損害賠償の場合などには、事故確認は不要とされた。

なお、銀行等の証券会社以外で証券業務を認められた金融機関の場合も、証券会社と同様の制度となっている。

証券業者は、この制度ができてからは、交渉による損害賠償までも拒否するようになった。法改正の経緯や趣旨からみれば、おかしな事態である。

■金融商品取引法

以上の制度は、金融商品取引法に引き継がれている。

金融商品取引業者の損失補塡や利益保証の約束、事後の損失補塡が禁止され（同法39条1項）、顧客の側からの損失補塡等の約束の要求や実行の要求も禁止されている（同条2項）。注文の未確認等の事故の場合は別であるが、事故確認が必要である（同条3項）。

事故確認が不要とされるのは、次のような場合などに限られる（同条3項、金商業等府令119条）。

① 確定判決を得ている場合
② 裁判上の和解成立
③ 調停成立または調停に代わる決定
④ 指定ADR等による和解成立
⑤ 弁護士会ADR手続による和解や仲裁判断
⑥ 国民生活センターや地方公共団体の被害救済委員会、消費生活センター等のあっせんによる和解成立
⑦ 認証ADRによる和解成立
⑧ 弁護士・認定司法書士が代理しての和解成立で、金額が弁護士の場合1000万円以下、認定司法書士の場合140万円以下ほかの場合
⑨ 以上のほか、明らかな事務処理の誤り、1日の取引の補塡額が10万円未満、その他がある。

【関連キーワード】金融ADR

（石戸谷豊）

金融 ADR

■定義・設立経緯

金融 ADR とは、金融商品トラブルに関する裁判外紛争解決手続をいう。

金融商品・サービスに関するトラブルについては、従来から自主的な苦情処理・紛争解決の取組みがなされてきたが、中立性・公正性、実効性の観点から必ずしも万全ではなく、また「裁判」という方法では費用も時間もかかるという問題があった。そこで、2009年の金融商品取引法等の一部を改正する法律により金融 ADR 制度が創設され、2010年10月より施行された。

金融 ADR を行う機関としては、全国銀行協会、証券・金融商品あっせん相談センター（FINMAC）、生命保険協会などがあげられる。

■利用手続の一般的な流れ

まず金融 ADR 機関へ「苦情の申出」をし、機関を通じて話合いをする。解決しない場合に、機関に対する「申立て」が行われる。申立て後は機関による適格性の審査が行われ、適格性があると判断されると、当事者出席による事情聴取が行われる。双方の主張に大きな隔たりがあってあっせん成立の見込みがない場合には不成立となり、成立の見込みがある場合にはあっせん案の作成・当事者への提示が行われ、和解を当事者のいずれかが受諾しない場合には不成立となり、受諾した場合は解決となる。

また、あっせん案の受諾の勧告によっては、当事者間に和解が成立する見込みがない場合において、調停委員会より特別調停案の提示がなされることもある。この場合、顧客が当該特別調停案を受諾し、業者側がこれに応じないときは、業者側は訴訟を提起しなければならない（金商法156条の44第6項）。

■メリット・デメリット

自主的紛争解決機関よりも中立性・公正性・紛争解決についての実効性・専門性・迅速性があるとされる。

実際に全国銀行協会における為替デリバティブ事案（特に未払いのケース）においては、解決に至っている事例が少なからず存在する。

また、一般的に ADR 機関は、客観的に明確な事実を重視する傾向にある（たとえば、為替デリバティブ事案における為替ヘッジニーズの存在、ヘッジ比率の適切性）。しかし、リスクを説明したかどうかについては当事者の水かけ論の面があり、重視されない傾向にある。

さらに、そもそも業者側があっせん案を飲まない見込みの事案においては委員のほうであっせん案の提示自体をしない傾向にあり、また、あっせん委員が業者寄りであるとの利用者の声もある。

【関連キーワード】為替デリバティブ商品、仕組商品、投資信託

【参考】内閣府大臣官房政府広報室「金融トラブル、費用をかけずに早期解決！金融 ADR 制度をご利用ください」（2013年8月13日）　　　（若狭美道）

金融機関破綻時の処理

■預貯金

　ペイオフ制度の施行により、金融機関破綻時には、1金融機関1預金者あたりの元本1000万円までとその利息等が保護の対象とされる（キーワード「ペイオフ」参照）。

■有価証券

　証券会社による保護預りの有価証券、預り金（有価証券の売買代金等）、信用取引に伴う委託保証金の代わりに差し入れた有価証券等の顧客資産については、金融商品取引法により証券会社自身の資産と分別して保管することが義務付けられていることから、証券会社が破綻したとしても、顧客資産はそのまま返還されることになる。

　また、破綻時における何らかの事故などにより、顧客資産の円滑な返還が困難であると認められた場合は、「投資者保護基金」によって、1顧客あたり1000万円を限度とした補償がなされる。ただし、有価証券店頭デリバティブ取引や外国有価証券市場デリバティブ取引に係る証拠金等については、投資者保護基金の補償対象外である。

　なお、株式投資信託、公社債投資信託、MMF、ETFなどの投資信託の受益証券は上記と同様に分別保管が行われるが、運用されている財産は販売窓口である証券会社や銀行などが管理しているのではなく、投資信託の運用会社（投資信託委託会社）と信託契約を結んだ信託銀行が、信託財産として信託銀行の本体資産とは別に管理（分別管理）している。したがって、証券会社や信託銀行が破綻したとしても、顧客資産はそのまま返還される。

■生命保険・損害保険

　保険会社が破綻した場合、保険契約者は「生命保険契約者保護機構」ないし「損害保険契約者保護機構」という仕組みで保護される。その場合、他の保険会社や保険契約者保護機構などにより、破綻保険会社の保険契約が引き継がれることになる。

　ただし、保険契約の引継ぎが行われるにあたり、保険契約者の保護の範囲は保険の種類により異なる。

　すなわち、生命保険では、高予定利率契約を除き、破綻時における責任準備金（保険会社が将来の保険金などの支払いに備えて積み立てている積立金）の90％まで補償されるが、損害保険では、その種類により異なる（生命保険契約者保護機構および損害保険契約者保護機構のホームページ参照）。個人年金保険は、生命保険契約者保護機構により保護される。

　なお、簡易生命保険については、2007年10月に日本郵政公社が民営化され、保険はかんぽ生命が取り扱うことになったことから、生命保険契約者保護機構の対象となった。ただし、2007年9月末までに加入した簡易生命保険は、郵便貯金・簡易生命保険管理機構が引き継いでおり、政府保証が継続されている。

【関連キーワード】ペイオフ（預金保険制度）

（中藤寛）

金融取引と過失相殺

金融取引被害事案の判決において、事業者側の責任が肯定された場合に、消費者側にも落ち度があるとして損害調整のために過失相殺が行われるケースが少なくない。特に、証券取引や商品先物取引といった投資・投機取引においてその傾向が強くみられる。

■証券取引と過失相殺

全国証券問題研究会ホームページの判例データベースに掲載されている裁判例のうち、株式取引に関し過失相殺率が判明している全133件について見ると、過失相殺なしが全体の19％、2割以下のもので全体の26％、3割以下のもので全体の38％、4割以下のもので全体の51％、5割以下のもので全体の65％、6割以下のもので全体の73％、7割以下のもので全体の83％、8割以下のもので全体の97％となる。

■商品先物取引と過失相殺

先物取引被害全国研究会ホームページの判例データベースに掲載されている裁判例のうち、国内公設取引で過失相殺率が判明している全430件についてみると、過失相殺なしが全体の21％、2割以下のもので全体の33％、3割以下のもので全体の52％、4割以下のもので全体の72％、5割以下のもので全体の90％、6割以下のもので全体の95％となる。

■不当な過失相殺

裁判例にみる過失相殺事由はさまざまであるが、誤った自己責任論に立脚するものや、違法要素の二重評価（矛盾評価）をするものなど、理論的にみて不当なものが多い。

前者として、適合性原則違反の事案や、一任取引が行われた事案、口座支配型取引が行われた事案等、そもそも当該取引に関して自己責任の担い手となり得ない消費者の事案につき、元本保証のない取引に手を出したことや、利益を出す可能性があったことなどを理由として、過失相殺する裁判例などがあげられる。後者として、一任取引を違法と認定しながら、任せ切りにした消費者が悪いといった落ち度を指摘する裁判例、新規委託者保護義務違反を認定しながら、最初から取引を無謀に大きくしすぎた消費者が悪いといった落ち度を指摘する裁判例などがあげられる。

誤った自己責任論の適用を排除し、違法類型ごとに過失相殺の可否について意識しながら裁判例を積み上げていくこと、英米法上の信認義務の観点から受託者責任を捉え直し、過失相殺規制に結び付けていくことが今後の重要な課題である。

【参考】アンドリュー・M・バーデック『証券取引勧誘の法規制「開示義務」「説明義務」を越えて』（商事法務、2001年）、今川嘉文『過当取引の民事責任』（信山社、2003年）、全国証券問題研究会ホームページ、先物取引被害全国研究会ホームページ

（加藤進一郎）

生命保険における転換・乗換え

生命保険における乗換えとは、既存の生命保険契約を解約し、新しい生命保険契約に加入することである。

転換とは、既存の保険契約を活用して、新たな保険契約に加入する方法で、1976年に制度として導入された（保険業規則53条1項4号）。転換と乗換えには以下のような相違がある。

■利用会社

乗換えは、単に既存契約を解約して新規契約に加入する手続であるため、どの生命保険会社でも利用することができるが、転換は、同一の生命保険会社でなければ利用できない。

■保険金額の制限

乗換えの場合は、保険金額に制限はないが、転換の場合には、既存の契約よりも転換後契約の保険金額が少ない場合には利用できない場合もあるなど制約がある。

■告知義務違反により新規の契約が解除された場合の効果

乗換えであれば新たな契約が解除されるのみで解約した契約は元に戻すことができないが、転換の場合には転換前の契約に戻るかあるいは増額部分のみが解除される。ただし、減額転換の場合は転換前の契約に戻らず、転換後契約のまま継続する。

■転換価格、受取額

乗換えは、解約した契約の解約返戻金を受け取って契約は消滅するが、転換は、転換前契約の責任準備金と積立配当金を合わせたものが転換価格となり、転換後契約に充当される。

■自殺の免責期間

乗換えにおいては、自殺の免責期間は新契約の契約日から起算するため、免責期間中の死亡保険金は原則支払われないが、転換の場合には、旧契約の免責期間経過後であれば、転換特約条項などにより、旧契約の限度で支払われる場合がある。

■説明義務

乗換えについては、保険業法300条1項4号が、契約者等に対して、「不利益となるべき事実を告げずに、既に成立している保険契約を消滅させて新たな保険契約の申込みをさせ、又は新たな保険契約の申込みをさせて既に成立している保険契約を消滅させる」ことはしてはならないと規定している。

転換の利用を生命保険会社が勧める場合には、保険業法100条の2および保険業規則53条1項4号により、転換以外の方法や転換した場合の新旧契約の内容比較などについて書かれた重要事項説明書面を交付する義務が生命保険会社に課される。

乗換えや転換は、全体的に見て契約者の利益よりも新商品販売促進等の保険会社や保険代理店側の利益が優先される傾向があるため、商品内容を契約者に十分理解させることが重要となる。

【関連キーワード】告知義務、責任開始前発病の不担保

【参考】生命保険文化センター『生命保険・相談マニュアル』（2003年7月改訂）

（藤崎千依）

告知義務

■告知義務の内容

保険契約では、保険契約者または被保険者になる者は、当該保険契約の締結に際し、保険事故等の発生可能性に関する重要な事項のうち保険者になる者が告知を求めたものについて、事実の告知をしなければならないとされている（損害保険契約につき保険法4条、生命保険契約につき同法37条、傷害疾病定額保険契約につき同法66条）。これが告知義務である。

■告知義務違反

保険者は、保険契約者または被保険者が、告知事項について、故意または重大な過失により事実の告知をせず、または不実の告知をしたときは、原則として、当該保険契約を解除することができる（損害保険契約につき保険法28条、生命保険契約につき同法55条、傷害疾病定額保険契約につき同法84条）。保険法成立以前から、実務上は、各保険会社が、告知すべき事項を書面化・定型化していたが、保険法は告知事項を保険者となる者が求めた事項として、告知義務を実質的には応答義務として規定した（損害保険契約につき保険法4条、生命保険契約につき同法37条、傷害疾病定額保険契約につき同法66条）。

■告知の相手方

特に問題なのは、告知の相手方である。告知の相手方は、保険者になる者またはそのために告知を受領する代理権を付与された者である（民法99条参照）。損害保険募集人は、特定の損害保険会社から損害保険契約の締結代理権または媒介代理権を付与されており、原則として、告知受領権を有するとされる。他方、生命保険契約における営業職員や代理店などの生命保険募集人は、契約締結権も告知の受領権もないとするのが判例・多数説である。

告知義務に関してはトラブルが多いが、勧誘する営業職員が自分の成績を上げようとすることがその背景にある。すなわち、告知に関して、契約しようとする者に説明しない、勧誘されている者が病歴などを告げているのに会社に報告しない、あるいはさらに告知しないことを勧めるなどの事態が生じた。そこで、保険法は、保険媒介者による告知妨害や保険媒介者による不告知または不実告知教唆の場合、保険者が当該保険契約を解除できないこととした（損害保険契約につき保険法28条、生命保険契約につき同法55条、傷害疾病定額保険契約につき同法84条）。

【関連キーワード】説明義務（Ⅳ金融）
【参考】山下友信ほか『保険法〔第3版〕』（有斐閣、2010年）68頁〜70頁・134頁〜137頁・254頁〜267頁、塩崎勤ほか編『保険関係訴訟』（民事法研究会、2009年）79頁〜96頁、今川嘉文＝内橋一郎編著『保険法Map解説編』（民事法研究会、2013年）78頁〜107頁　　　　（飯田直樹）

変額保険・変額年金保険

■変額保険・変額年金保険とは

変額保険・変額年金保険は、特別勘定の運用実績によって、保険金額・年金額や解約返戻金額が変動する保険である。

従来の定額保険・定額年金保険のように、保険による保障が一定額に定まっておらず変動する。保険会社は受け入れた保険料を運用するが、変額保険・変額年金保険では契約者が投資運用リスクを負う。

わが国では、変額保険は1986年、変額年金保険は1999年に解禁された。

変額保険・変額年金保険は、保険業法では、外貨建て保険などとともに投資性の保険として「特定保険」とされており、金融商品取引法の勧誘規制が準用される（保険業法300条の2）。定額保険等の保険資産を運用する一般勘定とは別の、特別勘定で保険資産が運用され、運用や資産評価の規制が緩和されている。

■融資一体型変額保険事件

バブル崩壊に前後して（1989年～1991年）、大手銀行・生命保険会社は、相続対策として、銀行借入れにより一時払い保険料を払い込ませる変額保険契約を多数勧誘した（融資一体型変額保険）。銀行借入れは利息も借り増していくとされ、運用により死亡保険金や解約返戻金が増加していくので銀行借入れが返済できると勧誘された。しかし、バブル崩壊の過程で特別勘定の運用実績が悪化し、契約者に多額の債務が残され、返済できないときは自宅等の不動産を手放したりしなくてはならなくなる、という被害も生じた。

1990年代の裁判例は契約者側の自己責任を求めるものが多かったが、生命保険会社や銀行の不法行為責任を認める裁判例、契約の錯誤無効を認める裁判例なども出された。東京高判平8・1・30（判タ921号247頁。上告審：最判平8・10・28金法1469号49頁）等多数の裁判例がある。

■変額年金のトラブル事例

銀行による保険商品の販売勧誘の解禁（2001年～2007年）を背景に、この時期以降、銀行により、主として高齢者に対して変額年金保険の勧誘が多数行われた。安全な商品を扱うという以前の銀行の印象も相まって、十分なリスク認識のないまま契約をした高齢者も少なくなく、トラブルが多発した。

国民生活センターは、2005年7月、2007年7月、2012年4月と、繰り返し注意喚起を行っている。

全国銀行協会は「生命保険・損害保険コンプライアンスに関するガイダンスノート」を公表するなどしている。

なお、企業年金の分野では、確定拠出年金が変額年金に相当する。定額年金に相当する確定給付年金から確定拠出年金に切り換える企業も増える傾向にある。

【関連キーワード】融資者責任

（坂勇一郎）

保険不払い

2005年2月に明治安田生命保険相互会社および富士海上火災保険会社において不払いが発覚して以降、保険会社が保険金（給付金・配当金などを含む）を支払わない保険不払いが社会問題化し、金融庁が相次いで行政処分を発動する事態となった。金融庁の調査結果では、保険不払いは、不適切な不払い（故意に支払わないこと）、支払漏れ（過失により支払わないこと）に分類されている。

■生命保険会社における不払い

不適切な不払事案として、詐欺無効、不法取得目的無効、告知義務違反解除、重大事由解除、免責事由該当、支払事由非該当を理由とするものがあげられる。支払漏れとしては、保険金等の支払が可能であるにもかかわらず、契約者への案内が不十分であることから発生する請求勧奨漏れが多数に及んだ。

■損害保険会社における不払い

支払漏れとして、自動車保険での付随的な保険金（臨時費用保険金等）の支払漏れが多数に及んだ。また、火災保険において保険料の取りすぎ事案も発覚した。

■第3分野保険における不払い

不適切な不払事案として、始期前発病事案で医師の診断を経ずに免責扱いにするもの、告知事項とは因果関係のない保険事故につき告知義務違反を理由とするものなどがあげられる。

■発生原因と各機関における対応

金融庁は、保険不払いの原因を、①適切な保険金支払いの重要性に対する経営陣の認識不足、支払渋りを助長する社内風土の醸成、②保険募集人、支払査定担当者に対する研修・指導不足、マニュアル等の未整備、③商品開発、募集、支払い等の各部門間の連携不足、④内部監査による検証・牽制の不徹底、⑤顧客からの苦情・相談等に対する不十分な対応、経営陣の認識不足、と位置づけ、業務改善命令等の発出、各社の業務改善計画の進捗状況のフォローアップを行った。また、2006年6月2日の「保険会社向けの総合的な監督指針」の一部改正で、問題点を整理したうえ、各社における保険金等支払管理態勢の改善・整備にあたっての着眼点を明確化した。生命保険協会および日本損害保険協会も、適切な保険金の支払いに関する自主ガイドラインを作成するなどして、再発防止策を講じることとなった。

【関連キーワード】告知義務、責任開始前発病の不担保

【参考】金融庁「保険金等支払管理態勢の再点検及び不払事案に係る再検証の結果について」（2005年10月28日）、同「損害保険会社の第三分野商品に係る保険金の不払い事案の調査結果について」（2007年3月14日）、同「保険金支払いについて」（2009年4月24日）、井上涼子「生損保業界における保険金不払い問題～求められる信頼回復へ向けた取組～」立法と調査274号39頁

（加藤進一郎）

責任開始前発病の不担保

■責任開始前発病の不担保とは

通常、保険事故たる疾病等の発生時期について、保険事故が責任開始後に発生したことが保険金支払いの条件とされている。つまり、責任開始前に発病したものについては、支払いが受けられないことになるが、これを責任開始前発病の不担保という。なお、各契約の約款により、適用範囲等が修正されていることがあり、一律ではない。

■責任開始前発病の不担保の性質

保険は、一定の事故発生予測率を前提に設計されているが、契約前にすでに保険事故が発生している場合にまで保険金を支払うことは、前提を覆し、保険契約者全体の利益を害しかねない。

このため、保険契約においては、契約者に告知義務を課し、保険契約にそぐわない契約の事前排除を図っているが、責任開始前発病の不担保は、事後的な排除手段と説明されている。

■責任開始前発病の不担保の問題点

告知義務違反は、契約者の故意・重過失が必要となるが、責任開始前発病の不担保では、契約者の故意・重過失は問題とされない。

そのため、保険契約者らが保険契約当時、発病を自覚していない場合や、発病を自覚し、正確にそれを保険会社に告げて契約を締結したにもかかわらず、責任開始前発病の不担保を理由に支払いが受けられないことがあり、このような場合、保険契約者らは、保険金の支払いが受けられる期待を裏切られることになる。従前からこれらの問題が指摘されていたものの、2008年6月に公布された保険法において、この点に関し、直接の立法的解決には至らなかった。

■保険法制定後のガイドライン・約款

生命保険協会のガイドラインでは、上記の不払いの原則を踏まえつつも、高度障害保険金や入院給付金等について、被保険者が責任開始前の疾病について責任開始前に受療歴、症状または健康診断等における検査異常がなく、かつ保険契約者等に被保険者の身体に生じた異常についての自覚または認識がないことが明らかな場合等には支払いをするとし、加えて、責任開始前事故・発病ルールの適用にあたっては、信義則の観点からも慎重に判断することが望ましいと規定し、保険契約者等の期待に一定の配慮がみられる。

また、一部の保険会社では、ガイドラインと同様の約款が定められ、責任開始前発病に当てはまる場合であっても、一定の場合には、保険金の支払いが受けられる場合がある。

【関連キーワード】告知義務、保険不払い
【参考】桜井健夫ほか『保険法ハンドブック』(日本評論社、2009年)235頁、竹濱修「契約前発病不担保条項の解釈とその規制」立命館法学2007年6号99頁、潘阿憲「疾病保険契約における契約前発病不担保条項について」生命保険論集167号81頁、生命保険協会「保険金等の支払いを適切に行うための対応に関するガイドライン」(2011年10月) (鋤柄司)

傷害保険の保障範囲と立証責任

　傷害保険の約款では、急激かつ偶然な外来の事故により被保険者が身体に損傷を受けた場合（保険事故）に保険給付を行うこととされている。

　この保険事故に該当するか否かについて、保険金請求者と保険会社のいずれがその立証責任を負うかは、保険金請求者が保険給付を受けられるかどうかを左右する重要な論点である。

■事故の偶然性の立証責任

　事故の偶然性とは、事故が被保険者の故意によらないことをいい、傷害保険においては、被保険者の自殺・自傷の場合は偶然性の要件を欠く。

　この事故の偶然性につき、損害保険においては、判例上、保険会社が故意によることの立証責任を負うこととされている。ところが、最判平13・4・20（判時1751号171頁）は、普通傷害保険契約における事故の偶然性の要件につき、発生した事故が偶然な事故であることについて保険金請求者が主張・立証すべき責任を負うと判示した。

　しかし、誰も見ていないところで傷害事故が起こったときなど、その事故が故意でないことの証明は必ずしも容易ではなく、故意でないことの消極的証明ができないために保険金請求ができなくなることは保険金請求者にとって酷である。また、上記の損害保険における立証責任の分配と差異を設ける合理的な根拠があるとは考えにくい。上記最判は、保険法施行前のものであるが、保険法において、被保険者の故意による事故招致が、保険会社が立証責任を負うべき傷害疾病定額保険の免責事由として規定されたこと（保険法80条。なお、消費者契約法10条）などからすれば、上記最判の解釈が見直される余地は十分にある。

■事故の外来性の立証責任

　事故の外来性とは、事故が被保険者の身体の外部からの作用によることをいい、身体の内部の原因である疾病による事故を除外する意味がある。

　この事故の外来性の要件について、最判平19・7・6（判時1984号108頁）は、疾病による傷害であることが共済者の免責事由として規定された、傷害保険普通保険約款とほぼ同様の構造を持つ共済契約の災害補償費に関する事案（パーキンソン病の持病を有する被保険者が餅をのどに詰まらせ窒息したケース）について、請求者は、外部からの作用による事故と被共済者の傷害との間に相当因果関係があることを主張・立証すれば足り、被共済者の傷害が被共済者の疾病を原因として生じたものではないことまで主張・立証すべき責任を負うものではないと判示した（なお、最判平19・10・19判時1990号144頁参照）。多くの学説もこの最判の立場を支持している。

【参考】今川嘉文＝内橋一郎編著『保険法Map解説編』（民事法研究会、2013年）272頁以下

（橋爪健一郎）

無認可共済

■共済とは

「無認可共済」とは、法律上の根拠のない共済の総称である。これに対して、県民共済などのように根拠法があるものも多く、これらは「制度共済」あるいは「認可共済」といわれる。

伝統的には、共済とは、たとえば職場内で病気やケガ、冠婚葬祭などに際して一定のお見舞金やお祝い金を出すが、そのために少しずつお金を集めておくというような、特定した団体内で小規模な相互扶助として行われていたもので、特に法規制の必要性はないとされてきた。ところが、共済という名称を使っているものの、その実態は保険業と同じではないか、特にマルチの手法で会員を集める大規模共済を放置してよいのかという問題が顕在化した。

保険業法では、従前、保険業とは不特定の者を相手方として保険の引受けを行うこととされていた（2005年改正前の保険業法2条）。したがって、保険と共済の区別は、「特定の者」が相手方であれば共済事業、「不特定の者」が相手方であれば保険業となるが、この区別は必ずしも明確ではなかった。

■改正保険業法

以上の問題に対応するため、2005年4月に保険業法が改正された。この改正で、同法2条1項の保険業の定義中、「不特定の者を相手方として」という要件が削除された。つまり、特定の者を相手方とするものも保険業ということになった。

次に、少額短期保険業という類型が設けられた（同法2条17項）。具体的には、保険期間について損害保険は2年以内、生命保険と医療保険は1年以内、保険金額については損害保険が1000万円を超えない、疾病による高度障害・死亡の場合は300万円を超えない、などである（その他、資本金や年間収受保険料の額などが政令で定められている）。少額短期保険業の場合は、保険業に比較して緩やかな規制となっている。たとえば、保険業は免許制であるのに対して、少額短期保険業は登録制でよく、参入が容易である。ただし、業者には、情報開示・説明義務・資産運用規制等の一定の法規制がある。

そして、伝統的な意味での共済（構成員が真に特定されている共済）については法規制をかけないこととしている（少額短期保険業制度の適用が除外されている）。

以上のほかの共済（かつての無認可共済）については、保険会社と同様の規制内容として、免許制とする。

この改正保険業法は2006年4月施行であるが、既存事業者のために経過措置を設け、2008年3月末までに必要な申請を行えばその審査期間中は従前どおり事業可能とされた。

この分野の事業者団体として、日本少額短期保険協会が設立され、活動している。

【関連キーワード】金融ADR

（石戸谷豊）

Ⅴ

宗教トラブル

V 宗教トラブル

概　　説

1　霊感商法

　宗教団体が起こすトラブルが重大な消費者問題であると認識され、日弁連消費者問題対策委員会が全力で取り組んだのは1987年の**霊感商法**問題が発端だった。全国各地で、同様の手口により大理石壺や多宝塔、人参濃縮液などが大量に売りつけられており、被害額は数百億円に上ると推測された。日弁連消費者問題対策委員会の中にプロジェクトチームを組織して、分析し、1987年7月と1988年7月の2度にわたる日弁連意見書として結実させた。とりわけ1988年7月の意見書では霊感商法には**統一教会**のかかわりが推認できることを豊富なデータを分析して明示したことから、新聞にも大きく報じられ、その後、裁判所が霊感商法被害に関し統一教会の法的責任を認めるについて大きく貢献した。霊感商法など宗教活動名目の行き過ぎた資金集めの手口に違法性が認められるかという不法行為の成否を判断するにあたって、その目的・手段（方法）・結果を総合的に判断して、社会的相当性を著しく逸脱しているか否か（**社会的相当性の逸脱**）という判断基準が判例上定着していった。

2　宗教トラブルと宗教法人法改正

　その後、**霊視商法**と称される本覚寺、明覚寺派の資金集めの手口や、足裏鑑定の手口で資金を集めた**法の華三法行**が社会問題になった。この二つのグループのリーダーはいずれも詐欺罪で刑事裁判を受けることになり、明覚寺は宗教法人法に基づく**解散命令**、法の華三法行は**破産**手続によって、いずれも解散した。ヤマギシ会における社会から分離された共同体へ参加する際の全財産の提供や脱会の困難性なども社会問題化した。泰道などの宗教団体による**医療類似行為**（手かざしなど）で大金を集める手口についても司法判断が相次いで下された。1995年には**オウム真理教**による地下鉄サリン事件が発生し、**破壊的カルト**の危険性や、**マインドコントロール**をめぐる論議が活発になった。統一教会が信者を誘い教え込み、信者として酷使する一連のシステム化した手口が、**違法伝道訴訟**（**青春を返せ裁判**）として法廷で問題にされた。この裁判では、信者勧誘や教え込みの方法について、社会的相当性を著しく逸脱している場合には不法行為が成立するという判例が確立された。

　オウム真理教の社会問題化を契機に、破壊的カルトによる人権侵害や消費者被害をどのように防ぐかということが様々な分野で論議されるようになった。その一環として**宗教法人法**改正問題が起こり、宗教法人の経理帳簿の作成・提出義務を法律上明記するなどの改正がなされた。

3 日弁連の判断基準

カルト対策については、すでに1984年に**EC決議**で一定の指針が提示されていた。日弁連では日本の実情に即して宗教トラブルを適切に解決するための指針はどうあるべきかについて、憲法、刑法、租税法の学者や、宗教学の専門家とも討議を重ねた。アメリカのカルト対策の市民団体であるCAN（カルト・アウェアネス・ネットワーク）がカルト側から訴えられて事実上破産するという事態が生じていることも明らかになった。カルトに入信してしまったわが子や妻に対し、家族はどう接したらよいのかというのは困難な問題である。この**脱会カウンセリング**のあり方についてはかねてより厳しい議論がなされてきた。この問題については、アメリカを中心とするカルト問題の研究・協議組織であるICSAの継続的取組みが注目される。日本においても**日本脱カルト協会**が活動をしている。

このような多岐にわたる検討の成果が、1999年3月に日弁連が採択・公表した「宗教的活動にかかわる人権侵害についての判断基準」である。これは決してよい宗教と悪い宗教を区別するためのものではない。宗教団体の具体的な活動、とりわけ資金集め、信者勧誘、信者の生活管理、未成年者の処遇のそれぞれの局面において、具体的に問題とされるべき行為態様を摘示したものである。**日弁連判断基準**を高く評価する意見が強くある一方で、行政や司法による宗教活動への規制につながることを危惧する意見も出た。

4 新しい宗教トラブル

オウム真理教事件以降も様々な宗教トラブルが発生している。とりわけ、宗教活動の周辺分野である**自己啓発セミナー**での役務提供のあり方、**医療類似行為**、サプリメントの隆盛など、サービス業と宗教活動の境界が曖昧になっている。スピリチュアルブームに乗じて**高島易断**を名乗る占い師や開運ブレスレット等の販売を契機に大金を支払わせる**開運商法**の被害も拡大した。また、**神世界**などの**ヒーリングブーム**に乗じて健康と宗教の境界分野での違法行為が深刻化しつつある。

宗教団体とメディアの緊張関係もあり、**名誉毀損訴訟**を乱発する宗教団体もある。宗教団体の活動の自由と、これを批判し報道する自由との調整が問われている。

さらに、**宗教活動と子どもの人権**について、宗教団体の信者の子どもの扱われ方、特定宗教団体の考え方・行動様式を絶対に従うべきものとして教えられて育つことの問題がある。近時、大学におけるカルト対策のあり方も問われており、担当職員のネットワークづくりや各大学が連携を追求する動きも見られる。

【参考】宗教と消費者弁護団ネットワーク編著『宗教名目による悪徳商法』（緑風出版、1996年）、日弁連消費者問題対策委員会編『宗教トラブルはいま』（教育史料出版会、2003年）
（山口廣）

統一教会と霊感商法

「霊感商法」とは、因縁のトーク（先祖の因縁を解放しなければ大変なことが起こるなど）によって欺罔・脅迫し、不当に高い値段で印鑑・壺・多宝塔・人参濃縮液などを売り付ける統一教会の資金集め手法である。広義では、絵画・呉服・指輪などの展示会販売や献金・不動産担保の借入れなどによる資金集めを含む。

■被害実態・組織性

統一教会は1982年頃から霊感商法を本格化したとみられるが、社会問題となった1987年から2013年までの27年間に全国の消費生活センター・対策弁護団に寄せられた被害件数は約3万3000件、被害総額約1156億円に上り、現在も同様の被害が発生し続けている。

信者によって組織された会社により輸入・卸しなどがされ、個人信者が委託販売するという形がとられているため、集められた資金の流れもわかりにくい。因縁のトークを用いて金員を拠出させる手口はマニュアル化され、これが全国一律に遂行されている。

■対策・訴訟

霊感商法の相談が殺到したため日弁連では1987年・1988年に「霊感商法被害実態とその対策について」という意見書を発表し、全国の弁護士に弁護団を組織するなどの対策を呼びかけ、約300名の有志弁護士による全国霊感商法対策弁護士連絡会が組成された。当初、これらの弁護士に対し、注文しない出前が大量に届いたり、「宗教弾圧をする悪徳弁護士」と誹謗するビラがまかれるなどの嫌がらせが多発した。

統一教会側は訴訟を回避するため和解を求め返金要求に応ずることが続いた。各地で集団提訴が相次いだが、統一教会は信者組織が勝手にやったことなどと主張して組織性を徹底して争い、時間を費やしたうえで和解で裁判を終了させたため、判決まで至る事案は少なかった。

福岡地判平6・5・27（判時1526号121頁）が、まず献金強要について、宗教上の献金であっても、その目的はもっぱら利益獲得など不当であり、その方法や結果も先祖の因縁や霊界の話による害悪の告知をして不安・困惑に陥れるなど不相当なものであるとして違法性を認め、統一教会に使用者責任を認めた。その後も、統一教会の責任を認める判決が続き、うち14件の判決が最高裁で確定するに至っている。また、2007年から特定商取引法違反事件による刑事摘発も続き、2010年までに10件の販売会社で約40名の信者が逮捕されており、統一教会は、今後は因縁トークによる霊感商法や無理な献金集めはしないという宣言をした。しかし、2012年9月3日の文鮮明死去後も霊感商法は続けられており、分派による同種被害も発生している。

【関連キーワード】社会的相当性の逸脱、違法伝道訴訟（青春を返せ裁判）

（大神周一）

霊視商法・法の華三法行

■「霊視商法」とは

真言宗覚王院派を興した西川義俊を中心とした宗教法人本覚寺および明覚寺が引き起こした宗教的詐欺事件。

霊視により悩みを解決するなどと謳った新聞折込広告を使って相談者を集め、ビルの中にある「寺」の薄暗い仏間で、霊能力者とされる「教師」が、マニュアルに従い、悩みの原因が水子や先祖の霊障にあり、霊障から逃れるために供養をしないと「子どもをもっていかれる」「夫が交通事故に遭う」などと不安を煽り、「救えるのはあなたしかいない」などと畏怖させて多額の金銭を支払わせるものであった。

■事件の経緯と顛末

1992年11月、東京の弁護団が、損害賠償請求訴訟第一陣を提訴。その後、全国で提訴された。1995年10月、愛知県警は、寺の一つである「満願寺」を詐欺で摘発、名古屋地裁は、西川らに詐欺罪の成立を認めた。

1998年2月、大阪地裁は、霊視商法を「詐欺行為」として損害賠償を命じた。1999年1月、明覚寺が高野山奥の院に購入していた寺院を、真言宗総本山金剛峰寺に売り払い、その代金で、全国の原告に全額弁償する和解が成立した。また、和歌山地裁は、2002年1月24日、宗教法人に解散決定を下した。

■法の華三法行と足裏診断

法の華三法行は、福永法源こと福永輝義を教祖として、1987年に静岡県知事の認証を受けた宗教法人である。

法の華は、宗教団体であることを隠した月刊誌や福永名義の著書を出版するなどして、悩みを抱える人を集め、福永や「足裏診断士」が、人の生きざまが全て現れるという足裏を診断する「足裏診断」を施し、具体的な病名を指摘し、先祖や水子の因縁を持ち出し、悩みを解決するには「頭をとる」ための研修に行くしかないと断じて、高額な研修費用を支払わせた。研修後は、世界で唯一福永だけが聞くことができるという「天声」により、数百万円の掛軸等の購入や、家族や友人に対する研修への勧誘等を強要し、平均約400万〜500万円もの金員を騙し取った。

■事件の経緯と顛末

1996年4月、各地で損害賠償請求訴訟が起こされ、原告約1500名、請求総額は約50億円にも達し、請求を認める判決が言い渡された（福岡地判平12・4・28判夕1028号254頁）。

1999年12月、警視庁は強制捜査し、2000年5月、福永らが逮捕され、2005年7月、福永は東京地裁で実刑の言渡しを受けた。東京地裁は、2001年3月、法の華ほか幹部3名に破産宣告を下し、法の華は解散、債権者にはその後約26％の破産配当が行われた。

【関連キーワード】社会的相当性の逸脱、宗教法人法と解散命令・破産

（瀬戸和宏）

オウム真理教

「オウム真理教」は、麻原彰晃（本名・松本智津夫）を教祖として1984年頃に「オウム神仙の会」として発足し、1987年に「オウム真理教」と改称した。1989年には強引に東京都の認証を取り付けて宗教法人となった。大量の出家者を集め、出家者だけの集団生活を行うようになる。当初、東京都世田谷区に本部をおいたが、1988年には静岡県富士宮市、1990年には熊本県波野村、1991年からは山梨県上九一色村に教団施設をつくるなどした。一方、1992年頃からはロシアにも進出した。

■オウム真理教による諸事件

1989年頃から、入信者と家族との間のトラブルが頻発するようになり、「オウム真理教被害者の会」が結成され、坂本堤弁護士らがその会の顧問弁護士となる。同年11月4日未明にオウム真理教の信徒が坂本弁護士一家3名を惨殺するという事件が発生した。実は、それ以前から、教団内部では信者を殺してしまった事件があったことが後日判明した。1990年には熊本県波野村の森林の売買にからみ、多くの幹部が逮捕され刑事裁判を受けることになったが、その一方で、化学兵器等の製造開発を進め、1994年6月には、教団に不利益な判決を下すと考えて長野県松本市の裁判所を襲おうとして「松本サリン事件」を引き起こし、死者7名、重軽傷者144名の被害を出した。1995年3月20日、捜査の撹乱のために、東京の地下鉄内で、猛毒ガスのサリンをまき、「地下鉄サリン事件」を引き起こし、死者12名、重軽傷者5510名という惨事となった。また、教団への反対者などに対して、VXガスを付着させての殺人・殺人未遂事件なども1994年頃から起こしている。教団内部では宗教活動にLSDやメスカリンなどの違法薬物が製造・使用されていた。

■強制捜査・解散命令・破産

1995年3月22日から、教団に対する強制捜査が開始され、合計約180名の信徒が起訴された。坂本弁護士一家殺害事件、松本・地下鉄両サリン事件等の重大事案で、松本智津夫を含め13名の信者が、死刑判決を受けている。一方、団体としての教団に関しては、1995年10月には宗教法人法による解散命令が、1996年3月には破産宣告が出され、2008年に破産手続は終結したが、配当率は約37％にとどまった。その後、後継団体は被害者へ賠償金の支払いを約束したが、当初約束した金額を支払っていないため、現在も係争中である。

■現状

このような状況にもかかわらず、オウム真理教は「Aleph」「ひかりの輪」と名前を変えて活動を継続している。特別立法である団体規制法によって公安調査庁の観察が継続しているが、現在でも新たな加入者が産み出され、信徒数約1650名を擁して活動中である。

【関連キーワード】宗教法人法と解散命令・破産、破壊的カルト、社会的相当性の逸脱、マインドコントロール

（小野毅）

神世界などヒーリングブーム

■神世界事件
　神世界事件は、2007年12月の神奈川県警による有限会社神世界とその関連団体（以下、「神世界グループ」という）に対する家宅捜索をきっかけに、被害対策弁護団が結成された。刑事事件は、神世界グループの教祖および幹部らに対し、組織的詐欺罪で立件され、教祖に対し懲役4年6カ月の実刑判決、幹部らに対して有罪判決が下された（最決平25・6・4、東京高判平24・12・6、横浜地判平24・5・1、いずれも公刊物未登載）。民事事件は、被害弁護団により被害者約300名について総額約13億円の被害が回復された。

　神世界グループは、2001年以降、いくつもの有限会社を設立し、ほぼ全都道府県100カ所以上に拠点である「サロン」を開設し、2007年までの間に1万人以上の会員を集め、180億円以上の売上をあげた。宗教性を秘して一般市民を勧誘し、悩みや問題点を言葉巧みに聞き出し、その原因が体内の毒素や先祖の因縁にあり、御霊光・ヒーリング・御祈願等によって病気の治癒、悩みの解決などの奇跡が起こるとして、御祈願代等の名目で多額の金銭を支払わせていた。

■ヒーリング（スピリチュアル）ブーム
　神世界グループは、前身の千手観音教会時代は、世界救世教、世界真光文明教団、神慈秀明会などと同様に、宗教活動として手かざしによる浄霊（お浄め）を行っていた。ヒーリング（スピリチュアル）ブームに乗って、「ヒーリング・サロン」を短期間のうちに全国展開したが、実態は手かざしによる浄霊である。

　このブームは、1990年代後半以降、日本人の宗教観、社会の不安定化などに乗じて拡大し、スピリチュアルコンベンションが全国で開催され、細木数子、江原啓之がテレビ番組で人気を博したことに現れている。

■ヒーリングブームの問題
　ヒーリング、波動、ハンドパワー、オーラ、パワーストーンなど、目に見えない非科学的な力による効能を謳い、不当に高額の対価を支払わせる霊感（スピリチュアル）商法は、金銭被害、医療機会の喪失などの深刻な被害をもたらす。また、勧誘された者が、ヒーリングのパワーなどを施すことが可能となると思い込まされ、フランチャイズになるため多額の金銭を支払わされる、新たな加害者となるケースも多い。一方、故意の立証の困難性から詐欺罪での立件が難しいケースが多い。

■被害回復
　被害回復のための法律構成としては、目的・手段・結果の総合的判断として社会的相当性を逸脱する不法行為であるとする損害賠償請求が一般的である。

【関連キーワード】自己啓発セミナー、マインドコントロール、医療類似行為
【参考】櫻井義秀『霊と金』（新潮社、2009年）
　　　　　　　　　　　　　（荻上守生）

医療類似行為

　病気が治る、ガンが消えるなどと称して高額の施術費や入会金を支払わせたり、入信させてさらに多額の金員を拠出させる宗教団体や宗教まがいの活動が後を絶たない。これらの中には病気に対して手かざしなどの一定の行為を行うものや、ホメオパシーのように特定の成分を飲食させるなど様々な形態がある。共通するのは、霊力・気・エネルギーといった「不思議な力」の強調である。

■問題点

　病気を治す効果がないと知りつつ不思議な力によって病気が治ると称して療術を行い金員を支払わせる行為が詐欺に当たることはいうまでもない。問題は、悪意の証明が困難なことにある。また、宗教家等が本当に病気が治ると信じて不思議な力によって病気が治ると標榜して金員を支払わせることは許されるのか、という問題もある。基本的には、不思議な力によって直接病気が治るということはあり得ない。これが、迷信・俗説を排し、科学的根拠に基づいて判断する司法の立場である。もちろん、一定の宗教的信念をもつことによって、宗教的に救われたとして病気を克服できることもあり得よう。しかし、それならば、そのように説明すべきであり、「病気が治る」とその効力を標榜することは違法である。

　この場合の被害は経済的損失にとどまらない。不思議な力によって病気が治ると信じたために、病気に対する適切な治療を受ける機会が奪われることになり、そのために病気が悪化したり、死亡してしまうことすらある。

■様々な反論

　宗教的な医療類似行為を行う団体等は、「科学的には解明されてないが、不思議な力を施せば病気が治るという事実は間違いない」と反論する。しかし、施されるという力が何かわからなければ、これと治ったという事実との因果関係を判定したり、再現することは不可能であって、反論とならない。

　気功がよく引き合いに出されるが、これが姿勢や呼吸を整えて落ち着くことで自然治癒力を高める（内気功）ということならその限度で効能を告げるべきであるし、手から気のエネルギーを出して病気を治すとか、相手を倒す（外気功）というのであれば不思議な力と同じであり、相手が倒れるのはプラシーボ効果（暗示効果）にすぎないことが実証されている。

■代替医療

　近年、アメリカなどで現代医療と音楽療法・アロマセラピー・漢方療法など代替医療と呼ばれる療法の併用が承認される傾向がある。しかし、不思議な力は何が施されるのかすら不明であり、医師のもとで行われる代替医療とは全く異質のものである。

【関連キーワード】霊視商法・法の華三法行、神世界などヒーリングブーム

【参考】消費者法ニュース別冊「宗教トラブル特集」（消費者法ニュース発行会議、2003年）

（大神周一）

社会的相当性の逸脱

宗教活動の一環としてなされた高額の祈禱料・献金・物品代金などの支払いについて、その違法性を主張して被害回復を求める場合、宗教活動の是非について司法判断が許されるのかという問題と、それが許される場合にどのような基準により違法と判断されるのかということが問題となる。社会的相当性の逸脱というのは、それらを判断するうえでの基本的な考え方である。

■宗教的行為と司法判断

寄付勧誘などが宗教活動の一環として行われる場合には、宗教上の教義との関連を有するから、その違法性を評価しようとすれば教義を評価することになりかねないとして、司法判断をすべきでないという主張もある。しかし、それでは宗教活動であればどのような被害を受けても司法救済は不可能となる。また、入教勧誘について、宗教教義と関連する心理的要素を判断要素から除外して薬物や有形力の行使といった外形的要素のみによって違法性を判断しようとした判決もある（名古屋地判平10・3・26判時1679号62頁）。

これに対し、福岡地判平6・5・27（判時1526号121頁）は、宗教上の献金については、その目的・方法・結果が不当なものであり、社会的相当性を逸脱する場合には司法判断が可能であり、不法行為との関連においても違法の評価を受けるとの基本的判断を示した。これは、宗教活動を標榜するだけであったり、極端な欺罔・脅迫的要素が認められる場合のみを救済し、宗教活動として行われた場合であればこれを司法救済対象から外してしまう従来の判例傾向に比べ、合理的な救済を可能とする判例である。このような考え方は、入会時に寄贈した財産について脱会時に返還しないとの契約を公序良俗に反し無効とする判決や社会通念に反するとして違法性を認める判決にもみられるが、目的・方法・結果といった多様な要素により判断する方式であり、その後の霊感商法に関する判決、法の華三法行判決、青春を返せ訴訟判決などに広く受け継がれている。

■目的・方法・結果

判断要素とされる「目的」とは、宗教教義の実践として相当なものか、宗教活動に名を借りて経済利益を追求するものか、という観点である。「方法」とは、先祖の因縁や霊界の恐ろしさなどを説いてことさらに不安を煽るなどの手段の客観的な態様を問題にするのであり、教義そのものの当否を判断するものではない。「結果」とは、それによって不安や困惑に陥ったり、資産・収入にふさわしくない金員の拠出をさせたことなどをいう。

多くの判例が、これらの要素を総合的・有機的に評価している。

【関連キーワード】統一教会と霊感商法、霊視商法・法の華三法行、違法伝道訴訟

（大神周一）

違法伝道訴訟
（青春を返せ裁判）

「違法伝道訴訟」とは、統一教会の信者となり、霊感商法等の様々な活動をした後に脱会した元信者達が、統一教会に対して、違法な方法で入信させられて大切な青春時代を奪われたことについて損害賠償を求めた裁判であり、「青春を返せ裁判」とも呼ばれる。この種の裁判は1987年に札幌で起こされ、新潟・岡山・名古屋・静岡・東京・神戸と広がり、その原告は160名に及ぶ。

■世間の反応・当初の判決

いくら統一教会の資金集めが悪質といっても、「自分で入信し、その悪質な活動を実行しておきながら裁判をするなんて」という意見もあった。

しかし、正体を隠し、宗教ではないといって勧誘し、献身させて資金集め等に邁進させる目的等を隠して、霊界の恐怖を煽って精神的に拘束し続けることは違法ではないのか。

当初の判決は、信教の自由についての配慮から教義等については立ち入ってその意味内容を検討することを避け、正体を隠したことについても、道義上問題はあるが違法とはいえないとして原告を敗訴させていたし、やむなく和解をした例もあった。

■相次いだ勝訴判決

2000年になって、岡山で、一審敗訴の原告が逆転勝訴した（広島高岡山支判 平12・9・14判時1755号93頁）。また、札幌地判平13・6・29（判タ1121号202頁）は、14年の審理の結果、統一教会の勧誘・教化の過程を詳細に認定し、自由意思を不当に侵害するとして原告らの主張を認めた。この流れは東京地判平14・8・21（公刊物未登載）をはじめ新潟地裁・大阪高裁と続き、今までに6件が最高裁で確定している。

■信教の自由

統一教会は、布教の自由は憲法20条で保障されており、裁判所は教義内容と密接に関連する布教方法について判断できないと主張した。しかし、問題は、布教する自由と布教される側の信教の自由とが対立する場面である。布教の自由といっても、騙したり脅したりして布教する自由はないのであり、これらの判決は、教義を利用して人の正常な判断を奪うことは信教の自由に対する侵害であると断罪している。

■離脱の自由

信者は同じ方法で人を勧誘する等の活動をしているのだから、それがわかった時点で脱会できたはずであり、自己責任だという意見もあった。これがマインドコントロールの本質問題である。判決は統一教会の伝道のメカニズムを詳細に認定して、離脱が極めて困難となる環境が形成されているとして自己責任論を克服した。この種の判例は、入教の過程で違法行為があった場合にその後の献金も違法なものとするなどさらに深化している。

【関連キーワード】統一教会と霊感商法、マインドコントロール　　　（大神周一）

マインドコントロール

マインドコントロール（以下、M・Cと略する）という言葉は、1993年に統一教会を脱会した著名人の記者会見で使われ、それ以来、流行語として多様な意味で用いられるようになった。従来は、強制力を伴う心理操作を「洗脳」と呼んでいたのに対し、最近の宗教団体・破壊的カルト集団では強制力を伴わない特殊な心理操作を用いることから、これをM・Cやマインドマニュピレイションと呼ぶようになった。

■閉鎖的宗教団体とM・C

社会的相当性を著しく欠いた方法によって資金集めをしてきた宗教団体に共通の特徴として、入教勧誘と教化の手法にM・Cの要素が多用されていることがあげられる。

これらの宗教団体の教義内容や資金集めに明け暮れる活動内容を最初から知らされて勧誘されるのであれば、それを承知で入信する者はいないであろう。しかし、いったん信者になればその活動内容が反社会的なものとわかっても脱会できなくなる。

M・Cは、一般的価値観とはかけ離れた反社会的思想・信条等を有する団体が、そのままでは到底受容することがあり得ない対象者に対し、短期間にその思想・信条を受容・確信させ、その団体からの離脱を困難とする心理操作技術である。

■統一教会のM・C

統一教会は、警戒心をもたせないように、宗教団体の勧誘であることを隠して、歴史学習、家族・愛、宇宙の話などによって創造主や霊界の存在など本当は教義の前提となる事柄を教え、これを客観的事実として信じ込ませる。

これに成功すれば、霊界の存在などを信じている者には何倍もの効果があることを利用して、霊界の恐怖や神の意思に反した生き方をしてきた罪悪感などを煽り、絶対的な神の救いを求めるよう追い込む。一定レベルの教え込みに成功した対象者に正体を明かし、唯一の救いとして教義を受容させ、さらにそれを利用して離脱することの恐怖を抜き難いものとして植え付ける。

このような入教勧誘と教化は、対象者の信教の自由を侵害する違法行為であるという判決が相次ぎ、最高裁判決で定着している。

■フランス法制における対策

このような心理操作を駆使した入教・教化に対し、フランスでは2000年に「セクト対策法」を制定して、その対策に踏み出した。重大または繰り返しの圧力行為で、その人の判断を歪め得る技術を駆使して依存状態にある人を重大な損害をもたらす行為に導く行為を処罰するというものであり、注目に値する。

【関連キーワード】違法伝道訴訟

【参考】郷路征記『統一教会マインド・コントロールのすべて』（教育史料出版会、1993年）、西田公昭『マインドコントロールとは何か』（紀伊國屋書店、1995年）

（大神周一）

V 宗教トラブル

自己啓発セミナー

■自己啓発セミナーとは
　物質的には満たされているものの、自分が生きている意味がわからない。今の自分が嫌だ、変わりたい。このまま年をとるのが怖い。こういった若者に、数日間のセミナーを受けさせることで、一時的ではあるが、自分が別人になったと感じるほどの高揚感を与えるシステムが自己啓発セミナーである。

　セミナーに参加者を多数集め、高額の参加費を支払わせて高収益を獲得している企業がある。参加者に高価な商品を購入させたり、高価格な次のステップに進めさせることをシステム化して高収益を図る、世界中にネットワークを持つ宗教団体もある。参加者をセミナーのスタッフにしたり、運営する宗教団体の信者にして、その生活や人生を破壊することもある。

■解凍、注入、再凍結
　自己啓発セミナーで一時的にでも参加者を「舞い上がらせてしまう」手口は、アメリカで心理学に裏づけられたトレーニングシステムとして開発された。短期間で参加者が別人格になったと実感するほどの高揚感を与えられるのは、解凍、注入、再凍結の３段階を経る仕組みによる。

　まず、それまで育んできた自我を崩壊させる。集団ゲームなどで、自分の殻に閉じこもっていることをやめさせ、常識やプライドを有害・無益なものとして捨てさせる（解凍）。次に、教えこみやトレーニングなどにより「こうあるべき」という人格を植え付け、生まれ変わった自分を実感させる（注入）。最後に、与えられた目標に向って実践するべき自己を実現する決意を固めさせて激しい実践活動をさせる（再凍結）。こうして、参加者は主催者の目論見どおりに活動することこそ自分の生きる道だと思い込む。マインドコントロールの典型である。

■就活や企業人教育
　この手法が学生向けの就職活動やブラック企業の新入社員教育で用いられることが問題になっている。就活セミナーで求職活動そっちのけでセミナースタッフや勧誘活動に駆り立てられたり、新人教育後精神疾患になるなどの現実がある。

■判決例と対策
　このような手口による勧誘の方法について、初めて違法性を認めたのが、いわゆる「青春を返せ裁判」である。

　自己啓発セミナーが、そのセミナーの実態を隠し、不当に高額を支払わせたうえ、セミナー終了後多くの参加者の生活や人生を破壊するような結果をもたらしていることが明らかになれば、セミナー活動自体の違法性が認められることもあるといえよう。

【関連キーワード】違法伝道訴訟
【参考】日弁連消費者問題対策委員会編『宗教トラブルの予防・救済の手引』（教育史料出版会、1999年）、柿田睦夫『自己啓発セミナー』（新日本出版社、1999年）

（山口廣）

破壊的カルト

　子どもが急に性格が変わってしまい親を悪魔呼ばわりするようになった、一軒家に閉じこもり集団自殺してしまった、献金しないと命が危ないといっては多数の人に多額の献金をさせた、毒ガスをまいて多数人を殺してしまった。いずれも、「破壊的カルト」といわれる集団の活動実例である。

　いったい、「破壊的カルト」とは何か、どう対応すればよいのか、困難な問題である。

■「破壊的カルト」とは

　「破壊的カルト」の定義は難しい。おそらく、上記のような実態を有する集団の総称であり、これを正確に定義づけようとするよりも、その特徴を明らかにするほうが有益であろう。論者によって様々であるが、ほぼ共通して指摘されるところは、①カリスマ的指導者の存在、②入信勧誘の特異性、③メンバーの思考停止とリーダーへの服従、④メンバーの性格ないし行動パターンの急激な変容、⑤熱狂的、⑥閉鎖的、情報遮断、⑦選民思想（外部者に対する優越感）、⑧反社会的活動と人権侵害の反復、⑨目的による手段の正当化、等である。

　このうち①〜⑦は「カルト」の特徴であり、⑧と⑨で「破壊的」となる。

　こうしてみると、「破壊的カルト」は宗教団体に限らないことになる。現に宗教的でない、あるいは宗教であることを否定する「破壊的カルト」も少なくない。しかし、上記の特徴は宗教団体が身につけやすい。「破壊的カルト」が通常は宗教的組織について語られることの理由がここにある。

■対策

　法的救済、行政的対応等、多くのことが論じられなければならないが、ここでは市民の防衛策のいくつかを紹介しておこう。

① 即決を避ける。宗教的グループ・団体への参画は慎重にする。
② 家族・友人に早めに相談する。
③ 財産にばかりこだわる宗教、脅迫する宗教には疑いの目をもつ。
④ 団体名や宗教性、入信後の義務を隠す宗教とは距離をおく。
⑤ 家族・友人の異常行動には注意して早めに対応する。
⑥ 当該団体の情報の収集に努める。

　一般的・抽象的には、何よりも旺盛な批判的精神が重要であるとの指摘もある。なお、相変わらず視聴率を得る目的で超常現象を実在のものとして放映・出版するメディアに対する批判的視点も欠かせない。

【関連キーワード】社会的相当性の逸脱、日本脱カルト協会、オウム真理教

【参考】山口広ほか『Q&A宗教トラブル110番〔第3版〕』（民事法研究会、2015年）、J・C・ロスほか『カルト教団からわが子を守る法』（朝日新聞社、1995年）、櫻井義秀『カルト問題と公共性』（北海道大学出版会、2014年）　　（樋口和彦）

脱会カウンセリング

カルトに入信した信者は組織特有の考え方、行動様式、感情に固まってしまうので、自分の立場や行動を客観的に評価することができなくなっている。そのようなカルト信者にどう接して自己を取り戻し、家族間の対話を回復するよう働きかけたらよいかが信者の家族にとっての課題になる。理解できない行動をとるようになってしまったわが子や妻を見て、家族はうろたえ、敵意をむき出しにして感情的に反発することが多い。このため信者との亀裂が決定的になり対話が成立しなくなる。

信者は、カルトの信者になる過程でこれまで築いてきた多くのものを犠牲にしてきた。友人や家族、職場まで捨てる。多くを犠牲にして献身してきた団体から離脱すること自体が恐怖となる。また、団体特有の教義で、その団体を疑って離脱すると死よりも恐ろしい恐怖（永遠の霊界での苦痛や無間地獄、後孫までの祟りなど）があると繰り返し教え込まれている。家族との対話を拒否するよう指導する団体もある。

■脱会カウンセリングの歴史

アメリカでは、CAN（カルト・アウェアネス・ネットワーク）の関係者によるディプログラミングが主流だった。強引にカルトから引き離し、閉鎖された場所で専門家が説得して脱会させた。これに対し、人権侵害との批判が強まった。そこで、脱会カウンセリング、情報提供コンサルティングなど、信者本人の自由意思を尊重しつつ、カルトの情報を多面的に知らせて考え直すように仕向ける手法がとられるようになった。

日本でも、かつては精神病院に入れたり、強引にホテルなどにとじこめて脱会を説得することもあったとされる。信者の人権を尊重し、脱会強要された信者の精神的衝撃などに配慮するため、有形力を行使しないカウンセリングが重要である。

■脱会をめぐる裁判例

エホバの証人の信者の夫から頼まれた牧師が、その管理する住宅に信者を騙して連れていき、10日の間、脱会するように説得しようとした事件で、大阪高判平14・8・7（法ニュース別冊「宗教トラブル特集」246頁）は、牧師の不法行為責任を認め40万円の支払いを命じた。

統一教会の信者を脱会させようと、本人の意思に明らかに反してマンションに数カ月間両親と共同生活させ、牧師が通って話合いを拒否する本人を説得した件で、2件、両親と牧師に15万円と20万円の賠償が命じられた。他方、親の気持に着目して、あえて違法として賠償義務を認めるほどではないとした判例（東京高判平16・8・31『自立への苦闘』253頁）などがある。

【関連キーワード】日本脱カルト協会
【参考】全国統一教会被害者家族の会編『自立への苦闘』（教文館、2005年）、日本脱カルト協会編『カルトからの脱会と回復のための手引き〔改訂版〕』（遠見書房、2014年）　　　　　　　　（山口廣）

日本脱カルト協会

日本脱カルト協会（Japan Society for Cultic Prevention and Recovery）（略称：JSCPR）は、1995年11月に設立された、社会心理学者、聖職者、臨床心理士、弁護士、精神科医、宗教社会学者、カウンセラー、そして「議論ある団体」の元メンバーや家族等から構成されている任意団体である。

■カルトの定義

いわゆるカルトの定義については、諸説あるが、一般的には、何らかの強固な信念（思想）を共有し、その信念に基づいた行動を熱狂的に実践するように組織され、構成員の獲得、組織の維持のために不当な精神操作的なテクニック（いわゆるマインドコントロール）を用いる閉鎖的な集団であり、その集団の活動が個人の自由と尊厳を侵害するものと考えられている。カルトには、大規模な集団をなすものもあれば、リーダーと信者数名からなる小規模なものもある。極論すれば、人間が2人いれば、カルトは生じ得る。カルト問題は、その団体の教義が異端かどうか、あるいは、儀礼等が奇異であるかどうかではない。カルト問題は人権問題であり、宗教の教義の問題ではない。政治カルト（極左、極右の政治セクトの一部等）や経済カルト（いわゆるマルチ商法の一部）など、宗教ではないカルトも多い。

■日本脱カルト協会の取組み等

現代表理事（2014年8月当時）は、マインドコントロール研究者で、立正大学心理学部対人・社会心理学科教授の西田公昭氏である。現会員は170名程度。JSCPRの目的は、破壊的カルトの諸問題、カルトにかかわる個人および家族へのカウンセリング経験についての交流およびカルト予防策や社会復帰策等の研究を行い、その成果を発展・普及させることにある。JSCPRは、調査研究部会、カウンセリング部会、家族関係者部会の3つの部会に分かれて活動しており、会員は、いずれかの部会に所属する。JSCPRでは、会報のほか、「こんな勧誘にご用心」というパンフレットを発行して大学などに毎年3万～4万枚普及させ、精神科医向けの冊子「こころの健康づくりハンドブック」、カルト予防のためのDVD「幻想のかなたに」、メンバーとなってしまった家族向けのDVD「家族がカルトに入ったとき」なども頒布している。また、2009年2月には、書籍『カルトからの脱会と回復のための手引き』を発刊し、自分が所属している組織や団体の健全性をチェックできるウェブサイト「集団健康度チェック」を公開している。JSCPRは、大学等との意見交換、会報発行、公開講座の開催等をし、諸外国のカルト問題に取り組んでいる団体とも交流を重ねている。また2000年以降、官公庁との意見交換を行っている。

【関連キーワード】マインドコントロール、破壊的カルト
【参考】日本脱カルト協会ホームページ

（山口貴士）

EC決議と日弁連判断基準

■EC判断基準

ヨーロッパにおいて、違法な宗教活動による人権侵害が、「セクト現象」として人々の関心を集めるようになった。ヨーロッパではカルトのことをセクトと称している。

そこでEC（現EU）は、その議事機関であるヨーロッパ議会において慎重な審議を経て、1984年、「ある種の新宗教運動」についての情報交換の実施や課税上の特権の見直しを求めるなどの決議を行った。これがEC決議（「宗教団体に与えられた保護の下で活動している新しい組織によるさまざまな法の侵害に対する欧州共同体の加盟諸国による共同の対応に関する決議」）であり、13項目にわたる「新宗教運動の評価を行う際の判断基準」を示している。判断基準としてあげられている項目は、未成年者や外国人青年への配慮、勧誘に対する熟慮期間の確保、家族を含む外部との接触の確保、脱会の保証、違法募金活動の禁止、勧誘主体の明示要求、従事者への社会保障給付の確保、信者の健康への配慮等である。

■日弁連判断基準

日本でも宗教関連消費者被害は古くから存在したが、1980年代にはいわゆる「霊感商法」として知られる消費者被害が社会問題となった。日弁連は、1987年7月と1988年3月の二度にわたりこの問題につき意見書を出した。さらに、1995年には、「宗教活動名目の各種資金獲得活動に関わる実態と問題点」と題する報告書を公表した。まさにその年、「オウム地下鉄サリン事件」が発生し、宗教にかかわる被害事例の多様化・深刻化が顕在化して、その対応が焦眉の課題となったのである。

そこで、1999年、日弁連は、「反社会的な宗教的活動にかかわる消費者被害等の救済の指針」を採択して公表した。そこでは、前記EC決議をも参考としながら、被害防止と救済にあたる弁護士、消費生活相談員等、あるいは市民が、問題となる宗教団体やその活動の評価をするにあたって参考となる基準を示した。「宗教的活動にかかわる人権侵害についての判断基準」であり、献金、信者勧誘、信者・職員の処遇および未成年者・子どもへの配慮の4類型、13項目の判断基準を提示している。特定宗教団体の可否自体を裁くための基準ではないことに注意したい。宗教団体は宗教活動の自由を有するが、それは個人の信仰の選択の自由や信仰をもたない自由を侵害してはならない。団体の宗教活動の自由は個人の信教の自由には劣後するということを基本的コンセプトとしている。

【関連キーワード】統一教会と霊感商法、宗教活動と子どもの人権
【参考】大石眞『憲法と宗教制度』（有斐閣、1996年）、山口広ほか『カルト宗教のトラブル対策』（教育史料出版社、2000年）、東京都生活文化局「霊感・霊視商法等に関する実態調査報告書」（1996年）

（樋口和彦）

高島易断・開運商法

■高島易断

　高島易断とは、明治維新の時代に高島嘉右衛門が始めたとされる「高島易」と呼ばれる易占方法を指すが、現在、「高島易断」を名乗る集団・個人は全国に多数存在し、これらの団体・個人はそれぞれが勝手に「高島易断」と名乗っているにすぎず、団体相互同士のつながりも希薄である。

　このため、高島易断の被害といっても集団ごとに若干手口が異なる。典型的な被害事例は、新聞の折り込みチラシを使って地域のホテル等の会場で行う人生相談会に人集めをし、相談会に来場した相談者に対し、易を行っているように装って「あなたの運気は非常に悪い」「水子の霊が憑いている」「このままだと家族にも不幸が起きる」などと脅し、その解決方法は本山での祈願だけであるとして高額な祈願代金を支払わせる、というものである。

　こうした高島易断の被害に関する裁判例は、神戸地洲本支判平19・12・25（法ニュース75号227頁）、その控訴審である大阪高判平20・6・5（法ニュース76号281頁）、東京地判平23・10・27（判タ1367号182頁）等がある。これらの裁判例は、違法性の判断基準に若干の違いはあるものの、基本的には易断の目的・手段・結果から考察し、易断として許容される社会的相当性を逸脱したものとして不法行為責任を認めている。

■開運商法

　開運商法とは、雑誌広告等を用いた開運ブレスレットなどの商品販売を入口とする。商品の使用方法の問合せや、購入後の効果が出ないことへのクレーム相談などで当該業者宛に電話をかけさせ、その電話で「あなたには非常によい運勢があるが、あなたに憑いている霊がこれを邪魔している。これを取り除けば高額宝くじに当選する」などと述べて、相談者の不安や射幸心を煽り、除霊や祈禱代金名目で多額の支払いをさせるものである。これを繰り返すことで数百万円の被害も多い。

　開運商法の被害については、特に2012年2月以降、開運商法業者に対する行政処分（業務停止）や刑事摘発（詐欺、特定商取引法違反）が相次いでいる。また、こうした業者の広告を掲載している広告媒体の責任追及訴訟も係属している。

　相談者に対して霊の話などを悪用して脅し、その不安を煽って金員を巻き上げる点では高島易断の被害と類似するが、開運商法の場合、相談者と対面せず電話やメールだけで脅すという点が特徴的である。開運商法は高島易断より一層悪質な詐欺集団が行っている犯罪行為であり、刑事事件となった場合を想定して、正体を隠した取引に終始している。

【関連キーワード】社会的相当性の逸脱
【参考】経済産業省平成20年3月26日業務停止命令〔高島易断〕、消費者庁平成25年3月21日注意喚起〔開運商法〕

（川井康雄）

名誉毀損訴訟と宗教団体

■フランス議会報告

1995年12月、フランス議会は、セクト（日本では「カルト」といわれる）とは何か、どのような対策が必要かについて提示した。この「セクト・イン・フランス」と題するレポートは、各国でとられるべきカルト対策の基本方針を示したものとして高く評価されている。その冒頭で、セクトの指標が10項目提示されている。その中には、精神の不安定をもたらす、法外な金銭を要求する、児童虐待などのほかに、多くの裁判沙汰を起こすことがあげられている。つまり、教団内外の敵対的言動に対して裁判を起こして組織維持を図るような宗教団体の危険性を指摘しているのである。

■新宗教とマスコミの批判

既成の社会常識からかけ離れた活動を行う新しい宗教団体は、マスコミの格好の餌食となって、興味本位に報じられる傾向は否定できない。これに過剰に敵対して、マスコミの報道を逐一名誉毀損だとして訴訟提起する団体がある。事実に基づかない興味本位の報道は批判されるべきであるが、教団に不都合な言論活動に対して名誉毀損訴訟を濫発する教団の健全性も疑ってかかるべきであろう。

これまでは教団とメディアの間の訴訟がほとんどだったが、インターネットによって、個人でも容易に教団批判の情報を発信できるようになった今日、教団と個人やプロバイダとの間の名誉毀損訴訟が多発する傾向がある。

■具体的実例

創価学会とメディアや対立組織との間の訴訟は100件を上回る。

幸福の科学は、講談社との間の訴訟など、同教団についての言論活動に対して名誉毀損訴訟を多用してきた。同教団の元信者が献金の返還を求めた訴訟提起とその記者会見に対して、合計8億円の支払いを原告の元信者とその代理人弁護士に対して求めた訴訟について、東京地判平13・6・29（判タ1139号184頁）は「批判的言論を威嚇するための提訴」だと認定している。

念仏宗無量寿寺が別院を建てたことに、近傍住民が「ここに不安と恐怖の念仏宗はいらない」と書かれた看板を出したことに対する名誉毀損請求訴訟は、京都地判平25・3・27と大阪高判平25・11・28（いずれも公刊物未登載）で棄却されている。

このほか、ライフスペースやワールドメイトなども、メディアの表現行為に名誉毀損訴訟を多数提起している。

■判断基準

宗教団体についての報道の多くは、刑法230条の2の公共の利害に関する特例が認められるので刑事罰の対象にはなりにくい。多くの場合は、損害賠償請求で、記事内容が真実と信じるに足りる相当の理由が認められるか否かが焦点になる。

【関連キーワード】EC決議と日弁連判断基準　　　　　　　　　　（山口廣）

宗教活動と子どもの人権

■二世問題

　カルトに属する夫婦の子ども、いわゆる「二世」は、生まれたとき、あるいは、幼少期からその団体の教義に基づいて教育される。しかし、二世が成長して自我が芽生え、あるいは、社会との接触が増えることで、婚姻前の恋愛禁止といった特異な教義に疑問を持つことがある。親は、そのような二世を信仰に縛りつけるために肉体的・精神的虐待に及ぶことがある。また、親が信仰活動に没頭するために家事や育児を放棄し、二世の成長等に支障が生じることもある。また、親権者である親から経済的に自立するために、不本意な仕事を余儀なくされることもある。このように、親の信仰により、二世の人権が侵害される問題のことを「二世問題」という。

　悲惨な境遇に置かれた二世の対応策としては、①児童相談所への相談、②親権停止の申立て、③親族との養子縁組をあげることができる。①によって、二世が②、③の手続に誘導されることが期待できる。②は未成年者本人が申立て可能であり、その後、未成年後見人の庇護のもとで、健全な生活が期待できる。③は、親族の中でも直系尊属である祖父母との養子縁組には家庭裁判所の許可が不要であり、簡易な方法といえ、その後、養親の庇護のもとで、健全な生活が期待できる。

■大学のカルト対策

　二世問題のほかに子どもの人権が問題となるのは、大学におけるカルトの活動である。大学は長年、カルトの人材供給源となっており、特に新入生がターゲットとなっていた。しかし、2006年の「摂理」に関する報道を契機に多くの大学がカルト対策を講じるようになった。

　カルトは、宗教団体であることを秘匿し、サークルを装って勧誘することが多い。このような正体を隠した勧誘は、勧誘される学生の信教の自由を侵害する手法であり、違法といえる（札幌地判平13・6・29判タ1121号202頁等）。そして、大学は学生に対し、在学契約に付随して、学生の生命、身体等に加え、信教の自由を守るべき安全配慮義務を負っている（佐賀地判平26・4・25公刊物未登載）。大学は、当該安全配慮義務に基づき、一定のカルト対策を講じなければならない。大学が講じるべきカルト対策としては、注意を呼びかけるガイダンス、ビラの掲示等の予防活動が最も重要である。ただし、すでにカルトに所属している学生を脱会させることについては、大学の慎重な配慮が必要である。

【関連キーワード】日本脱カルト協会
【参考】佐藤典雅『ドアの向こうのカルト』（河出書房新社、2013年）、大沼安正「『人を好きになってはいけない』といわれて」（講談社、2002年）、紀藤正樹＝山口貴士『カルト宗教　性的虐待と児童虐待はなぜ起きるのか』（アスコム、2007年）、古野豊秋『憲法における家族』3頁以下（尚学社、2010年）　　（久保内浩嗣）

宗教法人法と解散命令・破産

■宗教法人法の基本姿勢と批判

1951年成立の宗教法人法は、戦前の行政による過度の制約の反省を踏まえ、一定の要件があれば、宗教法人の設立を認める認証制を採用した。宗教法人性善説の立場から、行政の不介入を原則とした。ところが、過度の放任主義の運用が、法人内部の金銭処理の不明朗や休眠法人の売買に伴う不祥事をもたらしたのである。宗教法人への献金等が非課税であることを悪用した脱税も再三問題となっている。

1995年、オウム真理教による地下鉄サリン事件を契機として、このような制度や運用への批判が高まった。

■宗教法人法の改正と反発

1995年12月に成立した宗教法人法改正のポイントは次の4点である。

① 会計帳簿の作成、備付、所轄庁への提出の義務付け（同法25条）。違反した法人は過料1万円以下（2005年に10万円以下に改正。同法88条4号・5号）。提出義務があるのは、役員名簿、財産目録、収支計算書、貸借対照表などだが、年8000万円以下の収入の法人は収支計算書の作成、提出を免除される。ほとんどの会計書類は税務署に提出する書類でもある。

② 複数の都府県に境内建物を備える法人の所轄庁を文部科学大臣（文化庁宗務課）とした（同法5条）。

③ 信者等に上記備付書類の閲覧権を法律上認めた（同法25条3項）。

④ 所轄庁の報告徴収、質問権を定めた（同法78条の2）。

ところが、このような法改正について、一部宗教法人等から行政の不当な介入をもたらすとの批判があり、所轄庁への提出を拒否する法人がある。

■宗教法人の解散と破産

宗教法人の活動が公益を害したり、団体の実質を欠く場合などの場合、所轄庁は裁判所に宗教法人の解散命令を請求できる（同法81条）。文科大臣は休眠法人の解散を請求してきた。また、オウム真理教について、東京地決平7・10・30（判タ890号38頁）、東京高決平7・12・19（判時1548号26頁）、最決平8・1・30（判時1555号3頁）は、解散命令を認めた。霊視商法により代表役員らが詐欺罪で有罪判決を受けた明覚寺についても、和歌山地決平14・1・24（訟月48巻9号2154頁。控訴審・大阪高決平14・9・27、上告審・最決平14・12・12いずれも公刊物未登載）は、解散命令の決定をした。

一方、宗教法人が破産手続開始の決定を受けると解散となる（同法43条）。東京地決平12・3・29（公刊物未登載）は、法の華三法行について、組織的不法行為と債務超過を認めて破産宣告をした。

【関連キーワード】オウム真理教、霊視商法・法の華三法行

【参考】第二東京弁護士会消費者問題対策委員会編『論争・宗教法人法改正』（緑風出版、1995年）　　　　　　　（山口廣）

Ⅵ

クレジット契約被害

VI　クレジット契約被害

概　説

1　繰り返されるクレジット契約被害

　クレジットの普及に伴い、クレジットの危険性が現実化した被害が各地で繰り返し発生してきた。クレジット契約被害の代表的なものは悪質加盟店による空売り・名義借り等の**架空クレジット（名義貸し）被害**であり、古くは遠野ダイハツ事件などの大規模被害が有名である（**大規模クレジット被害事件①**）。

　近年でも、「5年後買戻し特約付き」で高額なダイヤを販売した後に倒産して全国的に被害が発生したココ山岡事件、布団モニター商法を行い倒産によりモニター料の支払いが不可能となって西日本中心に大規模な被害が顕在化したダンシング事件（**大規模クレジット被害事件②**）、最近では、指定暴力団のフロント企業が絵画のオーナーになり収益を得られると偽ってクレジットを組ませる手口で多くの被害者を出し首謀者が刑事処分を受けたアートクラシックス事件（**大規模クレジット被害事件③**）など、広範囲の地域にまたがる被害事件が多発してきた。

　また、2005年5月に埼玉県富士見市で認知症の老姉妹が悪徳リフォーム業者の次々販売により自宅を競売にかけられたという被害が報道されたのを契機として、次々販売・過量販売によるクレジット過剰与信被害も各地で報告されるようになった。

　さらに、クレジットによる決済が事業者にも普及したことにより、中小規模事業者が被害に巻き込まれたジェイ・メディア事件、節電器詐欺商法（アイディック）事件などの大規模な**事業者クレジット被害**も続発した。

2　被害の背景（2008年割賦販売法改正前の状況）

　このような相次ぐ被害の発生の背景には、わが国におけるクレジット関係法規が十分に整備されていないという事情が存在していた。

　わが国におけるクレジット規制の中心的な役割を果たしているのは**割賦販売法**であるが、同法は規制する取引類型として、「割賦販売」（二者間の自社割賦方式）、「**ローン提携販売**」（販売業者の保証付きの仕組み）、「（総合・個品）割賦購入あっせん」（後記の法改正に伴い、「（包括・個別）**信用購入あっせん**」に改称された）、「**提携ローン**」（金銭消費貸借方式を含む）を規制対象とすることを定め、契約書面交付義務、クーリング・オフ、**抗弁対抗**、期限の利益喪失・契約解除の制限などの民事効果に関する規制とともに、登録制、報告の徴求などの行政規制、刑事罰など、消費者保護に資する規定を設けている。

　しかし、2008年の改正前は、その適用対象が、割賦販売法施行令で指定する商品・役務・権利に限定されており（**指定商品制度**）、法規制の対象となる**支払方法**も、

分割払いについては、「2 カ月以上の期間にわたり、3回以上に分割して支払う場合」を対象とするという形で限定されていたこと（いわゆる「割賦要件」）、過剰与信防止に関する規定はいわゆる努力義務にとどまり法的な規制は明文化されていなかったことなどから、割賦販売法の活用による被害救済が不当に狭められていた。

3 2008年改正による新制度の実現

以上のクレジット被害の防止のためには、指定商品制や割賦要件を撤廃するとともに、クレジット業者による加盟店の管理が法的義務であることを明確にし、既払金の返還ルールや過剰与信規制を制度化するといった抜本的な法改正が不可欠であった。そこで、日弁連は、クレジット取引に関する立法提言として、消費者金融（金銭貸付）と販売信用（クレジット）との縦割りの法規制を取り払った消費者信用全体についての統一的な法（統一消費者信用法）の制定の実現を求める中で、クレジットに関する法規制の抜本的な改正を訴え続けてきた。

その結果、2008年に、割賦販売法の大幅な改正が実現し、指定商品制の廃止、割賦要件の撤廃、**既払金返還ルール**の制度化、**過剰与信の禁止**規定の制定、加盟店契約に伴う**加盟店管理責任**、**適正与信調査義務**の明文化、認定割賦販売協会・加盟店**情報交換制度**の創設、指定信用情報機関制度（**個人信用情報**の保護制度）、**クレジットカード番号の保護**等の新たな規定や制度が設けられた。

4 2008年改正後の課題等

上記の割賦販売法改正により、クレジット被害、特に大規模集団被害や過剰与信被害は大幅に減少しており、新設された制度が大きな成果を上げていることがうかがえる。しかし、改正後は、**決済代行業者**やイシュアー・アクワイアラー等、決済システムに多くの業者が関与することにより**多様化する決済手段**を背景とした**決済システム被害**、クレジットカードの仕組みを悪用した**カード犯罪**などの問題が一層顕著になっており、**チャージバック**の制度化等、実効性のある対策が必要となっている。

これらの諸課題を踏まえ、産業構造審議会の商務流通情報分科会割賦販売小委員会においては、アクワイアラー、決済代行業者、マンスリークリア取引等に対する法規制のあり方やクレジット番号情報の保護、クレジットカード不正利用対策等について、割賦販売法の改正を含めた検討が進められている。

以上のほかにも、法改正前からの課題である**割賦手数料**の繰上返済時の清算の問題や、**前払式割賦販売・前払式特定取引**についても解説を施している。

【参考】後藤巻則＝池本誠司『割賦販売法』（勁草書房、2011年）、梶村太市ほか編『新・割賦販売法』（青林書院、2012年）、日弁連編『消費者法講義〔第4版〕』（日本評論社、2013年）　　　　　　　　　　　　　　　　　　　　（小野寺友宏）

割賦販売法の制定・改正

■制定時の内容

割賦販売法は、1961年に「割賦販売及び割賦購入あっせんに係る取引を公正にし、その健全な発達を図ることにより、商品の流通を円滑にし、もつて国民経済の発展に寄与すること」（1条）を目的として制定され、当初は、クレジット（販売信用）産業の育成を主たる目的とするものであった。制定時の規制対象は割賦販売および（証票式）割賦購入あっせんであった。

「割賦販売」とは、販売業者が購入者から代金を2カ月以上・3回以上に分割して受領することを条件とする指定商品の販売契約であり、信用購入あっせん以外は、割賦要件と指定商品制が現在も維持されている。割賦販売についての主な規制内容は、割賦販売条件の明示義務（3条）、書面交付義務（4条）、契約の解除等の制限（5条）、契約の解除等に伴う損害賠償等の額の制限（6条）、所有権留保の推定（7条）などである。

■主な改正の経緯

1972年になって、1条の文言が「購入者等の利益を保護し、あわせて商品の流通を円滑にし」と改正され、消費者保護も目的とする旨が明記された。また、ローン提携販売および前払式特定取引を規制対象に加えるとともに、割賦販売およびローン提携販売につき営業所等以外の場所において契約の申込みを受けたときの書面交付義務やクーリング・オフといった消費者保護規定が創設された。さらに、1984年の法改正では、個品割賦購入あっせんを規制対象に加えて消費者保護規定を適用し、抗弁対抗の規定が設けられた。

そして、2008年の法改正では、割賦要件が廃止され、総合およびリボルビング式の割賦購入あっせんは「包括信用購入あっせん」、個品割賦購入あっせんは「個別信用購入あっせん」と呼び方が変わり、指定商品・役務制が廃止された（指定権利制は維持）。また、クレジット業者の支払能力調査義務、過剰与信の禁止、業務適正化義務などが規定された。加えて、個別信用購入あっせんの規制が強化され、個別クレジット業者の登録制や、個別クレジット契約の書面交付義務、クーリング・オフ、不実告知等を理由とする取消、過量販売解除などの規定が設けられた。

【関連キーワード】ローン提携販売、信用購入あっせん、前払式特定取引、前払式割賦販売、指定商品制度、既払金返還ルール、過剰与信の禁止、加盟店管理責任、適正与信調査義務　　　　（道尻豊）

信用購入あっせん

■三者型クレジット

　商品等の代金を後払いとするクレジット（販売信用）取引には、販売業者等が自ら後払いを認める二者型のものと、販売業者等とは別のクレジット業者が与信をする三者型ものがある（「提携ローン」のように四者型のものもあるが、これも実質的にはクレジット業者による与信である）。

　クレジットにおいては、①購入に際して消費者の抵抗感が少ない、②支払総額などが消費者にわかりにくい、といった特性があるほか、三者型の場合は、③販売業者等、クレジット業者とそれぞれ契約を締結することになるため取引が複雑、との特性が加わる。

　販売業者等にとっては、二者型よりも三者型のほうが、代金を直ちに受領でき、後に回収する手間やリスクを回避できる。そのため、三者型が大半を占めており、消費者トラブルも多い。

■信用購入あっせん

　割賦販売法は、以前は三者型クレジットを「割賦購入あっせん」と呼んでいたが、2008年の法改正で、割賦要件の廃止に伴い「信用購入あっせん」と呼び方を改め、「包括」と「個別」の2種類につき、それぞれ規制している。

　また、規制対象となる取引について商品および役務の指定制度は廃止されたが、指定権利制度は維持されている。

■包括信用購入あっせん

　「包括信用購入あっせん」は、あらかじめクレジット業者が信用調査を行って包括的に与信限度額を設定したカードその他の物（または番号、記号その他の符号）を発行して、購入者等はクレジット業者の加盟店たる販売業者等においてカード等を提示（もしくは通知または交付）して商品等を購入し、クレジット業者はその代金等相当額を販売業者等に交付するもので、購入者等による当該代金等相当額の支払時期が①購入等の契約をした時から2カ月を超えるものか、②あらかじめ定められた方法により算定されるもの（リボルビング払い）をいう（割販法2条3項）。

■個別信用購入あっせん

　「個別信用購入あっせん」は、カード等を使用することなく、商品等を購入する度ごとに、購入者等がクレジット業者に申込みをして信用調査が行われ、その後の手続は「包括信用購入あっせん」とほぼ同様であり、購入者等による代金等相当額の支払時期が購入等の契約をした時から2カ月を超えるものである（割販法2条4項）。

■課題

　2008年の法改正では、割賦要件が廃止されたものの、翌月一括払い（マンスリークリア方式）は規制対象とされなかった。近時は、翌月一括払いが利用されているトラブルが増加しており、再検討を要する。

【関連キーワード】割賦販売法の制定・改正、ローン提携販売・提携ローン、支払方法・割賦手数料、指定商品制度

（道尻豊）

ローン提携販売・提携ローン

■ローン提携販売

ローン提携販売は、支払方法によって、包括方式ローン提携販売（割販法2条2項1号）と、リボルビング方式ローン提携販売（同項2号）に分けられる。

包括方式ローン提携販売は、販売業者等（加盟店）が購入者等（利用者）に対し、あらかじめカード等を交付し、利用者が指定商品や指定権利の代金、指定役務提供の対価を金融機関から借り入れる際に、2カ月以上かつ3回以上の分割で返済することを条件とする債務について、販売業者等が、これを保証する販売形態である。

あらかじめカード等が交付され、販売等に伴って対価相当額の借入れを受ける点や契約手続の流れでは包括信用購入あっせん取引と同様であるが、加盟店が利用者の借入金債務を保証する点で異なっており、利用者が支払わなかった場合には、加盟店が保証債務を履行して求償金を請求するため、実質的には二当事者間の割賦販売に近い。

また、利用者の借入金債務について、加盟店が自ら保証するのではなく、保証会社に対して保証を委託する場合も委託保証ローン提携販売として含まれる（同項1号カッコ書）。

支払方法についてリボルビング方式をとる場合や（同項2号）、保証を委託する販売形態も同様である（同項2号カッコ書）。

支払総額4万円以上（リボルビング方式では借入金額が3万8000円以上）の取引については、信用購入あっせん取引の抗弁対抗の規定が準用されている（同法29条の4第2項・3項）。

ローン提携販売では、2008年の改正でも商品・権利・役務の指定制度が維持されており、注意が必要である。

■個別方式ローン提携販売の整理

カード等を利用せず個々の取引ごとに与信するローン提携販売の形態は、2008年の改正によって「個別信用購入あっせん」（割販法2条4項）に整理された。

■提携ローン

提携ローンは保証委託型クレジットともいわれ、利用者が加盟店に支払うべき商品や指定権利の代金、役務提供の対価を、信販会社のあっせんによって提携の金融機関から借り入れるものである。その際、金融機関からの借入金は、利用者の委託を受けた信販会社が代理受領して加盟店に支払い、金融機関に対する借入金債務は信販会社が保証する。販売業者の保証はなく、ここがローン提携販売とは異なる。利用者は、信販会社を経由して金融機関に分割返済する際、分割金や利息のほか、信販会社への保証料も支払う。

利用者が支払わなかった場合は、信販会社が保証債務を履行して求償する。

【関連キーワード】割賦販売法の制定・改正、信用購入あっせん、抗弁対抗、指定商品制度　　　　　　　　（小林由紀）

支払方法・割賦手数料

■支払方法

　割賦販売（割販法2条1項）、ローン提携販売（同条2項）、前払式特定取引（同条6項）については、2カ月以上かつ3回払い以上の支払方法が要件となっているが、包括信用購入あっせん（同条3項）、個別信用購入あっせん（同条4項）では、2008年の改正により、二月内払い（マンスリークリア方式）以外の支払方法は全て規制対象となった。これは、ボーナス1回・2回払いや一括払いによる被害事例も多く、2カ月を超える与信について広く規制するためである。

　二月内払い（マンスリークリア方式）は、与信というよりも単なる決済手段の性格が強いとして規制対象から外されているが、短期間ながらも与信であることは否定できず、販売契約と信用供与契約の密接な牽連性という取引形態の特徴は同様であり、インターネット取引やクレジットカード決済の普及に伴いマンスリークリア方式による被害が増加している現状を踏まえ、適切な規制の必要性が高まっている。

■リボルビング払い

　個々の取引ごとに支払回数や支払額を定めることをせず、複数の取引について、あらかじめ定められた時期に、その時点の残債合計額を基礎として、あらかじめ定められた方法により算定された金額を支払う方法である。

　毎月一定額を支払う定額リボルビング方式、残債額に一定率を乗ずる定率リボルビング方式、あらかじめ残債額をいくつかのランクに分け、残債額の属するランクに対応した金額を支払う残高スライドリボルビング方式（定額・定率）などがある。

■割賦手数料

　金利、信用調査費、集金費、事務管理費、貸倒補塡費その他何らの名義をもってするを問わず割賦販売に係る手数料として割賦販売業者が購入者等に対し支払わせる総額であり（割賦規則1条1項2号等）、割賦販売取引の類型によって「分割払手数料」、「融資手数料」ともいわれ、その料率は契約条件として表示が義務付けられている。金利ではないため利息制限法の規制は及ばないが、経済産業省は出資法の上限金利を超えないよう通達している。

■早期一括返済時の精算

　経済産業省の指導により、一般的なクレジット申込書面には「早期一括返済」の特約条項があり、未経過期間の利息分は精算される扱いになっている。

■一括請求時の精算

　割賦販売法上、未経過期間の利息分を除外する規定となっておらず、期限の利益喪失による一括請求では、未経過分の手数料を含めた支払残額と、これに対する遅延損害金の請求が可能であり、実質的に重利を認めることとなる問題がある。

【関連キーワード】信用購入あっせん

（小林由紀）

指定商品制度

■**商品・役務の指定制の廃止**

従前、割賦販売法の規制対象は、政令によって指定された商品・権利・役務の取引に限定されていたが（ポジティブリスト方式）、指定制度の隙間を狙う取引によって新たな被害が生じ、その都度指定を加えても、被害の後追いにすぎないとの批判が繰り返された。

そこで、2008年の改正によって、信用購入あっせん取引については、不動産取引や営業に関する取引等、一部の適用除外取引を除き、原則として全ての商品および役務の取引を規制対象とした（ネガティブリスト方式：割販法8条・35条の3の60）。

特定商取引法においても、2008年の改正によって、商品および役務については、同様に指定制度が原則廃止された。

一方、割賦販売法に規定する取引のうち、信用購入あっせん以外の取引（自社割賦、ローン提携販売、前払式特定取引）では、指定対象の取引以外にトラブルが多くないとして指定制度が維持されており、割賦販売法2条5項・6項、割販令1条1項・別表第1、同条3項・別表第1の3、同条4項・別表第2に列挙されている。

■**指定権利制の維持**

一方、権利の取引については指定制が維持されている。指定権利とは、施設を利用しまたは役務の提供を受ける権利のうち国民の日常生活に係る取引において販売されるものをいう（割販法2条5項）。

現在、エステティック等の施術を受ける権利、保養施設やスポーツ施設を利用する権利、語学の教授を受ける権利、家庭教師による教授を受ける権利、学習塾における教授を受ける権利、パソコン教室における教授を受ける権利、結婚相手紹介サービスを受ける権利の7つが、割販令1条2項・別表第1の2で指定されている。

特定商取引法においても指定権利制度は維持されているが（同法2条4項）、割賦販売法とは一致していないため注意が必要である（特商令3条・別表第1）。

■**指定権利制の問題点**

政令の指定に直接該当しないものの類似の施設利用権など、指定制度の隙間を狙った権利の取引において新たな消費者トラブルが生じており、被害の後追い状態が懸念されている。

そもそも、役務提供を受ける権利を販売するとして勧誘する権利販売取引と、役務を提供して対価を得る役務提供取引とを明確に区別する基準はない。書面の交付や抗弁の対抗など、消費者を保護する割賦販売法の諸規制を広く及ぼすため、取引の実態に即した解釈や判断が必要であるとともに、指定権利制も廃止されるべきである。

【関連キーワード】割賦販売法の制定・改正、信用購入あっせん、指定商品制・役務制の廃止と指定権利制　　（小林由紀）

前払式割賦販売・前払式特定取引

割賦販売法にいう割賦販売（2条1項1号）には、商品等の引渡し後に代金を分割受領する「後払式」だけでなく、商品の引渡しに先立って代金を分割受領する「前払式」をも含んでいる。

■前払式割賦販売とは

政令指定商品の販売で、商品引渡しに先立って購入者から2回以上にわたり代金の全部または一部を受領する割賦販売をいう（割販法11条）。

なお、同じく前払式の支払手段の一つであるカード式またはサーバ式の電子マネーは、資金決済法（2009年6月公布）によって規制されている。

■前払式特定取引とは

①商品売買の取次（たとえば「友の会」）で、購入者に対する商品の引渡しに先立って、購入者から代金の全部または一部を2カ月以上の期間にわたり、かつ3回以上に分割して受領すること、あるいは、②指定役務（現在の指定は冠婚葬祭に関するサービス）の提供または指定役務の提供をすることもしくは指定役務の提供を受けることの取次で、役務提供に先立って、契約者から対価の全部または一部を2カ月以上の期間にわたり、かつ3回以上に分割して受領する取引形態をいう（割販法2条6項）。

具体的にいうと、あるデパートの友の会で、毎月5000円ずつ1年間積み立てると合計で6万円になるが、友の会の特典として9万円の買物ができる（①の例）、結婚式の互助会で、毎月1万5000円ずつ5年間で90万円を積み立てると、特典として100万円相当の結婚式をあげられる（②の例）という手法で会員から金銭を集める取引である。

■規制の概要

いずれの取引形態も、商品や役務提供を受ける前に代金を支払ったり、業者に金銭を預けることになるため、販売業者が倒産するなどした場合、多数の契約者が不測の損害を被ることになる。そこで、業者に営業保証金の供託と前受金の保全措置を義務付けている。

前払式割賦販売・前払式特定取引を業として営むためには、経済産業大臣の許可を要し、資力・信用力のある業者に限り営業を許すこととした（割販法11条・35条の3の61。許可の基準は同法15条・35条の3の62による準用）。例外として年間の販売額が政令に定める額（1000万円）に満たない場合には許可を要しない（同法11条ただし書1号・35条の3の61ただし書1号）。また、営業保証金として営業所・代理店ごとに定められた額の合計額の供託（同法16条・17条・35条の3の62）、前受金保全措置として、前受金合計額の2分の1から営業保証金の額を引いた額を前受業務保証金の供託または金融機関等との前受業務保証金供託委託契約を行うこと（同法18条の3・35条の3の62）等が定められている。

【関連キーワード】 割賦販売法の制定・改正、冠婚葬祭互助会契約の問題

（中野和信・鈴木裕美）

抗弁対抗

■抗弁対抗の趣旨と歴史的経緯

　割賦販売法の抗弁の対抗（抗弁の接続）とは、信用購入あっせん、ローン提携販売による商品等の購入契約において、当該契約につき販売業者に対して生じている抗弁事由（契約の無効・取消・解除、同時履行の抗弁等）をもってクレジット業者の支払請求に対抗（支払拒絶）できるとする制度である（割販法30条の4・35条の3の19）。消費者保護の観点から1984年法改正において新設された（当時の30条の4）。かつてクレジット契約には抗弁切断条項（抗弁事由があってもクレジット業者に主張できない）があり、消費者被害が多発した。消費者敗訴の判決が続いたが、取引実態を踏まえ、信義則等により請求を制限する判決が出るようになり、抗弁対抗規定新設という立法的解決が図られた（裁判の法創造機能）。

■要件と抗弁事由の解釈

　①信用購入あっせん（個別・包括）、ローン提携販売（割販法29条の4）による取引（店舗取引か訪問販売かを問わない）、②商品、役務、指定権利の契約、③販売業者に対して抗弁事由があること、④支払総額4万円以上、が要件であるが、購入者が営業のためもしくは営業として締結する場合などの適用除外がある（同法30条の3の60）。

　抗弁事由はできる限り広く（通産省昭和59年11月26日通達）、契約書面等に記載された事項に限らず、口頭のセールストークや付随的特約から生じる事由も広く含むと解すべきである。

■信義則による制限

　購入者の支払停止が信義則に反する場合には抗弁対抗ができない（上記通産省通達）。信義則に反する場合とは、購入者においてクレジット契約の不正利用によって信販会社に損害を及ぼすことを認識しながら積極的に加担した、というような背信的事情がある場合（ダンシング事件：大阪高判平16・4・16法ニュース60号137頁）などに限定されるべきである。

■適用対象外事案と抗弁対抗

　最高裁は、割賦販売法30条の4を消費者保護のために設けた「創設的規定」とし、同規定導入以前の事案への類推適用を認めなかったものの、「あっせん業者において販売業者の…不履行に至るべき事情を知り若しくは知り得べきでありながら立替払を実行したなど」「〔販売業者の〕不履行の結果をあっせん業者に帰せしめるのを信義則上相当とする特段の事情」がある場合は、適用対象外事案であっても抗弁対抗できる旨判示した（最判平2・2・20判時1354号76頁、最判平23・10・25裁判所HP）。裁判例として、仙台地判平17・4・28（法ニュース66号99頁）、東京地判平15・1・27（判時1837号37頁）、大阪地判平18・9・29（法ニュース71号187頁）等がある。

【関連キーワード】架空クレジット被害、事業者クレジット被害

（中野和信・鈴木裕美）

既払金返還ルール

■既払金返還ルールの新設
2008年改正割賦販売法では、購入者が、クレジット業者に対し支払拒絶の抗弁権を主張して未払金の支払いを拒絶できるのみならず、既払金の返還まで求められるよう、以下のとおり規定が整備された。

■個別クレジット契約のクーリング・オフ
特定商取引法上の5類型取引（訪問販売契約、電話勧誘販売契約、特定連鎖販売個人契約、特定継続的役務提供等契約、業務提供誘引販売個人契約）に係る個別クレジット契約に、クーリング・オフ制度が導入された（割販法35条の3の10・35条の3の11）。

個別クレジット契約をクーリング・オフすることで、同時に、販売契約もクーリング・オフされたものとみなされる（同法35条の3の10第5項・35条の3の11第7項）。

クーリング・オフの行使期間は、個別クレジット契約の契約書面または申込書面の受領日のいずれか早いほうから起算して8日間または20日間である（同法35条の3の10第1項・35条の3の11第1項）。

■過量販売解除
個別クレジットの対象である販売契約が特定商取引法9条の2の過量販売契約に該当する場合、購入者は過量となる範囲につき個別クレジット契約を解除することができる（割販法35条の3の12）。個別クレジット業者による過量性の認識は要件とはされていない。

解除権の行使期間は、個別クレジット契約締結時から1年間である（割販法35条の3の12第2項）。

■不実告知等取消
個別クレジット契約を利用した特定商取引法上の5類型契約の締結にあたり、販売業者が、不実の告知あるいは故意の事実不告知により購入者を誤認させた場合、購入者は、販売契約とともに個別クレジット契約を取り消すことができる（割販法35条の3の13〜35条の3の16）。これは、消費者契約法5条の媒介者の法理を採用したものである。個別クレジット業者につき、取消事由の認識可能性は要件とはされていない。

取消権の行使期間は、追認できる時から6カ月間あるいは個別クレジット契約締結時から5年間である（割販法35条の3の13第7項）。

■効果
クーリング・オフ、過量販売解除、不実告知等取消がなされると、クレジット契約の未履行債務は消滅し、既履行債務については清算関係が生じるため、個別クレジット業者は、購入者に対し、既払金の返還義務を負うこととなる。

【関連キーワード】抗弁対抗、クーリング・オフ制度、次々販売・過量販売、不実告知・不告知による取消　　（中西法貴）

過剰与信の禁止

　割賦販売法は、クレジット業者に対して、顧客の支払能力を超えるような過剰な与信を行うことを禁止している。

■個別クレジットの場合

　個別クレジット業者は、個別クレジット契約の締結に先立ち、顧客の年収・クレジット債務の支払状況等、顧客の個別支払可能見込額を算定するために必要な事項を調査しなければならない（割販法35条の3の3第1項。適用除外につき割販規則73条1項）。

　クレジット業者が顧客のプライバシーに過度に介入することを避けるため、預貯金は、算定の必要があるときのみ調査され、調査方法も顧客からの自己申告でよい（割販規則72条3項）。

　個別クレジット業者は、調査によって得られた情報に基づき、顧客の個別支払可能見込額（割販法35条の3の3第2項）を自ら算定する。そして、当該個別クレジット契約に基づき顧客が支払うこととなる1年間あたりの支払予定金額が、個別支払可能見込額を超える場合、そのような個別クレジット契約の締結は禁止される（割販法35条の3の4）。

　個別クレジット業者は、顧客の支払能力に関する調査の記録を作成し、一定期間これを保存しなければならない（割販法35条の3の3第4項、割販規則73条の2）。

■包括クレジットの場合

　包括クレジット業者は、カード発行時または極度額増額時に、顧客の包括支払可能見込額を算定するために必要な事項を調査しなければならない（割販法30条の2第1項）。調査事項および調査方法については、個別クレジットの場合と同様である。

　包括クレジット業者は、調査によって得られた情報に基づき、顧客の包括支払可能見込額（割販法30条の2第2項）を自ら算定する。そして、顧客に交付しようとするカードの極度額または増額後の極度額が、包括支払可能見込額に0.9を乗じて得た金額を超える場合、そのようなクレジットカードの交付または極度額の増額は禁止される（割販法30条の2の2）。

　顧客の支払能力に関する調査記録の作成義務およびその一定期間の保存義務については、個別クレジットの場合とおおむね同様である（割販法30条の2第4項、割販規則47条の2）。

■違反の効果

　過剰与信禁止義務に違反した場合、改善命令の対象となる（割販法35条の3の21・30条の5の3）。

　他方、民事上の効果については割賦販売法上に明文規定が存しないが、クレジット業者の不法行為責任の成否や公序良俗違反該当性の判断において考慮要素となり得るものと解される。

【関連キーワード】割賦販売法の制定・改正、信用購入あっせん

【参考】日弁連消費者問題対策委員会編『改正特商法・割販法の解説』（民事法研究会、2009年）151頁以下　　（中西法貴）

加盟店管理責任・適正与信調査義務

■加盟店管理と適正与信

クレジットを利用して販売活動を展開する販売業者（加盟店）が消費者に対して不適正な販売方法を展開しないよう、クレジット業者が加盟店の販売方法を調査し、不適正な与信を防止する責任を負うという考え方を、加盟店管理責任または適正与信調査義務という。従来は通達により加盟店管理を要請していたものを、2008年改正により適正与信調査義務（個別クレジットは割販法35条の3の5・35条の3の20、包括クレジットは同法30条の5の2）として規定した。

■個別クレジット業者の調査義務

①特定商取引法上の5類型（訪問販売、電話勧誘販売、連鎖販売取引、特定継続的役務提供、業務提供誘引販売取引）を行う販売業者と加盟店契約を締結する時点で、商品役務の内容や履行態勢を調査する義務を負う（割販規則75条・76条）。

②特定商取引法上の5類型の取引について、購入者から個別クレジットの申込みを受けて審査するときは、書面の記載確認と購入者への電話確認に際し勧誘方法を調査する義務を負う（割販規則75条・76条）。

上記①②の調査の結果、不実告知等の違法な販売方法が認められるときは、個別クレジット契約の締結が禁止される（割販法35条の3の7）。

③特定商取引法上の5類型の契約締結後、購入者から不実告知等の苦情を受け付けたときは直ちに、その他の苦情を受け付けたときは同種苦情が多発した場合に、苦情内容に応じて加盟店の販売方法等を調査する義務を負う（割販規則77条）。

④その他の取引類型（店舗販売・通信販売等）の契約締結後、購入者から不実告知等の苦情を受け付けたときは直ちに、その他の苦情を受け付けたときは同種苦情が多発した場合に、加盟店の販売方法等を調査する義務を負う（割販規則94条）。店舗取引や通信販売の場合はトラブルの発生頻度が少ないことから、加盟店契約時および個別契約申込み時の調査義務は定めていない。

■包括クレジット業者の場合

包括クレジットを利用する販売業者の場合は、取引類型を問わず、購入者から不実告知等の苦情を受け付けたときは直ちに、その他の苦情を受け付けたときは同種苦情が多発した場合に、加盟店の販売方法等をあらためて調査する義務を負う（割販規則60条）。

■法的効果

適正与信調査義務に違反した場合、行政処分（割販法35条の3の21）の対象となるほか、購入者等の利益の保護を図る義務に反する点で、損害賠償責任を検討することとなる。

【関連キーワード】割賦販売法の制定・改正、信用購入あっせん

【参考】経済産業省『割賦販売法の解説 平成20年版』（日本クレジット協会、2009年）155頁・178頁・247頁

（池本誠司・中西法貴）

事業者クレジット被害

■事業者クレジット被害とは

事業者クレジット被害とは、「ビジネスクレジット」などの名称の契約書を用いるなどして、主に小規模事業者を相手に、不要品廉価品を訪問販売の手法で、クレジット契約を締結させる方法で押し売り・騙し売りする被害であり、割賦販売法の適用除外を意図した取引方法による被害である。

■割賦販売法の適用除外規定

割賦販売法においては、従前、商行為は抗弁対抗等の消費者保護規定の適用除外とされていたところ、2008年に法改正され、現在では、「営業のために若しくは営業として」締結する契約について適用除外とされている（同法8条1号・35条の3の60第1項・2項等）。割賦販売法と特定商取引法の適用範囲を一致させることを考慮して法改正がなされたのである。

■問題点

事業者が事業のために契約したという形をとれば、「営業のために若しくは営業として」契約したものとして、割賦販売法の適用が除外されてしまうのか。

「事業」と「営業」の文言の相違からしても、必ずしも適用除外されることにはならないと思われる。とりわけ、小規模零細な消費者的事業者にとっては、「事業者クレジット」「ビジネスクレジット」を一律適用除外としてしまう弊害は大きい。

そこで、同一文言による適用除外規定を持つ特定商取引法における「営業のために若しくは営業として」締結する契約の適用除外規定（同法26条1項1号）についての通達や裁判例が参考になる。

経済産業省は、2005年12月6日の特商法通達改正により、事業者名による契約であっても、主として個人用・家庭用に使用するためのものであった場合には原則として保護の対象となることを示している。

大阪高判平15・7・30（法ニュース57号155頁）は、消火器の訪問販売の事案で被害会社を勝訴させている。また、名古屋高判平19・11・19（判時2010号74頁）は、個人事業主にビジネスホンをリースした事案について、当該事業者にとって必要性のない高機能な機器の契約は「営業のために若しくは営業として」締結されたものと認めることはできない、としている。同旨の下級審判例も多く見られるところである。

特定商取引法の適用除外をめぐる上記の裁判例等は、割賦販売法の適用除外の解釈においても大いに参考とすべきであろう。

【関連キーワード】 提携リース、消費者契約・消費者・事業者、訪問販売・通信販売・電話勧誘販売の適用除外　　（村井潤）

架空クレジット（名義貸し）被害

■架空クレジット被害とは

販売業者が、クレジット業者から立替金を不正取得するため、消費者に対し「支払いの負担はかけないので名義を貸してほしい」などと依頼し、架空のクレジット契約書を作成させたり電話意思確認に応答させたりする形態が典型だが、虚偽の説明により複数の契約書を作成させる（二重契約）、実際と異なる商品役務を契約書に記載させる（契約内容架空）等の形態もある。広い意味では名義冒用事案も含む。

■従来の判例

名義貸し事案につき民法93条ただし書を類推適用して責任を否定した裁判例（福岡高判平元・11・9判時1347号55頁等）があるものの、かつては契約を有効とし抗弁対抗も認めないものが多かった。しかし、信義則に反し抗弁対抗が制限される場合を、購入者に「背信的な事情」がある場合に限定する見解（ダンシング事件：大阪高判平16・4・16法ニュース60号137頁）が示され、抗弁対抗を認める判決（二重契約事案につき福岡高判平16・7・6法ニュース62号173頁、名義貸し事案につき長崎地判平元・6・30判時1325号128頁、福岡地判平20・9・19法ニュース79号324頁）も出ている。

■割賦販売法改正後の法的救済

2008年割賦販売法改正において、①販売業者は契約締結の媒介者（消費者契約法5条）であり、媒介者による不当勧誘行為の効力は委託元事業者に及ぶこと（媒介者の法理）が採用され、②クレジット業者に適正与信調査義務（同法35条の3の5）が課された。これにより、クレジット不正利用のリスクはクレジット業者側が負担すべきことが明確になったと言うべく、信義則による抗弁対抗の制限を名義人に背信的事情がある場合に限定するという解釈の大きな根拠となる。

また、名義貸し事案における「申込者の支払負担を不要とする旨の虚偽説明」は適正与信調査義務の対象となる「不実告知等による誤認の有無」（割販規則76条11項5号）に含まれることが立法過程で確認され、支払負担を不要とする旨の説明は契約締結の動機に関する事項であって割賦販売法35条の3の13第1項6号の購入者の判断に影響を及ぼすこととなる重要事項に関する不実告知に該当すると解される。旭川地判平26・3・28（法ニュース100号367頁）は、販売業者から「高齢の顧客が布団を買いたいがローンを組めないので名前を貸してほしい。迷惑をかけない」等と依頼されて名義を貸した事案（訪問販売）について、割賦販売法35条の3の13に基づくクレジット契約の取消を認めた。控訴審の札幌高判平26・12・18（公刊物未登載）では、逆転消費者敗訴の判定が下され、上告中である。改正法下での判例の動向が注目される。

【関連キーワード】抗弁対抗、加盟店管理責任・適正与信調査義務、媒介者の行為の効果　　　　　　　（鈴木裕美）

大規模クレジット被害事件①

販売業者がクレジット契約を不正利用して大規模な消費者被害を発生させる事件は、1980年代から2008年割賦販売法改正に至る頃まで、繰り返し発生してきた。1980年台には、商品販売の事実がないのに空売り名義貸しにより立替金を不正取得する、クレジット名義貸し事件が多発した。

■遠野ダイハツ事件

1982年、岩手県遠野市の遠野ダイハツ車両工業が、町中の住民を巻き込む形で警察官や公務員を含む被害者550名、架空契約数2100件、被害額15億円に上る名義貸し事件を発生させた。

■龍神村事件・照崇苑事件

同じ頃、和歌山県日高郡龍神村(現田辺市)では、電器店の倒産により、被害額1億2193万円、100世帯を巻き込む事件となった(龍神村事件)。人口5000人程度の村の電器店が、大量の電化製品のクレジット契約を次々と締結する、という不自然な事態が見過ごされていた。

1989年、高松市の呉服店照崇苑による名義貸し事件が発覚、被害者数45名、被害金額2億円の被害を出した。請求書は販売店に送付する取扱いが大半で、商品名の記載すらないものもあった。

■都市部で起きた名義貸し事件

都市部でも同様のクレジット名義貸し被害が繰り返された。1989年、東京都日野市を中心に発生した日本自動車販売による大量名義貸し事件、同年、愛知県半田市で発生した日産サニー半田による名義貸し事件などがある。

■クレジット名義貸し事件の背景

当時は、クレジット契約の名義を貸すことの危険性が一般にほとんど知られていなかったこと、信販会社の電話確認や加盟店管理が極めて不十分であったこと、第三者が預金口座を簡単に開設できたことなどの要因が重なり、名義貸し被害が拡大しやすかった。

■被害救済と対応策

被害者たちは、弁護団とともに、信販会社の一方的な請求に対し、被害者の会を結成して被害の全体像を明らかにし、信販会社の杜撰な加盟店管理の実態と請求の不当性を社会に訴えた。

当時の裁判所は、電話確認に応答した責任にばかり目を奪われ、クレジット被害に対する理解に欠けていた。

弁護団は、信販会社との集団交渉を行い、債権放棄や低額の和解などの成果を勝ち取った。

監督官庁は、大規模名義貸し事件が各地で繰り返される事態を踏まえ、信販業界に対し、電話意思確認の強化や加盟店の販売実績の調査など、加盟店管理の強化を求める通達(経済産業省昭和57年4月13日通達、昭和58年3月11日通達等)を発した。

【関連キーワード】架空クレジット(名義貸し)被害

【参考】全国クレジット・サラ金問題対策協議会等編『だまされやすい! クレジット契約・詐欺の手口』(民事法研究会、1990年)19頁・45頁・59頁　　(猪野亨)

大規模クレジット被害事件②

1990年代に目立ったクレジット被害事件として、学習指導付き教材販売や買戻特約付き商品販売やモニター特約付き商品販売など、クレジット契約書面上は商品だけを表示し、特約をめぐる被害事件が多発した。

■ココ山岡事件

ココ山岡（横浜）は、「5年後買戻特約」付きでダイヤネックレスをクレジットにより販売する手口で、主に独身の若者をターゲットにキャッチセールスの手法を用いて、全国に店舗を展開した。しかし、ココ山岡は買戻特約を履行しないまま、1997年1月、破産宣告を受けた。被害者数約10万人のうち、訴訟に参加した被害者は約9000名、クレジット総額は約92億円に上った。

■ダンシング事件

ダンシング（兵庫）は、1997年頃からモニターとして月1回、レポートを提出すれば毎月のクレジット支払い額を上回るモニター料を払うと勧誘し、クレジットで寝具を購入させたが、1999年に破産宣告、被害者約1万4000人、約42億円の被害が発生した。

■愛染苑山久事件

愛染苑山久は、1993年頃から、購入した呉服などを着て展示会に参加すれば、モニター料としてクレジット代金を肩代わりするといって呉服を購入させたが、2000年に破産し、1600人超の被害者が、1人の契約数2～5件、未払額300万～500万円の請求を受けた。

■破綻必至の商法であること

宣伝のためのモニター料を一部の限定会員に支払うことはあっても、ほとんどの顧客に支払えば破綻必至であり、買戻特約も多くの顧客に約束して買取り請求を受ければ破綻必至である。

ところが、信販会社は、契約書面外の特約はクレジット契約の対象ではないという姿勢で、特約の存在や履行状況に無関心なまま、詐欺商法による被害拡大を放置した。破綻後は、付帯特約に関する抗弁事由が信販会社に対抗できるかをめぐって争いとなった。

■統一訴訟による解決

ココ山岡事件は、全国38地裁で集団訴訟が係属し、全国弁護団連絡会を通じて統一的な主張・立証を展開した結果、未払金の全額放棄と既払金の一部返還を受ける統一和解が成立した。

ダンシング事件は、モニター特約付き寝具販売契約は全体が公序良俗に反し無効であり、これを全面的に信販会社に対抗できるという画期的な判決（大阪高判平16・4・16法ニュース60号137頁）を獲得した。

愛染苑山久事件は、大半の被害者につき低額負担の和解が成立し、残りの事件につき全面勝訴判決（東京地判平21・10・26法ニュース82号179頁）を獲得した。

【関連キーワード】加盟店管理責任・適正与信調査義務

【参考】ココ山岡被害者救済弁護団連絡会『ココ山岡事件記録クレジット代金を返せ』（花伝社、2002年）、法ニュース82号171頁

（猪野亨）

大規模クレジット被害事件③

2000年代に入っても、付帯特約をめぐる被害事件やクレジット名義貸し事件などの大規模被害事件が、2008年割販法改正に至るまで繰り返された。

■アートクラシックス事件

指定暴力団のフロント企業とみられるアートクラシックスが「絵画のオーナーになれば、レンタル料から多額の収入を受けられる」と称して、クレジットを利用して絵画販売と預託契約を締結させたが、レンタル事業の実態がない立替金詐取事件であった。2007年、暴力団幹部が逮捕され、被害者約460人、被害総額約4億円に上った。

国民生活センターのあっせんによりほとんどの信販会社が請求放棄により解決したが、ある信販会社はあっせん案を拒否し、提訴したものの最終的に請求を放棄して終了した。加盟店調査管理がほとんど行われていない実態が顕著に浮かび上がった。

■ブルームーンファインアート事件

ブルームーンファインアート社(北海道)が、若者をターゲットに「画商は購入できないので名義を貸してほしい」と述べて、絵画販売のクレジット名義貸しをさせた後、2006年3月に破産した。被害者は約400人、被害総額約6億円に上った。北海道内で特定の作者の絵画が、短期間のうちに1000枚以上も売り上げるという極めて不自然な状況を信販会社は見過ごしていた。

■クレジット過剰与信被害

特定業者による大規模被害ではないが、訪問販売業者がクレジットを利用してリフォーム工事を対象に次々と契約させる事件、展示会でクレジットを利用して呉服類を次々販売する事件が2000年代前半に多発した。断るのが苦手な高齢者がターゲットになり、商品購入の必要性なく支払能力も無視した過量販売が放置された。

信販会社は与信審査にあたり既存のクレジット債務を把握できるのに、見て見ぬふりをして次々とクレジット契約を受け入れたことに原因があり、信販会社による過剰与信被害である。

■悪質商法を助長するクレジット

大規模クレジット被害やクレジット過剰与信被害は、信販会社が加盟店の販売方法を調査管理することで、早期に防止し得たはずである。しかし、経済産業省の加盟店管理通達も過剰与信防止規定(割販法38条)も法的拘束力がないため、信販会社はこれを遵守する姿勢に欠けていた。

むしろ、信販会社にとっては、問題がある加盟店を直ちに契約解除して、消費者の支払拒絶の抗弁主張が顕在化するよりも、しばらく営業活動を継続してくれたほうが債権回収に有利である、という構造的な問題がある。

こうした構造的な問題に対する社会的批判が、2008年改正につながった。

【関連キーワード】架空クレジット(名義貸し)被害

【参考】法ニュース71号150頁　　(猪野亨)

多様化する決済手段①

■新しい決済手段の出現

消費者取引の決済手段としては、現金払いやクレジット決済などが典型であるが、近時、これら以外の新しい決済手段が用いられる機会が増え、決済手段は多様化している。

決済手段の多様化は消費者取引を円滑化する利点があるが、仕組みが複雑でわかりづらいこと、当該決済手段導入審査が甘いことから悪質業者に利用されるリスクがあること、被害に遭った場合の返金ルールが十分に整備されていないことなど問題が多い。

■コンビニ収納代行

コンビニ収納代行は、公共料金や商品代金などをコンビニで支払うという決済手段である。コンビニのレジで請求書に印刷されているバーコードを読み込んで処理するのが典型で、広く普及している。コンビニ収納代行は、コンビニと直接代金の収受・清算を行う一次収納代行事業者だけでなく、一次収納代行事業者と契約をして収納代行業務を事業者に提供する二次収納代行業者が介在しているケースも多く、二次収納代行業者にはクレジットカード会社、電子マネー会社、決済代行業者が多く参入している。

■悪質業者による利用

悪質出会い系サイト業者による利用例としては、サイト業者が消費者と取引する際、決済手段としてコンビニ収納代行を選択させるとともに、当該サイト業者は提携する収納代行事業者（二次収納代行業者が多い）から収納番号を取得して消費者に伝え、消費者が伝えられた収納代行番号に現金を添えてコンビニのレジで支払いを行うと、コンビニから収納代行業者に支払済みのデータが送信され、その結果、収納代行業者からサイト業者に対する支払いが約束され、消費者はサイト業者からポイントを購入することができる、という仕組みがある。

コンビニ収納代行は銀行口座を介して集金を代行するサービスであり、消費者が被害に遭ったとして収納代行業者やコンビニなどに返金を申し出ても、これらの業者は、「送金の手続をしただけである」として返金に応じず、返金交渉は消費者と事業者との間で行うほかないのが実情である。

また、収納代行業者には資金決済法の適用がないので行政の監督を受けず、特に二次収納代行業者が介在するコンビニ収納代行の場合、一次収納代行業者は末端の事業者と契約関係がないので、事業者の情報は直接契約関係がある二次収納代行業者に問い合わせるほかない。収納代行業者（二次収納代行業者）が事業者とコンビニ収納代行サービス契約をする際の審査も甘く、悪質業者が悪用する危険性が高い。

【関連キーワード】決済代行業者・決済システム被害、電子マネー、サクラサイト
【参考】小林真寿美＝圓山茂夫「決済サービスに関する取引関係と苦情事例」明治学院大学法律科学研究所年報29巻300頁

（松尾善紀）

多様化する決済手段②

■キャリア課金

キャリア課金とは、携帯電話会社（キャリア）が、その公式サイトの情報料を、通信料金とあわせて徴収する決済手段である。キャリアの公式サイトになるためにはキャリアの審査に通ることが必要であるが、サイト業者側からは携帯電話番号がわからないシステムになっており、携帯電話の個体識別番号をキャリアに伝えて課金してもらうことになる。取引構造はキャリアにより異なり、キャリアが情報料の回収を代行する方式と、キャリアが情報料債権を買い取る方式とがある。

■キャリア課金の被害事例

携帯電話会社からの請求書に、使った覚えのない情報料が加算されていたというのが典型である。原因は、他人による無断利用が多い。この場合、使った覚えのないサイト利用料と通信料を切り離し、サイト利用料の支払いについては利用者とサイト業者の交渉に委ねるキャリア（この場合、通信料のみを支払えばよい）もあるが、切り離しに応じず、通信料とサイト利用料の双方をいったん支払わせ、その後利用者が当該サイト業者に返金を求めるように要求するキャリアもある。

なお、近時、法律事務所から突然手紙が届き、携帯電話の公式サイト利用料を請求されるというケースがある。これは、携帯料金と情報料を滞納し強制解約になったというケースが多く、携帯電話契約が強制解約されると、それまでに発生した情報料についてキャリアの回収代行が取り消され、公式サイト運営会社が利用者に直接情報料の請求をすることになり、この際、当該サイト運営会社が法律事務所に回収を委任しているようである。

■ペイパル決済

ペイパル決済は、アメリカの大手ECサイト「eBay社」の子会社であるペイパルが提供する電子決済サービスである。ペイパルは、クレジットカード決済について登録された事業者・消費者それぞれのペイパル口座（アカウント）間の送金や入金の仲介を行っている。

ペイパルは、登録事業者と登録消費者との間の取引の決済手段としてペイパル決済が選択された場合、登録事業者のアカウントに送金して当該事業者の消費者に対する代金債権を取得し、消費者が登録したクレジットカード会社に対して売上データ（事業者から取得した債権のデータ）を送信してクレジット会社から支払いを受ける。事業者がペイパルに登録をする際の審査は甘く、手数料も安いので、問題のある事業者が利用することが可能である（ペイパル決済導入について、決済代行業者がサクラサイト業者とペイパルとを仲介する場合もあるようである）。

【関連キーワード】決済代行業者・決済システム被害、サクラサイト
【参考】山本正行「新しい決済システムの概要」（山本国際コンサルタンツHP）

（松尾善紀）

決済代行業者・決済システム被害

　決済代行業者とは、クレジットカード決済において、販売店等の事業者に代わってクレジット会社等の包括加盟店の立場となり、資金決済の代行を行う業者をいう。なお、プリペイド決済や振込送金を含む決済代行（収納代行、集金代行）もあるが、本稿では、クレジット決済代行について紹介する。

■決済代行業者を利用するメリット
　決済代行業者は、アクワイアラー（加盟店契約会社）と直接の加盟店契約を結ぶことが難しい販売店等と契約してサービスを提供することで、加盟店を増やしている。これによってクレジットカード等の決済が可能な分野が拡大し、消費者にも利便性があるとともに、アクワイアラーにとっても効率的に加盟店を増やすことができるメリットがある。

■決済代行業者関連トラブルの増加
　決済代行業者が関与する取引が増加するに伴い、決済代行業者が関与するトラブルも増加した。国民生活センターがPIO-NETによって収集した相談情報によると、決済代行業者が関与する相談では、出会い系サイト（サクラサイト）に関する相談が最も多い（2011年～2013年）。また、国内の大手クレジットカード会社は、エステ、美容整形などの役務提供型のサービスについては「トラブルが多い」という理由で加盟店契約を断る傾向にあるが、これらの業者が決済代行業者の加盟店となり、クレジット取引を行っているという実態がある。

■海外決済代行業者
　近時は、審査の甘い海外アクワイアラー（海外の銀行など）と契約する海外決済代行業者が関与する被害事例が増えている。中には加盟店審査を行わない業者もあり、「エステ、風俗営業店も可」などと宣伝する業者も存在する。
　海外決済代行業者が介在する取引での問題に対応するには、国内法による規制だけでは困難なケースもある。

■クロスボーダー問題
　クレジットカード国際ブランドには「クロスボーダー（越境型）アクワイアリングの原則禁止」というルールがある。これによると、アクワイアラーと加盟店は同一国内になければならないので、加盟店の所在はアクワイアラーと同一国内でなければならないことになる。
　ところが、詐欺的商法などで問題となる取引の多くでは、決済代行業者が海外のアクワイアラーと契約しており、その所在が曖昧なものもある。被害者のもとに届いたクレジットカードの利用明細の利用店名に見覚えのないアルファベットの記載があるのを見て、被害者が海外決済代行業者を通じて決済したことを初めて知るケースもある。

【関連キーワード】多様化する決済手段、サクラサイト
【参考】消費者庁「クレジットカードに係る決済代行業者登録制度に関する実証調査報告書」（2014年）　　　（塩地陽介）

チャージバック

「チャージバック」とは、国際クレジットカード決済における取引ルールであり、カード発行会社（イシュアー）が加盟店契約会社（アクワイアラー）から取引データの提供を受けた後に、この内容が不当と判断された場合に異議を申し立て、すでに支払った代金を加盟店契約会社（アクワイアラー）から取り戻す手続をいう。国際カードブランドにおけるトラブルの解決方法の一つとして運用されている。直訳すると、「とられた代金を取り返す」という意味になる。

■クレジット被害の救済手段

消費者の立場から見れば、利用代金請求の根拠となる商品売買につき不存在や瑕疵があるとき、これを申し立てて支払いを拒絶したり既払金の返還を受けることができるので、クレジットカード取引で被害に遭った場合の救済方法の一つと位置づけられる。

特に、割賦販売法の適用がない翌月一括払い（マンスリークリア）方式の場合には、チャージバックがなされれば抗弁対抗と類似の機能を果たすことになり、被害救済にとって有益である。

ただし、この制度はクレジットカードの国際ブランドルールに基づくものであり、あくまでもイシュアーとアクワイアラーとの間の制度であるとの理由で、その存在はカード利用者に対して十分な告知がなされていない。

■チャージバックに関する裁判例

チャージバック制度の活用に関し、当該苦情があるとの情報が伝えられていれば、チャージバックが適用され、代金相当額の返金がなされていた可能性が高いにもかかわらず、クレジット会社がチャージバックを前提とした調査をしなかった事案に関し、苦情の申出を受けて適切な調査依頼をしなかったことがクレジット会社の債務不履行となるとして、損害賠償請求を認めた裁判例も存する（東京高判平22・3・10法ニュース84号216頁、東京地判平21・10・2法ニュース84号211頁）。

■リファンドとの違い

「リファンド」とは、カード会社の調査の有無にかかわらず、加盟店側の判断でカードの持ち主の口座に返金することをいう。返金という結果の点において、カード利用者からすればチャージバックもリファンドも違いはない。しかし、加盟店の売上全体に占めるチャージバック率が一定金額を超えると、加盟店資格が剥奪されたり取引銀行に多額の補償金を預けなければならなくなるため、チャージバックの有無は加盟店にとって重要な問題である。

【関連キーワード】抗弁対抗、カード犯罪
【参考】山本正行編著『カード決済業務のすべて』（金融財政事情研究会、2012年）

（小野寺友宏・塩地陽介）

カード犯罪

「カード犯罪」とは、クレジットカード、プリペイドカード、キャッシュカードなどを悪用する犯罪をいう。統計によればその多くは、不正入手カードや偽造カードによる犯罪である。

■不正入手カードの使用

他人名義のカードを拾得し自己のものとして使用した場合、占有離脱物横領罪（刑法254条）が成立するほか、そのカードを用いてCDやATMから現金を引き出した場合、窃盗罪（刑法235条）が成立する。

■カード偽造

カードを偽造し、不正使用する犯罪は、統計においても多くの割合を占める。カードの偽造は、支払用カード電磁的記録不正作出罪（刑法163条の2第1項）に該当する。

近年は、他人のクレジットカードなどの磁気記録情報を不正に読み出してコピーを作成する、いわゆる「スキミング」による被害が多発している。スキミングは、クレジットカードをスキマー（カード情報を読み取る装置）に挿入して磁気情報を読み取らせ、クレジットカードと同規格の新品のカード（生カード）に読み取ったカード情報を書き込むことで、全く同じものを作り出すことができる。カード自体はそのままで、カード情報が盗み取られるにすぎないので、被害に気づきにくいという特徴がある。こうしたカード情報の不正取得は、支払用カード電磁的記録不正作出準備罪（刑法163条の4）が成立する。

■フィッシング

「フィッシング」とは、実在する企業から送られたように見せかけたメールなどで偽のウェブサイトにユーザーを誘導し、クレジットカード番号や暗証番号などを入力させカード情報を不正に取得する行為である。

フィッシング被害に遭わないようにするには、送信者欄を安易に信用しない、フォームの送受信にSSL（暗号化）が利用されているかを確認する、暗証番号を安易に入力しない等の自己防衛意識をもつことが必要である。

■名義人の責任

クレジットカードについては、カード契約およびカード保険により、紛失・盗難等に気づいた後、カード会社および警察への紛失・盗難届を行うことにより、届出日の60日前までの不正使用については保険により補償される取扱いである。キャッシュカードやローンカードについては、従来こうした補償制度がなく、原則として名義人が損害を負担する取扱であったが、預金者保護法（2005年8月成立、2006年2月施行）により、一定の場合に補償を受けられることとなった。

【関連キーワード】不正アクセス禁止法、フィッシング・ファーミング、クレジットカード番号の保護

【参考】末藤高義『インターネット＆クレジットカードの犯罪・トラブル対処法』（民事法研究会、2009年）

（小野寺友宏・塩地陽介）

クレジットカード番号の保護

■クレジットカード番号の不正利用

クレジットカードによる取引においては、店舗取引であれば加盟店でクレジットカードを提示し、伝票にサインを行う等により本人確認を行うが、インターネット取引においては、クレジットカード番号と有効期限等の情報を入力・送信して照合するのみであるから、店舗取引の場合と比べて、クレジットカードの不正利用による被害が生ずる危険性が高い。

クレジットカードの不正利用被害は2013年で約78億6000万円に上る（日本クレジット協会「クレジットカード不正使用被害の発生状況」（2014年3月））。

2008年改正割賦販売法は、クレジットカード番号等の安全管理に関する規定を新設し、その保護を図っている。

■安全管理義務の内容

包括信用購入あっせん業者または2月払購入あっせん業者（両者を「クレジットカード等購入あっせん業者」という）は、クレジットカード等の情報の漏洩、滅失または毀損を防止するなどの安全管理措置を講じなければならない（割販法35条の16第1項）。

アクワイアラー（加盟店契約会社）のクレジットカード番号取扱いに介在する事業者（これを「立替払取次業者」という）に対しても同様の義務が課された（同法35条の16第3項）。

この安全管理義務は、クレジットカード等購入あっせん業者、立替払取次業者が自ら努めるほかに、クレジットカード取引に係る販売業者やカード番号取扱委託先業者（これを「クレジットカード番号等保有業者」という）に対する指導も含まれる（同法35条の16第4項）。

安全管理の具体的内容については、割販規則132条・133条に規定されている。

■経済産業大臣による改善命令等

経済産業大臣は、クレジットカード等購入あっせん業者、立替払取次業者が講ずる措置が、法の定める基準に適合していないと認めるときは、上記業者に対し、当該措置に係る業務の方法の変更その他必要な措置をとることを命ずることができる（割販法35条の17）。

さらに、経済産業大臣は、クレジットカード番号等の安全管理の状況に関し報告をさせる（同法40条7項）、立入検査も可能とする（同法41条3項）など行政による規制が強化された。

■罰則

クレジットカード番号等の不正提供だけでなく、第三者による不正取得等についても、割賦販売法49条の2に罰則規定が新設された。

【関連キーワード】カード犯罪
【参考】日弁連消費者問題対策委員会編『改正特商法・割販法の解説』（民事法研究会、2009年）278頁　　（澤田仁史）

個人信用情報（クレジット）

■指定信用情報機関制度の創設

2008年改正割賦販売法は、顧客への過剰与信を防止するため、信用購入あっせん業者（包括・個別）に顧客の支払能力の調査義務を課すとともに、顧客の支払能力を超える与信契約の締結を禁止した（30条の2・30条の2の2・35条の3の3〜35条の3の4）。

そして、改正法は、クレジット債務の支払状況を調査する際は、指定信用情報機関を利用することを義務付けるとともに、顧客の信用情報（特定信用情報）を提供する機関として指定信用情報機関を創設した（35条の3の36以下）。

■指定信用情報機関の指定

特定信用情報提供等業務（特定信用情報の収集および信用購入あっせん業者（包括・個別）に対する特定信用情報の提供を行う業務）を行うためには、申請を行い、経済産業大臣の指定を受ける必要がある（割販法35条の3の36）。

■指定信用情報機関への規制

指定信用情報機関は、信用購入あっせん業者（包括・個別）が特定信用情報提供契約の締結を希望する場合に、正当な理由なく拒否してはならない（割販法35条の3の44）。

指定信用情報機関は、経済産業省令で定めるところにより、特定信用情報提供等業務に関する記録を作成し、これを3年間保存しなければならない（同法35条の3の45、割販規則114条）。

指定信用情報機関自身は、経済産業大臣の監督を受ける（同法35条の3の50〜35条の3の55）。

■提供すべき情報

指定信用情報機関が提供すべき特定信用情報（基礎特定信用情報）は、以下のとおりである（同法35条の3の56）。

①購入者の氏名、住所、その他購入者等の識別ができる事項として経済産業省令で定めるもの、②契約年月日、③債務額（未到来分と未払分）、④その他経済産業省令で定めるもの（すなわち、包括・個別クレジット共通のものとして、ⓐ年間支払見込額、ⓑ債務または手数料の支払いの遅延の有無、ⓒ包括・個別クレジットを特定するに足りる番号等、個別クレジット特有のものとして、ⓓ契約商品名等、ⓔ契約商品の数量（割販規則118条2項1号2号））。

これらの登録情報は、クレジット会社が顧客の年間支払見込額や過量販売の有無を判断するに際してその判断材料とされることが期待される。

なお、個人信用情報は貸金業においても重要である。

【関連キーワード】過剰与信の禁止、加盟店管理責任・適正与信調査義務、個人信用情報（貸金業）
【参考】日弁連消費者問題対策委員会編『改正特商法・割販法の解説』（民事法研究会、2009年）176頁　　　（澤田仁史）

認定割賦販売協会・加盟店情報交換制度

■認定割賦販売協会制度の創設

2008年割賦販売法改正前から、全国信販協会、日本クレジット産業協会、クレジット個人情報保護推進協議会といったクレジット業者の業界団体が存在し、ガイドラインの制定や加盟店情報の交換等を行っていた。

2008年改正法は、こうした自主的取組みを業界全体の取組みとして拡大・定着させていくために、自主規制団体およびその役割等について法定化し、業務の継続性、透明性および自主ルールの実効性を確保できるように必要な措置を講ずるべく、認定割賦販売協会に関する規定を新たに設けた。

上記3団体は、2009年7月1日に日本クレジット協会に統合され、同年12月1日に経済産業大臣より認定割賦販売協会として認定を受けた。

■認定割賦販売協会の業務

認定割賦販売協会の業務については、割賦販売法35条の18第2項1号～6号に規定されている。

後述の加盟店情報交換制度に関連する業務として、「利用者等の利益を保護するために必要な情報の収集、整理及び提供」(同項4号)がある。

■加盟店報告制度

認定割賦販売協会の会員であるクレジット業者(信用購入あっせん業者(包括・個別)に限る)は、包括・個別クレジットに係る契約を締結した販売業者等が不実告知等の不当勧誘行為を行ったとの情報を得て加盟店調査を行ったときは、その情報を認定割賦販売協会に報告しなければならない(同法35条の20)。

この認定割賦販売協会に報告しなければならない具体的な情報については、割販規則135条1号～5号に規定されている。

認定割賦販売協会は、上記情報について、会員(信用購入あっせん業者(包括・個別)に限る)から提供の請求があったときは、正当な理由がある場合を除き、これを提供しなければならない(同法35条の21)。

■悪質加盟店の排除

認定割賦販売協会の会員であるクレジット会社間において加盟店である販売業者に関する不当勧誘行為等の情報が交換されることで、悪質販売業者をクレジット業界全体で排除することが期待される。

【関連キーワード】割賦販売法の制定・改正、加盟店管理責任・適正与信調査義務
【参考】日弁連消費者問題対策委員会編『改正特商法・割販法の解説』(民事法研究会、2009年)250頁　(澤田仁史)

VII

サラ金・ヤミ金・商工ローン被害

Ⅶ　サラ金・ヤミ金・商工ローン被害

概　説

1　はじめに

　2006年12月、多重債務問題を解決するため、貸金業制度について抜本的改正を行う「貸金業の規制等に関する法律等の一部を改正する法律」が成立した（**2006年改正貸金業法**）。資産要件の引上げによる参入規制の強化、行為規制の強化、年収の3分の1を超える過剰与信の禁止（総量規制）、金利規制の大幅な見直し（グレーゾーン金利（貸金業規制法43条みなし弁済規定）の廃止、出資法の上限金利を年29.2％から年20％まで引き下げ、日賦貸金業の特例金利の廃止や保証料への規制等）等を盛り込んだ、大改正である（2010年6月から完全施行）。これによって1970年代後半から続いてきた多重債務問題が、大きく収束に向かうこととなった。

　ここでは2006年改正貸金業法成立に至る多重債務問題の概要について説明したうえで、同法成立後の状況について触れることとする。

2　サラ金地獄と被害者運動の始まり

　1970年代後半、消費者金融（サラ金）による**多重債務者**が急増し、借金を原因とする自殺、一家心中などが社会問題化した（サラ金地獄）。高金利、過剰貸付（過剰与信）および過酷な取立ては、「サラ金3悪」と呼ばれるようになった。被害救済のため、大阪を中心に、若手弁護士による研究会や被害者の会が結成され、その**被害者運動**は貸金業規制法の立法運動に向かった。

3　旧貸金業規制法・改正出資法の成立

　1983年、議員立法により、貸金業者の登録、取立行為等の規制を定めた旧貸金業規制法の制定と、刑罰金利を定めた出資法の改正（引下げ）がなされた。1954年に制定されていた利息制限法と合わせて「サラ金（貸金）3法」と呼ぶ。

　旧貸金業規制法には**みなし弁済規定**（43条）が盛り込まれたが、これは、最高裁判決で認められるようになったいわゆる過払金返還請求を封じ込めようとする意図に基づく立法であり、成立当初から批判が強かった。利息制限法と出資法の上限金利の間の金利はグレーゾーン金利と呼ばれていた。

　出資法の改正では、それまで年109.5％を超える貸付に対し刑事罰が定められていたが、1983年の改正で、業として貸付をする場合の上限金利を40.004％（本則金利）まで引き下げることとし、経過規定として、段階的な引下げが定められた。

4　旧貸金業規制法成立後の状況

　旧貸金業規制法の成立後、一時的にサラ金冬の時代が到来した。しかし、1994年

頃からは、大手消費者金融を中心に、無人契約機の導入や、ソフトイメージのテレビCMの大量放映などによって借金に対する抵抗感を和らげ、与信残高を大幅に伸ばしていった。

これに伴って自己破産者数も急増し、1998年に旧貸金業規制法制定当時の10倍にも当たる10万件を突破するや、2002年には21万件を突破し、多重債務問題はピークの時期を迎えることとなった。

5 商工ローン問題

1995年、大阪に本店を有していた商工ローン中堅のニシキファイナンスによる手形詐欺事件が発生し、その後、**商工ローン**によるトラブルが顕在化した。1996年、「金融機関の経営の健全性確保のための関係法律の整備に関する法律」の施行後「貸し渋り」が生じ、銀行による中小零細事業者に対する金融がストップした。それを契機に商工ローン業者が保証人を徴求して出資法上限金利ぎりぎりの高金利での過剰融資をし、保証人狙いの融資が横行した。その結果1999年には「商工ローン被害」として大きな社会問題となった。

商工ローン最大手のロプロ（旧日栄）は、手形担保、同社全額出資の保証会社の保証を条件に貸付を行いSFCG（旧商工ファンド）は、「根保証」や強制執行認諾文言付き公正証書作成委任状を悪用して商工ローン被害を濫発させた。同社はみなし弁済の主張を行って高金利の抱え込みを図ったが、最終的に、2003年2月20日、最高裁判所は「みなし弁済については厳格に解釈すべき」との判断を示した（みなし弁済規定の厳格解釈）。両社はいずれも2009年に破綻し法的整理を行っている。

商工ローン問題は**連帯保証・根保証**などの問題性を明らかにし、2004年、不十分ながら包括根保証の禁止などを盛り込んだ民法改正がなされた。

6 サラ金業界の問題体質

2000年頃、全国各地で、サラ金**名義貸し**のトラブルが続発した。その中で、大手消費者金融の**個人信用情報**の利用のあり方、管理体制の不備や、過剰与信・過剰融資体制が明らかとなった。大手消費者金融の武富士では、社員に過大なノルマを課し、強くその達成を強いる（「バキ」）体質や会長による盗聴事件、批判封じの名誉毀損訴訟の提起（弁護士業務妨害訴訟）などが行われた。同じく大手消費者金融のアイフルでは、**不動産担保ローン**で認知症の高齢者に担保設定して貸付をしたことや悪質な取立によるトラブルが発生した。こうした業界のひずみが明らかになると、消費者金融業界全体に対し、債務者の生活を無視した貸付をして高収益を上げているとの批判がなされるようになった。

189

7　日賦貸金業・電話担保ローン・年金担保融資

　1999年頃から、九州地区などを中心に日賦貸金業者のトラブルが多発していた。さらに年金を担保に貸し付けるトラブル（**年金担保融資**）も発生し、2004年12月、違法年金担保融資対策法（貸金業規制法の一部改正）が成立した。

8　ヤミ金融

　2000年頃から多重債務者狙いの小口の**ヤミ金融**（ヤミ金とは、出資法違反での貸付を行っている者の総称）が跋扈（ばっこ）し、被害が顕在化して社会問題となった。山口組系五菱会・梶山グループは1994年頃より多重債務者の名簿を購入し、ダイレクトメールと口座振込、電話での督促との非対面式の方法で貸付を伸ばし、多くのトラブルを発生させた。ヤミ金融に追われて自殺する多重債務者も多発したこと等から、ヤミ金融を取り締まるため、2003年7月、ヤミ金融対策法（出資法・貸金業規制法の改正）が成立した。2008年6月に施行された「**振り込め詐欺被害者救済法**」では、ヤミ金事案も救済の対象となった。

9　整理屋・提携弁護士・提携司法書士

　多重債務者を食い物にする整理屋等による被害も多発している。**整理屋**と提携をする**提携弁護士**だけでなく、2002年の司法書士法改正により司法書士が簡裁代理権を取得すると、**提携司法書士**も現れるようになった。こうした問題に加えて、近時は、一部弁護士による不適切な事件受任の勧誘や不相当な報酬請求等が社会問題化している。このため日弁連では、**債務整理事件処理の適正化**を図るため、2009年7月に「債務整理事件処理に関する指針」を定め、規制を強化している。

10　任意整理、特定調停、個人再生および破産手続

　多重債務者の救済策の一つには、利息制限法に基づいて引直計算をし弁済案を提案する**任意整理**があるが、**日弁連統一基準**があり、その基準に従って実務が運用されている。**日本クレジットカウンセリング協会（JCCO）**でも任意整理（カウンセリング業務）を行っている。また、簡易裁判所での**特定調停**も利用されている。
　任意整理においては**過払金返還請求**が多重債務者救済の大きな武器となっている。過払金返還請求や、利息制限法による引直計算をするためにも、債権者側から取引履歴の開示を受けることが必要になるが、2005年7月19日、最高裁判所は貸金業者に対し、消費貸借契約に付随する義務として信義則上取引履歴の開示を認める画期的判決を行った。
　取立に追われた多重債務者の救済策として**自己破産**は有用であり、債務を法的に支払わなくてもよいようにする（免責を得る）ため行われている。破産法上、**免責**

不許可事由が法定されているが、裁量免責によって免責されることも多い。2004年の破産法改正により2005年1月から新破産法が施行され、「破産宣告」が「破産手続開始決定」となり、自由財産が拡張され、破産決定後の個別執行も禁止された。

2001年4月からは、**個人再生手続**も開始され、**住宅ローン特則**を利用すると自宅を残して借金整理ができるようになっている。

なお、債務の整理にあたっては、**借金の相続**、**借金の消滅時効**にも注意をする必要がある。

11 改正貸金業法の成立

以上のような多重債務問題の深刻化を受けて、日弁連、クレサラ対協、クレサラ被連協などが連携し、高金利引き下げ全国連絡会を結成するなどして大規模な法改正運動を全国で展開した。

その結果、2006年12月に上限金利引き下げや総量規制等画期的な内容を盛り込んだ**2006年改正貸金業法**が成立した。

12 貸金業法の完全施行後の状況

貸金業法の施行によって、多重債務問題は収束に向かいつつあり、その環境は大きく変わってきている。

たとえば、5社以上の借入れを有する多重債務者は法改正時約230万人であったが、2014年6月時点で約18万人に激減、自己破産者（自然人）も約17万人から約8万人に激減している。ヤミ金融の被害に関しても、各地の警察署、消費生活センター等への被害届、相談件数等は減少傾向を示している。また、**偽装質屋**の摘発による出資法違反事案は増加しているものの、警察の取締りによってその被害も抑制されている。加えて、多重債務による自殺者は法改正時の1973人から688人と大幅に減少している。全体の自殺者は、2012年には15年ぶりに3万人を割り、2013年も2万7283人となっており、多重債務対策は自殺対策としても機能していると評価されている。

もっとも政治レベルでは、常に金利引上げ、総量規制緩和への動きがあり、予断を許さない状況が続いている。

貸金業界においても大きな変化が起きており、銀行を巻き込んだ統廃合が進んでいる（**貸金業者の統廃合**）。他方で**サービサー**が徐々に対象範囲を拡大し、さらなる領域拡大を目指すといった動きがあることも見逃せない。

【参考】日弁連上限金利引き下げ実現本部編『Q＆A改正貸金業法・出資法・利息制限法解説』（三省堂、2007年）、大森康人＝遠藤俊英『Q＆A新貸金業法の解説〔改訂版〕』（金融財政事情研究会、2008年）

（新里宏二・拝師徳彦）

多重債務者

「多重債務者」とは、サラ金・クレジット会社、銀行などに対して複合した債務を負い、支払遅滞や支払不能など支払困難な状況に立ち至っている者またはそのおそれがある者をいう。

多重債務者問題は、1975年頃から、サラ金業者の高金利と過酷な取立による一家心中、自殺、家出などが頻繁に発生して、大きな社会問題となったが、1983年、貸金業規制法が施行され、それまではいわば野放し状態であったサラ金業者に対して取立行為などの規制がされたことで、いったん鎮静化した。

■2006年出資法上限金利引下げと改正貸金業法の成立

しかし、多重債務者を生み出す「サラ金3悪」と呼ばれた①高金利での貸付、②過剰融資（借主の支払能力を超えた貸付）、③過酷な取立に対する規制は十分ではなかったため、多重債務者は1990年頃から再び増加傾向に転じ、それ以降急激に増加した。1989年には約9200件まで減少していた自己破産件数は、1991年は約2万3000件、1998年は約10万3000件、2003年には約24万2000件と急増し、経済・生活問題を原因とする自殺者数も1991年が約1600人、1998年が約6000人、2003年が8900人と急増し、2003年には返済に窮した多重債務者が最後に辿り着くヤミ金被害が社会問題化し、ヤミ金融対策法が制定された。このような状況下で、2006年、深刻な多重債務被害をなくすため、出資法の上限金利の引下げを求める国民的運動が盛り上がり、同年12月、同上限金利を20％に引き下げる、「みなし弁済」制度を廃止する、個人に対する年収3分の1を超える貸付を原則禁止するなどの改正貸金業法が成立した（2010年6月完全施行）。

■法改正の成果と課題

法改正の結果、典型的な多重債務者といえる「消費者金融からの借入件数が5件以上」の利用者数が、改正前の約230万人から、2007年約171万人、2010年約84万人、2014年約17万人へと激減した。前記自殺者数も、2007年に約7300人だったものが2013年には約4600人へと、自己破産申立件数も2007年に約15万件だったものが2013年には約7万件へと、顕著に減少している。

政府も2008年12月、多重債務者対策の円滑かつ効果的な推進を図るため、内閣内に多重債務者対策本部を設置し、2009年4月、相談窓口の整備・強化、セーフティネット貸付の提供、金融経済教育の強化、ヤミ金撲滅に向けた取締りの強化などを盛り込んだ「多重債務問題改善プログラム」を策定・実施し、上記の成果を上げている。

しかし、反面で、2011年頃から、自民党を中心として、上限金利規制緩和の動きが出ており、注意が必要である。また、現在でも、消費者金融利用者約1200万人のうち、延滞情報の登録がある利用者は約390万人もおり、多重債務者対策の手を緩めることはできない状況にある。

（釜井英法）

2006年改正貸金業法①
－金利規制・総量規制－

■金利規制－みなし弁済制度の廃止と上限規制引下げ

　2006年改正前は、利息制限法の定める制限利率（15～18％）と、刑事処罰を定める出資法上の制限利率（貸金業者の場合、29.2％）との間に齟齬があった。前者と後者の間の金利はグレーゾーン金利といわれ、これについては、当時の貸金業規制法43条がいわゆるみなし弁済制度を定めていた。みなし弁済制度は、多重債務被害が社会問題化する一つの要因となっていたことから、2006年の貸金業法改正によって廃止されることとなった。

　2006年改正では、利息制限法の民事ルールと出資法の刑事罰ルールとの齟齬が解消され、グレーゾーン金利が撤廃された。改正後の金利規制は以下のとおりである。

① 出資法の刑罰金利を20％に引き下げ
② 貸金業者が利息制限法の上限額を超える利息の契約をすることを禁止（違反すれば行政処分の対象）
③ 業として行われる年利109.5％を超える超高金利での貸付に対する重い刑事罰の設定と契約無効

　このほか、いわゆる日掛け金融といわれる日賦貸金業者や電話担保金融の特例金利が廃止された。あわせて、利息制限法についても保証料の制限等、必要な法整備が行われている。

■総量規制

　2006年改正では、多重債務の原因の一つとされていた過剰貸付を抑制するため、総量規制が導入された。これは、①指定信用情報機関制度の創設を前提に、②顧客等の返済能力の調査を貸金業者に義務付け、さらに③具体的な過剰貸付基準を法定して過剰貸付を禁止する、というものである。

　まず、精度の高い与信審査を可能とし、総量規制の実効化を図ることを目的に、指定信用情報機関制度が導入された。さらに、法律上、返済能力についての一般的な調査義務を貸金業者に課したうえ、個人である顧客等との貸付の契約について指定信用情報機関の使用を義務付け、一定の場合に個人顧客から源泉徴収票等の提出を受けることを義務付けた。

　改正法が定める過剰貸付基準の概要は以下のとおりである。

① 一般的な過剰貸付の禁止（当該貸付の契約が顧客等の返済能力を超えるかどうかで判断）
② 貸付契約が年収の3分の1を超える場合の契約締結の禁止（住宅ローン等、リボルビング貸付を除く）
③ リボルビング貸付における個別の貸付の調査義務の緩和と一定の場合の貸付抑制義務

【関連キーワード】被害者運動、みなし弁済規定、個人信用情報（貸金業）

（拝師徳彦）

2006年改正貸金業法②
－参入規制・行為規制・ヤミ金対策－

■参入規制等

　貸金業者による違法行為を防止するため、改正貸金業法では、あらかじめ不適格業者を排除し、貸金業者の参入規制が強化された。

　改正貸金業法は、貸金業者に対し、財産的要件として、純資産が5000万円以上であることを求めている。

　また、「貸金業を的確に遂行するための必要な体制が整備されていると認められない者」や「他に営む業務が公益に反すると認められる者」は、登録拒否事由に該当するものとされた。

　そして、法令遵守のための助言・指導を行う貸金業務取扱主任者について、資格試験制度を導入し、合格者を営業所ごとに配置することを求めた。

　さらに、貸金業協会による自主規制機能を強化するために、貸金業協会を認可を受けて設立する法人とし、貸金業者の加入を確保するとともに、都道府県ごとの支部設置を義務付けた。

　そのうえで、貸金業協会において、広告の頻度や過剰貸付防止等について自主規制ルールを制定させ、当局が認可する枠組みを導入した。

■行為規制等

　また、貸金業者に対する行為規制として、①夜間に加えて日中の執拗な取立行為など、取立規制を強化し、②貸付にあたり、トータルの元利負担額などを説明した書面の事前交付を義務付け、③貸金業者が、借り手等の自殺により保険金が支払われる保険契約を締結することを禁止し、④公正証書作成に係る委任状の取得を禁止するとともに、利息制限法の金利を超える貸付の契約について公正証書の作成の嘱託を禁止し、⑤連帯保証人の保護を徹底するため、連帯保証人に対して、催告・検索の抗弁権がないことの説明を義務付けるなどした。

　そして、規制違反に対して、機動的に対処するため、登録取消や業務停止に加え、業務改善命令を導入した。

■ヤミ金融対策

　他方、ヤミ金融が跋扈することのないように、改正貸金業法では、ヤミ金融に対する罰則が厳罰化された。

　改正貸金業法は、業として行われる年109.5％を超える超高金利での貸付について、10年以下の懲役もしくは3000万円以下の罰金またはその併科とする旨の罰則を新設した。また、無登録営業の罰則も、5年以下の懲役等から10年以下の懲役等に厳罰化した。

　そして、政府の「多重債務問題改善プログラム」において、警察は、ヤミ金融の撲滅に向けて取締りを徹底するものとされた。また、ヤミ金融の被害者への対応を誤ることのないようにするため、「平易で実践的なマニュアルを現場の警察官に配布」することとされた。そのマニュアルにより、警察はヤミ金融に対し、電話による警告等を積極的に行うものとされている。

【関連キーワード】ヤミ金融　　　（三上理）

VII　サラ金・ヤミ金・商工ローン被害

被害者運動

　1970年代後半、多重債務者が急増し、借金が原因の自殺や一家心中、蒸発、離婚、離職、犯罪が大きな社会問題となった。1977年6月、大阪に若手弁護士によるサラ金問題研究会が結成され、「サラ金110番」を設置し、これらの事例を研究した結果、サラ金被害の原因はサラ金業者側の過剰融資・高金利・過酷な取立にあるとして、多重債務者の被害救済にあたった。1977年9月、サラ金問題研究会は「大阪サラ金被害者の会」を結成し、被害者自身による相互協力による相談・救済活動を開始した。被害者自身が多重債務者の相談にあたり、弁護士が法的手続の協力をする、テレビカメラの前に立って取立被害を訴えるなどして、サラ金業者の悪質な手口が告発されるようになった。これが契機となって弁護士や司法書士、商工団体などの支援によるサラ金被害者の会が全国各地に結成された（2011年10月現在、47都道府県88団体）。

■全国組織結成へ

　1978年11月、サラ金被害救済に取り組んだ全国の弁護士・司法書士・学者・労働団体が参加する「全国サラ金問題対策協議会」（代表幹事・甲斐道太郎。1985年に、「全国クレジット・サラ金問題対策協議会」（クレ・サラ対協）と名称変更された）が結成され、次いで1982年4月、全国のサラ金被害者の会の結集する「全国サラ金被害者連絡協議会」（クレ・サラ被連協）が結成された。

■貸金業規制法の立法運動

　クレ・サラ対協とクレ・サラ被連協は協力し、日弁連とともにサラ金法規制運動を行い、苦労の末、1983年4月、サラ金2法（貸金業規制法、出資法）を成立させた。以降、クレ・サラ対協とクレ・サラ被連協は常に協力し合って高金利引下げ運動、自己破産・免責の定着、法改正、違法取立行為規制、商工ローン問題、公正証書問題、特定調停問題、サラ金広告問題、ヤミ金問題、クレジット「過剰与信」問題などについて、消費者保護・被害救済の視点から全国的な被害者運動を継続し、貸金業界の暴走を食い止める大きな役割を果たしている。2006年12月には、グレーゾーン金利の廃止を含む貸金業法の大改正を勝ち取った。

　クレ・サラ対協は傘下に24の課題別の全国組織を結成して、クレ・サラ対協が経済的・人的支援・協力を行う中で、積極的な活動を続けている。消費者、被害者本人が中心となって継続されているクレ・サラ被害者運動は常に被害の原点に立って被害救済と被害発生防止の運動を続け、従来の消費者運動とは一味違ったユニークかつ強力な告発型の運動となっている。

　2014年1月、クレ・サラ対協は、運動目標に合わせる形で名称を「全国クレサラ・生活再建問題対策協議会（クレサラ対協）」と改めた。

【関連キーワード】消費者運動の意義、消費者運動の類型、特定調停、ヤミ金融

（木村達也・新里宏二）

みなし弁済規定

「みなし弁済規定」とは、2006年改正前の貸金業規制法43条1項のことを指す。登録した貸金業者が、要件を完備した契約書面（17条書面）および受取証書（18条書面）を交付し、債務者が任意に支払った（任意性）場合には、本来無効である金利を有効な弁済とみなす、との規定である。出資法により刑罰の科される金利での貸付については適用されない（同条2項）。

同規定は、登録を義務付けることにより貸金業者を監督する一方で、適正な業務を行う貸金業者には高利の徴求を認めるという、いわば飴と鞭の趣旨で盛り込まれた規定である。

なお、同規定は、2006年の貸金業規制法の改正により削除された。

■貸金業者の業務の実態

1983年の貸金業規制法成立後も、ほとんどの貸金業者は、法の要件を満たす書面を交付することなく、利息制限法を超過する金利で貸付を継続した。

みなし弁済規定が適用されなければ、利息制限法所定の金利を超過する利息・損害金は、元本に充当され（最判昭39・11・18民集18巻9号1868頁）、元本を超えて支払った場合には不当利得として返還しなければならない（最判昭43・11・13民集22巻12号2526頁）ため、貸金業者は、みなし弁済が成立するものと強弁をして、高利での貸付を継続したのである。

■任意整理の実務

みなし弁済規定に関しては、法の趣旨に適っていれば適用されるとの見解も存在したが、実際には各要件が厳格に解されてきたため、ほとんど適用されなかった。

そのため、任意整理においては、1996年にいわゆる東京三会統一基準が策定され、取引開始当初から利息制限法に基づく引直計算をする運用が明示された。この基準は、2000年6月3日には、日弁連の基準として採用された。また、特定調停においても、みなし弁済規定は前提とせず、利息制限法による引直計算が行われた。

しかし、一部商工ローン業者は、みなし弁済の適用を主張し、利息制限法に引き直せば過払いとなっているにもかかわらず、あらかじめ徴求していた公正証書を用いて、債務者の給料や売掛金を差し押さえるなどの行為もなされた。

■最高裁判決と法改正

最終的には、利息制限法を超過する金利の支払いを怠った場合に当然に期限の利益を喪失するとの約款に基づく弁済は任意性を欠くものとした判断が下され（最判平18・1・13民集60巻1号1頁）、みなし弁済をめぐる争いに事実上の終止符が打たれ、みなし弁済規定は死文化した。

これを受けて、2006年の貸金業規制法改正により、みなし弁済規定は削除された。

【関連キーワード】任意整理、過払金返還請求、2006年改正貸金法②（佐藤靖祥）

商工ローン

■商工ローン

　商工ローンとは、一般に中小事業者を対象とした高利貸金業者の総称である。銀行等から低金利貸付を受けていた中小事業者は、銀行の貸し渋りを契機として、出資法の上限に近い高金利で貸付をする日栄・商工ファンド・シティズなどの商工ローンから借入れをすることを余儀なくされた。2000年6月までは40.004％、それ以後は29.2％に近い高金利で、商工ローンは利益と貸付額を飛躍的に伸ばした。商工ローン各社は、制限超過部分をも強制的に取り立てる様々な手法をとり、第三者保証人を要求・取得した。

■日栄（後のロプロ）

　日栄は支払方法を手形決済（当座預金の口座からの取立）に限り、高金利の支払いを強制する手形「不渡り」により容赦なく事業を倒産に追い込んだ。次の手形を取得しておき、前の手形の決済当日に次の貸付金と称して利息と保証料を天引した金銭を決済口座に振り込み、借主には高金利を入金させ、あわせて決済して取引を継続する手法であった。不渡り倒産となり保証人が請求を受ける事態を避けたい借主は、借入金を増やすことにより高金利を支払い続けるものの、数年以内に限界に達する。日栄は、年間5000社を越える事業者を倒産に追い込んだ。

■日栄・商工ファンド対策弁護団

　同弁護団は、手形取立禁止の仮処分や、特定調停における事前措置によって、利息制限法上の利息を超過する手形の強制力を防ぐ取組みをした。日栄は訴訟上も充当計算を避けようとし、「手形ごとに取引は別」「保証料は利息ではない」と粘ったが、最判平15・7・18（民集57巻7号895頁）は、利息制限法を貫徹させ、「別の債務にも充当される」「日栄の主張する保証料にみなし利息の適用がないとの主張は脱法である」と判断した。

■商工ファンド（後のSFCG）

　商工ファンドは、契約書の署名が複写で公証証書作成嘱託委任状の署名となるようにして、公正証書による借主と保証人に対する差押えを乱発した。また、実際に貸付をした金額の数倍に上る根保証の極度額を記載した手形による手形訴訟を濫発し、保証人に対して存在しない貸付金額を請求・執行した。借主は高金利の支払いを3年と持続することができず、大多数が倒産した。保証人への請求の率は7〜8割に上った。事業の継続のための藁をもすがる借入れが、実は借主を潰し保証人の自宅、教育資金、職場を奪う猛毒であった。自殺者も相次いだ。

　最判平16・2・20（民集58巻2号380頁）は、SFCGの43条の主張に終止付を打った。

■食い潰し商法の行方

　顧客との共存を顧みず、食い潰し商法を行った両社は、いずれも2009年に倒産し、法的整理を行った。

【関連キーワード】連帯保証・根保証、みなし弁済規定　　　　　　（茆原洋子）

連帯保証・根保証

連帯保証とは、催告の抗弁権（民法452条）や検索の抗弁権（同法453条）のない保証のことである（同法454条）。また、分別の利益もない（大判大6・4・28民録23輯812頁）。

根保証とは、継続的な取引から発生する不特定の債務を包括的に担保する保証のことである。限度額や期間の定めのない根保証を包括根保証という。

■2004年民法改正

商工ローン業者が、包括根保証を多用して、「利息は主債務者から、元金は保証人から」との言葉が生まれるほどに、被害を発生させた。

そのため、2004年に民法が改正され、保証一般について、書面によらない契約は無効とされた（同法446条2項・3項）。また、極度額の定めのない貸金等根保証契約も無効とされ（同法465条の2第2項）、契約締結日から5年を超える日を元本確定期日とすることも禁止されるなどした（同法465条の3第1項）。

■貸金業法による規制

貸金業法（平成18年法律第115号）による規制は、保証人に対しても及ぶ（同法の資金需要者等、顧客等、債務者等には保証人が含まれる。同法2条4項〜6項）が、総量規制（同法13条の2第2項）は、保証契約に直接の適用はないとされる。

■金融実務の改正

金融庁は、2011年7月に「主要行等向けの総合的な監督指針」等を改正し、「経営者以外の第三者の個人連帯保証を求めないことを原則とする融資慣行の確立」を明記した。

2013年12月には「経営者保証に関するガイドライン」が策定され、①法人と個人が明確に分離されている場合などに経営者の個人保証を求めないこと、②早期に事業再生や廃業を決断した際には、経営者に一定の生活費等を残したり、「華美でない」自宅に住み続けられるよう検討すること、③保証債務の履行時に返済し得ない債務残額は原則として免除することが明記された。

■民法（債権関係）改正、その他の展望

法制審議会において、民法（債権関係）の見直しが審議され、2015年3月に法案が提出された。そこでは、①貸金等根保証に関する規律（民法465条の2等）の適用範囲拡大（改正案465条の2〜465条の4）、②貸金等契約における「第三者保証」の制限（改正案465条の6〜465条の9）、③主債務者による契約締結時の情報提供（改正案465条の10）、④債権者の契約締結時の情報提供（改正案458条の2・458条の3）などが提案されている。

今後は、金融取引以外の場面における保証人保護規制が定められることや、いわゆる比例原則（過大な保証の禁止）が規定されることなどが望まれる。

【関連キーワード】多重債務者、商工ローン、自己破産、2006年改正貸金業法②

（千綿俊一郎）

名義貸し（サラ金利用詐欺）事件

サラ金で借入れをしてカードをつくるとアルバイト料あるいは手数料がもらえる、支払いはこちらでするから心配いらないなどと誘われ、カードをつくり、借入金とカードを相手に渡したところ、後にサラ金から借入金の返済を求められるという事件が全国で多発した。いわゆる「集団名義貸し事件」である。名義貸人は、詐欺の被害者であることから、「サラ金利用詐欺」ともいわれる。

返済するという他人に頼まれて自分の名前を貸してサラ金から借入れをするのであるが、サラ金との間で結ばれる金銭消費貸借契約について借主となるのは契約をした本人であり、原則として本人に支払義務があることになる。

■事件の特徴

「集団名義貸し事件」といわれる事例の被害者への勧誘の仕方は様々であるが、被害者には、自分が債務者として返済しなければならないとの認識がない点で共通している。

過去の事件をみると、被害者となったのは収入の少ない若者が多く、サラ金数社から100万～200万円の借入れをさせられていた。

特に、2000年頃、全国各地で多数の集団被害事件が発覚し、各地の弁護士らが被害救済に取り組んだ。その後も、現在に至るまで手口は様々であるが、サラ金を利用した詐欺事件の被害は各地で発生している。

法的には支払義務を否定することは難しく、調停や訴訟での減額（一括・分割）という解決が多い。しかし、被害者は収入の少ない若者で、この被害の背景には、サラ金による過剰貸付等与信上の問題があることが指摘される。

■集団サラ金被害事件の具体例

2000年の初めに、仙台市の男らが、言葉巧みに若者を勧誘し、サラ金数社から100万～150万円程度の借入れをさせ、借入金を騙取した。借入金の1割～2割を手数料として被害者に交付し、紹介者にも手数料を交付したため、ネズミ講のように被害が拡大した。被害は、東北6県以外にも広がり、被害者数は1500～2000人、被害総額は20億円に迫った。調停や訴訟にて、過剰融資の抗弁、ATM管理責任上の過失、追加融資についての無効等を主張し、減額（一括）、減額したうえでの分割弁済の和解が成立した。

2002年初めには、近畿の学生を中心に多くの若者が、他者を紹介すれば一定割合の紹介料が支払われるなどと勧誘を受け、被害が発生した。

弁護団が結成され、貸金業者と交渉した結果、任意整理の形で、減額（一括）、減額のうえでの分割弁済の集団的な和解が成立した。

【参考】クレサラ白書編集委員会編『2000年クレサラ白書』、宇賀神徹「『マイカー流通センター東海サラ金名義貸事件』の事件報告」法ニュース54号45頁

（村上晃・髙橋敏信）

個人信用情報（貸金業）

■個人信用情報

個人信用情報は、個人信用情報機関に登録される情報で、会員（貸金業者）が個人信用情報機関に提供する本人識別情報と契約内容等に関する情報である。後者には、延滞情報や「総量規制」の対象になるかどうかに関する情報も含まれる。

■指定信用情報機関

個人信用情報機関の主なものは、全国銀行個人信用情報センター、日本信用情報機構（JICC）、CICである。

この3機関は、延滞情報等を相互に利用することができる（CRIN：Credit Information Network）。

2010年6月18日に施行された改正貸金業法により「総量規制」が実施され、貸金業者は、借入れの状況等について、「指定信用情報機関」の保有する信用情報を使用して調査することが義務付けられた（同法13条2項）。

■保有される信用情報の内容

契約者を識別するための情報、契約内容、支払状況に関する情報等が、業者からの登録により信用情報機関に保有される。

破産に関する情報は、CICでは、2009年から官報情報の収集を中止しているので保有されていない（ただし契約終了事由として「法定免責」というコメントが付されることにより破産免責を受けたことがわかる場合がある）。

JICCでは、破産、民事再生、特定調停の申立は注意情報として登録されるが、CICではこれらは登録されない。

■信用情報の保有期間

契約内容や支払状況を表す情報（延滞を含む）は契約期間中および取引終了後5年間とされている。

JICCの場合、債務整理や破産情報などは発生日から5年を超えない期間とされている。

■個人信用情報の開示

信用情報機関に自分自身の情報の開示を請求できる。相続人が被相続人の情報の開示を請求することも可能である。借入資料が散逸している場合や、被相続人が死亡し、相続人が相続放棄をするかどうか検討する場合等に個人信用情報の開示を受けることが有用である。

郵送やインターネットにより開示請求ができる。

■個人信用情報の提供と抹消

指定信用情報機関に加入している貸金業者は、顧客との契約の際に契約年月日や貸付金額という個人信用情報を提供しなければならない（貸金業法41条の35第1項）。情報に変更があったときは、遅滞なく変更内容を提供しなければならない（同条3項）。誤った個人信用情報が記録されている場合には、指定信用情報機関に対して調査確認を依頼することができる。

【関連キーワード】2006年改正貸金業法①、借金の相続　　　　　　　（花田勝彦）

不動産担保ローン

■貸金業者による不動産担保ローン

貸金業者は無担保融資を原則的な営業形態とし、簡易迅速な貸付を実現することで顧客を拡大してきた。他方で、不動産担保融資を主力商品とする事業者向けローンの車内広告も散見される。かつては消費者金融においても無担保融資の顧客が不動産担保融資へと誘導されていた（不動産担保融資は営業貸付残高を伸ばす商品となる）。

■不動産担保ローン被害

改正貸金業法完全施行後は、貸金業者は利息制限法の範囲内の金利で貸付を行わなければならず、また不動産担保融資における利息は無担保融資より低くなるのが一般的ではある。しかし、利息制限法の制限利息は年率15％（100万円以上）となお高く、しかも不動産担保融資では高額の貸付額となりがちである。担保に提供される不動産の多くは居住用不動産であり、返済の滞った債務者が自宅等を手放さざるを得ない事態に追いやられることとなる（略奪的貸付）。この不動産担保ローンは複数の借入れを一本化するための「おまとめローン」として利用されることもある。しかし利用者はすでに多重債務状態に陥っている場合が多く、適時の債務整理の機会を逃したあげく居宅まで奪われるなど、被害の悪化につながる場合もある。また、個人再生手続における住宅資金特別条項は、住宅ローン以外の債務について抵当権が設定されている場合には利用することができない（民事再生法198条1項ただし書）。

■総量規制と不動産担保ローン

改正貸金業法では年収等を基準にその3分の1を超える貸付を原則禁止とする「総量規制」が導入された。もっとも、総量規制には、そもそも総量規制の対象外となる契約や、個人顧客の利益の保護に支障を生ずることがないとして総量規制の例外となる契約が定められている。すなわち貸金業規則10条の21第1項は、「不動産担保貸付」（6号）、「不動産売却代金により弁済される貸付」（7号）については、そもそも総量規制の適用外としており、同規則10条の23第1項は、「一方的に有利となる借換」（1号）、「個人事業主に対する貸付」（4号）などについては、総量規制の例外としている。「居住用不動産」が除外されていること（同規則10条の21第1項6号）、生活への支障への配慮がなされていること（同項7号）、追加の担保がないことを要件としていること（同規則10条の23第1項1号）など不動産担保ローン被害を予防するための配慮は存するものの、規制はなお不十分である。端的に借主の生活基盤となる居住用不動産を担保とすることを禁止する必要があるし、債務整理時に居住用不動産の維持を認める制度を拡充する必要もあろう。

【関連キーワード】2006年改正貸金業法①

（辰巳裕規）

ヤミ金融

■**ヤミ金融とは**

いかなる取引形態を仮装しようとも、出資法違反の高金利で「貸付」（手形の割引、売渡担保その他これらに類する方法によってする金銭の交付はすべて「貸付」とみなす）を行うことを業とする者は、すべてヤミ金融である。

「都(1)〇号」のように、貸金業の登録を受けながら高金利の貸付を行う者を「都イチ金融」という。かつては、ヤミ金融といえば都イチ金融が多かったが、後述のヤミ金融対策法等の効果により激減した。

「090金融」は、貸金業の登録を受けず、店舗も持たず、携帯電話と屋号または個人名のみで高金利の貸付を行う者である。その多くは無登録業者である。「システム金融」は、中小零細事業主に対し、手形・小切手を担保に高金利の貸付を行う。

また、実質的には高金利の貸付を行うために、クレジットカードによる商品購入を仮装し、購入した商品の買取代金名目で、またはキャッシュバック名目で金銭を交付することにより、貸金業法および出資法の規制を潜脱しようとする「クレジットカードの現金化」も、その実質はヤミ金融である。

■**ヤミ金融対策法**

ヤミ金融は暴力団の資金源となり、被害件数が急増し、ヤミ金融の取立を苦にした自殺などが社会問題となったことから、2003年7月、いわゆるヤミ金融対策法として、貸金業規制法および出資法の改正が行われた。

その主な内容は、①開業規制の強化、②広告・勧誘規制の強化、③取立規制の強化、④罰則の厳罰化（懲役3年を5年とした）、⑤高金利を定めた金銭消費貸借の契約の無効（業としての貸付につき年109.5％を超える利息の契約をした場合、元本部分を含め借入金債務は存在しないこと）などである。

■**最高裁判決（五菱会事件）**

最判平20・6・10（判時2011号3頁）は、ヤミ金融から借主に交付された元本は不法原因給付であるから借主に（借入金債務としてはもちろん、契約無効による不当利得返還債務としても）返還義務はないこと、したがって、借主からヤミ金融に対する損害賠償請求において、損益相殺の対象として損害額から控除することも許されないことを明確にした。

■**改正貸金業法下のヤミ金融対策**

2006年12月に成立した改正貸金業法は、業として行う著しい高金利の罪（年109.5％超）を創設するとともに、無登録営業を厳罰化し（懲役5年を10年とした）、他の改正部分に先行して、2007年1月20日に施行されている。

そして、2007年4月20日に決定された「多重債務問題改善プログラム」では、「ヤミ金の撲滅に向けた取締りの強化」が多重債務問題対策の4本柱の一つとされている。

【関連キーワード】2006年改正貸金業法②

（三上理）

年金担保融資

■年金担保融資の定義

　年金担保融資とは、主に高齢者等の年金受給者を対象とし、「年金立替」「年金融資」などの広告を打ち、年金を貸付金の返済原資とすることを目的とし、融資の際に、年金証書や年金などが振り込まれる預金通帳、銀行印、キャッシュカードなどを預かることによって、事実上年金を担保とする貸付を行う違法な融資方法である。

■年金担保融資の原則禁止

　年金を担保に供することは禁止されており（国民年金法24条、厚生年金保険法41条1項等）、法律上、福祉医療機構のみが年金を担保に融資を行うことが許されている。

■違法な年金担保融資の社会問題化

　しかし、上記機構が行う融資は、手続上、貸付金を受給するまで時間がかかるため、経済的に困窮している年金受給者は、業者の「即日融資」という言葉に飛びつき、融資を受けてしまうことが多い。そして、一度そうした業者から年金を担保に融資を受けると、それ以後は実質上年金を受け取ることができなくなってしまう。すなわち、2カ月に1回受け取る年金は、業者への返済にあてられることになる。そのため、生活の最後の砦である年金を手にすることができず、年金受給者は日々の生活にも困窮することになり、自分の年金であるはずのお金を、業者からの追加融資という形で受け取ることになる。これでは、借金が減るどころか、どんどん増えていく結果となる。その一方で、年金担保融資業者は、高金利を得ることになる。

■違法年金担保融資に対する法規制

　こうした業者に対しては、過払金返還請求、不法行為に基づく損害賠償請求、行政処分の申立てにより対応していた。しかし、そのような対応だけでは被害者救済としては不十分なため、違法な年金担保融資業者への罰則等の規制が必要であった。そのため、2004年12月に当時の貸金業規制法が一部改正され、違法な年金担保融資が規制されることとなった。

　その内容としては、①広告・勧誘にあたって、公的年金等の受給者の借入意欲をそそるような表示または説明をしてはならないとされ（貸金業法16条2項4号）、②貸金業を営む者は、貸付の契約について、公的年金等からその貸付金の弁済を受けることを目的として、公的年金等が振り込まれる口座の預金通帳やキャッシュカード、または年金証書などの引渡しもしくは提供を求め、またはこれらを保管する行為、口座振替を求める行為をしてはならないとされた（同法20条の2）。そして、上記②に違反すると1年以下の懲役もしくは300万円以下の罰金が科され、またはこれを併科することができるものとされた（同法48条5号の2・5号の3）。さらに、上記①および②に違反した者は行政処分の対象とされている（同法24条の6の4第1項2号）。

　　　　　　　　　　（鈴木嘉夫）

偽装質屋

■偽装質屋とは

　偽装質屋とは、質屋営業法2条の質屋営業の許可は受けているが、無価値あるいはほぼ無価値な物品を預かって金員を貸し付ける業者のことである。

　この偽装質屋は、2006年12月に公布された改正貸金業法が、2010年6月に完全施行され、総量規制や上限金利引下げがようやく実現する時期の前後から、九州を中心に出現し、最近は関西・関東へ広がりを見せている。偽装質屋の実態は、質屋営業法上の許可を得てはいるが、小口高利金融であって、貸金業法の無登録営業を行っているものである。

■偽装質屋の問題点

　偽装質屋は、通常の質屋と異なり、質物契約が全く無意味である。具体的には、第1に、通常の質屋と異なり、質物は、融資金額からみてほとんど無価値な物を対象として質物契約を締結している。第2に、質物契約による流質を防止するため、利息のみならず元金についても、銀行の自動引落しを利用して、弁済を受ける。第3に、仮に質置主が流質を行っても、その残額を当然のように取り立てることで、実際には質物契約とは異なる融資を行っている。第4に、偽装質屋の顧客は、年金受給者等であり、この年金を担保とすることで確実に回収するなどしている。

　つまり、偽装質屋は、貸金業法の適用がなく、出資法の上限金利について特例が存在する質屋営業（質屋営業法36条、上限金利は年利109.5%）に着目し、公安委員会から質屋営業の許可を得て質屋営業を行うという新手のヤミ金なのである。

■偽装質屋に対する対策

　偽装質屋は、質屋営業法の適用があることから、借主が流質を選択すれば、残債務は消滅する（名古屋高判平23・8・25 LLI）。しかし、偽装質屋はこれを避けるために、銀行の自動引落を利用している。そこで、銀行の自動引落を止めることで対応可能である。

　また、既払分については、既述のとおり、①実質的には貸金業を無登録で行うものであること（貸金業法11条違反。同法47条2号により罰則）、②出資法の上限金利を超える利息を収受していること（出資法5条2項違反）、③実質的に年金担保等公的給付を担保とした貸付であることから年金担保を禁止した各種年金法（国民年金法24条、厚生年金保険法41条等）に違反していることから、正義、実質的公平の観念に照らし、損益相殺をすることは許されず、顧客が支払った返済額全額が損害となる（最判平20・6・10判時2011号3頁参照）。

　なお、偽装質屋に対する破産申立てについて、国庫仮支弁を認めた決定例もある（金法1978号138頁以下）。

【関連キーワード】2006年改正貸金業法②、ヤミ金融、年金担保融資、振り込め詐欺被害者救済法　　　　　　（黒木和彰）

振り込め詐欺被害者救済法

■振り込め詐欺被害者救済法とは
いわゆる「振り込め詐欺被害者救済法」の正式名称は「犯罪利用預金口座等に係る資金による被害回復分配金の支払等に関する法律」である。2008年6月21日に施行されている。

この法律により、詐欺などの犯罪行為に使われた預貯金口座について刑事裁判が行われていなくても、また、被害者が個別に民事裁判などを起こさなくても、預金口座を凍結し、凍結口座の残金から分配を受けられるようになった。お金を取り戻す有効な方法であるともに、詐欺のツールである違法口座を使えなくすることができ、詐欺被害撲滅のための効果的な方法である。

■適用対象
振り込め詐欺被害者救済法の適用対象は、「詐欺その他の人の財産を害する罪の犯罪行為であって、財産を得る方法としてその被害を受けた者からの預金口座等への振込みが利用されたもの」（2条3項）とされており、これを「振込利用犯罪行為」という。それゆえ、いわゆる振り込め詐欺だけでなく、たとえば恐喝により振り込んだ場合でも、また、ヤミ金事案（出資法違反の犯罪行為）などでも適用がある。

■手続の概要
捜査機関や弁護士などからの口座凍結要請を端緒として、金融機関による口座凍結（取引停止措置）がなされ、その後、預貯金債権の消滅手続（失権手続）が開始され、預金保険機構のホームページにおいて公告される。公告開始から一定期間が経過し、この間に口座名義人からの権利行使届出などがなければ、預貯金債権は消滅し、被害回復分配金の支払手続へと移行となる。そして、預金保険機構がホームページにおいて支払手続開始の公告をし、被害者から支払申請を受け付け、支払該当者を決定して、分配金の支払を行うこととなっている。

■口座の凍結要請
弁護士会が銀行協会との協議で取り決めた書式を使って、振込明細表の写しを添付して口座凍結要請をすると、迅速に口座凍結をしてもらえるようになっている。ただし、この場合、「口座名義人からのクレーム等があった場合、……クレーム等に対しては当職の責任において一切の処理を行います」ということになっている。

■被害回復分配金の支払手続
同法による被害回復は、所定の期間内に所定の方法で申請をする必要がある。口座凍結要請とは別の手続となっているので、要注意である。

■警察庁からの名義人情報の提供
2010年10月からは、警察庁から全国銀行協会・ゆうちょ銀行にヤミ金が犯罪に利用した口座の名義人情報の提供を開始し、これによって、一つの金融機関について犯罪利用口座が凍結された場合、別の金融機関の同一名義の口座も凍結される可能性が出てきている。

【関連キーワード】ヤミ金融（和田聖仁）

整理屋・提携弁護士・提携司法書士

■整理屋

整理屋とは、紹介屋や買取屋から紹介されたり、自らおとり広告を出すことによって訪れた多重債務者から、高額の手数料を取って債務整理を専門的に行う業者である。

■紹介屋

紹介屋とは、多重債務者に対して、自分では融資を行わず、単に他の貸金業者を紹介して、「私が紹介したからあなたは融資を受けられた」と嘘を言って、高額の紹介料を要求する業者であり、その実態は詐欺に他ならない。

■提携弁護士・提携司法書士

整理屋や紹介屋と提携している弁護士や司法書士を「提携弁護士」「提携司法書士」と呼ぶ。紹介屋は、おとり広告で集めた多重債務者を提携弁護士・提携司法書士の事務所に紹介して紹介料を受領している。また、整理屋は、提携弁護士・提携司法書士の事務所に事務員として入り込み、提携弁護士・提携司法書士の名義を利用して多重債務者の債務整理の事件の処理を行っている。提携弁護士・提携司法書士と結託している整理屋・紹介屋グループの中に、NPO法人や被害者の会などを名乗るものが急増しているのが最近の特徴である。整理屋・紹介屋グループは、新聞の折込広告や郵便受けのチラシ、スポーツ新聞、夕刊紙、雑誌、インターネットなどで広告をしたり、ヤミ金業者と同様に、多重債務者やヤミ金被害者の名簿を不正に入手してダイレクトメールを送付するなどして、多重債務者やヤミ金被害者を集めている。

提携弁護士・提携司法書士は、整理屋に自己の名義を利用させるのと引き替えに、整理屋から顧問料名目で名義料（月額50万〜200万円が相場といわれる）を受領している。

■提携弁護士・提携司法書士の広告

日弁連が、2000年10月より弁護士業務広告を原則解禁（自由化）したため、首都圏のJR・私鉄・地下鉄・バスや雑誌・スポーツ新聞・新聞の折込広告、郵便受けのチラシ、インターネット等における提携弁護士の広告が急増した。

2003年4月1日より、司法書士法の改正により、認定司法書士が簡易裁判所における訴訟代理権を獲得し任意整理を行うことが可能となったことや、このような司法書士が多重債務者から依頼を受けて介入通知を出すと、貸金業者から多重債務者に直接請求ができなくなったことから、整理屋・紹介屋と提携する司法書士が増加した。

■弁護士法違反

これらの提携弁護士・提携司法書士の行為は、いずれも弁護士法72条・27条に違反し、2年以下の懲役または300万円以下の罰金に処せられる。また、提携弁護士・提携司法書士に関しては、これらの行為は懲戒事由ともなる。

【関連キーワード】債務整理事件処理の適正化

（伊澤正之）

債務整理事件処理の適正化

■債務整理事件処理の適正化の必要性

多重債務者の債務整理事件に関しては、従前より問題とされていた非弁提携問題に加えて、近時、一部弁護士による不適切な事件受任の勧誘、法律事務処理、不相当な報酬請求等が問題となっていた。これらの問題は、マスコミ等でも大きく報道されて社会問題化しており、また国会の質疑でも、一部弁護士と依頼者である多重債務者とのトラブルに関する問題が取り上げられるに至った。このような事態を放置すれば、弁護士および弁護士を指導・監督する弁護士会・日弁連に対する国民の信頼を失うことになり、ひいては弁護士自治を堅持していくうえでも看過しえない問題となっていた。

■債務整理事件処理に関する指針

そこで、日弁連は、上記のような問題に対処すべく、2009年7月に「債務整理事件処理に関する指針」を定め、2010年3月にはこれを改正した。この指針は弁護士報酬に関する規律以外の部分、すなわち、事件受任・処理や業務広告に配慮すべき事項を示すものであったが、指針それ自体は任意の遵守を期待するもので拘束力がないものであったため、遺憾なことであるが、一部になお指針に反する例が見受けられ、被害の根絶が図られず、それに対する批判も依然として強いものがあった。

■債務整理事件処理の規律を定める規程の制定およびその概要

そこで、日弁連としては、拘束力がない指針では規則として不十分であり、また、報酬の規制についての必要性もあったことから、2011年2月に「債務整理事件処理の規律を定める規程」の制定をするに至り、同年4月1日から施行している。

同規程の概要としては、受任する弁護士が自ら個別面談をして、債務者の事情を聴かなければならないこと（3条）、事件処理の方針や事件処理に伴う不利益事項を受任する弁護士が自ら説明する必要があること（4条）、弁護士費用の説明義務（5条・6条）、受任した弁護士の氏名等の明示義務（7条）、受任した事件の処理に関し依頼者に対する報告義務（17条）などを定めている。そして、債務整理は全体として処理する必要性に鑑み、債務の整理を放置して過払案件のみを分別して受任すること（いわゆるつまみ食い）も禁止されている（8条）。

次に、報酬については、任意整理事件の弁護士報酬のみ規制している（9条〜16条）。

広告規制については、もっぱら過払金返還請求のみを取り扱う旨の表示の禁止のほか、報酬基準、受任弁護士との面談の必要がある旨の表示努力義務を規定している（18条）。

同規程にとどまらず、債務整理事件の適正な処理により多重債務者の救済を図ることが弁護士の使命であることを自覚しなければならない。

【関連キーワード】整理屋・提携弁護士・提携司法書士　　　　　（鈴木嘉夫）

自己破産

■自己破産とは

自己破産とは、債務者の申立てによって開始される破産をいう。

債権者にも破産申立権が認められているが（破産法18条1項）、消費者個人が免責を得る目的で申し立てる自己破産が圧倒的多数を占める。

■自己破産申立件数

個人の自己破産申立件数は、2003年度の24万2357件をピークに減少傾向にあり、2012年度には8万2668件まで減少した（最高裁判所「司法統計年報〔民事・行政事件編〕」平成15年度版第99表、平成24年度版第105表）。

■破産申立ての原因

日弁連消費者問題対策委員会編「2011年破産事件及び個人再生事件記録調査」（2012年、日弁連HP）によれば、破産の原因（複数回答可）として、60％が「生活苦・低所得」であり、19％が「保証債務」である。また、近年は、失業（20％）、給料の減少（16％）を原因とする申立てが増加している。

■2004年破産法改正

2004年の破産法改正により、「自由財産」として破産者が保有することが許される金銭の額が、標準的な世帯の必要生計費の3ヵ月分である99万円とされ、さらに裁判所の許可により自由財産の範囲の拡張が認められることになった。

また、免責許可申立てについての裁判が確定するまでは、破産債権に基づく強制執行は許されないことになった。

さらに、「少額管財」が法定され、債権調査、配当手続などが簡素化された手続を選択できるようになった。

■欠格事由・資格制限

自己破産には、債務の免除という大きなメリットがある反面、①欠格事由・資格制限、②信用情報機関への登録、③官報への掲載などデメリットがある。

破産手続開始決定がなされると、破産法上、破産者から財産管理処分権の剝奪などが生じるが、各種の法令は、それぞれの政策目的から破産者に対して資格制限を設けている。

弁護士、弁理士、公認会計士、公証人、宅地建物取引士、生命保険募集人、損害保険代理店、警備業者や警備員、風俗営業者とその管理者、証券会社の外務員や、後見人、保佐人、後見監督人、遺言執行者、法人の理事・監事、清算人などは、破産手続開始決定を受け、未だ復権していないときにはそれぞれの資格を得ることはできないし、現に資格を得ている者は、その資格を失う。

なお、株式会社や有限会社の取締役・監査役については、2006年施行の新会社法により、破産者であることが欠格事由ではなくなった。

【関連キーワード】多重債務者、債務整理事件処理の適正化、免責不許可事由、個人信用情報（貸金業）　　　（吉野建三郎）

免責不許可事由

自己破産手続は、債務者の財産を清算して債権者に公平な配当を行うことを目的とする配当手続と、残った債務を切り捨てて債務者の経済的更生を図る免責手続との二つの側面をもつ。もっとも、消費者たる個人の自己破産手続においては、免責手続すなわち免責許可を得て過去の債務の支払義務の免除を受けることがとりわけ重要である。

免責許可の判断は、破産手続の中で、債務者の報告書等を基礎に行われる。免責手続の制度目的は、債務者の経済的更生を図ることにあるから、裁判所は原則として免責を許可する。

しかし、免責は、債権者に経済的な犠牲を強いるものであるから、不誠実な債務者については免責が許可されない。破産法252条1項は免責不許可事由を定め、免責不許可事由に該当する不誠実な債務者については、免責が許可されないことになっている。

免責不許可事由のうち、消費者たる個人の自己破産で問題となることが多いのは、①浪費またはギャンブルによって過大な債務を負担した場合、②破産直前に、支払不能であることを知りながら、詐術を用いて借入れをした場合、③虚偽の債権者名簿を提出した場合、④裁判所が行う調査に対して、説明を拒み、虚偽の説明をした場合、⑤過去7年以内に破産免責を受けた場合（給与所得者再生手続による免責と、小規模個人再生におけるハードシップ免責による場合も含む）である。

■裁量免責

ただし、免責不許可事由が存在する場合であっても、裁判所は、破産手続開始の決定に至った経緯その他一切の事情を考慮して免責を許可することが相当であると認めるときは、免責を許可する。これを裁量免責という（破産法252条2項）。

裁量免責の可否にあたり考慮される具体的事由としては、①支払不能の原因となった動機、原因、その後の状況、②問題となる行為の態様、行為時における債務者の主観的状況、③弁済努力の有無、④破産者の更生の意欲、更生の見込みの有無、⑤債権者による異議申立ての有無等である。

■非免責債権

免責が許可された場合であっても、全ての債務が免責されるわけではない。破産法253条1項は非免責債権を定め、①公租公課、②悪意で加えた不法行為に基づく損害賠償請求権、③故意・重過失により人の生命身体を害する不法行為に基づく損害賠償請求権、④夫婦間の協力・扶助義務、婚姻費用の分担義務、子の監護に関する義務、親族の扶養義務、⑤未払賃金等の労働債権、⑥債務者が知りながら債権者名簿に記載しなかった請求権、⑦罰金等については、免責が許可された場合であっても免責されないとしている。

【関連キーワード】自己破産
【参考】大矢息生ほか編『破産の法律相談』（学陽書房、2004年）169頁

（北後政彦）

個人再生手続・住宅ローン特則

「個人再生手続」とは、債務の返済ができなくなった自然人が、再生債権の一部について、将来の収入を弁済原資とし、原則3年間（事情により5年間まで伸長可能）で分割して返済する再生計画を立てて返済を行うことにより、残額の免除を受けるという手続であり、民事再生法第13章に規定されている。具体的な手続により、小規模個人再生手続（同章第1節）と給与所得者等再生手続（同章第2節）に分かれる。

■小規模個人再生手続

将来において継続的にまたは反復して収入を得る見込みがあり、再生債権の総額が5000万円を超えない者が利用できる手続である（民事再生法221条1項）。再生計画における最低弁済率（同法231条）や弁済期間（同法229条）は法に定められており、再生債務者が法の定めに従って作成した再生計画案は、書面による決議に付され、再生計画に対し不同意とした再生債権者が過半数を超えなければ裁判所によって認可され（同法230条）、認可決定の確定により当然に手続が終了する（同法233条）こととされている。

■給与所得者等再生手続

小規模個人再生手続が利用できる者のうち、さらに給与またはこれに類する定期的な収入を得る見込みがあり、かつその変動の幅が少ないと見込まれる者が利用できる手続である（民事再生法239条1項）。同手続においては、再生債権者の決議なしに裁判所が再生計画を認可できることが大きな特徴であり、再生債務者の手続上のメリットとなる。その反面、再生債権者の権利保護を担保する目的から、再生計画に基づく弁済総額は、法が定めた可処分所得（手取収入から最低生活費を控除した金額）の2年分以上の金額とする（同法241条）ことが定められており（いわゆる可処分所得要件）、可処分所得の金額が高額になりやすいという懸念も存在する。

■住宅ローン特則

再生債権に住宅資金貸付債権（いわゆる住宅ローンなど）が含まれている場合、小規模個人再生手続、または給与所得者等再生手続の申立てを行う際に、再生債務者の希望で再生計画案に住宅資金特別条項を付加できるというもので、民事再生法第10章に定められている。住宅資金特別条項を付しても住宅資金貸付債権の総額が減額されることはないものの、同条項を付した再生計画にすることにより、民事再生手続を利用しても、住宅を保持することが可能となる。

【関連キーワード】多重債務者、自己破産、免責不許可事由、任意整理

（井原真吾）

任意整理（日弁連統一基準）

「任意整理」とは、裁判所を利用せず、各債権者との直接の交渉によって解決を図るものである。

消費者金融業者（サラ金）や商工ローン業者は、改正貸金業法成立・施行前には、利息制限法の制限利率を超える高い利率で貸付をしていたので、この制限利率を超える利息の約束は民事上無効であり、超過利息の支払分は元本に充当したものとして計算し直すことができる。このようにして、法律上支払義務のある債務額を確定し、その額（もしくはそれ以下の額）を一括または分割で支払うという内容で負債整理をしていくのが任意整理の手法である。

■日弁連の全国統一基準

2000年6月3日の日弁連主催の多重債務者救済に関する全国協議会で「多重債務者に対する任意整理を処理するための全国統一基準」が採択された。その内容は次の3点である。

第1は、当該業者に、取引の開始時点から現在に至るまでのすべての取引履歴の開示を求めることである。

取引期間が長いほど、元本充当によって元本額も減少し、場合によっては過払金が発生することもある。そこで、初回の借入れからの取引履歴を開示させることに成功するか否かが任意整理成功の決め手となる。この点につき、最高裁は、「貸金業者が…取引履歴の開示を拒絶したときは、その行為は、違法性を有し、不法行為を構成する」と判示し、開示義務違反を理由に損害賠償を認めた（最判平17・7・19民集59巻6号1783頁）。

しかし、近時はクレジット会社を初めとして旧時の業務帳簿の破棄を主張する貸金業者が目立ってきている。

第2は、利息制限法の制限利率に従って、支払済みの超過利息を元本に充当する計算を行い、最終取引日における元本を確定することである。

この際、特定の業者から貸金業規制法43条に基づく「みなし弁済」の主張がされることがあったが、この要件を満たす貸金業者はほとんどなかった（最判平18・1・13民集60巻1号1頁、最判平16・2・20民集58巻2号380頁等）。そして、「みなし弁済」規定は改正貸金業法において廃止された。

第3は、弁済案の提示にあたっては、それまでの遅延損害金や将来利息を付けず、計算し直した残元本のみを一括または分割で支払うという提示をすることである。

しかし、最近になって、特定の貸金業者や、経営が困難になった貸金業者などから、日弁連統一基準に対する抵抗が強まってきている。

しかし、日弁連統一基準の獲得は、先人弁護士らの成果であり、安易に妥協することなく、以上3点の任意整理基準に基づき、粘り強く、統一的に交渉を進めていくことが必要である。

【関連キーワード】過払金返還請求

（由良登信・和田聖仁）

日本クレジットカウンセリング協会（JCCO）

JCCOとは、公益財団法人日本クレジットカウンセリング協会の略称である。従前の英語の略称表記はJCCAだったが、2014年7月から英語表記がJapan Credit Counseling Organizationとなり、略称がJCCOとなった。

■日弁連との関係

JCCO設立の経緯としては、まず1986年3月27日に、当時の通商産業省産業政策局長の私的諮問機関である「クレジット債権回収問題研究会」（座長・矢島保男教授）が、アメリカにおけるCCCS（Consumer Credit Counseling Service）を参考に、多重債務者のためのカウンセリング機関の必要性とその運営のあり方についての報告書（自由と正義37巻7号65頁以下）を公表した。JCCOの出資金（基本財産）と運営費は消費者信用関係業界から出ているところから問題となった。

日弁連は、業界の取立機関であれば不可との立場で警戒的に対処し、最終的には通商産業省と日弁連との間で覚書を結び、設置・運営に協力することになり、1987年3月に通産大臣からJCCOの設立が許可され、同年5月からカウンセリング業務が始まった。

JCCOは、通産大臣監督下の公益法人として長らく業務を行ってきたが、その後サラ金業界・銀行業界もJCCOに参加することとなり、これを受けて、2002年4月1日以降、金融庁と経済産業省の共管となった。さらに、2012年に内閣総理大臣の公益認定を受けて公益財団法人となり、現在に至っている。その背景には、2006年の貸金業法改正を受けた「多重債務問題改善プログラム」（2007年）における、政府からJCCOへの「ブロック単位（全国11箇所）の拠点整備」の要請があった。

■JCCOのカウンセリング業務

JCCOは、多重債務者の発生の未然防止を図ることを目的とする公益財団法人である。現在行われている主要業務は、多重債務者からの問合せ・相談への応答、多重債務者からの依頼に基づく分割弁済による任意整理（これをJCCOでは「カウンセリング業務」と呼んでいる）である。すべて無料である。

JCCOのカウンセリング業務は、地元の弁護士会から推薦を受けた弁護士と、消費生活アドバイザーなどの資格を有するカウンセラーが、任意整理における日弁連統一基準に準拠したマニュアルに基づいて行っている。

このように、JCCOは、多重債務者の救済機関として機能している。

東京の本部のほか、福岡と名古屋に拠点整備の政府要請前にもセンターがあった。政府要請後、仙台、広島、新潟、静岡のセンターを設置し（7センター）、さらに、熊本、浜松、福島、高松、金沢、沖縄に相談室を設けている（5相談室）。JCCOでは「拠点の広範化・集約化」を進めている。

【関連キーワード】任意整理

（茨木茂・和田聖仁）

特定調停

　特定調停とは、「特定債務等の調整の促進のための特定調停に関する法律」（以下、「法」という）に基づき、経済的に破綻するおそれのある債務者の経済的再生を図るため、①調停委員会による取引履歴等の資料収集権限の強化（法12条・24条）、②民事執行手続の停止（法7条1項本文）等が認められた債務弁済協定調停等の民事調停の特則として行われる調停手続をいう。

■他の再建型手続との異同

　特定調停は、債務者の定期収入を原資として、利息制限法所定の制限利率に引直し後の残債務額を分割して支払う手続であり、任意整理・個人再生手続と同様に再建型手続ということができる。そのため、特定調停でも他の再建型手続と同様（民事再生法229条2項参照）、債務者が利息制限法による引直し後の残債務額をおおむね3年間で返済できる定期収入を有することを要する。ただし、他の再建型手続が、主に弁護士等法律専門家に依頼する必要性が事実上高いのに比べ、特定調停では調停委員会が手続をリードすることから、債務者本人が申立手数料等も低廉で申し立てることが可能である。このため資力の乏しい市民が比較的容易に裁判所の力を借りて債務整理をすることができるメリットがある。裁判所は、当事者の合意が得られないときには民事調停法17条に基づく調停に代わる決定（17条決定）を行うことができる。17条決定は当事者が異議を申し立てれば効力を生じないが、裁判所の判断であることから従う当事者も少なくない。

■問題点

　特定調停では、債権者から取引履歴等を収集して、債務者が法律上負うべき債務額を正確に確認することが必要である。仮に、調停委員会がこれを怠ってなした特定調停ないし17条決定に対しては、「国家賠償法上違法であるとの見方も成り立ち得るような大いに不当であるとの批判が当てはまる」（東京地判平18・3・24判タ1266号156頁）というべきであり、その効力自体に疑問がありうる。とりわけ過払金が発生しているにもかかわらず、これを看過した清算条項付きの17条決定が異議なく確定した場合には、違法な17条決定として、再審手続により覆すほか、再審の出訴期間をも経過している場合には錯誤無効により覆すことも考えられる（福岡高判平24・9・25WLJ等）。

　次に、法施行以後、特定調停上、貸金業者も将来利息のカットに協力してきたが、過払金返還請求の急増等による経営不振を背景に、将来利息のカットを拒否する貸金業者が散見されるようになった。このような場合に17条決定が積極的に活用されるべきだが、貸金業者が応じない状況が続く場合には、立法的対応も検討すべきである。

【関連キーワード】任意整理、個人再生手続・住宅ローン特則　　　　（菅陽一）

過払金返還請求

■利息制限法の内容
　消費貸借契約に基づく貸付をする場合に、民事上有効な利率の上限として、利息制限法は、①元本が10万円未満の場合は年20％、②元本が10万円以上100万円未満の場合は年18％、③元本が100万円以上の場合は年15％と定めており、これらの利率を超える利息の約束は無効とされている（同法1条1項）。

■元本充当の法理と過払金返還請求
　最高裁判所は、上限利率を超過した利息の支払いがあった場合、その超過した額は元本の支払いに充当されるとした（最判昭39・11・18民集18巻9号1868頁）。その結果、約定利率が上限利率を超過する場合には、上限利率による再計算を行うことで、法的に存在する残元本が判明し、その金額は、結果として約定利率による計算上の残元本よりも小さいものとなる。

　さらに、最高裁は、上記の計算を行った結果、残元本が消滅した後に、借主がさらに支払った場合には、債務がないのにその弁済として支払われたことから不当利得となり、借主が返還請求することができることを認めた（最判昭43・11・13民集22巻12号2526頁）。これが、いわゆる「過払金返還請求」である。

■残された論点
　みなし弁済規定の適用の有無については、一連の最高裁判決によって、事実上の決着をみたが、その他の論点についても、多数の最高裁判決が下されている。残元本がいったん消滅した後に過払金が発生した場合、その過払金を将来の借入金債務の弁済に充当できるかという点については、過払金充当合意による将来債権への充当を認めた最判平19・2・13（判時1962号67頁）、基本契約が締結されている場合に過払金充当合意があることを認めた最判平19・6・7（判時1977号77頁）、借入れと返済を繰り返す連続した貸付取引に過払金充当合意を認めた最判平19・7・19（判時1981号15頁）、事実上一個の連続した貸付取引の場合に過払金充当合意を認めた最判平20・1・18（判時1998号37頁）などがある。貸主の悪意の受益者該当性については、特段の事情がない限り貸金業者は悪意の受益者であると推定されるとした最判平19・7・13（判時1984号26頁）、みなし弁済規定の任意性の要件を欠くことのみをもって貸金業者を悪意の受益者と推定することはできないとした最判平21・7・14（判時2069号22頁）、旧貸金業法17条が定める事項の記載がない場合に貸金業者の悪意の受益者性を認めた最判平23・12・1（判時2139号7頁）などがある。過払金の消滅時効の起算点については、取引が終了した時点からとした最判平21・1・22（判時2033号12頁）がある。

【関連キーワード】みなし弁済規定
【参考】瀧康暢編著『過払金返還請求・全論点網羅2013』（民事法研究会、2013年）

（吉田哲也）

貸金業者の統廃合

■貸金業者数の推移

1983年の貸金業規制法施行後、貸金業者数は、1986年時点で4万7504社にも上っていた。その後、出資法の上限金利の引下げ等の規制も強化され、徐々に貸金業者数は減少していった。しかし、サラ金CMの解禁や無人契約機の普及などで消費者信用の市場自体は増大しており、2004年時点では依然として登録貸金業者は約2万3000社もあった。しかし、その後、多重債務問題は、自殺・夜逃げなどを生む大きな社会問題として認知され、2006年12月に「金利の引下げ(グレーゾーン金利の撤廃)」「総量規制」「参入規制の厳格化」などを内容とする改正貸金業法が成立した。

この貸金業法改正により、貸金業者の利益を生む構造となっていた大量かつ過剰に与信をすることができなくなった。また、利息制限法所定の利息を超える利息で貸付をしていた貸金業者に対する過払金返還請求が広くなされるようになり、貸金業者の収益は悪化し、その結果、貸金業者の整理・統廃合が進んだ。2014年7月末時点で貸金業者は、2087社まで減少している。

■消費者金融業者

消費者向けの金融をもっぱら行う金融業者の中には倒産する会社もあり、2007年9月にはクレディアが民事再生の申立てをし、大手の武富士も、2010年9月に会社更生法の適用を申請する事態となった(現在は日本保証が承継して事業継続)。また、2010年10月には三洋信販をプロミス(当時)が吸収合併した(プロミスはその後商号変更)。GEコンシューマー・ファイナンス(レイク)は、2008年9月に全株式を新生銀行に譲渡し、2011年10月以降は、新生銀行自らがレイクのブランドで消費者への貸付業務を始めるなど貸金業者の事業再編が進んでいる。一方、中小貸金業者の廃業が多く、大手貸金業者による寡占化が進んだ。

■事業者向け貸付業者(商工ローン)

事業者向けの貸付をする貸金業者(いわゆる商工ローン)についても、高金利・過剰貸付による利益構造が崩れ、大手ロプロ(旧日栄)が2009年11月に会社更生の申立てをした。SFCG(旧商工ファンド)も2009年2月に民事再生法の申請をし、同年4月に破産手続開始決定がなされるに至るなど、その統廃合は進んでいる。

■銀行との業務提携や銀行自身の貸付

資金調達の円滑化等の理由から貸金業者と銀行との連携が強くなってきている(アコムはMUFJグループ、プロミスはSMBCグループ等)。

さらには、前述のように消費者金融業者が利用していたブランドやノウハウで銀行自身が貸付をする例まで現れており、今後、消費者保護の観点からも、貸金業者そのものの動向だけではなく、銀行などの金融機関の動向や貸付対応などにも注視が必要である。

【関連キーワード】2006年貸金業法改正

(高橋敏信)

借金の消滅時効

権利不行使の状態が一定期間継続することによって権利消滅の効果を生ずる時効を「消滅時効」という。一般の債権が10年（民法167条1項）、商事の債権が5年（商法522条）である。

■時効完成後の債務承認

時効完成を知らないで債務の存在を認めるような自認行為をした場合は、完成した時効の利益を享受しない意思を表明する「放棄」とは異なる。しかし、判例・学説とも時効完成を知らないで義務の自認をした者に時効利益を享受させるのは適当ではないとして、放棄した場合と同様の扱いをしている。これを意思表示としての放棄と区別して、時効援用権の喪失などと呼んでいる。判例は、債務につき消滅時効が完成した後に、債務者が債務の承認をした以上、時効完成の事実を知らなかったときでも、以後その完成した消滅時効の援用をすることは許されないと解するのが信義則に照らし相当であるとして、信義則により援用権を制限している（最判昭41・4・20民集20巻4号702頁）。時効利益の放棄・時効援用権の喪失の効果が及ぶ範囲について、たとえば債務者が時効完成後に一部弁済した場合に債務全額について時効の利益を失うか問題になるが、原則として債務全額に及ぶと考えるべきである。

■信義則による援用権の制限の悪用

このような最高裁判例の趣旨を悪用し、消滅時効を知らない債務者に債務の一部を支払わせて時効の援用権を喪失させた後に、遅延損害金を含めた債務全額を請求する業者が存在する。これは、消滅時効を知らない債務者に対して、いわば詐欺的に債務承認を行わせているといえよう。このような詐欺的債務承認については、最高裁判例を限定解釈する必要がある。すなわち、債権者の欺瞞的行為により債務者に一部弁済をさせた場合には、信義則上、時効援用権は失われず、債務者は時効消滅を主張することができる。

この理論構成は、信義則によって債権者側の請求が制限されるので、最高裁判例がとる信義則制限の立場の裏返しであり、最高裁判例の趣旨に反するものではない。

下級審裁判例であるが、時効完成後に債権者が威圧的言動を用いて残債務の一部支払いを迫ったため、恐怖心を生じた債務者が一部支払いをしたという事案において、時効完成後の一部弁済により債務の承認をしたとしても「各具体的事情を総合考慮の上、信義則に照らして、債務者がもはや時効の援用をしない趣旨であるとの保護すべき信頼が債権者に生じたとはいえないような場合には、債務者にその完成した消滅時効の援用を認めるのが相当」とするものがある（福岡地判平13・3・13判タ1129号148頁）。同趣旨のものとして、東京簡判平11・3・19（判タ1045号169頁）も参考となる。

【参考】四宮和夫ほか『民法総則〔第8版〕』（弘文堂、2010年）　（岡島順治）

借金の相続

　相続人は、被相続人が死亡して相続が開始すると、その一身に専属したものを除き、被相続人の財産に属した一切の権利義務を承継する（民法896条）。

■相続の放棄

　相続財産には被相続人の債務も含まれるが、相続人がその意思に反して債務を負わされることは適当でない。また、積極財産（不動産・預貯金などのプラスの財産）が多い場合でも相続する意思のない相続人もいる。そこで民法は、相続の承認および放棄の規定を設けて相続人に相続の効果を受け入れるか否かの選択を認めている（民法915条）。相続放棄は、自己のために相続の開始があったことを知った時から3カ月以内に、家庭裁判所にその旨を申述しなければならない（同法938条）。判例によれば、起算点である「自己のために相続の開始があったことを知った時」とは、単に相続の開始の原因である事実を知った時ではなく、自己が相続人となったことを覚知した時と解されている（大判大15・8・3民集5巻679頁）。判旨に従えば、借金の相続については相続人が被相続人の債務の存在を知った時が起算点と解される。

　相続人が数人いる場合には、3カ月の期間は相続人がそれぞれ自己のために相続の開始があったことを知った時から各別に進行する（最判昭51・7・1家月29巻2号91頁）。相続第1順位の配偶者・子の全員が相続債務があることを知った時から3カ月以内に放棄すると、第2順位の直系尊属が相続することになるが、直系尊属が配偶者・子と同時期に相続開始を知ったとしても、配偶者・子が放棄をして直系尊属が自分が債務を相続したことを知った時から3カ月間は放棄できる。第3順位の兄弟姉妹が相続する場合も、同様に3カ月間の熟慮期間は確保される。

■金銭債務の共同相続

　相続人が複数である場合、権利義務について共同所有関係を生ずる。被相続人が金銭債務を負っていた場合、共同相続人は相続分のみを承継するか、金銭債務全体について連帯責任や不可分債務を負うかが問題となる。判例は、金銭債務のような可分債務については、遺産分割を待たず法律上当然に分割され、共同相続人が相続分に応じて承継し、連帯責任や不可分債務を負わないとする（大判昭5・12・4民集9巻1118頁、最判昭34・6・19民集13巻6号757頁）。これは、債権者に対し相続という偶然事情によって相続人が増えることによる担保機能の拡大を図るべきではないという理由に基づく。しかし、実務上、相続人全員に対し金銭債務全額の連帯債務や連帯保証を負わせる合意（債務承認書等）をとる債権者が多いので、注意が必要である。金銭債務の共同相続人がこのような合意をさせられた場合、錯誤・詐欺を主張できることがあると思われる。

【関連キーワード】個人信用情報（貸金業）

（岡島順治）

サービサー

■サービサーとは

　サービサーとは、債権管理回収業に関する特別措置法（1999年2月1日施行。以下、「法」という）により、債権の管理回収業務（法2条2項）について法務大臣の許可を得た株式会社（法3条）のことである。

　サービサーの債権管理回収業務は、いわゆるバブル崩壊による金融危機を背景とし、当時、緊急課題であった不良債権処理を行うために、弁護士法72条・73条の例外として特別に民間業者に認められたものである。そのため、サービサーが債権管理回収の対象とすることができる債権は、金融債権を中心とした限定された債権（特定金銭債権、法2条1項各号）となっている。また、業務も債権管理回収業務を専業とすることとなっており（法12条）、取締役に常務に従事する弁護士を選任しなければならない（法5条1項4号）等の規制がなされている。

■特定金銭債権の範囲拡大

　サービサーは、特別措置法により営業が認められた限定的な業務であるが、2001年6月に、特定債権の範囲を大幅に拡大した法改正がなされている。そして、2014年6月現在、許可を受けたサービサーは92社であり、2000年に設立された業界の任意団体である全国サービサー協会を中心にして、不良債権処理のみならず、公的債権の管理回収業務を行うことや事業再建業務を行うことができるよう、さらに大幅な特定債権の拡張を求めている。

　2014年5月に、全国サービサー協会は、法務大臣宛に、「債権管理回収業に関する特別措置法改正要望書」を提出した。同要望書によると、サービサーは、債権管理回収業を通じて、債務者の再生支援機能や債権管理回収の人材やノウハウの提供を行うことで社会貢献を果たしており、さらなる社会貢献を行うために、窮境状況下にある事業者や個人の再生、地域経済の再生・活性化事業、東日本大震災からの復興事業の出口戦略、公的財政や公共サービス事業の財務運営にも関与すべきであるとして、大幅な特定債権の拡張を求めている。

　今後の法改正には注意すべきである。

■闇サービサー問題

　法務大臣の許可を得ずに債権の管理回収業務を行うと、無許可営業罪（法33条1号・3条）が成立する。最判平24・2・6（判時2145号143頁）では、破綻した消費者金融会社から消滅時効が完成した債権や、過払いの可能性がある債権を譲り受けて取立を行う場合には、上記無許可営業罪が成立すると判示している。したがって、このような業者に対しては刑事告発を含む対応をすることが必要である。

【参考】黒川弘務＝石山宏樹『実務サービサー法225問〔改訂3版〕』（商事法務、2011年）　　　　　　　　（黒木和彰）

VIII

欠陥商品被害

VIII 欠陥商品被害

概　　説

1　製造物責任法

　1995年7月1日、**製造物責任法（PL法）**が施行された。同法では、**製造業者等**が、**製造物**の**欠陥**により生じた損害の賠償責任を負うことが定められ（同法3条）、過失責任を原則とする不法行為責任の特則として、いわゆる欠陥責任を導入した。また、同法には、**製造物責任における損害**の内容（同条）、**製造物責任の責任期間**（同法5条）や例外的な**製造物責任の免責**に関する事由（同法4条）も規定された。

2　製造物責任法の課題

　わが国においては、1950年代から**森永ヒ素ミルク中毒事件**、**サリドマイド事件**、**スモン事件**、**カネミ油症事件**といった大規模な被害が相次ぎ、その後も**薬害エイズ事件**など医薬品・食品等による健康被害事件は後を絶たない。これらの被害について、一般不法行為責任の下での製造業者側への責任追及には多大な時間と労力を要した。その他個別の欠陥商品被害についても、製造業者側の過失を立証するのは極めて困難であったことから、製造物責任法における欠陥責任の導入は画期的と評価され、これにより被害者の立証負担は軽減され、被害救済が促進され、ひいては欠陥商品被害の未然防止に役立つことが期待された。

　しかし、法制定後20年が経過し、これまでの判例等を検討すれば、**携帯電話熱傷事件**のように製造物責任法の趣旨が活かされた事例も相当数蓄積されてきたものの、依然として、製品の欠陥や損害との因果関係といった**製造物責任の立証**は被害救済にとって大きな壁となる場合が少なくない。事故情報データバンクシステムが設けられたこと等により、一定の**製品事故の情報・証拠の収集**は可能であるとはいうものの、被害者側の主張・立証に必要となる当該製品に関する知識や情報については、消費者と製造業者等の間には絶対的な格差があるが、訴訟等において必ずしも十分に配慮されていない。また、欠陥や**製品起因性**を否定しようとして、製造業者側から、使用者側の**誤使用**や他原因の可能性等を主張されることがあるが、主張・立証責任等との関係や事実上の推定の重要性が裁判所や当事者に正しく理解されていなければ、訴訟の混乱や遅延を招くことがある。また、**製造物責任における過失相殺**が安易に認められると、欠陥責任を導入した趣旨が没却されるという問題もある。

　製造物責任法の施行後も、三菱リコール隠蔽事件、雪印乳業低脂肪乳食中毒事件など、消費者の生活の安全を脅かす事件が続発し、さらには、**パロマ事件**を契機に、長期間使用する製品に関する責任期間のあり方も問題となっている。近時では、医薬部外品に関して、**茶のしずく石鹼事件・カネボウ美白化粧品白斑事件**が立て続けに発生している。同法が欠陥商品被害の未然防止に十分役立っているとも評価し難

220

い現状にある。
　したがって、明確な推定規定の導入等により立証を容易にして被害救済を図り、また企業が欠陥製品被害の未然防止に一層取り組むインセンティブとなり得る懲罰賠償制度の導入、あるいは時効・除斥期間の見直しを行うなど、製造物責任法の見直し・強化を検討しなければならない。

3　欠陥商品被害の未然防止

　消費者にとっては、日常生活で使用する様々な製品の安全性を確認する十分な情報や手段がなく、行政や事業者側が積極的に製品の安全性確保、被害発生・拡大防止に努めなければ、今後も悲惨な欠陥商品被害は繰り返されてしまう。
　欠陥商品被害を防止するためには、製品事故についての情報を、ヒヤリハット情報やインシデント情報まで広く収集・集約し、分析・公表する制度が不可欠であり、事故情報データバンクシステム等のさらなる充実・強化が必要であるが、これとともに、消費者に注意喚起し、欠陥商品を早期に確実に回収する**リコール制度**の充実・強化等も必要である。また、消費者安全調査委員会や各種原因究明・評価機関の充実・強化も必要であり、このような機関が十分に機能することにより、消費者の身体・生命・財産の保護に資することが期待される。

4　欠陥商品被害の救済

　製造物責任法に基づく訴訟等による救済のほか、マーク制度といった**業界ごとの補償制度**がある。また、裁判外紛争処理機関として各業界が設置する**PLセンター**があり、相談、あっせん、調停等により紛争の解決を図っている。これらは、製造物による被害について迅速・適正に救済することを目的としている。
　その他、国民生活センターの紛争解決委員会や消費生活センターの苦情相談等により解決が図られるケースもある。
　さらには、**製造物責任保険（PL保険）**も欠陥商品被害救済を実効化するために重要である。
　これらの諸制度は、いずれも製品の欠陥の存在や損害が明らかな場合には被害者の救済に役立つが、製造業者側が欠陥の存在や損害を争うケースでは、迅速かつ適正な被害救済は困難であると思われる。
【参考】日弁連消費者問題対策委員会編『実践PL法〔改訂版〕』（有斐閣、2015年刊行予定）、土庫澄子『逐条解説製造物責任法』（勁草書房、2014年）

（山本雄大・菅聡一郎）

製造物責任法（PL法）

■過失責任から欠陥責任へ

消費者が製品の欠陥によって生命・身体や財産に被害を被ったとき、直接契約関係にない製造業者の責任を問うためには、不法行為法によって、その過失を証明する必要があった。しかし、複雑で高度に技術化した製品の内部や製造過程は消費者にとってはブラックボックスであり、製造業者の過失を証明することは難しい。そこで、1950年代に、アメリカでは、判例で、製品が安全性を欠いていたこと、すなわち製品の欠陥による損害賠償責任を認める考え方を打ち出し、1962年の第2次不法行為リステイトメント（アメリカの判例法を法体系化したもの）に「製造物責任（Product Liability）」として盛り込まれ、急速にアメリカ社会に浸透した。これは、責任要件の着目点を、「人の過失」から「物の欠陥」へと転換することによって、被害者の立証負担を軽減し、救済されやすくするものである。その後、判例の蓄積によって「物の欠陥」が、製造上の欠陥、設計上の欠陥、指示警告上の欠陥に類型化されていった。

■EC指令

一方、EC（現EU）でも、サリドマイドなど深刻な欠陥製品事故を経験し、また市場の統合のための競争条件の整備のために製造物責任のレベルを共通にする必要が生じたことから、1985年に「製造物責任についてのEC指令」が採択された。同指令を受けて、その後、EU域内で急速に加盟国の国内法の整備が進み、途上国にも広がった。

わが国でも、1970年代に民法学者らによって製造物責任法要綱が提案されていたが、戦後復興期以来の多くの食品・薬品の欠陥による事故について、民法上の不法行為責任によって法的救済が図られてきた。訴訟が多発・継続していたこともあり、立法の気運が高まらなかったが、個別的に発生する機器や自動車などの欠陥によると思われる事故の救済において、個々の被害者が製造業者の過失や因果関係を立証することは極めて難しいのが実情であったことや、前記EC指令を受けて途上国でも製造物責任法の制定が広がっていったことから、わが国でも1980年代後半から立法化への消費者の声が高まっていった。

■日本の製造物責任法

日弁連では消費者団体と連携しながら、「製造物責任法案要綱」などを提案し、立法の気運を高めていった。そして、細川政権の誕生も契機となって、1994年6月に製造物責任法（PL法）が成立した。成立までに消費者側と産業界との間に厳しい対立があったが、ほぼEC指令に沿った法律が採択され、欠陥責任時代に入った。

【関連キーワード】欠陥、サリドマイド事件、製造物責任法制定への運動

（浅岡美恵）

製造業者等

製造物責任法に基づき損害賠償責任を負う責任主体は、同法2条3項に規定された、製造・加工業者、輸入業者（1号）、表示製造業者（2号）、実質製造業者（3号）である。

■製造・加工業者（1号）

製造物責任は、欠陥のある製品を製造・加工し市場に置いたことを責任要素とするので、「業として」、すなわち反復・継続して「製造物」（製造物責任法2条1項）を製造・加工した者が責任主体となる。

なお、部品や原材料の製造業者らも、完成品の製造・加工業者と併行して責任主体となりうるが、一定の場合は免責される（同法4条2号。キーワード「製造物責任の免責」参照）。

■輸入業者（1号）

輸入業者も責任主体となる。

日本の市場に製造物を置いたという点では輸入業者も国内製造加工業者と同様であり、被害者保護の観点からも、輸入業者を責任主体にし、外国の製造業者に対しては輸入業者からの求償に委ねることが公平と考えられる。

なお、複雑な流通形態をとる製品もあり、ある製品につき輸入業者は1社とは限らず、関与の形態によっては数社がこれに該当する場合もあり得る。

■表示製造業者（2号）

自らを当該製造物の製造業者としてその氏名、商号、商標その他の表示をした者や、製造業者と誤認させるような氏名等の表示をした者も、「製造業者等」として責任を負う。その氏名等の表示をすることによって、製品に信頼を与え、何らかの利益を受けていることが考えられるからである。OEM製品やPB（プライベート・ブランド）製品がこれに当たる。

■実質製造業者（3号）

たとえば、「総販売元」とか、「〇〇屋特選」等と表示して製品を販売したときのように、製造・加工・輸入・販売に係る形態その他の事情からみて、製造業者とは書かれていないが、実質的な製造業者と認めることができる氏名等の表示をした者も、「製造業者等」として責任を負う。その氏名等の表示をすることによって、製品に信頼を与え、何らかの利益を受けていることが考えられるからである。

この規定は、すでに製造物責任法制定以前から、薬害スモン事件判決（東京地判昭53・8・3判時899号48頁）等で認められてきたところを条文化したものといわれている。

なお、上記2号・3号に該当しない販売業者は製造物責任を負わず、瑕疵担保責任等を負うにとどまる。

■連帯責任

以上に述べた各種の「製造業者等」は、一つの製品事故で同時に責任主体となりうる。したがって、被害者は、これら考え得る「製造業者等」に連帯して損害賠償を請求することができる。

【関連キーワード】 製造物責任の免責、スモン事件

（中村雅人）

製造物

製造物の定義規定は、製造物責任の及ぶ物的範囲を定めることになり、製造物責任法2条1項は、製造物とは、「製造又は加工された動産をいう」と規定している。

製造とは、原材料から新たなものを作り出すことをいう。

加工とは、材料に工作を加えて、その本質を維持しながら新しい属性・価値を付加することをいい、同じ工作を加える行為でも、本来の属性・価値を維持回復する修理・修繕とは異なる。

割烹料亭が調理したイシガキダイを食べて食中毒に罹患した者が、割烹料亭の製造物責任を追及した事案（東京地判平14・12・13判時1805号14頁）では、「法にいう『製造又は加工』とは、原材料に人の手を加えることによって、新たな物品を作り（『製造』）、又はその本質は保持させつつ新しい属性ないし価値を付加する（『加工』）ことをいうものと解するのが相当で」あり、「具体的にいえば、原材料に加熱、味付けなどを行ってこれに新しい属性ないし価値を付加したといえるほどに人の手が加えられていれば、…『加工』に該当する」として、アライや兜焼き等は「製造物」に該当するとしている。

■不動産

不動産は、法文上、製造物から除外されている。ただし、建物を構成する原材料や部品については、製造され引き渡された時点で動産であった物である限り、製造物責任の対象となる。

■農産物

加工について問題となるものに農産物がある。たとえば、収穫後の野菜の不要部分を除去して販売した場合、購入しやすいように半分にカットして販売した場合、直ちに調理できる程度に細かく刻んで販売した場合、保存のために塩漬けにして販売した場合、味付け・煮込み・調理して販売した場合、これらのいずれを加工とみるかは、製造物責任法が依拠する危険責任・報償責任・信頼責任に則って判断されるべきである。

■医療関係（医薬品・臓器・血液等）

医薬品が製造物であることに争いはない。漢方薬も、素材そのままを使用するような場合を除いて、製造物に含まれる。

臓器・血液・生ワクチン等については、保存液や抗凝固剤・安定剤を加えて処理されている場合などは製造物に該当する。

■中古品

中古品についても、新品と同様である。製造業者が引き渡した時点で欠陥があり、欠陥と損害の間に相当因果関係がある限り、製造業者等は製造物責任を負う。他方、中途に介在する者の改造や修理が原因となる場合は、引き渡した時点では欠陥があったとはいえない。

【関連キーワード】製造物責任法、製造業者等

（出口裕理）

欠　陥

　製造物責任法の欠陥とは、「当該製造物が通常有すべき安全性を欠いていること」である（同法2条2項：規範的要件）。当該製造物の安全性欠如判断の考慮事情として、同法は、①当該製造物の特性、②その通常予見される使用形態、③その製造業者が当該製造物を引き渡した時期、④その他の当該製造物に係る事情、をあげる。これらの事情は被害者が主張・立証責任を負う請求原因事実ではなく、これらの考慮事情の全てが明確にならなければ欠陥が認定できないわけでない。欠陥の有無は、当該製造物の特性に応じた種々の事情を総合考慮して個別の事案ごとに判断される。主観的な注意義務違反である過失ではなく製造物の客観的な性状である欠陥を責任要素とすることで、欠陥製品による被害者の立証責任の軽減を図ったものである。

■欠陥の類型

　欠陥の類型として、①設計上の欠陥、②製造上の欠陥、③指示・警告上の欠陥の3類型に分類されることがある。設計上の欠陥とは、設計自体がすでに安全性を欠く場合（カプセル玩具誤飲事件：鹿児島地判平20・5・20判時2015号116頁）、製造上の欠陥とは、当初の設計や仕様どおりに製造されなかったことにより安全性を欠く場合、指示・警告上の欠陥とは、当該製造物使用の際の人の生命・身体等に対する危険性を前提に、使用者に対して、危険を防止するための適切な指示警告を行わなかったことにより安全性を欠く場合である。製造物責任法上、欠陥の類型は特段規定されていない。3類型のいずれかに該当しないと欠陥の認定ができないわけではない（携帯電話熱傷事件：仙台高判平22・4・22判時2086号42頁では設計または製造上の欠陥と認定）。

■欠陥の部位の特定

　製品事故による損害発生を主張する原告が、当該製品に欠陥が存在することの主張・立証責任を負うが、欠陥の箇所、欠陥の原因、科学的機序まで主張立証責任を負うものではない。当該製品の通常の用法に従った使用にもかかわらず、身体・財産被害を及ぼす異常の発生を主張・立証することで欠陥の主張・立証としては足りる（携帯電話熱傷事件）。

■安全性の判断主体

　法文上、「通常有すべき安全性」の判断主体は明記されていないが、カプセル玩具誤飲事件（前掲鹿児島地判）や幼児用自転車ペダル損傷事件（広島地判平16・7・6判時1868号101頁）では、幼児が使用することを前提に安全性が判断された。本法の目的が製品事故の被害者保護にあることからして、当該製品の使用者の立場から、特に日常生活用品については消費者の立場から安全性が判断されるべきである。

【関連キーワード】製品起因性、誤使用、携帯電話熱傷事件、製造物責任の立証

（日髙清司）

製品起因性

　製造物責任が成立するためには、製造物の欠陥の存在と、欠陥と損害との間の相当因果関係が必要である（製造物責任法3条）。裁判実務上、これに関連して、事故が当該製造物に起因して発生したものか否か（製品起因性）が争点となることがある。たとえば、製造物の発火事故で、当該事故がそもそも当該製造物の発火によるものか否かが争点となる場合などである。

　欠陥の存在、欠陥と損害との相当因果関係の立証が密接不可分であることが多いが、裁判実務上、事実的因果関係としての製品起因性が独立の争点となり、欠陥の存否や相当因果関係の有無の結論に影響を与えることがある。

■事実上の推定の活用

　製品起因性の証明責任は、被害者側にあるが、証拠が製造業者等の側に偏在する製造物責任訴訟においては、被害者側に初めから困難を強いることになるため、立法時から立証負担の軽減が求められてきた。同法は、経験則による事実上の推定を積極的かつ柔軟に活用し、被害者側の立証負担を実質的軽減し、製造業者側への実質的転換を期待することが前提となっている。

■他原因主張との関係

　製品起因性がどの程度争点となるかは、製造物の種類・性状や残存状況、事故の内容、同種事故や科学的知見の有無など事案によって異なる。原因究明の難しい事案では、被害者側による解明にはおのずと限界がある。この点、製造業者側は、他原因の可能性を主張して争おうとする場合もみられる。

　しかし、同法は、被害者に対して、自ら事故の詳細な科学的機序・経過を解明し、他原因の可能性を全て払拭することまでを求めるものではない。事故発生状況や関連する諸事情等、得られた事実関係をもとに、経験則に照らして、製品に起因する可能性を推認できれば、立証責任は実質的に転換され、他原因によることの積極的立証が製造業者等からなされない限り、製品起因性の推認は覆らないと考えなければならない。

　製品起因性に関し、事実上の推定を活用する例として、異物混入ジュース咽頭部負傷事件（名古屋地判平11・6・30判時1682号106頁）、磁気活水器養殖ヒラメ全滅事件（徳島地判平14・10・29裁判所HP）、輸入漢方薬腎不全事件（名古屋地判平16・4・9判時1869号61頁）、あまめしば事件（名古屋地判平21・2・26LLI）、携帯電話熱傷事件（仙台高判平22・4・22判時2086号42頁）等がある。

　被害者側としては、製造業者等からの他原因等の主張に惑わされることなく、自らの主張・立証責任を意識した主張整理や立証活動を行うよう留意する必要がある。

【関連キーワード】欠陥、製造物責任の立証

（菅聡一郎）

誤　使　用

■誤使用とは

　相対交渉やPL訴訟で、製造業者側から「誤使用」の主張をされることが少なくない。「事故の原因は被害者側の使用方法が誤っていたからだ」、「取扱説明書どおりの使用をしていない」などとして、当該製品の欠陥そのものを否定したり、欠陥は認めるとしても過失相殺の主張がなされる。実際にあった例では、たとえば保護者がこんにゃく入りゼリーを凍らせて子どもに与えたところ、喉に詰まらせて窒息した事例で、「保護者が凍らせたこんにゃく入りゼリーを幼児に与えたのが事故の原因であり、こんにゃく入りゼリー自体に欠陥はなかった」などと主張されたことがある。裁判所も、このような誤使用の主張にはまってしまう可能性があるので注意する必要がある。

■誤使用の主張とPL法

　もともと「誤使用」という文言が製造物責任法にあるわけではない。同法2条2項に規定する「欠陥」の定義の中で、「その通常予見される使用形態」に関連して判断される事情の一つである。欠陥判断との関係で「誤使用」をあえて定義するとすれば、「当該製造物の予定される用途、用法からおよそ逸脱した使用形態」ということができよう。「製造業者が想定した本来の使用方法に反する形態」、「予定されている適正な使用方法から逸脱した使用形態」などと解することは製造物責任法の立法趣旨に反する。

　「その通常予見される使用形態」に関しては、当該製造物の特性から個別具体的に判断する必要がある。

　製造業者にとって「予見可能な誤使用」である場合には、欠陥を否定するものではない。製造業者にとって「予見できなかった誤使用」であるからといって、製品使用者にとってそれが誤使用とはいえない場合には欠陥は否定されない。同種事故が複数発生する製造物は、製造業者が予見できなかったものであるとしても当該製造物自体に欠陥が認められるものであり、「誤使用」とはいえない。また製品使用者側の属性から、当該製造物が高齢者・幼児が使用するものである場合、免許取得者など有資格者にのみ使用されるものである場合、警告表示の内容なども含め、個々具体的に判断されるべきである。

■安全設計の必要性

　製造業者は、誤使用を誘発するような設計をすべきではなく、製造物の安全性をより高めるために、国際規格やJISに規定されているリスク・アセスメントをする必要がある。ヒューマンエラー、アフォーダンスなど人間工学の観点から目に見えにくい事故の危険性が指摘されている。フェイルセーフ、ISO/IEC Guide51などに依拠した安全設計がなされるべきである。

【関連キーワード】欠陥、製造物責任における過失相殺　　　　　　　　（杉浦英樹）

製造物責任における損害

製造物責任によって塡補される損害は欠陥と相当因果関係にある損害であるが、以下の論点がある。

■拡大損害

製造物責任法は、当該製造物の欠陥によって発生した拡大損害、すなわち、死亡・傷害事故もしくは当該製造物以外の物が滅失・毀損した場合をその対象としており、当該製造物のみが滅失または毀損した場合は適用がない。

■事業上の損害

事業上の損害については、その額が莫大なものになりうること、その性質が消費者被害とは異なるものと考えられることなどを論拠に製造物責任法の対象から除外すべきであるという考え方がある。しかし、製造物責任法1条は、その目的を「被害者の保護」と規定し、「消費者」に限定しておらず、同法3条も事業上の損害を除外する旨を規定していない。事業上の損害とその他の損害の区別が困難であること、わが国に存在する企業の9割が中小（零細）企業であって事業上の損害であっても個人の生活にとって不可欠なものが多く救済の必要性が高いことなどから、事業上の損害は除外されないと解されている。

■懲罰賠償制度・付加金制度

懲罰賠償制度は、実損害の他に懲罰的に科されるもので、類似行為の再発抑止をも狙ったものである。1960年頃から、アメリカにおいて消費者運動の高まりの中で、製造者に故意または重過失がある場合に懲罰賠償が命じられ、時に巨額の賠償が認められるようになった。わが国のクロロキン薬害訴訟判決（東京高判昭63・3・11判時1271号3頁）、萬世工業事件判決（最判平9・7・11判タ958号93頁）、三菱自動車脱輪事故訴訟判決（横浜地判平18・4・18判時1937号123頁、東京高判平19・2・27公刊物未登載）は、懲罰賠償を否定しているが、繰り返される欠陥商品事故の再発防止とPL訴訟の活性化のためには、懲罰賠償制度を一定の範囲で導入すべきである。実損害以上の賠償を認める立法例として労働基準法114条の付加金の制度がある。

■生活能力を喪失させる損害

人身事故における損害賠償理論は「労働能力喪失率」を基軸として損害が積算されている。しかし、茶のしずく石鹸事件やカネボウ美白化粧品白斑事件においては、被害者が小麦の入った食品を摂取できないとか、白斑（外貌醜状）により外出ができず対人関係が阻害されるなど生活能力に重大な支障や精神的苦痛を及ぼすことになるが、それが直ちに労働能力を減少させることに結びつかないため、被害者が受けた損害を適切に評価することができないことになる。そのため、生活能力の喪失あるいは慰謝料の増額という新たな損害算出基準が求められる。

【関連キーワード】製造物、茶のしずく石鹸事件・カネボウ美白化粧品白斑事件

（田中厚・中村忠史）

製造物責任の責任期間

　製造物責任は不法行為責任であり、民法の不法行為に関する規定が適用されるが、その責任期間については以下の特則がある（製造物責任法5条）。
① 　損害賠償の請求権は、被害者またはその法定代理人が損害および賠償義務者を知った時から3年間行わないときは、時効によって消滅する（1項前段）。
② 　製造業者等が当該製造物を引き渡した時から10年を経過したときも同様とする（1項後段）。
③ 　（②の期間は）身体に蓄積した場合に人の健康を害することとなる物質による損害または一定の潜伏期間が経過した後に症状が現れる損害については、その損害が生じた時から起算する（2項）。

■3年の消滅時効
　製造物責任法5条1項前段は、民法724条と同様の消滅時効の規定を置いている。

■10年の期間制限
　製造物責任法5条1項後段の性質については消滅時効か除斥期間かで争いがある。規定の体裁からすれば消滅時効期間であると解されそうであるが、民法724条後段に関する判例と同様、除斥期間とする見解や、特別の期間制限とする見解がある。

■蓄積損害・潜伏損害
　製造物責任法5条1項後段は10年という期間制限を設けており、この期間制限は民法724条後段の20年に比してかなり短い。そのため、耐久性のある製品の中には、通常の使用期間中に製造物責任を追及できなくなったり、損害が顕在化しないうちに期間制限によって被害者が損害賠償請求できなくなる結果になるという立法論的な問題がある。さらに、1項後段の規定では、蓄積損害・潜伏損害については明らかに不当な結果となる。そこで、2項は、「蓄積損害」「潜伏損害」について、期間の起算点を「損害が生じた時」まで遅らせることにし、除斥期間は損害発生から10年間とした。これによって、蓄積損害・潜伏損害に関しては、従来の民法上の不法行為責任等では除斥期間により消滅する請求権も保護される場合がある。
　2項のいう「身体に蓄積した場合に人の健康を害することとなる物質」とは、化学物質等で、人体に吸入・摂取された後、身体組織に沈着し徐々に排出される性質を有する物質であり、アスベスト、メチル水銀、PCB等があげられる。また、「一定の潜伏期間が経過した後に症状が現れる損害」とは、製品の使用後直ちに発症せず、一定の期間を経てはじめて症状の出る場合をいうもので、HIV感染症等の例があげられる。
　なお、1項後段の規定が適用されるのは、製造物責任法に基づく損害賠償請求権のみであり、期間経過後でも民法上の責任を追及しうる場合もある。

【関連キーワード】 製造物責任の立証

（出口裕理）

製造物責任の免責

製造物責任法は、「開発危険の抗弁」と「部品・原材料製造業者の抗弁」の二つの免責事由を規定している（同法4条）。これらの免責事由の証明責任は、製造業者等が負う。

■開発危険の抗弁（製造物責任法4条1号）

開発危険の抗弁は、当該製造物をその製造業者等が引き渡した時点での科学技術に関する知見では当該欠陥を発見できなかったことを製造業者等が証明した場合には、その後に発見された欠陥により被害が発生しても製造業者等は免責されるとするものである。この規定は、製薬企業等の開発意欲への配慮から導入されたが、無過失責任を導入した法の趣旨に鑑み、科学技術に関する知見とは、世界的に見て入手可能な最高の科学技術水準を指すと解されており、実際に抗弁を適用すべき場面も想定し難い。

それゆえ、わが国でこの抗弁を適用して製造業者等を免責した裁判例はまだない。訴訟中でこの抗弁が主張された例としては、イシガキダイ食中毒事件（東京地判平14・12・13判時1805号14頁）や気管切開チューブ事件（東京地判平15・3・20判時1846号62頁）などがある。

この抗弁は、訴訟上提出されると科学技術論争に伴う無用の攻防が訴訟の遅延につながることが立法時から懸念され、実際の事件例でもそのような傾向がみられる。EC指令（1985年）でもこの抗弁は加盟国に選択権を付与するオプション条項にとどまる。

■部品・原材料製造業者の抗弁（製造物責任法4条2号）

部品・原材料製造業者の抗弁は、当該製造物が他の製造物の部品または原材料として使用された場合において、その欠陥がもっぱら当該他の製造物（中間製品も含む）の製造業者が行った設計に関する指示に従ったことにより生じ、かつその欠陥が生じたことにつき過失がない場合には、部品・原材料製造業者等は免責されるとするものである。

本来、完成品の一部の部品の欠陥により事故が発生した場合、被害者に対する関係では、完成品製造業者と部品製造業者は連帯責任を負う。しかし、この規定は、部品や原材料製造業者に中小企業が多いわが国において、その部品や原材料が組み込まれる他の製造物の製造業者による設計に関する指示に従わざるを得ない場合がありうることなどから、特に政策的に無過失責任の原則の例外（一部軽減）を認めたものとされる。ただし、他の部品との組合せにより製品全体として欠陥品となる場合でも、合理的に予見できる組合せに伴う新たな危険については警告義務があると解されるなど、無過失の立証は実際上極めて困難であるため、わが国で訴訟上この抗弁が認められた例はまだない。

【関連キーワード】製造業者等、製造物、製造物責任法（PL法）　　　（菅聡一郎）

製造物責任における過失相殺

製造物責任法6条は、「この法律の規定によるほか、民法の規定による」と定めており、民法には過失相殺に関する規定がある（民法722条2項）。製造物責任法に過失相殺についての規定はないことから、民法の規定が適用されるとするのが一般的である。

■過失相殺

過失相殺は、公平ないし信義則の見地から、損害賠償の額を定めるについて被害者の過失を考慮すべきとしたものである。被害者の過失は、損害の発生についても、損害の拡大についても認められる。過失相殺は、公平の見地から、損害発生・拡大についての被害者の不注意をいかに斟酌すべきかの問題であることから、被害者たる未成年者の過失を斟酌する場合には、未成年者に事理弁識能力が備わっていれば足りるとされる。さらに、被害者以外の者に過失があるときに、過失相殺できるかについては、被害者と身分上ないしは生活関係上一体をなすと認められるような関係にある者については被害者側の過失として斟酌することができるとしている（最判昭42・6・27民集21巻6号1507頁）。

■製造物責任における過失相殺

製造物の欠陥により損害が発生した場合であっても、製造業者等に全面的に責任を負わせるのは公平に反する場合には、被害者側の不注意や損害に寄与する要因などを斟酌して賠償額を減額すべきであるとも考えられる。

しかし、製造物責任法は、欠陥のある製品による被害者を保護すべく（欠陥責任）、「当該製造物が通常有すべき安全性を欠いている」場合に、製造業者等に製造物責任を認めるものである。そして、「欠陥」とは、①設計上の欠陥、②製造上の欠陥、③指示・警告上の欠陥をいうとされている。

被害者に製造業者等が本来の用法として想定していた使用方法と異なる誤使用があることのみで直ちに被害者に過失があるとして過失相殺を認めてはならず、当該製造物の設計上の欠陥、製造上の欠陥、警告・表示上の欠陥の程度を考慮したうえ、欠陥責任の下でもなお、被害者側の過失を斟酌するのが相当であると認められる例外的な場合にのみ、一定割合の過失相殺が許容される余地があるというべきである。

この点、カプセル玩具誤飲事件では、玩具の設計上の欠陥を認めながら、事故現場にいた親など保護者が十分な管理・監督を行っていたとはいえないとして7割の過失相殺を行っている（鹿児島地判平20・5・20判時2015号116頁）が、被害者側の危険回避義務を過大に評価するものであり問題である。

【関連キーワード】製造物責任法、誤使用、欠陥

【参考】潮見佳男『不法行為法Ⅱ〔第2版〕』（信山社、2011年）369頁　（林尚美）

製造物責任の立証

　被害者が、製造物責任による損害賠償を求めるためには、製造物に欠陥が存したこと、その欠陥により損害が生じたことを主張・立証しなければならない（製造物責任法3条）。すなわち、欠陥の存在と損害の発生、そして欠陥と損害との間の相当因果関係の立証が必要となる。

■欠陥の立証

　欠陥とは、当該製造物が通常有すべき安全性を欠いていることであり、個別具体的な事案に沿ってこれを立証する必要がある。製造物責任法は、欠陥の考慮事情として、当該製造物の特性、その通常予見される使用形態、当該製造物が引き渡された時期等を例示的にあげているが、これらの考慮事情を全て立証しなければならないものではなく、また、立証課題がこれらの考慮事情に限定されるものでもない。

　欠陥の立証においては、欠陥の原因、部位および内容の特定までは必要とされない。テレビ発火事件（大阪地判平6・3・29判時1493号29頁）、携帯電話熱傷事件（仙台高判平22・4・22判時2086号42頁）、ヘリコプターエンジン出力停止事件（東京地判平24・1・30判時2208号46頁）等により、欠陥の立証は、当該製造物を通常の用法に従い使用したこと（通常使用）、当該製造物により拡大損害を発生させる事故が生じたこと（事故の製品起因性）の立証で足りるとの考え方が裁判例上、定着している。

■欠陥と損害の因果関係

　欠陥の立証において、事故の製品起因性が検討され、そこでは被害者に生じた損害の態様等も含めて検討されることから、多くの場合、欠陥と損害との因果関係の立証と共通する。

■事実上の推定

　食品や医薬品などの欠陥による事故の場合、被害者である消費者が、製品起因性を科学的・論理的に立証することは困難である。つまり、欠陥について、通常使用と事故の製品起因性の立証で足りるとしても、製品起因性の立証においてはなお、事実上の推定を活用することが求められる。

　なお、事実上の推定に関しては、欠陥の存在および欠陥と損害の因果関係について推定規定を設けることが立法段階で検討されたが、裁判実務において個々の事案に応じて事実上の推定等を積極的に活用することにより被害者の立証負担の軽減がなされるべきであるなどの理由で推定規定自体は法律には盛り込まれなかった。しかし、欠陥の認定において、いまだに、欠陥の原因や部位、内容までも被害者に立証を求める事例もみられ、製品起因性の立証が困難な場合もあり、立法趣旨に基づく立証責任の軽減が一律に図られるように法改正により推定規定を導入し、欠陥・製品起因性の立証において事実上の推定を活用する必要がある。

【関連キーワード】携帯電話熱傷事件、欠陥、製品起因性　　　　　　（山本雄大）

新刊のご案内

―― 2015年3月 ――
(2014年9月～2015年3月刊行分)

民事法研究会

http://www.minjiho.com/
【最新の図書目録はホームページ上でダウンロードできます】

話題の新刊・近刊

3月刊 被害の予防と救済について、Q&A方式でわかりやすく解説！

消費者のための**住宅リフォームの法律相談Q＆A**

Ａ５判・約210頁・定価 本体1800円+税　日本弁護士連合会消費者問題対策委員会 編

3月刊 当事者間の調整の方法、支援機関の利用方法などアドバイスが満載！

代理人のための**面会交流の実務** ―離婚の調停・審判から実施に向けた調整・支援まで―

Ａ５判・約195頁・定価 本体2200円+税　片山登志子・村岡泰行 編
　　　　　　　　　　　　　　　　　　　面会交流実務研究会 著

3月刊 精神的・財産的被害や家族の崩壊などへの対応方法を解説！

Ｑ＆Ａ宗教トラブル110番〔第3版〕

Ａ５判・294頁・定価 本体2700円+税　山口 広・滝本 太郎・紀藤 正樹 著

3月刊 景表法、消費者安全法などの平成26年改正に対応！

消費者六法〔2015年版〕―判例・約款付―

Ａ５判箱入り並製・1534頁・定価 本体5000円+税　編集代表 甲斐道太郎・
　　　　　　　　　　　　　　　　　　　　　　松本恒雄・木村達也

2月刊 訴訟類型ごとの要件事実を迅速・的確に訴訟関係書類に反映できる！

簡裁民事訴訟事件要件事実マニュアル

Ａ５判・596頁・定価 本体5500円+税　園部 厚 著

2月刊 具体事例を通して、利害関係人の調整と手続を書式を織り込み解説！

事例に学ぶ**相続事件入門** ―事件対応の思考と実務―

Ａ５判・318頁・定価 本体3000円+税　相続事件研究会 編

2月刊 最新の法改正・判例・実務・書式を反映！ 判例索引付！

遺言執行者の実務〔第2版〕

Ａ５判・428頁・定価 本体4000円＋税　日本司法書士会連合会 編

1月刊 理念からノウハウまで、最新の法令・理論に基づき網羅的に解説！

Q&A成年後見実務全書〔第1巻〕—総論・法定後見Ⅰ—

Ａ５判・371頁・定価 本体3800円＋税　編集代表 赤沼康弘・池田惠利子・松井秀樹

1月刊 史上最大の改正に対応しつつ最新の判例・実務を反映！

生活保護法的支援ハンドブック〔第2版〕

Ａ５判・467頁・定価 本体3600円＋税　日本弁護士連合会貧困問題対策本部 編

1月刊 実務に必須のノウハウ・必修知識を条項変更例などとともに明示！

業務委託（アウトソーシング）契約書の作成と審査の実務

Ａ５判・616頁・定価 本体5500円＋税　滝川 宜信 著

1月刊 メディエーションの活用を提唱しその実践方法を解説！

介護トラブル相談必携—基礎知識からメディエーションによる解決法まで—

Ａ５判・349頁・定価 本体3200円＋税　外岡 潤 著

1月刊 具体事例を通して、後見人・後見監督人としての対応と手続を解説！

事例に学ぶ成年後見入門—権利擁護の思考と実務—

Ａ５判・212頁・定価 本体2200円＋税　大澤美穂子 著

1月刊 事故の抜本的解決につながる適切な対応方法を加害者の視点から解説！

コンプライアンス時代における事故対応・損害賠償の実務の手引

Ａ５判・358頁・定価 本体3700円＋税　東谷隆夫・高橋大祐・渡邊竜行・佐藤健太 著

1月刊 企業の財産である「情報」の管理を豊富な書式を交えて解説！

企業情報管理実務マニュアル—漏えい・事故リスク対応の実務と書式—

Ａ５判・442頁・定価 本体4000円＋税　長内 健・片山英二・服部 誠・安倍嘉一 著

製品事故の情報・証拠の収集

■事故が製品に起因することは事故の発生状況から証明される

　製造業者に製造物責任を問うためには、当該製品の欠陥の存在（通常有すべき安全性を欠いていたこと）と、欠陥と損害との間の因果関係を立証する必要がある。当該製品が事故の原因であることは、客観的な事故発生状況から推認されることが多く、事故発生時の現場状況を示す客観的な証拠の確保が重要となる。

　事故品の保存や事故現場の状況、被害の内容を写真や書面化により記録する必要がある。

　家電製品や自動車の発火の場合は、消防署が作成する「火災原因調査報告書」に、火災現場の焼損状況が克明に記載され現場写真も添付されているほか、出火場所や出火原因に関する消防署の判断とその理由が示されており、その入手は不可欠である。各地方自治体の個人情報保護条例で定められた個人情報の開示請求手続によって入手可能である。

　さらに、事故によって身体被害を被っている場合には、受傷の内容や事故直後の救出状況から事故発生時の状況が明らかになることも多く、受診した病院のカルテの入手も不可欠である。

■同種事故情報の活用も重要

　事故の発生状況から、当該製品が事故の原因であることだけでなく、欠陥の存在まで推認される場合もある。しかし、多くのケースでは、製造業者から他の事故原因（他原因）の可能性や誤使用による事故であるとの主張がなされる。この場合は、被害者において、当該製品の具体的な欠陥をうかがわせる事実をある程度証明せざるを得なくなるが、同種製品の同種事故情報の存在は事故の製品起因性および欠陥の存在を推認させる重要な証拠である。消費者庁は他の行政機関や一部の医療機関から消費者事故等の情報を一元的に収集しており、これらの情報が登録されている「事故情報データバンク」にアクセスして検索することができる。

　なお、国民生活センターで集約された製品事故に関する消費生活相談の情報については、同センターに対して弁護士法23条の2に基づく照会が可能であり、同種事故についての相談件数、事故の概要等の情報を入手することができる。携帯電話熱傷事件では、同センターからの回答によって、同種事故の相談・報告が多数寄せられていること等を立証し、欠陥の推認につながった。

　家電製品や消費生活用製品については、製品評価技術基盤機構（NITE）がホームページで事故情報を公表している。事故内容・事故原因のほか、事故原因が製品に起因する場合は「型式・機種」「製造業者名」も公表しており、豊富な情報が含まれている。

【関連キーワード】携帯電話熱傷事件、事故情報の一元化、製造物責任の立証

（片山登志子）

リコール制度

　リコールとは、事業者が欠陥製品の無料回収・無料修理をする制度で、自動車のほか、消費生活用製品、食品（食品衛生法）、医薬品（医薬品・医療機器等法）等についても定められている。また、消費者安全法により、いわゆる隙間事案におけるリコール命令等の制度が設けられた。
　リコール制度は被害の再発防止だけでなくPL訴訟等における同種被害の情報収集に極めて重要な制度である。

■自動車のリコール制度
　自動車のリコール制度は、自動車の構造・装置等が道路運送車両の保安基準に適合しなくなるおそれがある状態等にあり、その原因が設計または製作にあると認められる場合に、必要な改善措置を国土交通省に届け出て無料で回収・修理する制度である。
　この制度は、1969年から開始され、1994年の道路運送車両法の改正によって法律に明記されたが、運輸省（当時）にリコールを命じる権限がなかった。1999年にリコールの勧告制度と罰則規定が設けられたが十分とはいえず、三菱自動車その他のメーカーによるリコール隠しの原因となり、2002年の改正によりリコール命令制度が導入され、罰則も強化された。
　広義のリコールには、保安基準に規定のない不具合で安全性確保上看過できない場合等に改善のための措置を行う改善対策届出や、安全性確保等に直接関係のない不具合について必要な改善措置を行うサービスキャンペーンも含まれる。
　リコール情報は国土交通省のホームページから「リコール情報検索」等でアクセスできる。

■消費生活用製品のリコール制度
　消費生活用製品安全法は、製品事故が生じた場合で危害の発生・拡大を防止するため必要があるときに、製造業者および輸入業者に対し製品回収等の責務を定め（38条1項）、さらに製品の欠陥により重大製品事故が生じた場合で被害拡大防止等の必要があるときに経済産業大臣がリコール等を命じることができる危害防止命令の規定を設けている（39条1項）。また、同命令に違反した場合の罰則規定も設けている（58条4号）。これまでに、パロマ製ガス湯沸器、松下電器製温風暖房器、TDK製加湿器に対しリコール命令がなされている。

■回収率の確保が課題
　リコール制度が設けられたとしても、当該製品をすべて回収することが重要である。自動車のように登録制度がある製品とは異なり、消費生活用製品のように購入者の特定が困難な製品の場合、回収の告知を事業者の社告等に頼らざるを得ないのが実情である。

【関連キーワード】パロマ事件
【参照】日弁連「自動車の安全性確保とリコール制度の改善に関する意見書」（2000年）、消費者委員会「自動車リコール制度に関する建議」（2010年）　　（杉浦英樹）

業界ごとの補償制度

　製造物には、医薬品のようにそもそも危険性が内在しているもの、科学技術の高度な発展に伴い複雑な構造を有するものがあり、消費者がこれらを使用するにあたり不可避的に事故が生じうる。他方でこれらの被害について賠償責任の追及は困難であり、迅速に被害を救済するために、業界ごとに補償制度が設けられている。

■医薬品副作用被害者救済制度

　1960年代から様々な医薬品事故が発生し、医薬品の安全性確保と被害の早期救済が社会問題化した。スモン訴訟で被害者勝訴の判決が相次ぐ中で、1979年の薬事法改正とともに医薬品副作用被害救済基金法が成立し、同基金が設立され、翌年5月から医薬品副作用被害救済業務が開始された。現在は、法改正等により、医薬品医療機器総合機構に医薬品副作用被害救済制度が設けられている。同制度では、医薬品を適正に使用したにもかかわらず副作用による健康被害が生じた場合に、医薬品製造業者などからの拠出金をもって、被害者に医療費等が給付される。被害者の迅速な救済を目的とする制度であるが、対象除外医薬品が定められるなど、あらゆる医薬品の副作用被害には対応せず、また、給付金も定められた基準による医療費等にとどまり、全ての損害を補償するものでもない。

　なお、同機構では、生物由来製品感染等被害救済制度も設けられ、その他スモン患者への健康管理手当等の給付、HIV感染者、発症者への受託給付等も行っている。

■SGマーク

　1973年に制定された消費生活用製品安全法に基づき製品安全協会が設立され、同協会が定める認定基準の適合検査に合格した製品にSGマークを表示でき、同マークの表示のある製品の欠陥により人身事故が生じた場合に賠償がなされるというSGマーク制度が実施された。同制度の対象品目は消費生活用製品のうちの124品目（休止基準を含む）、賠償金額の上限は原則として1事故につき1人あたり1億円（2005年9月現在）となっている。

■その他のマーク制度

　その他、日本玩具協会による玩具を対象としたSTマーク、ベターリビングによる住宅部品を対象としたBLマーク、日本煙火協会による花火を対象としたSFマーク、日本交通管理技術協会による自転車を対象としたTSマーク、自転車協会による自転車を対象としたBAAマーク、日本ホームヘルス機器協会によるホームヘルス機器を対象としたHAPIマーク、日本空気入ビニール製品工業組合による空気入れボート・波乗り合格マークなどがある。

【関連キーワード】スモン事件、薬害エイズ事件　　　　　　　　　　（山本雄大）

PLセンター

欠陥製品による被害を受けた消費者は、民事訴訟や民事調停による損害賠償請求のほかにも、弁護士会の仲裁センター、国民生活センター紛争解決委員会、PLセンターなどの裁判外紛争処理機関（ADR）等による紛争処理を求めることができ、また消費生活センターへの苦情相談により解決が図られることもある。

■PLセンター

製造物責任法の審議過程において、迅速な被害救済のために裁判外紛争処理体制を充実・強化することが衆参両議院で附帯決議され、同法制定後、通商産業省（当時）から「製品分野別裁判外紛争処理体制の整備について」（1994年10月）との通達がなされ、裁判外紛争処理機関（ADR）としてPLセンターが次々と設立された。

現在では、日本製薬団体連合会による医薬品PLセンター、日本化学工業協会による化学製品PL相談センター、日本ガス石油機器工業会によるガス石油機器PLセンター、家電製品協会による家電製品PLセンター、自動車製造物責任相談センター、住宅リフォーム・紛争処理支援センターによる住宅部品PL室、製品安全協会による消費生活用製品PLセンター、生活用品振興センターによる生活用品PLセンター、日本消防設備安全センターによる防災製品PLセンターなどが設置されている。

これらのPLセンターは、被害者にとって費用負担が少なく、早期に解決を図るというメリットがあるものの、基本的に消費者とメーカーの相対交渉に中立的な立場で関与するにすぎず商品テスト機関との連携に欠けることや、消費者目線での被害救済が図られているとは評価し難いとの指摘がある。また、運営面や紛争処理機関の人選等で中立性・公平性が担保されているのかという問題点が指摘されている。

■消費生活センター、苦情処理委員会

国民生活センターや消費生活センターでは、消費生活に関し、欠陥製品による被害についても消費者からの苦情を受け付け、事案に応じ、他機関の紹介、自主交渉の助言・あっせんにより処理している。苦情処理の過程で必要に応じて商品テストを行うこともある。

また、特に重要な事案については、都道府県や政令指定都市に設置されている苦情処理委員会に諮ることができる。

なお、国民生活センターでは、重要消費者紛争につき、紛争解決委員会によるADRを実施しているが、欠陥製品による事故は、ほとんどの場合、重要消費者紛争に該当する。したがって、被害者である消費者に裁判等への抵抗がある場合には、このADRを利用するのも一つの方法である。

【関連キーワード】ADR、国民生活センター、消費生活センター　　　（山本雄大）

製造物責任保険（PL保険）

製造物責任保険（PL保険）は、通常、製造業者等が製造物責任を問われた場合の法律上の損害賠償金や争訟費用（訴訟費用、弁護士費用）等を補償する損害賠償責任保険である。

■保険の内容

国内で発生した事故に対する保険（国内向け保険）は、製造業者等の損害賠償責任のほか、販売業者・請負業者等の損害賠償責任の補償にも対応するものが多く（生産物責任保険）、海外で発生した事故の保険は通常、別商品（海外PL保険）とされている。国内向け保険には、総合賠償責任保険の一部（特約）となっているものもある。リコール費用担保特約等もみられる。

製品の欠陥はいかなる製品にも発生しうるものであり、製造業者等が適切で十分な額の製造物責任保険に加入することは被害救済にとっても不可欠である。また、大手流通業者は取引条件として保険加入を製造業者等に要求するようになり、保険加入の動きを加速させた。

■被害者請求の可否

しかし、現在の国内向け保険には、被害救済の面で不十分な点がある。

第1は、被害者から保険会社に対する直接請求（被害者請求）が困難である点である。製品事故を発生させる製造業者等の中には、そもそも資力が十分でないケースや、消費者に大量被害を発生させたために倒産し、損害賠償責任を果たせないケースがある。ところが、製造物責任保険の約款においては、自賠責保険等において認められる被害者請求の方法を認めておらず、製造業者等の無資力の危険を被害者が負担せざるを得ないケースがある（乾燥イカ菓子食中毒事件（最判平14・12・20公刊物未登載。1審は、東京地判平14・3・13判時1792号78頁））。

■免責事由をめぐる問題

第2に、約款上、保険会社が製造業者との関係で広く免責され、製造業者に製造物責任が肯定されても、保険金が支払われず被害救済や損害補償がなされない場合がある点である。たとえば、故意または重過失により法令に違反して製造・販売された製造物に起因する事故につき免責を定める約款規定は、法令違反を伴うことの多い食中毒事故等において常に保険会社から主張される可能性がある。しかしこれでは、過失責任から欠陥責任へ転換した製造物責任法の意義を保険レベルで没却するに等しい。被害者との関係では保険金が支払われる場合を法の趣旨に沿うよう拡張することが望まれる。

また、保険期間と保険事故発生や損害賠償請求の時期との関係は約款により異なり、加入時に注意が必要となる。欠陥食品の継続摂取により徐々に身体被害が進行する場合等において、こうした約款規定の解釈が問題となる場合もある。

【関連キーワード】製造業者等、製造物

（菅聡一郎）

森永ヒ素ミルク中毒事件

■事件の発生

1955年6月頃、岡山県など西日本一帯で人工栄養児に奇病が発生した事件である。患児が共通して摂取していた森永乳業製のドライミルクからヒ素が検出され、同年8月24日、そのミルクが原因と発表された。森永乳業徳島工場で安定剤として使用していた第2燐酸ソーダに第3燐酸ソーダおよびヒサンソーダ等の不純物が混合していたことが原因であった。全国で約1万2000人に発症し、うち約130人が死亡した。

被害児の家族は被災者同盟を結成し、森永乳業および厚生省（当時）と補償交渉を開始したが、厚生省等の意向を受けた5人委員会は後遺症について「ほとんど心配なし」とする意見書を提出し、森永乳業にとっても不幸な出来事であったとして、死亡者に対して25万円、患者に対して1万円が支払われたにすぎなかった。そして、厚生省が精密健診を都道府県知事に指示したことから、被災者同盟は解散した。水俣病における1959年の見舞金契約と同様に、第三者機関によって加害企業の責任が封じ込められたのである。

■刑事事件

森永乳業徳島工場の工場長らが業務上過失致死傷で起訴されたが、1963年に徳島地方裁判所で無罪、1966年に高松高等裁判所で有罪となったが、1969年に最高裁判所は徳島地方裁判所に差し戻し、1973年11月、製造課長は実刑判決を受け、工場長は無罪となって、長い刑事事件が終結した。

■民事訴訟と恒久対策

岡山で1956年に訴訟を提起したが、1956年に岡山県は、精密検査の結果、後遺症はないと発表し、1963年に徳島地方裁判所における刑事事件で全員無罪となったことから、民事訴訟は取り下げられ、患児の後遺症問題は社会の関心から消えていった。

森永ヒ素ミルク中毒事件が再び社会的に注目を受けることになったのは、1969年10月に岡山で開かれた公衆衛生学会での「14年目の訪問」によってである。厚生省が患児の名簿等を開示しなかったため、養護学級の教師と保健士が訪問調査によって後遺症に苦しんできた患児と家族を掘り起こし、後遺症に苦しむ患者・家族の姿を明らかにした。

1973年4月大阪地方裁判所に、森永乳業と国に対する第1波損害賠償請求訴訟を提訴し、1974年5月、ひかり協会が設立されたことで訴訟を取り下げ、その後は同協会を通じて全国の患者の恒久保障を行ってきている。

【関連キーワード】製造物責任法
【参考】森永ミルク中毒事後調査の会編『14年目の訪問』（せせらぎ出版、1988年）

（浅岡美恵）

サリドマイド事件

サリドマイドは、1957年10月に西ドイツ（当時）のグリュネンタール社（グ社）が開発し、「コンテルガン」の名で販売した薬剤である。日本では1958年1月に、大日本製薬がグ社とは異なる製法で製造したサリドマイドを含有する睡眠剤「イソミン」、1960年に「プロバンM」を発売し、これらで市場の95％を超えていた。副作用として、長期間服用による多発性神経炎と、妊娠初期に服用した母親から生まれた子の四肢等に「あざらし症」といわれる奇形が生じた。

■レンツ警告

1961年11月15日、西ドイツのレンツ博士がサリドマイドの危険性を警告し、その12日後にグ社は西ドイツ内のサリドマイド剤の回収を開始した。イギリスやスウェーデンでも被害者を多数出した。アメリカでは1960年に新薬承認申請がなされたが、FDA（食品医薬品局）のケルシー女史がその毒性や副作用に疑問をもち、審査を継続して承認を保留していたところにレンツ警告があり、申請そのものが取り下げられた。アメリカでも、臨床試験の過程で9人のあざらし症患者が生まれている。しかし、日本では、大日本製薬が「小児、妊産婦などにも安全」と宣伝して販売し、1961年12月にはレンツ警告情報を入手していたが1962年5月17日まで出荷を続け、回収措置を開始したのは同年9月13日になってからである。そのため、約1300人のあざらし症児を生むことになった。

■民事訴訟の提起と和解

患児・家族は1963年6月に名古屋地方裁判所に大日本製薬を被告として損害賠償請求訴訟を提起した。その後、京都地方裁判所と東京地方裁判所などに、大日本製薬と国を被告として訴訟を提起した。

西ドイツでは、1968年3月に検察庁がグ社の幹部を傷害罪と過失致死傷罪で起訴し、付帯私訴として民事訴訟が係属した。200回を超える審理が行われ、刑事事件として責任を認めさせるには至らなかったが、1970年12月に被害者とグ社との間で和解が成立し、1971年12月に「障害児救済機関」設立の法律が制定され、被害者救済が進められた。イギリスでは1968年に、スウェーデンでも1968年に被害者と製薬会社との間で和解が成立した。

しかし、日本では被告らの過失や因果関係の立証のためにレンツ博士など専門家証人尋問を行い、1973年12月にようやく大日本製薬と国が争うことをやめると宣言し、1974年10月に障害の程度に応じて2750万円から4070万円の一時金を支払うとの和解に至った。被害の拡大防止だけでなく被害者救済においても、日本は諸外国に遅れた。被害児に対する福祉対策等は訴訟外の確認書で定められ、厚生大臣（当時）と大日本製薬が責任を認めてサリドマイド福祉センターが設立された。

【関連キーワード】製造物責任法

（浅岡美恵）

VIII 欠陥商品被害

スモン事件

　スモン（SMON）とは、亜急性脊髄視神経炎（Subacute Myelo-Optico-Neuropathy）の頭文字で、整腸剤キノホルムを含有する薬剤を服用した患者に発症した、下肢末端から上向する知覚障害や運動障害、視力障害をもたらした亜急性疾患である。

　キノホルムは1899年にスイスのバーゼル化学工業（後のチバガイギー社（チバ社））が開発した外用防腐創傷剤であるが、1934年に「エンテロヴィオフォルム」の名で、アメーバ赤痢に対する内服剤として製造・販売された。日本では1939年に劇薬指定が解除され、南方でのマラリアや赤痢のために使用された。

　戦後、1953年にヤシマ化学が製造・販売を開始した一般整腸剤を、1955年に田辺製薬がエマホルムの名称で販売し、1957年には日本チバガイギー社がエンテロヴィオフォルムを輸入し、武田製薬が一般整腸剤として販売した。田辺製薬はキノホルムの原末を他社に販売したため、最終的には98社173種の薬剤に使用された。

　日本では、1955年頃から患者が増加し始め、1969年にスモン調査研究協議会が設立され、1970年に患者の濃緑色の舌苔からキノホルムを検出し、疫学調査の結果、キノホルムを突き止め、1970年9月8日、厚生大臣（当時）は販売・使用中止措置をとった。その後、スモン患者の発生は激減し、終焉した。

■和解、薬事法改正と恒久対策を合意

　1971年から各地の被害者グループが地域で訴訟提起し、最終的には32の地方裁判所で訴訟が係属した。

　スモン調査研究協議会によって一般的因果関係の究明はなされていたが、キノホルム剤は世界で使用されてきた薬剤であり、日本以外では患者の発生をみないとして因果関係が争われ、田辺製薬はウィルス説を主張した。また、個別的因果関係をめぐってカルテの送付嘱託申請など、訴訟上の応酬が続いた。特に過失責任における予見可能性が焦点となったが、類似の構造をもつ化学物質は類似の効果をもつとの考え方に加え、1935年にアルゼンチンで神経症状を来した例をチバ社に警告していたこと、アメリカのFDA（食品医薬品局）が1935年にチバ社に、アメーバ赤痢に限定し、医師の要処方薬とすることを勧告し、その指示に従っていた。日本ではその後に大量に輸入販売され、多数のスモン患者をもたらしたのである。

　金沢、福岡など11地方裁判所で判決がなされ、1979年9月に原告・被告間で確認書が調印され、順次和解が成立した。最終的に6400名を超える患者について裁判上の和解によって一時金が支払われた。患者運動によって健康管理手当など恒久対策を合意し、薬事法の改正および医薬品副作用被害救済基金法を成立させた。

【関連キーワード】業界ごとの補償制度、製造業者等、製造物責任法　　（浅岡美恵）

カネミ油症事件

　1967年6月頃から、西日本を中心にPCBの混入したライスオイル（米糠油）による「にきび様」発疹、口や爪の着色、関節のむくみ等が発症した。米ぬか油を食するようになって身体に異変を感じた家族が保健所に持参した米糠油から、有機塩素剤が検出されたことから、1968年10月15日、福岡県はカネミ倉庫に出荷停止措置をとった。

　カネミ倉庫が米糠からライスオイルを製造する際に、脱臭工程での加熱に高温のPCBを熱媒体として循環させて使用したところ、金属腐食により生じたピンホールからPCBが漏出してライスオイルに混入したことが原因とみられ、PCBを製造販売していた鐘淵化学工業や国の責任が厳しく争われた。訴訟の途中で鐘淵化学工業からカネミ倉庫による工作ミス説が出された。

　届出患者数は1万4000人に及ぶが、認定された患者は1998年時点で1824人であり、うち120人余が死亡した。被害者の後遺症は今も続いている。

　最近になって、カネミ油症事件はコプラナーPCBによるものであり、ダイオキシンによる被害としても再認識された。

■民事訴訟

　1969年2月に被害者たちは、ライスオイルの製造会社であるカネミ倉庫、その代表者、PCBの製造会社である鐘淵化学工業と国、北九州市に対する損害賠償請求訴訟を提起した。カネミ倉庫の責任が判決で確認されたことはいうまでもないが、当初は、わが国で初めてPCBの生産を始めた鐘淵化学工業も、PCBが蛇管を腐食してできたピンホール（腐食孔）からPCBが漏出したとするピンホール説に立って人体や環境への影響を十分に調査して、その危険性を需要者に伝達すべき義務があったとされた。しかし、カネミ倉庫の工作ミスによる孔からの混入とする工作ミス説が唱えられてからは、その過失が否定されるようになった。

　国についても、人体への被害が発生する直前に、カネミ倉庫のダーク油により鶏が大量に死亡する事件が発生しており、農林省（当時）の職員がカネミ倉庫の工場の実態調査をしながら看過したとして責任を認めた判決もみられた。1986年3月に最高裁判所で、被害者らが企業側から総額107億円の支払いを受けることで企業との間では和解が成立した。しかし、国は和解に応じず、原告らは国に対する請求を取り下げた。その後、第1審判決に基づき仮執行で受領していた金員の返還を求めて国が特定調停を申し立てた。

■刑事訴訟

　カネミ倉庫の工場長が業務上過失傷害で起訴され、禁錮1年6カ月の実刑が確定したが、代表者は無罪となった。このような事案で、企業の代表者の責任が看過され、個人的責任に帰させてしまうことは、再発防止に向けて問題を残すものであろう。

【関連キーワード】製造物責任法

（浅岡美恵）

薬害エイズ事件

1982年から1985年にかけて、血友病患者の4割・約2000人が、治療のために投与された非加熱血液製剤にHIV（エイズ原因ウィルス）が混入していたことにより、免疫不全を引き起こすHIVに感染した事件である。感染告知が遅れたことにより、その後も2次・3次感染が起こり被害が拡大した。1997年10月末の時点で、エイズ発症者628人、死亡者485人となっていた。

■非加熱血液製剤によるHIV感染の予見可能性

1982年末頃には、エイズがウィルスによって引き起こされ、血液を介して伝播する可能性が高いことが知られており、非加熱血液製剤の危険性も認識されていた。厚生省（当時）は、エイズ研究班が設置された1983年7月以前には、ウィルス混入の危険性が乏しいクリオ製剤への転換、供血者へのスクリーニングの強化等の対応策を検討していたが、実際に加熱製剤が承認されたのは1985年である。製薬会社はその後も安全である旨宣伝して販売を続け、加熱血液製剤の承認後も非加熱血液製剤を回収しなかった。スモン事件の教訓が活かされなかったものである。

■民事訴訟

血友病患者とその家族によるヘモフィリア友の会が被害者救援を求めるなか、国は1988年10月に、医薬品副作用被害救済基金制度（スモン事件を機に創設）に準じた給付を行う措置をとったが、未発症感染者が対象から除外され、補償水準も低かったため、1989年に大阪地方裁判所（5月）と東京地方裁判所（11月）に、国と製薬会社5社に対する損害賠償請求訴訟を提起した。

この審理の過程で製造物責任法が制定され、加熱製剤の導入をめぐる厚生省の内部文書も明らかになった。薬害の未然防止のための情報公開の重要性があらためて明らかになり、情報公開法の制定、文書提出命令についての民事訴訟法の改正議論にも影響を与えた。

1995年に裁判所が示した所見に基づく和解勧告を受けて、1996年3月に大阪・東京の両地方裁判所で、1人あたり4500万円の支払い等の和解が成立した。迅速な救済が求められ、判決前に被告が責任を認めて和解したものといえる。その後、未提訴患者の提訴に重点がおかれ、1998年1月までに1100人の和解が成立した。

■刑事訴訟

1984年7月から厚生省の生物製剤課長であった松村明仁氏とHIV研究班の責任者であった安部英帝京大学教授（当時）が業務上過失致死傷で起訴され、松村被告は有罪となったが、安部医師は1審で無罪とされ、検察官控訴中に死亡により終了した。

【関連キーワード】業界ごとの補償制度、スモン事件、製造物責任法　　（浅岡美恵）

パロマ事件

■パロマ事件とは

パロマ製ガス湯沸器の不完全燃焼による一酸化炭素中毒事故は、昭和50年代から全国各地で多発していた。2006年7月に、東京における事故を契機にして経済産業省が総点検活動を展開したところ、多数の被害者の存在が明らかになった。

同年8月27日、経済産業大臣はパロマ製ガス湯沸器7機種の回収命令を発し、同省は総点検とりまとめを発表した。

■各地での闘い

パロマの民事責任を問う訴訟は、2007年秋、東京、札幌、名古屋、大阪でほぼ一斉に提訴された。4地裁の弁護団が情報交換・意見交換をしつつ、各地の訴訟の勝利をめざした。各地の訴訟の経過は次のとおりである。

① 札幌 2010年12月9日地裁で一部の原告和解成立、2011年3月24日地裁判決（原告勝訴、法ニュース89号178頁）、2012年9月27日高裁で和解成立（札幌全件終了）
② 名古屋 2010年1月29日地裁で和解成立
③ 大阪 2010年7月22日地裁判決（公刊物未登載）、2011年11月22日高裁で和解成立
④ 東京 2012年12月21日地裁判決（判時2196号32頁）

■成果

上記和解と判決の結果、パロマの不法行為責任が認められ、提訴した全被害者への賠償金の支払いが実現した。

また、パロマの代表者らの業務上過失致死の責任を問う刑事事件が並行して進み、有罪判決が言い渡された。

犯罪被害者保護法により、記録の閲覧・謄写が可能となり、それを民事事件の証拠に利用することができた。

消費生活用製品安全法の一部改正が行われた。2006年の改正では、国による重大製品事故の報告・公表制度が導入された。2007年の改正では、本件湯沸器のように、長期間にわたって使用される製品の安全確保の方策が要求され、長期使用製品の中の事故発生が比較的多い製品につき、中間点検・表示義務が課されることになった。

また、事故情報が経済産業省内外の各所でバラバラに収集されて一元化されていなかったことが回収命令の遅れにつながった面があり、消費者目線での行政が行われていなかったことの転換が求められ、2009年9月の消費者庁・消費者委員会の創設に結びついた。

事故原因の究明機関の創設も課題となり、2012年10月には、消費者庁の中に事故調査機関として消費者安全調査委員会が誕生した。

これらの多くの成果に結びついたのが本事件であった。

【関連キーワード】リコール制度、製品事故の情報・証拠の収集、消費者庁、事故情報の一元化、消費者庁設置運動

（中村雅人）

携帯電話熱傷事件

■事件の概要
　被害者は、2003年5月20日、本件携帯電話（2001年9月製造の折りたたみ式携帯電話、リチウムイオン電池パック装備）をズボンの前面左側ポケットに入れて仕事に従事し、仕事を終えて夜8時過ぎ頃に帰宅した後も携帯電話をポケットに入れたまま、午後11時頃までの間、こたつに入って夕食をとった。翌朝、左大腿部が水ぶくれになり、後日診断を受けた結果、「熱傷Ⅱ度、左大腿部に携帯電話の形に一致した熱傷による紅斑を認める」との診断を受けた。その後、携帯電話のメーカーに熱傷の原因究明を求めたが、納得のいく回答が得られなかったことから損害賠償請求訴訟を提起した。1審の仙台地裁では請求は棄却されたが、仙台高裁において請求が認容され、221万円余りの損害賠償（治療費1万円余り、調査費用150万円、慰謝料50万円、弁護士費用20万円）が認められた（仙台高判平22・4・22判時2086号42頁）。メーカーからは上告・上告受理申立てがなされたが、仙台高裁の判決が確定した。

■仙台高判の意義①－製品起因性
　本件熱傷が、本件携帯電話に起因するかどうかについて、携帯電話の異常発熱の具体的機序の立証を求めず、熱傷発生当時、携帯電話が熱傷の発生した左大腿部と接触する状況にあり、熱傷の形状と位置が携帯電話の形状・位置と一致すること、携帯電話の温度が44℃かそれを上回る温度に達し持続する、すなわち低温熱傷をもたらす程度に異常発熱することが十分にあり得ること、他に熱傷の原因が存在しないことから、熱傷の原因が携帯電話であると推認した点が高く評価される。

■仙台高判の意義②－欠陥の認定
　製造物責任を追及する側は、携帯電話を通常の用法に従って使用していたにもかかわらず、身体・財産に被害を及ぼす異常が発生したことを主張・立証することで欠陥の主張・立証としては足りるというべきであり、それ以上に、具体的欠陥を特定したうえで、欠陥を生じた原因、欠陥の科学的機序まで、主張・立証責任を負うものではないと判示し、携帯電話をズボンのポケットに収納すること、そのままこたつで暖をとることも通常の使用方法であり、にもかかわらず携帯電話が異常発熱し低温熱傷という被害を被ったのであるから、本件携帯電話には設計上または製造上の欠陥があると認定した。この判断が最高裁においても維持されたものといえ、今後の欠陥の判断に大きな影響を与える判決といえる。

■仙台高判の意義③－損害額
　さらに、被害者が自ら独自に専門家に依頼した調査費用について、メーカーが適切な調査や調査内容の開示を行わなかったことに起因する損害と認定して賠償を認めた点も、今後の損害額算定において参考となる判決である。

【関連キーワード】製品起因性、欠陥

（片山登志子）

茶のしずく石鹸事件・カネボウ美白化粧品白斑事件

■茶のしずく石鹸事件

悠香が2005年から通信販売を開始した医薬部外品の茶のしずく石鹸に配合されていた加水分解コムギ末「グルパール19Ｓ」により、同石鹸の使用者が小麦アレルギーを発症した。被害者はパンや麺類など小麦製品の摂食が大幅に制限され、生命の危険を伴う重篤な症状であるアナフィラキシーショックを起こす場合もあった。2010年1月には国民生活センターが同石鹸による被害情報を把握し、同年10月に厚生労働省による注意喚起も行われたが、悠香により同石鹸の自主回収が始められたのは2011年5月からであった。全国で約2200名の被害者が確認されており、うち約1300名が、2012年4月以降、東京・大阪・福岡など28カ所で、悠香と、同石鹸の製造会社であるフェニックス、グルパール19Ｓの製造会社である片山化学工業研究所を相手方として損害賠償請求訴訟を提起した。

■カネボウ美白化粧品白斑事件

カネボウ化粧品などが2008年から販売を開始した医薬部外品の美白化粧品（化粧水や乳液、クリーム等）に配合されていた美白有効成分「ロドデノール」により、同化粧品の使用者が、使用した部分を中心に肌がまだらに白くなる白斑症状を発症した。カネボウは、2012年9月には医師から同化粧品類が引き金となって白斑が発症する可能性を指摘されていたが、同社が事実関係を公表して同化粧品類の自主回収などの対策を開始したのは2013年7月からであった。2014年11月の時点で、完治したり、カネボウと和解合意が成立した被害者を含め、全国で約1万9000名の発症が確認されている。カネボウが被害者との補償交渉を継続している一方、東京・静岡・広島などでカネボウを相手方として損害賠償請求訴訟を提起した被害者もいる。

■事件発生後の経過と新たな議論

これら二つの事件は、いずれも問題が表面化する以前から、被害者を診察した医師や行政機関に被害が把握され、製造業者にも伝えられていたが、対策が遅れて被害の拡大につながったことが問題となった。そのため、薬事法（当時）上の副作用報告制度等が改正され、医薬部外品や化粧品の製造販売業者の個別症例の報告義務が強化されるなどした。また、厚生労働省とPMDA（医薬品医療機器総合機構）による医薬部外品や化粧品の承認審査のあり方についても一石を投じることとなった。また、アレルギーによる摂食制限など既存の後遺障害の枠組みでは算定が困難な被害をどのように損害として評価するべきか、医薬品のような副作用被害の救済制度が存在しない医薬部外品による集団的被害の救済をいかに行うべきかも今後の課題といえる。

【関連キーワード】製造物責任の免責、製造業者等、欠陥　　　　　（河端武史）

IX

食の安全

IX 食の安全

概　　説

1　はじめに

　食品は、その味覚や食感、見た目などから人生の楽しみの一つでもあるが、人が栄養を補給し、かつ、健康や生命を維持増進するために必要不可欠のものである。それゆえ、消費者に提供される他の商品・サービスに比べても、食品の安全性を確保することの重要性は高いといえる。ところが、実際には、食中毒事件や毒物混入事件、放射性物質による食品汚染、BSE 問題等で、食の安全は常に脅かされ、そのつど、制度の改善が図られてきた。

　また、食品には、一定の表示が義務付けられ、安全性確保、選択の自由の確保に貢献しているが、食品表示のルールが複雑であることや食品偽装、健康食品における誇大表示等の問題がある。

2　食品安全行政の仕組み──食品安全委員会

　食の安全に関する施策は、厚生労働省・農林水産省が所管していたが、2001年、国内での BSE 発生等により、従来の食品安全行政に対する消費者の不信が高まったことから、2003年、食品安全基本法が制定された。その結果、リスク分析の手法が導入されて、**食品安全委員会**が新たに設置され、食品安全行政の仕組みが大きく変わった（食品安全基本法11条～13条）。

　新開発食品の販売禁止、添加物の指定、規格基準の設定、残留農薬の基準設定等にあたっては、食品安全委員会の食品健康影響評価（リスク評価）を受けなければならないとされている（食品安全基本法24条）。

　2009年9月に消費者庁が発足したことを受けて、リスク管理機関として、厚生労働省・農林水産省に消費者庁が加わった。

3　食品衛生監視員による監視指導

　食品の安全確保のためには、営業施設の製造加工状況、流通後の食品の状況、輸入食品の状況等を把握し、事業者に対する監視指導や違反食品の発見、回収等が必要である。こうした監視指導を行うため、わが国では、食品衛生監視員制度がとられている。この**食品衛生監視員**による監視指導の実施方法については、2003年の食品衛生法改正により、法律上制度化され、国が監視指導指針を策定し、指針に基づき、厚生労働大臣が毎年、輸入食品監視指導計画を策定し、都道府県知事等は、毎年、**食品衛生監視指導計画**を策定し、これらの監視指導計画に基づく監視指導が実施されることとなった（食品衛生法22条～24条）。

4 具体的な食品安全規制

食中毒や毒物混入を防止し、国民の健康に影響があると考えられる食品、物質（添加物、残留農薬、放射性物質等）の摂取を可能な限り低減させるなど、食品の安全を確保する次の制度が食品衛生法等で規定されている。

(1) 営業許可制

公衆衛生に与える影響が著しい営業（飲食店営業、喫茶店営業、乳処理業、食肉処理業等）を行う場合は、都道府県知事の許可を要するとされている（食品衛生法52条）。

(2) 食品等輸入の届出制

食品等の輸入をしようとする者は、厚生労働大臣への届出を要するとされている（食品衛生法27条）。

(3) 販売等禁止

次の食品等が販売禁止とされている。
① 腐敗・変敗した食品、有毒・有害な物質等が含まれた食品等（食品衛生法6条）
② 新開発食品等（一般に飲食に供されることがなかったものであって人の健康を損なうおそれがない旨の確証がないものまたはこれを含むもの等）で食品衛生上の危害の発生を防止するため必要があると認めるとき（同法7条）
③ 特定の国・地域、特定の者により製造等された食品等について、法に違反する食品等が相当程度あり、食品衛生上の危害発生防止のため特に必要があると認めるとき（同法8条）
④ 病肉等（同法9条）

(4) 食品に対する規格等の規制

(A) 食品等の規格基準

販売の用に供する食品等に規格基準が定められたときは、その規格基準に合わない食品等の販売が禁止されている（食品衛生法11条1項・2項）。2011年10月、ユッケ食中毒事件に起因して、牛肉の生食について、規格基準が策定され、2012年7月、牛肉の肝臓の規格基準も策定された。また、2012年4月、**放射性物質**（放射性セシウム）の含有量について規格基準が策定された。一方、**こんにゃくゼリー**については、死亡事故が多発したが、今なお、規格基準は策定されていない。

(B) 残留農薬規制

農薬等が、人の健康を損なうおそれのない量として厚生労働大臣が薬事・食品衛生審議会の意見を聴いて定める量を超えて残留する食品の販売等が禁止されている（食品衛生法11条3項）。2003年の食品衛生法改正でポジティブリスト制が採用された。

(C)　**指定添加物**
　　指定を受けない**食品添加物**等の販売等が禁止されている（食品衛生法10条）。
　　(D)　**遺伝子組換え食品**
　遺伝子組換え食品については、安全性が審査されたもののみが輸入・流通を認められる仕組みとなっている。なお、遺伝子組換え食品であることの表示が義務付けられている。
　(5)　**流通食品への毒物混入等の防止**
　グリコ・森永事件を契機に、1987年、流通食品への毒物の混入等の防止等に関する特別措置法が制定され、流通食品に毒物を混入等する行為の処罰を規定し、国・地方公共団体に、流通食品への毒物の混入等を防止するために必要な施策の実施を求めている。

5　食品表示と安全性

　食品には、食品衛生法19条に基づき、消費期限や添加物、製造者の氏名等の表示が義務付けられ、JAS法19条の13に基づき、原産地、原材料、内容量等の表示が義務付けられ、健康増進法に基づき栄養表示のルール（表示義務はない）が定められていた。このように食品表示のルールが複数の法律にまたがり、わかりづらかったことから、2013年6月、**食品表示法**が制定され、栄養表示が義務化されたうえで3つの法律の表示基準が統合されることとなった（新法の施行は2015年4月1日）。
　食物アレルギーを起こす食品については、アレルギー表示が義務付けられているが、外食等では義務付けられていない。2012年には学校給食において死亡事故があり、**食物アレルギーと学校給食**の問題が課題となっている。
　食品表示と安全確保に関連する制度として、**トレーサビリティ**制度があり、現在は米穀類と牛について制度化されている。

6　食品偽装

　食品偽装は、古くからあり、社会的な問題が生じるたびに法律が制定されたり（景表法制定）、改正されたりしてきた（原料原産地の刑罰化）。

7　健康食品

　健康食品については、誇大な表示等が問題となっており、**健康増進法**等によって規制されているが、保健機能食品以外の一般健康食品の機能性表示を可能とする制度が検討されており、広告の適正化についての懸念が生じている。　　（石川直基）

食品安全委員会

■食品安全委員会設立

2003年7月1日、食品安全基本法に基づき、内閣府に設置された。国民の健康の保護が最も重要であるという基本的認識の下、規制や指導等のリスク管理を行う関係行政機関から独立して、科学的知見に基づき客観的かつ中立公正にリスク評価を行う機関とされた。

食品安全委員会は7名の委員（うち3名は非常勤）で構成され、その下に12の専門調査会が設置されている。正委員は両議院の同意を得て、内閣総理大臣が任命する。

専門調査会は、企画等専門調査会の他に、添加物、農薬、微生物などという危害要因ごとに11の専門調査会が設置されている。

食品安全委員会の役割は、食品の健康影響評価（リスク評価）を行うことである。厚生労働省の食品添加物指定、農林水産省の農薬登録、消費者庁の特定保健用食品の許可などに際し、事前にリスク評価を行うことが義務付けられている。

■食品安全基本法制定

2001年9月、わが国でBSE（牛海綿状脳症・狂牛病）罹患牛が発見され、社会に非常なショックを与えた。それまで農林水産省は、わが国での発症はあり得ないとしていたことから、食品安全行政に対する信頼が失われた。このことの反省として、2003年4月、食品安全基本法が制定された。

同法の目的は、「食品の安全性の確保に関する施策を総合的に推進すること」である。また、「国民の健康の保護が最も重要であるという基本的認識の下に行政措置が講じられるべき」「行政措置は食品供給行程（フードチェーン）の各段階において適切に講じられるべき」「必要な措置は、国民の健康への悪影響が未然に防止されるようにすることを旨とすべき」ことが基本理念として明記されている。

この法律に基づき食品安全委員会が設置された。

■問題点

まず第1の問題点は、消費者の権利が保障されていないことである。食品安全基本法9条には消費者の役割は定められているが、権利ではない。そのため、食品安全委員会委員に消費者代表は選任されていない。消費者団体は代表を入れるように求めたが、委員会設立準備室は、利益考量を目的とする委員会ではないとして拒否した。

第2の問題点は、事務局体制である。ほとんどすべて農林水産省や厚生労働省からの出向であり、ノーリターンの原則は適用されていない。

第3の問題点は、真の意味のリスクコミュニケーションが行われていないことである。リスク評価やリスク管理には透明性が必要として、リスクコミュニケーション官が置かれ、意見交換会も開催されるが、実際は単なる説明会にとどまっている。　　（神山美智子）

食品衛生監視指導計画

■従来の食品衛生監視指導

食品の監視指導は、国が輸入時の監視指導を、都道府県等が国内流通食品および国内事業者に対する監視指導を担当していたが、実施方法は、従来、政令で都道府県等が営業施設の類型ごとに年間に立ち入る回数を定めていたほかは特に定めがなかった。

営業施設ごとに法定監視回数（年12回等）が定められていたが、実際の監視率が低率にとどまっていたことが問題とされていた。

2000年に発生した雪印乳業の低脂肪乳食中毒事件においては、工場への立入が年1回も実施されていないことが問題とされた。

■2003年の改正

BSEをはじめ、大規模食中毒の発生、食品の偽装表示、輸入食品の基準値を超える残留農薬の検出など、食品の安全に対して、国民の不安、不信をまねく問題が相次いでいた2003年、食品安全基本法が制定され、リスク分析の手法が導入された。このことを受けて、同年、食品衛生法も同時に改正され、その改正の中で、リスク管理の手法の見直しが行われ、食品衛生監視指導計画を法律上の制度とした。

■食品衛生監視指導指針

新たな制度は、まず、厚生労働大臣および内閣総理大臣が、国および都道府県等が行う食品衛生に関する監視指導の実施に関する指針を定めることとしている（食品衛生法22条）。

■輸入監視指導計画

次に、厚生労働大臣が、指針に基づき、毎年度、翌年度の食品、添加物、器具および容器包装の輸入について、国が行う監視指導の実施に関する計画を定めるものとしている。そして、計画の策定・変更・実施の状況について、公表するものとしている（食品衛生法23条）。計画は、効果的かつ効率的な監視指導を目的に毎年度策定されることとなっている。

■都道府県等食品衛生監視指導計画

さらに、都道府県知事等が、指針に基づき、毎年度、翌年度の都道府県等が行う監視指導の実施に関する計画を定めるものとしている。計画の策定・変更・実施の状況について、公表するものとしている（食品衛生法24条）。

新たな制度では、法定監視回数に拘束されずに、地域の実情を踏まえて、効果的かつ効率的な監視指導を目的に毎年度策定されることとなっている。

現実には、食中毒事件等が起こった次年度には、その対策が強化されるように計画が変更される傾向がある。

【関連キーワード】食品衛生監視員
【参考】『早わかり食品衛生法〔新訂第5版〕』（日本食品衛生協会、2013年）

（石川直基）

食品衛生監視員

■食品衛生監視員について

　食品衛生監視員は、次の職務を行うため、国、都道府県、保健所を設置する市および特別区の職員の中から任命される公務員で、国家公務員と地方公務員がいる。

　資格として、厚生労働大臣の登録を受けた食品衛生監視員の養成施設において、所定の課程を修了した者、医師、歯科医師、薬剤師または獣医師、大学または専門学校において医学、歯学、薬学、獣医学、畜産学、水産学または農芸化学の課程を修めて卒業した者、栄養士で2年以上食品衛生行政に関する事務に従事した経験を有するもののいずれかである必要がある。

■職務権限

　食品衛生監視員の職務権限は、営業施設等の臨検検査および試験のための収去を行うこと、食品衛生に関する指導を行うことである。

　その他、都道府県知事等からの命令により、都道府県等監視指導計画に基づく監視指導、消費者庁長官（内閣総理大臣からの委任）からの命令により、食品、添加物、器具および容器包装の表示または広告に係る監視指導、厚生労働大臣からの命令により、食品、添加物、器具および容器包装の輸入に係る監視指導を行う。

　また、健康増進法に規定されている特別用途食品等の検査および収去も行う。

■国に所属する食品衛生監視員

　全国の主要な海・空港の検疫所において、輸入食品の安全監視および指導（輸入食品監視業務）、輸入食品等に係る微生物検査と理化学検査（検査業務）、検疫感染症の国内への侵入防止（検疫衛生業務）の業務を行っている。

■都道府県等に所属する食品衛生監視員

　保健所において、飲食店等の営業施設の許可事務、営業施設に対する監視と指導、食中毒等の調査、食品の検査、食品に関する苦情や相談への対応などを行っている。

■食品衛生監視員の課題

　都道府県食品衛生監視員の数は、2013年度で、全国で8125人であるが、専任は1259人であり、他は環境衛生監視員、狂犬病予防員、薬事監視員等を兼務している。また、同年度の許可営業施設は、全国で249万4569施設もある。このため、営業施設への立入回数は限られ、監視指導の実効性が減殺されている。実際、2011年4月に発生したユッケ（牛肉の生食）食中毒事件では、富山県が食中毒を起こした施設に一度も監視指導できていなかったことが問題とされた。韓国では民間人の食品衛生監視員制度があるので、こうした制度を検討すべきである。

【関連キーワード】食品衛生監視指導計画
【参考】『新訂早わかり食品衛生法〔第5版〕』（日本食品衛生協会、2013年）

（石川直基）

放射性物質

■放射性物質
　放射線を放出する物質には、放射性ヨウ素、放射性セシウム（134、137）、ストロンチウム90、プルトニウム、ルテニウム106等があり、核種ごとに半減期が異なり、また、人体に対する影響力も異なっている。

■食品中に含まれる放射性物質の基準値策定の経緯
　わが国においては、従来、食品中に含まれる放射性物質の規制がなかった（チェルノブイリ事故以後、輸入食品については、放射性セシウムが1kgあたり370ベクレル（放射線を出す能力の単位）以下でなければならないとの規制はあった）。

　ところが、2011年3月11日に発生した東日本大震災により、福島第一原発の事故が発生し、大量の放射性物質が流出したことから、食品の放射性物質汚染による健康被害の問題が現実的な問題となった。

　政府は、同年3月17日、原子力安全委員会の規制値（年間5ミリシーベルト（放射線の人体に対する影響の単位））を参照して、放射性物質に関する暫定規制値を設定し、食品の流通を規制した。食品安全委員会は、食品中に含まれる放射性物質についての食品健康影響評価について、食品摂取による内部被曝の量が生涯における追加の累積の実効線量でおおよそ100ミリシーベルト以上の場合に健康影響の可能性があるとした。

　厚生労働省は、薬事・食品衛生審議会での結果をもとに、国民の食品ごとの摂取状況を勘案し、特に子どもに配慮し、食品からの摂取量が年間1ミリシーベルト以下となるよう次の内容の基準値を策定し、2012年4月1日より、施行した。

■放射性物質の基準値
　次の食品の種類ごとに、放射性セシウム（ストロンチウム、プルトニウム等の含有量を放射性セシウムに換算している。放射性ヨウ素は半減期が短いので基準が設定されていない）の含有量が1kgあたり次のベクレル以下との基準を設定した。

飲料水：10ベクレル
牛乳：50ベクレル
一般食品：100ベクレル
乳児用食品：50ベクレル

■検査計画、出荷制限等
　政府は、2011年3月18日以後、暫定規制値に基づいて、対象自治体に対し、検査計画を実施させ、規制値を超過した場合、原子力災害対策特別措置法に基づき、区域ごとに出荷制限を指示し、作物が暫定規制値を超過しないことが確認された場合、出荷制限を解除する措置をとった。以後、各食品の区域ごとに出荷制限、出荷制限解除を行っている。2012年4月1日以後は、基準値により、検査計画、出荷制限・解除措置を行っている。

（石川直基）

こんにゃくゼリー

■こんにゃくゼリーによる事故

1995年頃から、ミニカップタイプのこんにゃく入りゼリー（以下、「こんにゃくゼリー」という）による窒息事故の報告が相次いだ。国民生活センターや内閣府国民生活局の調査では、1994年から2008年の間にこんにゃくゼリーによる窒息死亡事故が22件、死亡までには至らなかった事故が32件、報告されている。これらの事故のほとんどが、小児または高齢者を被害者とするものであった。

■こんにゃくゼリーの危険性

内閣府食品安全委員会が2010年6月に公表した評価書は、こんにゃくゼリーの窒息事故発生頻度を「餅より低く、飴と同程度」とした。

しかし、こんにゃくゼリーは一般のゼリーより弾力性があって噛み切りにくいものが多く、ゼリー片が細かくならないまま咽頭に送り込まれると気道閉塞の危険が高まる。いったん気道閉塞となるとその除去が困難で重篤な窒息事故を起こすリスクが高いということも指摘されている。また、ミニカップタイプの場合には食べる際に吸い込んでしまうことがあり、これがさらにのどに詰まる危険性を増大させる。事故の発生頻度のみがリスク指標として一人歩きすることは問題である。

■わが国における規制の実情

こんにゃくゼリーについては、食品の物性や形状に起因する事故であって食品や添加物の毒性による危害ではないという理由から、厚生労働省は、食品衛生法の範疇ではないとする。また、消費者安全法17条（隙間事案における勧告および命令）等を適用するには同法施行日（2009年9月1日）以降に事故が発生したことが要件と考えられる。リスク除去のためには、現在のところは業者の自主規制によるほかないという実情がある。

■諸外国の規制

一方で、外国では早期に規制がなされている。欧州委員会は2002年にミニカップタイプのこんにゃくゼリーの販売を一時停止し、翌年6月には欧州議会がゼリー用の食品添加物としてこんにゃくの使用を禁止している。韓国でも、2007年10月にはゼリーの原料にこんにゃくおよびグルコマンナンを使用することが禁止された。

こんにゃくを食べる文化の有無によるという指摘もなされるが、諸外国との対応の差は明らかである。

■裁判例

こんにゃくゼリーにより子どもが窒息死した事故については少なくとも4件が裁判となり、うち3件は製造業者等の責任が認められる内容の和解で解決した。しかし、1歳9カ月の子がこんにゃくゼリーにより窒息し死亡した事故について、遺族が損害賠償を求めた事例では、一審・控訴審とも事業者に責任はないとされた（控訴審：大阪高判平24・5・25LLI）。

【関連キーワード】製造物責任法、欠陥、食品安全委員会、誤使用　　　（西野大輔）

残留農薬

■農薬と食品
　農薬とは、農業の現場で使用されるもので、農作物を荒らす害虫や病原菌を駆除するための薬剤と除草剤である。
　これらは農薬取締法に基づき、農林水産大臣の登録を受けないと製造・販売・使用ができない。登録の有効期間は3年である。農薬は使用できる対象作物や使用回数なども登録され、容器に表示される。これ以外の使用は禁止されており、病害虫防除員の指導もあるが、誤使用の事例もある。
　過去には、有害で環境中への残留性もある有機塩素系農薬（DDTやBHC）につき、農林水産大臣が販売禁止を命令したことがあった。またダイオキシン類を含み、発がん性があるとされて登録が失効した水田用除草剤CNPなどの事例もある。

■食品中の残留基準
　農薬取締法では作物残留登録保留基準が設定されるが、これは農薬使用の基準にすぎず、食品中の残留農薬については、食品衛生法に基づく食品の規格基準として定められている。
　農林水産大臣は、農薬登録申請があると、毒性試験データをつけて厚生労働大臣に通知し、大臣は、食品安全委員会に健康影響評価（リスク評価）を依頼する。食品安全委員会は毒性試験データを評価し、ADI（許容1日摂取量）を設定する。これを受けた厚生労働大臣が、諮問機関である医薬品・食品衛生審議会食品衛生分科会に残留基準値の可否を諮問し、答申を受けて決定する。
　同審議会は、作物残留試験成績に基づき基準値案を作成し、この基準値案を採用した場合の予想される曝露量がADIを超えないことを確認して基準値を設定する。

■ポジティブリスト
　過去、農薬残留基準はわずかな作物についてしか設定されていなかったが、食品流通の国際化に伴い、1990年代に大幅に改訂され、2003年の食品衛生法改正でポジティブリスト制が採用された（施行は2006年）。これは「一定の量を超えて農薬等が残留する食品の販売等の原則禁止」のことである。残留基準が設定されていない農薬については、一律基準を適用し、販売等を禁止する。一律基準は0.01ppmとされた。なお、残留しても人の健康を損なうおそれがないとされる亜鉛・重曹など65物質は適用対象外とされている。

■問題点
　農薬の残留試験は、前処理などの手間と時間と費用がかかり、流通している農産物や食品の残留分析は不十分である。しかも分析前に流通を止めることはできないので、せっかく分析しても、結果が判明したときにはすでに、消費されていることになる。
　食品流通の国際化に伴い、実態のわからない農薬が残留することもあり得るが、対応は困難である。

【関連キーワード】食品安全委員会

（神山美智子）

食品添加物

■食品添加物とは何か

　食品添加物とは、食品衛生法の定義によれば、①食品の製造過程で使用するもの、②食品の加工の目的で使用するもの、③食品の保存の目的で使用するものをいう。他に栄養強化目的のものもある。

　添加物を製造・販売・使用等をするには、食品安全委員会の評価を経て、厚生労働大臣の指定を受けなくてはならない。現在指定されている添加物は約430品目であるが、国際化の流れの中で増加傾向にある。1995年以前に使用されていたいわゆる天然添加物は、既存添加物名簿に登載して使用が認められたが、これは約360品目で、安全性評価が進めば減少する傾向にある。その他に一般飲食物添加物（食品を添加物として使うもの）がある。

　最も多用されているのが、加工用添加物で、味・色・香など、見た目が美しく、美味しく便利な加工食品を製造するのに不可欠とされている、また大量生産・広域流通のため、保存を目的とする保存料や酸化防止剤も多用されている。

■食品添加物の安全性

　添加物の安全性評価は食品安全委員会添加物専門調査会で行う。指定要請する者は、ラットなどを用いた体内動態試験、反復経口投与毒性試験などの試験データを添える。

　FAO/WHO合同食品添加物専門家会議の考え方では、「絶対的安全性の証明は不可能だが、特定の用量で使用される添加物の安全性評価は可能である。使用量の上限を設定すべきである」とする。しかし、すべての添加物について安全性評価が終わっているわけではなく、使用基準の設定されていないものもある。

　食品添加物は食物の本当の姿を隠す傾向があり、塩分や糖分、脂肪などの摂りすぎを招きやすいといわれている。

■食品添加物の表示

　添加物はすべて物質名を表示することになっている。また、以下の8用途については用途名を併記する。①甘味料、②着色料、③保存料、④増粘剤、安定剤、ゲル化剤、糊料、⑤酸化防止剤、⑥発色剤、⑦漂白剤、⑧防かび剤・カビ防止剤。

　しかし、キャリーオーバー（原材料に使用された添加物で、最終食品には効果を示さないもの）、加工助剤（製造過程で使用され、最終食品に残存しないもの）、栄養強化の目的で使用されるものは表示が免除されている。

　「調味料（アミノ酸など）」や「乳化剤」などという一括名表示も認められているので、消費者が実際に使用されている添加物の実態を知ることはできない。

　遺伝子組換え技術を応用して製造される添加物もあるが、遺伝子組換えである旨の表示が義務付けられていないので、実態はわからない。

【関連キーワード】食品安全委員会、遺伝子組換え食品　　　　　（神山美智子）

遺伝子組換え食品

■遺伝子組換え食品とは

遺伝子組換え食品とは、厚生労働省「遺伝子組換え食品Q＆A」（2011年6月改訂第9版）で、以下のように説明されている。「他の生物から有用な性質を持つ遺伝子を取り出し、その性質を持たせたい植物などに組み込む技術（遺伝子組換え技術）を利用して作られた食品です。現在、日本で流通している遺伝子組換え食品には、①遺伝子組換え農作物とそれから作られた食品、②遺伝子組換え微生物を利用して作られた食品添加物があります」。

現在、安全性審査により認められた組換え食品は、トウモロコシ、なたね、ジャガイモ、パパイヤなどの農作物と、キモシン、α-アミラーゼなどの食品添加物がある。また大豆にはオレイン酸の含有量を増やしたものもある。

組換え農作物は、除草剤を分解する酵素や殺虫成分を利用するもので、農業の省力化が目的である。

組換え添加物は、病原性のない枯草菌などを利用して、添加物を大量に生産することを目的としている。

■遺伝子組換え食品の安全性審査

組換え食品を生産・輸入等する者は、厚生労働省に安全性審査の申請を行い、食品安全委員会の安全性評価を受ける。安全性審査を経ていない組換え食品などの製造・輸入は禁止されている。

食品安全委員会は、遺伝子が作り出すたんぱく質にアレルギー性があるかどうかを審査する。ブラジルナッツの遺伝子を導入した大豆でアレルギー性が発見され、商品化が中止された事例がある。

■遺伝子組換え食品の表示

法律に基づく表示基準として、①遺伝子組換え使用、②遺伝子組換え不分別の表示が義務とされており、③遺伝子組換え食品不使用の表示も認められている。しかし、原材料の上位3位までで、重量比5％以上のものしか表示義務がない。また、非意図的混入が5％以下の場合は表示しなくてもよい。さらに、遺伝子やたんぱく質が検出できない食用油脂なども表示義務がなく、飼料は表示対象ではない。

EUではすべての食品と飼料の表示が義務となっており、許容される非意図的混入率も0.9％である。

■遺伝子組換え食品の問題点

遺伝子組換え技術の中で、セルフクローニング（宿主に導入されたDNAが分類学上同一の種に属する微生物のDNAのみ）と、ナチュラルオカレンス（組換え体が自然界に存在する微生物と同等の遺伝子構成である場合）に該当するものは、個別の安全性評価は不要とされている。現在、日本は添加物すら輸入に頼っているので、こうした遺伝子組換え添加物が大量に流入するおそれがある。

また、作物に除草剤耐性や殺虫剤耐性が生じたり、対象外の有用昆虫を殺してしまうなどの弊害もある。

（神山美智子）

毒物混入

■毒物混入
食品の安全性確保においては食中毒の発生防止が重要な課題であるが、毒物混入事件も、食品安全にとって、重大な脅威であり、社会的に注目される事件が発生するたびに、法制度の改正等が行われてきた。

■グリコ・森永事件
1984年3月以降、グリコ社長の誘拐から始まり、さまざまな食品企業が恐喝等された事件。犯人は見つからず事件は全て時効となった。この一連の事件の中で、お菓子に「毒入り、食べたら死ぬで」と表示して青酸カリを入れて、小売店に置いた事件は、流通食品に対する毒物混入事件として社会に大きな不安を与えた。

このことを受けて、1987年、流通食品への毒物の混入等の防止等に関する特別措置法が制定された。

■中国産冷凍餃子事件
2007年12月～2008年1月、JTフーズが輸入していた中国産冷凍餃子に、殺虫剤メタミドホスが混入していたことにより、複数の食中毒事件が発生した事件。食中毒情報が、保健所ごとにバラバラに管理され、情報の一元化が図られていなかったことから、食中毒被害が拡大したと考えられた。

この事件により、消費者被害情報の一元化、消費者行政の一元化の必要性が認識され、2011年9月の消費者庁発足につながった。

■アグリフーズ事件
2013年12月、マルハニチロの子会社アグリフーズ群馬工場で製造された冷凍加工食品に農薬マラチオンが混入していたことが公表され、約630万個の製品が回収されることとなった事件。

アグリフーズ群馬工場では、様々な販売会社から委託を受けて製品を製造していたところ、一部の製品には、販売者の住所名称のほか、アルファベットや数字の羅列された記号が記載されただけで、アグリフーズ群馬工場において製造されていたことが具体的に記載されていなかった。

この記号が、製造所固有記号である。食品衛生法においては、原則として、製造所所在地および製造者名を記載すべきところ、販売者が製造者に製造を委託している場合などに、あらかじめ製造所固有記号を消費者庁長官に届け出ることにより、実際の製造所所在地および製造者名の記載に代えて、届出をした製造所固有記号を記載すれば足りるとされていた。このために、当該製品がアグリフーズ製造であることがパッケージに直接記載されておらず、消費者には、回収対象製品であるか否かが直ちにわからないことが安全上問題と指摘され、制度の見直しが検討されている。

【関連キーワード】消費者庁、消費者安全法、事故情報の一元化
【参考】石川直基ほか『基礎からわかる新・食品表示の法律・実務ガイドブック』（レクシスネクシス・ジャパン、2014年）

（石川直基）

食品表示法

■従来の食品表示制度

　食品には、名称、アレルゲン、原材料名、添加物、消費期限等一定の事項を容器包装に表示することが義務付けられていた（栄養表示は任意表示）。しかし、食品衛生法、JAS法、健康増進法という法律にバラバラに規定されていて、事業者にとっても、消費者にとっても、わかりづらい制度になっていた。

■食品表示法の成立

　そこで、これらの食品表示の一元化を目指して、消費者庁は、2011年9月から2012年8月にかけて、食品表示一元化検討会を開催した。そして、この検討会の報告を受けて、2013年4月、前記3法の食品表示に関する規定を統合することを内容とする食品表示法案を国会に提出し、2013年6月21日に同法は成立し、同月28日に公布され、2015年4月1日に施行された。

　食品表示法では、基本理念として、食品表示の適正確保のための施策は、消費者基本法に基づく消費者政策の一環として、消費者の権利（安全確保、選択の機会確保、必要な情報の提供）の尊重と消費者の自立の支援を基本とすることが明記され、食品表示と消費者の権利の関係が明らかにされた。

■食品表示法における食品表示基準

　2015年3月に食品表示基準が公布された。従来、食品衛生法では、生鮮食品、加工食品といった区別をせずに、一定の範囲の食品に横断的に表示義務を課し、特定の加工等をした食品に個別の表示義務を課していた。また、JAS法では、生鮮食品と加工食品に区別して、それぞれに横断的な表示義務を課し、さらに、個別の品目ごとに個別の表示義務を課していた。これに対し、基準では、食品を生鮮食品、加工食品、添加物に分けて、これまでの3法の表示事項を横断的事項、個別的事項に整理して規定している。さらに、一般食品と、業務用食品に分けて、表示事項を整理している。また、従来表示義務対象者ではなかった食品関連事業者以外の販売者（バザー等における食品の販売をする者）の食品の表示義務も規定している。

■今後の課題

　食品表示基準は、3法にまたがっていた58本もの基準を統合する作業を優先しているため、個別の表示義務の内容全ての見直しを行っているものではない。

　そのため、今後、個別の表示ルールについて、たとえば、添加物の表示や、原料原産地表示の拡大、遺伝子組換え食品の表示のあり方などの見直しが必要となっている。

【関連キーワード】食品偽装、食品添加物、遺伝子組換え食品

【参考】石川直基ほか『基礎からわかる新・食品表示の法律・実務ガイドブック』（レクシスネクシス・ジャパン、2014年）

（石川直基）

食物アレルギーと学校給食

■食物アレルギーの増加

　学校給食は、単なる栄養補給にとどまらず、学校における食育の推進の目的から、学校給食法に基づき、在学する児童生徒に対し実施されている。

　他方、食物アレルギーをもつ児童生徒数は増加傾向にある。2013年の文部科学省の全国実態調査によれば、食物アレルギーのある公立小中高校の児童・生徒は約45万4000人（全体の4.5％）に増加し（2004年の前回調査時の1.7倍）、呼吸困難や腹痛、じんましん等のアナフィラキシー症状の経験がある児童生徒数は約4万9000人（0.5％）に増加している（2004年の前回調査時の3.6倍）。

■学校給食における対応

　学校給食における食物アレルギー対応においては、食物アレルギーをもつ児童生徒もそうでない児童生徒と同じように給食を楽しめることを目指すことが重要であり、各学校、各調理場の能力や環境なども考慮しながら食物アレルギーを持つ児童生徒の視点に立ってアレルギー対応をしていく必要がある。

　そこで、2008年には、学校における適切なアレルギー疾患への対応を推進するため、文部科学省監修の下、「学校のアレルギー疾患に対する取り組みガイドライン」が作成され、各学校等に配布されるとともに、アレルギー対応促進のための取組みがなされてきた。

　しかし、その後も学校給食によるアレルギー事故は上記のとおり増加しており、2012年12月には東京都調布市の小学校で、食物アレルギーのある児童に対して、担当教諭が、食べられない食材が記入された一覧表を確認しないままおかわりを渡してしまい、さらにそれを食べて体調が急変した児童に対する緊急措置が遅れ、児童がアナフィラキシーショックの疑いで死亡する事故が発生した。

　この事故を契機に、学校給食におけるアレルギー対応において、上記ガイドラインの主旨が十分に認識されておらず、取組みが徹底されていない等の課題が明らかとなった。

■今後の取組み

　給食におけるアレルギー事故を未然に防ぎ、また緊急時に適切な対応をするためには、学校・調理場のみならず、保護者の理解・協力、文部科学省および設置者である都道府県・市区町村教育委員会、さらには医療関係者や消防機関の協力・連携が不可欠である。

　食物アレルギーをもつ児童生徒が給食を安心して楽しめるようにするために、上記の関係各所が食物アレルギーに関する正確な情報を収集・共有して、上記ガイドラインや学校生活管理指導表に基づく事故防止のための具体的な対応をそれぞれ徹底し、万一の緊急時には迅速に適切な処置ができる体制を早期に構築する必要がある。

【関連キーワード】食品表示法

（船江莉佳）

トレーサビリティ

■**トレーサビリティとは**

「トレーサビリティ」は、「追跡可能性」などと訳されるが、食品のトレーサビリティは、「生産、加工及び流通の特定の一つ又は複数の段階を通じて、食品の移動を把握すること」と定義されている。食品とその情報を追跡・遡及できるようにしておくことで、問題のある食品の回収や原因究明を容易にすることが可能になる。

■**わが国の法制度**

日本では、牛肉と米についてだけ、トレーサビリティ制度を定めた法律がある。「牛の個体識別のための情報の管理及び伝達に関する特別措置法」（牛トレサ法）と、「米穀等の取引等に係る情報の記録及び産地情報の伝達に関する法律」（米トレサ法）である。

牛と米だけにこうした法律があるのは、牛については、2001年に国内で初めて牛海綿状脳症（BSE）に感染した牛が発見されたこと、米については、2008年に、非食用に用途を限定された事故米穀が食用として転売され流通した事件が発生したことが契機となっている。よって、豚肉、鶏肉や、米以外の穀物にはこうした制度はない。

■**制度の内容**

牛トレサ法によって、全ての牛は出生と同時に個体識別番号（10桁の数字）が付与され、個体識別台帳にこれを記録することにより管理される。この番号は生涯唯一であり、牛肉を販売したり、牛肉を主体とした料理を提供したりする場合には、この個体識別番号が表示されることになっている。

一方、米トレサ法では、米や米加工品について、取引・事業所間の移動・廃棄などを行った場合に、その内容について記録を作成し保存することになっている。また、産地情報の伝達も事業者に義務付けられている。

■**今後のトレーサビリティ**

国内での制度は上記のとおりであるが、たとえばEUでは2005年施行の一般食品法で食品等の入荷元と出荷先を確認できるようにすることを食品事業者等に義務付けているし、アメリカでは2006年施行のバイオテロ法で同様の義務が食品事業者等に課せられるなど、食品全般を対象にしたトレーサビリティ制度が導入されている。

わが国においても、2010年3月30日に閣議決定された「食料・農業・農村基本計画」で、「米穀等以外の飲食料品についても、米穀等に係る制度の実施状況を踏まえ、入出荷記録の作成・保存の義務付け等について検討し、その結果に基づいて制度的な対応措置を講じる」とされている。

具体例をあげるまでもなく、食品の事故は大規模で広範囲に影響を及ぼすおそれが大きいものである。問題発生時に速やかにルートを追跡・遡及して商品の回収、あるいは原因の究明が図られるよう、食品全般への導入に向けた取組みが期待されるところである。

【関連キーワード】食品偽装、食品安全委員会

（西野大輔）

食品偽装

■古くからある食品偽装

食品の内容と異なる表示・広告を行う食品偽装は、古くからあった。1960年には、牛肉の大和煮と表示された缶詰に入っていた肉に、牛肉だけでなく馬肉・鯨肉も含まれていたというニセ牛缶事件が発生した。この事件をきっかけとして1962年に景表法が制定され、不当表示に該当する食品偽装が禁止された。また、食品衛生法、JAS法では、一定の表示が義務付けられており、それに違反する食品偽装については行政処分・刑事罰の対象となる扱いとなっている（食品表示制度は食品表示法に引き継がれている）。

■期限表示違反

近時、食品偽装が大きく社会問題となったのは2007年である。不二屋、石屋製菓、赤福といった著名な企業による食品偽装が多発した。

不二屋では、会社内の基準を1日超過した日をもって消費期限としていた（合理性のない消費期限の設定）。赤福では、出荷の際に余った餅を冷凍保存して、解凍した時点を製造年月日に偽装して出荷（まき直し）したり、回収した赤福餅を、餅と餡に分けて、それぞれ「むき餅」「むき餡」と称して、自社内での材料に再利用させたり、関連会社へ原料として販売していたことが、期限表示義務違反とされた。石屋製菓では、「白い恋人」を再出荷する際に、賞味期限を改竄していた。これらの違反に対しては、食品衛生法違反、JAS法違反として行政処分がなされた。

■原料原産地違反

近時は、食品に関し、中国製品を含め海外製品よりも国内製品に対する信頼が高いことから、ウナギ加工品、わかめなどの食品の原料原産地を国産と偽る事件が多発している。また、鶏肉や牛肉など、産地がブランドした食材について産地偽装も多発している。

そのため、JAS法が2009年に改正され、原料原産地違反については、行政処分を待たず直ちに刑事罰が科されるルールとなった。また、不正競争防止法の原産地等誤認惹起行為に関する刑事罰の適用が多くなっている。

■外食メニューにおける偽装

2013年には、有名なホテル、旅館等のレストランにおいてメニューに表示された食材と実際に使用していた食材とが異なる食品偽装事件が社会問題となった（例：バナメイエビを使用していたのにシバエビ、普通のネギを使用していたのに九条ネギ、成型肉を使用していたのにステーキ等と表示していた）。

これらの表示は、景表法の不当表示に該当するものとして、阪急阪神ホテルズほか2社に対して、措置命令が出され、約230の事業者に対して指導がなされた。

【関連キーワード】食品表示法、景表法
【参考】石川直基ほか『基礎からわかる新・食品表示の法律・実務ガイドブック』（レクシスネクシス・ジャパン、2014年）

（石川直基）

健康食品と健康増進法

■健康食品の分類

健康食品一般については、法令上の定義は用意されておらず、広く、健康増進効果が期待される食品を指す。健康食品については、従来、特定保健用食品、栄養機能食品、いわゆる健康食品に分類されてきたが、2015年4月、新たに機能性表示食品制度が創設され、4つに分類されることになった。ただし、食品表示法4条による食品表示基準により、特定保健用食品、機能性表示食品、栄養機能食品は、「保健機能食品」と総称され、機能性表示が認められるが、いわゆる健康食品は、機能性表示が禁止されており、保健機能食品といわゆる健康食品の区別が重要である。

■特定保健用食品

健康増進法26条の規定に基づき、消費者庁長官の許可を得て、当該食品が特定の保健の用途に適することを表示すること（例：おなかの調子を整えます）が認められた食品である。当該食品の安全性・有効性は、審査の過程で科学的根拠によって確認されている。

■機能性表示食品

食品表示法の食品表示基準に基づき、一定の届出を消費者庁長官にすることにより、科学的根拠に基づく機能性の表示が認められる食品である。安全性・機能性について、国は審査しない。

■栄養機能食品

食品表示法の食品表示基準に基づき、一定の栄養成分の量が食品表示基準で定める範囲内で含有されている場合に、食品表示基準で定められている内容で、その栄養成分の機能性を表示すること（例：カルシウムは骨、歯の形成に役立ちます）ができる食品である。

■健康食品の広告上の問題

いわゆる健康食品は、事業者が任意に健康食品と称し、一定の健康増進上の効果があるとして販売しているものであり、効果や効能の証明が十分でないものがある。保健機能食品でも、過大な表示のおそれがある。

そこで、健康増進効果の広告その他の表示については、健康増進法32条の2に基づき、著しく事実に相違し、または誇大な表示が禁止されている。また、疾病等の治療効果、予防効果を広告することは医薬品医療機器等法68条により禁止されている。

実際の広告では、上記の法規制に違反しているか明らかでないこともあり、消費者庁が「いわゆる健康食品に関する景品表示法及び健康増進法上の留意事項について」を公表している。

■健康食品の安全上の問題

いわゆる健康食品には、実際に薬理作用があり、健康被害を発生させるものもある。医薬品との飲み合わせによる副作用の懸念のある健康食品もある。

機能性表示食品については、国が安全審査をしないので、安全性を確保する体制整備が必要との意見がある。

【関連キーワード】食品表示法、景表法

(石川直基)

X

住宅被害

Ⅹ　住宅被害

概　説

1　欠陥住宅被害

　欠陥住宅被害とは、築造ないし購入した住宅が、住宅として通常有している品質や性能を欠いていたり（たとえば、雨漏りする住宅、法定の**構造安全性能**を欠いている住宅、有害化学物質を放散する建材を施工したことによる健康被害：**シックハウス**）、または契約において特に示された品質や性能を有しない等の被害をいう。

　住宅を含む建築物の安全性は、所有者のみならず同居人、訪問者、通行人など広い範囲の生命・身体・財産に影響を与えるため、**建築基準法**は、建築物の敷地、構造、設備および用途に関する最低の基準を定めている。また、法定の基準を遵守させるため、建築物の設計および工事監理は、資格を有する**建築士**しかできないこととし、さらに、工事開始前に、**設計図書**の適法性を行政ないし民間確認検査機関により確認されなければ工事を開始させず（**建築確認**）、（全ての建築物ではないが）特定の工程時に「**中間検査**」に合格しなければ次の工程に進むことを許さず、工事完了時の「**完了検査**」に合格しなければ建築物の使用を許さないという二重三重の**確認・検査制度**をとっている。したがって、施工業者、建築士、行政ないし民間確認検査機関という建築の専門家がそれぞれの役割を果たしていれば、欠陥住宅は生まれないはずであるが、現実には、設計の不備、技術不足、管理ないし監理不十分などの原因が重なり、依然として欠陥住宅被害はなくなっていないし、近年は**リフォームトラブル**や**追加変更工事トラブル**が増加している。

2　救済方法（瑕疵判断・損害・手続）

　被害救済においては、まず、請負人・売主の瑕疵担保責任の根拠である「瑕疵」の存否が問題となるところ、安全性の最低基準を定める建築基準法等の法令に違反しているか否か、および当事者が特に約定していた品質・性能を欠いているか否かが判断基準と考えられている（法令違反ではないが、当事者が特に定めた約定違反が瑕疵になると判示したものとして最判平15・10・10判時1840号18頁）。

　また、不法行為（民法709条）に基づいて請求する場合には「建物としての基本的な安全性」の有無が重要な判断基準となる（最判平19・7・6民集61巻5号1769頁：**別府マンション事件**）。

　「瑕疵」があると判断された場合は、これについて責任のある者（施工者、設計・工事管理者、行政・民間確認検査機関等）に対し、**損害**についての賠償等を請求することになる。この点に関する最高裁判例として、名義貸し建築士の不法行為を認容した最判平15・11・14（民集57巻10号1561頁）、請負人の瑕疵担保責任に基づき重大な瑕疵のある建物の建替費用相当額の賠償請求を認容した最判平14・9・

24（判時1801号77頁）、損害から居住利益を控除すること（居住利益控除論）を否定した最判平22・6・17（民集64巻4号1197頁）など、画期的な判決が続いている。

また、立法面では、2005年に起こったいわゆる**構造計算偽装事件（耐震偽装事件）**を契機として**住宅瑕疵担保履行法**が制定され、2009年10月1日以降の引渡物件のすべてについて、請負業者・販売業者は、供託ないし付保することが義務付けられ、住宅取得者の瑕疵担保責任請求が実質的に担保されることになった。

救済手続については、建築瑕疵に関する裁判外紛争解決手続（**住宅ADR**）として、**住宅品質確保法**に基づいて設置されている指定住宅紛争処理機関（評価住宅、保険付住宅に限る）や、都道府県に設置されている建設工事紛争審査会（請負契約の紛争に限る）がある。

裁判手続面では、建築士などの専門家調停委員が争点整理段階から関与する**付調停**や2003年7月の民訴法改正により導入された**専門委員制度**が活用され、また、欠陥住宅訴訟における鑑定人確保のため、**建築関係訴訟委員会**が**司法支援建築会議**に鑑定人候補者の推薦を依頼するシステムができるなど、制度面の改革がみられた。

3　今後の問題点

2011年3月11日発生の**東日本大震災**では、建物の敷地である**地盤**による被害（大規模崩落、液状化現象）が問題となった。地盤について必要な情報を収集・評価・開示し、安全な土地を取得できるためのシステムの検討が必要となっている。

また、新築着工件数の減少や空住戸の増加、持ち家政策からストック重視への政策転換等による住宅リフォームの需要の増加が生じているが、他方で法的整備が不十分であることから、**リフォームトラブル**が増えており、対策が必要である。

さらに、新築・リフォームを問わず、工事着工後の**追加変更工事トラブル**も依然多い。これは、当初の契約内容があいまいであると起こりやすいトラブルである。

なお、建築基準法は、基準変更前に築造された建築物に対しては適用外としているため（3条2項）、現在の安全性基準を満たしていない建築物（**既存不適格建築物**）の存在を容認している。しかし、阪神・淡路大震災での被害状況からも明らかなとおり、1981年施行の新耐震基準を満たしていない建築物の危険性は重大であり、1000万戸ともいわれる既存不適格建築物の解消は、近い将来大地震の襲来が予想されるわが国において国家的急務であるといってよい。

さらには、請負代金を事前に一括して支払えば代金額が安くなるなどとして請け負い倒産するという被害事例（**請負代金前払い事件**）、都市部の住宅難民をターゲットにした**脱法ハウス**（**違法貸しルーム**）、賃借人に対する**追い出し屋被害**などの**借家の原状回復トラブル**等も後を絶たず、欠陥住宅や住宅リフォームのみならず住宅政策全般に配慮した対応が求められている。

（平泉憲一）

欠陥住宅

■欠陥住宅とは

「欠陥住宅」とは、法律上の「瑕疵ある建物」と同義である。1970年代後半、「欠陥プレハブ」問題が発生し、ついで「欠陥マンション問題」が現れ、その後住宅一般について「欠陥住宅」という言葉が一般化したようである。

■欠陥住宅における瑕疵

「欠陥住宅」において、瑕疵とは、住宅として通常有している品質や性能を欠くもの、または、契約において示された品質や性能を有しないものをいう。

上記定義の前半部分を「客観的瑕疵」、後半部分を「主観的瑕疵」という。最判平15・10・10(判時1840号18頁)は、鉄骨造建物の主柱につき断面の寸法300mm×300mmの鉄骨を使用する契約上の約定に違反して、同250mm×250mmの鉄骨を使用して施工された工事につき、同250mm×250mmの鉄骨であっても建築基準法上の基準を満たしており安全であるから瑕疵はないと判示した大阪高裁の原判決を破棄して、「これが契約の重要な内容になっていたものというべきである」として瑕疵であると判示し、主観的瑕疵も法律上の瑕疵に含まれることを認めた。

■欠陥現象と欠陥原因

訴訟上、「雨漏りだから欠陥である」との主張だけでは不十分である。雨が降ると天井から雨滴が落ちてくるという事象は「欠陥現象」であり、たとえば屋根瓦の重ね合わせが小さいとかサッシュ回りの水切りが施工されていないなどの欠陥施工部分が「欠陥原因」である。

欠陥住宅訴訟では、請求を基礎づける請求原因事実として欠陥原因の主張が必要である。欠陥原因を特定し、これに応じた相当な補修方法と補修費用を主張・立証しなければならない。建築士の協力はそのために必要となる。しかし、コンクリートひび割れのような原因特定が困難な瑕疵については、立証責任の転換を図るべきである。

■瑕疵(欠陥)の判断基準

瑕疵か否かの判断は、欠陥原因に対して、①建築基準法等の法令、国土交通省告示を満たしているか、②当事者の契約で定めた内容(設計図書に定めた内容)を満たしているか、③日本建築学会で定める仕様書等、わが国の現在の標準的な技術水準を満たしているかによって判断される(東京地方裁判所建築訴訟対策委員会「建築鑑定の手引き」判時1777号3頁)。瑕疵判断はこのような客観性のある基準に基づいて判断する必要があり、建築士等の専門家の個人的・主観的判断によるべきものではない。

【関連キーワード】建築基準法、設計図書、建築士　　　　　　　　　　(河合敏男)

建築基準法

　建築基準法は、建築物の敷地、構造、設備および用途に関する最低の基準を定めて、国民の生命・健康・財産の保護を図り、公共の福祉の増進に資することを目的として（同法1条）、1950年に制定された法律である。当時、わが国では、戦災復興のために大量の建築物を集中的に建築する必要に迫られており、建築物が守るべき最低の基準を明示する法律が必要とされたのである。

■単体規定と集団規定

　建築基準法の定める「最低の基準」には、単体規定と集団規定がある。

　単体規定は、個々の建築物が単体として備えていなければならない構造耐力・防火・衛生などに関する技術的な最低基準を定めた規定で、全国一律に、建築物単位で適用されるものである（同法2章）。

　集団規定は、建築物の集団である町や都市において要求される規定で、安全で合理的な土地利用の調整と環境保護を図るための都市計画的な建築基準である（同法3章）。この集団規定は、原則として、都市計画区域内と準都市計画区域内で、敷地単位で適用される。

■建築基準法令の変遷

　建築基準法や同法施行令などは、建築技術の進歩や経済発展を背景とし、地震・台風等の大規模災害による被害を教訓として改正を重ねてきた。たとえば、建物の安全性に関する具体的な技術的基準については、1980年の施行令改正により、いわゆる新耐震基準が導入され、大幅な見直しがなされた。また、1998年改正においては、性能規定化や建築確認・検査の民間開放、中間検査制度などの改正がなされた。2002年には、シックハウス対策の規定が設けられ、2005年の構造計算書偽装事件を契機に、建築確認・検査の厳格化などの改正がなされた。その後も、2011年の東日本大震災を契機に、天井の脱落防止措置などの改正がなされている。

■建築基準法違反と欠陥

　欠陥住宅訴訟においては、「建築基準法に違反していても現に建っているので大丈夫だ」とか、「建築基準法には安全率が見込んであり、余裕があるのだから、少しくらい基準を下回っていても十分もつ」などという主張が施工業者からなされることがあった。また、建築基準法は、取締規定（行政取締上の立場から一定の行為を禁止・制限する規定）であり、その違反が直ちに欠陥となるわけではない、という主張がなされることもあった。

　しかし、建築基準法は、国民の生命・健康・財産の保護を図るため、建築物の「最低の基準」を定めた法律である（同法1条）。この「最低の基準」を下回ること自体が、住宅として通常有している品質や性能を欠くものである以上、「建築基準法違反すなわち欠陥」と評価されるべきである。

【関連キーワード】欠陥住宅　（風呂橋誠）

X　住宅被害

建築士

■建築士とは
　建築士とは、建築士法に基づく国家資格で、1級・2級・木造建築士の総称である。建築物の構造・規模に応じて「設計」・「工事監理」を中心とした業務を行う。

■設計・工事監理とは
　建築士法上、「設計」とは設計図書を作成することとされ、「工事監理」とは工事と設計図書を照合し設計図書のとおりに実施されているかどうかを確認することとされている（建築士法2条5号・7号）。そして、一定規模以上の建物については、建築士の資格があるものだけが設計・工事監理を行うことと規定されている（建築基準法5条の4第1号・4号）。

■建築士制度の理念と現実のギャップ
　わが国の建築関連法規は、専門家である建築士が、一定規模以上の建築物の設計・工事監理を独占的に行うことで、法に適合した建築物が生産されることを予定している。しかし、現実的には、多くの建築士が施工業者に所属しあるいは経済的に従属しており、施行業者主導の工事が多い。そのため、建築士による設計・工事監理を通じた工事のコントロールが不十分であり、欠陥住宅問題の背景となっている。

■監理放棄建築士
　「工事監理」に関する問題として、実際には工事監理を行わない建築士が建築確認申請において工事監理者として届け出るケースがあり、欠陥住宅被害の原因となることがある。このような建築士について、最高裁判所は「建築士は……建築士法及び法の上記各規定による規制の潜脱を容易にする行為等、その規制の実効性を失わせるような行為をしてはならない法的義務がある」として、監理を放棄した名義貸し建築士の不法行為責任を肯定した（最判平15・11・14判時1842号38頁）。

■建築士制度の改革
　2005年に発覚した構造計算書偽装事件は建築士制度の問題点を白日の下にさらした。2006年以降、順次建築士制度の改革が実施されている。具体的な改正点として、①定期講習の義務付け、建築士試験の受験資格要件の厳格化、②新たな資格（構造設計・設備設計）の創設、一定規模の建築物に対する構造・設備一級建築士によるチェックの義務付け、③管理建築士の要件厳格化、再委託の制限、名義貸しの禁止、団体による自律的な監督体制の確立、罰則の強化、④重要事項説明の義務付け、建築士名簿・携帯用免許証制度、などが規定された。しかし、建築士の施工業者に対する従属的関係に関しては政府が設定した課題とされていなかったため、根本的な解決には至っていない。

【関連キーワード】設計図書、構造安全性能、構造計算偽装事件
【参考】日弁連消費者問題対策委員会編『まだまだ危ない！　日本の住宅』（民事法研究会、2009年）63頁　　（青木貴央）

設 計 図 書

　建物が築造されるまでには、設計段階・施工段階に応じて、多くの図面や書面が作成されるが、「設計図書」とは、設計段階において建築士が作成する次のような図書をいう。
① まず、基本的なプランを決めるために「平面図」「立面図」等を作成し計画を具体化していく。
② プランが固まると、プランを実施するために「(実施)設計図」や「仕様書」を作成する。「設計図」には、平面図・立面図(①の時点よりも縮尺も小さく詳細なもの)、断面図、矩計図、展開図、建具図、仕上表、構造図としての基礎図面や各階伏せ図、設備図などがある。「仕様書」は、図面では表せない仕様(メーカー名やグレード等)を記した図書である。これらが「設計図書」である。
③ 建物の規模によっては構造計算によって安全を確認することが義務付けられ建築確認申請時に構造計算書を添付しなければならないが、このような建物の場合、構造計算に基づいた「構造図」が作成される(これも設計図書である)。
④ このようにして建築すべき建物が具体化した段階で、建築請負契約が締結される。実際に工事を行うにあたっては、必要に応じて請負人が「施工図」を作成する。施工図は、設計図書を実際に施工に移す場合に作成される詳細図面である。

■設計図書の重要性
　設計図書の作成は、建築請負契約成立の要件ではないが(建設業法19条は書面の作成を要求しているが注意規定と解されている。星野英一『契約各論』258頁)、建物を建てる前に締結する建築請負契約において、建てるべき建物はどのような建物なのかという契約の内容を確定するためには、設計図書は不可欠である。
　実際の建築請負契約をめぐる紛争は、契約の目的である建物が契約どおりに建てられているかどうか(契約違反の瑕疵の存否)の紛争や追加工事費用をめぐる紛争が多いが、これらはいずれも設計図書がわずかしか作成されておらず当初締結した請負契約の内容が曖昧であったことから生じた問題であることが多い。また、設計図書がわずかしか作成されないような場合には、建築士の技量上の問題もある場合も見受けられ、建築基準法等の法令にも違反する場合が少なくない。
　したがって、建築請負契約締結にあたっては、契約違反の存否をめぐる事後の紛争防止のためにも、建築基準法等の法令に違反する違法建物の築造防止のためにも、設計図書をきちんと作成することは極めて重要である。

【関連キーワード】欠陥住宅

(平泉憲一)

建築確認・検査制度

建築基準法は、建築物の建築基準法令への適合性を確保すべく、建築前・建築途中・完成後に、以下の確認や検査の制度を定めている。

■建築確認

建築主は、一定規模以上の建物を建築しようとする場合は、工事着手前に、建築主事または指定確認検査機関から、計画が建築基準法関係規定に適合することにつき確認を受け、確認済証の交付を受けなければならない（建築基準法6条1項・6条の2第1項）。

建築主が行う建築確認申請には、一定の図面が添付され（同法施行規則1条の3）、また、設計・工事監理を行う建築士も記載されている。

2006年の建築基準法改正では、構造計算書偽装事件を受け、構造計算適合性判定審査の制度も設けられた。一定の建築物について、建築確認にあたり、第三者による構造計算のチェックを受けなければならないという制度である。

■中間検査

中間検査は、建物建築中の段階で建築主事または指定確認検査機関の現場チェックを受ける制度であり（建築基準法7条の3・7条の4）、1998年の建築基準法改正により設けられた。

建物完成後には、構造的安全性にかかわるような建築物の重要部分を目視で確認することができないことから設けられた制度である。

戸建て住宅については、特定行政庁（都道府県知事や大規模な市の長）が指定した工程等（特定工程）の後に、中間検査が行われる。建築基準法関係規定に適合していると認められるときは、中間検査合格証が交付される。

■完了検査

建物完成後、建築主は、建築主事または指定確認検査機関による完了検査を受けなければならない（建築基準法7条・7条の2）。建築基準法関係規定に適合しているときは検査済証が交付される。

■指定確認検査機関

1998年の建築基準法改正によって指定確認検査機関の制度が設けられ、国土交通大臣や都道府県知事の指定を受けた民間機関が建築確認・検査を行えるようになっている。

■確認・検査と欠陥

建築確認申請には全ての図面が添付されているわけではないなど、建築確認で全ての法令適合性がチェックできるわけではない。また、中間検査も完了検査も、現場で当該建築物全ての法令適合性をチェックできるわけではない。

したがって、確認済証、中間検査合格証または検査済証の交付を受けているからといって、欠陥のない安全な建物と言いきることはできない。

■リフォームと建築確認・検査

リフォーム工事であっても、一定の場合は建築確認・検査が必要となる。

【関連キーワード】建築基準法、構造計算偽装事件、建築士　　　（水谷大太郎）

構造安全性能①

■建物の有すべき安全性

　一般に建物が有すべき安全性とは、建物の使用者等の生命・健康・財産に損害を与えないこととされ、具体的には、①構造耐力上の安全性、②防火性・耐火性、③耐久性・耐候性、④使用上の安全性・避難上の安全性、⑤良好な環境衛生条件の確保等があげられている（国土交通省住宅局建築指導課編『図解建築法規』22頁）。

■構造安全性能・構造欠陥

　建築基準法は、国民の生命・健康・財産の保護を図るために最低の基準を定めているが（同法1条）、建物の構造については、「自重、積載荷重、積雪荷重、風圧、土圧及び水圧並びに地震その他の震動及び衝撃に対して安全な構造」でなければならないと定め、構造安全性能の具備を要求している。

　建物が構造安全性能を満たしていないことを「構造欠陥」と呼び、特に深刻・重大な欠陥住宅被害とされる。

■新耐震基準

　地震等の震動に対する安全性能の基準は「耐震基準」と呼ばれ、地震の多いわが国では、防耐火基準と並んで重要な安全基準とされ、過去幾多の震災被害を教訓として改正を重ねてきた。

　中でも1981年施行の改正は、特に大きな抜本的改正であり、その際に定められた耐震基準は、従来の耐震基準と対比して「新耐震基準」と呼ばれる。

　新耐震基準の中心となる考え方は、①建物の耐用年数中に数度は遭遇するであろう中規模地震に対しては、建物に損傷を生ぜず、再使用に支障のないようにし、他方、②耐用年数中に一度遭遇するか否かの大規模地震に対しては、損傷を受けても建物を崩壊させず、人命を保護するというものである。

　なお、従前に建てられた建物で新耐震基準を充足しないものは、「既存不適格建築物」となった。

■構造計算

　建物の構造安全性能を確保するため、建築基準法は、原則として、建物の設計にあたりその構造が安全であることを構造計算によって確認すべきことを要求している（同法20条）。

　なお、木造2階建て等の小規模建物は、法的に構造計算が義務付けられていないが、実際に構造計算をした結果、基準法所定の安全性を充足していなければ、当然、構造欠陥になる。

■構造欠陥の具体例

　鉄骨造建物の場合、軀体（くたい）を構成する柱・梁（はり）など各部材相互間の接合部の溶接不良が問題となる。

　鉄筋コンクリート造建物の場合、①配筋欠陥（鉄筋径・本数、配筋ピッチ、定着長さ、かぶり厚さ等の不適）、②コンクリート不良（圧縮強度不足、打設不良等）が問題となり、クラック（ひび割れ）といったそれ自体も耐久性を損なう欠陥現象を惹起したりする。

　当該地盤に適した基礎工事がなされていない場合等も構造欠陥となる。

【関連キーワード】既存不適格建築物

(神崎哲)

構造安全性能②

■仕様規定と性能規定

建築基準法は、建物の構造安全性能を確保するために、同法施行令第3章を中心に、構造に関する技術基準を規定している（構造規定）。

同法が阪神・淡路大震災を契機として1998年に大幅改正された際、①建築技術の急速な進展に対応すべく、「仕様規定」以外の方法でも同等性能を充足すれば建築可能なように「性能規定」化が進められ、他方、②「仕様規定」もより詳細な基準が告示で注意的に定められた（平成12年告示等）。

■木造建物の構造安全性

2階建以下の木造建物の場合、法令上、構造計算が免除されているが、これは仕様規定を充足してオーソドックスな建物を建築すれば構造安全性が確保されるだろうとの経験則に基づく。

他方、3階建てや大規模建物は、原則どおり構造計算が要求される。

■木造建物の構造欠陥

在来軸組工法建物は、柱等の垂直材や梁等の水平材、筋かい等の斜材で構築される軸組（耐力壁）によって地震等の外力に抵抗する構造である。

この種の建物における構造欠陥の典型例としては、建築基準法施行令40条以下の仕様規定違反がある。すなわち、①柱と基礎・土台の緊結不良（42条違反）、②柱や梁、筋かい等構造部材の断面の寸法不足・欠損（43条～45条違反）、③必要とされる壁の量の不充足（46条違反）、④筋かい端部等、構造部材間の接合部の緊結不良（47条違反）等といったものがある。

また、仕様規定違反以外にも、大きな吹抜による水平剛性不足等もある。

■木造3階建て住宅の構造欠陥

木造3階建ては、1987年建築基準法改正により準防火地域でも建築可能となり、バブル経済下の地価高騰の中、狭小敷地を高度利用しつつ住宅価格を抑える手法として普及した。すなわち、住宅2軒分の敷地を3分割して住宅3軒を建てる等の建築計画が増えた際、敷地面積不足を補う必要から「1階車庫付き3階建て木造住宅」が急増した。

だが、この形態の住宅は、類型的に重大な構造欠陥を生じやすく、阪神・淡路大震災でも甚大な被害を受けた。

具体的には、①間口が狭く奥行が長い敷地形状のため、間口方向の耐力壁が不足しがちなうえ、1階前半分が車庫のため、壁量不足に陥りやすい。②車庫のため耐力壁の配置バランスが悪く（偏心）、地震時等に捻れ倒壊を招きやすい。③構造計算を避けるため2階建てと偽ったり、確認が通りやすいよう耐力壁を水増しする等、虚偽の建築確認申請が横行しており、審査が機能しない建物も当時は多かった。

【参考】建設省住宅局建築指導課ほか監修『建築物の構造規定－建築基準法施行令第3章の解説と運用　1997年版』（日本建築センター、1997年）、同『建築物の構造関係技術基準解説書　2007年版〔第2版〕』（全国官報販売協同組合、2008年）

（神崎哲）

構造計算偽装事件
（耐震偽装事件）

■事件の概要

2005年11月17日、国土交通省は、千葉県内の1級建築士が構造計算を偽装し、必要な耐震強度（等級1）（保有水平耐力）に対して、これを大きく下回る強度しかなく、震度5程度の地震によって倒壊する危険のあるマンション等が21棟あることを公表した。同省によれば、同年10月に、民間確認検査機関（建築基準法改正により1999年5月から建築確認業務等が民間開放された）であるイーホームズからの情報提供を受けて調査を進めた結果とのことであった。その後、同建築士以外の建築士が構造設計を担当した物件でも耐震強度不足が発覚し、被害マンションは29棟、うち同一の販売業者が販売したマンションが22棟あったが、同販売業者は倒産した。また、同販売業者から多数のマンション建築を請け負っていた建築業者も倒産し、同販売業者、偽装を行った建築士は刑事罰を受け、指定確認検査機関に対する行政処分等も行われた。

国は、販売業者が倒産したことなどから、地方公共団体とともに、マンションの再建築費用ないし補強工事費用の一部を補助することとしたが、被害者らは十分な救済を受けることはなかった。

一方、被害者の一部は、偽装を見逃して建築確認済証を発行した指定確認検査機関等に対する損害賠償請求訴訟を提起したが、最判平25・3・26（集民243号101頁）により、建築確認審査における注意義務違反は認められないとされた。

■事件発生の背景

日弁連は、1998年の建築基準法改正による「建築確認検査の民間開放」について、同年3月18日付け申入書により、建物の最低限度の安全性を確保するための最後の砦である建築確認検査業務は公的機関の責任において実施されるべきであり、公正さの担保のない民間機関に開放されるべきではないとの申入れを行っていたところ、民間開放が偽装事件発生の原因の一つとなってしまった。

■事件後の法改正の概要

2006年の建築基準法改正により、建築確認検査制度の厳格化（一定規模以上等の建築物について、指定構造計算適合性判定機関による審査制度の新設等）、建築士制度の強化（構造設計1級建築士制度の導入等）、2007年に住宅瑕疵担保履行法が制定された。同法により、2009年10月1日以降引渡しの住宅について、建設業者および宅地建物取引業者に、瑕疵担保責任に基づく損害賠償を履行するための資力確保（責任保険の加入ないし一定額の供託）を義務付けた。

【関連キーワード】建築基準法、建築確認・検査制度、住宅瑕疵担保履行法
【参考】日弁連消費者問題対策委員会編『まだまだ危ない！ 日本の住宅』（民事法研究会、2009年） （谷合周三）

別府マンション事件

■事案の概要

1990年に竣工間際の収益マンションを購入した買主が、1994年の入居後に判明した無数のひび割れや雨漏り等の様々な瑕疵につき、設計者と施工業者等に損害賠償を求めた事案である。

■訴訟の経過

1審は設計・監理者の不法行為責任と施工者の瑕疵担保責任を認めた（大分地判平15・2・24民集61巻5号1775頁）が、控訴審は、一部の瑕疵の存在は認めつつも、不法行為責任を問えるほどの「強度の違法性」はないとして請求を棄却した（福岡高判平16・12・16判夕1180号209頁）。

これに対し、第1次上告審は、「強度な違法性」論を退け、建物は、居住者等の「生命、身体又は財産を危険にさらすことがないような安全性を備えていなければならず、このような安全性は、建物としての基本的な安全性というべきである」とし、建物の建築に携わる設計者・施工者・工事監理者には、「建物としての基本的な安全性が欠けることがないように配慮すべき注意義務」があり、これを怠って、「建物としての基本的な安全性を損なう瑕疵」により「居住者等の生命、身体又は財産が侵害された場合」には不法行為責任を負うとした（最判平19・7・6民集61巻5号1769頁）。

ところが、第1次差戻審は「建物としての基本的な安全性を損なう瑕疵」を「居住者等の生命、身体又は財産に対する現実的な危険性を生じさせる瑕疵」に限定したうえ、現実に事故が起きていない以上、「現実的な危険性」は認められないとの理由で、再び請求を棄却した（福岡高判平21・2・6判時2051号74頁）。

しかるに、第2次上告審は、「現実的危険性」論を退け、「当該瑕疵の性質に鑑み、これを放置するといずれは居住者等の生命、身体又は財産に対する危険が現実化することになる場合には、当該瑕疵は、建物としての基本的な安全性を損なう瑕疵に該当する」と述べ、例示的に、構造耐力にかかわる瑕疵はもとより、外壁の剝落や開口部・ベランダ・階段等の瑕疵により利用者の人身被害につながる危険があるときや、漏水、有害物質の発生等により利用者の健康や財産が損なわれる危険があるときは、これに当たると判示した（最判平23・7・21判時2129号36頁）。

■意義と課題

欠陥住宅に関する設計・施工者等の不法行為責任に関する重要判例である。

もっとも、「建物としての基本的な安全性を損なう瑕疵」の解釈や射程につき、その該当性の判断のみならず、かかる瑕疵に当たらない場合、なかんずく、いわゆる主観的瑕疵の場合の不法行為の成否についても、今後の裁判例の集積が待たれるところである。

【関連キーワード】欠陥住宅　（三浦直樹）

損害①（補修費用）

消費者（注文者）が、建築業者（請負人）に建築工事を依頼して住宅を新築した後、瑕疵（欠陥）が発覚した場合、消費者は、建築を請け負った業者に対し、瑕疵担保責任を追及することができる。

具体的には、消費者は業者に対し、瑕疵修補請求、および、瑕疵修補請求に代えてまたは修補とともに損害賠償請求をすることができる（民法634条）。

損害賠償請求として瑕疵修補費用を請求するにあたっては、①瑕疵（欠陥）を是正し、本来要求されるべき性能と品質を回復するために必要かつ相当な補修方法を確定するとともに、②その補修に要する費用額を確定する必要がある（日弁連消費者問題対策委員会編『欠陥住宅被害救済の手引〔全訂三版〕』41頁）。

部分的な補修では、瑕疵（欠陥）の是正ができず、建て替えざるを得ないような状態の場合は、建替費用相当額を損害額として請求することになる。

■建替費用相当額の損害賠償請求

建替費用相当額の損害賠償請求については、実質的に請負契約の解除を請求するに等しいため、契約解除を制限する民法635条ただし書の趣旨に反するのではないかという問題があった。

最判平14・9・24（判時1801号77頁）は、建物に重大な瑕疵があるため建て替えざるを得ない場合は、建替費用相当額の損害賠償請求が認められると判断し、上記問題に決着をつけた。

問題になった建物は、極めて多数の欠陥箇所があるうえ、主要な構造部分について、建物の安全性・耐久性に重大な影響を及ぼす欠陥があり、補修によっては根本的な欠陥を除去することができず、建て替えざるを得ないような状態であった。最高裁は、このような建物を収去することは「社会経済的に大きな損失をもたらすものではなく」、また、建替費用を請負人に負担させることは、「契約の履行責任に応じた損害賠償責任を負担させるものであって、請負人に酷であるといえない」として、建替費用相当額の損害賠償請求を認めても、「民法635条ただし書の規定の趣旨には反しない」と判断した。

■居住利益控除論、減価償却分控除論

建替費用相当額の損害賠償請求に対し、業者側から、建物に居住していた利益（居住利益）や建物を建て替えて耐用年数の伸長した新築建物を取得する利益（減価償却分）を、損益相殺の対象として、損害額から控除すべきとの反論がなされることがある。

最判平22・6・17（判時2082号55頁）は、社会通念上、建物自体が社会経済的な価値を有しないと評価すべきものであるときは、損益相殺ないし損益相殺的な調整をすることはできないとして、居住利益、減価償却分のいずれについても、損害額から控除することはできないと判断した。

【関連キーワード】損害②（補修費用以外の損害）

（安田周平）

損害②（補修費用以外の損害）

　欠陥住宅訴訟において、注文主（消費者）が建築請負業者に対して瑕疵担保責任を追及する場合、修補請求と損害賠償請求が可能である（民法634条）。後者のうち、建替費用相当額の損害や修補費用以外の損害としては、以下のようなものがあげられる。

■補修期間中の代替建物の家賃
　補修期間中、補修の対象となった欠陥建物に居住することができないために借りた代替建物の賃料を請求することができる。

■引越費用
　欠陥建物から代替建物への引越費用および修補後の建物への再度の引越費用を請求することができる。

■登記手続費用
　建替費用相当額の損害賠償請求が認められるような場合には、登記手続費用についても請求することができる。

■休業損害・逸失利益
　欠陥建物が、賃貸用のアパートであったり営業用の店舗であったりした場合、当該建物に欠陥があることにより、賃貸の用に供したり、営業の用に供することができなかったのであれば、得られたであろう賃料相当額、営業により得られたであろう利益相当額の損害を請求することができる。

■慰謝料
　裁判例をみると、慰謝料を認めるものと認めないものの両者が存在する。
　慰謝料を認めない裁判例としては、欠陥住宅被害は財産的損害であることを前提に、財産的損害の回復により精神的苦痛も回復した、それでも回復されない精神的苦痛があるというのであればそのような特別の事情を主張・立証すべきであるがされていない、というような理由で否定するものが多い。
　しかし、住宅は長期間生活の基盤となるものであり、一般市民は、通常、一生に一度しか取得しない。だからこそ、財産的価値だけでは計ることのできない安全性・快適性などの質・性能が要求される。その住宅に欠陥があり、そのような欠陥住宅をつかまされ、不便さ・危険性からくる不安などに耐えながら住み続けなければならない精神的苦痛は計り知れないものがある。このように、欠陥住宅は、安全な住宅に居住する権利という基本的な権利すらも侵害しているのである。そのため、欠陥住宅においては、注文主が欠陥を認識しているか否かにかかわらず、慰謝料は発生すると考えるべきである。

■調査費用・弁護士費用
　欠陥住宅訴訟においては、通常、建築士による調査鑑定や弁護士への訴訟委任が必要となる。このような調査費用・弁護士費用も、建物の欠陥と相当因果関係のある損害として請求することができる。

【関連キーワード】欠陥住宅、損害①（補修費用）
（御子柴慎）

追加変更工事トラブル

■問題の所在

　建設業法19条2項は、追加変更工事の合意の存在を書面で取り交わすよう規定する。追加変更工事は本来の契約とは別の新たな請負契約なのだから、別の契約書の取り交わしは当然のことである。ところが、実際には、追加合意の書面もなく、また追加合意の存在を裏づける資料もないのに（あるとしても業者作成の打合せ議事録等のみ）、突然「追加変更工事代金を支払え」と請求されトラブルになるケースが後を絶たない。業者は、「建設業法は取締法規である。訓示規定である」、「合意書面の有無を問わず発注者は現に追加工事分の利益を得ている」、「施工業者が頼まれもしない工事をするはずもない」などと主張し、裁判所もこれに同調する判決を出し、それを奇貨とした業者は、たとえば、予算不足で契約を渋る発注者に対し、あたかも「予算内で完成できる」と偽って受注をした後、工事途中で「好きなものを選んでほしい」と申し向け、当初の契約代金内で選択しうると誤信した発注者が一番高額の部材を選択するや、建物引渡時に「当初契約より高い追加発注があったから追加代金を支払え」と申し向ける（騙取型）、施工瑕疵で工事のやり直しを求められた施工者が、補修後、同補修分の損失を補うべく、発注者からの要望等をすべて新たな追加工事の申入れと決めつけ上記瑕疵補修の損失分を取り戻そうとする（損害回収型）などの手口で追加工事代金請求を行う。

■近時の判決

　これに対し、安易な追加変更工事代金請求を認めない判決もある。

　たとえば、①東京地判昭61・4・25（判時1224号34頁）は、「被告のような大会社の決済方式からして契約書を作成することはごく常識に近く、口頭による合意のみで契約が成立しているとすることは困難」と判示し、書面なき請負契約の成立を否定する。また、②札幌地判平24・1・13（2012年5月19日欠陥住宅全国ネット・札幌大会討議資料。ふぉあ・すまいる28号21頁）は、「追加変更として施工された事実中、証拠で認定困難なもの、施工の不具合を是正させた疑いのあるもの、見積書で落としたもの、打合せ記録がなく追加変更かわからないものが大半であり、これらについてはそもそも追加変更工事代金債権が発生したということはできない」、「商法512条の報酬請求権は、最低限、有償での追加変更工事を注文者から委託される必要があり、この点を不問にして商法512条の報酬請求権の発生を認定することは出来ない」などと判示する。建設業法を遵守すべき義務を課せられた業者が、建築の素人に対して、何が追加工事代金を発生させる工事かを書面で明確にすべきことは当然の義務である。　　　（吉岡和弘）

リフォームトラブル

■**リフォーム増加の背景事情**

長引く景気の低迷による新築着工件数の減少や、東日本大震災等の経験を踏まえた耐震化意識の高まり、高齢化によるバリアフリー化等のニーズ等に加え、国の住宅政策も、ストック重視に転換し、リフォームを奨励していることなどの諸事情があると思われる。リフォーム増加に伴いトラブルも増えており、国民生活センター等に寄せられるリフォーム工事についての相談件数は、2008年以降、増加傾向にある。

■**リフォーム被害の主な類型**

① 詐欺的リフォーム：高齢者や判断能力が十分でない人等をターゲットにした訪問勧誘（特に不招請勧誘）により、無料点検やモニター工事等を口実に、不要な契約を次々に締結させ、多額の金員を支払わせるという、いわば詐欺的行為である。

② 破壊的リフォーム：構造耐力上重要な柱、筋かい、耐震壁等の構造材を無配慮に取り除いたり、下部階の構造補強もせずに上部階を増築したりする等、工事の結果、建物の安全性がかえって損なわれるという被害類型である。

③ 約定違反リフォーム：契約書や見積書、図面等の不十分さに起因するもので、契約内容の不明確さから不当に高額な請負代金請求が問題になる場合もある。

■**法的手続による被害救済の困難性**

契約内容の不明確さや工事前の建物の状態に関する資料の乏しさ等に起因する立証の困難、工事代金の相当性判断の難しさ等、責任追及自体の難しさに加え、悪質業者の中には連絡先すらわからないこともある他、資力の乏しい個人や小規模の事業主が多く、損害賠償請求が認められた場合であっても回収が困難である等、事後的に被害救済を図ることが困難なこともリフォーム被害の特色である。

■**リフォーム被害の予防**

上記のように、事後の被害救済は容易でなく、被害の予防が重要になる。

具体的には、現在の家の老朽化の程度・構造・耐震性能等も考慮して、予算の枠内で何が可能かを検討し、優先順位をつけて無理のないリフォームを行うことが大切である。その場合、建築についての専門的知識が不可欠になるので、信頼できる建築士に相談して進めることも肝要である。

そして、契約締結の際には、工事の内容を、図面、仕様書、見積書、パース図等で、できるだけ詳細に特定・明示しておくことが非常に重要である。

■**法的対策の必要性**

現在のリフォーム被害は、新築の場合に比してリフォーム工事に関する規制が乏しいことに起因するところが大きい。被害の予防・救済を実効性あるものにするためには、営業許可制度の導入やリフォーム工事における行為規制、保険加入の義務化等の法的対策が必要である。

【関連キーワード】訪問販売　（森竹和政）

シックハウス

■シックハウスとは

「シックハウス症候群」とは、新築や改築後の住宅において発生し、室内空気を汚染するホルムアルデヒドなどの有害な揮発性有機化合物（Volatile Organic Compounds＝VOC）に起因する皮膚や目・咽喉・気道などの粘膜刺激症状および全身倦怠感、めまい、頭痛などの総称である。

省エネ目的の高気密住宅において、新建材等が安易に多用されてきた結果、最も安全たるべき居住空間の中に放散された様々な有害化学物質が居住者の体内に蓄積され、深刻な健康被害を発生させる、「室内における公害」とでもいうべき問題である。

発症メカニズムや診断基準、治療法等についての知見も確立していないため、医師や家族を含む周囲の理解も得られずに精神的に孤立している被害者も多く、精通した建築士や専門医との連携の下、特殊なケアが必要となる。

■社会問題化と現行法規制

日本では、1977年に東京都消費者センターが警鐘を鳴らしたのを皮切りに、1994年からはマスコミも注目し始め、1996年5月の国会でも取り上げられた。

また、1997年6月、厚生労働省がホルムアルデヒドの室内空気中濃度に関し、短期曝露を前提とするWHOのガイドライン値を採用し、その後もトルエン、キシレン等13物質の指針値を順次公表してきた。ただし、それらの総量すなわちTotal VOC（＝TVOC）およびアセトアルデヒドについては、いずれも暫定目標値とされている。

他方、1998年3月、関係省庁と業界団体による住宅・建設省エネルギー機構内に発足した健康住宅研究会は、「室内空気汚染の低減のための設計・施工ガイドライン」を発表し、翌1999年3月、代表的業界団体である住宅生産団体連合会も「住宅内の化学物質による室内空気質に関する指針」を発表した。

そして、2002年改正建築基準法（2003年7月1日施行）において、13物質中、ホルムアルデヒドの使用制限とクロルピリホスの使用禁止および換気設備の設置義務化といったシックハウス対策が盛り込まれるに至った。

■被害救済の現状

原因究明のためには、室内空気測定結果や建材等の「化学物質安全データシート（＝MSDS）」を確認し、発生源と汚染機序を解明する必要があるが、厚生労働省指針値の13物質以外が原因と思われる事例や建築基準法の規制が及ばない軽微なリフォームによる場合など、解決困難なケースも増えている。

従前、主に和解で解決されてきたが、瑕疵担保責任に基づく契約解除を認めた東京地判平17・12・5（欠陥判例4集438頁）や、不法行為責任を認めた東京地判平21・10・1（欠陥判例5集244頁）などの勝訴判決も相次ぎ、被害救済のさらなる進展が望まれる。

【関連キーワード】建築基準法

（三浦直樹）

住宅品質確保法

■法律の目的と概要

住宅の品質確保の促進等に関する法律（住宅品質確保法。品確法とも呼ぶ）は、1999年6月23日に公布され、2000年4月1日から施行された。

住宅品質確保法は、①住宅の品質確保の促進、②住宅購入者等の利益の保護、③住宅にかかわる紛争の迅速かつ適正な解決の達成を目的とするものである（1条）。そのような目的を実現するための施策として、①住宅の性能に関する基準およびこれに基づく評価制度の創設、②住宅にかかわる紛争の処理体制の整備（裁判外紛争処理制度の創設）、③新築住宅の請負契約および売買契約における瑕疵担保責任についての特別の定め、を規定する。

■住宅性能表示制度

住宅品質確保法は、消費者が住宅の性能の相互比較をしやすくするために、構造耐力、遮音性、省エネルギー性などの住宅の性能を表示するための共通ルール（日本住宅性能表示基準）を定める。そのような性能表示基準を定めても、実際に取得する住宅が表示された性能を現に充足していなければ、住宅取得者にとっては無意味であるから、表示された性能が工事完了段階において具備されていることを担保することが重要となる。そこで、同法は、住宅の性能評価を客観的に行う第三者機関（指定住宅性能評価機関）を整備し、表示される住宅の性能についての信頼性を確保することにした。

■瑕疵担保責任についての特例

住宅品質確保法87条は、請負契約の瑕疵担保責任を定めた民法638条1項の特例として、新築住宅の「構造耐力上主要な部分等」の瑕疵については瑕疵担保責任の存続期間を一律に10年間とし、かつ、その10年間を当事者間の合意によっても短縮することはできない（強行規定）とする。また、同法88条は、売買契約の瑕疵担保責任を定めた民法570条の特例として、新築住宅の売買契約については、原則として住宅新築請負契約と同内容の瑕疵担保責任を定めている（民法と異なり、瑕疵修補請求権も認められる）。

■指定住宅紛争処理機関

住宅品質確保法は、評価住宅の紛争について専門的に簡易・迅速に処理する裁判外紛争処理機関等の紛争処理体制を整備した。すなわち、同法62条1項は、国土交通大臣は、弁護士会または民法34条の規定により設立された法人であって、建設住宅性能評価書が交付された住宅の建設工事の請負契約または売買契約に関する紛争の当事者の双方または一方からの申請により、当該紛争のあっせん・調停・仲裁の業務を公正かつ適確に行うことができると認められるものを、その申請により、紛争処理の業務を行う者として指定することができると規定する。この規定に基づき、現在、全国各地の弁護士会が国土交通大臣の指定を受けて指定住宅紛争処理機関となっている。

（齋藤拓生）

住宅瑕疵担保履行法

　住宅瑕疵担保履行法は2005年に生じた構造計算偽装事件を契機に2007年に制定され、2008年4月に施行された。なお住宅の売主等への資力確保の義務付けは2009年10月1日に施行された。

■目的等

　請負人や売主（デベロッパー）が破産した場合などには、買主が法的責任の追及を試みても、相手がすでに資力を失っていることから、補修やこれに代わる損害賠償請求が難しく、現実の救済を受けられないおそれがある。そこで、あらかじめ売主・請負人側に資力を確保する措置をとらせ、瑕疵が発覚した場合の損害賠償等に備えるのが、住宅瑕疵担保履行法の主たる目的である。

■適用範囲（対象となる主体と客体）

　本法によって資力確保措置を義務付けられているのは、建設業許可を受けた建設業者と、宅地建物取引業者たる売主である。

　本法の対象は、建設工事完了の日から1年以内であり、かつ、人の住宅の用に供したことがない物件である。

■住宅瑕疵担保履行法の内容等

　住宅のうち構造耐力上主要な部分と雨水の浸入を防止する部位（たとえば柱、梁、基礎、屋根、外壁など）についての瑕疵が、住宅瑕疵担保責任の対象となる。責任期間は引渡しの時点から10年間である。

■資力確保措置の具体的内容

　建設業者・宅地建物取引業者に義務付けられる資力確保措置としては、①新築住宅の引渡し実績に応じて算定される瑕疵担保保証金を供託する方法と、②国が指定する住宅瑕疵担保責任保険法人との間で保険契約（住宅瑕疵担保責任保険契約）を締結する方法がある。

　住宅瑕疵担保責任保険契約は、①建設業者・宅地建物取引業者が保険料を支払うこと、②保険金額が2000万円以上であることなどの条件を満たす必要がある。

■紛争処理体制

　住宅瑕疵担保責任保険契約が締結された場合、保険金支払義務の有無を判断する前提として、建設業者・宅地建物取引業者と発注者・住宅購入者との間において、瑕疵の有無・内容・補修方法等に関する紛争の発生が予想される。

　このような紛争を迅速に解決するため、住宅瑕疵担保責任保険契約が付された住宅については、国土交通大臣が指定した紛争処理機関（指定住宅紛争処理機関）によるあっせん・調停・仲裁を受けられるものとされた。全国の単位弁護士会が、指定住宅紛争処理機関に指定されている。

■罰則

　建設業者・宅地建物取引業者が資力確保措置を怠ったまま請負契約・売買契約を締結した場合には、1年以下の懲役または100万円以下の罰金に処せられる。

【関連キーワード】住宅ADR、構造計算偽装事件　　　　　　　　　（石津剛彦）

X 住宅被害

阪神・淡路大震災

■地震の概要

　阪神・淡路大震災は、1995年1月17日午前5時46分に、淡路島北部を震源地として発生した。この地震の震源の深さは16km、マグニチュード7.3（モーメントマグニチュード Mw6.9）、震度は神戸市、芦屋市、西宮市、宝塚市および淡路島の東北部で7を記録し、加速度は神戸海洋気象台で最大818ガルを観測した。

　住家被害は全壊だけでも10万4906棟に及び、阪神高速道路や新幹線の橋梁、神戸市役所等のコンクリート建築物にも大きな被害が出た。

　地震による死者は6434名、行方不明者は3名であったが、死者の8割近くが倒壊した建物による圧死であった。

■欠陥住宅に対する意識の高まり

　地震により横倒しになったビルや倒壊した建物の映像が連日のようにテレビで放映され、さらに倒壊した建物の多くは当時の建築基準法の基準を充足していない危険な建物であったことから、建物の安全性に対する人々の意識が高まった。

■法律の改正、立法

　1995年10月には「建築物の耐震改修の促進に関する法律」が成立し、多数の者が利用する建物の所有者に対する耐震診断・耐震改修の努力義務が定められた。ただ、対象建築物が一部であること、努力義務であることなど不十分な内容であったところ、2013年11月25日施行の改正により、要緊急安全確認大規模建築物や要安全確認計画記載建築物について、一定期間内に耐震診断を行い報告することを義務付け、結果を公表することになり、その他の小規模建築物についても、耐震診断および必要に応じた耐震改修努力義務が定められた。

　1998年には建築基準法が改正され（最終的な施行は2000年6月1日）、基礎や仕口の基準の具体化・明確化などにより建物の安全性が図られるとともに、中間検査の制度が導入された。なお、関連する建築基準法施行令や告示も、2000年6月1日までに施行された。

　1999年には住宅品質確保法が成立し、住宅の性能表示評価の制度が設けられるとともに、施工者が負う重要な瑕疵担保責任の期間が10年に延長された。

■司法の対応

　最高裁判所においても、建替費用の賠償や名義貸建築士の責任が認められる等、建物の安全性を確保するための法律の厳格な適用が図られるようになった。

■その他の問題

　地震直後の火災により家屋を焼失した者に火災保険金の給付がなされず、保険約款の説明義務が問題となった。公費解体の適用基準のあり方、マンションの取壊し・建替えをめぐる紛争の長期化、地震により精神的な傷害を受けた者に対するケアの問題もクローズアップされた。

【関連キーワード】建築基準法、住宅品質確保法、既存不適格建築物　　（石井宏治）

既存不適格建築物

■既存不適格建築物とは

現行法は、建築物の最低限の安全性を建築基準法等の法令で定めているため、当該法令がより厳しい内容に改正された場合、それ以前に築造された建築物は改正後の基準に適合しないことになる。このような建築物のことを「既存不適格建築物」という。

■既存不適格建築物の危険性

建築基準法の耐震基準は、襲来した大規模地震等のたびに実際に生じた被害を検証・検討して確立されてきた、いわば裏づけのある最低限の安全基準であり、これを満たさない建築物は、当該所有者のみならず来訪者、通行人など多くの生命・身体・財産を危険にさらす凶器ともいえる。実際、1995年1月17日に発生した阪神・淡路大震災において亡くなった6434人の死因について、その7割超（9割超という統計もある）は、倒壊した建築物や家具等の下敷きになるなどの圧死であったといわれ、これらの遺族994世帯に対して神戸大学が行った調査結果によると、その98％が1981年6月1日施行のいわゆる新耐震基準に準拠せずに築造された既存不適格建築物であった。また、被害が大きかった地区について行われた木造住宅のブロック全数調査（長田区、東灘区、西宮市八幡通沿線）によると、対象198棟のうち154棟が、同様の既存不適格建築物と推定される築20年以上を経過した木造住宅であり、そのうち120棟が大破したとのことである。

■現行法の問題点と対策

既存不適格建築物は現在約1000万戸あるといわれ（実に、5〜6戸に1戸が既存不適格建築物）、地震大国日本にとって既存不適格建築物の解消は早急に取り組むべき課題であるが、建築基準法3条2項は、既存不適格建築物については、改正後の建築基準法を「適用しない」として、その存在を容認している。

しかし、既存不適格建築物の危険性に鑑みると国をあげて解消に努めるべきであり、少なくとも新耐震基準に準拠せずに築造された建築物の所有者に対し、一定期間（たとえば3年）内に耐震診断を受診する義務を課し、その結果、現行建築基準法所定の耐震基準を満たしていない建築物の所有者に対し、一定期間（たとえば5年）内に同基準を満たすように改修するか除却する義務を課するなどの措置を講じるべきであり、他方で、国ないし地方公共団体は、上記の耐震診断費用、耐震改修費用及び除却の費用につき、憲法29条3項の「正当な補償」として相応の負担をするべきである。

【関連キーワード】建築基準法、阪神・淡路大震災
【参考】日弁連「今後の大震災に備えるための建築物の耐震化に関する意見書」（2012年3月15日） （平泉憲一）

東日本大震災

　東日本大震災とは、狭義では、2011年3月11日14時46分発生の、震源および規模（推定）を三陸沖（北緯38.1度、東経142.9度、牡鹿半島の東南東130km付近）の深さ24km、幅約200km、モーメントマグニチュードMw9.0とする地震をいい、一般には、これに伴う原発事故をはじめ各種被害やその後の余震等を含むものと理解されている。

■人的被害の状況

　人的被害は死者1万5890名、行方不明2590名、負傷者6152名、震災関連死者3194名とされている（復興庁、2015年2月10日現在）。

■建物・宅地被害の状況

　建物被害は、全壊12万7829戸、半壊27万5785戸、一部損壊74万8847戸とされ、同被害では非住家被害は含まれないことからすると、わが国の総住宅の約2％が何らかの被害を受けたと把握できる。

　宅地被害は、東日本大震災前の法制度の問題等から建物のような統計すら存しない状況であるが、各所で宅地の崩落・すべり・沈下・液状化等の被害が相次いだことは周知の事実であり、2011年9月27日時点での国土交通省の把握でも、13県において宅地被害（液状化被害を除く）は5467件、液状化被害は2万6914件に上るといわれている。

■建物・宅地被害の問題点

　建物・宅地被害は、市民の生活の基盤を失わせ生存権を根底から脅かすばかりか、復旧・復興への気力・体力自体を失わせかねないものである。

　被害を受けた建物には、法令上の基準を満たさないものも多数確認されている。

　また、被害救済の大前提となる被害実態の把握につき、宅地被害の把握が不十分となっているのは、法制度自体、主として建物に着目する立てつけとなっており、宅地の重要性の理解が不十分であったことの表れでもある。

　被災発生3日後の避難者等は約47万人といわれる中、2015年2月に至っても約22万9000人もの仮設住宅等での生活者が存する状況であり、災害公営住宅の進捗率が3～4割とされ（ただし福島県は割合すら示されず極めて低い状況にあると理解される）、液状化を含む宅地被害については、千葉県や宮城県においては被害者が造成・販売業者等に対する訴訟による被害回復を図らざるを得ないなど、その被害救済は遅々とし、多くの困難を伴っている。

■今後の課題

　建物・宅地被害の中には、施工上の瑕疵や業者の説明義務違反が問題とされるものも少なくない。東日本大震災は「予期せぬもの」ではなかったことが明らかとなっており、同様の地震等を前提とした予防と救済の法整備がなされる必要がある。

【関連キーワード】放射性物質、地盤
【参考】復興庁HP「復興の現状と取組」、警察庁HP「平成23年（2011年）東北地方太平洋沖地震の被害状況と警察措置」（2015年3月11日）

（千葉晃平）

地盤

■被害の状況
東日本大震災に伴い、地盤被害が顕在化した（被害概要は、キーワード「東日本大震災」参照）。2011年9月27日時点での国土交通省の把握でも、13県において宅地被害（液状化被害を除く）は5467件、液状化被害は2万6914件に上るといわれ、千葉県や宮城県で被害者が造成・販売業者等に対する訴訟による被害回復を図らざるを得ない状況となっている。

■法制度上の問題
従前、建物と地盤の関係は、主として建築基準法令の基礎選定の面から安全性が検討され、また、適用範囲が限定的な宅地造成等規制法等など、宅地としての地盤の安全性そのものに着目した法制度が十分に整備されていなかった面もある。また、販売・造成から20年を経過した地盤の瑕疵など権利行使期間への手当ても不十分である。

■社会の動向
仙台市は市内の宅地造成地の切土と盛土の分布状況と造成履歴等をまとめた「仙台市宅地造成履歴等情報マップ」を作成し公表するなど、各自治体で情報提供等も一定進められている。

また、地盤工学会をはじめ専門家らが、大震災による被害を防止できなかった反省も踏まえ、地盤の調査・試験等を行い、評価・対策等を提示するものとして地盤品質判定士という資格制度を創設し、現実に消費者側からの相談等に応じている。

■被害救済のための裁判例
仙台高判平22・10・29（LLI）は、1986年造成に係る地盤の瑕疵につき「宅地の地盤は建物の建築に適した強度や安定性を有していなければならず、このような強度や安定性は、宅地としての基本的な安全性というべきである」として造成・販売者の賠償責任を肯定し、「宅地としての基本的な安全性」の確保が業者側の注意義務を構成することを明らかにする。

また、軟弱地盤の売買等より買主が地盤改良等の不測の損害負担を余儀なくされる事案につき、土地改良費相当額の損害賠償を認めた名古屋高判平22・1・20（LLI）や、軟弱地盤性を説明しなかった仲介業者に建物補修費用の賠償義務を認めた東京地判平25・3・22（TKC）なども、被害救済の場面で参考になる。

なお、東京地判平26・10・8（判時2247号44頁）は宅地分譲業者の大震災規模の地震発生による液状化被害の予見可能性を否定したが、近隣地域で対策が存したこと、地震発生がなくても施工・販売当時に設計・施工基準が満たされていたかが問われること等の視点からも、同判決は説得的・妥当な内容と言い難いものである。

■被害予防と救済に向けて
課題・方策等は、日弁連「宅地被害者の救済及び予防のための法改正等を求める意見書」（2012年3月15日）に詳しい。ぜひ、参照されたい。

（谷合周三・千葉晃平）

付調停・専門委員制度

建築関係訴訟を含む専門訴訟においては、裁判所が当事者の主張・立証を理解するために専門的な知識・経験が必要となることが多い。訴訟において専門家による専門的知見を活用する方法として、従前から「付調停」が利用されてきたほか、2003年の民事訴訟法改正によって「専門委員」制度が設けられた。

これらの制度は、「鑑定」とは異なる。「鑑定」は、争点に関する鑑定事項について、専門的知見を有する鑑定人に意見を求める手続であり、その意見は裁判の証拠として判決の基礎資料となるが、「付調停」や「専門委員」制度による専門家の意見は、裁判の証拠になるわけではない。

■付調停

裁判所は、「適当であると認めるときは、職権で、事件を調停に付」することができ（民事調停法20条）、訴訟手続を調停手続に付すことを「付調停」と呼んでいる。民事調停は、民事に関する紛争について、当事者の互譲により、話合いによって解決を図る制度である（同法1条）。

このように調停手続は、本来は話合い解決を図る手続であるが、調停手続において調停委員として建築士等の専門家を選任することが可能となる（専門家調停委員と呼ばれる）ことから、訴訟手続において専門家による専門的知見を活用するための方策として、「付調停」が利用されている。

■専門委員

専門訴訟における専門的知見を補うことを目的として、裁判所のアドバイザーとして専門的な事項について説明をするために選任されるのが専門委員である。①争点および証拠整理、訴訟手続の進行に関し必要な事項を協議する場合、②証人もしくは当事者本人尋問等の証拠調べの段階、③和解を試みる場合において、それぞれ必要があると認めるときは、裁判所は、専門委員を訴訟手続に関与させることができる（民訴法92条の2）。専門委員の員数は、各事件について1名以上とされているが、建築関係訴訟では1名の専門委員が選任されることが多い。

■両制度の留意点

本来、両制度とも裁判における証拠とはならないはずであるが、事実上、当該専門家の意見が裁判官の心証に影響を支えることも否定できない。そのため、選任時には、当該事案に適した専門性を有しているかどうか等を確認し、選任後は、裁判官が行うべき判断を専門家が行っていないか、当事者の主張や証拠に基づかない説明をしていないか等に留意する必要がある。

【関連キーワード】欠陥住宅、建築士
【参考】東京地方裁判所建築訴訟対策委員会編著『建築訴訟の審理』（判例タイムズ社、2006年）、松本克美ほか編『建築訴訟〔第2版〕』（民事法研究会、2013年）

（鈴木覚）

住宅ADR

■住宅ADRのメリット

住宅紛争は極めて専門的であり、それゆえに裁判となった場合に長期化する傾向が強い。専門的知見を利用しながら、話し合いによる早期解決を目指す裁判外紛争解決手続（ADR）の利用は、当事者にとっても有用な紛争解決手段である。

■住宅紛争審査会

住宅品質確保法に基づき各弁護士会内に住宅紛争審査会が設置された。

取扱事件は、評価住宅（住宅品質確保法に基づく住宅性能表示制度を利用して建設住宅性能評価書が交付された住宅）と、保険付き住宅（住宅瑕疵担保履行法による住宅瑕疵担保責任保険が付された新築住宅）に関する紛争である。評価住宅以外の一般住宅や評価住宅や保険付き住宅の転売契約に関する紛争は対象外である。

紛争解決担当者には弁護士と建築士があたる。手続内での鑑定も可能であり、その場合の鑑定費用は不要である。

■弁護士会紛争解決センター

各弁護士会内に設置された紛争解決センター（名称は弁護士会ごとに異なる）にて行われる。取扱対象事件や管轄に制限はない（住宅紛争以外の紛争も可能）。紛争解決担当者には弁護士が選任されるが、住宅紛争の場合、建築士の選任が可能な場合がある。ADR法による認証を受けた紛争解決センターへの申立てには時効中断効が認められる。紛争解決に至るまでの期間は100日程度を想定している。

■建設工事紛争審査会

建設業法に基づき設けられた各都道府県の建設工事紛争審査会、もしくは国土交通省の中央建設工事紛争審査会にて行われる。管轄については、紛争当事者に対して建設業許可を出した行政庁がどこかによって区別される。

取扱対象事件は、建設工事の請負契約に関する紛争である。建物売買の紛争や設計監理者との紛争は対象外である。紛争処理担当者は、弁護士、学識経験者、建設業界関係者があたる。専門的知見を有する委員により解決が図られる点は利点であるが、地域による利用度に差が大きく、利用頻度の低い地域では紛争解決基準に期待できないケースも見受けられる。

紛争解決に至るまでの期間はおおむね4カ月程度を想定している。

■民事調停手続

簡易裁判所で行われる民事調停も住宅紛争に利用できる。

申立てには一定要件のもとで時効中断効が認められること、調停が成立した場合に執行力が付与されることなどは利点であるが、原則として相手方住所地が管轄となる点（ただし、物件所在地は自庁処理もありうる）や、調停委員に建築専門家が選任される保証がないこと、手続全体の迅速性にやや欠ける点が短所である。

【関連キーワード】住宅品質確保法、住宅瑕疵担保履行法、付調停・専門委員制度

（上田敦）

建築関係訴訟委員会・司法支援建築会議

■背景
　司法制度改革審議会最終意見書（2001年6月）にも明記されているように、訴訟の迅速化・効率化は、特に建築事件等の専門訴訟において、重要課題とされていた。専門訴訟の特殊性として、鑑定等による専門的知見活用が必要になることがあげられるが、鑑定人等の選任の困難さが指摘されていた。

　そこで、最高裁と日本建築学会は、2001年夏、裁判所からの要請に応じて、建築学会が鑑定人等候補者を推薦するシステムが構築された。

■司法支援建築会議
　建築学会は、「司法支援建築会議」を組織し、全国360名余の会員名簿の中から、事例に応じて鑑定人等候補者を推薦するという体制を作った。

■建築関係訴訟委員会
　他方、最高裁は、「建築関係訴訟委員会」を設置し（平13・6・14最高裁規則6号）、各地の裁判所と司法支援建築会議との間のパイプ役を果たさせることとした。同委員会は、建築士、裁判官OB、弁護士、一般人の合計20名以内で構成される。

■鑑定人等の候補者選定の仕組み
　建築紛争事件の係属する裁判所が鑑定人の選任に際して候補者の推薦を希望するときは、最高裁を通じて建築関係訴訟委員会に選定依頼し、これを受けて同委員会から司法支援建築会議に鑑定人候補者の推薦依頼を行うことになる。調停委員候補者の選定も同様に行われる（前記規則2条）。

■建築関係訴訟委員会の答申
　建築関係訴訟委員会の任務には、建築訴訟の運営に関する事項を調査審議して意見を述べることも含まれている（前記規則2条）。

　これに基づき、最高裁は2002年2月に、「建築紛争事件を、専門家の協力を得て、適正かつ合理的期間内に解決するための訴訟手続及び調停手続の運営の在り方」につき諮問し、これに対し同委員会は2005年6月に答申を発表している（判タ1180号45頁以下参照）。

■運用の実情と課題
　このシステムを用いた鑑定人候補者推薦依頼は、毎年数件ないし十数件程度で、2012年までに累計101件あり、うち78件につき鑑定書が提出されているとのことである（2013年3月4日第15回建築関係訴訟委員会会議資料）。ただ、実際に適切な鑑定人が選任されているか等の運用実態は定かではない。

　本来、欠陥住宅事件では消費者と業者の間に専門的知識等の格差がある以上、鑑定人・調停委員には、実質的公平のため、消費者が不当に不利にならないよう後見的役割も期待される。

　本制度が適正に運用されて有効に機能しているか否かは今後の検証を待たなければならないが、結局、欠陥住宅訴訟の妥当な解決は、いかに適切な専門家を確保するか、専門家がいかなる立場・視点に立って法的紛争に取り組むかにかかっている。　　（神崎哲）

請負代金前払い事件

　請負代金前払い事件とは、ハウスメーカーが消費者に多額の代金の前払いをさせて倒産し、消費者に重大な被害を与えた消費者被害事件をいい、富士ハウス事件やアーバンエステート事件などがある。
　多額の前払いをしたが家が建たず、住宅ローンの支払いのみが残るという悲惨な状況に陥る被害者も多い。

■富士ハウス事件
　富士ハウス（本社・静岡県浜松市）は2009年1月29日、東京地方裁判所で破産手続開始決定を受けた。着工前の被害者は1458名（うち1000万円以上の被害者16名）、着工後の被害者は763名（同160名）に及んだ。
　本件の特徴は、着工前に契約金額の70％を入金させる異常な契約条件にある。請負代金の支払いは目的物の引渡しと同時が原則であるところ（民法633条）、特約でこれを大幅に早め、運転資金等に流用した。同社は粉飾経理により、債務超過の事実を隠蔽していた。
　被害者らは元社長を訴え、静岡地裁判決は、同社の経理状況から、遅くとも2008年11月5日時点では倒産の危険が現実化していたと認定した。そして、同社は債務超過に陥り、工事を完成することが不可能な状態であるのに、注文者と建物建築請負契約を締結し、前払金を受領したと認定し、元社長は資金繰りを把握し、支払遅延以降の出来高を超える部分の前払金受領を中止すべき義務に違反し、注文者に損害を与えたと判断し、民法709条に基づく不法行為責任および会社法429条1項に基づく責任を認めた（静岡地判平24・5・24判時2157号110頁。なお、控訴審は破綻時期をより遅く認定し、上告棄却により確定している）。
　本件の発生を受け、国土交通省所管の住宅生産団体連合会が「個人の注文者と住宅建設工事の請負契約を締結する場合の前払い金等に関するガイドライン」（2009年）を定め、代金の支払時期についての目安等を示すに至っている。

■アーバンエステート事件
　アーバンエステート（本社・埼玉県川口市）は2009年4月3日、東京地方裁判所で破産手続開始決定を受けた。同社は、工事のオプション券を発行する等の方法で顧客に早期の入金をするよう勧誘し（先行入金制度）、着工前に工事代金の大部分を支払った被害者を多数生じさせた。
　本件においても、被害者の支払った前払金は同社の運転資金に流用されたが、顧客への適切なリスク説明はされておらず、元会長ら役員及び従業員を相手に集団訴訟が提起された。従業員の一部とは和解が成立した。さいたま地判平26・12・24（TKC）は関与の薄い名目取締役一名を除く役員の責任を認めた。なお、元社長のみが控訴している。

（満尾直樹）

借家の原状回復トラブル等

2013年度のPIO-NETにみる消費生活相談の概要によれば、賃貸アパート・マンションをめぐる相談は約3万3000件で、うち約1万4000件が敷金・原状回復トラブルである。

■原状回復トラブル

借家契約においては、賃貸借契約が終了すれば、賃借人は、賃貸人に対し、目的物である建物を返還し、原状に回復しなければならない。かかる原状回復の範囲・工法・負担割合について、国土交通省は、「原状回復をめぐるトラブルとガイドライン〔再改訂版〕」（2011年8月）をとりまとめている。

ガイドラインでは、原状回復を「賃借人の故意・過失、善管注意義務違反、その他通常の使用を超えるような使用による損耗・毀損を復旧すること」と定義し、いわゆる経年変化、通常の使用による損耗等は原状回復の範囲ではないことを明らかにした。原状回復の工事の単位についても、可能な限り毀損部分の補修費用相当分となるよう限定的なものとし、いわゆる模様合わせ、色合わせについては、賃借人の負担とはしないとの基本的な考え方を示した。また、賃借人が負担すべき原状回復の範囲は、こうした通常損耗等を除外したものとされるとした。ただし、消耗品の場合や、原状回復工事によっても、その価値が100％回復するようなものでない場合（フローリングの傷の補修など）には、このような負担割合は考慮しないこととしている。

このような原状回復の考え方に反し、賃借人に通常損耗を負担させる特約は、「賃借人に予期しない特別の負担を課すことになる」として、容易にそのような合意を認めないのが判例（最判平17・12・16判時1921号61頁）である。

民法改正法案は、こうした実務や裁判例・学説の考え方を踏まえ、敷金を明文で規定するとともに（622条の2）、賃借人が明渡時になすべき原状回復の範囲について、「通常の使用及び収益によって生じた賃借物の損耗並びに賃借物の経年変化」や、「賃借人の責めに帰することができない事由によるものであるとき」は除外される旨を明確に定めた（521条）。

■原状回復特約と消費者契約法

このような原則に反して、賃借人に通常損耗等についても原状回復義務を負わせる特約は、消費者契約法10条により無効となる（大阪高判平16・12・17判時1894号19頁）。

また、敷金から一定の額を控除して賃貸人が取得する敷引特約については、別異に解すべき合意等のない限り、通常損耗等の補修費用を賃借人に負担させる趣旨を含むものと解され、敷引金の額が高額に過ぎると評価される場合には、消費者契約法10条により無効となるとするのが判例（最判平23・3・24判時2128号33頁）である。

【関連キーワード】原状回復・敷金・更新料返還請求訴訟　　　　　　（増田尚）

追い出し屋被害

■追い出し屋とは

　家賃を滞納した賃借人に対し、執拗な取立てを行ったり、実力で明渡しを強行する事業者を「追い出し屋」と称する。賃貸事業者（自社物件、サブリース）や、賃貸住宅管理業者のほか、家賃債務保証業者による被害が目立っている。

　追い出し屋による被害としては、①深夜や未明に自宅に押しかけたり、滞納している事実を玄関ドアに貼り紙をして告知するなどの執拗な取立てや、②賃借人が賃貸物件に入れないように鍵を交換したり、賃貸物件内に賃借人が保管している動産を搬出・処分する実力行使などがある。

　家賃や求償債務の取立てであっても、賃借人の生活を脅かし、プライバシー権を侵害するなどの手法による場合は、正当な権利行使とはいえず、社会的相当性を欠くものであり、不法行為に該当する（福岡地判平21・12・3法ニュース83号65頁、名古屋地判平23・4・27法ニュース88号208頁）。また、家賃を滞納している事実を貼り紙等で告知することは、名誉毀損やプライバシー権の侵害に当たる（大阪簡判平21・8・28法ニュース81号223頁、大阪地判平22・5・28判時2089号112頁）。

　さらに鍵の交換等の実力行使は、違法な自力救済であり、不法行為責任を免れないし（大阪簡判平21・5・22判タ1307号183頁）、特に、家賃債務保証業者は、賃借人に対し、求償権を行使することはできても、居室からの退去・明渡しを求めることができないのであるから、「自力救済」にさえなりえない（東京地判平24・9・7判時2171号72頁）。また、賃借人の動産を処分することも当然に不法行為に該当する（大阪高判平23・6・10判時2145号32頁）。

■賃借人居住安定化法案（追い出し屋規制法案）

　こうした追い出し屋被害を未然に防ぎ、賃借人の居住の安定化を図るために、「賃借人の居住の安定を確保するための家賃債務保証業の業務の適正化及び家賃等の取立て行為の規制等に関する法律案」が2010年の通常国会に提出され、参議院で全会一致にて可決されたものの、衆議院で二度にわたる継続審議の末、2011年12月の臨時国会会期末をもって廃案となった。

　同法案は、①家賃債務保証業を義務的な登録制とすること、②生活の平穏を害し、あるいは威迫的な取立行為を禁止すること、③家賃等弁済情報提供事業を義務的な登録制とすることの三つを柱とした。追い出し屋による被害は、今日もなお少なくなく、すみやかな法規制が求められる。

　なお、賃貸住宅管理業者およびサブリース事業者については、告示による任意の登録制度が2011年12月に施行され、業務処理準則などが定められている。

（増田尚）

脱法ハウス（違法貸しルーム）

■脱法ハウス（違法貸しルーム）とは

　シェアハウスやルームシェアを謳いながら、簡単な間仕切壁等で区画されたごく狭小な居室をあてがう「脱法ハウス」ないし「違法貸しルーム」などが、2013年頃から社会問題となった。脱法ハウス（違法貸しルーム）は、横になれば2～3畳の狭いスペースしかなく、耐火・耐震面で極めて粗雑な造りであり、およそ人が生活をするに足りる環境ではない。また、事業者の都合で、一方的に閉鎖されたり、退去を通告されるなど、賃借人としての権利が蔑ろにされている。

　これらの物件は、居住用の実態がありながら、契約上は、倉庫やオフィスの名目で貸し付け、居住用建物でないことを装い、建築基準法や消防法、借地借家法などの規制を脱法するものである。

■脱法ハウス（違法貸しルーム）と建築基準法

　国土交通省は、2013年9月6日、住宅局建築指導課長名での通知（平25国住指4877号）を発して、脱法ハウス（違法貸しルーム）は建築基準法にいう「寄宿舎」に該当するものとして、是正指導をするよう周知した。具体的には、物件内の「特定の居住者が就寝する等居住する一定のプライバシーが確保された独立して区画された部分」が「居室」に該当するとし、各居室の採光（建築基準法28条1項）、建築物の間仕切壁の耐火基準（同法施行令114条2項）等の規定を満たすことが必要であると指摘した。

　2014年12月31日時点において、1133件の物件が建築基準法に違反しているとして是正指導がなされた。

　是正指導により、建物所有者が改築や取壊しを余儀なくされたことで、賃借人の居住の安定の害されることが懸念される。この点について、国土交通省は、2014年5月9日付けの住宅局建築指導課長名での通知（平26国住指321号）により、都道府県や特定行政庁に対し、入居者の退去が見込まれる場合には、①転居先が円滑に確保されるよう十分な時間的な猶予を確保すること、②できるだけ早い段階で当該物件に係る情報を福祉部局に提供し、適宜情報交換をすることなどを指示している。

■脱法ハウス（違法貸しルーム）と業界の関与

　国土交通省は、2013年7月19日には、建築士関係団体、不動産業関係団体および建設業関係団体宛に通知を発し、脱法ハウス（違法貸しルーム）の設計、仲介・管理、建設工事に関与しないよう求めた。

　また、同年9月6日には、マンション管理業協会およびマンション管理センター宛に、マンションの居住者・区分所有者・管理組合向けの脱法ハウスへの対応に係る周知文をマンションに配布することを依頼する通知を発している。

【関連キーワード】建築基準法　（増田尚）

XI

独占禁止法・不公正取引・不当表示

XI 独占禁止法・不公正取引・不当表示

概　説

1　自由で公正な市場維持

　企業の自由な経済活動が保障されている自由主義経済体制の下では、強い企業が弱い企業や消費者の財産・権利を不当に侵害するなどの例が必然的に発生する。しかし、このような状態を放置すれば、自由主義経済体制の存在基盤が失われかねない。そこで、大企業の市場の独占を禁止し、不公正な取引に規制を加え、消費者利益を害する不当な表示を規制することなどによってそのような弊害を除去し、自由で公正な市場を維持する必要がある。そのために次のような法律がある。

2　独占禁止法

　独占禁止法は、あらゆる事業者および事業者団体を対象に、これらの者が他の事業者や消費者に対してどのような行動をとらなければならないのかという点について、三つの実体規定を中心に規定されている（1947年に成立）。**不当な取引制限**（カルテル・入札談合）の禁止、**私的独占**の禁止、**不公正な取引方法**の禁止がそれである（なお、不公正な取引方法の類型によっては「**公正競争阻害性**」が要求される）。事業者がこれらに違反したと思われるとき、何人も**公正取引委員会**に対し**措置請求・差止請求**ができる。公正取引委員会は**犯則調査権限**などを行使して調査し、違反があると認めれば、**課徴金**を課すなどの行政処分を行うことができるが（なお、最近、課徴金を強化する半面、**リニエンシー制度**（措置減免制度）が設けられている）、それとは別に、ケースによっては違反行為によって損害を受けた、もしくは受けるおそれのある事業者・消費者は、民事訴訟によって、**独占禁止法上の損害賠償請求権**または差止請求権、あるいは契約の無効を主張することができる。さらに、カルテルと私的独占は犯罪であり、懲役または罰金刑が科される。ただし、公正取引委員会の告発が起訴の条件である。

　なお、公正取引委員会が行った行政処分に不服がある者は、東京地方裁判所に対し、抗告訴訟を提起することができる（2013年12月改正独占禁止法）。改正前は、公正取引委員会が処分手続を経て行政処分を行い、これに不服がある者の不服審査手続として、同委員会が審判手続を行っていた。しかし、改正後は、処分前手続として質問や口頭による意見申述も可能な**意見聴取手続**を経て公正取引委員会が行政処分を行い、これに不服がある者の**不服審査手続**として、東京地方裁判所において訴訟手続が行われることになった。

　このような独占禁止法は、自由市場経済の下における経済活動について根本的な規制をする法律であるという意味で、「経済憲法」と呼ばれている。独占禁止法1条には、その目的が謳われており、公正かつ自由な競争を促進することが事業者の

XI 独占禁止法・不公正取引・不当表示

創意を発揮させ、事業活動を活発にし、雇用および国民実所得の水準を高めることになることを確認し、そうすることが消費者の利益を確保することになるとしている。具体的にいえば、経済活動における公正かつ自由な競争が促進されることによって、企業には競争に打ち勝つための努力が要請され、その結果、商品の価格やサービスの料金がより低廉になり、品質が向上し、消費者を含めたユーザーの側の商品やサービスの選択の幅が広がっていくのである。なお、独占禁止法をめぐっては、入札談合、社会問題化したコンビニ**フランチャイズ契約**、**不当廉売**、**再販売価格維持行為**などの問題がある。消費者に関連する主要事件として、**鶴岡灯油訴訟**などがある。

3　下請法

下請法は、下請取引における親事業者の**優越的地位の濫用**行為を規制する法律である。独占禁止法における「取引上の地位の不当利用」(独占禁止法2条9項5号)と同様の趣旨から、独占禁止法の補助立法として1956年に制定されたものである。

下請法は、大企業と中小企業との格差が大きい中、下請取引が多いというわが国特有の経済事情を反映して制定された下請事業者の利益保護を目的とした法律である。そのような意味で、下請法は、わが国において中小企業が大企業との取引において不当に不利益を受けないようにするために必要不可欠な法律であるといえる。

4　景表法

景表法は、独占禁止法が禁止する不公正な取引方法の1つである**ぎまん的顧客誘引**の禁止(一般指定8項)、不当な利益による**顧客誘引の禁止**(同9項)を実効化するために設けられた独占禁止法の特別法として、1962年に成立した。鯨肉を牛肉と称して販売していた**ニセ牛缶事件**がそのきっかけであった。その後、消費者団体の当事者適格が問われた**主婦連ジュース訴訟**がある。

景表法は、取引に関連する不当な景品類および表示による顧客の誘引を防止するため、一般消費者による自主的かつ合理的な選択を阻害するおそれのある行為を制限・禁止をすることにより、一般消費者の利益を保護することを目的としている。

景表法は、次の二つの類型の不当表示を規制している。
① 商品・役務の品質、規格その他の内容について、一般消費者に対し、実際のものよりも著しく優良であると示し、または事実に相違して同種・類似の商品・役務を供給している他の事業者のものよりも著しく優良であると示す表示(優良誤認)
② 商品・役務の価格その他の取引条件について、実際のものまたは、その事業者と同種・類似の商品・役務を供給している他の事業者のものよりも取引の相手方に著しく有利であると一般消費者に誤認される表示(有利誤認)

XI 独占禁止法・不公正取引・不当表示

消費者庁は、景表法違反の疑いのある事件について調査し、違反事実があれば措置命令を行う（2014年改正でさらに権限強化（後述））。

都道府県知事も、違反事業者に一定の指示を行える。

自主規制に期待して、事業者や事業者団体が**協定または協約（公正競争規約）**を締結することを促進するために、内閣総理大臣および公正取引委員会の認定した公正競争規約に基づく行為については、独占禁止法上の措置は課されない。

景表法は、いくたびかの改正により執行力が強化されてきている。

2003年には、合理的な根拠なく著しい優良性を示す不当表示を規制するために**不実証広告**規制（景表法4条2項）が採り入れられた。2008年には、消費者契約法の場合と同様に適確消費者団体が不当表示の差止請求をできることとなった。2014年6月の改正では、①都道府県知事に措置命令権限および合理的根拠提出要求権限が付与され、②事業者に表示の適正な管理のための体制整備が義務付けられた。2014年11月には、課徴金制度を導入する改正がなされた。施行は公布の日から1年6ヵ月以内とされている。

近年、景表法の分野では、**二重価格表示、有料老人ホーム**等に関する不当な表示、**美容医療広告**などの規制がクローズアップされている。また、この分野での重要事件として、**主婦連ジュース訴訟**などがある。

（大西聡）

私的独占

「私的独占」とは、他の事業者の事業活動を抑圧することにより市場支配力を形成するという経済力の対外的な濫用である。独占禁止法2条5項は、「事業者が、単独に、又は他の事業者と結合し、若しくは通謀し、その他いかなる方法をもつてするかを問わず、他の事業者の事業活動を排除し、又は支配すること」と定義している。私的独占の禁止は、不当な取引制限の禁止、不公正な取引方法の禁止と並んで、独占禁止法が定める中心的な規制手段の3本柱の一つである。しかし、私的独占に該当するとして公正取引委員会が排除措置を命じた事例で、刑罰が発動されたことはない。

■行為主体

私的独占の行為主体としては、事業者が単独で行う場合のみならず、他の事業者と結合したり、通謀したりして行われる場合のほか、いかなる方法で行われる場合も含まれる。

■行為形態

「他の事業者の事業活動を排除する」とは、他の事業者の事業活動に不当な制限を加えて事業活動を行うことが困難な状況に至らしめることをいう。すなわち、意図的な反競争的行為が行われ、一定の取引分野における競争が実質的に制限されるような排除行為が行われる場合である。

「他の事業者の事業活動を支配する」とは、他の事業者の自由な意思決定を困難にさせて、自己の意思に従わせる行為をいう。株式の所有、役員の兼任などの結合関係、取引上の優越した地位の濫用等による場合などがある。

■ガイドライン

公正取引委員会は、独占的状態の定義規定(独占禁止法2条7項)の解釈を明確にするため、ガイドライン「独占的状態の定義規定のうち事業分野に関する考え方について」(1977年11月29日)を公表している。同ガイドラインによれば、独占的状態の定義は、市場構造要件と弊害要件の2つから構成されるとしている。そして、市場構造要件は、法適用の基準となる市場の範囲についての要件と、当該事業分野で1000億円超の国内総供給価額、および、1社50%、2社75%超の市場占拠率がみられることの2つの要件から成り立っている。弊害要件は、前記事業分野において、新規参入を著しく困難にしている事情があるか、相当の期間、価格の下方硬直性がみられるか、独占的利潤が得られているか、過大な販売費・一般管理費が支出されているかという要件であるとしている。ガイドラインは逐次改定されている。

■排除措置

私的独占に対する排除措置として、差止め、営業の一部の譲渡、その他違反する行為を排除するために必要な措置を命ずることができる(独占禁止法7条1項)。

【関連キーワード】不当な取引制限、措置請求・差止請求、不公正な取引方法

(織田幸二)

不当な取引制限

　不当な取引制限とは、競争関係にある複数の事業者が話し合いによって競争しないことを取り決めることであり、カルテルや入札談合が典型例である。独占禁止法の直接の目的は、事業活動における自由な競争を促進することにある。そして競争を促進することによって、事業者の創意を発揮させ事業活動を盛んにし良質で安価な商品やサービスの提供を実現させ、その結果、一般消費者の利益を確保するという究極の目的が達成される（同法1条）。不当な取引制限は、競争を制限する最も簡便にして、かつ消費者に対し大きな影響を及ぼす悪質な行為であることから、独占禁止法はこれを禁止した。

　不当な取引制限は、事業者間の話し合いによって行われる場合の他に、同業者の集まりである事業者団体で決定され、その団体に加入している事業者に決定を守らせる場合もある。

■不当な取引制限の成立要件

　不当な取引制限の成立要件は、①事業者が、②他の事業者と共同して（意思の連絡）、③相互拘束を行い、④公共の利益に反して、⑤一定の取引分野における競争を実質的に制限することである。

■不当な取引制限の類型

　不当な取引制限の対象は様々であり、独占禁止法2条6項は対価の決定・維持・引上げ、数量、技術、製品、設備、取引の相手方の制限を定めている。販売価格や生産数量について協定する価格カルテルや数量カルテルが典型例であるが、それ以外にも技術・製品・設備投資調整カルテルや取引先の制限・市場分割カルテル等がある。

　入札談合は、たとえば「○県の△工事の入札取引で談合をしよう」といった基本ルールについて明示または黙示に基本合意をし、これに基づいて個別の入札ごとに受注予定者を決定する受注調整が行われるのが一般であるが、実務や裁判例では、基本合意をもって意思の連絡に基づく相互拘束行為と認定されるのが通常である（最判平24・2・20判時1550号7頁）。

■不当な取引制限違反への制裁等

　不当な取引制限は独占禁止法3条で禁止され、これに違反した場合に公正取引委員会は排除措置命令および課徴金納付命令を科することができる。課徴金の算定率は、2005年の法改正によって、大企業の場合、売上高の6％から原則として10％に引き上げられた。違反した場合は3年以下の懲役または500万円以下の罰金が科され、法人併科の罰金の上限は5億円である。カルテルによって損害を受けた者は、損害賠償を請求することができるが、差止請求権は認められていない（同法24条参照）。

【関連キーワード】措置請求・差止請求、課徴金　　　　　　　　　　（佐藤千弥）

不公正な取引方法

■不公正な取引方法の違法根拠
　不公正な取引方法は、不当な取引制限および私的独占と違って市場支配力までは必要とせず、公正な競争を阻害するおそれが違法性の実質的な根拠である（公正競争阻害性）。

■条文構造
　2009年改正で不公正な取引方法の一部に課徴金が課せられるようになったため、定義規定である独占禁止法2条9項は、複雑な規定ぶりとなっている。

　2条9項は、1号〜5号で順に、①競争者との共同供給拒絶（直接・間接）、②継続的差別対価供給、③継続的不当廉売、④商品再販売価格維持、⑤優越的地位の濫用を定め、さらに6号で、⑥告示に委任する行為類型を定めた。⑥を受けて「不公正な取引方法」（昭57公取委告示15号、一般指定）が制定されており、競争者との共同受領拒絶（直接・間接）、単独取引拒絶ないし競争関係にない事業者による共同取引拒絶、上記②以外の差別対価、取引条件等の差別取扱い、事業者団体における差別取扱い（イ）、不当廉売、不当高価購入（ロ）、ぎまん的顧客誘引、不当利益による顧客誘引、抱き合わせ販売（ハ）、排他条件付き取引、拘束条件付き取引（ニ）、取引相手方の役員選任への不当干渉（ホ）、競争者に対する取引妨害、競争会社に対する内部干渉（ヘ）が定められている。

　ただし、2条9項6号各号の振り分けは明確化しづらく、たとえば間接取引拒絶はイではなくニとの見解もある。差別対価は対消費者だとイにあたらずロになる。

　法律と告示の振り分けも複雑であり、たとえば不当廉売であれば、原価を著しく下回り、かつ、継続性があれば2条9項3号に当たり、そうでなければ一般指定6項に当たる。

　上記一般指定の他、2条9項6号を受けて、新聞特殊指定、物流特殊指定、大規模小売業告示が定められている。

　法律も一般指定も「正当な理由がないのに」「不当に」「正常な商慣習に照らして不当に」等と規定されており、これが公正競争阻害性（実質要件）を定めたものである。「正当な理由がないのに」は原則違法を示している。なお公正取引委員会の解釈を定めたガイドラインがある。

■効果
　不公正な取引方法は禁止され（19条）、これに違反すると排除措置命令（20条）の他、私人による損害賠償請求（25条）、差止請求（24条）となる。

　法定の優越的地位の濫用行為をした者が継続的に違反行為を行っていた場合、その他の法定の不公正な取引方法をした者が過去10年間に同種違反行為で処分されていた場合は課徴金の対象となる（20条の2〜20条の6）。刑事罰は定められていないが、確定排除措置命令に違反すると刑事罰の対象となる（90条3号）。

【関連キーワード】公正競争阻害性、課徴金
　　　　　　　　　　　　　　　　（中嶋弘）

公正競争阻害性

独占禁止法は、「私的独占」および「不当な取引制限」の違法基準を「競争の実質的制限」（2条5項・6項）とするのに対し、「不公正な取引方法」のそれは「公正な競争の阻害」（同条9項）とする。同法19条が禁止する不公正な取引方法は、同法3条が禁止する私的独占または不当な取引制限を未然に防止するために規制するので、公正な競争の阻害は、競争の実質的制限の程度である必要はなく、「ある程度公正な自由競争を妨げるものと認められる場合で足りる」（第一次大正製薬事件：公取委審決昭28・3・28審決集4巻119頁）。

そして同法は、「不公正な取引方法」を、①2条9項各号に列挙する6類型のいずれかに該当する行為であって、②公正な競争を阻害するおそれ（「公正競争阻害性」）があるもののうち、③公取委が指定するものをいう、と定義する。公取委は、本項に基づいて、Ⓐ一般的にあらゆる事業分野に共通して適用される不公正な取引方法の一般指定と、Ⓑ特定の事業分野における特定の不公正な取引方法の特殊指定を定めている。

■公正競争阻害性の3側面

不公正な取引方法が禁止される根拠である公正競争阻害性には、①競争の減殺、②競争手段の不公正性および③競争基盤の侵害という3つの側面がある。

一般指定の各行為類型の公正競争阻害性をこの3側面から分類すると、まず、競争の減殺に公正競争阻害性が求められるのは、共同の取引拒絶（1項）、その他の取引拒絶（2項）、差別対価（3項）、取引条件の差別取扱い（4項）、事業者団体における差別取扱い（5項）、不当廉売（6項）、不当高価購入（7項）、排他条件付き取引（11項）、再販売価格の拘束（12項）および拘束条件付き取引（13項）である。

次に、競争手段の不公正性に公正競争阻害性が求められるのは、ぎまん的顧客誘引（8項）、不当な利益による顧客誘引（9項）、抱き合わせ販売（10項）、競争者に対する取引妨害（15項）および競争会社に対する内部干渉（16項）である。

最後に、競争基盤の侵害に公正競争阻害性が求められるのは、優越的地位の濫用（14項）である。

■公正競争阻害性の判断

公正競争阻害性の判断で、事業経営・取引上の合理性・必要性・公益性・安全性等が考慮要因になったことがある。しかし、目的に合理性があっても、当該目的を達成する手段に相当性が認められなければ、公正競争阻害性が認められる。

【関連キーワード】私的独占、不当な取引制限、不公正な取引方法

【参考】舟田正之『不公正な取引方法』（有斐閣、2009年）　　　（小原喜雄）

不当廉売

独占禁止法2条9項3号は、正当な理由がないのに、供給に要する費用を著しく下回る対価で継続して供給し他の事業者の事業活動を困難にさせるおそれがあるもの（法定不当廉売）を、原則として違法となる不当廉売として規制している。

■規制目的

不当廉売規制の目的は公正な競争秩序を維持することにある。企業がコストを下回る低価格によって競争者の顧客を獲得するのは正常な競争手段とはいえない。良質・廉価な商品を供給しえない効率性が劣る事業者を保護するものではない。

■不当廉売の要件

不当廉売の要件は、①供給に要する費用を著しく下回る対価（価格・費用基準および継続性）、②他の事業者の事業活動を困難にさせるおそれ、③正当な理由がないこと、である。

① 価格・費用基準は、コスト割れを要件とすることである。これは「供給に要する費用」、すなわち総販売原価を下回るかどうか、製造業であれば製造原価に販売費および一般管理費を加えたもの、販売業であれば仕入原価に販売費および一般管理費を加えたものを下回るかどうかで判断される。また一般的には、相当期間にわたって継続するものが対象となる（継続性基準）。

② 「他の事業者の事業活動を困難にさせるおそれ」とは、現に事業活動が困難となるまでの必要はなく、そのような具体的可能性が認められる場合を含む。

③ 廉売を正当化する特段の事情があれば、公正な競争を阻害するおそれがあるとはいえず、不当廉売とはならない。

■その他の不当廉売

一般指定6項は「不当に商品又は役務を低い対価で供給し、他の事業者の事業活動を困難にさせるおそれがあること」を不公正な取引方法としている。法定不当廉売の要件である価格・費用基準および継続性のいずれかを満たさない場合であっても、廉売対象商品の特性、廉売行為者の意図・目的、廉売の効果、市場全体の状況等からみて、公正な競争秩序に悪影響がある場合には不公正な取引方法として規制される。

■課徴金

法定不当廉売を行った事業者が過去10年以内に法定不当廉売を行ったとして行政処分を受けたことがあるなど一定の条件を満たす場合には、課徴金の納付が命じられる。

■裁判例

日本郵政公社（当時）のゆうパックの料金体系が不当廉売に当たるかどうか争われた事例として東京高判平19・11・28（否定）（判時2034号34頁）がある。

【関連キーワード】公正取引委員会、不公正な取引方法、公正競争阻害性

【参考】村上政博『独占禁止法〔第6版〕』（弘文堂、2014年）　　　（中村昌典）

再販売価格維持行為

■条文上の位置づけ

再販売価格維持行為（以下、「再販行為」という）は、独占禁止法の2009年改正前は、旧2条9項4号を受けた一般指定（告示）12項に規定されていたが、2009年改正がこれに課徴金を課したことに伴い、2条9項4号に規定され、一般指定からは削除された。

再販行為は、一般指定12項（旧13項）の拘束条件付き取引のうち商品の再販売価格を拘束するものである。

■行為要件

典型例としては、独占禁止法2条9項4号イはメーカーが卸売業者に対し、当該卸売業者が小売店に販売する際の卸売価格を拘束する場合であり、ロはメーカーが卸売業者に対して、卸売業者が販売する相手方である小売業者の小売価格を拘束させる場合である。

「自己の供給する商品を購入する相手方」であるから、自己の供給する商品以外の商品価格を拘束しても本条項には当たらないし、サービス価格を拘束しても当たらない（一般の拘束条件付取引に当たりうる）。実質的に委託売買であればこれに当たらない。

「維持」「その他相手方の販売価格の自由な決定を拘束すること」が必要だから、従わなければ不利益を課する場合のほか、従ったら利益を供与するとか、報告させたり監視する場合など、再販価格拘束の実効性が確保されていることを要する。

■公正競争阻害性

再販行為は、販売業者の自由な価格設定を制限し、下流の流通段階における価格競争を減少させるものである点に公正競争阻害性が認められる。

市場において有力でない事業者の場合、再販行為をしても、需要者はより安価な他のブランドの商品を購入すればよいのであるから再販価格拘束は成立しないはずであるとも思えるが、それでも再販売価格拘束が成立するのは、製品差別化が進んでいる場合か、あるいは競争業者が並行的に同様の行為を行っておりブランド間競争が機能していない場合である。それゆえ再販行為は形式的にはブランド内競争を制限するにすぎないが十分に公正競争阻害性が認められるのである（最判昭50・7・10判時672号1頁〔和光堂事件〕参照）。

■正当化事由

競争上最も重要な要素である価格を拘束する以上、公正競争阻害性が強く、これを正当化することは困難である。

■効果

条文の文言、および、公正競争阻害性の強さから、「原則違法」とされる。これに当たると排除措置命令の対象となり（20条）、私人による損害賠償請求（25条）や差止請求（24条）の対象となる。過去10年内に再販売価格拘束で排除措置命令等を受けていた場合は課徴金を課せられる（20条の5）。

【関連キーワード】公正競争阻害性

（中嶋弘）

ぎまん的顧客誘引

独占禁止法による不公正な取引方法として「不当に競争者の顧客を自己と取引するように誘引し、又は強制すること」（不当顧客誘引：同法2条9項6号ハ）が禁止されているが、この1類型として一般指定（「不公正な取引方法」昭57公取委告15号）8項において、「自己の供給する商品又は役務の内容又は取引条件その他これらの取引に関する事項について、実際のもの又は競争者に係るものよりも著しく優良又は有利であると顧客に誤認させることにより、競争者の顧客を自己と取引するように不当に誘引すること」を禁止している。これがぎまん的顧客誘引である。

■規制の対象行為

規制対象行為は、①実際の商品等の内容や取引条件などよりも、著しく優良または有利であると顧客に誤認させる場合と、②競争事業者の商品等の内容や取引条件などよりも、自己の商品等のほうが著しく優良または有利であると顧客に誤認させる場合、である。

この誘引の対象となる顧客には、一般消費者・事業者の双方が含まれる。したがって、フランチャイズ契約の際に虚偽・誇大な売上予測などをして契約させた場合などは、これに該当することが考えられる。

また、消費者問題関連では、マルチ商法事件で適用された事例（公取委昭50・6・13勧告審決（審決集22巻11頁〔ホリデイ・マジック事件〕）。旧一般指定6項適用）、マルチまがい事件で本項に該当するとして損害賠償請求を認めた事案（東京高判平5・3・29判時1457号92頁〔ベルギーダイヤモンド事件〕）があり、豊田商事事件・国家賠償大阪訴訟では豊田商法の表示がぎまん的顧客誘引に該当することが認定された（大阪地判平5・10・6判夕837号58頁）。

■公正競争阻害性

誘引行為が「不当に」行われる必要があり、これは公正競争阻害性を意味する。この公正競争阻害性は、顧客の意思決定を歪め、競争手段の公正さが侵害されるおそれのある場合をいう。具体的な公正競争阻害性の判断については、誘引の対象が一般消費者か事業者か、など顧客側の専門知識の程度等を含めた評価がなされる必要がある。

■景表法との関係

本項に該当する行為のうち、一般消費者に対する商品等の表示や景品類の提供については、元々は独占禁止法の特例法であった景表法にもっぱら定められており、景表法が消費者庁に移管された現在も基本的に異ならない。

■違反の効果

他の不公正取引行為と同様、公正取引委員会による排除措置がとられることとなる。また、私人による損害賠償請求（独占禁止法25条）や差止請求（同法24条）の対象ともなる。

【関連キーワード】景表法、不公正な取引方法、豊田商事事件、連鎖販売取引（マルチ商法）

（川村哲二）

優越的地位の濫用

優越的地位の濫用とは、取引上優越的地位にあることを利用して、相手方に不利益を与える行為のことであり、不公正な取引方法の一類型である。

■優越的地位

優越的地位といえるためには取引相手より相対的に優越する地位にあれば足り、市場において独占・寡占的地位にあることまでは要しない。具体的には、融資先と金融機関、元請と下請、新聞社と販売店、大規模量販店と納入業者の関係等がこれに該当しうる。

■濫用の態様

独占禁止法2条9項5号は、イで購入・利用強制等、ロで協賛金の収受・店員派遣の強要等、ハで受領拒否・不当な返品・支払遅延・不当な値引・買い叩き等を規制している。また、「取引の相手方の役員選任への不当干渉」（一般指定13項）も一類型である。

濫用の態様は、2009年独占禁止法改正前は、法律レベルでは現行の2条9項6号ホに相当する概括的な規定しかなく、具体的内容は一般指定に委ねられていた。しかし、同改正で優越的地位の濫用が課徴金の対象になったことから、要件を法定する必要が生じ、一般指定に定められていた事項は、課徴金の対象外とされた「取引の相手方の役員選任への不当干渉」を除き2条9項5号に移動した。また、公取委は2010年に、ガイドラインとして「優越的地位の濫用に関する独占禁止法上の考え方」を公表し、具体例を示した。

■不当性

独占禁止法2条9項5号の要件を満たすには「正常な取引慣行に照らして不当」であることが必要であるが、これは「公正競争阻害性」と同義と解されている。

■制裁

該当行為は、排除措置命令の対象となる。また、上述のとおり、独占禁止法2条9項5号の行為については課徴金が課される。なお、他の不公正な取引方法については、10年内に繰り返した場合のみ課徴金が課されるが、優越的地位の濫用の場合は1回だけ行っても課徴金が課される。

また、被害を受けた私人は、民法上の不法行為責任等の追及のほか、無過失損害賠償請求訴訟（独占禁止法25条）、差止請求訴訟（同法24条）を提起できる。優越的地位の濫用について同法25条に基づく無過失損害賠償責任を認めた近時の判例として、セブンイレブン値引き制限訴訟判決（東京高判平25・8・30判時2209号10頁）がある。

■下請法

下請取引では優越的地位の濫用が起こりやすいため、迅速な規制を行うため、特別法として下請法が制定されている。

【関連キーワード】公正競争阻害性、フランチャイズ契約、措置請求・差止請求、課徴金、独占禁止法上の損害賠償請求、下請法

（佐藤千弥）

フランチャイズ契約

■フランチャイズ契約の定義

フランチャイズ契約とは、一般に、フランチャイズ本部（フランチャイザー）と加盟店（フランチャイジー）とが契約を結び、本部が自己の商標、サービス・マーク、トレード・ネーム、その他の営業の象徴となる標識、および経営のノウハウを用いて、同一のイメージのもとに商品の販売その他の事業を行う権利を与え、加盟店は、その見返りとして一定の対価を支払い、事業に必要な資金を投下して本部の指導および援助のもとに事業を行う両者の継続的関係をいう。

■フランチャイズ契約の問題点

本部と加盟店の関係については、加盟店側は経営に関しては素人であることが多く、本部との間で経営に関する情報・知識・ノウハウ等の点で圧倒的格差があるため、契約の締結段階、契約締結後の段階（指導・援助、会計代行）、契約終了段階等で紛争が多発し、訴訟件数も増加している。

このうち会計代行の問題について、最判平20・7・4（判時2028号32頁）は、加盟店は本部に対し準委任の受任者の報告義務（民法656条・645条）に基づき、支払代行の詳細の報告を求めることができるとした。

■フランチャイズと独占禁止法等

フランチャイズと独占禁止法との関係について、公正取引委員会は、ガイドライン「フランチャイズ・システムに関する独占禁止法上の考え方」（2011年6月23日改正）において、本部の行為が独占禁止法上問題になる場合（優越的地位の濫用、ぎまん的顧客誘引等）を指摘している。公正取引委員会は、大手コンビニフランチャイズ本部が加盟店に見切り販売制限を行ったことは優越的地位の濫用（不公正な取引方法の一般指定14項）に該当するとして排除措置命令（同法20条）をした。同事案について、東京高判平25・8・30（判時2209号10頁）は、加盟店側からの独占禁止法25条に基づく損害賠償請求を認容した。

■フランチャイズと労働法

加盟店側は、本部との交渉力の格差を是正するため、労働組合を組織して本部に団体交渉の申入れを行っているところ、岡山県労働委員会は、加盟店が労働組合法上の労働者（同法3条）であることを認め、本部の団交拒否が不当労働行為（同法7条2号）に該当するとして救済命令をしている（岡山県労委平26・3・13）。同様の判断は東京都労委でもなされている（東京都労委平27・4・16）。

■フランチャイズ法制定の必要性

フランチャイズ契約についての規制は不十分であり、フランチャイズ契約固有の法の制定が望まれている。

【関連キーワード】不公正な取引方法、ぎまん的顧客誘引、優越的地位の濫用

【参考】公正取引委員会HP、日弁連消費者問題対策委員会編『フランチャイズ事件処理の手引』（民事法研究会、2012年）120頁・130頁

（田島啓己）

公正取引委員会

公正取引委員会は、独占禁止法の目的である公正競争促進と、それによる一般消費者利益の確保、民主的で健全な国民経済発達を達成するための行政機関である。事業者間の競争により、市場に多種の商品が流通し消費者の選択の幅が広がるほか、安価に商品が供給されることになる。内閣府外局に置かれている独立行政委員会である。

■組織

公正取引委員会は委員長と4名の委員で構成されており、その職務の執行にあたっては独立性が保障されている。また、委員会の事務を補佐するため事務総局が設置され、事務総局内には経済取引局、審査局等が置かれている。経済取引局が一般的政策活動を、審査局が個別事件の処理活動を行っている。

■活動

公正取引員会は、独占禁止法に基づき、課徴金制度、課徴金減免制度、犯則調査、審査審判手続を行うなど、個別事件の処理活動を行うほか、抽象的な条文の実質的基準を定立する各種ガイドラインの作成や、事業者が自ら行おうとする行為が独占禁止法上問題ないかの事前相談に応じている。

なお、景表法の所管が2009年9月に消費者庁に移管したことに伴い、措置命令の権限も移管した。そのため従来は公取地方事務所が執行を担っていたが、今は、景表法違反の調査、情報の受付および相談のみを行っている。

■個別事件の処理

個別事件の処理にあたっては、行政調査手続（行政処分の対象となる行為の有無についての行政調査）および犯則調査手続（刑事処分の対象となる行為の有無についての準司法的な調査）が行われる。行政調査手続の結果、違反行為が認定されると、法定の手続として、調査事業者に意見陳述・証拠提出の機会を付与した後、排除措置命令、課徴金納付命令等の処分が行われる。小売価格を維持し消費者に損害を与える再販売価格維持行為事件として、2008年6月にハマナカ事件、2012年3月にアディダスジャパン事件があり、排除措置命令が出された。

■刑事告発

公正取引委員会は、違反者を検事総長に告発する権限を専属的に有するが、重大事案については積極的に行使する方針を打ち出しており、2012年に3件告発している。

■審判制度の廃止

2013年12月7日成立・13日公布の独占禁止法の改正により、審判制度は廃止され、排除措置命令等に係る抗告訴訟は東京地方裁判所の専属管轄となった。東京地方裁判所では3人または5人の合議体で審理され、実質的証拠法則・新証拠提出制限は廃止された。処分前手続の意見聴取手続では証拠の閲覧・自社証拠の謄写が可能となった。改正法は2015年4月1日に施行された。

【関連キーワード】犯則調査権限、意見聴取手続・不服審査手続、課徴金

（中野和子）

措置請求・差止請求

私人が行使できる権限として、措置請求・差止請求の定めがある。

■措置請求

独占禁止法45条1項は、「何人も、この法律の規定に違反する事実があると思料するときは、公正取引委員会に対し、その事実を報告し、適当な措置をとるべきことを求めることができる」と規定している。これが措置請求である。

措置請求は、事件発見の端緒となるもので、「何人」でもよいとされていることから、個人でも、中小企業庁などの官庁でも行うことができる。「報告」（申告）は、いかなる形式で行われてもよく、匿名でもかまわない。「適当な措置」とは、具体的な措置について要求するものでなくてよい。

公正取引委員会は、措置請求を受けると、事件について必要な調査をしなければならない（同条2項）。

報告者が氏名・住所を明らかにして違反被疑行為の具体的事実を指摘して書面で報告した場合は、公正取引委員会は、その報告に係る事件についてどのような措置をとったか、あるいはとらなかったか、報告者に通告する義務がある（同条3項）。

■差止請求

2000年の独占禁止法改正により、事後的な損害賠償のみでは実効的な救済とならないことから、私人による差止請求権が導入された（同法24条）。私人が違反行為による民事的な損害を回避するために行う訴訟である。

公正取引委員会の訴追能力の補完、独占禁止法規制の執行強化機能等の役割が期待されているが、2014年度当初の係属事件は5件にとどまる。

■差止請求の要件

差止請求の対象となる行為は、「不公正な取引方法」（独占禁止法19条・2条9項1号～6号、事業者団体については8条5号）に限られる。

不公正な取引方法には、法定5類型として、共同の取引拒絶、差別対価による供給、不当廉売、再販売価格の広告、優越的地位の濫用があり、一般指定15類型、新聞業、大規模小売業、物流業で特殊指定されている。

提訴権者は、「その利益を侵害され、または侵害されるおそれのある者」であり、文言上は、取引事業者、競争者に限定されていない。しかし、個々の消費者が提訴することは現実的でないので、消費者団体に訴権を付与するなどの立法的解決が望まれる。

■差止請求の効果

私人が提訴するので、提訴者の私権救済に必要な範囲に限定される。提訴においては、濫訴防止の観点から私人が担保を提供する制度があり（独占禁止法83条の2）、差止請求が提訴された場合の裁判所から公正取引委員会への通知の制度、公正取引委員会に対する求意見制度が設けられている（同法83条の3）。

【関連キーワード】不公正な取引方法

（中野和子）

XI　独占禁止法・不公正取引・不当表示

犯則調査権限

　独占禁止法上の犯則調査権限は、犯則事件（同法89条〜91条の罪に係る事件）を調査するため必要があるときに認められる権限である。2005年4月の改正により新設された。

　犯則調査には、公正取引委員会の指定を受けた者があたり（公正取引委員会内部で犯則調査を行う部門として犯則審査部が設置されている）、具体的には、犯則嫌疑者・参考人に対する出頭、質問、検査、領置や調査照会などの権限のほか（同法101条）、裁判所の許可状による臨検、捜索または差押えを行うことができる（同法102・103条）。臨検、捜索または差押えはいわゆる強制処分なので、刑事手続と同様、厳格な手続が定められている（同法104条以下）。

■公正取引委員会の調査権

　公正取引委員会には、犯則調査権限とは別に、独占禁止法違反の調査のため、調査権限が与えられている（同法45条）。これは、調査対象者の同意を前提に行政手続上認められた権限であり、裁判所の令状による許可は必要ない。また、この調査権限に関し、罰則が定められており（たとえば立入検査の拒否に対する罰則、同法94条）、強制力が担保されている。

■犯則調査権限の導入の趣旨

　独占禁止法違反行為を行政調査に基づき告発することについて、従前から、独占禁止法47条4項や令状主義の関係から問題がある、公正取引委員会による調査がほぼ終了した後に告発を受けて捜査当局が犯罪捜査に着手しても犯罪事実の立証に必要な証拠を収集することが難しいなどの指摘があった。そこで、公正取引委員会による告発のための調査が適正かつ効果的に行われるよう、国税庁や証券取引等監視委員会と同様、犯則調査権限が与えられたのである（同法12章以下）。

■刑事告発の活性化

　2005年改正では、独占禁止法の執行力強化のために、犯則調査権限の導入のほか、課徴金の引上げ・対象範囲の拡大、課徴金の減免制度の導入、排除措置命令手続と審判制度の改正が行われた。まず、犯則調査権限の導入による証拠収集能力の強化や手続の適正化により、従前は刑事告発が見送られていた事案でも刑事告発が可能になる。また、刑事告発の可能性の増大は、課徴金減免制度と相まって、独占禁止法違反行為に関する内部告発のインセンティブとして機能するので、一層刑事告発が容易になる。

　このように改正独占禁止法により一層執行力が強化され、独占禁止法の理念が広く浸透することが予定されている。

【関連キーワード】公正取引委員会
【参考】日弁連「『独占禁止法改正（案）の概要及び独占禁止法改正（案）の考え方』に対する意見書」（2004年6月19日）

（黒田一弘）

課徴金

　広義の課徴金とは、国が行政権に基づき国民から賦課徴収する金銭的不利益のうち、租税を除くものを指す。現在、独占禁止法と金融商品取引法に納付命令が定められている。また、2014年11月、景表法が改正され、同法違反行為にも課徴金制度が導入された。

　独占禁止法には、1977年に、価格カルテル等の違反行為のやり得を許さないために課徴金が導入された。その後、賦課の範囲が拡大されるとともに、課徴金の額もより厳しい水準に拡大されてきたが、なお、欧米各国の水準に比べて低いとの批判もある。

■独禁法における課徴金制度

　課徴金の対象は、従来、特定のカルテルや入札談合等に限られていたが、2005年の独占禁止法改正以降、範囲と金額が大幅に拡大された（同法7条の2）。マーケットシェア・カルテルや取引先制限カルテルも対象となり、支配型私的独占や排除型私的独占も対象とした。さらに、共同の取引拒絶、差別対価、不当廉売、再販売価格の拘束についても、公正取引委員会の調査開始日より10年以内前に同一の違反行為について排除措置命令や課徴金を課されたことがある場合には課徴金対象とされた。優越的地位の濫用についても、継続して行われた場合には課徴金の対象とされた（同法20条の2以下）。

　また、課徴金の売上との算定率が、製造業について、10％から3％とされた。小売業は3％・2％、卸売業は2％・1％に区分され、優越的地位の濫用は一律1％とされた。中小企業については、算定率はさらに低率となる。

　さらに、早期に違反行為をやめた場合の20％の軽減や、違反行為を繰り返したり、主導的な役割をした事業者に50％の加算等の措置も定められた。

■景表法違反に対する課徴金

　2014年11月に国会で成立した景表法改正により、優良誤認表示と有利誤認表示行為に対し、消費者庁が課徴金納付命令を下すことができることになった（同法8条）。不実証広告規制違反の表示行為について、所定期間内に表示の合理的根拠資料を提示できない場合も賦課の対象となる。ただし、3年を上限とし、違反から5年以上経過すると対象から除外される。また、対象商品・役務の売上額の3％を賦課金額とし、これが150万円未満の場合は賦課しない。自主申告事業者は2分の1に減額される。被害者に自主返金した場合は賦課の免除や減額がある。

■課徴金の法的性格

　課徴金の法的性格について、制度導入時は、違反行為による不当利得の剝奪であるとされていたが、現在は、行政制裁命令としての要素が重視されている。二重処罰の禁止に反するとの批判もあるが、刑事罰との一定の調整をしている。最判昭33・4・30（民集12巻6号938頁）は、憲法39条（二重処罰の禁止）に違反しないとした。

【関連キーワード】リニエンシー制度

（山口廣）

リニエンシー制度

■課徴金減免の対象と範囲

カルテル・入札談合は秘密裏に行われるため発見されにくく、物証を残さないから、公正取引委員会（公取委）による摘発が困難であった。そこで、独占禁止法の実効性を高めるため、2005年改正によりリニエンシー（課徴金減免）制度が導入された。この制度は、公取委による立入検査前に、①1番目に独占禁止法違反行為を単独で公取委に申告した者について課徴金全額を免除し（同法7条の2第10項）、②2番目の申告者について課徴金50％を免除し（同条11項1号）、③3番目の申告者について課徴金30％を免除し（同項2号）、④4番目・5番目に公取委が把握していない違反行為を申告した者について課徴金30％を免除する（同項3号）。そして、立入検査前の申告者数が5未満の場合には、立入検査後であっても立入開始日から20日以内までに公取委が把握していない違反行為を申告した者も、課徴金30％が免除される（同条12項）。さらに、2009年改正により、同一企業グループ内の複数事業者が共同で申告を行うことが認められるようになった（同条13項）。

立入検査前の申告順位1番目の事業者は、課徴金の納付が全額免除されるのみならず、当該事業者、その役員、従業員等が刑事告発の対象から除外される（「独占禁止法違反に対する刑事告発及び犯則事件の調査に関する公正取引委員会の方針」（2005年10月7日））。

リニエンシー制度が適用される独占禁止法違反行為は、「不当な取引制限」に限定され、「私的独占」は含まない。

なお、課徴金を導入した2014年改正景表法にも同制度がある（同法9条）。

■課徴金の減免を受ける要件

課徴金の減免を受けるためには、①調査開始（立入検査）前の申告の場合には、調査開始日の前日までに違反行為をやめていること（独占禁止法7条の2第11項4号）、②違反行為を行った事業者が公取委に提出する当該違反行為に係る事実の報告と資料に虚偽が含まれていないこと（同条17項1号）、③他の事業者に違反行為を強要したり、当該違反行為を止めることを妨害したことがないこと（同項3号）、④公取委に報告を行った事実を第三者に明かさないこと（「課徴金の減免に係る報告及び資料の提出に関する規則」（平17・10・19公取委規則）8条）の要件が充足されなければならない。

■公取委への申告方法

申告順位により課徴金の減免に重大な差異が生じるので、順位を公平に決定するため、公取委への申告方法はファクシミリに限られる。追加報告が期日までに提出されないと、順位が変更されたり、欠格事由となる。（独占禁止法7条の2第17項2号）。

【関連キーワード】不当な取引制限、課徴金

【参考】品川武＝岩成博夫『独占禁止法における課徴金減免制度』（公正取引協会、2010年）

（小原喜雄）

意見聴取手続・不服審査手続

■独占禁止法の2013年改正

独占禁止法は、2013年12月の改正により、審判制度が廃止され、これに伴い、不服審査手続の見直しと、処分前手続としての意見聴取手続制度等の整備が行われることとなった。

■審判制度の廃止

従前、公正取引委員会が違反行為者に対してなした排除措置命令・課徴金納付命令に対する不服審査手続としては、公正取引委員会に対して審判請求をする準司法手続の審判制度が採られており（独占禁止法52条〜68条）、その後に審決に対して東京高等裁判所へ審決取消訴訟を提起することとなっていた（同法77条以下）。しかし、この審判制度に対しては、かねてより、公正取引委員会が検察官と裁判官を兼ねているとの批判があり、2013年改正において審判制度は廃止された。

■不服審査手続の見直し

不服審査手続は、審判制度の廃止に伴い見直されることとなった。

まず、公正取引委員会の行政処分（排除措置命令等）に対する不服審査（抗告訴訟）については、その第一審機能を地方裁判所に委ねることとなり、専門性の確保から東京地方裁判所の専属管轄となった（改正独占禁止法85条）。また、慎重な審理の確保のため審理は3人の裁判官の合議体で行い、5人による審理も可能となった（同法86条）。控訴審である東京高等裁判所での審理も同様である（同法87条）。なお、上記見直しに伴い、従前の審決取消訴訟の特色であった実質的証拠法則（現行独占禁止法80条）、新証拠の提出制限（同法81条）は廃止されることとなった。

■意見聴取手続の整備等

公正取引委員会の排除措置命令等の前の処分前手続も、手続の充実や透明化を図るため整備されることとなった。まず意見聴取手続が整備されることとなったが、同手続は、公正取引委員会が事件ごとに指定する職員（手続管理官）が主宰し（改正独占禁止法53条）、同職員は、審査官等に、当事者に排除措置命令の内容等の説明をさせなければならない（同法54条1項）。他方当事者は、意見聴取期日に、意見を述べ、証拠を提出し、審査官等に質問をすることができる（同条2項）。また当事者は、公正取引委員会に対し、公正取引委員会が認定した事実を立証する証拠の閲覧や一部謄写を求めることができるようになった（同法52条）。

■独占禁止法の実効性の確保の要請

上記のとおり、独占禁止法の審査手続等は2013年改正により大きく変化した。適正手続や透明性の確保の要請に応えつつ、独占禁止法の実効性の確保を図るため、適切かつ迅速な調査・審理等が望まれる。

【関連キーワード】公正取引委員会
【参考】公正取引委員会HP

（田島啓己）

独占禁止法上の損害賠償請求権

■25条訴訟

独占禁止法の違反行為により損害を被った者は、損害賠償請求権を行使できる。これは、民法709条の不法行為としても構成できるが（仙台高秋田支判昭60・3・26判時1147号19頁〔鶴岡灯油訴訟〕等）、独占禁止法25条はその特則である。

25条訴訟の特性は、①公正取引委員会（公取委）の審決確定が訴訟要件であること（26条1項、確定審決前置主義）、②無過失責任（25条2項）、③公取委への求意見制度（84条）、④東京高等裁判所の専属管轄（85条2号）、⑤公取委審決確定から3年の時効（26条2項）等である。

しかし、25条訴訟の件数は多くない。それは独占禁止法違反が公取委の確定審決で明らかになれば、709条訴訟でもほとんどの場合、違反事業者の故意・過失も事実上推定され無過失賠償のメリットがないこと、他方で、確定審決が訴訟要件であることや、東京高裁の専属管轄等の限界もあり、あまりメリットがないためと論じられている。

■25条訴訟の限界

問題は、709条訴訟、25条訴訟のいずれで提起するにしても、損害発生・損害額・因果関係の主張・立証の困難性である。一定の商品市場において、たとえば事業者間の価格カルテルやメーカーによる再販売価格拘束のような違反行為が認定されたとして、本来よりも高額の商品購入を強いられた一般消費者や価格拘束等を受けた中小事業者等が賠償請求を行う場合、違反行為が原因で小売価格が高騰したのか、その金額はいくらであるか、の立証をどうするか、という問題である。考え方としては、①違反行為実行直前の商品価格と実行後の価格との差額（前後理論。鶴岡灯油訴訟・最判平元・12・8判時1340号3頁）、②違反行為が存在しない地域の価格と存在する地域の価格の差額（物差理論）、③違反行為の存在しない他の類似商品市場における被害事業者の市場占拠率を問題とする立場（市場占拠率理論。これは事業者間の賠償請求の場合）等があり得る。

しかし実際には、小売価格に影響を及ぼす経済的要因には様々なものがあり、推計の基礎資料や経済変動の内容に至るまで、原告側が全ての主張・立証を求められるとすると、場合によりほとんど不可能を強いることにもなりかねない。民事訴訟法248条の利用により相当な損害額認定を裁判所が行うことが多い（奈良県浄水場談合事件・大阪高判平13・3・8裁判所HP等）。

なお、25条訴訟の直近の裁判例としては、コンビニのフランチャイズの本部から加盟店に対する弁当等のデイリー商品の見切り販売の妨害行為を優越的地位の濫用と認定した公正取引委員会の審決を前提として加盟店側の損害賠償請求を認容したものがある（東京高判平25・8・30判時2209号10頁）。

【関連キーワード】鶴岡灯油訴訟、フランチャイズ契約　　　　　　　（宮城朗）

鶴岡灯油訴訟

■勧告審決と刑事判決

　公正取引委員会の調査により、1972年から石油連盟が販売競争を減少させる生産調整を行い、大手石油元売会社12社が灯油の価格協定を結び一斉値上げを実施したことが判明した。生産調整および価格協定はカルテルとして公正取引委員会から勧告審決が出された。また独占禁止法違反の刑事事件として公訴が提起され、生産調整は無罪、価格協定は有罪の判決が言い渡された。

■消費者団体の動き

　全国消費者団体連絡会を中心に検討した結果、裁判提起の方針が確認され、同連絡会の中では主婦連合会（主婦連）が、生活協同組合（生協）としては鶴岡生協（山形県）および川崎生協が、裁判に取り組むことになった。鶴岡生協の組合員ら1654名は、民法709条に基づき、灯油の値上がりが石油会社のカルテルに起因することを理由として、高い価格の灯油を買わされたことによる損害賠償を求める訴訟を山形地裁鶴岡支部に提起した。請求総額は約390万円で1人平均2355円、被告は石油連盟および石油元売会社12社であった。主婦連と川崎生協の原告は、独占禁止法25条に基づき東京高等裁判所へ提訴した。

■鶴岡灯油訴訟の推移

　裁判で被告石油元売会社は全面的に争った。主要な争点は、カルテルの存否、勧告審決の民事訴訟への拘束性の程度、カルテルと小売価格の値上がりとの間の因果関係の存否並びに損害額等であった。1審（山形地鶴岡支判昭56・3・31判時997号18頁）はカルテルも因果関係も否定して請求を棄却した。2審（仙台高秋田支判昭60・3・26判時1147号19頁）はカルテルの成立と因果関係の存在を認めて損害賠償請求を認容し、カルテルによる消費者救済の道を最初に開く画期的判決となった。しかし、被告らはこの判決に服さず上告し、最高裁判所（最判平元・12・8判時1340号3頁）は原判決を破棄して消費者敗訴の判決を言い渡した。消費者の被る損害は、灯油を現実に購入した小売価格（現実購入価格）とカルテルがなければ存在したであろう小売価格（想定購入価格）との差額であるが、想定購入価格の算定方法が問題となる。判決は、カルテル時から商品購入時までにその商品の小売価格形成の前提となる経済的要因等に変動があったときは、カルテル直前の小売価格を想定購入価格と推認する前提要件を欠くとし、請求を棄却した。なお、民事訴訟法248条が、本判決後に新設されている。

■鶴岡灯油訴訟の残したもの

　鶴岡灯油訴訟は最高裁判所の消費者側敗訴判決で確定したが、その運動は多数の消費者が構造的被害の回復を求め消費者の権利を確立するための先駆的な取組みとして高く評価されている。

【関連キーワード】　課徴金、独占禁止法上の損害賠償請求権　（上條剛・中村昌典）

下請法

下請法（下請代金支払遅延等防止法）は、下請取引における親事業者の優越的地位の濫用行為を規制している。下請法は、独占禁止法を補完する法律であり（1956年制定）、同法の目的は、下請代金の支払遅延等不当な行為を防止し、下請取引の公正化と下請事業者の利益を保護することにある。

建設業における下請関係には下請法は適用されず（同法2条4項）、建設業法が適用される。

■親事業者が規制される行為

親事業者が規制される行為の主なものは以下のとおりである。

① 下請代金の支払期日を受領後60日以内に定める義務
② 発注書面を交付する義務
③ 受領拒否、支払遅延、代金減額、受領後の返品、買い叩き、物の購入強制・役務の利用強制、下請事業者が公正取引委員会や中小企業庁長官に下請法違反事実を申告したことを理由とした不利益取扱い等の禁止
④ 下請事業者に原材料等を自己から購入させた場合に、下請業者の責に帰すべき理由がないのに、当該下請代金の支払期日より早い時期に、下請代金から当該原材料等の対価を控除し、あるいは支払わせる早期決済の禁止
⑤ 下請代金の支払手段として、支払期日までに割引困難な手形交付の禁止
⑥ 下請契約書類の作成および保存義務など

■違反事業者に対する措置

公正取引委員会は、親事業者が違反行為をしていると認めるとき、違反行為を排除するため必要な措置をとるよう勧告する。2013年度の勧告は10件、指導件数は4949件にも上り、2003年の改正後、勧告事案は全て公表されている。

■公正取引委員会等の調査権限

公正取引委員会、中小企業庁長官、親事業者または下請事業者の営む事業を所管する主務大臣は、必要がある場合に、親事業者または下請事業者に対し報告をさせたり、立入検査を行うことができる。

■罰則

下請法では、①同法3条で要求されている書面を交付しなかったとき、②同法5条で要求されている書類の作成・保存をしなかったり、虚偽の書類を作成したとき、③同法9条で要求されている報告に応じない、虚偽報告をする、検査を拒むなどしたときには、50万円以下の罰金が科される。また、両罰規定により、行為者を罰するほか、その法人または人に対しても50万円以下の罰金が科されることになる。

【関連キーワード】優越的地位の濫用

（大西聡）

景 表 法

■景表法とは

「不当景品類及び不当表示防止法」（景表法）とは、いわゆる「ニセ牛缶事件」を契機として1962年に独占禁止法の特例として制定され、不当な表示または不当な景品類提供によって、商品・役務等の選択に係る消費者の合理的判断が歪められることを防止するための法律である。

■景表法の目的と規制内容

本来ならば、消費者は、商品・役務を提供する製造・販売事業者からの広告・表示を通じて客観的に正確な商品情報を提供され、より品質・性能等が優れた商品等をより安価、より有利な取引条件で購買するという合理的判断の機会が与えられなければならない。しかし、実際には、虚偽・誇大な広告・表示により消費者が誤認させられ、他の商品等と比較して優良または有利ではない商品等を購入させられて損害を被る事態が発生している。たとえば、食品の原産地を偽る、健康器具や健康食品の効果効能を偽る、電気通信サービスの繋がりやすさや速度を偽る等々、あらゆる商品・役務において、客観的には有していない性能・品質を備えているとの広告・表示が行われて消費者が誤認する事件が発生している。また二重価格表示やおとり広告等により、商品役務の取引条件が、他の事業者に比して実際よりも有利と誤認させられて購入させられる場合もある。このような表示・広告は「不当表示」と呼ばれ、当該取引を行った個々の消費者が損害を被るだけでなく、このような事態を放置すると、その分野の消費者市場全体に不当表示を蔓延させて消費者全体の利益を害し、時には詐欺的商法の呼び水となりうる。

また、不当な景品類は、顧客誘引の手段として商品・役務の購入に付随して消費者に提供される経済的利益（金銭や物品等）であって、射倖心を刺激する等により消費者の合理的判断を歪める可能性があることから規制対象とされる（景表法3条）。

■規制違反の効果

不当表示または不当景品の存在が認められると認定される場合、消費者庁または都道府県は、措置命令を発して、将来的にこれらの不正な行為の中止を命ずることができ（景表法6条・12条1項・11項）、また適格消費者団体は、これらの行為の差止めを求めることができる（景表法10条）。

2014年11月改正法では、優良誤認表示、有利誤認表示に対し、売上額の3％の課徴金を課す制度が導入された。

■協定または規約（旧公正競争規約）

景表法11条は、不当表示を防止するための事業者または事業者団体の自主的な表示ルールを定める取組として、消費者庁および公正取引委員会の審査を経たうえで事業者間の「協定または規約」を定める権限を付与している。

【関連キーワード】課徴金　　　（宮城朗）

不実証広告

不実証広告とは、消費者に対して商品・役務等を提供する事業者が、当該商品等の表示・広告を行うに際して、一定の品質・性能等の優良性を表示しているにもかかわらず、その商品等の優良性の根拠となる客観的・合理的な資料を有していないものをいう。

■不実証広告規制の趣旨と概要

景表法は、当該商品・役務等が、実際には広告表示で謳われているだけの品質・性能、効果・効能等を有していないにもかかわらず、これを備えているかのごとき表示・広告を行うことを、優良誤認表示（景表法4条1項2号）として規制し、これに違反する表示・広告には、消費者庁または都道府県が、措置命令を下すことができる。

しかし、消費者庁や都道府県が、一定の商品・役務等について、その優良性の客観的根拠の欠如を認定するためには、その内容が専門技術的な事柄に及ぶことが少なくない。このような場合に、当該事業者から当該商品・役務の品質・性能等に関する客観的資料の提供を受けることが必要となる場合がある。

そこで、景表法は、商品・役務等の品質・性能等に疑義がある場合には、消費者庁や都道府県からの求めがあった場合には、対象事業者は、一定期間内にその優良性の合理的根拠となる客観的資料を提出しなければならず、その期間内に事業者から資料提供が行われない場合には、その表示広告を不当表示とみなして措置命令を下すことができる（景表法4条2項）。なお、同趣旨の規制は、特定商取引法上の「誇大広告の禁止」「不実告知の禁止」等にも導入されている（43条・44条1項1号・2号・54条等）。

■不実証広告規制の運用

この景表法4条2項の運用の詳細については、「不当景品類及び不当表示防止法第4条第2項の運用指針」が設けられている。同指針は、①景表法1条1号の規定する優良誤認表示となる不当表示の範囲、②不実証広告規制の考え方、③合理的根拠資料の提出を求められることとなる表示の範囲と具体例、④「合理的な根拠」と評価出来るか否かの判断基準、⑤合理的根拠資料の提出手続と提出期限等の詳細について定めている。同指針によれば、資料の提出期限は、消費者庁が文書により提出を求めてから原則として「15日後」までである（ただし、事業者から期限延長の書面による申出があり、かつその延期につき正当な理由が認められる場合には延長可能である）。

【関連キーワード】景表法

【参考】公正取引委員会「不当景品類及び不当表示防止法第4条第2項の運用指針」（2003年）

（宮城朗）

二重価格表示

二重価格表示とは、事業者が物品を販売（役務の提供を含む）する場合に、その販売価格よりも高い他の価格（比較対照価格）を併記して表示することをいう。

この手法は、消費者に、その販売価格が安いとの印象を与え、購買意欲を煽るものであるが、比較対照価格の表示が適正でないときには、その表示は消費者を誤認させるものとなる。

景表法は、事業者の販売価格の表示について、一般消費者に実際のものまたは競争事業者にかかるものよりも著しく有利であると誤認される表示（不当表示）を規制している（同法4条1項2号）。二重価格表示については、「不当な価格表示についての景品表示法上の考え方」（価格表示ガイドライン。2000年6月30日制定、2002年・2006年に改正）により、どのような場合に不当表示になるかの規範を定立している。

■基本的考え方

販売価格を表示する場合に実際と異なる表示や曖昧な表示を行う場合は、一般消費者に安いとの誤認を与え、不当表示に該当するおそれがある。

■比較対象価格の種類

二重価格表示で比較対照価格とされるものは、①当該事業者の過去の販売価格、②メーカー希望小売価格、③競争事業者の販売価格、④他の顧客向けの販売価格などがある。

■過去の販売価格を用いる場合

当該事業者の過去の販売価格を比較対照価格とする場合、同一の商品について「最近相当期間にわたって販売されていた価格」を用いるときは、問題ない。そうでない価格を用いるときは、どの時点の価格かを正確に明示しない限り、不当表示に該当するおそれがある。「最近相当期間」とは、具体的には、セール開始時から遡る8週間について検討されるが、4週間以上販売していれば該当する。

■希望小売価格等を用いる場合

希望小売価格を比較対照価格とする場合、製造業者等により設定されあらかじめ公表されているとはいえない価格を用いたとき、参考小売価格を用いる場合はカタログなどで広く呈示しているとはいえないときは、不当表示となりうる。

■競争事業者の販売価格を用いる場合

最近時の市価よりも高い価格、最近時の競争事業者の販売価格よりも高い価格、商圏が異なり一般消費者が購入する機会のない店舗の販売価格などを比較対照価格とする場合は、不当表示となるおそれがある。

■他の顧客向け販売価格

非会員価格や割引率を用いる場合である割引率の表示においては、割引されるのが特定の商品群であるのにそれを明示せず割引率を表示する場合が問題となる。

【関連キーワード】景表法

（中野和子）

有料老人ホーム

　有料老人ホームとは、「老人を入居させ、入浴、排せつ若しくは食事の介護、食事の提供又はその他の日常生活上必要な便宜であつて厚生労働省で定めるもの（以下「介護等」という。）の供与……をする事業を行う施設であつて、老人福祉施設、認知症対応型老人共同生活援助事業を行う住居その他厚生労働省令で定める施設でないもの」（老人福祉法29条1項）をいう。現在、18㎡以上の個室（トイレ・洗面付き）とすることを厚生労働省が標準指導指針としている。実際の指導権限は都道府県が有する。

■届出規制

　2009年3月、群馬県渋川市「静養ホームたまゆら」の火災事件で、無届有料老人ホームが問題となった。2013年10月31日時点の未届有料老人ホームの数は全国で911件と増加傾向にある。

■有料老人ホームに関する不当な表示に関する告示（景表法4条1項3号、2004年10月1日施行）

　有料老人ホームは実態と乖離する不当な表示で勧誘することが問題化していた。そこで、消費者を勧誘するにあたっての表示規制が設けられたものである。

　同告示は、表示すべき項目として、①施設の所有関係、②設備設置者、③設備利用料、④居室の専用使用権の有無や住み替えの要・不要、⑤設備の仕様内容、⑥介護保険法内外の介護サービスの提供の有無および内容、期間、料金、⑦医療機関との協力関係、⑧資格を有する介護職員数（昼夜）、⑨管理費の費目および価格などについて明瞭に示すことを求めている。

　指導監督権のある各都道府県は、設置時の指導として、指定の重要事項説明書の届出を要求している。

■前払金（入居一時金）の返還

　消費者委員会の建議を受け、2011年に老人福祉法が改正され、2012年4月1日以降設置の有料老人ホームでは、権利金の受領が禁止され（同法29条6項）、前払金は「家賃、敷金及び介護等その他の日常生活上必要な便宜の供与の対価」以外は受領できなくなった。終身として一括前払いを受ける場合は、前払金の算定根拠を書面で明示し、その保全措置を講じる義務がある（同条7項、同法施行規則20条の9・20条の10）。そして、入居後3カ月以内に、契約が解除されるか、または入居者の死亡により終了した場合は、家賃を日割り計算した額以外を返却しなければならない（同法29条8項、同法施行規則21条）。

　しかし、「想定居住期間」という概念を用い、「他の入居者の賃料」を前払金から償却することを認める解釈を厚生労働省が出し、権利金等受領禁止を事実上潜脱する結果となった。

　また、前払金を支払わないと月額費用が異常に高額になるように設定する事業者もあり、消費者は重要事項説明書を熟読することが求められる。

【関連キーワード】景表法　　（中野和子）

協定または規約（公正競争規約）

■規約の法的性質

景表法31条は、「事業者又は事業者団体は、内閣府令で定めるところにより、景品類又は表示に関する事項について、内閣総理大臣及び公正取引委員会の認定を受けて、不当な顧客の誘引を防止し、一般消費者による自主的かつ合理的な選択及び事業者間の公正な競争を確保するための協定又は規約を締結し、又は設定することができる。これを変更しようとするときも、同様とする」と定めている。この条文の「協定又は規約」は、従前、「公正競争規約」と呼ばれていたものである（ここでも、以下、「公正競争規約」と記載する）。

この公正競争規約は、表示に関するいわば業界団体の自主ルールである。公正競争規約に参加する事業者が公正競争規約に違反する不当表示等を行った場合には、当該規約に基づいて定められた手続により処分を受ける。また、当該不当表示等が、景表法にも違反する場合には、消費者庁長官が景品表示法に基づく措置命令を行うこともある。

また、公正競争規約に参加していない事業者については公正競争規約は適用されないが、当然、景表法に違反する不当表示を行えば、景表法に基づく規制を受ける。

■規約の運用と公正取引協議会

2014年12月1日現在、104規約が制定されており、表示規約が67件、景品規約は37件ある。業種としては、食品一般、酒類、身の回り品、家庭用品、医薬品・化粧品等、自動車等、不動産、サービス業などがある。

これらの規約は、業界の自主規制機関によって運用されており、公正マークを発行するなどして、運用するための団体を組織している。それが公正取引協議会であり、2014年4月現在で80協議会が組織されている。全国公正取引協議会連合会は、これらの協議会の連合体であり、規約の普及、啓蒙、規約不参加事業者の規約への加入促進、関連の調査研究などを行っている。

■規約の内容例

果実飲料等の表示に関する公正競争規約では、果実飲料について、「果実ジュース」「果実ミックスジュース」「果粒入り果実ジュース」「果実・野菜ミックスジュース」「果汁入り飲料」の定義を定めている。また、ストレートか濃縮還元かも表示するとしている。

家庭電気製品小売業における表示に関する公正競争規約は、チラシ等に家電品の保証等の必要表示事項、「最高」「最安」など特定用語の使用基準、二重価格表示の制限、おとり広告の具体的に禁止される場合などを定めている。

このように、規約は業界の自主ルールではあるが、表示や景品の適正化を図る重要な基準となっている。

【関連キーワード】景表法

（松井良太・中野和子）

ニセ牛缶事件・主婦連ジュース訴訟

■ニセ牛缶詰事件

1960年、東京都衛生局に牛肉大和煮の缶詰にハエが入っていたとの届出があったことから都衛生局が調査したところ、この問題とは別に、市販の牛肉の大和煮の缶詰の大部分に当時は安価な鯨肉や馬肉が混入されていることが判明した事件である。その後の調査で果物の缶詰にも同様の問題があることが判明し、マスコミでも大きく取り上げられた。

この問題を重視した主婦連は、缶詰協会と関係省庁を招いて「うそつき缶詰追放対策懇談会」を開催した。また、ニセ牛缶のような不当表示は、独占禁止法上のぎまん的顧客誘引（現行一般指定8項に相当）に該当するが、同法の迅速な発動には制約があったことから、主婦連は、不当表示等の消費者とのかかわりが深い分野に絞って簡便に規制する法律を制定するよう求める運動を展開し、これが、1962年の景表法の制定につながっていった。

■主婦連ジュース訴訟

景表法上、事業者または事業者団体が公正取引委員会等の認定を受けて設定する商品役務の表示方法に関するルールを公正競争規約というが（なお、2009年の景表法改正により公正競争規約は法令用語ではなくなったが、一般には使用されている）、1971年に公正取引委員会が認定した「果実飲料等の表示に関する公正競争規約」では、果汁含有率5％未満または果汁を含まない飲料であっても「合成着色飲料」「香料使用」と表示すればよいとされていた。これに対して主婦連はこのような飲料を「無果汁」と表示するよう求めたが聞き入れられなかった。そこで、主婦連が公正取引委員会に対して景表法に基づき不服申立てをしたが、公正取引委員会は主婦連に不服申立適格がないとしてこれを退けた。

主婦連はこれを受けて東京高裁に審決取消訴訟を提起した。これが主婦連ジュース訴訟である。東京高裁は請求を棄却したため、主婦連は上告したが、最高裁は、個々の消費者の利益は反射的利益にすぎず法律上の利益には当たらないとしてとして、主婦連の当事者適格を認めなかった（最判昭53・3・14民集32巻2号211頁）。

このように主婦連の主張は司法では認められなかった。しかし、主婦連の問題提起が、長期的には、2006年の適格消費者団体による消費者団体訴訟制度の導入、2008年の消費者団体訴訟の特定商取引法違反行為の一部や不当表示への拡大、さらには、2013年の集団的消費者被害回復に係る訴訟制度の制定といった立法につながっていった。

【関連キーワード】ぎまん的顧客誘引、公正取引委員会、景表法、協定または規約、適格消費者団体、適格消費者団体による差止請求、消費者裁判手続特例法、消費者団体訴訟制度の課題、主婦連合会

（佐藤千弥）

美容医療広告

　美容医療による健康被害相談は、国民生活センターに、毎年300件前後寄せられている。美容医療被害は美容医療広告によって始まる。

■医療法による広告規制

　美容医療も医療であり、医療法により広告が規制されている。

　同法6条の5第1項で、医療広告は原則禁止とされ、広告できる事項が限定列挙されている。さらに、医療広告ガイドライン（「医業若しくは歯科医業又は病院若しくは診療所に関して広告し得る事項等及び広告適正化のための指導等に関する指針」）が厚生労働省により定められており、虚偽内容や「最高」など優秀性に誤認を与えるもの、非常に限定された成功事例などを紹介し効果を強調するもの、医療機関にとってプラスとなるような口コミ情報のみを掲載するもの、「キャンペーン中」など価格の安さを過度に強調するものなどが禁止されている。

　逆に自由診療に関して記載しなければならない事項として、通常必要とされる治療内容、費用、そのメリットだけでなくリスクや副作用等がある。

　インターネット上の医療機関のホームページについて、厚生労働省は情報提供にとどまり広告媒体ではないという立場に立ち、上記広告規制が及ばない。ただ、バナー広告は広告と認め、誘引されたホームページの内容に誘因性・特定性・認知性の要件が満たされる場合は広告として取り扱うことをガイドラインで明記した（2013年9月27日改正）。

■景表法による広告規制

　景表法上の「表示」は、新聞広告やチラシだけでなくインターネット上のホームページも含み、医療広告も景表法の対象となる。有利誤認の例として、公正取引委員会「角膜屈折矯正手術を行う医療機関2事業者に対する警告について」（2009年8月6日）がある。

■美容医療広告に求められる内容

　美容医療契約はその目的が患者（消費者）の主観的願望を満足させるところにあり、患部の治癒といった医学的必要性・緊急性がない。しかし、美容医療といっても身体への侵襲がある以上、インフォームド・コンセントが徹底されなければならない。

　美容医療では広告のみを見て契約を締結する消費者が多く、また即日契約を勧誘する医療機関が多い。そこで、消費者が医療情報を十分に理解できるように、広告に施術の効果のみを記載するのではなく、「診療情報の提供等に関する指針」（医政発第0923002号 2003年9月12日）に基づき、必要な情報を提供すべきである。たとえば、処置の機序・有効性および治療の方針だけでなく、副作用、合併症、代替的治療法がある場合はその内容および利害得失、手術の場合は麻酔など施術の危険性や合併症の有無、発生率などをあわせて記載すべきである。

【関連キーワード】景表法、二重価格表示

（中野和子）

XII

消費者訴訟

XII 消費者訴訟

概　　説

1　はじめに

　消費者と事業者との間の情報の量や質、交渉力、あるいは資力の構造的格差は、取引場面だけでなく、紛争化した場合でも顕著である。そのため、対等な当事者による手続を予定している民事訴訟制度は、消費者にとって必ずしも利用しやすいものとなっていない。そこで、消費者訴訟では、訴訟の各場面において、こうした格差の存在に配慮した実務運用を目指していく必要がある。また最近では、訴訟提起を期待し難い消費者に代わって消費者団体が事業者の不当な行為に対して差止請求を行ったり、集団的な被害の回復を行う制度が導入されたが、消費者被害をなくすためには、さらに効率的な消費者被害の回復や事業者の違法な利益を剥奪する制度の検討が必要となっている。

　また、**ADR**（裁判外紛争解決）の安価で、迅速かつ柔軟な解決手法は、消費者紛争になじむものと期待されている。

2　訴訟手続

　消費者が訴訟にかかわる場合、消費者が訴訟制度を積極的に利用して提訴する場合と、逆に訴えられた事件に応訴する場合が考えられる。その場合、どこの裁判所で事件が審理されるかという**管轄**の問題は、消費者にとって重要な問題である。事業者との間の管轄に関する合意により、遠方の裁判所へ提訴された場合などが問題となることがある。

　また消費者訴訟においては、証拠が事業者側に偏在していることが多く、消費者側としては、弁護士会を介して行う**弁護士会照会制度**や、裁判所に申し立てて行う各種嘱託、文書提出命令、証拠保全などの**証拠収集手続**を利用して証拠を集めることが重要となる。

　貸金業者等が消費者に対して訴訟を提起する場合に、大量の訴訟を処理するため、弁護士に依頼することなく、社内の支配人により行うことがある（**支配人訴訟**）。支配人とは営業に関する一切の権限を与えられている者をいうが、実際には権限もないのに支配人登記をしている名目支配人により訴訟が遂行され、弊害を発生させている。

　なお、判断能力が欠如または著しく低下した高齢者の消費者被害が多発している今日では、被害防止や救済の手続遂行のため、家庭裁判所の審判による**成年後見制度**等の活用も重要となってきている。

3　少額訴訟・支払督促

通常訴訟以外の簡易な手続として、**少額訴訟**と**支払督促**がある。

少額訴訟とは、一般市民の訴訟利用を促進するため、少額の金銭請求事件に関して、原則として1回の期日で審理を終え、迅速な解決を図る制度である。支払督促は、金銭請求等に用いられるが、債務者が支払督促の送達を受けた日から2週間以内に異議の申立てをしないときには、債権者の申立てにより仮執行宣言付き支払督促をすると定められている。事業者が申し立てる場合が圧倒的に多く、消費者は強制執行を受ける危険があるので、事実関係や法律上の主張がある場合、または分割弁済での解決を希望する場合などには、異議の申立てをしなければならない。

4　強制執行（開始・範囲・対処）と強制執行の実効性の確保

強制執行に関しても、消費者が強制執行を受ける場合と、消費者側が被害回復のために強制執行を申し立てる場合がある。

消費者に対する強制執行に関しては、その社会的・経済的生活を脅かすような執行は許されないことから、差押禁止財産が定められ、差押範囲の変更の手続も定められている。また、不当な強制執行に対しては、争う法的手続もある。

消費者側が強制執行を申し立てる場合、悪質な事業者であると、様々な方法で資産隠しを行うことが多く、強制執行に困難を伴うことが多い。そのため**強制執行の実効性を確保**するため様々な方策がとられている。

5　訴訟に要する費用の支援と敗訴者負担制度の問題

消費者が訴訟を提起しようとする場合、弁護士費用などの費用負担が障壁になる場合が多い。その場合、**日本司法支援センター（法テラス）の法律援助制度**の利用が考えられる。法テラスは、訴訟などの紛争解決制度の利用を容易にするという制度目的のもとで、事業を展開している。訴訟を提起するためだけでなく、自己破産申請の代理人援助についても利用が認められている。

都道府県の消費生活条例には、一定の要件の消費者被害に関してではあるが**訴訟援助**制度が定められ、弁護士費用の貸付制度がある。

なお、**弁護士費用の敗訴者負担**という考え方があるが、消費者訴訟では、先例が乏しく結果が見通しにくいものも多いため、多額の費用負担の可能性があることになれば、経済的弱者である消費者としては提訴を断念せざるを得なくなるという萎縮効果が生じるので、消費者から裁判を受ける権利を奪うものである。同様の問題として、**少額事件の訴訟費用負担**がある。

6　適格消費者団体による差止請求と消費者裁判手続特例法

　消費者が個別に被害を回復するだけでは、同種被害の発生や拡大を防止することは困難である。そこで、一定の要件を満たした消費者団体を内閣総理大臣が**適格消費者団体**として認定し、事業者の不当な行為に対して差止請求する権限を付与している。この**適格消費者団体による差止請求**の対象は、消費者契約法、特定商取引法、景表法、食品表示法（2015年4月1日施行）における不当勧誘、不当条項、虚偽・誇大広告、不当な表示である。さらに2013年12月に成立した**消費者裁判手続特例法（集団的消費者被害回復訴訟制度）**は、適格消費者団体の中からさらに加重された要件を満たした特定適格消費者団体に、二段階型の訴訟手続を遂行させることで、同一事業者に対して共通の原因に基づいて金銭請求をなしうる多数の消費者が、現行より軽減された負担で、容易に被害回復ができる制度を導入した。

　これらの制度は消費者法の分野にのみ導入されているものであるが、**消費者団体訴訟の課題**も多い。差止請求に関しては、差止対象の限定や不合理な訴訟遂行の制限等である。消費者裁判手続特例法の関係では、対象事案や対象損害の範囲が極めて狭いことなどであり、今後の検討が望まれるところである。

7　今後の検討課題

　消費者被害の撲滅のためには、さらに、消費者被害の回復および事業者が違法に得た利益の剝奪を効果的に行うための手続の検討が必要である。

　第1に、米国などで採用されている**クラス・アクション**である。対象消費者がオプトアウトしない限り、対象消費者全体に判決の効力が及ぶ点が特徴である。第2に、**インジャンクション**と**ディスゴージメント**である。前者は、行政機関や私人の申立てにより、裁判所が違法状態を差し止める命令を出すものである。後者は、差止めに付随して、あるいは行政機関が独自に、違反者から不当な利得を剝奪する制度である。また、これらとあわせて、広い範囲での証拠収集の手段を付与する**ディスカバリー**や、**懲罰的損害賠償制度・抑止的付加金制度**を制定することで、悪質な事業者の跋扈を抑制することなども検討すべきである。　　　　　（佐々木幸孝）

成年後見制度

■成年後見制度とは

成年後見制度は、認知症、知的障害、精神障害などの理由で判断能力が不十分な人を保護し、支援する制度である。大きく分けて、法定後見制度と任意後見制度の2つがある。

法定後見制度は、裁判所によって成年後見人等が選ばれる場合で、本人の判断能力の程度に従い、成年後見人（判断能力が欠けている場合）、保佐人（判断能力が著しく不十分な場合）、補助人（判断能力が不十分な場合）が選任される。

任意後見制度は、将来に備えて、あらかじめ本人が後見人となる人を定めておく場合で、公証人役場で公正証書を作成して契約をする。

■成年後見制度による被害救済

成年後見人がついた場合、日常生活に関する行為以外は、取消が可能となる。また、成年後見人は、代理人として、契約の取消のほか、契約の解除や訴訟なども行うことができ、被害の救済を図ることができる。

保佐人がついた場合、本人が、保佐人の同意を得ずに、重要な取引（民法13条に規定）を行ったときは、これを取り消すことができる。なお、本人が訴訟行為をするには保佐人の同意が必要となる。

補助人がついた場合、重要な行為のうち特に裁判所が定めた行為について、保佐と同様の扱いとなる。

■市町村長の後見申立て

成年後見の申立ては、本人・配偶者・親族が行うことが通常であるが、特に必要がある場合には市町村長も行うことができる（老人福祉法32条等）。さらに、高齢者虐待防止法は、養護者以外の者による「財産上の不当取引」を虐待に準じて位置づけ、高齢者の被害について消費者相談等へつなげていくことなどを求めつつ、成年後見の申立てを市町村長が適切に行うことを求めている（同法27条1項2項）。障害者虐待防止法も、同様の規定を置く（同法43条）。市町村長には、悪質商法などによる被害への対応として、成年後見の審判の申立てを適切に行うことが期待されているのである。

■成年後見制度の利用促進

高齢者虐待防止法は、国および地方公共団体に、成年後見制度が広く利用されるよう、周知のための措置や、利用に伴う負担軽減のための措置を講ずることを求めている（同法28条）。障害者虐待防止法も同様の規定を設けている（同法44条）。成年後見制度の利用を拡大することが期待されており、多くの自治体が、そのための取組みを行っている。

■成年後見制度の課題

高齢化社会の進展に伴い、認知症の人が大幅に増加している。これに、成年後見制度が必ずしも対応しきれていない。どのように対応していくかが、今後の重要な課題である。

【関連キーワード】高齢化社会と消費者行政　　　　　　　　　　（薬袋真司）

ADR

「ADR」とは、「Alternative Dispute Resolution」の略であり、裁判外紛争解決をいう。ADR には民間団体があっせん・調停・仲裁などを行う民間型のほか、裁判所や行政機関が行う司法型や行政型のものがある。

少額・多数被害を特色とする消費者紛争の場合、訴訟による解決はコスト的に割に合わないとして泣き寝入りしてしまう被害者が少なくない。また、訴訟のような対等な当事者間の対立構造を予定するシステムは消費者と事業者間の情報・経験・交渉力の格差の存在を考慮すると必ずしもマッチしているとは言い難い。その点で ADR の安価で迅速かつ柔軟な解決手法は消費者紛争になじむものと期待されている。

■行政型 ADR

わが国では地方自治体の消費生活センターが消費者紛争の解決に大きな役割を果たしている。消費生活センターは、消費者基本法19条に根拠をもち、来所だけでなく電話による相談も可能で、年間約93万件（2013年度）に上る相談・苦情を受け付けている、消費者に身近な ADR といえる。

また国民生活センターの ADR は2009年8月から2014年4月末までに手続終了678件、手続実施中21件の実績を上げている。

■民間型 ADR と ADR 法

消費者紛争に関する民間型 ADR としては、事業者団体や事業者間の自主規制機関によって設立された、製造物責任に関する PL センターや金融商品に関する FINMAC などの窓口、消費者団体が開設する相談・苦情窓口、各地の弁護士会が設置しているあっせん仲裁センターなど多数ある。民間型 ADR に関しては、2004年11月に成立した「裁判外紛争解決手続の利用の促進に関する法律」（通称 ADR 法）がある。

同法は、ADR の基本理念、国等の責務を定めるとともに、民間型 ADR に関し認証制度を設け、あわせて時効中断等の特例を定めて、その利便の向上を図っている（1条）。基本理念として、ADR は「法による紛争の解決のための手続として、紛争の当事者の自主的な紛争解決の努力を尊重しつつ、公正かつ適正に実施され、かつ、……迅速な解決を図るものでなければならない」と定める（3条）。

ADR 法でとりわけ重要なのは、一定の要件を満たした ADR 機関が法務大臣の認証を受けることができることである（5条）。認証 ADR に対しては、時効中断効（25条）や訴訟手続の中止（26条）、調停前置主義の特例（27条）が認められており、また弁護士法72条の適用除外とされるので、報酬を得て、業として紛争解決を行うことができる。それだけに、紛争に対して公正・中立な解決が担保されないような ADR に認証が付与されるようなことがあってはならない。

【関連キーワード】消費生活センター、国民生活センター　　　　　（佐々木幸孝）

支払督促

　「支払督促」とは、金銭の支払いやその他の代替物または有価証券の一定の数量の給付を請求とする場合に、債権者の申立てにより裁判所書記官が書類審査のみで発する制度（民訴法382条）である。旧法下では「支払命令」という名称であった。原則として、債務者の住所地を管轄する簡易裁判所に提起しなければならない（同法383条1項、例外について同条2項）。

　書記官は、申立ての趣旨および理由の記載内容からみて請求に理由があると認められるときは、債権者や債務者を呼び出して審理をすることなく、支払督促を発する。

　債務者が支払督促の送達を受けた日から2週間以内に督促異議の申立てをしないときは、裁判所書記官は、債権者の申立てにより、仮執行宣言付き支払督促を発する（同法391条1項）。仮執行宣言付き支払督促の送達を受けた日から2週間以内に異議申立てがなければ、仮執行宣言付き支払督促は確定する（同法393条）。債権者はこれに基づいて強制執行を申し立てることができる。

　債務者の異議申立書には理由は不要である。異議申立てがあったときは、通常の訴訟手続に移行し、法廷で審理が行われる。

■サラ金による支払督促の利用

　消費者金融（サラ金）を中心に支払督促を多用していたため、1995年には約54万件、1998年度には約61万件、2004年度には約52万件であったが、2013年度は約26万件である。

　サラ金業者が延滞債権の回収に支払督促を多用するのは、一般消費者（借主）は法的知識に疎く、裁判所の支払督促が届くと驚いて他から返済金を調達して急いで支払ったり、支払督促の際に強制執行を匂わせると何をおいてもサラ金・クレジット会社への返済を最優先させるからである。しかし、債務者のこうした性行を悪用して不当に過大な金額の請求を支払督促したりする悪質な事例もある。

　支払督促を放置すると確定して、強制執行を受けるおそれがあるので、クレサラ事件等で業者側が支払督促をしてきたときは、必ず督促異議の申立てをするべきである（おおむね裁判所は異議の申立書の書式を同封しているので、これを用いれば容易である）。

■請求異議訴訟

　支払督促が確定している場合、執行力はあるものの（裁判所書記官が発するものであることから）既判力はないという解釈が一般であるため、支払督促が確定していても、なお請求異議訴訟で争うことが可能であると解される（たとえば、消滅時効が完成している債務について消滅時効を主張しないままに支払督促が確定していても、なお請求異議訴訟で支払督促を争う余地はある）。

【関連キーワード】管轄、少額訴訟

（小野仁司）

少額訴訟

訴訟の目的物の価格が60万円以下の金銭の支払請求を目的とする訴えについて、原則として1回の期日で審理を終え、即日判決を言い渡す簡易裁判所の特則手続である（民訴法368条以下）。

新受件数は、統計を取り始めた1998年が8348件、2004年に価額の上限が30万円から60万円に引き上げられたこともあって増加を続け、2005年に2万3584件でピークを迎え、その後は減少に転じ、2013年には1万3240件となっている。

■少額訴訟手続

少額訴訟は、少額で簡単な金銭支払請求事件について、一般市民が訴額に見合った経済的負担で、迅速かつ効果的な解決を裁判所に求められる制度として制定された。そのため、少額訴訟は、通常訴訟とは異なる次のような特則が定められている。

(1)少額訴訟にふさわしい事件を選別する趣旨で、①同一の簡易裁判所で年間10回までしか利用できず（いわゆる業者事件の排除）、②原告が少額訴訟手続を選択しても、被告には通常訴訟への移行申述権が認められ、職権による移行もできる。

(2)簡易迅速に紛争を解決するための方策として、③1回の口頭弁論期日で審理を終了するため、それまでにすべての攻撃防御方法を提出しなければならない。このような1期日審理を実現するために、④反訴は禁止され、⑤証拠調べは即時に取り調べ可能な証拠に限定される。⑥電話会議システムによる証人尋問ができるなど、柔軟な証拠調べを行うことが可能である。そして、審理終了後、直ちに判決を言い渡すことになるが、そのために、⑦調書判決が可能とされ、⑧支払猶予や分割払いを定めることも可能とされる。⑨判決に対する不服申立ては、異議のみであり、控訴は禁止される。

■少額訴訟債権執行制度

2005年4月に採用され、簡易裁判所の裁判所書記官に対して申し立てることなど手続が簡略なものとされた（民執法167条の2以下）。対象は金銭債権に限られる。

■少額訴訟の現状と問題点

平成25年の司法統計では、①交通事故による損害賠償、②売買代金、③貸金の順で多数を占めている。

1期日審理の原則と簡易性という特徴からみてふさわしくない複雑な事件や一部請求に関するものを少額訴訟で行うことは脱法的であり、本来の少額訴訟のあり方に反することになる。被告となった場合、1回の期日で反論や証拠調べを尽くすことが困難な事案は、通常手続移行の申述を行うことができる。ただし、漫然と通常手続移行の申述をして、答弁書では請求原因に対する認否を「追って準備する」というのでは、少額訴訟の趣旨を蔑ろにするものであり、慎むべきであろう。

（花田勝彦）

日本司法支援センター（法テラス）の法律援助制度

日本司法支援センター（法テラス）は、総合法律支援法に基づき、2006年4月に独立行政法人の枠組みで設立された法務省所管の法人で、「法テラス」は、同センターの愛称である。

■設立の経緯と目的

従来、資力の乏しい人のために裁判に必要な費用を立て替えて弁護士・司法書士を紹介する事業（民事法律扶助）や無料法律相談事業などについては、日弁連により民法上の公益法人として設立された法律扶助協会によって行われてきた。しかし、いわゆる司法制度改革の中で、民事法律扶助の拡大や司法の利用相談窓口（アクセス・ポイント）の充実、司法に関する総合的な情報提供の重要性などが指摘されるようになり、2004年に成立した総合法律支援法において、総合法律支援に関する事業を迅速かつ適切に行うことを目的として（同法14条）、日本司法支援センター（法テラス）の設置が定められることとなった。

■組織

日本司法支援センターの資本金は国が全額を出資している。本部は東京都に置かれ、全国各地に地方事務所50カ所、支部と出張所21カ所が設置されている。ほかに、司法過疎地域などに地域事務所37カ所がある。

同センターの業務については、総合法律支援法30条で定められている。

■民事法律扶助業務

資力に乏しい者が法的トラブルに遭った際に、無料で法律相談を行い（法律相談援助）、法的専門家の援助が必要な場合には弁護士・司法書士の費用の立替えを行う（代理援助、書類作成援助）ものである（総合法律支援法30条1項2号）。2013年度の実績は、法律相談援助件数27万3594件、代理援助決定件数10万4489件、書面作成援助件数4620件である。立替援助を受けるためには法テラスによる審査があり、資力要件等の一定の要件を満たす必要がある。立替えを受けた弁護士・司法書士費用については分割払いでの償還が原則であるが、生活保護受給者等に対しては、償還の猶予・免除制度等も存在する。

代理援助の事件別内訳をみると、従来は、自己破産その他の多重債務事件が過半数を占めていたが、近年は家事事件が増加傾向にある。

■その他の業務

日本司法支援センターのその他の業務としては、情報提供業務（総合法律支援法30条1項1号）、国選弁護等関連業務（同項3号）、司法過疎対策業務（同項4号）、犯罪被害者支援業務（同項5号）、他団体からの受託業務（同項6号。現在では、日弁連委託援助事業と中国残留孤児援護基金委託事業が行われている）などがあげられる。

【関連キーワード】訴訟援助

（井原真吾）

訴訟援助（条例）

　地方自治体の消費生活条例の中には、消費者が事業者との訴訟を行う際の訴訟援助の制度を設けているものがある。制度としては、消費生活センター等のあっせんでも解決できなかった消費者被害の救済制度として、被害救済委員会あるいは苦情処理委員会等の制度を設け、委員会のあっせん案や調停案が事業者により拒絶されて不調に終わり、訴訟により解決せざるを得なくなった場合に、消費者に対して地方自治体が弁護士費用等の訴訟援助をする仕組みをとる。

■委員会への付託の仕組み

　当該地方自治体の消費生活センターに寄せられた消費者被害の相談で、センターによるあっせんで解決することができなかった事案から、都道府県知事や市長などの首長が委員会に付託をする仕組みをとる。

　付託の要件については、自治体によって若干の違いはあるが、類似の被害が他にも発生しており今後も生ずる可能性があること、少額被害であっても拡大するおそれがある場合には対象とされている。

　委員会の取組みは、当該消費者の被害救済だけにとどまらず同種の消費者被害の解決についての指針を示すことにより、すべての住民である消費者の被害防止および被害救済に資することを目的としている。この点が、通常のADRとは異なる特徴である。

■訴訟援助の要件

　委員会のあっせん・調停が成立すれば付託案件は終了する。あっせん・調停の内容は、事実関係、結論、理論的な考え方などが公表される。委員会の提示したあっせん案・調停案を事業者が拒絶したために不調となり、消費者が訴訟を選択するなどして訴訟に移行した場合に、訴訟援助がなされる。代表訴訟に対する支援との位置づけといえる。消費者が原告でも被告でも訴訟援助の対象とされている。

■東京都の取扱い

　条例では訴訟援助制度を設けていても、実際に機能している自治体はあまり多くはないようである。東京都では、医療事務講座の被害、石油ヤミカルテルをめぐる主婦連による灯油訴訟、子ども用学習教材の悪質訪問販売に関する個別クレジット業者との紛争、呉服店の倒産による個別クレジット会社との訴訟などの実績がある。

　東京都の場合には、2012年3月に都下の市や区の相談窓口で受けた相談についても被害救済委員会への付託対象とする旨の条例改正がされ、範囲が拡大された。

　訴訟援助の内容は、弁護士費用や訴訟費用の立替えなどの金銭的な援助のほか、様々な証拠の収集などについても援助を行う。消費者事件では証拠の偏在は大きな問題であり、この点の援助の意義は大きい。

【関連キーワード】日本司法支援センターの法律援助制度、国民生活センター、消費生活センター　　　　　（村千鶴子）

弁護士費用の敗訴者負担・少額事件の訴訟費用負担

■敗訴者負担法案と廃案への動き

2004年3月2日、「民事訴訟費用等に関する法律の一部を改正する法律案」が通常国会に提出された。同法案は、当事者双方が弁護士等の訴訟代理人を選任している訴訟において、当事者双方の共同の申立てがある場合に、弁護士等訴訟代理人の報酬の一部を敗訴者の負担とする制度を設けるというものであり、「弁護士費用の敗訴者負担法案」と呼ばれた。

同法案については、社会的弱者の裁判を受ける権利が侵害されるなどと反対の声があがり、日弁連も100万人署名の呼びかけをするとともに、2004年10月8日には「社会的弱者は敗訴者負担条項に基づく弁護士報酬の請求をおそれて訴訟提起を抑制させられることになり、市民の司法アクセスに重大な萎縮効果を及ぼす」などとして同法案の成立に断固反対し廃案を求める決議をあげた。同法案は、全国的な反対運動の高まりの中、2004年12月3日、第161回臨時国会の閉会に伴い廃案に追い込まれた。日弁連消費者問題対策委員会のメンバーらの献身的な取組みは後世に語り継がれている。

■少額事件の訴訟費用

弁護士費用の敗訴者負担制度と同じく社会的弱者が裁判を受ける権利を侵害される場面として、少額消費者事件の訴訟費用負担問題がある。ロストバッゲージの被害者が航空会社に三十数万円の賠償を求めた訴訟で、仙台地判平15・2・25（判タ1157号157頁）は、被害者に慰謝料4万円を認めた（最高裁で確定）。ところが同判決は、訴訟費用について請求額と認容額の割合を形式的にあてはめて8分の7を被害者に負担させたため、同航空会社は同訴訟に要した東京在住の代理人の往復旅費や日当、国際航空約款の翻訳料等の訴訟費用と賠償額4万円とを相殺したうえ、さらに相殺後の残額10万円余を被害者に支払わせた。

約款の免責条項をめぐって多くの消費者の利益にかかわる点で公益的意義を有する少額事件については、訴訟費用を負担させない仕組みを確立する必要がある。

■少額事件の調査費用

一方、携帯電話機が発熱し太腿に低温火傷をして治療費等1万円弱の出捐を余儀なくされた被害者が、同機の製造業者に対し、製造物責任法等に基づき慰謝料・調査費用等の損害賠償を求めた事案で、仙台高判平22・4・22（判時2086号42頁）は、同製造業者に対し、被害者の調査費用150万円を含む221万円の賠償を命じた。

少額被害者が多額の訴訟遂行費用のために訴訟を断念する傾向がある中、被害者側が投入した費用を製造業者に負担させる判断は、少額被害者の裁判を受ける権利を保障・拡充するものとして評価できよう。

【関連キーワード】携帯電話熱傷事件

（吉岡和弘）

管　　轄

　裁判所には、最高裁判所、下級裁判所として高等裁判所、地方裁判所、簡易裁判所および家庭裁判所が存在するが、これら多種多数の裁判所間に個別事件を配分して裁判権を行使させることについての定めを管轄という。

　管轄の定めは、①その根拠による区分として、ⓐ法定管轄、ⓑ当事者管轄（合意管轄と応訴管轄）、ⓒ指定管轄、②その裁判権分掌による区分として、ⓐ職分管轄、ⓑ土地管轄、ⓒ事物管轄、③その効力による区分として、ⓐ任意管轄、ⓑ専属管轄などに分かれている。ここでは土地管轄と事物管轄の概略について述べる。

　土地管轄は、同種の職分を所在地を異にする同種の裁判所間に配分する定めをいい、原則的な管轄は被告の普通裁判籍（人であればその住所、法人であればその主たる事務所または営業所など。民訴法4条）である。その他に、義務履行地（同法5条1号）、不法行為地（同条9号）、不動産所在地（同条12号）などが重要である。

　次に、事物管轄は、第1審の訴訟事件を同じ管轄区域内の簡易裁判所と地方裁判所（例外として高等裁判所）間に配分する定めをいい、財産権上の請求で訴額140万円を超えない事件が簡易裁判所の事物管轄となる（裁判所法33条1項1号）。管轄の定めに関する詳細はコンメンタール類に譲ることとし、以下では消費者訴訟で問題となる論点の一部について解説する。

■貸金業者等と消費者の管轄の合意

　当事者間で管轄の合意をした場合（民訴法11条）、これが他の管轄裁判所を全部排除する専属的管轄合意と解するか、他の管轄裁判所との併存を認める付加的管轄合意と解するかは問題である。一般に消費者は、貸金業者等との間の基本契約書等の記載の詳細までは理解していないどころか、その説明すら受けていないことが通常であるため、当事者の意思解釈として他の管轄裁判所を完全に排除してしまう専属的管轄合意とまでは認定できないとした裁判例も多数存在する。

■移送申立ての活用

　仮に、前記論点について専属的管轄合意と認定された場合でも、提訴された消費者の遠隔地への応訴負担を軽減するため、民訴法17条に基づく移送申立てを活用すべきである。同条は、要件の1つとして「当事者間の衡平を図るため必要があると認めるとき」としており、全国的に支店等を展開する貸金業者等に比し、消費者の遠隔地への出頭はその経済的負担が大きいことなどを理由として、同条に基づく移送申立を認めた裁判例も多数存在する。

　なお、最近では過払金請求訴訟において、被告の貸金業者が本移送申立てを利用している例がみられる。当事者間の衡平の見地からして、認められるべきではない旨の意見を裁判所に対して提出すべきである。

（元松茂・釜井英法）

支配人訴訟

■はじめに

貸金業者やクレジット会社に目立つが、支配人登記をした従業員が訴訟代理人となっている訴訟は「支配人訴訟」と呼ばれている。支配人については商法20条以下および会社法10条以下に規定があり、商法21条および会社法11条が支配人の訴訟代理権の根拠となっている。

■「支配人」および「名目支配人」

「支配人」とは、商人（会社）に代わってその営業に関する一切の裁判上または裁判外の行為をする権限を有する者をいう。仮に「支配人」と名打たれ、商業登記がなされていても、その営業に関する一切の裁判上または裁判外の行為をする権限を与えられていなければ、訴訟上の代理権を有しないとするのが判例・通説である。

したがって、貸金業者の支店の支配人というためには、その支店の融資、回収、人事等のすべてについて包括的な権限を有する必要がある。そして、このような権限がないにもかかわらず支配人登記がなされ支配人として振る舞う者を「名目支配人」という。

一部の貸金業者などにおいては、一つの支店に多数の従業員を支配人として登記して、訴訟遂行を行わせている。自己の意に従う従業員を（名目）支配人とすることにより、弁護士を訴訟代理人として選任する負担を回避することを目的としている。

しかし、支配人としての実質的権限を有しない者が訴訟活動を行う場合、その者は「支配人」とは認められない以上、訴訟代理権は認められず、名目支配人の訴訟行為は民事訴訟法54条1項に違反し無効とするのが判例・通説である。

■支配人訴訟の弊害

名目支配人は、弁護士倫理の規定に服さず、使用者の意のままに動き、会社の利益のみを考える者であり、公正な訴訟活動は期待できない。また濫訴の弊も懸念される。全国各地に出廷の予定があり、期日指定が困難となるほどの名目支配人も見受けられたこともある。和解においても、自己の決定権限がないことから、そのつど使用者の指示を求めることとなり、和解協議の遅延にもつながっている。

訴訟代理権は高度の公益的要求に基づく要件であるため、職権調査事項であり、職権探知主義がとられる。しかし、現実の法廷の現場では、裁判所が目先の訴訟遂行の便宜等から、名目支配人の訴訟遂行を黙認している姿が残念ながら散見される。支配人と称する者に、実質的権限が存するか否かの確認は、裁判所・訴訟代理人の努力により、必ずなされるべきである。

（伊東達也・辰巳裕規）

証拠収集手続

　情報や証拠が事業者に偏在する消費者訴訟においては、民事訴訟法等で認められている証拠収集手続を有効に活用する必要性が高い。

■**各種嘱託申立手続**

　調査嘱託（民訴法186条）は、官公署その他の団体に対して事実等についての必要な調査を嘱託する手続である。嘱託先は、公法人のみならず広く私的な団体も対象となる。たとえば、日本証券業協会に対する外務員の登録取消処分の有無・処分理由の調査嘱託など、調査事項に制限はない。

　文書送付嘱託（同法226条）は、文書の所持者に対して文書の送付を嘱託する手続である。当事者が法令で交付を求めることができる文書（戸籍等）を除き、嘱託先や対象文書に制限はなく、文書提出義務（同法219条）の有無を問わない。弁済の事実の立証のための金融機関に対する預金口座の取引履歴の送付嘱託などが典型例である。

　鑑定嘱託（同法218条）は、官公署または相当の設備のある法人（研究所等）に対し、専門的知見や物的設備に基づく鑑定を嘱託する手続である。製品の瑕疵の立証のために専門業者や大学の研究所に依頼するなどの例が多い。

■**文書提出命令**

　文書提出命令（民訴法221条）は、当事者の申立てに基づき、裁判所が、文書提出義務のある特定の文書（同法220条）を所持する相手方または第三者に対して提出を命じる決定である。相手方が文書提出命令に従わず文書を提出しない場合等には、裁判所は、当該文書の記載内容に関する申立当事者の主張を真実と認めることができる効果もあり（同法224条：真実擬制）、有効な立証手段となる。過払金返還請求訴訟における業務帳簿、信販会社の加盟店管理文書、金融機関の稟議書、業務日誌など様々な活用が考えられる。

■**証拠保全**

　相手方による証拠の改竄（ざん）、隠匿、破棄等により証拠を使用することが困難となると認められる場合に、裁判所があらかじめ証拠調べを行う手続が証拠保全（同法234条）である。訴訟係属前の申立てが可能であり、改竄等の防止はもちろん、事前に相手方の保有する書類の存否・内容を把握でき、提訴前の交渉や訴訟の見通しを立てるためにも有効である。社内稟議書、顧客管理台帳、業務日誌、消費者から徴収した関係書類等の文書の取調べが典型的であるが、事案によっては検証や証人尋問、本人尋問等も可能である。

■**提訴前の証拠収集処分**

　2003年民事訴訟法改正により、訴訟予告通知をした者の申立てにより提訴前に文書送付嘱託、調査嘱託、専門家に対する意見陳述嘱託、現況調査命令を行う提訴前の証拠収集処分（同法132条の4）が新設されたが、活用例はほとんどなく今後の課題である。

【関連キーワード】弁護士会照会制度

（伊藤陽児）

弁護士会照会制度

　弁護士会照会制度は、弁護士法23条の2に基づき、弁護士に受任事件の処理について、公務所または公私の団体に対して必要な資料を求める機会を与えるものであり、照会権限は当該弁護士の所属弁護士会に与えられている。

　他の主な証拠収集方法とは異なり、必ずしも訴訟を前提としない。

　照会にあたっては所属弁護士会の定める手数料等を納付する必要があるが、各単位会の事情により、金額はかなり開きのある状況となっている。

■照会先の報告・回答義務

　公務所等照会先は、弁護士会からの照会に対し、法律上、報告・回答する義務を負う（大阪高判平19・1・30判時1962号78頁）。ただし、絶対無制約なものではなく、弁護士会照会制度の有する公共的利益と、報告を拒否することによって保護される法的利益とを比較衡量して、後者が前者を上回っている場合には、報告を拒否することができるとされる。「守秘義務」を理由に回答を拒否する例があるが、弁護士会照会制度は個人情報保護法16条3項1号および23条1項1号にいう「法令に基づく場合」に含まれ、例外規定に当たると解される（前掲大阪高判）。

　生命保険契約締結の有無については生命保険協会に照会することで、加盟会社全社について回答を得ることができる。預金の有無等についても、債務名義を有する場合に、一部の金融機関では、本店に照会することで全店舗につき回答が得られるところも出てきている。

■報告・回答拒否と損害賠償責任

　司法書士である遺言執行者が、遺言執行の内容について相続人に対して報告義務を負っているにもかかわらず、守秘義務を理由に報告を拒否した事案につき、報告拒否の相手方は弁護士会ではあるが、照会により自己の権利の実現・法的利益の享受を求めている実質的主体は申出をした弁護士であり、ひいてはその依頼者であるとして、違法な報告拒否が依頼者の権利ないし法的利益を侵害する場合には、依頼者に対する不法行為を構成するとして、損害賠償責任を認めた裁判例がある（京都地判平19・1・24判タ1238号325頁）。

　転居届に記載された新住居所の照会に対し、「郵便物に関して知り得た他人の秘密」としての守秘義務と、プライバシーとしての守秘義務を理由に報告を拒否した事案につき、詳細な利益衡量に基づき、照会先の報告義務は上記各守秘義務を上回ると認めた裁判例がある（ただし、個々の依頼者は反射的利益を有するにすぎないとして、損害賠償責任は否定。東京高判平22・9・29判時2105号11頁）。同様の照会につき、弁護士会が原告となって、報告拒否に対する損害賠償請求を行い、弁護士会の請求が一部認められた事案もある（名古屋高判平27・2・26裁判所HP）。

【関連キーワード】証拠収集手続、強制執行の実効性の確保　　　　（本間紀子）

強制執行の開始・範囲・対処

強制執行とは、「債務名義」に現れた私法上の請求権を、裁判所または執行官が関与して強制的に実現を図る手続である。強制執行は、金銭の支払いを目的とする債権についての強制執行（金銭執行）と、それ以外を目的とする債権についての強制執行（非金銭執行）とに分類される。金銭執行においては、差押対象ごとに、①不動産、②船舶、③動産、④債権、⑤その他の財産権に分類される。ここでは、強制執行のうち主として金銭執行を取り上げる。

■強制執行の開始

強制執行を開始するためには、執行力のある債務名義が必要である。民事執行法（以下、「法」という）22条が定める主な債務名義の種類は、①確定判決、②仮執行宣言を付した判決、③仮執行宣言を付した支払督促、④強制執行を認諾する公正証書、⑤確定判決と同一の効力を有するもの（裁判上の和解調書等）等である。

金銭執行は、債務者の特定の財産を差し押さえることによって開始する。特定の財産を差し押さえることによって、債務者の処分行為を禁止し、その処分権を執行機関が獲得する。

■強制執行の範囲

金銭執行による差押えの対象は、原則として、債務者の責任財産の全部である。しかし、法はその例外として、動産と債権について、差押禁止財産を定めている。

動産について、法131条は、債務者の生活維持・生業維持等の観点から、一定の動産に対する差押えを禁止している。動産たる金銭については、標準的な世帯の2カ月間の必要生計費として1カ月33万円の2カ月分で66万円が、差押禁止とされている。

債権について、法152条は、債務者の生活維持の観点から、給料債権については、所得税、地方税および社会保険料を控除した手取り額を基準に、その4分の3に相当する部分（手取り額が標準的な世帯の必要生計費である33万円を超えるときは33万円）が、退職金債権については、その4分の3に相当する額が、差押禁止とされている。なお、養育料や婚姻費用債権に基づく給与差押えの場合は、給与の2分の1に相当する額が差押禁止とされている。

■強制執行への対処

強制執行は債務名義に基づいて行われるが、債務名義作成後に弁済等により権利関係が変動した場合、その変動は債務名義の記載によって明らかでないため、すでに消滅している請求権の債務名義をもって強制執行がなされるおそれがある。このように、債務名義に係る請求権の存在または内容に異議のある場合の債務者は、強制執行の不許を求め、請求異議訴訟を提起することができる（法35条1項）。

（北後政彦）

強制執行の実効性の確保

　民事執行手続を時代に即して運用しないときには、法律上の根拠のない執行不能財産が作り出されることになるから、民事執行実務に携わる実務家には社会事象の変化に対応して不断かつ迅速に執行実務を変容させていく努力をすることが求められる。この観点から、近時、特に預金等債権執行について新たな試みがなされている。

■債権の「特定」についての試み

　預金債権の差押命令の申立てにあたっては、取扱店舗を特定（限定）しなければならないとするのが実務の基本的取扱いであり、その根拠は差押債権の特定を求める民事執行法の解釈理念である「公平」にあった。しかし、弁護士会照会への回答拒否に対し、この「公平」の再考を求める試みがなされ、静岡地下田支決平22・8・26（金法1913号4頁）が、わが国で初めて全店無限定列挙方式を許容した。その後、同旨決定例が地裁レベルで散見されるようになり、高裁レベルでも同旨判断が相次いで示されるようになり、抗告審の判断が二分される状況となった。最決平23・9・20（金商1376号29頁）がこれを否定した後も、「特定」を当事者の公平の観点をもあわせて考えようとする動きはとどまらず、東京高決平23・10・26（金法1933号9頁）が、複数の店舗に預金債権があるときには預金債権額の最も大きな店舗の預金債権を対象とする旨の特定方法を採ることを許容し、再度抗告審の判断を分かつ状況となった。この方法については最決平25・1・17（判時2176号29頁）が実質的な理由を示すことなく、例文処理により、申立てを不適法とする立場をとることを明らかにしたが、法制度全体の健全性、国民感情および「公平」に敏感な裁判官をはじめとした訴訟実務家らからの非難がある（たとえば滝澤孝臣「判批」金商1424号18頁ほか）。今後、将来債権の差押えとして同様の効果を生じさせる工夫などが継続されることが期待される。

　なお、生命保険解約返戻金等については、東京高決平22・9・8（判時2099号25頁）を契機として、原則として保険証券番号による特定を求めるという運用が全国的に改められることになった。

■預金の将来債権としての「包括的な」差押え

　また、預金債権について、差押命令送達の日から3営業日の間に発生する（増加する）預金部分について包括的差押命令が発せられた事例として、奈良地平21・3・5（法ニュース79号200頁）ほかがある。東京高決平20・11・7（判タ1290号304頁）はこの方法を否定したが、「社会通念及び現在の銀行実務」を前提とする判断であり、将来の状況の変化によってはこの種差押命令の申立てでも差押債権の特定が認められ得ることを否定する趣旨ではないと考えられる（笠井正俊「判批」金商増刊1336号188頁）。　　（荒井哲朗）

適格消費者団体

消費者契約法の施行により、被害に遭った消費者の救済を個別的・事後的に図ることが従前より容易になったが、これだけでは、同種被害の発生や拡大を防止するには限界がある。

消費者契約法制定時の衆参両院附帯決議（2000年4月）をはじめ、一定の消費者団体が事業者の不当行為そのものの差止めを請求できるよう、消費者団体訴訟制度の必要性が指摘されてきた。

■適格消費者団体とは

2006年の消費者契約法の改正によって、適格消費者団体による差止請求訴訟が導入された。

「適格消費者団体」とは、不特定多数の消費者の利益のために差止請求権を行使するのに必要な適格性を有する法人である消費者団体として、内閣総理大臣の認定を受けた者である（消費者契約法2条4項）。

2014年12月現在、全国に12の適格消費者団体があり、事業者の不当な行為の是正を求める活動を展開している。

■適格消費者団体としての要件

内閣総理大臣が申請に基づき適格消費者団体を認定する際、団体は、以下の要件を満たす必要がある（消費者契約法13条3項1号～7号）。

① 特定非営利活動法人または一般社団法人もしくは一般財団法人であること（1号）
② 不特定多数の消費者の利益擁護のための活動を主たる目的とし、現にその活動を相当期間にわたり継続して適正に行っていること（2号）
③ 差止請求関係業務を適正に遂行するための体制および業務規程が適切に整備されていること（3号）
④ 適正な業務執行の決定方法が整備されているとともに、執行決定機関である理事会における理事構成が適正であること（4号）
⑤ 検討部門における消費生活の専門家および弁護士等の法律専門家の確保等、人的体制に照らして、差止請求関係業務を適正に遂行することができる専門的な知識経験を有すると認められること（5号）
⑥ 差止請求関係業務を適正に遂行するに足りる経理的基礎を有すること（6号）
⑦ 差止請求関係業務以外の業務を行う場合には、その業務を行うことによって差止請求関係業務の適正な遂行に支障を及ぼすおそれがないこと（7号）

■認定を受けた後

内閣総理大臣による監督を受け（3年ごとの認定更新制、報告徴収・立入検査、適合命令・改善命令・認定の取消等）、所定の情報公開措置が求められる（財務諸表等の備置き、消費者庁および国民生活センターによる判決および和解等の概要の公表）。

【関連キーワード】適格消費者団体による差止請求、消費者裁判手続特例法
【参考】消費者庁HP　　　　（河原田幸子）

適格消費者団体による差止請求

　消費者契約法施行5年の見直しで行われた消費者契約法の一部改正において、日本で初めて団体訴訟制度が導入され、適格消費者団体に差止請求権が認められた（2006年5月31日成立、2007年6月7日施行）。この差止請求権は、消費者の利益のために、適格消費者団体に与えられた、固有の実体法上の権利とされる。

■差止請求の対象

　差止請求の対象となるのは、消費者契約法においては、不当勧誘行為（不実告知、断定的判断の提供、不利益事実の不告知、不退去、退去妨害）および不当条項（免責条項、損害賠償の予定条項、一般条項）が（同法12条）、景品表示法においては、優良誤認表示・有利誤認表示に該当する広告・表示（同法10条）が、特定商取引法においては、行為類型に応じて、不当な勧誘行為（不実告知、故意の事実の不告知、威迫困惑、断定的判断の提供）、著しく事実と相違する表示または誇大広告等、不当条項（クーリング・オフ妨害となる特約、解約等に伴う損害賠償の額の上限を超える特約等）（同法58条の18〜58条の24）が対象となっている。なお、2013年6月28日に成立した食品表示法にも、一定の事項につき著しく事実と相違する表示についての差止請求権が規定された（同法11条）。

■差止請求権の行使要件・内容

　差止請求権は、事業者等が不特定かつ多数の消費者に対して、差止めの対象となる行為を現に行い、または行うおそれがあるときに、行使することができる。具体的には、差止めの対象となる不当勧誘行為の停止もしくは予防、不当契約条項や不当表示の削除や書類の廃棄、是正の指示または教唆の停止、停止または予防に必要な措置、違法な表示の周知を求めることができる。

■書面による事前の請求

　適格消費者団体は、訴訟提起前に、一定の事項を記載した書面により差止請求をしなければならない（消契法41条）。実際に訴訟に至るケースは多くなく、訴訟提起前の申入れ活動の段階で、ほとんどの場合、一定の違法状態を是正する成果が得られている。

■情報の公表

　差止請求に係る判決や裁判外の和解等については、消費者庁のホームページで確認することができる。また、各適格消費者団体のホームページでも一定の情報を公表している。

　差止請求の成果事例については、消費者庁「消費者団体訴訟制度・差止請求事例集」（2014年3月、消費者庁ホームページ）が参考となる。

【関連キーワード】適格消費者団体、消費者裁判手続特例法、消費者団体訴訟制度の課題

【参考】日弁連消費者問題対策委員会編『コンメンタール消費者契約法〔第2版〕』（商事法務、2010年）、消費者庁企画課編『逐条解説消費者契約法〔第2版補訂版〕』（商事法務、2015年）　　（本間紀子）

消費者裁判手続特例法（集団的消費者被害回復訴訟制度）

2013年12月に「消費者の財産的被害の集団的な回復のための民事の裁判手続の特例に関する法律」（消費者裁判手続特例法）が成立した。本法により導入される集団的消費者被害回復訴訟制度（以下、「新制度」という）は長らくその導入の必要性が訴えられてきたもので、極めて画期的な制度である。

■新制度の概要

司法による消費者被害の救済は、消費者側に情報力や交渉力が不足しているために必ずしも容易なことではない。新制度は、このような実情を踏まえて手続を2段階に分け、まず特定適格消費者団体（適格消費者団体のうち消費者被害の救済を適正に遂行できる体制等を備えていると特に認定された団体）が提起した訴えに基づいて「事業者の共通義務」（いわゆる「共通争点」。たとえば、ある事業者が消費者契約法に反する過大な違約金を徴収していた事例において、当該条項が無効であるがゆえに負うべき違約金返還義務等）の有無を先行して審理し、裁判所が確定的な判断を下す（1段階目の手続：共通義務確認訴訟）。その後、事業者に共通義務のあるとされた場合には、対象消費者に対する通知公告を行って手続への参加を募り、個々の対象消費者の請求権につき個別事情を審理して確定させるというものである（2段階目の手続：債権確定手続）。この結果、被害者は共通争点に関する確定的判断が出た後に手続に参加可能となり、その権利行使が現在よりも容易になるものと見込まれている。

■制度の対象

新制度による救済対象となるのは、消費者契約に関して相当多数の消費者に生じた財産的被害において事業者が消費者に対して負う金銭の支払義務であって、以下の類型である。ただし、救済対象は原則として本法施行日（公布から3年以内）以降に締結された消費者契約に関して生じた金銭の支払義務に限られる。

① 消費者契約に基づく履行請求
② 不当利得に基づく請求
③ 契約上の債務不履行もしくは瑕疵担保責任による損害賠償請求
④ 不法行為に基づく損害賠償請求

なお、③および④の類型の請求においては、いわゆる拡大損害等（逸失利益、人身損害や慰謝料等）については本制度の救済対象から除外されている。また④の類型の請求においては、被告事業者との間に直接の契約関係があり、かつ民法上の不法行為に基づく事案に限定されている。

■おわりに

新制度には不十分な点もあるが、できる限りの活用がなされ、消費者被害救済が促進されることが期待される。

【関連キーワード】適格消費者団体、適格消費者団体による差止請求、消費者団体訴訟制度の課題、クラス・アクション

【参考】消費者庁消費者制度課『一問一答消費者裁判手続特例法』（商事法務、2014年）

（大高友一）

消費者団体訴訟制度の課題

■差止請求権がまず導入された

消費者団体訴訟制度は、2006年の消費者契約法改正により、事業者の不当勧誘や不当な契約条項の差止請求権の導入によって制度化され、その後2008年に景表法・特定商取引法に、2013年には食品表示法に差止めの対象が拡大された。適格消費者団体による差止請求権の導入はおおいに評価されることであり、その活用が図られているが、制度導入当初から日弁連はその課題を指摘してきた（「『消費者団体訴訟制度』に関して公表された法案骨子に対する意見書」（2006年1月）など）。

■差止請求における課題

一つは、他の適格消費者団体による確定判決等がある場合に、別の団体が同一事件の請求ができない後訴の制限である。一つの団体の和解によって他の団体は訴訟ができなくなり、また、後に重要な証拠が新たに発見されても訴訟が許されない不都合がある。二つは、拡大されてはいるが、なお差止対象が少ないことである。独占禁止法の不公正な顧客誘引や不正競争防止法違反の勧誘行為、あるいは民法90条の公序良俗に反する契約条項なども差止めの対象とすべきである。三つは、事業者団体などによる不当勧誘行為や不当条項の「推奨行為」が差止対象となっていないことである。四つには、消費者団体が取得した差止判決の効果を消費者の個別訴訟への援用する制度が見送られたことである。5つには、情報提供支援以外に適格消費者団体への支援策が何らとられていないことである。

■国会の附帯決議と集団的消費者被害回復制度の導入

これらの差止請求の課題に対して、導入時の国会の附帯決議で、引き続きの検討と見直しが求められていた。中でも、差止請求は将来に向かっての被害の予防や拡大防止には力を発揮するが、被害の回復ができないとの課題が強く認識され、2013年に、特定適格消費者団体による共通義務確認手続と個別被害者の債権確定手続の2段階を組み合わせた、集団的な被害救済のための消費者裁判手続特例法が制定された。悔しい思いで泣き寝入りを余儀なくされてきた消費者にとって画期的な制度ができたことになる。

■集団的被害回復制度の課題

新しい制度には課題がある。一つには、格段に負担が大きくなった特定適格消費者団体への支援の強化である。二つには、早期解決のために必要な柔軟な和解が実現できる運用である。三つには、被害者に救済がされることを知らせる通知や公告を効果的に行う制度の構築である。四つには、将来的には、対象外となっている人身被害や拡大損害への拡大が求められる。制度の活用のためにはこれらの課題の克服が必要である。

【関連キーワード】適格消費者団体、適格消費者団体による差止請求、消費者裁判手続特例法　　　　　（野々山宏）

クラス・アクション

■クラス・アクションとは

クラス・アクション（class action）とは、共通点をもつ一定範囲の人々（class）を代表して、1名または数名の者が、全員のために原告として訴えまたは被告として訴えられるとする訴訟形態である。クラス・アクションでは、原告または被告となり得る利害関係者はクラス代表者（class representative）として名乗り出て、自分自身のためだけでなく、クラス構成員（class member）のためにも原告または被告として訴訟を遂行し、その結果としての判決や和解などの効果が、有利・不利にかかわらず全てのクラス構成員に及ぶことになる。

わが国の民事訴訟法30条における選定当事者は、被代表者の側で代表者を選定するが、クラス・アクションではクラス代表者の側から名乗り出る点が異なっている。

■要件と訴訟類型

連邦民事訴訟規則上では、クラス・アクションには4つの基本要件がある。簡単にまとめれば、①併合訴訟が現実的ではないほどにクラス構成員の数が多数であること（numerosity）、②法的または事実レベルでの共通の争点があること（commonality）、③クラス代表者の請求がクラス構成員の請求の典型であること（typicality）、④代表者が公正かつ適正に他のクラス構成員の利益を保護しうること（adequacy）である。

そのうえで、3つのクラス・アクション類型があり、①個々の訴訟遂行では判決の不一致により被告に異なった行為が求められる事態が生じる危険や、他の当事者の利益を害する危険が認められる場合、②相手方がクラス構成員に対して一定の行為をしているために差止命令や宣言判決が適当となる場合、③クラス構成員に共通の法律問題や事実問題が個々のクラス構成員にかかわる問題よりも支配的であり、他の可能な手段と比べてクラス・アクションの手法が優れている場合である。

■日本の集団的被害回復制度

クラス・アクションは、個々の原告が訴訟提起することが事実上あり得ない少額請求を多数糾合する場合にその真価を発揮するものともいわれ、わが国でも消費者被害への救済手段として導入が検討されてきたが導入には至っていない。

これとは全く異なるが、わが国において制定された集団的な被害回復制度が、消費者裁判手続特例法に基づく特定適格消費者団体による訴訟制度である。この訴訟制度がどう活用されるか、今後が注目される。

【関連キーワード】消費者団体訴訟に関する運動、消費者団体訴訟制度の課題、適格消費者団体、消費者裁判手続特例法
【参考】浅香吉幹『アメリカ民事手続法〔第2版〕』（弘文堂、2008年）、日弁連＝京都弁護士会「アメリカ合衆国クラスアクション調査報告書」（2007年12月）

（桑原義浩）

インジャンクション・ディスゴージメント

■インジャンクション

インジャンクション（Injunction）とは、違法な状態を消滅させることを目的とする裁判所の命令で、英米法におけるエクイティ（衡平法）上の救済手段の1つである。SEC（証券取引委員会）・FTC（連邦取引委員会）、私人の申立てにより、裁判所が命令する。

インジャンクションと資産凍結命令（証拠保全）や後に述べるディスゴージメント等は連動している。

申立てがなされ、一定の要件を満たす場合には、裁判所から緊急停止命令（TRO）や暫定的差止命令（PI）が保証金の供託なしに付与される。さらに、適切な事案では、終局的差止命令を請求することができる。

■ディスゴージメント

ディスゴージメント（Disgorgement）とは、違反者から不当利得（違法収益）を剥奪し、第三者による将来の違反を抑止しようとする救済制度であり、被害救済が主目的ではない。吐き出しの対象となる利益は、違反行為により得られた全ての利益である。

吐き出された利益は、可能な限り被害者に分配されるが、残額が生じる場合には、国庫に帰属させ、または消費者教育費用に充当されることもある。

SECは、差止めに付随する手段としてだけでなく、裁判手続を通じることなく排除措置命令を発するための行政手続においても、ディスゴージメントを求めることができる。不当利益が拠出された場合には、事件ごとに、あるいは同一違法行為ごとにファンドが形成される。ファンドについては、裁判所の承認の下に管財人（レシーバー）が選任され、裁判所の監督の下で、管財人（レシーバー）によるファンドの管理・運用・被害者への金銭分配が行われるのが通常である。被害者に対して金銭分配をなすか否かは、SECの裁量であり、被害者に請求権があるわけではない。民事制裁金が課される場合には、一定の条件の下で民事制裁金がディスゴージメント・ファンドに組み込まれることがある。

FTCも、連邦地方裁判所に対し、差止めと同時に、エクイティ上の手段として、違反者に利益の吐き出しを命じるディスゴージメントを請求することができる。ただ、SECの場合と異なり、民事制裁金がディスゴージメント・ファンドと併合され、被害者に分配されることはない。被害者特定などに困難がある欺瞞的広告による被害の場合等においてディスゴージメントが使用されることが多い。

【関連キーワード】クラス・アクション、ディスカバリー、MRI事件
【参考】消費者庁第7回集団的消費者被害救済制度研究会（2010年4月9日）資料1-1（小原喜雄）、消費者庁「諸外国における消費者の財産被害事案に係る行政による経済的不利益賦課制度及び財産の隠匿・散逸防止策に関する調査報告書」83頁

（若狭美道）

ディスカバリー

■米国でのディスカバリー手続

　英米法諸国の訴訟は、プリーディング・ディスカバリー（プリトライアル段階）およびトライアル段階に大別される。

　プリーディング（Pleading）は、通常は、訴状による請求および請求原因の主張と答弁書による認否および抗弁等の主張で終了する。原則として口頭弁論期日は開かれない。

　トライアル（Trial）は、事実に関する争点について法廷で集中的な証拠調べを行う手続である。

　ディスカバリーは、当事者が、事実審理前に、その準備のため、法廷外で、互いに当該訴訟事件に関する情報および証拠を開示し収集する手続である。当事者は、「いずれかの当事者の請求・抗弁に関連するものであって、非開示特権のない全ての事項」（証拠の存在も含む）の証拠開示を請求できる（連邦民事訴訟規則26条(b)(1)）。これにより、当事者双方が紛争の具体的内容とこれに関する証拠を把握できる。

　この手続と前後して、裁判所で、裁判官と当事者双方が手続の進行予定・争点整理・トライアルの準備等について協議するプリトライアル・カンファレンスが開催されることも多い。

　ディスカバリーは、トライアル前において相手方または第三者から情報を収集する重要な手段であり、①トライアル前に事実を知る、②訴訟の争点を明確にする、③トライアルでは得られない可能性がある証言を得る、という争点形成および事実摘示の機能を担う。

　ディスカバリーの内容・方法には、①冒頭の当然開示（自己に有利な主張を裏付けるため、自己が有する書証、物証、人証に関するもの）、②専門家証言の当然開示、③トライアル前の当然開示（トライアルで提出する予定の証人や証拠に関するもの）のほか、④証言録取（Depositions）がある。これは、一般的には、訴訟開始後、一方当事者が裁判所の命令を得ないで、当事者や第三者を弁護士事務所等に証人として召喚し、宣誓させたうえで、交互尋問を行い、その結果を書面やテープで録取する、というものである。それから、⑤質問書（Interrogatories）がある。これは、他方当事者に対し、書面で質問をなし、確答を要求するものである。このほか、⑥文書提出（Production of ducuments of things）・土地立入（Entry upon land for inspection）、⑦身体・精神検査（Physical and mental inspection）、⑧自認要求（Requests for admission）があげられる。

　ディスカバリー手続が司法的正義の維持に果たしている効用は大きく、米国の訴訟手続の根幹といえる。

【関連キーワード】クラス・アクション、インジャンクション・ディスゴージメント

【参考】日本弁護士連合会・京都弁護士会「アメリカ合衆国クラスアクション調査報告書」（2007年12月）　　　　（平田元秀）

懲罰的賠償制度・抑止的付加金

■懲罰的賠償（punitive damages）

英米法においては、広い範囲で、被害者の損害を填補するための賠償の他に、悪性の強い加害者に制裁を加え同様の行為の再発を防止するための賠償、すなわち懲罰的賠償が認められてきた。2倍賠償を定める制定法は13世紀のイギリスにまで遡り、米国でも1784年には懲罰的賠償を命ずる最初の判決が出されている（樋口範夫「制裁的慰謝料論について」ジュリ911号19頁）。

こうした懲罰的賠償について、最判平9・7・11（判タ958号93頁〔萬世工業事件〕）は、日本の不法行為制度は、被害者の損害を填補することを目的とするもので、加害者に対する制裁や抑止すなわち一般予防を目的とするものではなく、結果的に加害者に対する制裁や一般予防の効果を生じることがあるとしても、それは反射的・副次的な効果にすぎないと判示した。

■不法行為制度の目的

しかし、窪田充見教授は、「不法行為法の役割を損害の填補、被害者の救済という視点からのみ理解するのは、制度理解として十分ではない」「不法行為の中には、…利益取得を目的として権利侵害がなされるというケースも存在する。こうしたケースにおいては、予防機能は十分には機能しない。なぜなら、不法行為によって得られる利益の方が賠償責任として課される賠償額よりも大きいとすれば、不法行為をするというのは経済的に合理的な選択なのであって、不法行為をしないということに向けたインセンティブは働かないからである」、「こうした不正な権利侵害行為に対して、不法行為法が何の対応もできないというのは、奇妙な印象を与える」と述べる（『不法行為法』20頁）。

日弁連は、古くは、「製造物責任法要綱」（1991年）において懲罰賠償の考え方を取り入れた付加金制度を提案し、第17回弁護士業務改革シンポジウム（2011年）で、懲罰賠償とは区別された形での抑止的付加金制度の導入を提言した。その基調報告は、不法行為制度を、将来の不法行為を抑止する目的のために機能させることには十分な理由と根拠があると述べ、これを填補賠償を超える抑止的付加金制度の導入を提言する基礎としている。

■抑止的付加金制度

現行法では、時間外割増賃金等の未払金について、同額の付加金の支払いを命ずることができる（労働基準法114条）とする規定がある。

上記基調報告では、財産的損害に加え、非財産的損害として、財産的損害額の3倍に相当する金額を認めた東京高判平22・11・25（判タ1341号146頁〔日教組対プリンスホテル事件〕）を引用し、権利侵害行為の抑止を目的とした付加金を課す制度の導入を提言した。

【参考】第17回弁護士業務改革シンポジウム第11分科会「民事裁判の活性化から―財産開示の活用／損害賠償の充実へ」

（平田元秀）

XIII 消費者行政・消費者政策

概　　説

1　新消費者行政

　2009年9月の**消費者庁・消費者委員会**の新設は、消費者行政の形を大きく変えた。従来、各省庁は、産業の保護・育成を担当するかたわらで消費者問題を扱ってきた。しかし、この2つの使命は、しばしば衝突し、調整するとなると、消費者保護が不十分なものとなる。**消費者基本法**に明記されている**消費者の権利**を真に確立しようとするのであれば、産業保護育成省庁とは別に、消費者保護を専門に扱う行政機関が必要である。このような観点から、日本弁護士連合会は、1989年の人権擁護大会で消費者庁の創設を提言していたが、2009年6月の国会でようやく消費者庁及び消費者委員会設置法が成立し、新しい行政機関として消費者庁・消費者委員会が誕生し、消費者に関する取引・安全・表示に関する30本の法律が消費者庁に移管（共管を含む）された。そして、消費者庁をはじめ、消費者行政全体を監視し、国民の意見を行政に反映させる機関として消費者委員会も新設された。

　消費者問題を担当する内閣府特命担当大臣として、**消費者担当大臣**が国務大臣の1人として位置づけられた。

　消費者庁が消費者行政の司令塔機能を発揮するには、**PIO-NET**（全国消費生活情報ネットワーク・システム）の情報等を活用した行政展開が期待され、**国民生活センター**や全国の**消費生活センター**の役割は、重要性を格段に増した。

　また、消費者目線による行政の運営を図るためには、**消費者行政への民間人の参画**を推進することも重要である。

2　地方消費者行政

　消費者問題の現場は地方にあることから、地方消費者行政の活性化が叫ばれ、**消費者安全法**で**消費生活センター**を法的に位置づけ、2009年から、**地方消費者行政活性化基金・交付金**の財政措置がとられ、継続されている。これらと連動して、地方自治体においても、**消費生活条例**や**消費者被害救済委員会**（苦情処理委員会）が活性化され消費者被害の予防と救済に実効性を発揮することが期待されている。

　消費生活相談員・消費者行政担当職員らの、**地域における連携や人材の育成**を図り、**消費者教育・啓発**を推進し、消費者被害の未然防止、早期救済が実現されていくことがおおいに期待されている。

3　山積する課題

　しかし、消費者のための**事故調査機関の設置**、**集団的消費者被害の回復制度**、**違法収益の吐出し制度の創設**、**内部告発者に対する不利益処分事件**が次々と報じられ

法改正の必要性が叫ばれているのに進んでいない**公益通報者保護法**の見直し、**高齢化社会と消費者行政**など、たくさんの未解決課題を抱えての船出であったが、人員と予算は非常に小さく、必ずしも所期の期待に応えきれていないのが現状である。

　消費者行政全般を監視する**消費者委員会**は、年々業務が拡大しており、現在の予算と人員では限界に近い。重要な役割を担っていることを認識し、予算・人員の拡大が切望される。

　そのような中でも、次のとおり新しい仕組みができてきた。

4　消費者基本計画

　消費者基本計画は、従来、消費者行政関係省庁から基本政策を提出させ、それらを合体して、5年ごとの見直しをしてきたが、消費者庁の誕生により、毎年検証・評価を行うことになり、消費者委員会における検証・評価作業とパブリック・コメントを重ねて、消費者の意見を計画作成段階から反映できるようになった。

5　事故情報の一元化

　従来は各省庁がばらばらに保有していた**事故情報**が、消費者庁に一元的に集約されることになり、**事故情報データバンク**として消費者庁のホームページで公表され、事故情報の共有化がなされ、国民の消費者被害の拡大防止などに活用されている。

6　事故調査機関

　消費者事故の原因究明機関の必要性は古くから指摘されていたが、エレベーター事故の被害者らの運動もあり、**消費者安全法**の改正により、2012年10月に、消費者事故調としての**消費者安全調査委員会**が発足した。取扱事故調査件数や調査結果については、人員、予算、ノウハウの蓄積が不十分なこともあり、期待された成果は必ずしも上がっていない。今後の活動に期待したい。

7　消費者被害の拡大防止と回復

　2012年8月の消費者安全法改正により、**多数消費者財産被害事態**に対し、他の法律による措置がない場合には、内閣総理大臣が直接規制権限を行使できることとされた。

　被害回復に関しては、ヤミ金・振り込め詐欺事案等について、2006年12月の立法で**被害回復給付金支給制度**がスタートしていたが、さらに、2014年の国会で集団的消費者被害の回復のための新しい訴訟制度が立法化され（消費者裁判手続特例法）、2016年12月までに施行されることが予定されている。消費者庁として初の新規立法である。

　　　　　　　　　　　　　　　　　　　　　　　　　　　　　　（中村雅人）

消費者の権利

■消費者の権利とは

消費者基本法（2004年改正）は、「消費者の権利の尊重及びその自立の支援」（同法1条）を掲げ、「消費生活における基本的な需要が満たされ、…健全な生活環境が確保される中で、消費者の安全が確保され、商品及び役務について消費者の自主的かつ合理的な選択の機会が確保され、消費者に対し必要な情報及び教育の機会が提供され、消費者の意見が消費者政策に反映され、並びに消費者に被害が生じた場合には適切かつ迅速に救済されることが消費者の権利である」（同法2条。下線筆者）と規定している。

■沿革

最初に消費者の権利を宣言したのはアメリカのケネディ大統領で、1962年、「消費者の利益保護に関する特別教書」（ケネディ教書）において、「安全を求める権利」「知らされる権利」「選ぶ権利」「意見を聞いてもらう権利」の4つを掲げた。その後、フォード大統領が、1975年に、「消費者教育を受ける権利」を第5の権利として追加し、CI（国際消費者機構）が、1982年に、「救済を受ける権利」「生存に必要な基本的需要が確保される権利」「健全な環境が享受できる権利」を加え、「8つの消費者の権利」となった。

ケネディ大統領の権利宣言から42年後に、国際的に認められている8つの権利（情報と教育を1文にまとめている）が、ようやく消費者基本法に規定されたのである。

■法的性質

消費者の権利は、具体的な要件と法的効果が規定されていないが、個別事案における不法行為の違法性評価や公序良俗違反の評価に際して考慮要素になり得ると解される。

より重要なことは、消費者の権利は、消費者政策における憲法として、行政や事業者に対し施策を求める根拠としての意義がある。ケネディ教書にも、「消費者の権利を実行するのに支障がないようにするのは、政府の、消費者に対する責任であるが、その責任を果たそうとするためには、さらに立法並びに行政措置をとることが必要になってくる」と述べている。つまり、消費者の権利は、社会権的人権としての意義があるといえる。

■消費者の権利の具体化

消費者の権利を実現するための法制度として、たとえば、救済を受ける権利の確保のため、消費者契約法が誤認・困惑による契約取消権を、特定商取引法がクーリング・オフを、消費者裁判手続特例法（2014年制定）が集団的被害救済制度を定めている。また、情報提供を受ける権利の確保のため消費生活用製品安全法や消費者安全法が重大事故情報の報告義務や公表制度を定めている。

【関連キーワード】消費者基本法、国際消費者機構

【参考】正田彬『消費者の権利』（岩波新書、2010年）

（池本誠司）

消費者基本法

　消費者基本法は、消費者政策の理念やあり方を定める基本法である。消費者保護基本法を抜本改正したのが消費者基本法であるから、まず消費者保護基本法の制定と改正の経緯からみていく。

■消費者保護基本法
　1968年、議員立法により消費者保護基本法が制定された。立法当時は、消費者の権利を具体的な規定として盛り込める状況になく、そこでの消費者保護とは事業者の行き過ぎた営業の自由への一定の配慮にすぎなかった。また、消費者保護の手法は行政的取締りである。そのため、消費者が保護されるのは事業者に対する行政的取締りの反射的効果でしかなく、消費者は権利の主体ではなく保護の客体であった。また、同法は、消費者政策の方向性を示すプログラム規定にすぎなかった。

■消費者基本法
　規制緩和と構造改革を背景に、国民生活審議会消費者政策部会は、2003年5月、「21世紀型の消費者政策の在り方について」をとりまとめた。この報告書は、消費者政策についても市場メカニズムの活用を重視して、「消費者の保護から消費者の自立へ」という路線を採用している。これは、消費者は権利主体であるということを意味するが、自立を強調する論者は、自立した消費者像を前提として消費者政策を考えるべきとした。その後、消費者保護基本法の改正の動きとなり、各政党から改正法案等が公表され、活発な論戦となった。2004年5月に超党派合意で成立した消費者基本法では、消費者と事業者との構造的格差を踏まえ、消費者の権利の尊重と自立支援を基本理念としている（1条・2条）。つまり、権利なければ自立なしとの考え方に立脚していることが重要である。消費者の権利については、2条の基本理念の中に明記された。消費者行政の体制強化については、消費者保護会議を消費者政策会議に改組し、消費者基本計画を定めることとされたほか、国民生活センターが明確に位置づけられた。苦情処理および紛争解決の促進については、都道府県と市町村が共に苦情処理のあっせん等を行うことが明らかにされたほか、国・地方公共団体の責務が定められている。

■消費者庁・消費者委員会の創設
　2009年5月、消費者庁関連3法が超党派合意により成立した。これにより、同年9月1日に消費者庁と消費者委員会が創設された。立法過程や国会審議においては、消費者庁・消費者委員会と消費者基本法との関係も議論された。特に、消費者政策会議や消費者基本計画のあり方は重要である。しかし、結論的には、消費者委員会の発足に伴う形式的な修正が行われたにとどまった。

【関連キーワード】消費者の権利、消費者庁、消費者委員会、消費者基本計画

（石戸谷豊）

消費者庁

■消費者庁が誕生した経緯

日弁連は、1989年9月に開催した人権擁護大会で消費者庁の設置を提唱した。20年を経て、その実現に向けて、時の福田康夫総理大臣が、消費者行政の一元化を提唱し、2008年2月8日に「消費者行政推進会議」を設置した。同年6月13日に取りまとめを行い、同月27日に、政府は、「消費者行政推進基本計画」を閣議決定し、消費者庁設置に向けた具体的法案作りに入った。

政府は、消費者庁設置法案および関連2法案を国会に提出した。

一方、民主党は、消費者権利院法案を国会に提出した。

そして、衆議院で、政府提出の法案は大幅に修正され、2009年5月、全会一致で可決・成立し、消費者庁が誕生することとなった。

■消費者庁の役割

成立した消費者庁関連3法に規定されている消費者庁の具体的機能は以下のとおりである。

① 消費者関連法を所管：消費者庁は消費者関連法（30本）を自ら所管（単独所管および他省との共管）し、消費者保護のため執行する。

② 消費者庁の他省庁に対する司令塔機能：消費者安全法16条は、消費者被害の発生または拡大の防止を図るために実施しうる他の法律の規定があり、その実施が速やかに行われることが必要な場合は、内閣総理大臣が所管大臣に措置請求することができると規定している。消費者庁が所管しない法律についても、消費者庁が司令塔の役割を果たすこととなる。

③ 隙間事案への直接対応：所管法・所管大臣がない、いわゆる隙間事案については消費者安全法40条（事業者に対する勧告・命令）、41条（譲渡等の禁止または制限）、42条（回収等の命令）などの規定を活用し、消費者庁が直接対応することとなる。

④ 法律の不備・欠缺の場合の企画立案：企画立案は、消費者庁の重要な所掌事務である。既存の法律を、消費者目線で見直し、法改正を行ったほか、2014年にようやく集団的消費者被害救済訴訟制度創設に関する新規法律が成立した。

⑤ 情報の一元管理：消費者安全法では、行政機関、地方公共団体、国民生活センターから消費者事故等に関する情報が消費者庁に集約され、消費者庁は情報を分析し、結果を公表することとされている。

⑥ 事故原因の調査機関：国会審議において事故原因の究明機関のあり方が重要問題として取り上げられていたが、2011年10月にようやく消費者安全調査委員会が創設された。

【関連キーワード】消費者委員会、消費者安全調査委員会、消費者安全法、事故情報の一元化　　　　　　　　（中村雅人）

消費者委員会

■設立の経緯

消費者委員会は、消費者庁関連3法案の国会審議の際、超党派合意で法案を修正して創設したものである。

政府提出法案は、消費者に身近な消費者法を所管して消費者行政を一元化するために消費者庁を創設するというものであった。これに対して民主党は、消費者権利院法案を提出した。消費者権利院は、自らは法律を所管せず、各省庁が担う消費者行政について、いわばオンブズマンのように監視し、勧告するなどして充実させるとの構想である。超党派合意の内容としては、消費者行政の司令塔として消費者庁を創設するとともに、全省庁に対する監視機能を有する消費者委員会を、共に内閣府に設置するというものとなった。

■組織

以上の経緯で設立された消費者委員会は、内閣府本府に置かれた委員10人と事務局からなる組織である。

行政組織上は、公正取引委員会のような独立行政委員会ではなく、審議会である。しかし、委員は独立して職権を行使するなど、通常の審議会よりも独立性が配慮されている。また、以下に述べるとおり、その機能も通常の審議会とは異なっている。

■機能と権限

消費者委員会の監視機能は、消費者庁を含む全省庁の消費者関連法の執行状況や企画・立案の状況を監視し、建議・提言・意見等の提出を行うことなどである。実際にも、これまで多数の建議や提言、意見が提出され、各省庁で法律や政省令の改正に踏み込むなど、他制度・運用の改善がなされた。

消費者委員会のもう一つの機能としては、審議会機能がある。政府提出法案では、消費者庁に置かれる審議会として消費者政策委員会が予定されていた。それを消費者庁から切り離し、内閣府本府に置かれる第三者機関という位置づけで消費者委員会が発足している。そこで、もともと消費者庁の審議会が担うこととされていた機能も消費者委員会が担うことになった。たとえば、特定商取引法では、政令の改廃の場合には消費者委員会に諮問することとなっている。消費者関連法で、同様に諮問を必要としているもの、意見を聴かなければならないとしているものがある。さらに、内閣総理大臣等から諮問を受けて審議する場合もある。景表法に課徴金を導入する際には、消費者委員会に諮問され、答申した。消費者契約法改正の諮問も出された。

また、審議会機能と監視機能を兼ね備えた性格のものもある。たとえば、消費者基本計画の策定に際しては消費者委員会の意見を聴かなければならない。そこで、消費者委員会は消費者基本計画の立案だけでなく、監視機能のためにも活用して、実施状況について各省庁をヒアリングし、消費者行政の推進状況を検証・評価・監視している。

【関連キーワード】消費者庁、消費者基本計画

（石戸谷豊）

消費者担当大臣

■消費者担当大臣

内閣府設置法は、国務大臣として内閣府特命担当大臣を置くことを認め、特命事項として「消費者担当」を設けている。これを一般には消費者担当大臣というが、正式には「内閣府特命担当大臣（消費者担当）」という。

省庁横断的性格を有する消費者問題を各府省庁の最高決定権者の各大臣にのみ委ねていたのではその解決の制約となることがある。消費者行政の司令塔機能が十分に発揮されるためには、消費者行政を一元的に推進するための強力な権限がなくては成り立たない。そこで、消費者庁および消費者委員会の設置にあわせて、内閣府設置法4条1項17号が新設され、内閣総理大臣を助け、総合調整権限を有する内閣府特命担当大臣を必ず置くこととされたのである（同法11条の2）。

特命担当大臣は、国務大臣をもってあてる（同法9条2項）。

2008年の福田康夫総理大臣の時代に内閣府特命担当大臣（国民生活担当）として岸田文雄が任命されていたが、同大臣に「消費者行政推進担当」の特命事項の兼任が発令されたのが、事実上消費者担当の始まりで、その後、野田聖子が「消費者担当」となり、このときに消費者庁・消費者委員会が誕生している。民主党政権下では福島瑞穂をはじめ、平野博文、荒井聡、岡崎トミ子、蓮舫、細野豪志、山岡賢次、松原仁、小平忠正と、2年間に9名もの大臣が交代している。

2012年12月からは、自民党・安倍晋三総理大臣のもとに森まさ子、2014年9月からは有村治子、同年12月からは山口俊一が就任している。

■任務

内閣府設置法4条1項・2項に規定する事務は、「行政各部の施策の統一を図るために必要となる……事項の企画及び立案並びに総合調整に関する事務」とされ、1項17号に、「消費者基本法第2条の消費者の権利の尊重及びその自立の支援その他の基本理念の実現並びに消費者が安心して安全で豊かな消費生活を営むことができる社会の実現のための基本的な政策に関する事項」が規定されている。

■権限

特命担当大臣の権限は関係行政機関の長に対し、必要な資料の提出および説明を求めることができ（内閣府設置法12条1項）、関係行政機関の長に対し、勧告し（同条2項）、その勧告に基づいてとった措置について報告を求めることができる（同条3項）。さらには、内閣総理大臣に対し、内閣法6条の規定による措置がとられるよう意見を具申することができる（同条4項）。

たとえば、高齢者の消費者被害の総合的な防止や、消費者および食品安全を担当する特命担当大臣が総合調整権限を発揮して果たすべき役割は大きい。

【関連キーワード】消費者庁、消費者委員会　　　　　　　　　　　　（中村雅人）

消費者基本計画

消費者基本法9条は、政府が消費者政策の計画的な推進を図るため、消費者政策の推進に関する基本的な計画を定めなければならないとしている。これが、「消費者基本計画」である。

消費者基本計画は、消費者基本法2条に定められた消費者政策の基本理念に則り、消費者政策を計画的・一体的に推進するために策定するものである。消費者問題を担当している関係省庁の部局は多数に及ぶため、全体的な計画と推進を図るために導入された制度ということである。

消費者基本法27条2項1号は、消費者政策会議が消費者基本計画の案を作成するとしている。

■消費者庁・消費者委員会の創設

消費者基本計画は、2004年に、消費者基本法によって導入された。当時は消費者庁も消費者委員会もなく、消費者問題は多数省庁の多数部局で分散して担われていた。そこで、それを全体として計画的に推進するスキームとして導入されたのである。第1期消費者基本計画は、2005年4月に、2005年度から2009年度までの5年間の計画として閣議決定された。

その後、2009年9月に消費者庁と消費者委員会が発足した。消費者庁は消費者行政の司令塔、消費者委員会は全消費者行政の監視役という機能を果たすことが期待された。そうすると、消費者基本計画をどのように策定・推進するのが適当なのかという問題が生じた。発足したばかりの消費者庁と消費者委員会は、そうした問題を抱えながら、直ちに第2期消費者基本計画（2010年度から2014年度までの5年間）の策定作業にとりかかることとなった。消費者庁が、消費者委員会に案を示し、消費者委員会の本会議で議論が行われ、具体化されていくというプロセスがとられた。

消費者基本法27条3項は、消費者政策会議が消費者基本計画の案を作成しようとするときは、消費者委員会の意見を聴かなければならないとしている。この規定を活用し、消費者庁と消費者委員会が共に消費者行政の司令塔となって策定したものと評価できる。

■第3期消費者基本計画

以上のような経緯をたどった消費者基本計画であったが、なお問題も残されている。総務省は、2014年4月に「消費者取引に関する政策評価〈調査結果に基づく勧告〉」をとりまとめた。そこでは幅広い指摘があるが、消費者基本計画については、政府全体としていつまでに何をするのか具体的な政策を体系化して推進することを求めている。この勧告は、消費者基本計画について、一層の具体化と体系化を求めるものである。第3期消費者基本計画は、この勧告を受けて策定され、新たな段階に移ることになる。

【関連キーワード】消費者基本法、消費者の権利、消費者庁、消費者委員会

（石戸谷豊）

消費者安全法

　消費者安全法は、消費者被害の防止とその安全確保のために、被害情報の集約とそれに基づく行政の措置について定めた一般法である。

■消費者安全法の内容

　その内容は、2009年制定当初は、①総理大臣による消費者安全の確保に関する基本的な方針の策定、②消費者被害情報の集約・分析・公表、③消費者被害防止のために、消費者庁から関係大臣に措置要求ができること、重大な生命・身体被害である重大事故等について他省庁に規制権限がない場合（隙間事案）には消費者庁自らが事業者への行政処分ができること、④消費者被害情報の集約の端末としての地方公共団体の消費生活センターの設置、消費生活相談・あっせん、であった。

　2012年の改正により、⑤消費者安全調査委員会の組織および同委員会による事故調査に関する規定が整備されるとともに、財産被害の隙間事案に対する行政処分を可能とするため、「多数消費者財産被害事態」を追加した。

　2014年の改正では、⑥消費生活相談員の国家資格化と登録試験機関についての規定の整備、⑦地域の見守り体制を構築するための消費者安全確保地域協議会・消費生活協力団体・消費生活協力員に関する規定の整備、⑧財政支援措置に関する規定等が付け加えられた。

■重大事故等と行政による措置

　消費者事故等に関する情報を得た場合、消費者庁は、被害の拡大や同種事故防止のために、注意喚起情報を自治体へ提供するとともに公表することとされている。

　さらに消費者庁は、関係行政機関へ情報提供するとともに、他省庁の大臣が法律の規定による措置権限を有しているときは、その措置を実施するよう要求することができる。

　このように消費者庁は、消費者の安全確保のための司令塔として他省庁への措置実施要求ができるのであるが、重大事故等についてはいずれの省庁の所管でもない事項（いわゆる隙間事案）の場合に、自らが勧告・命令ができることとされている。

　これにより、重大事故等の場合には、まずは所掌大臣が、所掌大臣がない場合には消費者庁自らが行政上の措置を講ずることができるとされたのであり、その意味では行政措置に関する一般規定が整備された（消費者庁に一般的な行政処分権限が付与された）という（消費者安全法40条）。

　多数消費者財産被害事態の勧告実施例としては、詐欺的社債募集事案（2013年12月18日）など2件が、消費者庁のホームページで公表されている。

【関連キーワード】消費者安全調査委員会、事故情報の一元化、多数消費者財産被害事態、消費生活センター、地域における連携・人材育成

【参考】消費者庁消費者政策課ほか編『逐条解説・消費者安全法〔第2版〕』（商事法務、2013年）　　　　（国府泰道）

多数消費者財産被害事態

■立法の経緯

2009年5月に制定された消費者安全法は、安全分野における重大事故等について、他の法律による措置がない場合には、内閣総理大臣が直接に規制権限を行使できることとされた。しかし取引分野については規定が置かれず、附則により、検討課題とされていた。

これを受けて2012年8月に消費者安全法が改正され、多数消費者財産被害事態に関する規定が新設された。

■多数消費者財産被害事態とは

「多数消費者財産被害事態」とは、取引分野の「消費者事故等」のうち、次の各号のいずれかに該当するものが事業者によって行われることにより、多数の消費者の財産に被害を生じ、または生じさせるおそれのあるものをいう（消費者安全法2条8項）。

① 消費者の財産上の利益を侵害することとなる不当な取引であって、事業者が消費者に対して示す商品、役務、権利その他の取引の対象となるものの内容または取引条件が実際のものと著しく異なるもの

② ①のほか、消費者の財産上の利益を侵害することとなる不当な取引であって、政令で定めるもの（ただし、現時点では政令で定められたものはない）

■勧告および命令

多数消費者財産被害事態による被害に対して、他の法律の規定に基づく措置がある場合はそれにより必要な措置が講じられる。しかし、そのような法律がない場合、内閣総理大臣は、被害の発生または拡大の防止を図るために必要があると認めるときは、当該多数消費者財産被害事態を発生させた事業者に対し、不当な取引のとりやめその他の必要な措置をとるべき旨を勧告することができる。

これにより、内閣総理大臣が直接に措置を講じることにより、いわゆる隙間事案への対応が可能となった。このことは、換言すれば、取引分野における多数の重大な被害を生じる事態に対して行政が措置を講じるための一般規定が置かれたとも評価できる。そのように考えると、この規定の設置には重要な意義があることがわかる。

事業者が、正当な理由がなくその勧告に従わないときは、内閣総理大臣は、特に必要があると認めるときには、当該事業者に対し、その勧告された措置をとるよう命ずることができることとされた。この命令に従わないときは、1年以下の懲役もしくは100万円以下の罰金に処せられることとなる。

■運用状況

2012年10月の施行以来、多数消費者財産被害事態により勧告が発せられた例としては、2013年12月の詐欺的社債募集事案など2件が、消費者庁のホームページで公表されている。

【関連キーワード】消費者庁、消費者安全法

（国府泰道）

事故情報の一元化

■事故情報の集約システムの全体像

事故情報は、①事故の未然防止・再発防止のためにも、②事故被害の迅速・適正な救済を図るうえでも不可欠な情報である。消費者庁が創設されるにあたっても事故情報を一元的に集約し分析する体制の整備が強く要請され、消費者安全法において規定が整備されるとともに、他の関連省庁等に集約される情報（以下に詳述）を最終的に消費者庁の事故情報データバンクに集約するシステムが整備され2010年4月から運用されている（2015年4月時点で、累積14万2051件）。これらの情報は消費者庁のホームページで検索できる。

■消費者安全法に基づいて消費者庁に収集される事故情報

国の関係行政機関および地方公共団体の長は、生命・身体に関する消費者事故について、重大事故等が発生した旨の情報を入手した場合には、直ちに消費者庁に通知をすることが義務付けられ（消費者安全法12条1項）、重大事故等以外の事故情報についても、被害が拡大し同種・類似の消費者事故等が発生するおそれがある場合には消費者庁に通知することとされている（同法12条2項）。なお、消費者安全法では、製品に起因する事故だけではなく、事業者が提供し利用に供する施設・工作物等の事故も消費者事故に含まれている。

■国民生活センターのPIO-NETに集約される事故情報

国民生活センターや各地の消費生活センターには、消費者から、商品や役務・設備等により生命や身体に危害を受けた事例（「危害情報」）、危害の発生には至っていないがそのおそれのある事例（「危険情報」）など、多様な製品に関する事故の相談情報が寄せられ、こうした情報はPIO-NETに集約されている（2013年度は2万603件）。

■事業者から消費生活用製品安全法に基づいて報告される事故情報

製品事故が発生した場合、被害者は販売店やメーカーに問い合わせる傾向があるため、製品に関する事故情報は、行政機関よりも当該製品のメーカーに最も多く集約される。メーカー等の事業者に寄せられた情報のうち、消費生活用製品の使用に伴い生じた重大事故については、事業者は消費者庁へ報告することが義務付けられ、年間1000件程度の報告がなされている。

■医療機関ネットワークによって収集される事故情報

2010年12月より、医療機関利用者から事故情報を収集する「医療機関ネットワーク」事業が、消費者庁と国民生活センターの共同事業として開始された（2013年度末時点で協力医療機関は24機関）。消費生活上の事故のうち各医療機関が重大性等を考慮して収集した情報が収集されている（2013年度は6906件）。

【関連キーワード】消費者安全調査委員会、PIO-NET

（片山登志子）

消費者安全調査委員会

　消費者安全法に基づき、消費者庁に一元的に集約される消費者事故等の情報を有効に活用して各種措置につなげるためには、事故の原因を究明して再発・拡大を防止するための知見を得る事故調査を行うことが不可欠である。

　こうした観点から、2012年に消費者安全法が改正され、同年10月1日、消費者庁に消費者安全調査委員会（以下、「調査委員会」という）が発足した。

■調査委員会の体制

　調査委員会は、内閣総理大臣が任命する7人の非常勤の委員からなる合議制の機関である。委員のほか、臨時委員や専門委員を任命することができ、下部組織として、事故調査の実務を担う事故調査部会等が設置されている。

■調査委員会による調査

　調査委員会の調査対象は、運輸安全委員会の対象である航空・鉄道・船舶事故を除く、生命・身体の被害に関する消費者事故等（事故発生のおそれがある「事態」も含む）である。調査委員会は、これらの事故の中から、事故の発生・拡大の防止および被害の軽減を図るために原因を究明する必要がある事故等を選定し、事故調査を行う。

　この事故調査には、調査委員会が自ら実施する「事故等原因調査」（いわゆる「自ら調査」。消費者安全法23条1項）と、他の行政機関等による調査結果を活用して原因究明を行う「評価」（同法24条）とがある。評価の結果、消費者の安全を確保するためにさらなる調査が必要なときは、調査委員会は自ら調査を実施することができる。

　自ら調査においては、調査委員会に報告徴収、立入調査、質問、物件提出・留置などの調査権限が付与されている（同法23条2項）。

■再発拡大防止のための提言

　調査委員会は、自ら調査の結果を報告書として公表する（同法31条）ほか、被害の発生・拡大防止のため講ずべき施策・措置について、内閣総理大臣に対する勧告や意見具申、関係行政機関の長に対する意見具申（同法32条・33条）を行うことができる。

■申出

　何人も、事故の再発防止のために調査が必要と思われるときは、調査委員会に調査を求めることができる（同法28条）。この申出は、調査の端緒情報の1つと位置づけられており、調査委員会において調査が必要と認められた場合には、調査が行われることになる。

■調査委員会の活動

　報告書や評価書など、調査委員会の活動は、調査委員会のホームページに掲載されている。これまで、自ら調査または評価が終了した7件の事故等について、報告書または評価書が公表されている（2015年4月現在）。

【関連キーワード】消費者安全法、事故情報の一元化

【参考】消費者庁消費者政策課ほか編『逐条解説・消費者安全法〔第2版〕』（商事法務、2013年）

（白石裕美子）

国民生活センター

国民生活センターは、国民の消費生活に関する情報の提供および調査研究を目的として、1970年に政府関係特殊法人として設立され、2003年に独立行政法人となった。

■主な業務
① 相談業務：全国の消費生活センターでは解決困難な相談事案の処理方法を助言し、または共同処理等の支援を行う「経由相談」のほか、消費者ホットラインで地域の消費生活センターにつながらない場合のバックアップ相談を行う。2013年度の経由相談・バックアップ相談・休日相談は合計2万494件である。
② 情報提供：PIO-NETで集約した全国の消費生活相談情報を分析し、国民への注意喚起、消費生活相談の支援や、関係各省庁、裁判所、弁護士会等への情報提供に活用する。2013年度の各種情報提供は合計5583件に上る。
③ 商品テスト：商品に関する苦情相談処理を支援するための商品テストや、被害拡大防止のための商品テストと、そのテスト結果に基づく注意喚起を行う。2013年度は合計245件の商品テストを行った。
④ 広報・普及啓発：消費者に向けた注意喚のためトラブル情報の記者発表やリーフレットの作成等を行う。くらしの豆知識、見守り新鮮情報、子どもサポート情報などがある。
⑤ 教育・研修・資格制度：消費生活相談員や消費者行政担当職員の資質向上のための研修の実施や、消費生活専門相談員資格の試験を実施する。2013年度は59コースで6000人余の受講者であった。
⑥ 紛争解決手続（ADR）：消費生活センターで解決困難な「重要消費者紛争」について紛争解決委員会があっせん解決を図り、処理結果の概要を公表する。2013年度は151件を受け付けた。

これらの業務が相互に補完し、一体として地方自治体の消費生活相談を支援し、国民や関係機関への情報提供の役割を果たしている。

■法人のあり方見直しの議論
2010年12月7日、政府の独立行政法人改革の一環として、国民生活センターについて、「消費者庁に一元化して法人を廃止することを含め、法人在り方を検討する」、「直接相談を廃止する」、「相模原研修施設を廃止する」との方針が閣議決定された。

しかし、消費者団体や弁護士会等から、国民生活センターの機能の重要性を指摘する意見が噴出し、2013年12月、最終的に、法人形態を維持、バックアップ相談を維持、相模原研修施設を再開することなどを決定した。

【関連キーワード】PIO-NET
【参考】松本恒雄「国民生活センターの統廃合問題をめぐって」津谷裕貴弁護士追悼『消費者取引と法』（民事法研究会、2011年）、消費者庁HP「国民生活センターの見直しについて」　　　（池本誠司）

PIO-NET（パイオネット）

■消費生活相談情報の集約

PIO-NET（全国消費生活情報ネットワーク・システム）とは、全国の消費生活センターの端末機と国民生活センターのホストコンピュータをネットワークで結び、消費者から寄せられる消費生活相談の内容および処理結果を、個人情報を除いて集約するシステムである。1984年に運用を開始し、1987年中に全国ネットを構築し、現在は全国1058カ所（2014年7月）の消費生活センター等とつながっている。

全国ネットとなった1987年度は15万1874件、1997年度は40万511件、2003年度から2007年度は架空請求事案の激増により100万件を突破したが、2008年度95万502件から2013年度93万5224件まで80万〜90万件台で推移している。

ほかに商品の危害・危険情報、商品テスト情報、消費者判例情報等も収集している。

■PIO-NET情報の活用

PIO-NET情報は、消費生活センターにおいて相談処理をする際、同一業者や同種相談に係る最新の情報を確認して苦情の傾向や問題点を把握し、処理方針の検討に利用する。消費生活センターの要件（消費者安全法10条）としてPIO-NETの配備が要求されているのは、最新情報に基づく相談処理の質の確保が必要だからである。

PIO-NET情報を国民生活センターにおいて分析し、消費者に対する注意喚起や消費生活センターへの情報提供を行う。国民生活センター発の注意喚起情報が、しばしばマスコミでも取り上げられ、国民に伝達されている。

2006年頃からは、消費生活センターだけでなく、政府の行政機関や都道府県の法執行部門にも端末機が配備され、苦情が多発する事業者の問題点や手口の特徴を把握し、特定商取引法や景表法などの事業者規制を行う際の参考情報として利用している。

裁判所からの調査嘱託、警察からの捜査照会、弁護士会からの照会などに対応して、対象事業者の情報を提供する。適格消費者団体からの照会にも回答する取扱いである。同種トラブルが多発している事実があれば、訴訟等での立証資料としても有効である。

国による法改正や政策立案の資料としても活用されている。たとえば、2010年頃から、貴金属の買取業者による強引・悪質な被害が消費生活センターに多数寄せられたことを受け、「買取り」は「訪問販売」の定義に入らないことから、2012年に特定商取引法が改正され、「訪問購入」が規制対象とされた（2013年2月施行）。

現在、相談受付から情報登録までの迅速化や検索の利便性向上などを目指して、PIO-NETシステムの刷新が検討されている。

【関連キーワード】国民生活センター、消費生活センター
【参考】国民生活センターHP

（池本誠司）

地方消費者行政

消費者基本法では、地方公共団体における消費者行政について、「消費者の権利の尊重及びその自立の支援その他の基本理念にのっとり、国の施策に準じて……消費者政策を推進する責務を有する」(4条)と規定している。具体的には、同法11条以下の基本的施策のリストを実施すべきことになる。

地方公共団体では、消費生活条例を定めて、自治体の固有の事務として消費者行政を推進するとともに、個々の法律により、国の権限の委任を受けた事務を行う。具体的には、特定商取引法、景表法、貸金業法等といった法律により授権された権限を行使し、行政処分などの権限も有している。

■地方公共団体の消費者施策

地方公共団体は、法律により授権された行政処分など以外に、条例を制定して、消費者基本法11条以下の基本的施策を実施することになっている。

その中の主要なものは、危害の防止、表示・計量の適正化、不当な取引行為の防止、生活物資に関する緊急措置等の規制である。違反行為に対しては調査を行い、指導・勧告、氏名公表などの措置をとることとしている。業務停止や罰則は東京都条例以外にはなく、権限としては緩やかなものである。

それ以外の消費者行政の柱は、苦情処理、啓発活動と教育の推進、商品テストなどの支援行政である。

■消費者安全法・消費者教育推進法

消費者安全法は、消費者の安全を確保するために、被害情報を収集・分析し、勧告などの措置を定めた法律であるが、それら情報収集の末端機関として自治体の消費生活センターにおける相談業務が重要なことから、消費者行政の組織法として、地方公共団体における消費生活相談等の事務に関する規定や消費生活センターに関する規定が置かれている。

さらに2014年改正では、消費生活相談員の資格に関する規定も設置され、国家資格とすることになった。

消費者教育推進法においても、自治体は消費者教育推進計画を策定し、消費者教育推進地域協議会を設置するという地方公共団体の事務が明記された。

■地方に対する国の支援

地方消費者行政が疲弊しているという認識から、消費者庁が設置されるのと相まって、地方消費者行政活性化交付金が交付されることになった。年間50億円程度で推移してきている。消費者安全法では、地方公共団体に対する財政支援についても規定が置かれている(46条)。

国の支援には、技術的支援と呼ばれるものがある。国民生活センターによる相談業務に対する支援(PIO-NETの運営、経由相談の実施、相談員研修など)や商品テストなどである。

【関連キーワード】消費者安全法、消費生活センター、消費生活条例・消費者被害救済委員会、訴訟援助(条例)、地方消費者行政活性化基金・交付金、消費者教育推進法　　　　　　　　(国府泰道)

消費生活条例・消費者被害救済委員会

■消費生活条例（消費者保護条例）

　条例とは、地方公共団体が自治立法権に基づいて制定する法の一形式である（憲法94条、地方自治法14条）。消費生活条例は、消費者政策の基本方針を定め、事業活動の適正化や消費者被害の予防・救済を図ることなどを目的とし、2014年現在、47都道府県および多くの政令指定都市で制定されている。

　初期の条例は危害商品の防止、表示等の適正化、物価高騰への対応等を目的としたが、契約型の消費者被害（訪問販売等）の急増等により不適正取引が規制されるようになった。また、2004年5月制定の消費者基本法（消費者保護基本法改正）により、地方公共団体は消費者政策を推進する責務（4条）を有し、専門的知見に基づき消費者の苦情処理および紛争解決を行う（19条）とされたことから、全国で①消費者の権利・基本理念規定や、②事業者の責務・消費者および消費者団体の役割、③表示の適正化・不適正取引の禁止規定と違反事業者に対する調査・指導・勧告・事業者名の公表等、④違反行為の情報提供や消費者と事業者間のトラブルに対する助言・あっせん、消費者被害救済委員会等紛争解決に関する規定等が盛り込まれた。

　2006年、東京都条例には全国で初めて罰則（過料）規定が導入された。

■消費者被害救済委員会

　消費生活センターでの解決が困難な場合の解決機関として、多くの自治体に消費者被害救済委員会（名称は苦情処理委員会等もある）が設置され、あっせん・調停を行うこととされている（行政型ADR（裁判外紛争処理機関））。消費者の申立てではなく知事等の付託を要し、付託要件としてセンターに申出のあった苦情で解決が困難なものに限定する自治体が多い（東京都や神奈川県はこれに限定しない）。

　東京都消費者被害救済委員会には、2014年3月までに62件が付託され、審議経過や結果の報告書（不調の場合は事案の概要等）がホームページなどで公表されて全国のセンターのあっせん解決の重要な指針となっているが、それ以外の道府県での付託案件は少数（ゼロの自治体も多い）にとどまり、せっかくの制度が活用されていない。

■条例制定のメリットと今後の課題

　消費生活条例のメリットは、自治体がその地域の実情に応じて、特定商取引法などの法令より幅広い不適正取引の禁止規定などを設け、あっせん・調停解決の根拠としたり、違反行為に対して、行政処分などの重い手続ではなく、調査・勧告・公表等による不適切な活動の是正や被害情報の提供による被害予防など、柔軟できめ細かい対応ができる点にある。しかし、全国で十分に活用されているとはいえず、上記の被害救済委員会を含め、活用の促進が今後の課題である。

【関連キーワード】消費生活センター、地方消費者行政、消費者基本法、ADR

（鈴木裕美）

地方消費者行政活性化基金・交付金

■創設の経緯

2008年6月27日、政府は消費者行政推進基本計画を閣議決定し、「消費生活センターを一元的な消費者相談窓口と位置付け、緊急時の対応や広域的な問題への対処等のために全国ネットワークを構築することは、国の要請に基づくものであり、法律にも位置付けを行うことを踏まえ、国は相当の財源確保に努める」と宣言している。

この「財源確保」の具体化が、2008年度第2次補正予算で成立した、地方消費者行政活性化基金・交付金制度である。

■地方消費者行政活性化基金・交付金の概要

基金創設当時は、3年程度を消費者行政活性化のための「集中育成・強化期間」と位置づけ、各自治体が独自予算で消費者行政を充実強化していくまでの期間限定の支援策と捉えられていた。基金はその後、毎年度延長されている。

具体的な基金と交付金の仕組みは以下のとおりである。

まず、各都道府県は、条例によってそれぞれ地方消費者行政活性化基金を創設する。国は、各都道府県からの申請を受けて各基金に対し交付金を交付する。交付された基金は一定のルールの下で取り崩され、都道府県が自ら活用したり、市町村からの申請に基づいて各市町村に助成という形で交付される。基金の取り崩しには、都道府県、市町村の事業計画が必要である。基金は、各自治体が複数のメニューの中から任意に使途を選択して活用することができる。メニューの例としては、消費生活センターの設置・拡充や、相談員の養成・研修参加支援等がある。2015年度から、複数年度の基金ではなく、単年度の交付金とされた。

〔これまでの交付金額〕
- 2008年度（2次補正）150億円
- 2009年度（1次補正）72.7億円
- 2012年度（当初）5億円＋3.6億円（復興特別会計）
- 2012年度（補正）60.2億円
- 2013年度（当初）5億円＋7.3億円（復興特別会計）
- 2014年度（当初）30億円

■基金の活用期間に関する一般準則

消費者庁は、各自治体の積極的な基金の活用と自主財源化を促すため、2013年2月に「地方消費者行政に対する国の財政措置の活用期間に関する一般準則」を定めた。これは、事業メニューごとに基金の活用期間を定めたものであるが、一定の条件の下にその期間の延長・短縮ができる。たとえば、基金終了後も独自財源で基金活用によって整備した体制を継続・強化する旨を首長が表明した自治体については2年延長する、消費生活相談員の雇い止めを行った自治体については2年短縮する、等である。

【関連キーワード】消費者庁、消費生活センター　　　　　　　　　（拝師徳彦）

消費生活センター

■消費生活センターの設置

消費生活センターは、消費者安全法10条に基づき、都道府県については設置義務、市町村については努力義務とされたことにより、設置が進み、2014年には763カ所になった。

■消費生活センターの機能

消費生活センターは、日常的に消費生活相談を行っており、地方消費者行政の中核を担っている。消費生活条例等に基づき設置されている。

消費生活センターは、主に、①消費生活相談、②消費者教育、③商品テスト、④物価の監視等の業務を行っている。

消費生活相談では、資格を有する消費生活専門相談員などの相談担当者が消費者に助言を行ったり、事業者との間に立ってあっせんを行っており、事実上の裁判外紛争解決機関（ADR）としての役割も果たしている。

各地の消費生活センターは、消費者に身近な消費生活相談を実施している点において、重要な行政サービス拠点となっている。

ここでの情報は国民生活センターに集約され、また各地の消費生活センターがその情報を消費生活相談に活用している（PIO-NET）。

全国の消費生活センターの年間相談総数は約93万件であり（2013年度）、ピーク時の約192万件（このうち架空請求事案が約67.6万件）からみると減少しているが、現在は横ばいである。

消費者教育においても、消費者啓発のための講座を実施したり、講師の派遣、啓発用の機材の貸出などを行い、消費者の自立支援のための活動を行っている。

■課題

地域住民の身近な相談機関としての消費生活センターであるが、相談員が日々の電話に追われ、電話が通じにくいという消費者の苦情も少なくない。

また、すべての相談員が消費生活専門相談員としての資格があるわけでなく、その育成は重要な課題である。

消費者庁設置後、地方消費者行政活性化基金が交付されたが、いつまで交付金が継続されるか不透明である。

近時、行財政改革の流れの中で消費者行政の独自予算の削減の流れ自体は変わらず、地方自治体における財政難がとりわけ消費者行政へのしわ寄せという形で表れることが少なくない。一部の自治体では、消費生活センターを本庁から切り離し、「公の施設」として指定管理者制度（地方自治法244条の2）に移行させようとする民間委託の動きが出てきているが、同制度の下では、消費生活センターが行政直結ではなくなるばかりか、予算の削減が主な目的となっているので、しわ寄せはほぼ人件費に行くことになり、人材の確保・養成という点からも問題が大きい。

【関連キーワード】地方消費者行政、国民生活センター、PIO-NET、消費生活相談員と消費者行政担当職員　　　（猪野亨）

消費生活相談員と消費者行政担当職員

■消費生活相談員

消費生活相談員は、消費生活相談窓口の相談業務を担う専門家であり、消費者安全法の2014年改正によって法律上の職として位置づけられた。それ以前は消費生活専門相談員、消費生活アドバイザー、消費生活コンサルタントのいわゆる3資格が、消費生活センターの設置要件の1つとして配置されるべき「専門的な知識及び経験を有する者」という形で位置づけられるにとどまっていた。これら3資格は法的根拠をもたない任意の制度であったが、上記改正によって資格試験が法定化され、国家資格化された。

消費生活相談員は、都道府県または市町村の消費生活相談窓口において消費生活相談（事業者に対する消費者からの苦情に係る相談およびあっせん）を担当する。

都道府県の消費生活相談員は、各市町村の相談・あっせん業務の支援や各市町村の区域を超えた広域的な見地を必要とする相談・あっせんに応じる業務を担う。

市町村については、①消費者安全の確保に関し、事業者に対する消費者からの苦情に係る相談に応じること、②消費者安全の確保に関し、事業者に対する消費者からの苦情の処理のためのあっせんを行うことが業務として定められており、市町村の消費生活相談員はこれらの業務を担う。

前記2014年改正では、市町村が実施する消費生活相談業務の実施に関し、助言、協力、情報の提供その他の援助を行う者を指定消費生活相談員として配置する努力義務を都道府県に課している（消費者安全法10条の4）。

■消費者行政担当職員

消費者行政担当職員については、従来はその役割についての議論が必ずしも十分ではなかった。しかし、消費生活相談窓口が消費者にとって真に身近で役立つものとなるためには、消費生活相談員のみならず消費者行政担当職員の果たす役割が重要であるとの認識が広がり、その資質向上が求められている。たとえば、消費生活相談をきっかけとした総合的な行政サービス提供のための他部署・他機関との連携、消費生活相談窓口に寄せられた情報をもとにした消費者被害の予防のための情報提供等がその役割として考えられる。

前記2014年改正は、国・国民生活センターによる消費者行政職員への研修を法律上明記し（消費者安全法9条）、消費生活相談員のみならず消費生活相談窓口の業務に従事する人材の確保および資質の向上を図ることを都道府県・市町村の努力義務としている（同法11条）。

【関連キーワード】地方消費者行政、消費者安全法、国民生活センター、消費生活センター

【参考】消費者庁「消費者の安全・安心確保のための『地域体制の在り方』に関する意見交換会報告書」（2013年12月）

（拝師徳彦）

地域における連携・人材育成

■地域連携と人材育成の重要性

　高齢者をターゲットにした消費者被害が激増する中、地方消費者行政と地域（消費者の生活圏を基本にした区域）、あるいは地域の様々な団体相互の連携による消費者被害の予防や早期発見・救済が重視されるようになっている。たとえば消費者被害情報の伝達を考えてみると、行政がもっているツールにはおのずと限界があるが、地域の団体は口コミを含め様々な情報伝達手段をもっており、地域との連携によってこれらを有効に活用することが期待されている。

　消費者の生活圏を基本に据えた地域連携を行おうとする場合、消費者問題への対応を本来の目的としない自治会や地域包括センター等の参画も重要であるが、こうした組織が常に消費者問題の連携の担い手となるには限界があると考えられる。このため、実効的・継続的な地域連携を実現するには、その地域において常に消費者問題に目を向けて活動する人材を育成・配置することが望ましい。

　日弁連では、2013年に「消費者市民サポーター（仮称）の各地域での育成とその活動の支援を求める意見書」、「高齢者の消費者被害の予防と救済のためのネットワークづくりに関する意見書」を相次いで発表し、地域連携やそのための人材育成を呼びかけている。

■国による地域連携・人材育成のための政策①－消費者教育推進法の枠組み

　2012年12月に施行された消費者教育推進法は、基本理念として消費者市民社会を担う人材の育成を掲げるとともに、地域における様々な主体による消費者教育の推進を掲げている。そのうえで、地域連携のための仕組みとして、「消費者教育推進地域協議会」を各自治体に設置することを努力義務として規定している。また消費者庁は、同法を具体的に推進するため、2013年6月に「消費者教育の推進に関する基本的な方針（基本方針）」を策定している。この基本方針では、地域での消費者教育を推進するため、各地域の様々な団体をつなぐ「コーディネーター」を育成・配置すべきことを盛り込んでいる。

■政策②－改正消費者安全法の枠組み

　2014年6月、地域における見守りネットワークの構築を目的とした「消費者安全確保地域協議会」やこれを担う「消費生活協力員」「消費生活協力団体」の仕組みを導入する改正消費者安全法が成立した。

　消費者安全確保地域協議会の事務局や消費生活協力員、消費生活協力団体等の関係者に秘密保持義務を課すことで、見守り対象者についての個人情報の共有を可能にし、消費者被害の予防・救済のための実効的な見守りネットワークを構築することが可能となる。

【関連キーワード】 消費者教育推進法、消費者安全法、高齢化社会と消費者行政

（拝師徳彦）

高齢化社会と消費者行政

■高齢化社会と消費者被害

わが国は、65歳以上の高齢者人口が2012年に3000万人を超え、2013年には人口比が25％となった。2025年には人口比が30％を超えると予測されている。また、加齢により判断能力が低下している人の数も大幅に増えている。

高齢者の消費者相談も増えているが、その相談件数の伸びは、近年、人口の伸び以上となっている（消費者庁『平成25年版消費者白書』27頁）。

■「見守り」の必要性

高齢の被害者の場合、騙されていることに気づかない、騙されたことで自身を責めてしまう、さらには、まわりに相談できる人がいない、ということも少なくない。被害の予防あるいは早期発見のためには、周囲の人の「見守り」が必要である。「見守り」のためのガイドブックや最新の被害事例を紹介するチラシ（見守り新鮮情報）などが活用されている。

■「見守りネットワーク」

「見守り」を恒常的なシステムにしたものが「見守りネットワーク」である。東京都は、早くからガイドラインを作成し、①被害の発見・連絡のための地域の見守りネットワークの構築、②速やかな相談受付と迅速な対応、③見守りネットワークに対する効果的な情報提供、④消費生活部門と高齢者福祉部門との緊密な連携、という4つのポイントを指摘している。

先駆的な取組みを行っている地域としては、札幌市、愛媛県南予地域、静岡県、新宿区、足立区などがある。

■ネットワークづくりの推進

「消費者基本計画」等を策定している地方自治体では、高齢者等の見守りネットワークの推進・支援等を明示するところが増えてきている（東京都、静岡県、長野県、熊本県など）。

2014年には、地域での見守りネットワークの構築を推進することを目的として、消費者安全法が改正され、「消費者安全確保地域協議会」「消費生活協力員」等の規定が設けられた。

ネットワークの構築においては、東京都のガイドラインが示すように、福祉部門との連携が重要である。高齢の消費被害者の支援は、高齢者の権利擁護という面をもつ（高齢者虐待防止法27条、介護保険法115条の45、社会福祉法109条参照）。地域包括支援センター・社会福祉協議会などとの連携や「庁内連携」が、ネットワークづくりにおけるキー・ポイントである。さらに、成年後見制度の利用促進の取組みとの連携も期待される。

【関連キーワード】地域連携と消費者教育、高齢者と消費者教育、地域における連携・人材育成、成年後見制度

【参考】神戸市『高齢者を消費者トラブルから守る～高齢者の消費生活見守りハンドブック～』、国民生活センター「見守り新鮮情報」、東京都「地域におけるしくみづくりガイドライン平成21年度版」

（薬袋真司）

消費者行政への民間人の参画

■消費者問題と民間人の参画

消費者問題は、消費者と事業者との格差により発生するトラブルであり、消費者行政は、消費者の暮らしの実態を踏まえた施策を講ずる必要がある。

そこで、国の消費者行政においては、消費者庁長官に民間人が任命されたことがあり、消費者委員会の委員には10名の民間人が任命されている。

そして、消費者庁と消費者委員会の職員の中には、生粋の公務員とは別に、消費者問題にかかわる法律実務家や企業の実務担当者など、民間の知見を有する者が任期付き公務員あるいはプロパー職員等として採用された者がいる。これらの者が生粋の国家公務員と連携しつつ消費者行政に取り組んでいる。

地方消費者行政においては、生粋の職員とともに、消費者問題専門家である消費生活相談員が、非常勤職員として消費生活センターの窓口に配置され、消費者からの相談への対応や、出前講座等の被害防止の啓発活動を担っている。また、都道府県や政令指定都市などでは、民間関係者が参加する消費生活審議会を設置して、民間人の意見を消費者政策に反映している。

■任期付き公務員

いわゆる任期付き公務員とは、一般職の任期付職員の採用及び給与の特例に関する法律に基づいて採用される任期の定めのある職員のことを指す。この法律は、民間人材の採用の円滑化を図るため、公務に有用な専門的な知識経験等を有する者を、任期を定めて採用し、高度の専門的な知識経験等を有する者についてはその専門性等にふさわしい給与を支給することができるよう、2000年11月に制定された法律である。

消費者庁・消費者委員会は、任期付き公務員の採用を積極的に行うことにより、消費者問題の知見を有する民間人の参画を進めている。

任期付き公務員の任期は最長で5年であり、5年に満たない任期の場合は5年の範囲内で更新されることがある。弁護士が任期付き公務員として採用される場合は、特別の棒給表による給与が支給される。

■課題

消費者問題の特質に照らし民間人が参画することは重要であるうえ、頻繁な法制度の制定や改正が必要な消費者問題の分野では、弁護士の参画が一層求められる。しかし、現状は、弁護士が任期付き公務員となっている人数はまだまだ不十分である。積極的登用に向けた育成・支援、退任時の受け皿支援などが求められる。

地方自治体の消費生活相談員は、専門職の非常勤職員ではあるが、その雇用の安定性が求められている。

さらに、今後の消費者行政は、民間関係団体との地域連携の推進が課題とされており、地域連携を担う消費者市民や消費者団体の育成が望まれる。

【関連キーワード】消費者庁、消費者委員会

（小田典靖）

公益通報者保護法

■相次ぐ企業不祥事

2000年頃から、三菱自動車の30年余りにわたるリコール隠しなど、企業の不祥事の発覚が相次いだ。その発端となったのは、内部からの告発だった。雪印食品など倒産する企業も出てきたことから、事業者の法令遵守と信頼の回復が政府の焦眉の課題となり、消費者からも内部告発者保護の制度を求める声が高まった。

そこで、国民生活審議会では、情報が社外に出ることが不可避な時代となっているとの認識のもとに、事業者や事業者団体にヘルプラインを設け、問題が大きくなる前に再発防止策を施すことができる体制づくりの一環として、公益通報者保護の法制化が打ち出された。1998年に制定された英国の公益情報開示法（Public Interest Disclosure Act）がそのモデルとされた。

■法令遵守を目的とする公益通報者保護法

2004年6月に制定された公益通報者保護法は、事業者の法令遵守を主たる目的とするもので、保護される通報の対象は、同法別表に規定する消費者の利益や国民生活にかかわる法令によって罰則で担保された違反行為に限定されており、不当行為も対象とする英国公益情報開示法よりも狭い。

また、保護の要件として、行政機関への通報にも通報対象事実の真実相当性の証明を求め、その他の外部への通報は、内部に通報すれば不利益処分を受けるおそれや証拠隠滅のおそれがあるなどの場合に限られる。この点でも、英国情報開示法よりも厳しい。さらに、事業者および行政機関は措置の期限はなく、通報者に措置内容を通知する義務もない。通報を受けた事業者や行政機関の善意に依存した制度である。

■一般法理と二重の制度

2003年の労働基準法改正により、同法18条の2として、解雇には合理的な理由が必要との判例法理が盛り込まれたが、公益通報者保護法の保護の要件が厳しく、逆に、保護の範囲が狭くなりかねないとの批判が出された。そこで、公益通報者保護法に、雇用関係に関する一般法理による保護を制限するものではないとの解釈規定（同法6条）が盛り込まれた。

公益通報者保護法では、公益通報を理由とする解雇等の不利益処分は無効とされているが、不利益処分を行った事業者に対する罰則等の規定はない。また、通報者が立証のために証拠を入手する行為に窃盗等の刑事罰の免責規定もなく、退職者への適用がないなど、法の不備が指摘されている。消費者庁が設置され、公益通報者保護法も消費者庁が所管することとなり、法改正の必要性を含めてヒアリングがなされているが、改正への動きは鈍い。

【関連キーワード】内部告発事件
【参考】日弁連消費者問題対策委員会編『通報者のための公益通報者保護・救済の手引〔第2版〕』（民事法研究会、2012年）

（浅岡美恵）

内部告発事件

■トナミ運輸事件

　内部告発の草分け的事件である。運賃のヤミカルテルを全国紙に告発したところ、29年にわたって個室に隔離されるなどして仕事が与えられず、給与が抑制されてきたが、29年にわたる不利益取扱いを違法とされ、直近10年分の賃金格差相当分3970万円が認容された。ヤミカルテルおよび違法運賃収受の事実は真実ないし真実相当であり、会社ぐるみ、業界ぐるみで行われていたとして、報道機関に通報したことは方法が不当とはいえないとされた（富山地判平17・2・23判時1889号16頁）。

■三菱リコール隠蔽事件

　2000年6月、内部から通報を受けて運輸省（当時）が三菱自動車工業に立入検査を行い、リコールを届け出ないまま回収・修理を行っていたこと（リコール隠し）が明らかになった。その後、過去30年にも及ぶリコール隠しの実態が明らかになり、同社社長の辞任に至った。2004年には、三菱ふそうのトラックの車輪が脱輪し、道路を歩行していた母子を直撃し死亡する事故を発端に、大半のトラックにリコール隠しが判明し、社長以下元役員6人が道路運送車両法違反で刑事事件として起訴され、有罪判決が確定している。

■オリンパス事件

　上司が機密情報を知る取引先社員を引き抜こうとしているとして、社内のコンプライアンス窓口に通報したところ、専門外の部署に配置転換された。1審は、公益通報者保護法の適用対象ではなく、配置転換も有効として請求を棄却したが、東京高判平23・8・31（判時2127号124頁）は配転命令に従う義務がないことを確認し、会社および上司に220万円の賠償を命じた。最高裁も高裁判決を支持し、確定した。

■雪印食品国産牛肉偽装事件

　2001年にBSE問題が発生し、国産牛肉を買い取るBSE保管対策事業に虚偽の原産地表示を行っていることを、保管倉庫業者が、全国紙等に内部告発をした事件である。雪印食品は倒産に追い込まれ、代表者等が、JAS法・景表法違反、詐欺罪で起訴され有罪となった。他方、告発した倉庫業者も国土交通省によって業務停止処分を受け、事実上倒産に追い込まれた。その後、内部告発を端緒とする偽装表示事件が相次いで発覚した。

■いずみ市民生協事件

　生活協同組合の実権を握った副理事長と専務理事の生協資産の私物化を批判する文書を組合員に送った職員に対し解雇や不利益処分を行った生活協同組合だけでなく、副理事長らにも損害賠償が命じられた（大阪地堺支判平15・6・18労判855号22頁）。公益通報者保護の制度化の議論の時期に、法的考え方を整理して示した判決である。

【関連キーワード】 リコール制度、公益通報者保護法

【参考】 『ドキュメント！　内部告発』[別冊宝島42号]（宝島社、2003年）

（浅岡美恵）

被害回復給付金支給制度

■導入経過

ヤミ金融による高利貸し、振り込め詐欺等、多額の犯罪収益が発見される事件が発生する中、2006年5月21日改正前の組織的犯罪処罰法では、犯罪被害者が損害賠償請求することにより被害回復することを優先させるため、犯罪被害財産の没収・追徴は禁止されていた。しかし実際には、訴え出ようにも、被害者の側からは加害者が誰なのかはっきりしないなど、請求権が十分に行使されず、結果として犯罪者の手元に犯罪収益が残ったままになる状況が生じていた。また、旧五菱会系ヤミ金融事件では、海外に隠匿された犯罪収益の一部がスイス・チューリヒ州政府によって没収されたが、こうした外国で没収された犯罪被害財産を外国から譲り受けるために必要な相互主義規定が欠けているという問題も浮き彫りになった。

そこで、犯罪被害財産の没収・追徴の禁止を解除し、犯罪収益等の剥奪の徹底を図るとともに、没収・追徴した犯罪被害財産を被害者の被害回復にあてることを目的として、2006年6月21日、組織的犯罪処罰法の改正法および被害回復給付金支給法（「犯罪被害財産等による被害回復給付金の支給に関する法律」）が成立し、同年12月1日に施行された。

■制度の概要

被害回復給付金支給制度は、組織的犯罪処罰法により犯人から没収・追徴した犯罪被害財産の換価または取立てにより得られた金銭、追徴した犯罪被害財産の価額に相当する金銭等を、検察官が「給付資金」として保管し、その事件の被害者および同種余罪（余罪の範囲は、具体的な事件ごとに検察官が定める）の被害者を対象として、検察官が給付金を支給する制度である。

給付金支給手続の開始は官報に公告されるが、検察官が通知可能な被害者等がいることを把握している場合は、そのような者には個別に通知がなされる。

被害者等は、公告・通知された支給期間内に申請し、検察官はその申請を審査して、受給資格があればその被害額を裁定（判断）する。すべての裁定等が確定すれば、検察官は遅滞なく被害回復給付金を支給する。民事の損害賠償請求権との関係は調整関係に立つ。申請期間内に申請しなかった場合でも、なお給付資金が残る場合には、特別支給手続が法定されている。なお残余が出る場合には国の一般会計に組み入れられる。

2013年に被害回復給付金支給手続の開始決定が行われたのは18件であり、開始決定時における給付資金総額は約1億4600万円であった。

【関連キーワード】振り込め詐欺被害者救済法

【参考】「被害回復給付金支給制度　Q&A」法務省HP、法務省法務総合研究所編『平成26年版犯罪白書』

（平田元秀）

XIV

消費者教育

XIV 消費者教育

概　　説

1　消費者教育の位置づけ

　消費者被害の救済は重要だが、事後的な対応とならざるをえないため、確実性・効率性、無資力のリスク、これに要する手間・暇、その他様々な面で限界がある。被害の救済より未然防止のほうが、被害者にとってだけでなく、社会の負担の観点からもよりよいことは言うまでもない。

　そのためには、被害を生まない各種制度・規制という条件整備に加え、消費者自身が自ら被害を避ける知識、技術、態度・姿勢を身につけるという主体の問題も重要である。さらに、消費者が積極的に被害防止のために行政に施策を求めたり、消費者団体に参加して取り組むようになれば、被害防止の効果が一層上がることが期待できる。

　また、このような消費者の主体性の発展は、消費者被害の防止問題にとどまるものではない。グローバル化の進展に伴い、消費行動は地球環境・気候変動や開発に伴う諸問題に直結するようになり、さらに消費者が市民として積極的に社会の形成に参加していくことは、よりよい社会の形成にとっても有意義である。

　教育の普及と表現の自由などによって市民の政治的意識が高まってきたように、消費者としての意識が高まり、たとえば、人権や労働者の地位を配慮する製品・企業の選択、フェアトレードやグリーンコンシューマー等の消費行動が行われ、さらに、ボランティアや地域活動から政策形成過程への参加など社会的活動の取組みが行われることによって市場や社会の改善に寄与していくことが期待されるのである。

2　新たな次元に入った消費者教育

　消費者教育の重要性は1963年の国民生活向上審議会の答申において指摘され、1989年には学習指導要領に取り入れられ（**学習指導要領と消費者教育**）、2004年改正の消費者基本法2条に消費者の権利として規定されてきたが（**消費者教育を受ける権利**）、ついに2012年、消費者教育推進法が制定・施行され（**消費者教育推進法**）、消費者市民社会の形成に参画することの重要性についての理解・関心を深める教育を含むものとして、今や国・地方公共団体の責務として実施・推進され（**消費者教育の推進に関する基本的な方針、消費者教育推進会議**）、官・民・教育界など多数の関係者が携わり（**消費者教育の担い手**）、様々な施策の企画検討、実践、発表、情報提供などが行われ、国際的な広がり・連携も持たれるに至っている（**海外の消費者教育**）。

　日弁連が1987年に消費者問題対策委員会の一部会としてこの問題に関与してから四半世紀余りが経過したが、この間の発展には隔世の感がある。

3　消費者教育とは

　消費者教育推進法2条で、消費者教育とは「消費者の自立を支援するために行われる消費生活に関する教育（消費者が主体的に消費者市民社会の形成に参画することの重要性について理解及び関心を深めるための教育を含む。）及びこれに準ずる啓発活動」と定義されている。この「消費生活に関する教育」は、内容的には大きく「消費行動（＝消費）に関すること」と「消費者としての行動に関すること」に分けられよう。

　「消費行動（＝消費）に関すること」は、衣食住などの消費、商品・サービス、その購入・利用に伴う悪質商法や欠陥などの諸問題についての知識と対応方法が考えられる。わが国では、終戦後の粗悪品、その後の大量生産品等、商品による深刻な消費者被害が現われ、これらから身を守るための商品知識・合理的選択などの教育が消費者団体等から強く求められた。このことは、当時の学習指導要領で、「消費者」の語は、「消費者の生活合理化こそ国内の生産、商品の交換を健全に発展・運営させる」、「生産、流通、消費がどのように結びついているか」等と経済社会の一部分としての消費の観点でしか捉えられていなかった歴史的事実に表れている。この重要性は今でも変わらない。

　これに対して「消費者としての行動に関する」教育は、消費者の商品選択・購買等の行動が経済社会の中で持つ影響をより広く把握し、市場の中で適正な役割を果たすために能動的に消費者として行動することの意義を理解し、よりよい社会を形成するためにどう行動するか、さらには、効果的な行動方法など実践面にまで及ぶ。「**消費者市民教育**」はこれを象徴する概念である。これが条文化されるに至った背景としては、2002年に「持続可能な開発に関する世界首脳会議（ヨハネスブルグサミット）」で日本が提言し、第57回国連総会で採択された「持続可能な開発のための教育（ESD）の10年」（2005年～2014年）決議で、ユネスコが国際実施計画を策定して日本を含む加盟国に国内実施計画の策定を求めたことや、OECDで2006年に消費者教育のプロジェクトが立ち上げられ、2009年に「消費者教育の推進──動向、政策と事例」という政策提言が出されたり、持続可能性に対する取組みが行われるなど、国際社会での取組が「外圧」となったことが考えられる（**海外の消費者教育**）。

4　弁護士と消費者教育

　これまで、わが国では消費者教育にかかわる社会的資源が豊富とはいえなかったため、弁護士は、教育の専門家ではないが現実に消費者被害の救済にあたり被害の実情と救済方法を熟知していることから、積極的に消費者教育に関与することが求められる、とされてきた（日弁連消費者問題対策委員会提言「消費者教育に対する

弁護士会の役割――学校教育を中心として――」(1993年5月))。しかし、消費者教育推進法が施行された現在では、教育をはじめ多くの専門家・関係者の様々な取組みが活発に行われており、その水準も決して低いものとはいえず、これまでとは様相が変わってきた。

　それでも、われわれ弁護士は、2009年に和歌山で開催された人権擁護大会で消費者市民社会の確立をめざして積極的な役割を果たす決意を宣言したものとして、この問題に積極的にかかわることが求められる。

　具体的には、いまだ理解が十分広がっているとはいえない「消費者市民社会」の意義を広めるために、各種講師活動（**消費者教育の実践**）、国・地方で行われている消費者教育の施策について専門的知識を活かした参加・働きかけ（**都道府県消費者教育推進計画の制定・消費者教育推進地域協議会**）、地域で消費者教育に取り組んでいる消費者団体などとの交流・協力（**地域連携と消費者教育**）など、活躍の場を求め、あるいは、最近目に余る高齢者の消費者被害に対して高齢者の特性に応じた教育方法を検討するなど（**高齢者と消費者教育**）、積極的に分野を開拓して消費者市民教育を広げていきたい。

5　消費者の責任論と被害防止の効果

　消費者に社会での一定の役割を果たすことを期待する消費者市民社会の考え方に対しては、これに伴ってなんらかの責任（いわゆる「自己責任」）を負担させられるのではないかと警戒されてきた。確かに、消費者には一定の責任が求められている。しかし、この責任は消費者に一定の役割を期待するものであり、消費者市民社会実現のために必要な消費者の態度または役割のことで、決して新たな負担を求めるものではない。逆に言えば、これまで消費者は消費者被害の全責任を負わされてきており、代わってくれるものなどいなかったのが現実である。この点は注意すべきである（**消費者の責任と消費者教育**）。

　また、消費者市民教育は消費者被害の防止に結びつくのかと疑問を呈されることもある。しかし、①勧誘や広告を批判的に受け止め、主体的に情報を集めて様々な観点から評価し、そのうえで選択するという被害に遭いにくい消費者を育てる点、②自己の選択が社会に与える影響を考えることにより加害者を生みにくい環境を作る点、③他者にも情報が提供され、また、行政などへの働きかけが盛んになり、見守りが行き届く社会を作る点、などで被害防止にも役立つものである。

6　主権者教育

　そもそも「教育は、人格の完成を目指し、平和で民主的な国家及び社会の形成者として必要な資質を備えた心身ともに健康な国民の育成を期して行われなければならない」とされ（教育基本法1条）、その目的は主権者の形成にあるといってよい。

前記日弁連提言では、消費者教育は主権者を育成する主権者教育であるとしたが、消費者が行政や立法機関に働きかけて消費者の権利を実現することをも内容とする消費者市民教育は、これを「市民社会」の観点で表現したものともいえる。

　法教育の目的も主権者づくりにあると考えられるが、その一内容として消費者教育も位置づけられるべきであろう。これまで、消費者教育推進法をはじめとする様々な分野で多くの法律の制定・改正を実現してきた弁護士・弁護士会に期待されるところは少なくない。

【参考】高橋義明「消費者市民社会考・日本型消費者市民社会？」NICEニュースレター消費者教育研究149号10頁、岩本渉「持続可能な開発のための教育10年－消費者市民教育との関わり」NICEニュースレター消費者教育研究164号3頁、西村隆男「消費者教育推進法の意義」法ニュース93号5頁、日弁連「Q＆A消費者教育推進法と消費者市民社会」

(青島明生)

消費者教育推進法

■正式名称等
正式名称は、「消費者教育の推進に関する法律」（平24法61）。2012年8月10日に成立し、同年12月13日施行された。

■目的
1条（目的）では、「消費者教育の機会が提供されることが消費者の権利である」と明記された。従前、消費者基本法17条1項が、国に対して、消費者に対する啓発活動の推進、消費生活に関する教育の充実等に必要な施策を講ずることを求めていたが、これらが「消費者の権利」に基づくことが明記された。

■定義
2条（定義）では、「消費者教育」の内容に「消費者が主体的に消費者市民社会の形成に参画することの重要性について理解及び関心を深めるための教育を含む」と規定された。「消費者市民社会」（2条2項）とは、これまでの立法にはない考え方で、同法が目指す「消費者教育」を理解するうえで重要な概念である。

■基本理念
3条（基本理念）では、特に、①消費者教育が「消費者市民社会」への参画を目指して行われること（2項・6項）、②消費者教育が学校教育だけでなく「幼児期から高齢期までの各段階に応じて体系的に」行われる必要があること（3項）、③学校、地域、家庭、職域その他の様々な場における消費者教育を推進する多様な主体の「連携」、他の消費者政策との有機的な「連携」を確保するべきであること（4項）、④環境教育、食育、国際理解教育その他の消費生活に関連する教育に関する施策との有機的な「連携」が図られるべきであること（7項）が重要である。

■担い手
本法は、消費者教育を推進するために、国だけでなく、地方公共団体、消費者団体、事業者・事業者団体、国民生活センターにも様々な義務を課している。

■基本方針
9条は、国（政府）に、基本方針を策定する義務を課した。これを受け、2013年6月28日、「消費者教育の推進に関する基本的な方針」が策定された。基本方針は、消費者教育の推進の意義および基本的な方向等を定めるとともに、都道府県消費者教育推進計画および市町村消費者教育推進計画の基本となるものである。

■体系イメージマップ
消費者庁は、消費者教育推進のための体系的プログラム研究会を開催し、そこでの検討成果を「消費者教育の体系イメージマップ」として、2013年1月に公表した（適宜改訂の予定）。消費者庁の消費者教育ポータルサイトで確認でき、どのような時期に、どのような内容を身に付けていくことが求められるのかを一覧できる。

【関連キーワード】消費者市民教育、消費者教育の担い手　　　　（中村新造）

消費者市民教育

2012年制定の消費者教育推進法は、消費者教育の定義の中で、「消費者が主体的に消費者市民社会の形成に参画することの重要性について理解及び関心を深めるための教育を含む」（2条）と規定しており、これが消費者市民教育を指すと理解されている。

■消費に関する多角的視点と消費者の役割の理解

消費者が消費者市民として社会に参画する力をつけるには、自ら行う消費を多角的視点からみる力が必要となる。

経済のグローバル化が進む中、消費者が手にする商品は、様々な国で作られ、価格の安い商品が出回るようになった。買物の方法も、近所の商店等での買物から、大型ショッピングセンターでの買物、さらにはインターネット取引へと多様化した。こうした変化は消費者に利便をもたらす一方、大量消費・大量廃棄に伴う資源の無駄や環境問題、商店街の衰退による買物難民の発生、地方経済の衰退など、様々な問題も引き起こしている。また、安価な商品の中には、劣悪な労働条件による健康被害や、児童労働など過酷な搾取を引き起こしているものもある。現状の大量生産・大量消費の仕組みは、早晩維持困難になることが予想されており、国連は1999年の消費者保護ガイドライン改定の際、持続可能な生産と消費の仕組みの必要性を強調した。

こうした中で、消費者が、自らの消費が環境や経済、社会に与える影響を考え、「買物は投票」という意識をもって、社会にとって望ましい選択をすることが求められており、そのための教育が消費者市民教育の第一歩となる。

■行動する消費者を目指して

消費者市民教育は、単なる知識の獲得のみならず、実際に行動する消費者の育成を目指している。購入の際にカーボンフットプリントなどの環境負荷を考える、地域にお金が落ちるかどうかを意識する、フェアトレードやオーガニックの商品を選ぶ、レジでレジ袋を断る、事業者にきちんと意見を述べるなど、消費者ができることはいろいろある。社会に役立つ行動をすることは消費者にとっても喜びとなり、それが次の行動のエネルギーとなる。消費者団体等での他者とのつながりながら、そうしたエネルギーと行動の連鎖を生み出す力をつけることが重要である。

■消費者市民教育と消費者被害

消費者市民教育の観点から消費者被害の問題を捉えると、個人が消費者被害に遭わないだけでなく、社会全体からいかに悲惨な被害をなくしていくか、という視点が重要となる。そのためには、生産・販売・消費の仕方を批判的に見る目や、独居老人など被害に遭いやすい人たちをサポートする「見守り」力、被害にあったときに泣き寝入りせず各地の消費生活相談センター等の相談機関に積極的に相談する行動力の涵養が求められる。

【参考】国連消費者保護ガイドライン

（島田広）

XIV 消費者教育

消費者教育を受ける権利

「消費者教育を受ける権利」とは、基本的な消費者の権利・責任と、そのためにとるべき消費者の行動を認識すると同時に、製品やサービスについて、十分な情報に基づき自信をもって選択するのに必要な知識や技量を得る権利である（以下のCIの定義より）。これは消費者の権利の1つであり、アメリカのフォード大統領が、ケネディ大統領の4つの消費者の権利に追加したことが一般的な始まりとされる。

■諸外国における位置づけ

EUでは、1975年に欧州理事会で採択された「消費者保護・情報政策のための予備計画」における5つの消費者の権利の1つとして「情報と教育に対する権利」が掲げられ、基本条約である「欧州共同体を設立する条約」においても「消費者の情報・教育に関する権利」が謳われている。

世界各国の消費者団体が加盟するCIでは、活動基盤である8つの消費者の権利の1つとして「消費者教育を受ける権利」が提唱されている。

国際連合では、1985年の総会で採択され、実質的に消費者の権利の章典を定めたとされる「消費者保護のためのガイドライン」において、6つの消費者の正当な必要性の1つとして「消費者教育」があげられている。

■日本では、消費者基本法で明文化

1968年に制定された消費者保護基本法では、「消費者の利益」の擁護が目的とされたものの、「みずから進んで消費生活に関する必要な知識を修得する」ことは「消費者の役割」を果たすための努力義務とされ、啓発活動および教育の推進も消費者保護に関する国の施策の1つとされたにすぎなかった。しかし、2004年に同法が改正・改称された消費者基本法では、「消費者の権利の尊重」が基本理念として掲げられ、「消費者に対し必要な情報及び教育の機会が提供」されることが消費者の権利の1つとして明文化された（同法2条）。それとともに、国、地方公共団体および事業者がこれらの権利を尊重する責務を有することも定められた（消費者保護基本法の前記規定も整備されたうえで存続した）。

2012年に制定された消費者教育推進法では、「消費者教育の機会が提供されることが消費者の権利であることを踏まえ」た目的が掲げられている。

消費生活条例レベルでは、たとえば東京都では1994年の改正時に、「消費者教育を受ける権利」が追加されている。

【関連キーワード】国際消費者機構、消費者基本法、消費者教育推進法、消費者の権利、消費生活条例・消費者被害救済委員会

【参考】田辺智子＝横山律子「諸外国における『消費者の権利』規定」調査と情報448号1頁以下　　　　（武田香織）

消費者の責任と消費者教育

■消費者市民社会と「消費者の責任」

消費者教育推進法は、「消費者教育」を「消費者の自立を支援するために行われる消費生活に関する教育（消費者が主体的に消費者市民社会の形成に参画することの重要性について理解及び関心を深めるための教育を含む。）及びこれに準ずる啓発活動」と定義しており（2条1項）、「消費者市民社会の形成に参画すること」を目指すことに重きを置いている。

そして、「消費者市民社会」は、「消費者が、個々の消費者の特性及び消費生活の多様性を相互に尊重しつつ、自らの消費生活に関する行動が現在及び将来の世代にわたって内外の社会経済情勢及び地球環境に影響を及ぼし得るものであることを自覚して、公正かつ持続可能な社会の形成に積極的に参画する社会」とされており（2条2項）、「消費者の権利」だけでなく「消費者の責任」も前提となる。

■「消費者の責任」の内容

消費者の権利と責任については、国際消費者機構（CI）が掲げる8つの権利と5つの責任が一般的である。「消費者の権利」は、①生活のニーズが保障される権利、②安全である権利、③知らされる権利、④選ぶ権利、⑤意見を聴いてもらう権利、⑥補償を受ける権利、⑦消費者教育を受ける権利、⑧健全な環境の中で働き生活する権利とされている。一方、「消費者の責任」は、①批判的意識を持つ責任、②主張し行動する責任、③社会的弱者への配慮責任、④環境への配慮責任、⑤連帯する責任とされている。

■いわゆる「自己責任」との関係

上記の「消費者の責任」は、消費者の権利の実現と表裏一体としての「責任」であって、消費者市民社会の実現のために必要な消費者の態度である。したがって、消費者の権利を制限する、いわゆる消費者の「自己責任」（消費者にも落ち度があるのだから、ある程度はその被害を引き受けるべきという考え）とは無関係である。

十分な消費者教育が実施され、「消費者市民社会」が実現されたとしても、個々の消費者と事業者の間にある情報や交渉力などの格差は構造的なものであって依然として存在し、消費者保護のための十分な施策は必要であり、個々の紛争の場面で消費者の「自己責任」が強調されることがあってはならない。たとえば、取引被害回復を求める際の安易な「過失相殺」は「自己責任」の押しつけの典型だが、それは事業者に反省の機会を与えず、悪質商法の根絶に繋がらない。むしろ「自己責任」の名の下に消費者の権利が制限されないように、「消費者の責任」を果たして消費者の権利を実現しようというのが「消費者市民社会」であり、「消費者教育」はその重要性が理解されるよう行われるべきである。

【関連キーワード】 消費者教育推進法

（平澤慎一）

学習指導要領と消費者教育

■新学習指導要領

　文部科学省は、学校教育法等に基づき、各学校の教育課程（カリキュラム）を編成する際の基準を定めており、これを学習指導要領と呼ぶ。

　文部科学省は、学習指導要領を2008年・2009年に改訂し、新しい学習指導要領は、小学校では2011年4月から、中学校では2012年4月から、高等学校では2013年度入学生から実施されている。

　新学習指導要領は、子どもたちの「生きる力」をより一層育むことを目指し、学力面では、基礎的な知識・技能を習得し、それらを活用して、自ら判断し、表現することにより様々な問題に積極的に対応し、解決する力を育てることを目指している。

■小学校

　小学校では、物や金銭の大切さに気付き計画的な使い方を考えること、身近な物の選び方・買い方を考え、適切に購入できることなど（家庭科）を指導内容としている。

　また、地域には生産や販売に関する仕事があり、それらは自分たちの生活を支えていることなど（社会科）を指導内容としている。

■中学校

　中学校では、自分や家族の消費生活に関心をもち、消費者の基本的な権利と責任について理解すること、販売方法の特徴を知り、生活に必要な物資・サービスの適切な選択、購入および活用ができることなど（技術・家庭科）を指導内容としている。

　また、身近な消費生活を中心に経済活動の意義を理解させるとともに、価格の働きに着目させて市場経済の基本的な考え方について理解させることや、社会における企業の役割と責任について考えさせることなどを指導内容としている。さらには、消費者の保護について、消費者の自立の支援なども含めた消費者行政を取り扱っている（以上につき、社会科）。

■高等学校

　高等学校では、消費生活を消費者と生産者双方の立場から捉えさせるとともに、持続可能な社会の形成を目指し、消費者の権利の尊重と自立支援に必要な能力と態度を育てることを狙いとして学習指導要領の内容を定めている（家庭科）。また、個人や企業が社会を構成する一員として、経済活動において役割を担い、法的責任のみならず社会的責任を担っていることを考察させるため、公害の防止と環境保全、消費者に関する問題などについても触れることとしている（公民科）。

■総合的な学習の時間

　小学校から高等学校まで、「総合的な学習の時間」が設置され、その中で、科目横断的な消費者教育がなされる場合もある。

【関連キーワード】消費者市民教育、消費者教育の実践
【参考】学習指導要領（本文および解説）

（岸田和俊）

消費者教育の推進に関する基本的な方針（基本方針）

消費者教育推進法（以下、「法」という）9条は、政府に消費者教育の推進に関する基本方針を定めることを義務付けており、2013年6月に初めての基本方針が閣議決定された。原案作成は消費者庁と文部科学省が共同で所管し、関係行政機関、消費者委員会および消費者教育推進会議の意見を聴いたうえで作成された。なお、基本方針はおおむね5年に一度、改訂される（法9条7項）。

OECD消費者政策委員会は、2009年11月に消費者教育政策提言をまとめ、各国の消費者教育の問題点として、教育の目的と戦略の欠如を指摘した。基本方針が、法とともにこうした原状打開の第一歩となることが期待される。

■基本方針の概要

基本方針の内容は、法9条2項に即して、消費者教育推進の意義、推進の基本的な方向、推進の内容、関連諸施策との連携、今後の消費者教育の推進などとなっている。

■消費者教育推進の意義の明確化

重要なのは、消費者教育の推進の意義が明確化されたことである。特に消費者教育が、個人が安全で充実した消費生活を営むためのみならず、消費者被害のない、公正で持続可能な社会作りの主体としての消費者を育成するためのものであることを明確にした意義は大きい。この観点からすれば、消費者教育は、今後の社会全体の発展のために不可欠の重要なものといえる。

■消費者教育の体系的推進に向けて

基本方針では、消費者教育の内容の分類として、消費者市民社会の構築、商品等やサービスの安全、生活の管理と契約、情報とメディアを掲げ、それぞれの領域で育むべき力（目標）を示した（なお、この点に関しては、法の制定以前から消費者庁等が進めてきた消費者教育の体系化の作業が反映されている。基本方針11頁脚注5）。これらの各対象領域について、発達段階ごとの学習目標を整理し、全体像を示すことが目指されている（「消費者教育の体系イメージマップ」参照）。

具体的な消費者教育の推進方策としては、消費生活センターの消費者教育の拠点化、消費者教育コーディネーターの育成、モデル事業の実施、効果的な情報提供、消費者学習運動の展開などがあげられているが、いずれも、消費者教育推進会議等での検討を経て、具体化することが予定されている。

■消費者教育事例集

消費者教育の具体的進め方に関する事例集が、消費者教育ポータルサイトに掲載されている。消費者教育研究会の活動や教育機関との連携、フィールドワーク等、参考になる事例が多い。

【関連キーワード】消費者教育推進会議、都道府県消費者教育推進計画・消費者教育推進地域協議会

【参考】「消費者教育の推進に関する基本的な方針（基本方針）」消費者庁HP 消費者教育ポータルサイト　　　（島田広）

消費者教育推進会議

　消費者教育推進会議は、消費者教育推進法19条に基づいて消費者庁に設置された審議会である。なお、消費者教育推進法の制定前である2010年3月に閣議決定された「消費者基本計画」の実施のため、消費者庁が2010年11月に発足させた「消費者教育推進会議」とは別組織である。また、文部科学省は、大学、家庭、地域等においての消費者教育のあり方に関する事項等の審議を目的とした消費者教育推進委員会を2011年に発足させている。

■審議会の構成

　審議会の委員は、消費者、事業者および教育関係者、消費者団体、事業者団体その他の関係団体代表者、学識経験者、関係行政機関の職員など、幅広い分野から選ばれ、定員は20名以内とされている。教育関係者等の専門委員も18名任命され（2014年8月現在）、3つの小委員会（消費者市民育成、情報利用促進、地域連携推進）に所属して検討を進めている。

■審議会の役割

　消費者教育推進会議は、①消費者教育の総合的、体系的かつ効果的な推進に関して、委員相互の情報の交換および調整を行うこと、②内閣総理大臣と文部科学大臣が「案」を作成し、閣議により決定する「消費者教育の推進に関する基本的な方針（基本方針）」に対して意見を述べること、の二つが所掌事務とされている。

　多様な分野の関係者が一堂に会して、消費者教育の推進に関して情報交換・意見交換を行う意義は大きく、各分野の関係者が消費者教育推進のための課題を共有し、連携を深め、関係行政機関や関係諸団体から情報を集めるなどしつつ、消費者教育の推進に向けた具体的提言を行うことが期待されている。

　2015年3月に、三つの小委員会の議論を踏まえ、「消費者教育推進会議とりまとめ」を公表し、消費者市民社会の形成への参画に向けた視野の広がり、あらゆるライフステージでの実践的な教育の必要性など、消費者教育の考え方や提案をし、さまざまな消費者教育の担い手への期待を具体的に示した。

■今後の課題

　消費者教育の取組みは、地域ごと、学校ごとに格差も大きく、とりわけ消費者市民教育に関しては、まだ取組みが緒についたばかりである。そこで、先進的な取組みを集約し、取組みの具体的イメージを関係者が広く共有できるようなモデルを作成したり、なかなか情報が届きにくい消費者にわかりやすく情報を伝える方法を検討したり、地域の中で消費者教育を推進する核となる「消費者教育コーディネーター」を育成したりといったことが重要となる。推進会議でも、各小委員会を中心に今後これら諸課題の検討が進む予定である。

【関連キーワード】消費者教育の推進に関する基本的な方針、都道府県消費者教育推進計画・消費者教育推進地域協議会

（島田広）

都道府県消費者教育推進計画・消費者教育推進地域協議会

■都道府県消費者教育推進計画等

　消費者教育推進法10条1項において、都道府県は、「消費者教育の推進に関する基本方針」（以下、「基本方針」という）を踏まえ、区域内における消費者教育の推進に関する施策の計画を定めるように努めなければならないとされている。また、同条2項において、市町村も同様の計画を定めるように努めなければならないとされている。

■推進計画の内容

　都道府県消費者教育推進計画および市町村消費者教育推進計画は、政府の策定した基本方針を踏まえたものでなくてはならないが、都道府県・市町村についてはそれぞれに消費者教育に関する蓄積があり、それぞれの地域によって特性もある。

　そこで、基本方針を踏まえつつ、これらの地域特性を尊重した推進計画を制定することが望まれる。各関係者により構成される消費者教育推進地域協議会が設置されている場合には、その意見を聴かなければならないとされており、幅広い意見を踏まえたうえで、地域の実情に応じた推進計画を定めることが求められる。

■消費者教育推進地域協議会

　消費者教育推進法20条によれば、都道府県および市町村に対して、消費者、消費者団体、事業者、事業者団体、教育関係者、消費生活センター、地方公共団体の関係諸機関をもって構成する消費者教育推進地域協議会を組織するように努めなければならないとされている。

　ここでは地方消費者行政が中心となって、消費者団体や事業者団体、教育関係者、消費生活センター、学識経験者、法曹関係者などからなる協議会を設置し、地域における消費者教育の基本的な施策を決するとともに、各団体間における消費者教育に関する理解を統一化するという役割も期待されている。

■策定・設置は積極的に

　計画の策定や協議会の設置は、法文上は努力義務とされている。消費者教育推進法5条により、地方公共団体にはその区域の社会的・経済的状況に応じた施策の策定と実施が責務として課されており、これらの責務を全うするために、都道府県消費者教育推進計画等の策定や消費者教育推進地域協議会の設置が求められている。都道府県が消費者教育推進計画の策定や消費者教育推進地域協議会の設置をしない場合、市町村がこれらの計画の策定や協議会の設置をすることは困難と思われる。そのためには、少なくとも都道府県消費者教育推進計画の策定およびその計画を充実・発展させるための消費者教育推進地域協議会の設置は、いずれも、都道府県に課せられた「義務」と理解されるべきであろう。

【関連キーワード】 消費者教育の推進に関する基本的な方針、消費者教育推進会議

（鵤岡寿治）

地域連携と消費者教育

■二つの「連携」

消費者教育推進法3条4項においては、消費者教育が、学校・地域・家庭・職域などの場において、消費者教育を推進する多様な主体の「連携」と、他の消費者政策との有機的な「連携」によって効果的に行われることが要請されている。

後者の「連携」については、消費者基本法の定める諸政策との有機的関連性を保つという法政策レベルの連携であり、たとえば消費者安全法の改正の際に「消費者教育を推進し」という文言が同法の条文内に加えられたことなどがあげられる。

これに対して、前者の「連携」とは、実際に消費者教育を行うことになる主体間の「連携」である。

■主体の「連携」の必要性

従前から、学校・地域・家庭・職域などの場で消費者教育は様々な形で行われていたが、体系化という観点からいえば不十分であり、また、学校や消費者団体、企業、弁護士会など、実際に消費者教育を行う主体間の連携については強弱があった。

そこで、消費者教育推進法は、多様な主体のノウハウや叡智を結集することで、効果的な消費者教育が可能になるよう、「連携」することを促しているのである。

■地域連携の具体例

地域には、消費者団体や事業者団体、福祉事業団体、環境団体、法律家団体など、消費者教育に通じた団体が数多く存在している。地域の消費生活センターが中心となって、各団体の連携の音頭をとることが期待されている。

たとえば、学校教育の場面において、講師派遣の要請があった場合には、消費生活センターが、対象となる生徒・学生の理解力に合わせた講師を各団体の中から選定して、紹介・派遣するということが考えられる。のみならず、教材作りの段階で様々な主体に参加してもらうことで、それぞれの得意分野を活かしたバランスのとれた教材を作成することも期待できる。

また、地域においては、生涯学習センターや公民館において消費者教育に関する催しを行ったり、実際に地域に密着して活動する福祉関係者に対して講師を派遣して消費者教育に係る研修を行ったりすることが考えられる。特に、見守りネットワークを積極的に活用して、その関係者に対し消費者教育活動を行うことが有益と考えられる。

■地域における消費者教育

このように消費者教育は、地域の人材を活用して行うことが予定されており、多くの主体が連携することで、よりよい消費者教育が行われるという関係にあるということができる。

【関連キーワード】消費者教育推進法、高齢社会と消費者行政、消費生活センター、都道府県消費者教育推進計画・消費者教育推進地域協議会　　　　　（鵜岡寿治）

消費者教育の実践

　従来、消費者教育は被害防止教育が中心であったが、悪質商法に対抗するには市場への批判的視点と見守りなど周囲への積極的な行動が求められている。さらに、消費者一人ひとりが地域・世界・未来の環境や経済、社会に与える影響を考えて消費行動をとることによって、持続可能で公正な社会を実現しようとする「消費者市民社会」の考え方が生まれた。消費者教育推進法2条にも、消費者市民社会についての理解や関心を深め、知識の修得だけでなく、適切に行動できる実践的能力を育成する教育を目指すことが明記された。以下、消費者市民社会の理解や関心を深めるための教育実践例を紹介する。

■岐阜市の中学校技術・家庭科の例

　岐阜市では、教員と消費生活相談員が連携し、一緒に授業を行う取組みが行われている。相談員が提供した事例をもとに教員がシナリオを作り、ロールプレイング形式で行われる。「部活動で使う靴をネットで購入したが、履くと指先が痛い」といった身近な事例をもとに、対処法を生徒に考えさせる。最初は「返品する」とか「オークションで売る」といった意見しか出てこないが、「全世界の人がこのサイトで靴を購入するかもしれない」と意識させると、「レビューを書く」とか、「買う前にレビューを見るべきだった」という意見が出てくるようになる。まさに、批判的精神を持って消費にかかわる消費者市民社会への理解と関心を抱かせる教育実践例といえる。

■東京都の高校家庭科の例

　東京都の高校家庭科教諭は、「お金の使い方で世界を変える」というテーマで3回にわたり授業を行うという。最初にチョコレートの歴史を教え、生徒はチョコレートがどのようにして作られてきたかを知る。一方で、チョコレートの原料であるカカオの生産現場では、チョコレートを口にしたこともない子ども達が安い賃金で働かされていることに気がつく。それを改善する社会の動きとして、「フェアトレード」を紹介する。生徒は、実際にフェアトレードチョコレートを使ってチョコレートブラウニーを作ってみる。実習後の感想の中には「ある人を応援することができた」との文章も見受けられ、生徒がフェアトレードの意義に理解と関心を示したことがわかる。授業の最後に、「値段だけを基準に商品を選んでいったら何が起こるのだろうか」と問いかけると、生徒たちは、商品を生産する側の労働者のことにも思いを致すという。自分の消費が社会や世界に影響を与えていることの理解を深める教育実践例といえる。

■消費者教育ポータルサイト

　消費者庁は、各地で取り組んでいる様々な消費者教育の実践例を、消費者教育ポータルサイトに掲載している。

【関連キーワード】消費者市民教育

（鎌田健司）

高齢者と消費者教育

■高齢者の消費者被害の増加

人口の高齢化が進む中、高齢者の消費者被害は年々増加している。この点、高齢者が消費者被害に遭う原因として、判断能力の低下や資産の保有に加え、社会から孤立していること等が指摘されている。また、高齢者が被害に遭うと、預貯金等の生活基盤を全て失うことも多く、その後の生活に深刻な影響が生じてしまう。

このような高齢者の消費者トラブルを未然に防ぐため、消費者教育の必要性はますます高まっている。消費者教育推進法も、国等に対して高齢者に対する消費者教育が適切に行われるよう、適切な措置を講じなければならないと定めている（13条）。

■高齢者への消費者教育

高齢者が消費者被害に遭わない力を身につけるためには、高齢者自身に対する教育・啓発が必要である。たとえば、振り込め詐欺被害防止のキャンペーンのような、テレビ、ラジオ、新聞、インターネット等を通じた被害事例の情報提供や注意喚起である。また、メールマガジンによる情報提供も有効である。

しかし、これらの情報に接しても、「自分は被害に遭うはずがない」と思う人も多い。こうした被害情報を、自らの問題として受け止め、行動する力を養うのが「消費者市民教育」なのである。現在行われている高齢者に身近な公民館等での講座や大学等の公開講座を内容的にもより充実させるほか、特に消費者問題に関心がない高齢者にも届くよう、地域の活動に密接した仕組みが求められる（地域の老人会への出前講座等）。

■高齢者の見守り

高齢者の消費者被害を防止するためには、高齢者への消費者教育に加えて、介護事業関係者や民生委員等、高齢者と日頃接する機会の多い人々が、消費者被害の知識を持つことも重要である。そして、これらの人々が、普段の活動の中での気づきを、地域包括支援センターや消費生活センター等につなげる見守りの体制が整備・強化される必要がある。

消費者庁では、「高齢消費者・障害消費者見守りネットワーク連絡協議会」の開催や「高齢者の消費者トラブル見守りガイドブック」の作成などを行っている。また、2014年の消費者安全法の改正により、地域で活動する「消費生活協力団体」、「消費生活協力員」の育成・確保など、地域の見守りネットワークの構築をさらに促進する制度が整備された。

こうした仕組みを活用しながら、各地域の実態に沿った実効性のある見守りネットワークの構築が求められる。

【関連キーワード】消費者教育推進法、消費者市民教育、高齢化社会と消費者行政、地域における連携・人材育成

（白石裕美子）

消費者教育の担い手

■消費者教育の担い手

「消費者市民教育」を考えれば、消費者教育の担い手は究極的には一人ひとりの市民ということになろう。

この点、消費者教育推進法は、国、地方公共団体、消費者団体、事業者・事業者団体、国民生活センターを消費者教育推進の主体として例示列挙し、それぞれについて消費者教育を行うにあたっての義務を課している（4条～20条）。さらに、「消費者教育の推進に関する基本的な方針」（以下、「基本方針」という）では、今後の育成・活用が求められる消費者教育の人材（担い手）として、小学校・中学校・高等学校・特別支援学校等の教職員、大学等における教職員、消費者団体・NPO等の地域人材、事業者・事業者団体等および消費者をあげている。

■担い手同士の連携

消費者教育を効果的に実施するためには、学校・地域・家庭・職域その他の様々な場における様々な機会を捉えて消費者教育を推進しなければならず、そのためには多様な主体による連携が不可欠である（消費者教育推進法3条4項参照）。

この点、基本方針では、国と地方公共団体の連携（国による地方公共団体への情報提供や支援等）、都道府県と市町村の連携（都道府県の支援による市町村の水準確保等）、消費者行政と教育行政の連携（消費生活センターでの教職員研修等）、地方公共団体と消費者団体、事業者・事業者団体の連携等の必要性が指摘されている。そして、このような連携の中心的な役割を担うためにも、各地域での消費者教育推進地域協議会の設置や、多様な消費者教育の担い手を調整するコーディネーターの育成が求められる。

なお、2014年の消費者安全法改正により導入された「消費生活協力団体」「消費生活協力員」が、消費者教育・啓発に取り組むことも想定される。

■事業者・事業者団体の役割

消費者教育推進法は、事業者・事業者団体にも一定の義務を課している（7条・14条）。この点、消費者基本法においても、事業者・事業者団体は、消費者の権利を尊重するために様々な責務を負うこととされている（5条・6条）。消費者教育推進法は、これを一歩進めて、事業者・事業者団体に対し、国や地方公共団体の施策に協力すること（7条）、消費者教育を支援すること（14条）を努力義務とした。このため、消費者である従業者への教育としてだけでなく、企業の窓口で消費者に接する者として必要となる消費生活に関する知識・理解を深めることも含まれると解される。

このように、事業者・事業者団体は消費者教育と無縁でなく、むしろ積極的な役割が期待されているのである。

【関連キーワード】消費者教育推進法、消費者市民教育、消費者基本法、地域連携と消費者教育、地域における連携・人材育成

（白石裕美子）

海外の消費者教育

　消費者市民教育を含む消費者教育推進法が施行されたわが国の昨今の状況を、海外の活発な取組み、「外圧」・「黒船」によるとする指摘がある。あながち的外れとはいえない。これまで日弁連の行った1992年のアメリカ、1998年・2009年のヨーロッパの各視察などを通じて、海外の状況をみてみる。

■アメリカの消費者教育

　消費者被害に遭わないことを中心とする日本に対し、消費者教育先進国アメリカでは、「独立教科」として、市場で積極的な役割を果たす主体的・自立的な消費者、消費者運動に取り組む市民の育成を目指すとされていた。

　実際には、各州、郡、市によって独立教科かどうかも異なっていた。しかし、政府・行政機関だけでなく企業も含めた民間団体が大きく関与しており、単によりよく「消費する技術」から、経済的観点がより重視され、個々人の財産管理から消費者の行動の社会・政治・経済、さらに環境への影響を重視する、いわゆる「ダラー・ボーティング」（購入による選択・投票）に代表される考え方が行きわたっていた。

■ヨーロッパの消費者教育

　ヨーロッパの消費者教育は、日本と同様、教科にまたがる「統合方式」であるが、初回（1998年）訪問時には、ドイツを除いてはEUも含め十分な施策がとられているとはみられず、インターネットで「CONSUMER EDUCATION」と検索しても、ほとんどヒットはなかった。

　しかし、その後地球環境問題が国際的課題となり、持続可能な開発や公正な社会の形成に関する消費者の役割に強い関心が払われるようになって、国連ESD（Education for Sustainable Development）の10年決議、ユネスコやOECDの政策・取組みなどがあり、状況は大きく変わった。

　教員と関係機関のネットワークであるヨーロッパ・コンシューマー・スクール、E‐Cons（1996年～）、CCN（Consumer Citizenship Network、2003年～）およびこれを引き継いだPERL（Partnership for Education and Research about Responsible Living、2009年～）などが積極的に教材づくりや教育プログラムの開発に取り組んできた。これらの状況は、消費者庁や消費者教育支援センターから詳しい報告が出されている。

　北欧中心の2度目の訪問でこれらの動きを目のあたりにし、その成果を日弁連第52回人権擁護大会（和歌山大会）のシンポジウムで報告した（配布資料「安全で公正な社会を消費者の力で実現しよう」540頁）。

【参考】「消費者市民教育に関する諸外国の現状調査報告書（2008年度）」（消費者庁HP「消費者の窓」）、消費者教育支援センター『海外の消費者教育〈韓国・スペイン・PERL〉〈イギリス・フランス・国際機関〉』、「金融に関する消費者教育の重要性」（金融広報中央委員会HP「知るぽると」）

（青島明生）

XV

消費者運動

XV 消費者運動

概　　説

1　消費者運動の意義・始まり

　消費者運動とは、消費者の身体や生命・財産や生活を守り、消費者の権利を実現するため、消費者自身によって取り組まれる組織的な運動である。
　日本の消費者運動の歴史は戦後から始まったといってよい。確かに昭和初期(1932年)の東京三河島の主婦や失業者による**米よこせ運動**の全国的波及や、1919年に東京で結成された家庭購買組合、1921年には神戸と灘に購買組合が結成されるなど、いわゆる**生活協同組合運動**が発足している。しかし、運動を担った当事者たちに、今日考えられる消費者としての権利意識がどれだけあったかは明確でない。
　本格的な消費者運動は戦後の民主化運動の中で発展していった。敗戦直後の飢餓状態の中、食糧など生活に不可欠な物資を確保する運動として始まり、経済復興とともに生活財の品質や価格を問題とする運動へと発展した。1947年、片山内閣の主導で始まった「新日本国民運動」は生活の近代化・合理化を提唱し、冠婚葬祭の簡素化や衣食住の合理化等日常生活の生活改善を目指すものであった。この運動は1954年、**新生活運動協会の設立**、**生活学校活動**へと発展し、青年団・婦人会・町内会で「生活学校」が組織され、食品問題(ズルチン、チクロ追放)や医療問題に取り組むなどした。1948年、「不良マッチ退治主婦大会」を契機に、奥むめおを中心として**主婦連合会**が、1949年に関西主婦連合会が結成され、物価問題に取り組み、1952年に**全国地域婦人団体連絡協議会**(全地婦連)が結成され、化粧品価格問題に取り組み、**ちふれ化粧品**の販売を始めた。1954年には、**全国消費者団体連絡会**が組織された。
　1960年代に入って高度経済成長は大量生産・大量消費システムを完成させたが、その歪みが公害問題や構造的な消費者問題に発展した。弁護士がまず公害問題に取り組み、その取組みは食品・薬品被害への取組みへと発展し、次に消費者問題への取組みへと発展していった。この頃、成熟した大衆消費社会を迎え、消費者製品は一層複雑化して危険性を増し、有害な化学物資の氾濫、悪質な販売方法、不正なマーケティング活動による消費者被害が多発した。このような状況において、1961年に**日本消費者協会**が、1965年に消費科学連合会(2012年に**消費科学センター**と合併)が、1969年に告発型消費者運動団体である**日本消費者連盟**が結成された。これらの団体は今日も**日本における消費者運動の主体・担い手**として活躍している。
　1971年には、消費者8団体による化粧品・洗剤など再販商品の不買運動など**再販制度廃止運動**が活発に行われ再販制度の縮小化を勝ち取った。
　1970年代には**公共料金に関する運動**が高まり消費者が公聴会に参加するなど**公共料金**の決定に対する意見の反映を求める活動が展開された。

396

他方、1970年代には環境問題にかかわる消費者運動も展開されるようになった。その代表的な取組みが、滋賀県における**せっけん使用推進運動・「びわ湖条例」の制定・レジ袋持参運動**であった。レジ袋持参運動は各地の消費者団体が広く取り組んでいる。このような環境問題に積極的にかかわる消費者運動としては、近年の**グリーンコンシューマー運動**もある。

 1980年代になり食料の輸入が増大する中で、**食品の安全を守る運動**が展開されるようになった。

2 専門家のかかわり

 このように、消費者運動団体は戦後社会の市民運動の動きに合わせて活発に結成され物価問題などで成果を上げたが、消費者問題が徐々に専門・複雑化し、政府や企業側が巨大組織化することで、消費者対策も巧妙となり、素人の消費者が多数集まって気勢を上げるだけでは消費者問題は解決しきれなくなり、消費者団体自体が専門化し、科学的・技術的にならざるをえなくなった。消費者被害の救済手続や消費者保護の制度改革のために高度の論理性・専門知識が求められ、さらには政治力・訴訟を手段として権利の確立や被害救済を行おうとする場合には、弁護士など法律専門家の法的専門知識などが必要となった。また、効果的な運動を展開するためには、企業や政府の保有する情報の公開や、科学的な商品テストが不可欠となり、必然的に弁護士や弁護士会、学者や研究者の参加・協力が期待されるようになって、段々と縦横の協力体制や全国的なネットワークが組織されるようになってきた。

 弁護士が消費者運動に最初にかかわることになったのは、1971年6月、松下ヤミカルテル訴訟（独占禁止法25条）の提訴であった。東京高等裁判所は、原告ら8名、16万円余の請求を棄却したが、この提訴は国民の消費者問題や消費者意識の覚悟・世論喚起に大きな役割を果たし、1974年の灯油訴訟提起の先鞭ともなった。

 1970年代後半に入ると、消費者取引が増大し、信用取引や無店舗販売が拡大する中で、悪質な訪問販売やサラ金被害が多発し、契約被害の救済を求めて損害賠償請求する必要性が増大し、多数の弁護士による集団提訴や全国的に被害救済方法を研究会する組織が結成されるなど、弁護士や弁護士会が消費者運動の担い手として大きく登場するようになった。

 この頃、1975年にマルチ商法被害者を中心として悪徳商法被害者対策委員会が結成され、1978年に全国サラ金問題対策協議会（現在の**全国クレサラ・生活再建問題対策協議会（クレサラ対協）**）が、弁護士らを中心として結成された。

 消費者契約法の制定などを受けて法律学の分野でも消費者法の研究が一分野を形成するようになり、消費者法の研究者によるかかわりも生まれてきている。そのような中で、2008年には**日本消費者法学会**が設立された。さらに若手の研究者や実務家による消費者問題への取組みを顕彰するために**津谷裕貴消費者法学術・実践賞**が

397

創設された。

3 消費者運動の類型

消費者運動の類型には生協型（共同購入型）、情報提供型（商品テスト結果の情報提供や金融・保険・医療などサービス分野での情報提供）、告発型があるが、告発型消費者運動は1965年に米国の有名な消費者運動家である**ラルフ・ネーダー**が始めた欠陥自動車告発運動が有名である。わが国でもこの運動に影響を受けて、1969年に自動車ユーザーユニオンが結成され、ホンダ N360の欠陥問題を追及する華々しい運動を展開したが、1971年11月2日、同ユニオン本部長松田文雄と顧問弁護士安部治夫が恐喝未遂で逮捕される事件が発生し、最高裁判所で有罪が確定した。この事件はユーザーユニオン潰しのための逮捕・起訴であったといわれているが、一時的にせよ、当時盛り上がっていた消費者運動に水を差す結果となった。

4 現状と課題

消費者運動はその問題の性格や被害類型によってどのような運動方法をとるべきかが、おのずと選択されるものであるが、一般的に取引型の消費者被害は豊田商事事件、ネズミ講とマルチ商法、ココ山岡事件、サラ金・クレジット被害などにしても、被害は全国各地に多数散在するうえ、個々の被害額が少額であることが多いため、その被害救済と告発、被害発掘の運動は、一定の地域で発生する公害とは違った展開をみせざるを得ない。消費者被害の発掘や啓発には、電話による苦情を受け付ける110番活動や、不当・違法行為に対する告訴・告発、マスコミの協力など、大変な努力とエネルギーを要する。訴訟における救済も必ずしも勝訴するとは限らず、被害者本人や訴訟代理人の献身的努力がなければ、新しい判例獲得も理論の確立も覚束ない。一時、訴訟における弁護士費用の敗訴者負担などが問題となった。このため、消費者が泣き寝入りをせずその権利を守り、被害救済を容易にするための行政の苦情相談窓口の設置や消費者保護体制の強化のための必要な法改正・制度改革に向け、消費者や消費者団体による粘り強い立法運動が行われてきた。サラ金法規制運動・**製造物責任法制定への運動、消費者契約法の立法推進活動、情報公開を求める運動、消費者団体訴訟に関する運動、金利引き下げ運動、割賦販売法改正運動**などである。今日、弁護士や弁護士会、司法書士・司法書士会などは、取引型の被害救済だけでなく、環境・食品・医療・製造物などの安全性、表示・広告問題など、物価・独占禁止法問題、反貧困運動（**反貧困ネットワーク**など）にも広く取組みが続けられている。消費者運動団体でも、食品安全、過剰包装・省エネ・リサイクル問題・福祉・税金問題、**ペット・動物と消費者**をめぐる問題など、広範・多様なテーマへの取組みが進められている。

2009年の**消費者庁設置運動**は、消費者行政のあり方について、弁護士ら専門家や

消費者運動からの関心を引き起こし、消費者庁設置後も**全国消費者行政ウォッチねっと**のような消費者行政に対するウォッチング活動に引き継がれている。

　いうまでもなく、消費者運動は社会的弱者の運動であるため、その運動は政治や企業との間に常に厳しいせめぎ合いがあり、困難な仕事の連続である。それゆえ、被害者運動・消費者運動団体は弁護士・司法書士・学者・研究者・政治家・マスコミ間の相互の情報交換や協力関係、さらには国際化の中でCI（**国際消費者機構、旧IOCU**）との連携や**国際消費者法**とのかかわりなど国際的な連帯も不可欠となっていることを忘れてはならない。

（木村達也・国府泰道）

消費者運動の意義

供給者である企業が組織としての強さを発揮して消費者を圧倒するようになっている今日の経済社会において、消費者が自らを組織することによって対抗力を身につけ、それによって自衛を図ることが考えられる。消費者運動とは、企業と消費者の交渉力・情報力・資金等における非対称性から生じる消費者の不利益の解消と消費者の権利の確立を目指し、消費者が組織化して、企業に対抗しようとする市民運動である。

■「契約の自由」の実質的な確保

消費者1人では対抗できない巨大な相手に対して、組織化して力を集結すれば、対抗できる場合は多い。個人としての消費者には十分な交渉力はないが、団体としての消費者は大きなバーゲニング・パワーをもつことになる。

個々の消費者が企業との取引条件について不満をもち、異議を申し立てても、企業がそれを受け入れて取引条件を修正してまで当該消費者との取引に応じる必要性は乏しい。近代市民法の原則の一つが「契約の自由」であるとしても、一消費者に「契約内容を決める自由」があることはむしろ稀であり、「契約をするかしないかの自由」があるだけである。しかし、取引に不満をもつ消費者が集結して不満を表明し、取引条件の是正を求めれば話は別である。消費者が組織化することにより、企業にとっては大口・継続的な取引相手となり、それを無視できない。また、そうした組織化された消費者の声は、世論としても社会の注目を集めることとなる。

■消費者政策推進のための運動

しかし、巨大で複雑な現代経済社会においては企業に対する組織化された消費者による自衛・対抗のための運動だけで消費者の利益擁護を全うすることはできない。そこに国や地方公共団体が、その責務として消費者政策を講じなければならない理由がある。消費者の安全を守るための規制や不正を行う企業に対する制裁等は行政の責務である。

行政が消費者のために何らかの規制を企業に対して行おうとする場合、行政がその権限を発動するための法的根拠が必要となる。しかし、立法過程で影響力を行使するのは産業界であり、政財官癒着の構造の中で消費者の利益を擁護し、消費者の権利を確立するための消費者政策は産業振興政策に埋没していた。そこで、消費者運動は企業に対してだけではなく、国会や行政に対する立法・政策遂行のための運動としても重要である。「静かな多数者」(silent majority) の声よりも「うるさい少数者」(noisy minority) の声のほうが政治の場では通るといわれる。消費者運動は、多数の消費者の声なき声を集約し、その意思を政治の場に伝える重要な役割も持っている。

【関連キーワード】消費者の権利

(細川幸一)

消費者運動の類型

消費者運動はヨーロッパやアメリカ等の先進国で歴史的に展開され、多様な形態を有するが、おおむね、以下の3つに分類することができる。

■消費者協同型（生協型）運動

1844年にイギリスのロッチデールで働く労働者は劣悪な労働条件や低賃金に苦しめられ、その生活は非常に厳しいものであった。そこで、28人のフランネル職人たちは自らの生活を守るために、貧しいながらも資金を出し合って生活必需品の共同購入を始めるための「ロッチデール公正先駆者組合」(Rochdale Society of Equitable Pioneers) を設立した。そこで確認された、組合員に出資による運転資金の確保、購買額に応じた剰余金の配分、市価・現金主義等の運営原則は「ロッチデール原則」とよばれている。

日本では戦後、物資の乏しい時期に労働組合などを基盤に多くの生活協同組合（生協）が生まれ、1960年代後半、消費者運動の興隆の中、全国各地で新しい生協が発足した。現在、日本生活協同組合連合会の組合員総数は2000万人を超えており、日本最大の消費者組織として、政策提言等を行っている。

■情報提供型消費者運動

市場に出回る商品を消費者が賢く選択することができるように消費者に公正で科学的な情報を提供し、それによってよりよい商品の生産を企業に促し、劣悪な商品が市場で淘汰されることを期待する運動である。

この運動が発生し、展開するのは、市場に商品が大量に供給される一方で、消費者に十分な商品情報が提供されず、企業の市場支配力が強まったためであり、1920年代から大量生産・大量消費時代を最初に経験したアメリカで起こった。当初は商品テストを自らの手で行い、商品の評価を消費者の視点で行う運動として始まったが、近年では、商品のみならず、金融・保険・医療等のサービス分野での情報提供も進んでいる。

アメリカ消費者同盟の「コンシューマー・リポーツ」、イギリス消費者協会の「フィッチ？」等の雑誌がこの運動の象徴であり、日本消費者協会も「月刊消費者」の発行によりこのタイプの消費者運動主体として分類できる。

■告発型消費者運動

1960年代になってアメリカでは欠陥商品が市場に多く出回り、企業に対する消費者の信頼が揺らいだ。そうした中、弁護士ラルフ・ネーダーは欠陥自動車を告発した著書『どんなスピードでも自動車は危険だ』を公刊した。これが告発型消費者運動の始まりとされる。欠陥商品や公害問題に対して企業活動を監視して、問題があれば当該企業を訴訟に訴えるという企業との対決型の消費者運動であり、専門家を取り込んだ一大立法勢力ともなった。

日本では、「矢文」（公開質問状）等を通じて欠陥商品や企業の不正を暴いた日本消費者連盟がこの運動類型の主体といえる。

（細川幸一）

日本における消費者運動の主体

戦前の消費者運動は消費組合が主体であったが、戦後、高度経済成長下での物価問題、欠陥品や不当表示問題に直面して、多様な消費者運動が展開された。

■終戦直後から1950年代まで

戦後間もない1940年代後半の消費者運動は主として婦人団体によって行われた。1948年に不良マッチ退治主婦大会が開催され、この運動が契機となり、主婦連合会（主婦連）が結成された。主婦連は値上げ反対運動等とともに商品試験室の設置による有害食品の追放運動を行った。1949年には大阪の鴻池主婦の会が関西主婦連合会を結成して物価問題等に取り組んだ。1951年には日本生活協同組合連合会が結成され、1952年には地域婦人会の全国組織である全国地域婦人団体連絡協議会が発足した。

1956年には、全国消費者団体連絡会が結成され、1957年には消費者大会で「消費者宣言」が採択された。

■1960年代から1980年代まで

1961年、日本消費者協会が設立され、商品テストの結果を「買い物上手」（のちの「月刊消費者」）に掲載した。1963年には消費科学連合会が設立され、消費を科学するための啓発活動を進めた。

1960年代後半に入ると、公害の続発など経済成長の歪みが大きな問題となり、消費者運動も台所中心の視点から経済成長との関連を重視する方向になり、1969年には、告発型運動を展開する日本消費者連盟が発足した。また、1970年の消費者団体5団体によるカラーテレビの不買運動のように団体が統一行動をとるようになった。

1970年代後半以降、消費者取引が増大し、信用取引や無店舗販売が拡大する中で悪質な訪問販売やサラ金による被害が多発した。こうした中で、消費者が不当な契約から逃れたり、損害賠償請求する必要性が増し、集団訴訟等の法的な手段に訴えることが消費者運動として定着してきた。これは同時に消費者問題に理解のある弁護士や弁護士会が消費者運動の担い手として重要な役割を占めてきたことを示している。

■1990年代以降

規制緩和の流れもあって、消費者に具体的な権利を付与する民事消費者法の充実が叫ばれ始めた。1990年頃からテレビの発火事故が多発し、製造物責任法制定の機運が高まり、消費者団体、弁護士、学者が結束して立法運動を展開し、1994年に制定された。また、本格的な民事消費者取引法である消費者契約法も2000年に制定された。

既存の消費者団体の会員減や高齢化がいわれているが、製造物責任問題を考えるPLオンブズ会議、消費者庁設置論議時に消費者の声を集約するために作られた消費者主役の新行政組織実現全国会議（ユニカねっと）など、既存の団体の会員等がテーマごとに柔軟に組織を作る動きがあり、注目される。

（細川幸一）

米よこせ運動

「米よこせ運動」は昭和初期頃（1930年前後）の主として政府米の払下げ運動（「政府所有米獲得請願運動」などとも呼ばれる）のことをいうが、米という食料の基本であったことや、従前の組織だけでなく一般の主婦などもその主体となった点などにより、消費者運動の原点とも捉えられている。

■「米よこせ運動」と「米騒動」

米よこせ運動の発端は、1932年6月に東京三河島の浄化団に集まった主婦や失業者が「米をよこせ！」と叫び町長、警察署長官舎に押しかけたことであるとされている。そして、政府米獲得闘争は、組織化された団体による全国的な運動へと発展した。

米よこせ運動と似たものとして「米騒動」があるが、両者は性格が異なっている。米騒動は、第一次大戦の終末期のコメの暴騰に怒った大衆による非組織的なもので、その多くは、米の売り惜しみや買占めなどを行っていた商社や米穀商などへの恐喝・窃盗・焼打ちなどといった、まさに「騒動」というべきものであった。

■「米よこせ運動」の経緯と発展

三河島などの大衆運動の一方、消費組合（現在の生活協同組合）も組織的に政府の政策に対する運動を計画し、両方が結びついてさらに大きな運動へと発展した。

1932年7月2日の「国際消費組合デー」において農林省（当時。現在の農林水産省。以下同じ）に第1次デモを行い、政府米払下げ請願書を持っていったが、その日は交渉には至らなかった。その後、「東京米よこせ会」の結成などを経て、同年8月1日の「国際反戦デー」の際に第2次農林省デモが行われた。この時の農林省との交渉で一定の政府米の払下げ、配給が実現した。これを契機に、運動への弾圧が激しくなったが、運動は全国に拡大した。

この運動の特徴の1つに、運動が芸術に結びついていったことがある。運動の参加者から多くの美術作品や文学作品が生まれた。もっとも有名なのは、白石寛の「食」という彫刻で、これは後に「米よこせ母子像」と呼ばれた。この像は行方不明になってしまったが、1975年に再建され、現在はコーププラザ（日本生活協同組合連合会本部）に設置されている。

■戦後の「米よこせ運動」

戦後の米よこせ運動としておそらく最初で最も知られているのは、戦後の食糧難の際の1946年5月12日の「米よこせ世田谷区民大会」とされているが、この年は各地で、デモや米よこせ大会が開催された。

こうした運動は、食糧管理法、食糧管理制度をめぐる闘いを経て、食糧の国内自給の確保や日本の農業を守る運動や食の安全性を守る運動などへとつながっている。

【参考】山本秋『昭和米よこせ運動の記録』（白石書店、1976年） （角田真理子）

生活協同組合運動

■生活協同組合とは

　生活協同組合（生協）は、消費生活協同組合法に基づいて設立された、消費者自らが出資し、運営に参加する協同組織である。事業活動として、宅配、店舗供給、共済、医療・住宅・旅行などを行い、組合員活動として消費者運動に取り組んでいる。生協には、地域生協、職域生協、大学生協、医療生協などがあり、連合会として日本生活協同組合連合会（日本生協連）がある。生協の始まりは、1844年にイギリスで結成されたロッチデール公正開拓者組合である。わが国では東京で家庭購買組合（1919年）、神戸で神戸購買組合、灘購買組合（1921年）などが結成されてから、約100年が経つ。最近では約950生協、組合員6500万人（2011年厚生労働省統計）に達し、日本最大の消費者組織となっている。「CO・OP」「コープ」は協同組合の略語だが、生協の略称としても使われる。

■生活協同組合の組合員活動

　生協の組合員活動は多岐にわたる。

① 　コープ商品、産直商品の開発：コープ商品は生協のプライベートブランド商品で、安全性を求める組合員の要望を取り入れ、国産原材料の使用、フェアトレードなどを進めている。産直商品は地産地消だけでなく生産者との交流も図られ、栽培や肥育の方法が明確にされている。

② 　食品の安全を求める活動：食品添加物、農薬、動物用医薬品の規制強化を求めたり、食品衛生法の改正を求める運動を続けてきた。食育活動として、農業体験、買物実習なども始まっている。

③ 　環境を守る活動：牛乳パック、食品トレイ等のリサイクルや、レジ袋の有料化の先鞭をつけ、再生資源を使った商品、詰め替え商品、有機食品の供給を進めてきた。再生可能エネルギー電力の普及を始めた。

④ 　福祉・助け合い活動：高齢だったり障害をもつ組合員のために日常生活の家事援助を行っている。自治体と地域見守り協定を結び、商品の宅配時に異変に気づいたら通報する。

⑤ 　暮らしの見直し活動：家計簿をつけて分析する活動から、全国生計費調査をまとめている。年金・保険などライフプランを作る活動を行う。

⑥ 　防災活動、平和活動：東日本大震災被災地の復興支援活動を継続している。自治体と災害時の物資供給等の支援協定も結ぶ。核兵器の廃絶などの平和活動、国連児童基金（ユニセフ）との共同活動を行う。

⑦ 　消費者の権利を確立する活動：全国消費者団体連絡会のメンバーとして、各地の消費者団体と共同して行動している。1973年の石油ショックの際には、灯油裁判を提訴した。全国の適格消費者団体を財政的、人材的に支えているほか、各県において消費者ネットワークづくりに参画している。

（圓山茂夫）

新生活運動・生活学校活動

　新生活運動は、戦後の国の再建を目指す国民運動として出発した。1955年には、新生活運動協会（後の「明日の日本をつくる協会」）が設立されたが、高度成長による経済社会の変化は従来型の運動を困難にし、1960年代半ばには新たに生活学校が結成された。

■新生活運動協会の設立まで

　戦後の民主化の流れを背景に、地域生活や家庭制度でも民主化への志向が高まった。新憲法制定後初の片山哲内閣は、新日本建設国民運動を提唱し、運動の速やかな展開を期待するとしたが、内閣が10ヵ月で総辞職してしまった。しかし、運動は全国に広がり、特に近代化が遅れていた農山漁村の婦人会や青年団などにおける衣食住の合理化や冠婚葬祭の簡素化等といった日常生活の民主化・近代化運動は、「生活改善運動」と呼ばれた。

　1954年発足の鳩山一郎内閣は、政策課題の1つとして新生活運動を取り上げたが、マスコミは政府主導の方針を批判した。政府から参加要請を受けていた団体の政府の援助を財政面にとどめるべきと主張した。その結果、1955年に政府の方針で指導するのではなく、国民自らが行う運動への資料・知識等の援助や相互交流を進めることなどを目的とした新生活運動協会が設立された。運動費の全額は政府の補助金、事務も自治体の職員が行うなど官製色が強いものであったが、青年団、婦人会、町内会を主体として、内容としては従来通りの運動が全国的に広がった。

■新生活運動の変革

　新生活運動は、経済の高度成長により変革を余儀なくされる。農山漁村人口の都市への移動による運動の担い手の減少や技術革新による大量生産商品の流通や公害の発生などで、それまでの運動方針では対処できなくなった。1960年代の前半頃から、個々の生活改善というそれまでの運動から住民が協力して行う運動への転換が図られた。

■生活学校の結成と活動

　新生活運動の関係者などの模索の中から生まれたのが、主婦を運動の主体とする「生活学校」であった。第1号とされるのは、当時の千葉県旭市の婦人会が1964年7月に開設したもので、その年に関東近辺25校で実験的に始められ、5年後の1969年には全国に1131校と広がって行った。

　生活学校が第1に取り組んだのは、食品問題である。特に人口甘味料ズルチンやチクロの追放や着色料問題などである。その他医療問題にも積極的で、休日診療体制の確立に成功している。1970年代からは、資源のリサイクル問題にも取り組んできた。

　生活学校のそれぞれの地域社会における実践的活動は、消費者運動の視野を広げる役割を果たしたといえよう。現在も全国に約1000の生活学校があり、身近な問題に取り組んでいる。

【参考】大門正克編著『新生活運動と日本の戦後』（日本経済評論社、2012年）

（角田真理子）

主婦連合会

主婦連合会（主婦連）は戦後混乱期の1948年、主婦たちが配給の不良マッチを持ち寄り、役人や業者に優良品との取り替えと品質改善を約束させた「不良マッチ退治主婦大会」をきっかけとして発足した。主婦達の団結を呼びかけたのは初代会長の奥むめお（1895～1997年）である。以降、主婦連は平和、物価、税金、食品、環境など幅広い課題を身近な消費者問題として提起し、「台所の声を政治へ」というスローガンの下、消費者の意見を政策に反映させる取組みを展開している。

■1950～1960年代の主な取組み

主婦連の日用品試験室で「たくあん」から有毒色素オーラミンを検出し、その排除へと導いた「オーラミン追放運動」、ニセ牛缶事件をきっかけに始まった偽装表示への監視活動、ユリア樹脂製食器からホルマリンを検出したことによるプラスチック食器への問題提起などがあり、これらは衛生行政の強化や景表法制定へと結実した。

■消費者相談窓口設置の先駆けとして

主婦連は1961年、全国35カ所に苦情相談窓口を設置し、商品、サービスなどについての相談を受け付けた。その結果をもとに行政・企業に改善を求める一方、相談窓口設置の必要性を訴えた。それが1968年、消費者保護基本法に盛り込まれ、各地の消費生活センターや企業のお客様相談窓口設置へとつながった。

■1970～1990年代の主な取組み

1971年、「果実飲料等の表示に関する公正競争規約」に不服申立てを行い、1973年に消費者の権利訴訟と位置づけられるジュース裁判を提起した。また1974年にはヤミカルテル灯油裁判を鶴岡と神奈川の生協と共に提起した。カラーテレビの不買運動、大気汚染測定運動も当時の代表的連携運動である。その他、円高差益還元を求めての公共料金値上げ反対、消費税反対、製造物責任法や情報公開法制定運動などに取り組んだ。

■消費者庁創設は長年の「夢」

初代会長奥むめおは、参議院議員を務めていた1959年、国会質問の中で、「国民生活安定のために企画し、強力に施策を推進する総合的な役所」の新設を訴えた。そのときはこれを「生活省とでも言うべきか」と述べている。

この夢が21世紀になって、当時の福田康夫首相のもと一気に実現へと動き出す。消費者庁の設置を求める運動には主婦連も積極的に参加し、奥むめおの訴えからちょうど半世紀後の2009年、消費者庁が創設された。

■2000年以降の主な取組み

弁護士費用敗訴者負担制度反対運動、リコール社告のJIS規格化、消費者のための事故調査機関創設運動、TPP反対、消費税増税反対、消費者目線での食品表示一元化、IT関連の消費者問題など、活動分野に一層の広がりを示している。また、ISOなどの国際規格策定に消費者意見を反映させる取組みにも力を注いでいる。（河村真紀子）

全国地域婦人団体連絡協議会・ちふれ化粧品

　全国地域婦人団体連絡協議会（全地婦連）は、地域婦人会団体の全国ネットワーク組織である。戦後の混乱期に各種婦人団体が誕生する一方で、地域で育った婦人会が連絡協議組織をつくっていき、1952年に全地婦連が結成された。その活動は、領土問題なども含め社会生活や家庭生活上の幅広い問題に取り組むものであるが、消費者問題への取組みも重要な一つである。

　消費者団体活動として最も著名でその特色を表すのは、「100円化粧品」の代名詞となったちふれ化粧品の開発とあっせん販売に関連する活動である。

■ちふれ化粧品の開発とあっせん販売

　全地婦連が、ちふれ化粧品の販売あっせんをはじめたのは、1968年である。きっかけは、1966年7月4日付け朝日新聞の化粧品の基礎原料はほとんど同じなのに価格幅が大きいという記事とされている。その後、「暮らしの手帖」89号が、品質では大差がないのに価格で4～10倍もの開きがあるとのテスト結果記事を掲載するなどした。

　一連のマスコミ報道を受けて、当時100円化粧品を扱っていた東京実業（1991年から、ちふれ化粧品）と折衝を行い、条件で合意し、会員の使用テストや公的機関の品質検査を経てちふれ化粧品を開発し、同年9月からあっせん販売をはじめた。「ちふれ」という名称は、当時の事務局長が団体名から提案、文字は当時の会長によるものである。この活動は、単なるあっせん販売ではなく、「賢い消費者を目指す自衛運動」と位置づけられ、基礎化粧品には、一切着色料を使用せず、香料、防腐剤を低くしたほか、成分の価格構成等の公表も行った。

　成分と原価等の公表により、消費者が化粧品の品質と価格が対比していない現実を目の当たりにしたことで、再販売価格維持制度によって支えられていた「値段の高い化粧品ほど品質が良い」という化粧品神話は崩壊した。

■制度の見直し

　ちふれ化粧品が行った、化粧品成分の公表や成分の含有量、製造年月日の本体表示などは、1871年から消費者8団体が始めた再販売価格維持制度の廃止運動に大きな影響を与え、また、1979年の改正薬事法の厚生大臣指示、成分の表示の義務付け等の制度の見直しにも大きく寄与した。

■全地婦連結成60周年を超えて

　全地婦連は、2012年に60周年を迎え、2013年より東京渋谷の全国婦人会館ビルの建て替えを行い、2014年4月に新しい全国婦人会館がちふれ化粧品との共同ビルとして竣工された。

　最近の主な取組分野・テーマは、消費者問題の他、男女共同参画社会の実現、地域社会活性化、環境問題、子育て・教育、福祉・健康などである。

【参考】国民生活センター編『戦後消費者運動史』（国民生活センター、1997年）、『全地婦連50年のあゆみ』（全国地域婦人団体連絡協議会、2003年）（角田真理子）

XV 消費者運動

全国消費者団体連絡会

　1956年に結成されて以降、それぞれの時代の多様な課題に取り組んでいる。全国消費者大会の事務局を担い、また、国際消費者機構（Consumers International：CI）に加盟するなど、国内外の消費者運動の要として活動している。

■活動－提案型・提言型の立法運動へ

　運動課題の複雑化・高度化に伴い、従来の団体間の共同行動型運動から、提案型・提言型へと活動を変化させている。1990年代以降は、消費者団体だけでなく専門家や弁護士、学者、研究者などと連携し、具体的な立法運動を進めるようになっている。

① 製造物責任法の制定運動：1990年代前半期、「PL法全国連絡会」を結成して制定運動を進め、1994年に実現。民法709条（不法行為）の過失責任の原則を消費者の視点から改正させたものとして画期的な法律となった。この制定運動を引き継ぐ形で「PLオンブズ会議」が生まれ、現在でも活動を継続している。

② 消費者契約法の制定運動：1990年代後半期、契約をめぐる消費者被害が急増する中で「消費者のための消費者契約法を考える会」を発足させ提言を発表。その後、「消費者契約法の早期制定のための全国ネットワーク」を結成し、運動を推進。2000年の消費者契約法制定につながった。

③ 消費者基本法の制定運動：消費者被害が増加し企業不祥事が多発する中で、消費者保護基本法の改正に向けて「改正試案」をまとめ、政府と国会に働きかけを進めた。2004年に「消費者の権利の尊重」「自立支援」を基本理念とする「消費者基本法」が成立した。

④ 集団的消費者被害回復訴訟制度の早期創設運動：消費者被害の実効的な回復可能性を広げるために、早期創設運動を進めた。2013年に消費者裁判特例法として成立。一定の要件を満たす消費者団体が原告となって訴訟を行い、事業者の法的義務が認められた後に個々の被害者が簡易な手続で債権を確定していく2段階の訴訟制度が実現した。

■組織－消費者主役の社会にふさわしい消費者組織へ

　1956年の創設時（11団体）の運営規則では会の目的を「物価値上げに反対し、くらしと健康を守る」こととしていたが、1997年の組織と運営の改革を経て「消費者の権利の確立とくらしを守り向上をめざす」と改定し再出発した（38団体）。その後、社会的認知度・信用度を一層高めていくために2013年に一般社団法人として再出発した（44団体）。定款で目的を「消費者の権利の実現とくらしの向上、消費者団体活動の活性化と消費者運動の発展に寄与すること」としている。

（板谷伸彦）

日本消費者協会

■日本消費者協会の事業目的
　当協会は、消費者の権利の確立と自立支援のための消費者教育、消費者への情報提供を目的として、1961年9月に設立した。その目的達成のため、現在、次のような事業を実施している。

■消費生活コンサルタント養成講座
　急激に変化している消費生活に対応するために、消費者への情報提供、消費者相談、消費者グループなど、様々な場面で活動できる人材の養成講座を開設している。講座は、1962年以来継続されていて、昼間コース、夜間コースがある。修了者の多くは、各地の消費生活センターや企業での相談員、調停員、講師、消費者グループのリーダーなどとして活躍している。

■消費者力検定試験
　一般消費者の学習意欲を高めるとともに、自分の消費者力を試してみることができるように2004年から検定試験を行っている。試験の結果は資格付与などに結びつけるものではない。基礎コースと応用コースがあり、それぞれ1級から5級までの区分がある。全国10カ所の受験会場を設けているが、グループや職場などで受ける団体受験の仕組みもある。テキストとワークブックも発行している。
　また、団体受験を目指す組織とタイアップして、事前の学習講座も開催している。

■消費者相談
　一般消費者から苦情等の相談を受け付けるために消費者相談室を設けている。それぞれの相談に対して、必要に応じてあっせん処理を行っている。また、他の消費者にも広く影響があるとみられる事例は、調査を行い、広く関係方面へ改善要求をするとともに、行政機関へ提言や意見表明を行う。これらはホームページに公表している。

■企業へのアプローチ
　企業の消費者対応セクションに対しても、消費者の権利を理解し、消費者支援を行えるよう人材育成のためにコンシューマー・オフィサー養成講座を開催している。講座修了者を中心に、毎月定期的に消費者問題のトピックスやレベルアップのための講義を中心とした月例会を開催している。

■相談員・地方消費者行政職員の研修
　消費者問題は変化が激しく、相談員や消費者行政職員は問題の変化に対応し、国の施策や新しい知識を身につける必要がある。そのため、全国の相談員・消費者行政職員を対象に2日間の研修講座を毎年開催している。

■消費生活関連の啓発冊子の発行
　悪質商法等に対する啓発用小冊子を発行し、各自治体等で利用されている。また、葬儀に関する調査結果の報告書並びに消費者向けエンディングプランの小冊子を発行している。

（松岡萬里野）

消費科学センター

■消費者は自立できたのか
　2012年に消費者教育基本法が成立し、消費者市民社会の構成員としての自覚を促されることになったが、はたして消費者はその理念を理解し納得しているのだろうか。

■消費者市民社会
　地球環境・エネルギー・資源問題など、現代社会には消費をめぐる社会問題が山積している。そのような中で、消費者市民社会では、消費者は社会、経済環境などに与える影響を考えた消費行動をとることが求められている。
　この「消費者市民社会」に生きるために消費者一人ひとりが社会経済情勢や地球環境にまで思いを馳せて生活し、社会の発展と改善に積極的に参加する事ことを意味している。
　しかし、消費者が選択行動を通じて社会に与える影響力を十二分に発揮するための教育、主体的に消費者市民社会の形成に参画しその発展に寄与することができるようにする教育施策が具体化しているとは言い難い。

■消費者教育の実践
　そのため消費科学センターでは、50年にわたって「消費者による消費者の為の消費者教育」を実践し、その実績をもとに消費者大学講座並びに広報活動に取り組んでいる。

■消費者大学講座の事例
　2011年の東日本大震災による災害を受け、2012年度には「災害への備え」として物心両面に対する様々な角度から学習した。
　また、2013年度においては、「選択」を確かなものにするための基礎力を鍛えた。
　2014年度においては、民主社会形成の基礎としての「税」を「暮らしを豊かにするために」として学んでいる。

■広報活動
　タブロイド紙4ページの小さな広報紙だが、毎月15日に発行している。広報紙を通して、今消費者が感じる様々な不安や疑問をモニタリングし、それらに対する対策、回答を掲載する努力を重ねている。
　仕事を持ち、毎日忙しい若者達の思いを知り、かつ当方からのお知らせを届けるべくホームページを開設した。

■学習会・見学会の開催
　消費なくして生産なし、また生産なくして消費なしの思いのもとに、共生経済、共生社会の実現に向け、共に相手を知るための活動として、企業、行政などを招いてその活動を聞き、現場を見学させてもらうなど、相互理解の一助となるよう学習会や見学会を開催している。

■消費科学連合会について
　財団法人消費科学センターは、2014年4月1日で一般財団法人消費科学センターに移行した。それに伴い、消費科学連合会は、センターに吸収合併され、会員の多数はモニターとしてセンターに連なることになった。

（犬伏由利子）

日本消費者連盟

　日本消費者連盟（日消連）は、1969年4月、創立委員会を設立、1974年5月に個人会員制の組織として発足した、自立した消費者による消費者団体である。創立以来、消費者主権の確立をめざし、「すこやかないのちを未来へつないでいく」ことを、活動の最も大切な理念として、多様な取組みを展開してきている。

　1969年6月には、旬刊の機関紙、「消費者リポート」を発刊、月1回、会員および購読者に送付している。

■消費者主権の確立と草の根運動

　空気を吸い、水を飲み、食物を食べて（消費して）、命を未来へつないでいくことは、生物の根源的な営みであり、この意味においては、全ての人は消費者である。私達は、モノやサービスを買い、消費するものという現在の経済の中で位置づけられた「消費者」の枠を越え、生命を根源に据えた自立した消費者でありたい。どこでも、誰でも、他の生き物も、共に生き生きと自らの生命を全うできる、社会・経済・政治の仕組みを築き、次の世代に手渡していきたい。消費者主権とは、このような私達の意思を実現させるために、今ある商品の中から賢い選択をするだけの消費者にとどまらず、私達が、社会・経済・政治のあり方を変えていく力をもつことであると捉えている。

　地域の暮らしを土台にした一人ひとりの自立した消費者の取組みが、草の根のように勢いよく広がるとき、消費者主権への道筋は確かなものになるものである。

■5つの基本方針

　日消連では、次の5点の基本方針に基づいて、毎年6月に開催される定期総会で活動方針を決めている。

　①生命の安全と健康を第一に考える、②消費者の様々な権利が守られる制度をつくる、③経済的不公正をなくして、公正な社会を目指す、④私達の要求を企業や行政に積極的に働きかけ実現を図る、⑤財政的には自立、政治的には超党派である。

　これらの下に、取組みが網羅されており、憲法を活かし平和を守る活動は、重要課題の一つとして位置づけられている。日消連の活動方針は、戦争を拒否していくことを大前提として立てられているのである。

■活動のネットワーク

　日消連の活動の多くは、ネットワークを組んで展開されている。たとえば「食の安全・監視市民委員会」「遺伝子組み換え食品いらない！ キャンペーン」「ふーどアクション21」「原発止めよう！ 東京ネットワーク」「きれいな水といのちを守る合成洗剤追放全国連絡会」「石綿対策全国連絡会議」「脱WTO草の根キャンペーン」「全国自然保護連合」「ワクチントーク全国」「盗聴法（組対法）に反対する市民連絡会」「反住基ネット」「戦争反対　有事法制を廃案へ！　市民緊急行動」「WORLD PEACE NOW」等である。

（富山洋子）

ラルフ・ネーダー

アメリカで最も著名な消費者運動家であるラルフ・ネーダー（Ralph Nader）は、1934年アメリカのコネチカット州に生まれた。1955年にプリンストン大学を卒業し、ハーバード大学ロースクールで法曹資格を得て、当初は弁護士として活動をする。ネーダーは「企業告発型消費者運動」を具体的に展開した先駆者として著名だが、一方で、訴訟も考慮に入れた専門家を含む消費者組織をつくることにも大きな功績がある。1971年のPublic Interestや1995年のCPT（Consumer Project on Technology）はその例である。それは、彼が弁護士として、消費者運動にかかわったことと無縁ではない。

■どんなスピードでも自動車は危険だ

1965年に出版した『どんなスピードでも自動車は危険だ』という告発本が大きな転機となる。この本は、アメリカ最大の自動車メーカであるゼネラルモーターズ（GM）が発売したCorvairという新車に構造的欠陥があることを明らかにした。その後のGMによる執拗な身辺調査がプライバシー侵害に当たるとされ、ネーダーは42万5000ドルに及ぶ和解金を得る。この資金がその後の消費者運動への基盤になった。

ネーダー等の欠陥自動車問題についてのロビー活動の結果、政府は、二つの自動車に安全性に関する法律を成立させるとともに、NHTSA（the National Highway Traffic Safety Administration）という行政機関を設置した。ネーダー等のグループは、その行政機関を監視する民間センターを直ちに立ち上げている。また、同時期に、広く消費者保護に関するアメリカの行政機関である連邦取引委員会（FTC）についても調査し、1969年にはその報告書を公表している。こうした活動に賛同して、多くの法律家や学生などがネーダーの運動を支援した。

■情報は民主主義の通貨である

ネーダーの活動は多岐にわたるが、一方の柱が情報を市民の手に取り戻す運動である。アメリカ情報自由法（Freedom of Information Act）の活用を図り、数次にわたる改正に大きな影響を与えた。現在のMicrosoft社の寡占状態に反対する活動もその一環である。

四度にわたって米国大統領選挙に出馬するなど、活発な活動を継続している。

わが国にも1971年以来、度々来日し、消費者運動に大きな影響を与えている。

【参考】ラルフ・ネイダー『どんなスピードでも自動車は危険だ』（ダイヤモンド社、1969年）、パブリック・シティズンほか著『誰のためのWTOか？』（緑風出版、2001年）、リチャード・LD・モース編『アメリカ消費者運動の50年』（批評社、1996年）、ラルフ・ネーダーのHP〈http://www.nader.org〉、市民団体Public InterestのHP〈http://www.citizen.org〉　　（坂東俊矢）

せっけん使用推進運動・「びわ湖条例」の制定・レジ袋持参運動

■せっけん使用推進運動

　高度経済成長期に、琵琶湖はその流域から流れ込む産業排水や生活排水によって急速に富栄養化し、次第に水質の汚濁が顕著となり、1973年には彦根沖で局部的に赤潮が発生した。1977年には、北湖から南湖にかけて広範囲にウログレナ赤潮が大発生し、問題の深刻さが自覚される。翌年8月、消費者団体、生活協同組合それに県や市町村などによって「びわ湖を守る粉石けん使用推進県民運動」県連絡会議が設立された。リンが含まれる合成洗剤の使用をやめて粉せっけんに切り替えることにし、「多少の不便があっても、それがびわ湖を守ることになるなら、私たちは粉せっけんを使いましょう」のスローガンのもと、県民一人ひとりが環境を守るために自らの消費行動と向き合うことになる。びわ湖の水質という目に見える具体的テーマがあったため大きな成果を生んだ。せっけんの使用率は、1979年には25％にすぎなかったが、1980年には70.6％にまで達した。

■びわこ条例の制定

　一方、滋賀県の対応も早かった。
　1977年には県消費生活相談員の指導による県下全域での「ローラー作戦」（洗濯機による粉せっけんと合成洗剤の洗浄力テストを実施。同時に、硬水地域には軟水器の適正使用を呼びかけた）を実施している。
　1979年10月には、「有リン合成洗剤の店頭での販売禁止」「消費者の不使用の責務」「贈答品としない責務」を明文化し、同時に工場排水への規制や化学肥料の適正使用の義務付けなどを内容とする「滋賀県琵琶湖の富栄養化の防止に関する条例」（「びわ湖条例」。施行は1980年7月）が制定された。関連事業団体等からの反対や合成洗剤のみを規制することの是非について議論があったが、知事による条例制定表明から半年後には条例制定にこぎつけている。滋賀県全体が一体となった運動がその背景にあったといえる。

■レジ袋持参運動

　近年、レジ袋が広く普及しているが、一方で、レジ袋を作りゴミとして処分するには多くの資源とエネルギーが必要なことも広く知られており、消費者団体や有志者間では以前からマイバッグ持参運動が行われていた。1913年4月から滋賀県で実施された「レジ袋無料配布中止」の取組みは、ゴミの減量や資源化の推進を目標に、事業者、県民団体、行政が「レジ袋削減の取組に関する協定」を締結して実施されたものである。協定締結事業者は38社あり、県内外大手のスーパーなどが含まれる。県循環社会推進課によると、レジ袋平均辞退率は、1913年3月で51.6％、同年12月には88.8％となる。1枚5円・3円のレジ袋だが、県民の約9割がマイバッグ持参という消費行動をとっていることになる。

【参考】国門孝之「淡海文化の創造をめざして」都市問題研究44巻10号84頁

（坂東俊矢・椋田芙規子）

再販制度廃止運動

再販制度とは「再販売価格維持制度」の略で、商品の供給元が販売店に対して販売価格を指定して、それを守らせるという制度である。消費者利益に反し、現在、独占禁止法で原則禁止とされている。ただし、「著作物」6品目は再販制度の適用除外商品である。

■再販制度容認時代

1953年、独占禁止法改正により、指定商品は適用除外とされ再販制度が容認された。公正取引委員会は、化粧品・毛染料・歯磨き・家庭用石鹸・医薬品・カメラなどを指定した。指定理由は、ブランドの信用維持と収益低下による品質低下を防止することにあるとされた。しかし、原材料費が低下しても広告宣伝費などが上昇しているだけで再販制度が価格の下支えをしている実情があり、1960年代から指定商品の取消が少しずつ行われた。

■再販商品不買運動

1971年1月、消費者8団体が、全国婦人の集いで、化粧品・家庭用石鹸（洗剤）など再販商品の不買運動を申し合わせた。同年、主婦連合会（主婦連）が再販制度の廃止を公正取引委員会に要請し、また、資生堂化粧品の不買運動を決定、地婦連も各分野の再販トップメーカーを公表してその不買運動を提唱、消費者8団体では7～9月を再販制度追放期間とし活発な街頭宣伝を実施したりと、再販制度廃止の運動が急速に盛り上がっていった。

翌1972年8月には、IOCU（現CI（国際消費者機構））の第7回世界大会において、主婦連が再販廃止決議を提案し、同大会で採択された。11月～12月にかけては、消費者8団体がスーパーマーケット業界団体とともに「再販制度追放月間」運動を各地で展開した。それらの運動を受けて、1973年8月、公正取引委員会は再販制度の縮小方向を打ち出し、翌1974年9月から指定商品は化粧品（1000円以下）と医薬品（大衆保健薬）の2品目となった。1997年3月には全ての指定商品が取り消され、現在は存在しない。

■再販制度容認の再燃

2013年6月に経済産業省が公表した「消費インテリジェンスに関する懇談会報告書」では、脱デフレのための1つの柱として再販制度緩和の方向性を打ち出した。2007年の米国連邦最高裁リージン判決を得て、「原則違法」から「合理の原則」へ緩和しようというものである。

「合理の原則」とは、再販はブランド間競争を促進する効果があり反競争的効果を全ての場合に有していると実証できないので、合理性がある再販は合法とすべきというものである。しかし、再販制度が流通業者間の価格競争を減らし商品価格の上昇をもたらすことは過去の指定商品でも明白である。

開発者利益の確保を理由として消費者利益が害されることのないよう歴史に学ばなければならない。

【関連キーワード】不当な取引制限

（中野和子）

公共料金に関する運動

公共料金は国民生活に密接な物資、公益事業のサービスで、国や地方自治体が決定に関与する料金・価格をいう。具体的には国会議決や政府認定の郵便、NHK受信料、政府認可の電気・ガス・電話の料金、鉄道、航空、船等の運賃、地方自治体の決める水道、教育費など実に広範囲に及ぶ。これらは、その内容とともに、料金について、消費者とのかかわりが深いものである。これらのサービスを提供する事業は多くは独占的事業であるが、これらは公益事業と呼ばれることもある。

■事業規制法

電気分野では電気事業法というように多くの場合で個別の規制法があり、料金の決定についても一定ルールが定められている。しかし、料金は事業者の改定申請に規制当局が認可し決定するものになっており、消費者は当事者性を持つのに、参考として公聴会で意見を聞かれる程度である。

公益事業は定められた料金でしか契約できず、消費者は、約款等を読み理解しているか否かも問われない（付合契約といわれる）。

■公共料金と消費者の権利

このような状況の下で、消費者（利用者）は弱い立場にある。①知らされる権利、②選ぶ権利、③意見が反映される権利も不十分で、「取引条件の決定に参加する権利」が奪われている。このためにも消費者は団結して運動することが不可避であった。

1957年から毎年全国消費者大会が開催されているが、公共料金の値上げが毎年問題とされてきた。1970年代後半に入ると、公共料金に関する運動は質・量共に高まり、料金の適正原価を問うものとなった。消費者は情報公開の下、消費者の意見を聴く公聴会、それも審議型の運用を求めた。こうして、消費者が単に参考人でなく当事者として公聴会に参加し、意見の反映を求める活動も全国に広く展開された。

弁護士の動きも1970年代に始まり、1985年には近畿弁護士会連合会は「公共料金の決定に消費者の参加を確保する法律」要綱を公表し、日本弁護士連合会の活動としても広がった。

■課題

今日まで各種の規制法の改正があり、公益事業の自由化・民営化など、公益事業は大改革期にある。

2012年2月、消費者運動も反映した内閣府の消費者委員会は「公共料金問題についての建議」で消費者視点での公共料金となるよう「参画する権利」の確立を求めている。公益事業には、たとえば電力料金でいえば事業者が原発稼動を認めてもらうか、さもなくば料金値上げを求めるといった動きもある。公共料金については、まずその事業のあり方と経営全体について透明性のある説明責任が求められる。そのため、消費者が当事者としての決定に参画する運動が求められている。

【関連キーワード】消費者の権利、公共料金

（井上善雄）

公共料金

■消費者の権利と公共料金

ケネディ大統領は「選ぶ権利」を消費者の権利の一つとしてあげているが、そこでは、「できる限り多様な製品やサービスを、競争価格で入手できるよう保障される権利。競争が働かず、政府の規制が行われている業種においては、満足できる品質とサービスが公正な価格で保障される権利」と述べている。後段は公共料金適用分野に対する記述であり、電気、ガス、水道等の消費者が事業者を選べない分野においても満足できる品質とサービスが公正な価格で提供されることを消費者の権利として位置づけている。

■公共料金に対する不信

東日本大震災と原子力発電所事故の電気料金に与える影響をめぐる議論が契機となって、国民生活における公共の重要性が注目された。東京電力からの電気料金値上げ認可申請手続における議論を通じて、認可プロセスの透明性や総括原価方式における原価参入項目等に疑義が生じた。高度経済成長時には公共料金問題は物価問題であり、いかに値上げ幅を抑制するかということに議論の中心であったが、長年の一般物価水準の持続的な低下の中で、現行の公共料金水準自体が適正なものであるかに関心が集まってきている。

■消費者庁・消費者委員会での議論

消費者庁では公共料金に関する研究会を2012年2月に立ち上げ、同年11月に「公共料金の決定の在り方について」を公表した。消費者委員会においても下部組織としての公共料金等専門調査会が組織され、2013年6月には調査会報告が出され、それを受けて同年7月に消費者委員会から「公共料金問題に関する提言～公共料金等専門調査会報告を受けて～」が公表された。

これらの報告書を通じて主に以下の課題が明らかになっている。

① 料金改定時における消費者の参画：審議会委員に消費者代表が含まれていない場合がある。現行の公聴会や審議会では、意見表明の準備が困難であり、実質的な議論をしにくい。消費者等が求める情報（セグメント情報等）が十分に提供されていない。

② 公共料金の水準・内容：原価に効率化努力や技術革新の見込みがあらかじめ織り込まれる必要がある。入札による落札価格を原価として算入、入札手続に仕様の内容について外部意見を取り入れる等、実質的な競争が行われる必要がある。原価の範囲、水準について「審査要領」等基準を作成・公表すべきである。

③ 事後的・継続的な検証：長期間改定が行われていない分の料金の妥当性を早急に検証する必要がある。事後的・継続的に検証する方法と適切な情報開示の内容を早急に検討すべきである。

【関連キーワード】公共料金に関する運動

（細川幸一）

製造物責任法制定への運動

■製造物責任法

アメリカでは、判例で、製品の欠陥によって生じた損害の製造業者の賠償責任が認められ、1962年にこの考え方(今日の製造物責任)が「第2次不法行為リステイトメント」に盛り込まれて急速に広がった。ケネディ教書で消費者の権利宣言が出された頃であり、まさに消費者重視の時代への転換の反映でもあった。

欧州でも、EUの市場統合に伴う競争条件整備の要請もあって、1985年に「製造物責任についてのEC指令」が出され、EU各国に広がり、その流れは他国にも拡大していった。

他方、日本では、1960年代後半に発生した森永ヒ素ミルク中毒事件では見舞金が支払われただけで、被害者救済はその後14年の歳月を待たなければならなかった。1970年代にはスモンやカネミ油症事件などの集団訴訟が提供され、被害者が勝訴し、恒久対策の流れが定着していったものの、その後も薬害エイズ事件など次々と大事件が発生し、過失から欠陥へと責任要件を転換する立法の気運は醸成されてこなかった。

■弁護士会が立法の牽引役に

日弁連は、1989年の第32回人権大会で消費者主権の確立と製造物責任法の制定を課題として掲げ、その実現に向けて消費者問題対策委員会を中心に立法運動に取り組んできた。

委員会では、数次にわたって欧米の制度や運用の実情調査を行い、日本と欧米諸国の社会や司法制度の違いを踏まえて、消費者保護の視点から製造物責任法要綱試案を提案し、研究者や消費者団体の間での議論を高めた。他方で、欠陥商品110番を開設して埋もれた被害を掘り起こし、1994年3月にテレビ火災事件で製造物責任を認める判決も引き出した。他方、全国の消費者団体と連携し、またメディアを通して市民・消費者に問題意識の浸透を図り、国民生活審議会等での審議に消費者保護の立場からの意見を反映させるべく、日弁連として時機を逸せず発信を続けてきた。こうした活動は、消費者の立場から行政・議会・メディアなど各方面に働きかけ、消費者立法を推進する運動の先駆けとなった。

政府の審議会では明確な欠陥責任を打ち出せなかったが、1993年7月に細川政権が誕生したことで、一転して立法化に動き出した。その後も経済界等から実質的な過失責任への巻き返しが続き、1993年12月の国民生活審議会や産業構造審議会報告では欠陥概念が限定されていたが、日弁連等の監視の下で政党主導の法案調整がなされ、1994年6月にEC指令に準じた製造物責任法の制定に至った。しかし、被害者の欠陥や因果関係の立証負担はなお重く、その改善が今後の課題である。

【参考】日弁連消費者問題対策委員会編『実践PL法〔改訂版〕』(有斐閣、2015年刊行予定) (浅岡美恵)

情報公開を求める運動

■アメリカ情報自由法に学ぶ

アメリカでは19世紀にすでに、ジェームス・マディソン大統領が、「情報をもつ者はつねに情報をもたない者を支配する。それゆえ、自ら統治者となろうとする人民は、知識の力により自らを武装しなければならない」と、情報と民主主義の関係を言い当てていた。

第2次世界大戦後、「情報公開は民主主義の通貨」とするラルフ・ネーダーらの運動によって、1966年に、政府が保有する情報への国民の自由なアクセスを権利として定めた情報自由法が生まれ、1974年に、より使いやすい法へと改正された。1999年には電子情報自由法が制定され、さらに拡大している。

■情報公開条例の制定と活用

このように、世界の何人にも開かれたアメリカ情報自由法は日本にも衝撃を与えた。日弁連は1980年11月、第23回人権擁護大会において、国民の知る権利を制度的に保障する情報公開法・同条例の制定を求める決議を採択した。1982年に山形県金山町で初めて情報公開条例が制定され、条例づくりが各地に広がっていった。さらに、各地に情報公開オンブズマンが結成され、条例に基づき開示請求を行い、自治体の情報公開度を評価し、開示を促してきた。

しかし、個人情報や法人等の情報について非開示とできるとする条項により主要な部分が非開示とされた決定が少なくなく、その取消を求める訴訟が提起されてきた。裁判所の壁は厚く、非開示決定が取り消されるようになるまでに長い歳月を要したが、1994年に最高裁判所が食糧費に係る伝票等の全面開示を命じたのを転機に、裁判所は、議会文書、ダム建設予定地に関する情報の開示など、政策決定過程の情報についても次第に開示対象を拡大していった。

■国の情報公開法

国については、ほとんどの自治体で条例が整備された1995年になってようやく行政改革委員会が設置され、情報公開法の審議が開始され、1997年に要綱案がまとめられた。日弁連では情報公開法試案を提示し、対策本部を設置するなどして立法運動を牽引した。また、1998年に浮上した公務文書の提出命令に関して行政機関の裁量権を広く認めた民訴法の改正案に反対し、条例に基づく判決やアメリカなどの法律をもとに、国際水準の情報公開法の制定をめざして運動を続けた。

最終的に大きな争点となったのが、政府提出法案では裁判管轄が東京地方裁判所に限定されていた点であった。日弁連や各地のオンブズマンの運動によって、全国の高裁所在地の地方裁判所を管轄裁判所とするよう修正がされ、1999年5月に情報公開法が成立し、2001年4月から施行された。情報公開審査会も設置され、文書の公開とともに会議の公開も進み、行政の透明性は高まりつつあるが、なお課題を有している。

（浅岡美恵）

XV 消費者運動

消費者契約法の立法推進活動

■第24回神戸賞で奨励賞を受賞した日弁連の取組み

1990年代後半に消費者被害は年々増加し、中でも消費者契約被害の割合が増加していた。その根本的原因は、消費者契約では事業者と消費者の間にあらゆる面で格差が存在することにあった。この格差の存在は、2000年5月12日に公布された消費者契約法によって初めて宣言された（同法1条）。

消費者契約法は、消費者契約について、消費者を誤認させる①不実告知、②断定的判断の提供、③不利益な事実の不告知、および、消費者を困惑させる、④住居等からの不退去、⑤店舗等からの退去妨害、の5類型の不当勧誘について消費者からの意思表示の取消権を認めた（4条）。さらに、不当な内容になりがちな消費者契約条項のうち、①信義則に反して消費者に一方的に不利な条項を広く無効とする（10条）とともに、その例示として、②免責条項（8条）、③損害賠償の予定（9条）の無効となる場合を定めた。

日弁連は、6回にわたる意見書の提出や条文案とした「消費者契約法日弁連試案」を公表するなどして積極的に消費者契約法制定運動に取り組み、法制定から間もなく、日弁連消費者問題対策委員会編『コンメンタール消費者契約法』（商事法務研究会、2001年）の出版に至った（2010年に第2版発刊）。同書は、消費者問題に対する理論的・実践的研究に対して送られる神戸賞の第24回奨励賞を受賞した。

■消費者団体の取組みと連携

東京、大阪、京都では、消費者契約法制定運動の核となるネットワーク型の消費者組織がつくられ、消費者契約法の論点に対して意見書を提出したり、街頭でのビラ配りやうちわ配りをした。全国消費者団体連絡会などが中心となり、議員会館での集会や議員への要請活動が多く行われ、日弁連消費者問題対策委員会の委員・幹事もこれに協力した。各地の消費者団体でも学習会やシンポジウムが行われた。当初の画期的内容から、事業者サイドの反対によって、次第に内容は後退し、制定が遅れていった。そのつど、日弁連や各地の弁護士会、消費者団体が、啓発活動を展開し、情報提供努力義務（3条）や、契約条項の無効の一般条項（10条）が明記されることを確保して、予定より1年遅れで2000年に成立にこぎつけ、2001年4月から施行されるに至った。

情報提供義務が明確に定められなかったこと、不当勧誘の要件が限定的であること、契約条項の解釈指針が定められなかったことなど、不十分な点はあるが、学納金返還訴訟、敷金返還訴訟など同法を活用した訴訟活動が行われ、消費者の利益に即した判決が多くある。不十分な点は今後の改正運動にもつなげていく必要がある。

【関連キーワード】①消費者契約法・消費者法理論　　　　　　　　（野々山宏）

消費者団体訴訟に関する運動

■日弁連の取組み

2000年の消費者契約法の制定に先立つ1999年に公表された「消費者契約法日弁連試案」において、日弁連は、差止請求を内容とする消費者団体訴訟制度をいち早く提言した。消費者団体訴訟制度の必要性が、消費者契約法案に関する附帯決議に盛り込まれ、2002年から内閣府国民生活局で研究会や検討委員会が設置され、具体的な制度の検討が始まった。2005年6月に国民生活審議会が「消費者団体訴訟制度の在り方について」と題する報告書を公表し、その内容が制度の基本的枠組みとなって2006年に消費者契約法を改正して制度が導入された。

日弁連は、この検討に合わせ消費者団体訴訟制度の実現運動に取り組み、2004年「実効性ある消費者団体訴訟制度の早期実現を求める意見書」、2005年3月「あるべき消費者団体訴訟制度に関する意見書」、同年7月「『消費者団体訴訟制度の在り方について』に対する意見書」、2006年1月「『消費者団体訴訟制度』に関して公表された法案骨子に対する意見書」を公表している。

■消費者団体の取組み

EUなど諸外国の動向を踏まえ、いずれ日本にも消費者団体訴訟制度を実現しその担い手となろうという問題意識をもつ消費者団体の取組みもされてきた。1998年に活動を開始し、事業者に対する申入活動をした京都消費者契約ネットワークや、2004年に設立した消費者機構日本などである。また、2004年に関西の消費者団体を中心に「消費者団体訴訟を考える連絡会議」が設立され、立法運動を積極的に行い、2005年には関西地方全体を活動エリアとする消費者支援機構関西が設立された。これらの新しい消費者団体は、消費者団体やその構成メンバー、弁護士、司法書士、学者、消費生活相談員など多様な構成員によるネットワークを基礎にしていることに特徴がある。これらの消費者団体は、その後消費者団体訴訟制度の担い手となる適格消費者団体となっていった。日弁連や各地の弁護士は多くの消費者団体と連携をしながら、消費者団体訴訟制度実現のための立法運動を展開していった。

■集団的消費者被害回復制度実現への取組み

団体訴訟は差止請求にまず導入されたが、引き続き検討された集団的な消費者被害回復制度においても、適格消費者団体をその担い手とする2段階の消費者団体訴訟制度が実現した（2013年制定）。適格消費者団体や全国消費者団体連絡会を中心とした消費者団体と日弁連は連携して、シンポジウムの実施や意見書の公表、ロビー活動などの制定運動に取り組んだ。

【関連キーワード】適格消費者団体、適格消費者団体による差止請求、消費者裁判手続特例法　　　　　　　　（野々山宏）

グリーンコンシューマー運動

■深刻化する環境問題

現代は、地球温暖化、オゾン層破壊、ゴミ問題、化学物質汚染、森林破壊など、環境問題が複雑多事象化し、それぞれの問題が相互に関連し合って一層悪化する傾向にある。急速に工業化が進み、生活が便利で快適になった半面、大量生産・大量消費・大量廃棄によって資源やエネルギーを大量に消費し、その結果、私達の生活がよって立つ環境そのものが破壊されてきている。環境の悪化を消費者の日常の買物行動を通して食い止めていこうとするのが、グリーンコンシューマー運動である。

■ヨーロッパから始まった運動

1988年にイギリスで、『グリーン・コンシューマー・ガイド』が出版され、翌1989年にはアメリカで、環境だけでなく、情報公開や雇用の平等、社会貢献など企業の社会性を評価した、『よりよい世界のための買いもの』が出版された。こうした活動を通して、グリーンコンシューマーがグリーンな買物行動をとることで企業の環境配慮商品の開発・販売を促す役割が、世界的に認識されていった。

他方で、ドイツやイギリスでは、政府や自治体の公共部門での調達に環境保全商品を優先的に購入する仕組みがとられ、再生品などの公共購入によって市場を拡大し、価格を下げ、一般への普及を進めてきた。これを「グリーン調達」と呼ぶ。

■日本のグリーンコンシューマー運動

日本でも、1991年頃から、スーパーなどの環境への取組みを評価する「買い物ガイド」づくりが各地で広がり、1994年に全国版「地球にやさしい買い物ガイド」が出版された。継続的に環境配慮の買い物行動を実行しているとする消費者は欧米に比べるとまだ少ないが、1996年にグリーン購入ネットワークが設立され、自治体や事業者団体を巻き込んだ地域にもネットワークづくりが進んでいる。

再生紙がバージンパルプの上質紙よりも高いように、環境に配慮した商品は少し高い。個人の意識や行動も重要であるが、公共部門や企業が率先して環境配慮商品を購入することにより、環境配慮商品の市場を拡大し、価格を下げ、環境によい商品を一般の商品よりも高くない価格にできれば、加速度的に環境配慮商品が拡大する。国・自治体等については、2000年に、国等による環境物品等の調達の推進業に関する法律が制定された。

対象も、日用品や食品から、オゾン層破壊から防止するためのノンフロン冷蔵庫、温暖化防止のための燃費のよい自動車や高効率の電気製品選びなどに拡大している。消費者のグリーン購入を促進するため、販売店側にも環境配慮製品を説明する義務を条例で規定する自治体も現れている。消費者の、知らされる権利・選択できる権利の実現の場ともいえる。　　　　（浅岡美恵）

食品の安全を守る運動

■食品二法

1980年代、日本は莫大な貿易黒字をため込み、欧米諸国から不公正貿易との批判を受けた。そのため、諸外国が日本市場にアクセスしやすいように、様々な規制緩和政策がとられた。自動車など工業製品を輸出したい日本と穀物などの食料を輸出したいアメリカなどの意向により、貿易障壁とされた日本の食品安全規制の緩和が進んだ。

東京弁護士会は、1981年10月、消費者団体などの意見も参考に、「食品安全基本法制定の提言」を発表した。この提言は、消費者の安全の権利、選択の権利など、消費者の権利確立を求めることに主眼を置いたものである。また同じ年、日弁連も「食品事故被害者救済制度創設に関する意見書」を公表した。これらは食品二法と呼ばれ、食品の安全をめぐる消費者運動の中心となった。

■残留農薬訴訟

1990年、日本に輸出されるアメリカ産レモンなどに農薬（殺菌剤）が散布されていることが判明し、店頭からレモンが姿を消す事件が起きた。これに対し、アメリカは、日本が農薬のポストハーベスト（収穫後）使用を認めている国際基準を受け入れていないことが原因と主張し、厚生労働省も、1992年、非常に緩やかな農薬残留基準を設定した。

これに怒った約200名の消費者が、農薬残留基準取消および発がん性の疑われる農薬の残留を認めたことによる、健康権の侵害に対する損害賠償請求訴訟を提起した。

最終的には控訴審において消費者側の敗訴が確定したが、1998年の民事訴訟法の改正により強化された文書提出命令制度を利用し、日本で初めて、農薬毒性試験の生データを法廷に提出させることに成功した。また、それまで非公開であった厚生労働省の食品衛生調査会を公開に導く効果もあった。

■食品表示と消費者

学生運動や労働運動が下降線をたどる中、消費者運動の担い手も高齢化が進み、なかなか思うような成果は上げられていない。2009年に、消費者庁および消費者委員会が設立され、2013年には食品表示法ができ、食品表示が消費者庁に一元化された。

各消費者団体は、この動きに合わせ、よりよい表示法・より正しい表示基準設定を求めて、意見書提出、国際シンポジウム開催、衆参両院議員に対するロビー活動などを繰り広げた。

しかし消費者庁の担当部局は、農林水産省など産業育成を目的とする省庁出身者が多く、事業者の力も非常に大きいため、消費者の意見が届かないことが多い。

最近、マスコミが注目する運動に、「食の安全・市民ホットライン」がある。食の不具合情報を通報すると、事業者や行政に通報して改善を図り、内容をホームページで公開する。

（神山美智子）

金利引き下げ運動と貸金業法等の2006年大改正

■深刻な多重債務問題

2005年、自己破産の件数は18万件、経済・生活苦で自死に至った人が8000人、5社以上からの借入れを抱える多重債務者は230万人にも達していた。

■高金利引き下げ運動のウイングの広がり

2005年12月、労働者福祉中央協議会（中央労福協）を事務局とする「クレサラの金利問題を考える連絡会」が結成され、被害者運動に労働福祉団体との連携が出来上がり、さらに、2006年2月、日弁連内に「上限金利引き下げ実現本部」が設置された。

■貸金業制度等に関する懇談会、自民党など政党に対する働きかけ

2005年3月、金融庁は、貸金業制度改正に向け、「貸金業制度等に関する懇談会」を設置し、検討を開始した。同懇談会は、貸金業界側の「金利が下がるとヤミ金が跋扈（ばっこ）する」、「金利が下がると低所得者は借りられなくなる」との主張を排して、2006年4月21日、「出資法の上限金利を利息制限法の水準に向け引き下げるべき」との画期的な中間整理をとりまとめた。

同年7月5日、自民党小委員会は大激論のもとに「出資法の上限金利を利息制限法まで引き下げる」とのとりまとめを行った。しかし、個人事業者の特例高金利や利息制限法の金額刻みの引き上げが検討課題として残され、金融庁においてさらに検討することとなった。

■特例高金利、利息制限法の金額刻みの引き上げ問題

2006年9月5日、金融庁から自民党に示された「提案内容」は、「特例高金利」、「利息制限法の金額刻みの引き上げ」を含み、いわゆるグレーゾーンの撤廃まで9年を要する内容であった。この提案に対しては、金融庁や自民党への抗議が相次ぎ、マスコミもこぞって批判をした。批判を受け、同月24日、自民党は出資法の上限金利を利息制限法の水準まで引き下げ、収入の3分の1以上の貸付を禁止（総量規制）する等を含む貸金業法等の改正案をとりまとめた。特例高金利、利息制限法の金額刻みの引き上げを撤回するもので、被害者運動の勝利であった。

同年12月13日、全会一致で可決され、改正法が成立した。

■340万署名の提出、6割の地方議会決議、2000人請願パレード

この間、中央労福協、日弁連および高金利引き下げ全国連絡会は共同で請願署名運動を行い、その筆数は、340万筆に達した。地方議会の意見書採択も、47都道府県中43議会、市町村議会も全体の60％を超える1136議会であった。同年10月17日、日弁連が主催し「金利引き下げ2000人請願パレード」を実施した。国民的運動の勝利であった。

【関連キーワード】2006年改正貸金業法

（新里宏二）

全国クレサラ・生活再建問題対策協議会（クレサラ対協）

■クレサラ対協の結成

1978年11月、サラ金被害救済に取り組む全国の弁護士・司法書士・学者・労働団体が参加する「全国サラ金問題対策協議会」（代表幹事・甲斐道太郎）が結成され、1985年に「全国クレジット・サラ金問題対策協議会」と改称された。クレサラ対協は、1982年4月に結成された被害者の会を結集する「全国サラ金被害者連絡協議会」（クレサラ被連協）とともに、被害現場から法制定、改正および制度改善の運動を強力に進めた。

■活動内容

クレサラ対協は、毎年1月開催の新年総会でその年の活動方針、重点対策と予算配分を行い、年3回の拡大幹事会、実務研修会および秋の被害者交流集会等の運動を全国展開していった。

同協議会の活動の特徴は、協議会が運動のコーディネーター役をし、その時々の課題別の弁護団や研究会を結成し、機動的に被害現場から個別被害救済および制度改善を提案するという現場主義に徹底していたことである。また、一部上場企業による被害では、加害企業名をつけた弁護団をつくり、被害を監督官庁に告発し行政権限を発動させるなどの手法も利用して被害を顕在化させ、1998年12月に日栄・商工ファンド対策全国弁護団、翌年には高金利引下げ全国連絡会、2000年に全国ヤミ金対策会議、さらに、武富士被害対策全国会議、アイフル被害対策全国会議等を立ち上げていった。

クレジット被害についても、2005年5月にクレジット過剰与信被害対策全国会議、行政の多重債務対策を促すものとして行政の多重債務対策の充実を求める全国会議等を開催した。

2006年の貸金業法の大改正では、高金利引き下げ全国連絡会が日弁連、労働者福祉中央協議会（中央労福協）など広範な市民運動などと連携し、改正を勝ち取った。

■新しい活動と名称変更

2006年12月の貸金業法の大改正以降は、多重債務の背景の貧困問題についても意識的に取り組み、2007年以降、生活保護問題対策全国会議、依存症対策全国会議、全国追い出し屋対策会議、非正規労働者の権利実現全国会議、奨学金対策全国会議等、次々と新組織を結成し、日本における格差の拡大と貧困問題に徹底的に取り組んできた。2014年1月、会の名称を活動方針に合わせる形で「全国クレサラ・生活再建問題対策協議会」（クレサラ対協。代表幹事・木村達也）と改め、国が社会保障給付の削減の方向に大きく舵を切る中、社会保障問題研究会を立ち上げ、さらに、政府の成長戦力の中にカジノ（民間賭博場）の解禁が盛り込まれる中、全国カジノ民間賭博場設置反対連絡協議会を結成するなど、活動範囲を広げている。

【関連キーワード】商工ローン、連帯保証・根保証、ヤミ金融、年金担保融資、2006年改正貸金業法　　　　　（新里宏二）

割賦販売法改正運動

2008年6月11日、20年ぶりの大改正といわれる特定商取引法・割賦販売法の改正法が成立した。その背景には、幅広い組織が連携した割賦販売法改正運動の展開があった。

■法改正に至る背景

法改正の背景にあったのは、クレジット会社の杜撰(ずさん)な与信と悪質業者が結びついた、次々販売、過量販売などの「クレジット過剰与信被害」の多発であった。詐欺的な悪質商法と結びついたクレジット被害も後を絶たなかった。

にもかかわらず、改正前のクレジット規制は極めて不十分であった。

■法改正運動の流れ

当初は、クレジット過剰与信被害対策全国会議（略称：クレ過剰）による被害の掘り起こしとマスコミ対策が中心に行われ、2007年6月からは、消費者団体、消費生活相談員のグループ、弁護士や司法書士のグループ、労働福祉団体などからなる「消費者のための割賦販売法改正実現全国会議」（略称：実現会議）が結成され、日弁連と連携しながら法改正運動を展開した。

① 審議会対策：経済産業省の審議会への傍聴、消費者側委員の支援、学者委員への要請、行政担当課への要請などが行われた。中間とりまとめに対するパブコメでは、3685件の意見が寄せられた。
② 国会対策：個別の国会議員や政党への要請、院内集会などが活発に行われた。
③ マスコミ対策：被害者を全面に押し出す形でマスコミ対策が行われた。
④ シンポジウムの開催：運動体の意思を結束するとともに、対外的に被害の実態と法改正の必要性を訴えるため、要所要所でシンポジウムが開催された。
⑤ 署名活動・地方議会請願：法改正を求める265万筆の署名が集まるとともに、47都道府県856市町村で地方議会請願が実現した。
⑥ 街頭宣伝：市民に対し法改正の必要性を訴えるため、中央労福協主催の東京都内10カ所での街頭宣伝をはじめとして、全国各地での街頭活動が行われた。

■改正法の成立

上記運動の結果、個別クレジットにおける過失を要件としない既払金返還ルールの導入、適正与信義務の明文化、過剰与信規制の導入、特商法の指定商品制廃止等画期的な法改正が行われた。

【関連キーワード】割賦販売法、既払金返還ルール、過剰与信の禁止の制定・改正
【参考】拝師徳彦「割販法改正運動を振り返る」『2008年版クレサラ白書』、日弁連消費者問題対策委員会編『改正特商法・割販法の解説』（民事法研究会、2009年）

（拝師徳彦）

消費者庁設置運動

■消費者庁の提唱

　日弁連は、1989年9月に開催された人権擁護大会で、消費者問題の多発に対応しきれていないわが国の行政・立法・司法に対し、広範な処方箋を示すシンポジウムを行い、「消費者被害の予防と救済に対する国の施策を求める決議」を採択・公表した。この中で、日弁連は、わが国の行政機関が産業保護育成省庁として生まれ、縦割りバラバラのままで、そのはざまで消費者被害が発生し、救済されていないことを指摘し、消費者目線で行政を行う機関がないことが問題であるから、消費者庁を創設すべきことを初めて提言した。

　日弁連はその後、消費者問題に関する意見書を発表するたびに消費者庁創設の必要性を訴えてきた。その数は、20年間で190本にも及ぶ。

　しかし、立法府も行政府もほとんどこれら提言を顧みることはなく、年月が推移していった。

■有識者会議と国民運動

　ところが、20年を経て、時の福田康夫総理大臣が、消費者行政の一元化を提唱し、2008年2月8日に「消費者行政推進会議」（有識者会議）を設置し、消費者・弁護士・学者などの有識者と、精力的な検討に入った。

　日弁連は、時機到来と、消費者行政一元化実現本部を設置し、全会挙げての運動を展開した。

　消費者団体も、大同団結して運動体（ユニカねっと）を結成し、弁護士会と連携して、各地での集会、街頭宣伝、議員要請、地方議会決議など国民的広がりのある運動を展開した。

　有識者会議は、2008年6月13日にとりまとめを行った。これをもとに、同月27日、政府は「消費者行政推進基本計画」を閣議決定し、内閣府に設置された「消費者行政一元化準備室」において、消費者庁設置に向けた具体的法案作りに入った。

■法案審議

　政府は、消費者庁設置法および関連2法案を国会に提出した。

　一方、民主党は、内閣の外から行政全体を監視するオンブズマン機能をもった消費者権利院法案を国会に提出した。

　真っ向から対立した2法案につき与野党の精力的協議を経て、衆議院で、政府提出の法案の消費者庁の下の審議会としての消費者政策委員会を外に出し、独立した監視機能をもった消費者委員会を内閣府本府に設置するという大幅な修正がなされ、法案名も「消費者庁及び消費者委員会設置法」と改められて、2009年5月、ねじれ国会といわれる中でも、全会一致で可決され成立した。

　こうして消費者庁と消費者委員会が2009年9月に誕生した。

【関連キーワード】消費者庁、消費者委員会

【参考】石戸谷豊「消費者庁と消費者委員会の誕生」国民生活研究49巻2号

（中村雅人）

全国消費者行政ウォッチねっと

■組織の概要

消費者庁をはじめとする消費者行政を消費者側からウォッチするために設立されたネットワークグループである。2014年4月1日現在で全国40の消費者団体等が加入している。

■設立経過

消費者庁創設にあたっては、消費者行政一元化運動を推進するため、「消費者主役の新行政組織実現会議」（ユニカねっと）が結成され、日弁連と連携しつつ活動してきた。ユニカねっとは、消費者庁・消費者委員会が発足した2009年8月31日に目的達成のため解散した。しかし、新たに創設された消費者庁・消費者委員会等による消費者行政が消費者目線で行われるよう、消費者側が常に監視していく必要があるということで、同年9月30日に結成されたのが全国消費者行政ウォッチねっと（ウォッチねっと）である。

■主な活動内容

ウォッチねっとは、年1回の各周年集会記念シンポジウムにおいて消費者行政評価の発表を行っているほか、意見書の発表や勉強会、シンポジウムの開催、アンケート調査、行政との意見交換や議員要請等を行っている。

消費者行政評価では、消費者庁、消費者委員会、国民生活センターに対しヒアリングを行ったうえで、①透明度、②積極度、③消費者度、④パフォーマンス度、⑤コミュニケーション度の5つの指標について5点満点で評価し、毎年発表している。2013年度からは携帯電話・スマートフォンをめぐるトラブルの増加を受けて、所管する総務省総合通信基盤局電気通信事業部消費者行政課についても評価を行った。

意見書等をとりまとめるための単発の勉強会の他、法制度のありかたについて議論し運動するきっかけになるような連続勉強会も行うことがある。たとえば、新しい事故調査機関の創設のために、「事故原因究明の在り方を考える連続勉強会」を公開で開催し、被害者遺族や学者等を講師にして事故調査の基本的な考え方やあるべき事故調査機関の姿について学習・議論してきた。その成果として、消費者庁への具体的な提言を行ったほか、勉強会に集まった関係団体を中心に「新しい事故調査機関実現ネット」（事故調ネット）を結成し、活動を続けている。現在（2014年7月時点）は「公益通報者保護制度のありかたを考える」連続勉強会を開催し、公益通報者保護法の改正運動のための準備を進めている。

2010年からは訪問販売お断りステッカーを作成・販売し、ステッカーの効果を確認するため追跡調査を行って、その結果を公表している。

また、地方消費者行政充実強化を目指し、他の消費者団体とともに、「地方消費者行政充実のための懇談会」を継続的に開催している。

【関連キーワード】消費者庁設置運動

（拝師徳彦）

反貧困ネットワーク

　反貧困運動は多様であり、本稿は筆者の属する反貧困ネットワークの活動を中心に説明する。

■反貧困ネットワーク発足とその背景

　2006年頃、派遣労働等非正規労働の増加に伴って生じた「ネットカフェ難民」と呼ばれる住居なく生活する人々が報道された。

　この事態に対し、路上生活者支援団体、非正規労働者の労働組合等貧困問題に取り組む諸団体は、互いに連携するため2006年末に会合を開いた。

　これら諸団体は2007年3月に「もうガマンできない！　広がる貧困－人間らしい生活と労働と保障を求める3.24東京集会」を開催し、同年4月には「反貧困ネットワーク準備会」が結成され、恒常的な活動を開始した。同年7月には北九州市で生活保護を受給できず餓死者が出た事件に対する声明を発表し、同年10月の「反貧困ネットワーク」正式発足後には生活保護基準の引き下げに反対する運動を開始し、同基準の引き下げ阻止に成功した。

■反貧困ネットワークの活動と成果

　その後、本ネットワークは、春と秋の定期集会とフェスタの企画・実行を軸に、反貧困全国キャラバンへの協力、貧困問題を取り上げた優れた報道に与えられる「貧困ジャーナリズム大賞」の創設など、貧困問題の存在を発信してきた。同時に、社会保障費2000億円削減方針撤回を求める要望書を提出し、生活保護家庭の母子加算廃止撤回に成功するなどの成果も上げた。特に、2008年末から翌年始にかけて本ネットワーク有志と関連諸団体が連携して実行した「年越し派遣村」設営による貧困問題の可視化成功は、特筆に値する。2009年には、政府に貧困率を公表させることにも成功した。

　また、全国各地に反貧困ネットワークが結成され、「子どもの貧困に取り組むネットワーク」「住まいの貧困に取り組むネットワーク」も結成され、反貧困運動は広がり始めた。

■次なる課題

　本ネットワークの目的は貧困問題の解決である。もっとも、貧困問題は多様であり、本ネットワーク参加者・参加団体の共通課題の設定に困難が伴うことは否めない。

　しかし、貧困率が悪化し生活保護基準も引き下げられ格差と貧困が拡大している現在、本ネットワークと反貧困運動の重要性は増している。

　そこで、まずは全国の反貧困運動団体を結集して力を合わせることを目標として、本ネットワークは2014年10月12日に反貧困全国集会を開催し、大成功を収めた。相変わらず意気盛んである。

　次の課題は富裕税の導入等、貧困問題のナショナルテーマの設定と思われる。

　　　　　　　　　　　（木下徹）

ペット・動物と消費者

「動物の保護及び管理に関する法律」（1973年制定）は、その後、「動物の愛護及び管理に関する法律」への改正・改称（1999年12月22日公布。「動物愛護法」）を経て、2012年8月にも大きな法改正がされた。

従前、不要となった犬猫等のペットや野良犬・猫は殺処分するとされていた。改正法は、事業者を含めて所有者・占有者は終生飼養義務を課し、行政の引取りを制限し、殺処分ゼロを目指すとの附帯決議がされた。

また、同法は、「何人も、…適切な給餌及び給水、必要な健康の管理並びに…飼養又は保管を行うための環境の確保」（2条1項）をするものとし、動物遺棄罪、動物虐待罪、動物殺傷罪の具体化と重罰化をした。

改正法は、動物取扱業を、第1種動物取扱業（動物販売業など）と、第2種動物取扱業（動物レスキューや預りなど動物管理施設をもって業をする）とに分けた。

■販売事業者の責任

動物販売業者は、8週齢56日以下の幼齢販売の禁止（ただし、改正法の施行後3年間は45日、施行から3年後の翌日からは49日とし、別に法律で定める日）、消費者への説明、動物を直接見せる義務を負う。

■ペットのトラブル

ペットをめぐるトラブルとしては、以下のような類型がある。

① 販売業者の欠陥動物の瑕疵担保責任
② ペットホテルなどのサービス
③ 美容理容、ドッグトレーナーなど
④ 医療過誤、慰謝料や葬儀代の損害賠償請求
⑤ その他、犬の咬傷事故、犬猫の糞尿問題や鳴き声の近隣トラブル
⑥ 共同住宅のペット飼養禁止と飼養者とのトラブル

ペットは、家族の一員として室内飼いが中心で、孤独化した人をいやすなど家族化している。このため、損害として、治療費のほか、慰謝料などの請求がされることが多い。

■動物事件

以下のとおり、動物をめぐる問題が発生しており、動物愛護法の適用が問題となっている。

① 飼養をする意思がないのに「ボランティアで終生飼養をする」と言って詐取する猫詐欺事件（大阪高判平26・6・27TKC。猫返還は却下、慰謝料20万円と弁護士費用3万円）。
② 動物遺棄事件告発事件、業者の動物遺棄事件が発生しているが遺棄罪の立件がされていない。
③ 被災動物の救護の運動と、行政の機能不全が指摘されている。
④ 公営住宅での動物飼養禁止の措置と住民との間のトラブル。
⑤ 実験動物の無規制と世界の実験動物福祉のスタンダードとの乖離。
⑥ 野生動物の熊、いるかの殺害。

（植田勝博）

日本消費者法学会

消費者法の研究者、実務家その他消費者問題につき学問的関心を有する者相互の連携と協力を促進し、この分野の研究発表や情報交換の場を提供することを通じ、国際的視野に立って、消費者法の学問および実務の発展に寄与することを目的として、2008年に創設された学会である。

■創設の経緯

福田康夫内閣における消費者行政の刷新や消費者の社会的価値行動に着目した消費者市民社会の理念の登場に加え、消費者関連立法が量・質ともに大立法時代ともいえる段階に至っていることなどを踏まえ、消費者法の研究者や消費者問題に関わる実務家(弁護士、司法書士、消費生活相談員等)および行政担当者等の相互の連携と協力の場として、消費者政策と消費者法の研究およびその実務への還元の必要性が強く指摘されていた。これに応えるため、日弁連消費者問題対策委員会に属する弁護士の呼びかけなども契機となって、2007年に研究者と弁護士の有志による学会設立のための準備が始まった。

まず、2007年12月にキックオフシンポを開催し、その後、世話人会および設立準備委員会を3回ずつ開催し、2008年11月30日に早稲田大学において「消費者法のアイデンティティ」と題するシンポジウムとあわせて創立総会を開催し、日本消費者法学会(以下、「学会」という)が創設された。

■組織

学会は、正会員(消費者法、消費者問題またはこれらに関連する分野の研究または実務に従事する者)、準会員(消費者法、消費者問題に学問的または実務的関心をもち、本会の目的に賛同する者)および賛助会員で構成され、学会の運営は、正会員で構成される総会、学会を代表する理事長、会務を遂行する理事・理事会および会計と会務の執行状況を監査する監事によって行われる。正会員1名(準会員の場合は準会員でも可)の推薦を受けて理事会に入会申請をし、理事会で承認されることで会員になることができる。

■活動

第1回以降の学会の研究大会は、第2回「民法改正と消費者法」(立命館大学)、第3回「集団的消費者被害の救済制度の構築へ向けて」(明治大学)、第4回「集団的消費者利益の実現と実体法の役割」(京都大学)、第5回「消費者撤回権をめぐる法と政策」(慶應義塾大学)、第6回「消費者契約法改正への論点整理」(京都産業大学)、第7回「制定20周年を迎える製造物責任法の現状と課題」(東京経済大学)である。学会誌「消費者法」が、毎年、発刊されている。

この他にも、これまで国際消費者法学会(IACL)や中国消費者権益保護法学研究会との協力、連携や海外の研究者等とのシンポジウムや研究会の開催なども行われている。

【関連キーワード】国際消費者機構

(齋藤雅弘)

国際消費者法

　国境を越えた国際問題として消費者問題を考えた場合、二つの局面がある。第1は、発展途上国の消費者問題を先進国の発展の負の側面と捉える国際的な対応である。第2は、主に先進国間の国際取引にかかわる法環境の整備である。また、両局面を含んだ企業の社会的責任を求める国際的な動きもある。

■発展途上国の問題

　国際消費者機構（CI）が提唱している8つの消費者の権利のうち、「生活の基本的ニーズが保障される権利」と「健全な環境の中で働き生活する権利」は、発展途上国の消費者の切実な声を受けて提唱されたものである。

　こうした問題は国連の経済社会理事会（ECOSOC）において特に取り上げられてきた。ECOSOCでは、国連加盟の国家だけではなく、NGOも意思表明できるため、なおさらこのような志向を強めてきた。その結果、1985年4月9日には「国連消費者保護ガイドライン」が国連総会決議により採択され、特に発展途上国の消費者の利益に配慮した消費者政策の遂行を加盟各国に求めた。同ガイドラインは、1999年12月22日の国連総会決議によって持続可能な消費に関しての新しい条項を加える形で改正された。

　先進国の消費者の消費行動が発展途上国の労働者の権利侵害等に影響を与えているという観点から、フェアトレード運動も起こっている。

■国際取引にかかわる法環境整備

　経済協力開発機構（OECD）において数多くの活動が見受けられる。1969年には消費者政策委員会（Committee on Consumer Policy）が設置され、作業部会を設けて各国に共通する政策問題についての調査・審議を行っている。一定の合意をみたものはOECD理事会勧告として採択される。たとえば、「消費者の紛争解決及び救済に関するOECD理事会勧告」がある。

　また、EUにおいて加盟各国によって異なる消費者法制を調和させるためのEU指令が数多く出されている。

　さらに、自主規制分野での動きとしてはISOが重要である。ISO規格に消費者の視点を取り入れる仕組みとして消費者政策委員会（COPOLCO）の設置がある。消費者政策に関するISOの政策委員会であり、数多くのISO規格策定に関与している。同委員会が最初に調査し勧告した結果生まれたISO規格はISO10002「品質マネジメント－顧客満足－組織における苦情処理の指針」である。

■国際的なCSR対応

　OECDが1976年に「多国籍企業行動指針」を採択し、その後数度にわたり改訂されている。また、国連事務総長がグローバル・コンパクト（UN Global Compact）を1999年に提唱し、企業に対し、人権・労働権・環境・腐敗防止に関する10原則を遵守し実践するよう要請している。

【関連キーワード】消費者の権利

（細川幸一）

国際消費者機構（CI、旧IOCU）

■沿革

　国際消費者機構（Consumers International：CI）は、非営利・非政府系の国際連絡組織である。会員数は、2013年末現在で、約120ヵ国、約240団体に及ぶ。1960年1月、オランダ・ハーグで開催された商品テストの国際会議において、IOCU（International Organization of Consumers Unions）の創設が協議され、同年4月1日に発足し、1995年にCIに名称変更された。設立時は、商品テスト団体による共同テストの企画や情報交換活動が中心であった。その後、非営利の消費者団体を会員として受け入れるようになった。国連は1985年に消費者保護ガイドライン（UNGCP）を採択したが、これはCIによる10年越しのキャンペーン活動の成果とされる。CIは国連との連携を強める中で、第三世界や東欧での消費者保護へと活動を拡大していった。わが国では、正会員として全国消費者団体連合会（1978年加盟）、提携会員として日本消費者連盟（CUJ、1992年加盟）、消費者法ニュース発行会議（CLNN、1995年加盟）、標準向上のための日本消費者の声（NCOS、2006年加盟）が参加する。

■組織

　CIは、グローバル事務所（ロンドン）、三つの地域事務所と一つのハブ事務所で構成される。本部事務所には、本部のほか、先進国部門、市場経済移行途上国部門（ODTE）が置かれる。地域事務所として、ラテン・カリビアン事務所（ROLAC、チリ・サンチャゴ）、アジア・太平洋・中東事務所（ROAP、マレーシア・クアラルンプル）およびアフリカ事務所（ROAF、ザンビア・ハラレ）に、ハブ中東事務所（オマーン）がそれぞれ置かれる。

■活動

　CIの活動は、多岐にわたる。国際機関での消費者利益を代弁するため、国連社会経済委員会（ECOSOC）、世界貿易機関（WTO）、国際食品規格委員会（CODEX）、国連持続可能な開発委員会（CSD）、国際標準化機構（ISO）にオブザーバー機関として参加する。OECDやG20などによる金融サービス原則や基準作りに唯一、消費者側で関与する。これら活動のために国際的なネットワークとしての組織特性が活かされ、1999年にUNGCPに持続可能な消費と競争条項（G条項）が新設されたほか、デジタル時代における消費者保護条項の新設に向けたロビー活動が進められる。また、加盟団体の3分の2が発展途上国で占められることから、開発途上国、中進国への情報提供、消費者団体の支援、能力強化がなされ、地域事務所と連携したワークショップ、セミナー、共同プロジェクトを各国で開催される。さらに、CIは、会員が一堂に会する世界大会を開催しており、2011年に香港で開かれ、2015年にはブラジリアで実施予定である。　　　　　　　（村本武志）

津谷裕貴消費者法学術・実践賞

　津谷裕貴消費者法学術・実践賞（以下、「津谷賞」）は、消費者法の発展や消費者問題の解決に特に功績のあった若手の研究者や活動家を表彰する制度であり、津谷賞の選考委員会により、2年に一度授与される賞である。

■津谷賞の意義と制定の経緯

　津谷賞は、日弁連消費者問題対策委員会の元委員長であり、消費者被害救済のための実践活動に精励し、不招請勧誘に関する研究を含め、数々の論文を公表するなど学問的活動においても大きな貢献をされた故津谷裕貴弁護士の功績を称え、その名を冠した賞となっている。津谷弁護士は、2010年11月4日に凶刃により命を落とされた。日弁連消費者問題対策委員長として多忙な毎日を送っていたその最中に、突然の事件の被害者となり、志半ばで帰らぬ人となったことは、津谷弁護士のみならず、消費者問題に取り組む実務家・研究者にとっても無念なことであった。そこで、津谷弁護士の遺志を引き継ぎ、発展させていくために、津谷弁護士と親交の深かった学者や弁護士が中心となり、2013年6月に「津谷賞」が創設された。

■津谷賞の目的

　津谷賞の目的は、運営規定により、津谷弁護士の消費者被害の根絶と消費者問題の解決並びに消費者法に係る学問上の功績を後世に遺し、その遺志を尊重・承継するために、消費者法の発展および消費者被害の根絶、消費者問題の解決に寄与した者を顕彰すること、と定められている。

■授与対象者等

　津谷賞の授与対象者は、消費者法の学術面だけでなく、消費者問題における実践面でも立派な功績を上げた者であるが、主に若手の研究者と実務家などを対象として表彰し、賞を授与するものとなっている。受賞者は2年に一度、各方面の推薦等を踏まえて選考委員会で決定し、津谷弁護士の命日（11月4日）に近接した日に公表し、誕生日（3月21日）に近接した日に授与式を行うこととされている。

■受賞者と受賞対象

　第1回目（2013年）の津谷賞の受賞者は、次の4者に決定され、それぞれ賞が授与された。

　学術賞は、大澤彩法政大学准教授（受賞対象『不当条項規制の構造と展開』（2010年、有斐閣））、王冷然徳島大学准教授（受賞対象『適合性原則と私法秩序』（2010年、信山社））、実践賞は、適格消費者団体としてのめざましい活動に対し、特定非営利活動法人京都消費者契約ネットワークに授与された。また、特別賞として、取引型消費者事件としては初めて国家賠償訴訟で勝訴するなど投資等の分野の消費者被害救済への多大な貢献への感謝と、難病に立ち向かう氏への激励を込めて櫛田寛一弁護士に授与された。

【関連キーワード】適格消費者団体

（齋藤雅弘）

参考資料

《年表》日本弁護士連合会の消費者問題についての取組み（1945年～2013年）

作成：圓山茂夫（兵庫県立神戸生活創造センター）、
日弁連消費者問題対策委員会ニュース出版部会

年	社会・消費者運動・一般法の動き	消費者問題に関する日弁連の主な提言・活動	消費者関連立法等の動き
1945 (昭20)	敗戦。ＧＨＱが民主化改革を指令 鴻池主婦の会(大阪府)結成 日本協同組合同盟(日協)結成		
1946 (昭21)	日本国憲法制定		物価統制令制定
1947 (昭22)	地方自治法制定 民法改正 公正取引委員会発足		私的独占の禁止及び公正取引の確保に関する法律（独占禁止法）制定 食品衛生法制定 郵便法、郵便貯金法制定
1948 (昭23)	不良マッチ追放運動 主婦連合会(主婦連)結成 「暮しの手帖」創刊		消費生活協同組合法制定（産業組合法廃止） 証券取引法制定 農薬取締法制定 薬事法、医療法、医師法制定 墓地、埋葬等に関する法律制定 消防法制定
1949 (昭24)	弁護士法制定 関西主婦連合会(関西主婦連)結成	9月　日本弁護士連合会設立 司法制度調査会を置く	外国為替及び外国貿易管理法制定 建設業法制定 独占禁止法改正〔規制の緩和〕 工業標準化法(JIS法)制定
1950 (昭25)	主婦連が日用品審査部を設置し、商品テストを実施		農林物資規格化法(現在の農林物資の規格化及び品質表示の適正化に関する法律・JAS法)制定 毒物及び劇物取締法、火薬類取締法制定 建築基準法制定 放送法、電波法制定 商品取引所法制定
1951	民事調停法制定	1月　罹災都市借地・借家臨時処理	道路運送法、道路運送車両

《年表》日本弁護士連合会の消費者問題についての取組み

年	社会・消費者運動・一般法の動き	消費者問題に関する日弁連の主な提言・活動	消費者関連立法等の動き
(昭26)	日本生活協同組合連合会(日生協)設立(日協解散)	法の適用を2年間延長することを求める意見書	法制定 計量法制定 証券投資信託法(現在の証券投資信託及び証券投資法人に関する法律)制定
1952 (昭27)	全国地域婦人団体連絡協議会(地婦連)結成 ㈶法律扶助協会設立		旅行斡旋業法(現在の旅行業法)制定 宅地建物取引業法(宅建業法)制定 栄養改善法制定
1953 (昭28)	水俣病発生 米価値上げ反対消費者大会		飼料の安全性の確保及び品質の改善に関する法律(飼料安全法)制定 と畜場法制定 酒税法制定 独占禁止法改正〔一定のカルテル、再販売価格維持制度を容認〕
1954 (昭29)	「暮しの手帖」が商品テスト開始 保全経済会事件		利息制限法制定 出資の受入れ、預り金及び金利の取締りに関する法律(出資法)制定 ガス事業法制定
1955 (昭30)	森永砒素ミルク中毒事件 整腸剤キノホルムによるスモン事件 関税及び貿易に関する一般協定(GATT)加入		繊維製品品質表示法制定〔1962年家庭用品品質表示法に吸収〕 自動車損害賠償保障法制定
1956 (昭31)	全国消費者団体連絡会(消団連)結成		
1957 (昭32)	全国消費者大会(第1回)開催、「消費者宣言」を採択 三種の神器(白黒テレビ、洗濯機、冷蔵庫)		食品衛生法改正〔添加物の拡大、表示義務〕 水道法制定 環境衛生関係営業の運営の適正化及び振興に関する法律制定(現在の生活衛生関係営業の運営の適正化及び振興に関する法律)
1958 (昭33)	日本生産性本部が消費者教育準備委員会を	11月 日弁連第1回人権擁護大会 12月 近畿弁護士連合会第1回人権	下水道法制定

437

《年表》日本弁護士連合会の消費者問題についての取組み

年	社会・消費者運動・一般法の動き	消費者問題に関する日弁連の主な提言・活動	消費者関連立法等の動き
	設置	擁護大会	
1959 (昭34)	新聞代一斉値上げに対し値上げ分不払い運動	5月 医療に関する過失等審査法(仮称)制定に関する意見書	特許法、実用新案法、意匠法、商標法制定
1960 (昭35)	国際消費者機構(IOCU)結成 日本生産性本部が消費者教育室を設置 ニセ牛肉缶詰の不当表示問題 クレジットカード開始	3月 借地借家法改正要綱試案に関する意見書	新薬事法制定〔医薬品の製造・輸入・販売を許可制に〕
1961 (昭36)	懸賞競争が過熱 ㈶日本消費者協会設立 商品テストを開始 東京都が消費経済課を設置 経済協力開発機構(OECD)が消費者政策委員会を設置 サリドマイド薬害事件		割賦販売法制定 電気用品取締法制定(現在の電気用品安全法)
1962 (昭37)	ケネディアメリカ大統領「消費者利益の保護に関する特別教書」(消費者の権利を宣言) 日本消費者協会「消費生活コンサルタント養成講座」(第1回)		家庭用品品質表示法(品表法)制定 不当景品類及び不当表示防止法(景表法)制定 建物の区分所有等に関する法律制定
1963 (昭38)	国民生活向上対策委員会が「消費者保護に関する答申」 農林省に消費経済課を設置 ベターホーム協会設立 新潟水俣病発生 ショッピングクレジット(個品割賦購入あっせん)開始	2月 利息制限法の改正に関する意見書	品表法に基づく告示〔繊維製品品質表示規程・電気機械器具品質表示規程・雑貨工業品品質表示規程〕
1964 (昭39)	臨時行政調査会が「消費者行政の改革に関する意見」を提出 消費科学連合会結成		

《年表》日本弁護士連合会の消費者問題についての取組み

年	社会・消費者運動・一般法の動き	消費者問題に関する日弁連の主な提言・活動	消費者関連立法等の動き
	生活学校の開設 通産省に消費経済課を設置		
1965 (昭40)	経済企画庁に国民生活局を設置 国民生活審議会発足 兵庫県立神戸生活科学センター設置	2月 借地法等の一部を改正する法律案に対する意見書 12月 借地法等の一部を改正する法律案に対する意見書	電気事業法制定
1966 (昭41)	関西消費者協会創立 主婦連、ユリア樹脂製食器からホルムアルデヒドの溶出を指摘	9月 借地条件変更等裁判手続規則に関する意見書 11月 借地条件変更等裁判手続に関する中間報告	品表法に基づく告示〔合成樹脂加工品品質表示規程〕
1967 (昭42)	ポッカレモン事件、公正取引委員会が不当表示に排除命令 3C(自動車、カラーテレビ、ルームクーラー)時代本格化へ	12月 利息制限法の一部改正に関する意見書	液化石油ガスの保安の確保及び取引の適正化に関する法律(LPG法)制定
1968 (昭43)	カネミ米ぬか油中毒事件 地婦連、100円化粧品「ちふれ」を発売 国民総生産(GNP)世界第2位		消費者保護基本法制定 大気汚染防止法制定 騒音規制法制定 クリーニング事故賠償基準制定
1969 (昭44)	地方自治法改正(自治体の固有事務に消費者保護を追加) 日本消費者連盟結成 欠陥車問題発生 外資系百科事典の訪問販売問題 人工甘味料チクロの発ガン性問題		食品衛生法施行規則改正〔すべての加工食品に表示義務〕
1970 (昭45)	二重価格問題でカラーテレビ不買運動 牛乳等の残留農薬汚染問題 電子レンジ電磁波漏れ問題		国民生活センター法制定 水質汚濁防止法制定 JAS法改正〔改称、品質表示を義務づけ〕 建築物における衛生的環境の確保に関する法律(ビル管理法)制定 廃棄物の処理及び清掃に関する法律制定

《年表》日本弁護士連合会の消費者問題についての取組み

年	社会・消費者運動 ・一般法の動き	消費者問題に関する 日弁連の主な提言・活動	消費者関連立法等の動き
			著作権法制定
1971 (昭46)	過剰包装追放運動 再販売価格維持制度 （再販）の廃止運動 ユニットプライス(単 位価格表示)運動 主婦連、「果実飲料等 の表示に関する公正 競争規約」に対し公 正取引委員会に不服 申立て ネズミ講「天下一家の 会」問題化	10月　人権擁護大会シンポジウム 「医療と人権」 「医療に伴う人権侵犯の絶滅に関す る宣言」 10月　「自由と正義」10月号「国民の 知る権利」特集	悪臭防止法制定 預金保険法制定 積立式宅地建物販売業法制 定 日本玩具協会「STマーク 制度」実施
1972 (昭47)	PCB汚染問題 催眠商法(SF商法)問 題 全大阪消費者団体連絡 会設立 製品安全センター発足		食品衛生法改正〔安全性に 疑念のある食品等の販売 禁止、表示・広告規制の 強化等〕 たばこに有害表示、化学調 味料に注意表示 割賦販売法改正〔店舗外契 約のクーリング・オフ4 日間、冠婚葬祭互助会に 標準約款〕 自然環境保全法制定
1973 (昭48)	石油ショック。物価高 騰、物不足パニック 製品安全協会設立 石油製タンパク質禁止 運動 合成殺菌剤AF2の毒 性問題 魚介類の水銀・PCB 汚染問題 フタル酸エステルの乳 児向けおもちゃ混入 問題	2月　環境保全基本法試案要綱 6月　医薬品副作用の被害救済制度 について意見書 11月　「自由と正義」11月号「消費者 被害救済」特集	生活関連物資等の買占め及 び売惜しみに対する緊急 措置に関する法律制定 国民生活安定緊急措置法制 定 石油需給適正化法制定 消費生活用製品安全法制定 製品安全協会「SGマーク 制度」実施 化学物質の審査及び製造等 の規制に関する法律(化 審法)制定 有害物質を含有する家庭用 品の規制に関する法律制 定 大規模小売店舗における小 売業の事業活動の調整等 に関する法律(大店法)制

《年表》日本弁護士連合会の消費者問題についての取組み

年	社会・消費者運動・一般法の動き	消費者問題に関する日弁連の主な提言・活動	消費者関連立法等の動き
			定 農水産業協同組合貯金保険法制定
1974 (昭49)	消費者条例の制定始まる 灯油ヤミカルテルに損害賠償を求める集団訴訟 産業構造審議会「マルチ商法、訪問販売など特殊販売について」答申 日本広告審査機構設立	11月 人権擁護大会シンポジウム「食品、薬品公害の予防と救済」「医薬品の副作用による被害救済に関する決議」	建設省「BLマーク制度」(優良住宅部品認定制度)実施 通産省「事故情報収集制度」実施 生命保険会社の約款にクーリング・オフ制度を採用
1975 (昭50)	公取委、マルチ商法を欺瞞的誘引と勧告審決 米国産グレープフルーツOPP使用問題 給食パン添加物リジンに発ガン性 歯科医差額徴収に「歯の110番」	9月 「自由と正義」9月号「集団代表訴訟(クラス・アクション)」特集	飼料安全法改正〔飼料添加物を規制〕
1976 (昭51)	ポリプロピレン食器からBHT溶出 ロングライフ(LL)牛乳問題	12月 厚生省の医薬品の副作用による被害者の救済制度研究会報告に対する意見書	訪問販売等に関する法律(訪問販売法)制定〔現在の特定商取引法。訪問販売のクーリング・オフ4日間、連鎖販売取引は14日間、通信販売、ネガティブオプションを規制〕
1977 (昭52)	国民生活センター消費生活相談員養成講座修了者の会結成 医療問題弁護団結成 放射線照射じゃがいも問題	9月 「自由と正義」9月号「医療過誤・薬害」特集 12月 「自由と正義」12月号「製造物責任」特集	独占禁止法改正〔課徴金制度、寡占の規制〕 冠婚葬祭互助会標準約款改正〔クーリング・オフを導入。当時4日間。現在は8日間〕
1978 (昭53)	主婦連ジュース裁判で最高裁が上告棄却 サラ金社会問題化 全国サラ金問題対策協議会結成 粉末野菜の放射線違法照射問題	6月 医薬品等安全基本法の制定を求める意見書 7月 小口金融業法案 9月 「自由と正義」9月号「小口金融の現状と改善」特集 12月 サラ金被害者の救済に関する意見書、サラ金被害者救済センタ	無限連鎖講の防止に関する法律(ネズミ講禁止法)制定

441

《年表》日本弁護士連合会の消費者問題についての取組み

年	社会・消費者運動・一般法の動き	消費者問題に関する日弁連の主な提言・活動	消費者関連立法等の動き
		一設置構想(案) 12月　医薬品等安全基本法の制定を求める意見書	
1979 (昭54)	滋賀県「琵琶湖の富栄養化の防止に関する条例」制定〔リン含有合成洗剤の使用・販売禁止〕 省エネルギーキャンペーン 米国スリーマイル島で原発事故	2月　シンポジウム「サラ金の法規制はどうあるべきか」 2月　シンポジウム「薬害を繰り返さないために」 3月　医薬品副作用被害救済基金法案に対する意見書 4月　薬事法の一部を改正する法律案に対する意見書 3月　貸金業規制法案に対する意見書 9月　自民党提案の貸金業の規制等に関する法律などの案についての意見書 9月　出資の受入、預り金及び金利等の取締等に関する法律の一部を改正する法律案に対する意見書	薬事法改正〔新薬承認の厳格化、医薬品の再評価、副作用報告制度、化粧品の成分表示〕 医薬品副作用被害救済基金法制定(現在の独立行政法人医薬品医療機器総合機構法) エネルギーの使用の合理化に関する法律制定(省エネ法)
1980 (昭55)	消費生活アドバイザー制度発足 消費者関連専門家会議(ACAP)結成 情報公開法を求める市民会議結成 水道水のトリハロメタン汚染問題	2月　シンポジウム「サラ金被害実態に関するシンポジウム」 11月　人権擁護大会シンポジウム「医療と人権」 「『健康権』の確立に関する宣言」	宅地建物取引業法改正〔クーリング・オフを導入。当時4日間。現在8日間〕
1981 (昭56)	日本消費者教育学会設立 京都市、空き缶回収条例制定	2月　シンポジウム「消費者金融と利息制限法の役割」 2月　「自由と正義」2月号「情報公開」特集 4月　「自由と正義」4月号「消費者保護をめぐる諸問題」特集 5月　厚生省の「食品事故による健康被害者の救済制度に関する研究報告」に対する意見書 10月　金先物取引被害防止に関する意見書 10月　金先物取引実態調査報告書 10月　シンポジウム「食生活の安全と被害者の救済を求めて」	新銀行法制定
1982	IOCU「消費者の8つ	2月　食品衛生法の改正を求める意	海外商品市場における先物

《年表》日本弁護士連合会の消費者問題についての取組み

年	社会・消費者運動・一般法の動き	消費者問題に関する日弁連の主な提言・活動	消費者関連立法等の動き
(昭57)	の権利、5つの責任」を提唱 先物取引被害全国研究会結成	見書 2月 「自由と正義」2月号「食品公害」特集 2月 自民党提出の出資法改正案及び貸金業法案の修正案（衆議院大蔵委員会理事会検討案）に対する見解 9月 区分所有法改正要綱試案に対する意見書	取引の受託等に関する法律（海先法）制定 神奈川県、情報公開条例制定 不動産取引の標準媒介契約約款告示
1983 (昭58)	投資ジャーナル事件 使用済み乾電池の水銀汚染問題	2月 区分所有法改正案要綱案に対する意見書 3月 割賦販売法改正に関する意見書 5月 日弁連総会「サラ金被害の救済のため、必要な法改正により、業者に対する適切な指導と厳正な監督に当たることを求める決議」 6月 貸金業規制法等の実施・運用に関する要望書 8月 貸金業規制法に関する通達並びに行政指導に関する要望書 9月 貸金業規制法に関する通達並びに行政指導のうち「第三業務（案）」に関する要望書 10月 「自由と正義」10月号「サラ金二法」特集 12月 割賦販売法改正に関する要望書 出版 『先物取引被害救済の手引』	貸金業の規制等に関する法律（貸金業規制法）制定 出資法改正〔刑罰金利を年109.5％から40.004％に引き下げ〕 運輸省「標準旅行業約款」告示 食品添加物の表示、78品目につき用途名に加えて物質名表示を義務づけ
1984 (昭59)	国民生活センター、全国消費生活情報ネットワークシステム（PIO-NET）運用開始 ニューメディアブーム（INS実験キャプテンシステム運用）	2月 シンポジウム「今こそ食生活の安全を──食品衛生法の緊急改正を求めて」 3月 割賦販売法改正に関する要望書（二） 8月 改正割賦販売法の施行運用に関する要望書 9月 米国先物取引事情調査報告書 10月 最近の食品衛生行政の後退に対し食品衛生法の緊急改正を求める意見書 10月 人権擁護大会シンポジウム「消費者と人権──消費者の権利確立に向けて」	電気通信事業法制定 たばこ事業法制定 割賦販売法改正〔支払停止の抗弁権、クーリング・オフ7日間に〕 冠婚葬祭互助会標準約款改正〔解約自由化〕 訪問販売法改正〔クーリング・オフ7日間〕

443

《年表》日本弁護士連合会の消費者問題についての取組み

年	社会・消費者運動 ・一般法の動き	消費者問題に関する 日弁連の主な提言・活動	消費者関連立法等の動き
		「消費者の権利確立に関する決議」 11月　割賦販売法改正に伴う標準約款の改訂についての要望書 11月　シンポジウム「消費者破産の現状と問題点」	
1985 (昭60)	国連消費者保護ガイドライン制定 市場開放アクションプログラム 豊田商事事件 輸入ワインのジエチレングリコール混入事件 電電公社、専売公社民営化〔NTT・JTに〕 全国証券問題研究会結成 悪徳土地取引被害救済全国連絡会結成	1月　合意管轄制度の濫用を防止する立法措置に関する意見書 5月　**消費者問題対策委員会を設置**（司法制度調査会から独立） 6月　「自由と正義」6月号「消費者破産の現状と問題点」特集 11月　「自由と正義」11月号「借地借家をめぐる諸問題」特集 12月　クレジット債権回収問題研究会の第三者機関構想についての中間報告書	通産省「訪問販売トラブル情報提供制度」実施 運輸省「標準宅配便約款」告示
1986 (昭61)	警察庁生活経済課設置 悪質抵当証券商法問題 ソ連のチェルノブイリ原発事故で食品が放射能汚染 石油ファンヒーターの一酸化炭素中毒問題 冷蔵庫・洗濯機の発火事故問題 全国訪問販売法改正推進連絡協議会結成	2月　現物まがい商法の規制に関する意見書 3月　現物まがい商法の規制に関する意見書（補足意見） 5月　日弁連総会「詐欺的取引による被害防止と救済を求める決議」 5月　借地法・借家法改正に関する問題点に対する意見書 5月　公証人法に関する意見書 7月　「自由と正義」7月号「消費者問題の現状と救済」特集 （以下、「自由と正義」の特集の記載は省略） 7月　通産省産業政策局・クレジット債権回収問題研究会のカウンセリング機関構想に対する意見書 9月　訪問販売法等マルチ商法規制に関する意見書 11月　「訪問取引及び通信取引規制法案要綱（試案）」をとりまとめ	有価証券に係る投資顧問業の規制等に関する法律（投資顧問業法）制定〔クーリング・オフ10日間〕 特定商品等の預託等取引契約に関する法律（預託法）制定〔クーリング・オフ14日間〕 運輸省「標準トランクルームサービス約款」「標準引越運送・取扱約款」告示
1987 (昭62)	統一教会の霊感商法が社会問題化 原野商法の二次被害が	2月　抵当証券取引の被害の実態と法的規制に関する意見書 6月　抵当証券業法制定促進につい	抵当証券業の規制等に関する法律制定 食品添加物の表示、300品

444

《年表》日本弁護士連合会の消費者問題についての取組み

年	社会・消費者運動・一般法の動き	消費者問題に関する日弁連の主な提言・活動	消費者関連立法等の動き
	目立つ 日本国有鉄道分割民営化、JRに 全国消費生活相談員協会(JACAS)設立 霊感商法被害救済担当弁護士連絡結成 日本クレジットカウンセリング協会設立	ての要望書 6月　消費者信用情報規制に関する意見書 6月　英会話教材の訪問販売における表示に関する公正競争規約案に対する意見書 7月　霊感商法被害実態とその対策についての意見書 9月　人権擁護大会シンポジウム「悪徳商法の根絶をめざして——訪問販売法改正をめぐって」「訪問販売法の改正を求める決議」 9月　海外先物取引業者等に関する刑事摘発の促進に関する要望書 11月　訪問取引及び通信取引規制法要綱試案 11月　「消費者問題ニュース」創刊	目に拡大し用途名と物質名併記を義務づけ
1988 (昭63)	国債ネズミ講(国利民福の会)事件 リゾート会員権の被害目立つ 豊田商事被害国家賠償訴訟提訴 日本消費生活アドバイザー・コンサルタント協会(NACS)設立 会員権問題全国連絡会議結成	3月　霊感商法被害実態とその対策について(その二)意見書 2月　訪問販売法改正に係る産業構造審議会答申に対する意見書 3月　シンポジウム「訪問販売法改正はこれでよいのか」 4月　消費者破産に対応するための破産法一部改正に関する意見書 6月　大蔵省金融制度調査会専門委員会報告「消費者信用のあり方について」に対する意見書 7月　第1回夏期消費者セミナー「被害・消費者運動・ネットワーク」 7月　改正訪問販売法の政令・省令制定に関する意見書 7月　北海道における原野商法被害の実態報告書 9月　消費者教育報告書 10月　消費者問題に関連する弁護士業務妨害の実態とその対策について意見書 10月　貸金業の金利引き下げを求める市民集会 10月　シンポジウム「個人情報の保	訪問販売法改正〔クーリング・オフ8日間、指定商品の拡大、禁止行為等の規制強化〕 ネズミ講禁止法改正〔規制対象を金銭から金品に拡大〕 金融先物取引法制定

445

《年表》日本弁護士連合会の消費者問題についての取組み

年	社会・消費者運動・一般法の動き	消費者問題に関する日弁連の主な提言・活動	消費者関連立法等の動き
		護」 11月　改正訪問販売法の通達に関する意見書 11月　人権擁護大会「国際消費者問題に関する決議」 出版　『適正金利論——健全な消費者ローンに向けて』『被害に始まり被害に終わる』	
1989 (平元)	消費税実施 原野商法問題化 内外価格差問題 日経平均株価3万8915円の最高値 「消費者法ニュース」創刊 美容・エステ研究会結成	2月　商品取引所法改正に関する意見書 3月　「処罰金利の引下げ」に関する要望書 3月　家庭用洗剤・カビ取り剤被害110番 9月　人権擁護大会シンポジウム「消費者被害に対する国のあり方を問う」、ラルフ・ネーダー講演「消費者運動の法的戦略」 「消費者被害の予防と救済に対する国の施策を求める決議」 10月　借地法・借家法改正要綱試案に対する意見書 12月　プリペイドカード法の立法にあたっての要望書 出版　『簡易裁判所における消費者信用訴訟の実態と問題点報告書』『原野・造成地商法の実態と問題点報告書』『消費者信用情報をめぐる現状と課題報告書』『日弁連第32回人権大会シンポジウム第二分科会基調報告書・資料集』	貨物自動車運送事業法制定 前払式証票の規制等に関する法律(プリペイドカード法)制定 厚生省「化学的合成品以外の食品添加物表示基準」制定
1990 (平2)	バブル経済の崩壊 消費者教育支援センター設立 日米構造協議が決着 宛名書き内職商法問題 豊田商事破産手続、10.557%を配当して終結へ 集団クレジット被害連絡センター結成	2月　商品取引所法に関する意見書 3月　シンポジウム「商品取引所法改正と消費者保護」 3月　第1回欠陥商品110番 4月　土地基本法に関する意見書 5月　会員制リゾートクラブの実態と法的規制についての意見書 6月　独占禁止法損害賠償制度の改正意見書 7月　第2回夏期消費者セミナー「いま、消費者運動のめざすもの	食鳥処理の事業の規制及び食鳥検査に関する法律制定 運輸省「標準宅配便約款」「標準引越運送約款」告示

《年表》日本弁護士連合会の消費者問題についての取組み

年	社会・消費者運動・一般法の動き	消費者問題に関する日弁連の主な提言・活動	消費者関連立法等の動き
		——弁護士の役割とネットワーク」 7月　原野・造成地商法の法的規制についての意見書 9月　改正商品取引所法の政省令など整備にあたっての意見書 9月　人権擁護大会シンポジウム「情報公開と個人情報の保護」「情報主権の確立に関する宣言」 11月　輸入総代理店契約等における不公正な取引方法の規制に関する運用基準の原案について意見 12月　シンポジウム「これでいいのか？　欠陥被害と救済の現状——製造物責任法のあり方を考える」 出版　『いま、消費者運動のめざすもの』	
1991 (平3)	消費者のための製造物責任法制定を求める連絡会結成 消費生活専門相談員認定制度発足 野村証券損失補塡問題 NTTのダイヤルQ^2社会問題化 茨城カントリークラブゴルフ会員乱売事件 『消費者取引六法』発刊 クレジット・カード規制法研究会結成	3月　製造物責任法要綱 3月　独占禁止法・景品表示法改正とその運用改善についての意見書 5月　日弁連総会「製造物責任法の制定を求める決議」 6月　割賦販売法改正意見書 7月　独占禁止法違反に対する損害賠償請求訴訟に関する公正取引委員会の対応について 7月　シンポジウム「製造物責任法のあり方を考えるパート2」 7月　第3回夏期消費者セミナー「豊かさへの選択－消費者問題の根底にあるものを考える」 10月　ダイヤルQ^2 110番 出版　『消費者に武器を——消費者主権の確立をめざして』『これでいいのか？　欠陥被害と救済の現状——製造物責任法のあり方を考える』『豊かさへの選択』	独占禁止法改正〔課徴金の引き上げ〕 商品投資に係る事業の規制に関する法律〔商品投資事業法〕制定〔クーリング・オフ10日間〕 再生資源の利用の促進に関する法律(現在の資源の有効な利用の促進に関する法律)制定
1992 (平4)	環境と開発に関する国連会議(地球サミット) 学校における消費者教育、本格実施(小学校1992年、中学校、1993年高等学校1994年から)	2月　クレジットカード加盟店契約締結意見書 2月　自由民主党経済・物価問題調査会「製造物責任制度に関する小委員会中間とりまとめ」に対する意見書 2月　証券取引制度の改正に関する意	新計量法制定 借地借家法制定〔定期借地権を導入〕 ゴルフ場等会員契約の適正化に関する法律制定〔クーリング・オフ8日間〕 特定債権等に係る事業の規

447

《年表》日本弁護士連合会の消費者問題についての取組み

年	社会・消費者運動・一般法の動き	消費者問題に関する日弁連の主な提言・活動	消費者関連立法等の動き
	霊視商法問題化 欠陥商品被害救済全国協議会結成 全国ダイヤルQ²問題連絡会結成	見書 2月　公正取引委員会委員長及び委員の選任に関する要望書 3月　ダイヤルQ²サービスの改善に関する意見書 4月　独占禁止法の刑事罰強化に関する意見書 4月　会員権の法規制についての意見書 7月　第4回夏期セミナー「企業社会への挑戦――企業倫理を問う」 9月　「環境基本法」制定に対する要望書 9月　㈳関西経済連合会「総合的な消費者被害予防・救済制度の充実に向けて――提言」に対する意見書 11月　人権擁護大会シンポジウム「今こそ製造物責任法の制定を」「製造物責任法制定を求める宣言」 同シンポジウム「患者の人権――インフォームド・コンセントを中心として」 「患者の権利の確立に関する宣言」 12月　シンポジウム「しのびよるダイオキシン汚染――化学物質規制のあり方を問う」 日弁連破産記録全国調査(第1回) 出版　『ダイヤルQ²って何？　こんな時どうするの？』『企業社会への挑戦』	制に関する法律制定〔クーリング・オフ8日間〕
1993 (平5)	環境基本法制定 経済改革研究会、規制緩和に関する中間報告 バブル崩壊により変額保険被害問題化 米の大凶作と緊急輸入、平成米騒動 超低金利時代(公定歩合1％台に低下) EU「消費者契約における不公正条項に関	1月　継続的サービス契約の適正化に関する意見書 1月　環境基本法要綱 3月　継続的サービス取引適正化各界懇談会 4月　緊急NGOフォーラム「どうする環境基本法！」 5月　日弁連総会「消費者保護基本法の抜本的改正を求める決議」 7月　通産省「継続的役務取引適正化研究会報告書」に対する意見書 7月　第5回夏期消費者セミナー	新不正競争防止法制定 JAS法改正〔特定JAS規格を設定〕

《年表》日本弁護士連合会の消費者問題についての取組み

年	社会・消費者運動・一般法の動き	消費者問題に関する日弁連の主な提言・活動	消費者関連立法等の動き
	する指令」 国民生活審議会と産業構造審議会が製造物責任法立法に関する答申	「男社会を考える——男女共同参加で消費者主権を！」 9月 シンポジウム「あるべき欠陥製品被害救済のルール——これまでの議論を集大成する」 9月 消費者教育における弁護士の役割意見書 9月 環境基本法の制定に関する緊急提言 11月 ＮＴＴに対しダイヤルQ²サービスに関する申入書 12月 国民生活審議会「製造物責任制度を中心とした総合的な消費者被害防止・救済の在り方について」の取りまとめに関する意見書 12月 継続的役務取引適正化に関する自主規制の普及について要望書 出版 『証券取引被害救済の手引』『独禁法(景表法)活用の手引』『今こそ製造物責任法の制定を』『あるべき欠陥製品被害救済のルール』	
1994 (平6)	IOCUが名称をCI(国際消費者機構)に変更 価格破壊の進行 出張ホスト詐欺事件	2月 製造物責任法の制定に向けての提言 3月 日賦貸金業者の特例金利の廃止を求める要望書 3月 ダイヤルQ²問題申入書 3月 継続的役務取引に関する加盟店審査等について要望書 5月 日弁連総会「入札制度の改革と独占禁止法の改正及び運用強化を求める決議」 6月 入札制度の改革と独占禁止法の改正及び運用強化を求める決議の実現に関する要望書 7月 情報公開法大綱 7月 第6回夏期消費者セミナー「消費者はいかにして企業をコントロールできるか——株主代表訴訟を中心に戦略を考える」 9月 多重債務者の現状と救済に関する報告書 9月 有機農業促進基本法要綱	製造物責任法(PL法)制定 不動産特定共同事業法制定〔クーリング・オフ8日間〕 主要食糧の需給及び価格の安定に関する法律(新食糧法)制定〔米の流通を自由化〕

《年表》日本弁護士連合会の消費者問題についての取組み

年	社会・消費者運動・一般法の動き	消費者問題に関する日弁連の主な提言・活動	消費者関連立法等の動き
		10月 人権擁護大会シンポジウム「カード社会を考える――多重債務者の救済を求めて」 「多重債務者の救済制度の整備・拡充を求める決議」 同シンポジウム「今蛇口の向こうで何が起きているのか――清浄な飲料水を求めて」 「清浄な飲料水を享受するための決議」 10月 シンポジウム「製造物責任法を活かすために」 出版 『男社会を考える』『証券取引被害救済の手引――ワラント取引被害の実態と法的問題点』『第一次アメリカ破産事情調査報告』	
1995 (平7)	高齢社会対策基本法制定 規制緩和推進計画を閣議決定 阪神・淡路大震災 地下鉄サリン事件、オウム真理教解散命令 製品分野別のPLセンター相次いで設立 世界貿易機関(WTO)発足 コスモ信組・兵庫銀行・木津信組が破綻、系列の抵当証券会社で被害 ニシキファイナンス手形詐欺事件	5月 クレジット・サラ金・カード110番 6月 先物取引被害110番 6月 容器包装に係る分別収集及び再商品化の促進等に関する法律についての意見書 7月 第7回夏期消費者セミナー「規制緩和は消費者に何をもたらすか――平岩委員会報告を検証する」 10月 景品規制の改正案に対する意見書 11月 定期借家権に関する意見書 11月 先物取引被害の予防・救済に関する意見書 11月 宗教的活動名目のいきすぎた各種資金獲得活動に関する提言(実態と問題点) 11月 シンポジウム「製造物責任法を活かすために――被害の防止・救済と安全情報の公開」 11月 シンポジウム「消費者問題と融資者責任」 12月 市民活動団体に関する法制度改革に関する提言 12月 情報公開法要綱案中間報告の起草にあたっての意見書 出版 『実践PL法』『消費者はいか	新保険業法制定〔旧保険業法・外国保険事業者に関する法律・保険募集の取締に関する法律を一本化、クーリング・オフ8日間〕 容器包装に係る分別収集及び再商品化の促進等に関する法律(容器包装リサイクル法)制定 食品衛生法改正〔添加物の拡大、総合衛生管理製造過程(HACCP)を導入〕 JAS法の品質表示基準及び食品衛生法施行規則を改正〔食品日付表示を期限表示へ〕

《年表》日本弁護士連合会の消費者問題についての取組み

年	社会・消費者運動・一般法の動き	消費者問題に関する日弁連の主な提言・活動	消費者関連立法等の動き
		にして企業をコントロールできるか』『外貨建ワラント・投資勧誘規制訪欧調査報告書』『第二次アメリカ破産事情調査報告』	
1996 (平8)	民事訴訟法改正(新民事訴訟法制定)〔少額訴訟、証拠収集手続の拡充等〕 国際消費者法学会日本フォーラム設立 欠陥住宅被害全国連絡協議会(欠陥住宅全国ネット)結成 薬害HIV訴訟が勝訴的和解 経済革命倶楽部(KKC)事件 病原性大腸菌O-157食中毒事件 こんにゃく入りゼリーによる窒息事故相次ぐ 足裏診断商法、法の華三法行問題 団体定期保険問題	1月 訪問販売法改正に関する意見書 2月 シンポジウム「宗教活動と消費者問題」 2月 シンポジウム「行政情報はなぜ公開されるべきか」 3月 民間型製品分野別裁判外紛争処理機関に関する要望書 3月 入札制度の改革と談合防止に関する中間報告書 3月 第1回欠陥住宅110番 5月 シンポジウム「欠陥住宅被害を考える」 6月 訪問販売法施行令等の改正についての意見書 7月 錯覚商法(NTT電話帳広告)に関する要望書 7月 第8回夏期消費者セミナー「消費者被害とマスメディア」 9月 シンポジウム「現行破産法の欠陥を衝く——破産・免責手続中の個別訴訟・執行の弊害と対策」 9月 ダイオキシン問題に関する再度の緊急提言 10月 人権擁護大会シンポジウム「銀行と消費者——融資者責任の確立をめざして」 「銀行取引における消費者の権利確立を求める決議」 12月 成年後見法大綱(中間意見) 出版 『宗教名目による悪徳商法』『継続的サービス取引——消費者トラブル解決策』『規制緩和は消費者に何をもたらすか』『いま、日本の住宅が危ない』『弁護士のための消費者教育講師マニュアル』『消費者被害とマスメディア』	訪問販売法改正〔電話勧誘販売を規制。連鎖販売取引のクーリング・オフを20日間に延長〕 標準旅行業約款改正〔旅程保証制度導入〕 景表法の景品規制の緩和〔オープン懸賞の景品上限を1000万円に引上げ〕
1997 (平9)	気候変動枠組み条約第3回締約国会議	1月 情報公開法要綱案についての意見書	介護保険法制定 独占禁止法改正〔持株会社

451

《年表》日本弁護士連合会の消費者問題についての取組み

年	社会・消費者運動・一般法の動き	消費者問題に関する日弁連の主な提言・活動	消費者関連立法等の動き
	（COP3・地球温暖化防止京都会議） 山一証券・北海道拓殖銀行・日産生命が破綻 ダイオキシン汚染問題 宝石買戻し商法のココ山岡倒産 和牛オーナー商法破綻 システム金融問題化 サラ金整理屋、紹介屋の被害増加 薬害オンブズパースンタイアップグループ結成 『消費者六法』発刊	3月 商品先物取引制度見直しについての意見書（委員会） 3月 純粋持株会社解禁に関する意見書 5月 シンポジウム「電子商取引と消費者」 6月 シンポジウム「持株会社の解禁は何をもたらすか」 6月 シンポジウム「成年後見制度を考える」 6月 日本版金融ビックバン（金融制度改革）に伴う消費者保護方策についての提言 7月 第9回夏期消費者セミナー「宗教と消費者被害を考える」 10月 建築基準法改正に関する意見書 10月 法務省の借地借家制度等に関する論点についての意見書 10月 人権擁護大会シンポジウム「あるべき情報公開法──国民主権を実効あらしめるために」 10月 シンポジウム「ビッグバンは消費者に何をもたらすか」 11月 シンポジウム「建築基準法改正」 12月 第1回入札談合ホットライン 出版 『銀行の融資者責任』『欠陥住宅被害救済の手引』『消費者被害とマスメディア』『アメリカ情報公開の現場から』	を一部解禁〕 預託法施行令改正〔指定商品に人の飼育する哺乳類または鳥類を追加〕 環境影響評価法制定 医療法改正〔説明努力義務〕 薬剤師法改正〔情報提供義務〕
1998 (平10)	特定非営利活動促進法（NPO法）制定 内分泌撹乱化学物質（環境ホルモン）問題 商工ローン問題化 ㈶日弁連法務研究財団設立 日栄・商工ファンド対策全国弁護団結成 東京の三弁護士会、クレサラ相談センター開設	3月 日本版ビッグバン（金融制度改革）に伴う消費者保護方策についての意見書 3月 遺伝子組換え食品の法的規制を求める意見書 3月 情報公開法試案 3月 個人情報保護法大綱 4月 シンポジウム「製造物責任法と新民訴法を考える」 4月 成年後見法大綱（最終意見） 5月 独禁法の民事訴訟を活発化する立法を求める意見書	金融システム改革法制定（金融ビッグバン） 大規模小売店舗立地法制定（大店法廃止） 債権管理回収業に関する特別措置法（サービサー法）制定 風俗営業等の規制及び業務の適正化等に関する法律（風俗営業法）改正〔アダルトサイト等の無店舗型に規制拡大〕

《年表》日本弁護士連合会の消費者問題についての取組み

年	社会・消費者運動・一般法の動き	消費者問題に関する日弁連の主な提言・活動	消費者関連立法等の動き
	インターネット消費者被害対策弁護団結成 日本長期信用銀行・日本債権信用銀行の国有化	5月　日弁連総会「規制緩和の進展に際し消費者をめぐる法制度の抜本的改革を求める決議」 7月　改正商品取引所法の省令整備に関する意見書 7月　情報開示に関する要望書 7月　整理屋・紹介屋・提携弁護士110番 7月　第10回夏期消費者セミナー「新たなる消費者ネットワークの形成に向けて――インターネットの活用を考える」 9月　消費者契約法の具体的内容についての国民生活審議会消費者政策部会中間報告に対する意見 9月　銀行取引約定書及び消費者ローン契約書に対する改善提案について 9月　指定確認検査機関のあり方に関する意見書 9月　自由民主党商法に関する小委員会の「企業統治に関する商法等の改正案骨子」に対する意見書 9月　人権擁護大会シンポジウム「その薬はだいじょうぶですか？　医薬品被害の予防と救済」 「医薬品被害の防止と被害者救済のための制度の確立を求める決議」 10月　シンポジウム「消費者のための消費者契約法、統一消費者信用法、金融サービス法の制定をめざして」 12月　製品安全規制の在り方について要望書 出版　『消費者訴訟のための新民事訴訟法活用の手引』『宗教と消費者被害を考える』『第三次アメリカ破産事情調査報告』『欧州破産事情調査報告書』『消費者教育欧州視察報告書』『97年全国破産記録調査報告書』	特定家庭用機器再商品化法（家電リサイクル法）制定 地球温暖化対策の推進に関する法律制定 建築基準法改正〔仕様規定から性能規定へ変更、中間検査の導入、建築確認・検査業務の民間開放〕 建設省「賃貸住宅の原状回復ガイドライン」を作成
1999 (平11)	司法制度改革審議会を設置	1月　**メーリングリスト(CAM)開設** 1月　新しい金融の流れに関する懇	行政機関の保有する情報の公開に関する法律（情報

453

《年表》日本弁護士連合会の消費者問題についての取組み

年	社会・消費者運動・一般法の動き	消費者問題に関する日弁連の主な提言・活動	消費者関連立法等の動き
	国連消費者保護ガイドライン改正持続的な消費に関する条項を追加 民法改正〔成年後見制度の導入〕 民事再生法制定 モニター商法のダンシングが破産 内職商法問題 生命保険の転換トラブル 盗難通帳による不正払出し被害が増加	談会論点整理に対する意見書 2月 シンポジウム「消費者契約法の早期制定をめざして」 2月 反社会的な宗教的活動にかかわる消費者被害等の救済の指針 2月 製品安全規制の在り方についての補充意見書 3月 訪問販売法・割賦販売法の改正に対する緊急意見書 3月 電子商取引における消費者保護に関する提言 3月 ダイオキシン対策推進基本方針に対する意見書 3月 シンポジウム「どうする破産法改正」 5月 カウンセリング研究会中間報告に対する見解 5月 シンポジウム「インターネット取引をめぐる紛争の予防と解決」 5月 第1回多重債務者救済事業充実拡充に関する協議会 5月 日弁連総会「多重債務者の救済と多重債務問題解決のための総合的施策を求める決議」 6月 国民生活審議会消費者政策部会報告「消費者契約法(仮称)の制定に向けて」に対する意見 6月 統一消費者信用法の制定に向けて意見書 6月 個人信用情報保護法の制定に向けて意見書 7月 金融審議会第一部会中間整理(第一次)に対する意見書 7月 第11回夏期消費者セミナー「住宅問題を考える——住居は人権」 9月 「個人信用情報保護・利用の在り方に関する論点・意見の中間的な整理」に関する意見書 9月 シンポジウム「消費者に力を——こんな消費者契約法がほしい」 10月 商工ローン問題についての意見書	公開法)制定 訪問販売法改正〔特定継続的役務提供を規制〕 貸金業規制法改正〔商工ローン問題に対応し保証人への書面交付、保証業者を規制〕 出資法改正〔刑罰金利を年29.2％に引下げ〕 利息制限法改正〔遅延損害金を制限利息の1.46倍に引下げ〕 特定債務等の調整の促進のための特定調停に関する法律(特定調停法)制定 借地借家法改正〔定期借家契約の導入〕 不正アクセス行為の禁止等に関する法律制定 住宅の品質確保の促進等に関する法律(住宅品質確保法)制定〔住宅性能評価、新築住宅の構造耐力上主要部分の瑕疵担保責任10年の法定化〕 JAS法改正〔すべての飲食料品に品質表示義務、有機食品の検査認証制度、遺伝子組換食品の表示基準〕 消費生活用製品安全法・LPG法・電気用品取締法・ガス事業法の一括改正〔政府認証制度の廃止、適合性検査制度の導入等による事前規制の緩和〕 ダイオキシン類対策特別措置法制定

《年表》日本弁護士連合会の消費者問題についての取組み

年	社会・消費者運動・一般法の動き	消費者問題に関する日弁連の主な提言・活動	消費者関連立法等の動き
		10月 消費者契約法日弁連試案、同解説 10月 特定債務等の調整の促進のための特定調停に関する法律案に対する意見書 10月 シンポジウム「深刻化する宗教トラブルを問う」 10月 シンポジウム「被害者救済につながる消費者契約法を」 11月 人権擁護大会シンポジウム「資源循環型社会をはばむものは何か──あるべき生産者責任の確立を」 「資源循環型社会の実現に向けて生産者責任の確立等を求める決議」 11月 「カルテ等の診療情報の活用に関する検討会」報告書に対する意見書 12月 消費者契約なんでも110番 12月 消費者契約法検討委員会報告「消費者契約法(仮称)の具体的内容について」に対する意見 出版 『宗教トラブルの予防・救済の手引き』『新たなる消費者ネットワークの形成に向けて』	
2000 (平12)	高度情報通信ネットワーク社会形成基本法(IT基本法)制定 民事法律扶助法制定 民事再生法改正(個人債務者再生手続) 特定非営利活動法人消費者ネット関西設立 クレジット被害対策全国連絡会結成 日掛け金融全国弁護団結成 全国ヤミ金対策会議結成 雪印乳業低脂肪乳食中毒事件 三菱自動車工業リコー	1月 消費者契約法の審議について要望書 1月 衆議院「消費者問題等に関する特別委員会」設置に関する要望書 1月 個人情報保護検討委員会「中間報告」に対する意見 1月 政府関連法人の情報公開制度に関する意見書 1月 金融審議会第一部会中間整理(第二次)に対する意見書 3月 「我が国における個人情報保護システムの在り方について」(中間報告)に対する意見書 3月 シンポジウム「PL法の趣旨は活かされているか」 3月 シンポジウム「統一消費者信	消費者契約法制定 金融商品の販売等に関する法律(金融商品販売法)制定 訪問販売法を、特定商取引に関する法律(特定商取引法)に改正〔業務提供誘引販売取引を規制、クーリング・オフ20日間〕 独占禁止法改正〔民事的差止請求制度〕 マンションの管理の適正化の推進に関する法律(マンション管理適正化法)制定 書面の交付等に関する情報通信技術の利用のための

455

《年表》日本弁護士連合会の消費者問題についての取組み

年	社会・消費者運動・一般法の動き	消費者問題に関する日弁連の主な提言・活動	消費者関連立法等の動き
	ル隠し事件 百貨店そごうの経営破綻 三洋電機太陽光発電パネル出力偽装販売事件 米国産とうもろこしに遺伝子組換え未承認の「スターリンク」が混入する事件 モニター商法の愛染苑山久が破綻 エステティックサロン「エステ de ミロード」倒産 デビットカード開始	用法の制定に向けて」 3月　シンポジウム「規制緩和・インターネット時代の消費者教育」 4月　消費者契約法案に対する意見書 5月　日賦貸金業者および電話担保金融の特例金利の即時廃止を求める意見書 5月　独禁法違反行為に対する民事的救済制度についての意見書 6月　区分所有法の改正に関する意見書 6月　消費生活センターの拡充・強化について要望書 7月　消費者のための家づくりモデル約款の解説 7月　個人情報保護基本法制に関する大綱案(中間整理)に対する意見書 7月　第12回夏期消費者セミナー「法律をつくろう！　消費者主権の確立に向けて我々(弁護士)の出来ること」 9月　訪問販売法・割賦販売法の改正に関する意見書 10月　自動車の安全確保とリコール制度の改善に関する意見書 10月　日弁連理事会「弁護士報酬の敗訴者負担制度に関する決議」 10月　人権擁護大会シンポジウム「クレジット・サラ金・商工ローン被害の救済と根絶に向けて――あるべき消費者信用法を考える」 「統一的・総合的な消費者信用法の立法措置を求める決議」 11月　行政機関の保有する情報の公開に関する法施行令に関する意見書 12月　電話による有料情報サービスの利用料の取立に関する意見書 出版　『消費者のための家づくりモデル約款の解説』『アメリカの入札制度について』『住宅問題を考える』	関係法律の整備に関する法律(書面一括法)制定 電子署名及び認証業務に関する法律制定 特定化学物質の環境への排出量の把握及び管理の改善の促進に関する法律(PRTR法)制定 循環型社会形成推進基本法制定 建設工事に係る資材の再資源化に関する法律(建設資材リサイクル法)制定 食品循環資源の再生利用等の促進に関する法律(食品リサイクル法)制定 国等による環境物品等の調達の推進等に関する法律(グリーン購入法)制定 廃棄物処理法改正〔廃棄物最終処理の確認〕 資源有効利用促進法改正〔改称、発生抑制と再利用を義務づけ〕

《年表》日本弁護士連合会の消費者問題についての取組み

年	社会・消費者運動・一般法の動き	消費者問題に関する日弁連の主な提言・活動	消費者関連立法等の動き
2001 (平13)	中央省庁の再編 司法制度改革推進法制定 消費者教育弁護士協議会結成 デフレ深刻化 牛海綿状脳症(BSE)発生 ヤミ金融問題 他社株転換条件付き債券(EB債)問題 出資金投資商法の大和都市管財破綻 ダイヤルQ²訴訟最高裁判決	1月 シンポジウム「消費者契約法の正しい使い方」 2月 シンポジウム「公共入札制度の改革に向けて」 2月 入札制度改革に関する提言と入札実態調査報告 2月 個人情報保護基本法制に関する大綱に関する意見書 2月 高齢者世帯向け賃貸住宅制度と終身借家契約に関する意見書 3月 ヤミ金融業者に対する集中的かつ徹底的な取締を求める要請書 3月 自民党「企業統治に関する商法等の改正要綱」に対する意見書 3月 シンポジウム「消費者から見た情報公開法」 4月 区分所有法の改正に関する要望書 5月 憲法記念行事「どうなっているの？ 私の個人情報──IT社会における個人情報の利用と保護の新展開」 5月 個人情報の保護に関する法律案に対する意見書 5月 都道府県貸金業協会による債務整理の中止を求める意見書 7月 第13回夏期消費者セミナー「消費者と向き合う──弁護士のカウンセラー役割」 8月 行政機関個人情報保護法制研究会中間整理に対する意見書 9月 意見書「特殊法人国民生活センターの改革のあり方について」 10月 個人信用情報保護法要綱の提言 10月 シンポジウム「ごみゼロ社会は夢か現実か？」 11月 シンポジウム「マンション法を斬る」 12月 貸金業の規制等に関する法律の改正に関する意見書 12月 民事再生法第85条（再生債権弁済禁止規定）の改正を求める意	電子消費者契約及び電子承諾通知に関する民法の特例に関する法律(電子消費者契約法)制定 特定電気通信役務提供者の損害賠償責任の制限及び発信者情報の開示に関する法律(プロバイダ責任制限法)制定 高齢者の居住の安定確保に関する法律制定 刑法改正〔カード偽造を処罰〕 特定製品に係るフロン類の回収及び破壊の実施の確保等に関する法律(フロン回収法)制定 ポリ塩化ビフェニール廃棄物の適正な処理の推進に関する特別措置法(PCB処理法)制定

《年表》日本弁護士連合会の消費者問題についての取組み

年	社会・消費者運動・一般法の動き	消費者問題に関する日弁連の主な提言・活動	消費者関連立法等の動き
		見書 12月 当連合会による「都道府県貸金業協会による債務整理の中止を求める意見書」に対する㈱全国貸金業協会連合会の回答書（13全金連第127号）について 12月 シンポジウム「個人情報は守れるか？」 出版『コンメンタール消費者契約法』（神戸奨励賞受賞）『情報公開ナビゲーター』『法律をつくろう！』	
2002 (平14)	特定非営利活動促進法改正〔消費者保護を図る活動を追加〕 司法制度改革推進計画 日本クレジットカウンセリング協会にサラ金業界と銀行業界が参加して改組した新協会発足 雪印食品・日本ハム牛肉偽装事件 協和香料化学の無認可香料使用と大量回収 東京電力原発ひび割れ隠蔽事件 食品の安全問題（中国産野菜の残留農薬・中国産ダイエット食品による肝障害・無登録農薬使用の果物回収・産地偽装問題） 出資金投資商法の全国八葉物流破産、ジーオーグループ摘発 住民基本台帳ネットワークシステム（住基ネット）稼働 公益通報支援センター発足 大学の入学金・授業料没収問題で110番活	1月 産業構造審議会商品取引所分科会の委員の選任についての要望書 2月 「行政機関等の保有する個人情報保護に関する法制の充実強化について」に対する意見書 2月 自動車リコール制度の改正試案に対する意見書 4月 行政機関の保有する個人情報の保護に関する法律案に関する意見書 4月 道路運送車両法の一部を改正する法律案に対する意見書 5月 シンポジウム「製品安全情報は公開されているか」 5月 建物区分所有法改正要綱中間試案に対する意見書 6月 シンポジウム「ネットオークションの現状と課題——民事ルールの確立とサイト主催者責任について」 7月 裁判外紛争解決（ADR）についての意見 7月 第14回夏期消費者セミナー「消費社会と広告——広告の役割と責任を考える」 11月 シンポジウム「実現させよう！ 消費者団体訴訟」 11月 消費者政策の見直しと消費者保護基本法改正についての意見書 11月 ヤミ金融対策法の制定を求める意見書	独立行政法人国民生活センター法制定 特定電子メールの送信の適正化等に関する法律制定 特定商取引法改正〔迷惑メール広告規制〕 有線電気通信法改正〔ワン切りを処罰〕 古物営業法改正〔ネットオークション規制〕 食品衛生法改正〔被害のおそれがある食品の製造・輸入・販売の禁止、表示違反の迅速な公表〕 JAS法改正〔表示違反の迅速な公表・厳罰化〕 牛海綿状脳症対策特別措置法制定 農薬取締法改正〔無登録農薬の使用等禁止〕 健康増進法制定 区分所有法改正〔建替決議要件の緩和〕 マンションの建替えの円滑化等に関する法律制定 建築基準法改正〔シックハウス対策〕 民間事業者による信書の送達に関する法律（信書便法）制定 金融機関等による顧客等の本人確認等に関する法律

458

《年表》日本弁護士連合会の消費者問題についての取組み

年	社会・消費者運動・一般法の動き	消費者問題に関する日弁連の主な提言・活動	消費者関連立法等の動き
	動、一斉提訴 敷金問題研究会結成	11月 破産法等の見直しに関する中間試案に対する意見書 11月 シンポジウム「化学物質過敏症とは何か」 12月 消費者訴訟における司法アクセス(裁判管轄)に関する意見書 12月 食品安全基本法・食品安全委員会構想に関する意見書 12月 ヤミ金融110番 12月 シンポジウム「内部告発者の保護と労働法制」 出版 『消費者・中小事業者のための独禁法活用の手引』『Q&A証券トラブル110番』『消費者と向き合う』『消費社会と広告』	制定 使用済自動車の再資源化に関する法律(自動車リサイクル法)制定 自然再生推進法制定
2003 (平15)	国民生活審議会「21世紀型の消費者政策の在り方について」最終報告 民事訴訟法改正〔提訴前の証拠収集手段の拡充〕 裁判の迅速化に関する法律制定 仲裁法制定 郵政3事業の日本郵政公社化 弁護士費用の敗訴者負担制度導入に対する反対運動 新型肺炎SARSの感染広がる 米国でBSE感染牛発生。米国産牛肉の輸入禁止 外国為替証拠金取引が問題化 架空請求、不当請求の苦情増加 ヤミ金融が社会問題化 サラ金大手の武富士会長が盗聴で逮捕 個人の自己破産申立件	1月 21世紀型の消費者政策の在り方について・中間報告についての意見書 1月 いわゆる出会い系サイトの法的規制の在り方について(中間検討案)に対する意見 1月 個人情報の保護に関する法律案の修正案に対する意見書 1月 行政機関の保有する個人情報の保護に関する法律案の修正案に対する意見書 1月 不正競争防止法の見直しの方向性について(案)に対する意見 2月 シンポジウム「内部告発者保護制度を考える」 3月 弁護士報酬敗訴者負担制度に関する意見書 3月 貸金業に係る規制に関する調査事項に対する回答 3月 短期賃借権の廃止に反対する意見書 3月 個人情報保護法案上程に関する意見 7月 出資法の上限金利の引き下げ等を求める意見書 7月 公益通報者保護制度要綱 7月 第15回夏期消費者セミナー「企業倫理を問うPART II ── こ	個人情報の保護に関する法律制定 食品安全基本法制定〔内閣府に食品安全委員会を設置〕 食品衛生法改正〔国民の健康保護が目的に加わる。食品の期限表示を「消費期限」と「賞味期限」の2種に統一、品質保持期限は廃止〕 牛の個体識別のための情報の管理及び伝達に関する特別措置法(牛トレーサビリティ法)制定 電気通信事業法改正〔説明義務、苦情処理〕 景品表示法改正〔合理的根拠のない表示の立証責任の転換〕 貸金業規制法・出資法改正〔ヤミ金融対策。無登録業者の罰則強化、広告・勧誘のみでも罰則。利息が年109.5%を超える貸付契約は無効〕 インターネット異性紹介事業を利用して児童を誘引

459

《年表》日本弁護士連合会の消費者問題についての取組み

年	社会・消費者運動・一般法の動き	消費者問題に関する日弁連の主な提言・活動	消費者関連立法等の動き
	数が過去最高の24万2357件となる	の10年企業は変わったか」 8月　統一消費者信用法要綱案 8月　弁護士報酬敗訴者負担の取扱いに関する日本弁護士連合会の意見 9月　総合的なADRの制度基盤の整備についての意見 10月　消費者保護基本法改正のあり方についての意見 10月　シンポジウム「弁護士報酬の両面的敗訴者負担制度に反対し市民が利用しやすい裁判制度を求める」 11月　商品先物取引制度改革意見書 11月　独占禁止法研究会報告書に対する意見書 11月　個人情報の保護に関する法律施行令案に関する意見 12月　行政機関の保有する個人情報の保護に関する法律施行令案に関する意見 12月　公益通報者保護法案の骨子に対する意見書 12月　外国為替証拠金取引および不招請勧誘の広告・勧誘禁止に関する意見書 12月　割賦販売法の改正を求める緊急意見書 12月　違法年金担保融資に対する罰則規定の制定を求める意見書 出版　『宗教トラブルはいま？』『2002年破産事件及び個人再生事件記録調査』『米国証券取引調査報告書』『米国先物調査団最終報告書』『企業倫理を問うⅡ』	する行為の規制等に関する法律（出会い系サイト規制法）制定 特定商取引法・割賦販売法施行令改正〔特定継続的役務提供の指定役務にパソコン教室・結婚相手紹介サービスを追加〕 保険業法改正〔予定利率の引下げ手続を復活〕
2004 (平16)	民法改正〔口語化、保証制度改正〕 破産法改正 裁判外紛争解決手続の利用の促進に関する法律（ADR法）制定 総合法律支援法制定 弁護士費用の敗訴者負	1月　産業構造審議会消費経済部会特定商取引小委員会等報告書素案（論点整理）に対する意見書 2月　シンポジウム「消費者団体訴訟制度の創設をめざして」 2月　破産法等改正法案に対する個人の破産・免責についての意見書 2月　公益通報者保護法案に関する	消費者保護基本法改正〔消費者基本法に改称。消費者の権利を掲げ、権利の尊重と自立の支援を基本理念に。消費者団体の役割を明記、契約の適正化を明示、消費者保護会議を消費者政策会議に改組、

460

《年表》日本弁護士連合会の消費者問題についての取組み

年	社会・消費者運動・一般法の動き	消費者問題に関する日弁連の主な提言・活動	消費者関連立法等の動き
	担法案が廃案に 消費者機構日本設立 法科大学院(ロースクール)開始 消費税が総額表示に 商品先物取引業者の東京ゼネラルが破綻 鳥インフルエンザ問題 顧客情報大量流出事件相次ぐ 各地の温泉で偽装表示事件 オレオレ詐欺 ワンクリック詐欺 偽造キャッシュカード問題	意見書 3月 シンポジウム「クレジット・ローン被害の救済に向けて――統一消費者信用法の制定を」 3月 実効性ある消費者団体訴訟制度の早期実現を求める意見書 5月 金融サービス法の制定を求める意見書 5月 「21世紀型の消費者政策の在り方について」における消費者教育の充実に関する意見書 5月 サラ金のテレビCMの中止を求める意見書 5月 個人情報保護条例の改正に向けての提言 6月 「独占禁止法改正案の概要及び独占禁止法改正案の考え方」に対する意見書 7月 改正商品取引所法のガイドライン・政省令整備に関する意見書 7月 第16回夏期消費者セミナー「高齢者をめぐる消費者被害――私たちにできること」 8月 地方自治体の消費生活条例改正に向けての意見書 8月 成年後見制度に関する改善提言(中間まとめ) 8月 情報公開法の見直しにあたっての裁判手続におけるヴォーン・インデックス手続及びインカメラ審理の導入の提言 9月 規制改革・民間開放推進3ヵ年計画「借家制度の抜本的見直し」に対する意見書 9月 架空請求110番 9月 シンポジウム「21世紀の公証人制度を考える」 9月 弁護士報酬敗訴者負担法案このままでは廃案を求める市民集会 10月 架空請求等の通信手段利用詐欺の防止に関する意見書 10月 有料情報料不当請求に関する意見書	消費者基本計画を策定〕 公益通報者保護法制定 商品取引所法改正〔委託者保護基金、不招請勧誘の規制、適合性の原則、説明義務〕 特定商取引法改正〔取消権、連鎖販売取引の中途解約返品制度、禁止行為の拡充、適合性の原則〕 割賦販売法改正〔連鎖販売取引の抗弁対抗〕 証券取引法改正〔銀行の証券仲介業務〕 貸金業規制法改正〔年金担保融資の禁止〕 金融先物取引法改正〔外国為替証拠金取引等の業者を金融先物取引業者として登録制に不招請勧誘の禁止、説明義務、適合性の原則〕 金融機関等による顧客等の本人確認等に関する法律改正〔他人名義の預金口座の売買・悪用を規制〕 クリーニング業法改正〔説明義務〕 工業標準化法(JIS法)改正〔新JIS制度〕

《年表》日本弁護士連合会の消費者問題についての取組み

年	社会・消費者運動・一般法の動き	消費者問題に関する日弁連の主な提言・活動	消費者関連立法等の動き
		11月 シンポジウム「法科大学院での消費者法講義を考える」 11月 情報公開法の改正に関する意見書 11月 改正商品取引所法下における自主規制規則の整備等に関する意見書 12月 不正競争防止法等の改正に関する意見書 12月 定期借家制度の見直しに対する意見書 出版 『消費者法講義』『家づくり安心ガイド』『ドイツ公証人制度調査報告書』	
2005 (平17)	消費者基本計画を決定 会社法制定 地方自治体の消費生活条例の多くが改正される 悪質リフォーム工事商法が問題化 アスベスト被害、再度問題化	1月 消費者基本計画の策定に関する意見書 1月 内閣府国民生活局「政令で定める公益通報者保護法の対象法律」に対する意見書 2月 公証人法の改正を求める意見書 3月 あるべき消費者団体訴訟制度に関する意見書 3月 貸金業関係の事務ガイドライン(第三分冊：金融会社関係)の一部改正(案)に対する意見書 3月 住宅ローンの取扱いに関する要請書 5月 電子的資金移動における無権限取引に関する意見書 5月 成年後見制度に関する改善提言 5月 地域福祉権利擁護事業に関する改善提言 5月 個人情報漏洩罪の新設に関する意見書 6月 保証料・媒介手数料の規制に関する意見書 7月 「消費者団体訴訟制度の在り方について」に対する意見書 7月 貸金業規制法「改正」に関する意見書 7月 シンポジウム「いよいよ実	食育基本法制定 偽造カード等及び盗難カード等を用いて行われる不正な機械式預貯金払戻し等からの預貯金者の保護等に関する法律制定 保険業法改正〔無認可共済を規制〕 独占禁止法改正〔自己申告した事業者の課徴金減免制度〕 特定電子メールの送信の適正化等に関する法律改正〔送信者アドレスを偽ったメール送信を直罰化〕 携帯音声通信事業者による契約者等の本人確認及び携帯音声通信役務の不正な利用の防止に関する法律制定〔プリペイド携帯、とばし携帯を規制〕

《年表》日本弁護士連合会の消費者問題についての取組み

年	社会・消費者運動・一般法の動き	消費者問題に関する日弁連の主な提言・活動	消費者関連立法等の動き
		現！　消費者団体訴訟制度」 8月　化学物質過敏症に関する提言 8月　貸金業の規制等に関する法律施行規則の改正を求める意見書 8月　事務ガイドライン(第三分冊：金融会社関係)の一部改正(案)に対する意見書 8月　金融審議会金融分科会第一部会投資サービス法制定に関する「中間整理」に対する意見書 9月　住民基本台帳の閲覧制度等のあり方に関する意見書 10月　割賦販売法の改正を求める緊急意見書 11月　人権擁護大会シンポジウム「日本の住宅の安全性は確保されたか——阪神淡路大震災10年目の検証」 「安全な住宅に居住する権利を確保するための法整備・施策を求める決議」 12月　容器包装リサイクル法改正に関する意見書 12月　銀行法改正に関する意見書 12月　経済産業省による個人情報の目的外使用禁止の適用除外規定の解釈に関する意見書	
2006 (平18)	シュレッダーでの幼児の指切断事故 シンドラー社製エレベーター事故 消費者政策会議「消費者基本計画」の検証・評価、監視のとりまとめ 法テラス（日本司法支援センター）設立 第45回全国消費者大会が開催される パロマ・ガス瞬間湯沸かし器死亡事故問題顕在化する 学納金返還に関する最	1月　「消費者団体訴訟制度」に関して公表された法案骨子に対する意見書 3月　証券取引法の一部を改正する法律案（金融商品取引法（いわゆる投資サービス法）案）の修正を求める意見書 7月　割賦販売法の抜本的改正を求める意見書 7月　多重債務者の支援、公的対処の必要性についての要望書 7月　第17回日弁連夏期消費者セミナー「条例を作ろう。条例を生かそう。」 8月　電子登録債権法制に関する中間試案についての意見書	消費者契約法改正（消費者団体訴訟制度の導入） 証券取引法改正（金融商品取引法に改称） 犯罪被害財産等による被害回復給付金の支給に関する法律制定 消費生活用製品安全法改正 貸金業の規制等に関する法律改正（貸金業法に改称）、出資法改正、利息制限法改正

463

《年表》日本弁護士連合会の消費者問題についての取組み

年	社会・消費者運動・一般法の動き	消費者問題に関する日弁連の主な提言・活動	消費者関連立法等の動き
	高裁判決 ロコロンドン取引の被害が顕在化	10月　貸金業関係の「事務ガイドライン(第三分冊：金融会社関係)」の一部改正(案)に対する意見書 10月　特定商取引法における指定商品制の廃止を求める意見書 12月　消費者契約法の実体法改正に関する意見書 12月　消費者契約法施行規則(案)及び適格消費者団体の認定、監督に関するガイドライン(案)に対する意見書 12月　内閣官房に設置される「多重債務者対策本部」の活動について(要望) 出版『キーワード式消費者法事典』、『金融商品取引被害救済の手引〔4訂版〕』、『先物取引被害救済の手引〔8訂版〕』	
2007 (平19)	NOVA事件 消費者政策会議「消費者基本計画」の検証・評価・監視の取りまとめ 郵政民営化 L&G(円天)事件 国民生活センター、こんにゃく入りゼリーの窒息による死亡事故情報を公表 ミートホープ事件等の食品偽装表示事件の発覚 悪質商法に対する行政処分や摘発が相次ぐなか、特商法、割販法の改正論議進む 多重債務問題への対応進む 消費者団体訴訟制度スタート 「消費者トラブルメール箱」の受信件数増加	2月　改正商品取引所法第214条の2(損失補てん等の禁止)の省令に関する意見書 3月　「ロコ・ロンドン金取引」商法の被害に関する意見書 3月　クレジット過剰与信を禁止する法改正を求める意見書 5月　「信託法及び信託法の施行に伴う関係法律の整備等に関する法律の施行に伴う金融庁関係政令等の整備に関する政令(案)」及び「信託業法施行規則等の一部を改正する内閣府令等(案)」に関する意見書 5月　「金融商品取引法制に関する政令案・内閣府令案」に関する意見募集に対する意見 6月　学習指導要領の改訂にあたって消費者教育の充実を求める意見書 6月　「犯罪利用預金口座等に係る資金による被害回復分配金の支払等に関する法律案」に対する意見書 6月　独占禁止法・景品表示法上の団体訴権に関する意見書	特定住宅瑕疵担保責任の履行の確保等に関する法律(特定住宅瑕疵担保責任履行法)公布 消費生活用製品安全法改正 電気用品安全法改正 犯罪利用預金口座等に係る資金による被害回復分配金の支払等に関する法律(振り込め詐欺被害者救済法)公布 金融商品取引法施行

《年表》日本弁護士連合会の消費者問題についての取組み

年	社会・消費者運動 ・一般法の動き	消費者問題に関する 日弁連の主な提言・活動	消費者関連立法等の動き
		6月　製品事故情報の収集・活用のあり方に関する意見書 6月　クレジット会社の共同責任に関する意見書 6月　シンポジウム「湯沸かし器によるCO中毒被害は防げなかったのか」 7月　産業構造審議会割賦販売分科会基本問題小委員会中間整理に対する意見募集に対する意見 7月　証券取引法等の一部を改正する法律の施行等に伴う商品取引所法施行規則及び商品先物取引の委託者の保護に関するガイドラインの改正についての意見 7月　第18回日弁連夏期消費者セミナー「食の安全を考える」 8月　「貸金業の規制等に関する法律等の一部を改正する法律」に関する政令(案)、内閣府令(案)に対する意見 8月　特定商取引法改正に関する意見書 8月　貸金業向けの総合的な監督指針(案)への意見 8月　「利息制限法施行令(案)」及び「出資の受入れ、預り金及び金利等の取締りに関する法律施行令(案)」の公表に対する意見 9月　保険法の見直しに関する中間試案についての意見書 9月　シンポジウム「特定商取引法・割賦販売法の改正」 10月　国民生活センターの機能・権限の強化を求める意見書 10月　シンポジウム「もっと使える消費者契約法へ－情報提供義務、不招請勧誘禁止、適合性原則の導入へ－」 11月　シンポジウム「国民生活センターの今後を考える－消費者庁の実現に向けて」 12月　シンポジウム「現代消費者法	

465

《年表》日本弁護士連合会の消費者問題についての取組み

年	社会・消費者運動・一般法の動き	消費者問題に関する日弁連の主な提言・活動	消費者関連立法等の動き
		の潮流を考える〜わが国の立法と判例の到達点とOECDの消費者政策の最新動向〜」 12月　シンポジウム「住宅の安全確保のために、地震被害と戦うロス市に学ぶ〜日本の建築生産システムの現状と問題点〜」	
2008 (平20)	中国製冷凍餃子事件 第1回消費者行政推進会議 文科省、小学校、中学校の学習指導要領改訂 後期高齢者医療制度開始 消費者行政推進基本計画閣議決定 消費者政策会議「消費者基本計画」の検証・評価・監視のとりまとめ リーマン・ブラザーズ破綻 事故米穀不正規流通問題 第47回全国消費者大会開催 日本消費者法学会設立	2月　保険業法の改正に関する意見書 2月　外国為替証拠金取引における分別管理に関する意見書 2月　割賦販売法改正による消費者団体訴訟制度の早期実現を求める意見書 2月　緊急集会「消費者のための『消費者庁』の創設を！」 2月　「消費者庁」の創設を求める意見書 3月　「中学校学習指導要領案」に対して消費者教育の充実を求める意見書 3月　シンポジウム「談合防止は進んでいるか―あるべき入札制度改革を探る」 4月　犯罪利用預金口座等に係る資金による被害回復分配金の支払等に関する法律施行規則(案)」に対する意見書 4月　シンポジウム「消費者行政一元化と地方消費者行政の強化策を考える」 5月　「消費者庁」が所管すべき法律等についての意見書 6月　海外商品先物取引等の規制の整備に関する意見書 6月　消費者被害の集団的救済に関する法整備を求める意見書 6月　地方消費者行政の抜本的拡充を求める意見書 7月　第19回夏期消費者セミナー「消費者行動が社会を変える」 10月　シンポジウム「『消費者庁』の早期実現を！　地方消費者行政の	消費者契約法等の一部を改正する法律公布(特商法・景品表示法へ差止請求の対象拡大) 保険法公布 特定電子メール法改正 独立行政法人国民生活センター法改正(国民生活センターに紛争解決委員会設置)

《年表》日本弁護士連合会の消費者問題についての取組み

年	社会・消費者運動・一般法の動き	消費者問題に関する日弁連の主な提言・活動	消費者関連立法等の動き
		充実を！」 10月　人権擁護大会シンポジウム「労働と貧困　拡大するワーキングプア－人間らしく働き生活する権利の確立を目指して」 11月　消費者庁設置法案に対する意見書・消費者安全法案についての意見書 12月　第3回民事裁判シンポジウム「権利救済を拡充するための新しい民事裁判を提言する」 出版『先物取引被害救済の手引〔9訂版〕』『金融商品取引被害救済の手引〔5訂版〕』『欠陥住宅被害救済の手引〔全訂3版〕』	
2009 (平21)	地方消費者行政活性化基金創設(平成20年度第2次補正予算) 商工ローン業者SFCG(旧商工ファンド)が民事再生法の適用を申請 文部科学省が高等学校の学習指導要領を改訂(消費者教育の充実) 国民生活センターの裁判外紛争解決手続(消費者ADR)開始 警察庁に「生活経済対策管理官」設置 消費者庁及び消費者委員会設置 花王が「エコナ関連製品」の製造・販売を中止 新型インフルエンザの流行(旅行キャンセルに伴う解約料に関する相談やマスクの性能等に関する相談等が多数寄せられる)	1月　「高等学校学習指導要領案」に対して消費者教育の充実を求める意見 2月　消費者教育推進法の制定を求める意見書 3月　指定信用情報機関の業務規程に関するガイドラインについての意見書 3月　シンポジウム「あるべき消費者事故情報の収集・分析・活用」 3月　シンポジウム「『もっと消費者教育を！』～消費者教育推進のための法づくりを考える～」 5月　「金融商品取引業等に関する内閣府令の一部を改正する内閣府令(案)」等に対する意見 5月　シンポジウム「『多重債務者の生活再建を実現する』～多重債務対策に『生活再建』の視点を～」 6月　「事務ガイドライン(第三分冊：金融会社関係　13指定信用情報機関関係)(案)」についての意見書 6月　「貸金業者向けの総合的な監督指針」の一部改正(案)に対する意見書 6月　改正貸金業法の早期完全施行に向けたセーフティネット貸付制	農林物資の規格化及び品質表示の適正化に関する法律(JAS法)改正(原産地について虚偽の表示をした飲食料品を販売した者に対する罰則規定の新設等) 米穀等の取引等に係る情報の記録及び産地情報の伝達に関する法律(米トレーサビリティ法)公布 消費者庁関連3法(「消費者庁及び消費者委員会設置法」、「消費者庁及び消費者委員会設置法の施行に伴う関係法律の整備に関する法律」、「消費者安全法」)公布 資金決済に関する法律(資金決済法)公布(前払式証票の規制等に関する法律廃止) 独占禁止法改正(排除型私的独占及び一定の不公正な取引方法に対する課徴金制度の導入等) 商品取引所法改正(商品先物取引法に改称)

467

《年表》日本弁護士連合会の消費者問題についての取組み

年	社会・消費者運動 ・一般法の動き	消費者問題に関する 日弁連の主な提言・活動	消費者関連立法等の動き
	投資トラブルが多発 劇場型勧誘による被害が多発 事業者からの個人情報流出が相次ぐ 適格消費者団体の活動が活発化し、全国的な広がりを見せる	度の充実を求める意見書 7月 「消費者安全法施行令(案)及び消費者安全法施行規則(案)」に対する意見書 7月 シンポジウム「『動き出す消費者庁と消費者委員会』〜消費者のための制度に育てよう〜」 7月 第20回夏期消費者セミナー「世界的金融恐慌と日本社会〜生活者の安心・安全を取り戻すために〜」 9月 社会資本整備審議会住宅宅地分科会民間賃貸住宅部会「中間とりまとめ」に対する意見書 10月 国会に消費者問題に関する常設委員会等の設置を求める要請書 10月 「損害賠償等消費者団体訴訟制度」要綱案 11月 第52回人権擁護大会シンポジウム第3分科会「安全で公正な社会を消費者の力で実現しよう〜消費者市民社会の確立をめざして〜」 11月 シンポジウム「『住宅瑕疵担保履行法で何が変わるか?』〜安全な住宅に居住する権利の確立のために〜」 12月 新保険法の施行に関する意見書 出版 『労働と貧困 拡大するワーキングプア』『まだまだ危ない! 日本の住宅』『改正特商法・割販法の解説』	改正特定商取引法・改正割賦販売法施行(指定商品・指定役務制の廃止、訪問販売規制の強化、クレジット規制の強化等)
2010 (平22)	全国共通「消費者ホットライン」運用開始 消費者庁「地方消費者行政の充実・強化のためのプラン」策定 「消費者基本計画」閣議決定 「消費者安全の確保に関する基本的な方針」内閣総理大臣決定	1月 「消費者基本計画」についての意見書 1月 「民間賃貸住宅政策について(意見募集)」に対する意見書 2月 新たな「消費者基本計画(素案)」に対する意見書 4月 シンポジウム「いま、消費者市民社会の実現に向けた消費者教育へ」〜その現状と課題〜 4月 「賃借人の居住の安定を確保するための家賃債務保証業の業務の	金融商品取引法等の改正(店頭デリバティブ取引等の決済の安定性・透明性向上、グループ規制・監督強化等) 改正貸金業法、出資法、利息制限法完全施行 口蹄疫対策特別措置法の制定 放送法改正 消費者生活用製品安全法施

《年表》日本弁護士連合会の消費者問題についての取組み

年	社会・消費者運動・一般法の動き	消費者問題に関する日弁連の主な提言・活動	消費者関連立法等の動き
	国民生活センター、全国消費生活情報ネットワーク・システム(PIO-NET)を刷新した「PIO-NET2010」運用開始 口蹄疫の発生、流行 パロマ工業社製ガス瞬間湯沸器による一酸化炭素中毒による死傷事故で前社長に有罪判決(東京地裁) 外国通貨購入による被害増加 クレジットカード現金化問題が顕在化 消費者委員会による初の建議(自動車リコール制度に関して) 貴金属等の訪問買取による被害多発 消費者金融業者最大手「武富士」が経営破綻 こんにゃく入りゼリーによる死亡事故について、製品に欠陥なしとの1審判決(神戸地裁姫路支部) アフィリエイト・ドロップシッピングなど、インターネットを利用した手軽な副業トラブルが増加	適正化及び家賃等の取立て行為の規制等に関する法律案第61条」に関する意見書 4月 シンポジウム「貧困ビジネス被害を考える～被害現場からの連続報告」 5月 「改正貸金業法に関する内閣府令の改正(案)」に対する意見書 5月 シンポジウム「フランチャイズ法制定にむけて」 6月 未公開株の被害の防止及び救済に関する意見書 7月 シンポジウム「こんにゃくゼリー事故から食品の安全確保を考える」 7月 第21回夏期消費者セミナー「消費者団体が社会を変える」 8月 「商品取引所法及び商品投資に係る事業の規制に関する法律の一部を改正する法律の施行に伴う関係政令の整備等及び経過措置に関する政令(案)」に対する意見 8月 建築基準法見直しについての意見書 9月 「商品取引所法及び商品投資に係る事業の規制に関する法律の一部を改正する法律の施行に伴う関係省令の整備等に関する省令(案)等」に対する意見 10月 消費者庁、消費者委員会及び国民生活センターの機能及び体制の強化を求める要望書 10月 ビクトリア・トーレセン氏講演会「トーレセンさん、消費者市民社会と教育を語る」 11月 「平成22年金融商品取引法改正に係る政令・内閣府令案等の公表について」に対するデリバティブ取引に関する不招請勧誘規制等の見直しについての意見 11月 消費者の救済のための発信者情報開示制度に関する意見書 11月 損害賠償等消費者団体訴訟制	行令改正(いわゆる使い捨てライターを追加指定)

469

《年表》日本弁護士連合会の消費者問題についての取組み

年	社会・消費者運動・一般法の動き	消費者問題に関する日弁連の主な提言・活動	消費者関連立法等の動き
		度(特定共通請求原因確認等訴訟型)要綱案 11月　シンポジウム「保証制度を考える～保証被害のない社会を目指して」 11～12月　改正貸金業法完全施行・全国一斉多重債務相談会 12月　秋田における弁護士刺殺事件についての要請書 12月　「商品先物取引業者等の監督の基本的な指針(案)」に対する意見 12月　振り込め詐欺救済法に定める預保納付金の使途に関する意見書 12月　シンポジウム「あるべき食品安全基本法について～食の権利宣言～」 出版『コンメンタール消費者契約法〔第2版〕』	
2011 (平23)	グルーポンの販売したおせち料理に苦情相談相次ぐ トランス脂肪酸表示の指針をまとめる 東日本大震災　原発事故発生 震災に便乗した商法が多発、放射性物質に対する不安も広がる 国民生活センター「震災関連悪質商法110番」を被災4県対象に実施(120日間) 生食用牛肉(ユッケ)で集団食中毒発生 小麦加水分解物を含有する「茶のしずく石鹸」によるアレルギーが発覚 決済代行業者登録制度(任意)開始 「消費者基本計画」一部改定 地上デジタル放送完全	1月　国民生活センターのあり方の検討についての要望書 1月　シンポジウム「建築基準法を守れ！ ～安全な住宅の回復のための補修方法を考える～」 1月　シンポジウム「地方消費者行政の望ましい姿と国の支援の在り方を考える」 2月　こんにゃく入りゼリーの規制を求める意見書 2月　公益通報者保護法の見直しに関する意見書 2月　国民生活センターの業務・事業見直しに対する意見書 2月　消費者事故等についての事故調査機関・制度の在り方に関する意見書 2月　シンポジウム「『消費者法の課題と展望』～民法(債権法)改正問題を契機として」 3月　緊急シンポジウム「津谷裕貴弁護士の功績と日弁連の課題～津谷裕貴委員長殺害事件を受けて」 3月　未公開株及び社債被害に関する申入書	高齢者の居住の安定確保に関する法律改正 老人福祉法改正(有料老人ホーム利用者保護、後見等の体制整備) 宅地建物取引業法施行規則改正(悪質勧誘禁止) 金融商品取引法改正(無登録業者の未公開株等売買の民事効を否定)

《年表》日本弁護士連合会の消費者問題についての取組み

年	社会・消費者運動・一般法の動き	消費者問題に関する日弁連の主な提言・活動	消費者関連立法等の動き
	移行(一部を除く) 不適切な発行・勧誘行為による医療機関債トラブル発生 安愚楽牧場事件 民事再生法適用申請から破産手続へ PSCマークのない使い捨てライター販売禁止 スマートフォンのトラブル急増 越境消費者センター開設 海外留学に仲介業者の認定制度「留学サービス審査機構」設立 賃貸住宅をめぐる最高裁判決(敷引特約・更新料特約)相次ぐ 国民生活センターの在り方の見直しに係る議論が進む 非訟事件手続法、家事事件手続法制定 障害者虐待防止法制定 貴金属の訪問買取りによるトラブル急増 サクラサイトによる詐欺被害相次ぐ	4月　地方消費者行政の充実・強化に対する国の支援のあり方に関する意見書 4月　消費者の権利を保障し消費者市民教育を推進する実効性のある消費者教育推進法制定を求める意見書 4月　リフォーム被害の予防と救済に関する意見書 5月　「集団的消費者被害救済制度」の検討にあたっての意見 5月　「国民生活センターの在り方の見直しに係るタスクフォース中間整理」に対する要請書 6月　新たな集合訴訟制度の訴訟追行主体についての意見 6月　「消費者基本計画(改定案)」(平成23年6月)の修正を求める要請書 6月　「プロバイダ責任制限法検証に関する提言(案)」に対する意見書 6月　改正貸金業法完全施行1周年記念シンポジウム「完全施行後の状況から今後の多重債務救済を考える」 7月　牛肉等の生食による食中毒防止のための規格基準の早期策定及び監視指導の強化等を求める意見書 7月　「事故調査機関の在り方に関する検討会取りまとめ」に対する意見書 7月　提携リース取引を規制する法律の制定を求める意見書 7月　「預保納付金の具体的使途に関するプロジェクトチーム案」に対する意見書 7月　特定商取引に関する法律の執行強化及び同法適正除外取引類型における被害への対応について(要請) 7月　東日本大震災で生じた二重ローン問題などを背景として、私的	

《年表》日本弁護士連合会の消費者問題についての取組み

年	社会・消費者運動 ・一般法の動き	消費者問題に関する 日弁連の主な提言・活動	消費者関連立法等の動き
		整理ガイドラインを策定（8月運用開始） 7月　第22回日弁連夏期消費者セミナー「不招請勧誘規制のあり方について－津谷裕貴前日弁連消費者問題対策委員会委員長の足跡を辿り、繋げてゆく」 7月　シンポジウム「集合訴訟シンポジウム－集団的消費者被害救済制度の実現」 8月　不当景品類及び不当表示防止法の抜本的改正等に関する意見書 9月　国民生活センターの在り方を含む消費者行政全体の機能強化のための第三者機関の設置を求める意見書 9月　消費者委員会集団的消費者被害救済制度専門調査会報告書に対する意見書 10月　消費者の食品に対する安全・安心の確保のために放射性物質汚染食品による内部被ばくを防止する施策の実施を求める意見書 10月　シンポジウム「地方消費者行政の充実強化のための国の役割を問うシンポジウム」 10月　第14回多重債務相談に関する全国協議会 11月　貴金属等の訪問買取りに係るトラブルに関する法案作成について（要請） 11月　消費者契約法の実体法規定の見直し作業の早期着手を求める意見書 11月　シンポジウム「消費者法の課題と展望Ⅱ～不招請勧誘の規制と適合性の原則をめぐって～」 12月　消費者事故等の調査体制の整備についての意見書 12月　CO_2（二酸化炭素）排出権取引商法の適切な規制を求める意見書 12月　「集団的消費者被害回復に係る訴訟制度の骨子」に対する意見書	

《年表》日本弁護士連合会の消費者問題についての取組み

年	社会・消費者運動・一般法の動き	消費者問題に関する日弁連の主な提言・活動	消費者関連立法等の動き
		12月 シンポジウム「消費者法の課題と展望Ⅲ〜消費者法の『かたち』を考える〜」 出版 『消費者のための家づくりモデル約款の解説〔第2版〕』	
2012 (平24)	スマートフォンに関連する相談が増加 サラ金・フリーローンの相談が大幅に減少 貸金業法改正6年 消費者安全調査委員会が10月に発足 消費者安全法改正 コンプガチャ 消費者庁が景品表示法違反との見解を示す 高齢者トラブルの増加（詐欺二次被害の増加）	1月 保証制度の抜本的改正を求める意見書 2月 消費者契約法日弁連改正試案 3月 「消費者安全調査委員会」による消費者事故等の調査についての意見書 4月 商品先物取引についての不招請勧誘規制の維持を求める意見書 4月 商業・法人登記制度に関する意見書 4月 連鎖販売取引に関する法律の適用対象の拡大を求める意見書 5月 今後の消費者行政組織体制の在り方に関する意見書 6月 投資信託・投資法人法制の見直しに関する意見書 6月 有料老人ホーム及びサービス付き高齢者向け住宅における入居一時金の想定居住期間内の書記償却に関する意見書 6月 「地方消費者行政の充実・強化のための指針〜地域社会の消費者問題解決力の向上を目指して〜」（原案）に対する意見書 7月 第23回夏期消費者セミナー「子供を取りまく消費者被害」 8月 「集団的消費者被害回復に係る訴訟制度案」に対する意見書 10月 「商品先物取引法施行規則及び商品投資顧問業者の許可及び監督に関する省令の一部を改正する省令案」に対する意見書 11月 消費者のためとなる新たな食品表示法の制定を求める意見書 出版 『先物取引被害救済の手引〔10訂版〕』、『フランチャイズ事件処理の手引』、『通報者のための公益通報者保護・救済の手引〔第2版〕』	特定商取引法改正（訪問購入の新設） 消費者教育の推進に関する法律公布 消費者安全法改正 カネミ油症患者に関する施策の総合的な推進に関する法律成立 金融商品取引法改正（総合取引所、店頭デリバティブ規制等）

《年表》日本弁護士連合会の消費者問題についての取組み

年	社会・消費者運動・一般法の動き	消費者問題に関する日弁連の主な提言・活動	消費者関連立法等の動き
2013 (平25)	カネボウ化粧品、白斑の症状が確認された美白化粧品を自主回収 ホテル、百貨店、レストラン等における食品表示等の不正事案多発	1月 シンポジウム「米国のフランチャイズ調査報告と今後のフランチャイズ法制を考える」 2月 新食品表示制度に対する具体的な提言についての意見書 3月 「消費者基本計画」の検証・評価(平成24年度)及び計画の見直しに向けての意見書 3月 預託商法被害と特定商品等の預託等取引契約に関する法律の改定の在り方に関する意見書 3月 不当景品類及び不当表示防止法の改正に関する意見書 3月 シンポジウム「わが家の地盤は大丈夫? 〜東日本大震災の地盤上開示のあり方を考える〜」 4月 シンポジウム「民法(債権法)改正における個人保証規制と債権譲渡の譲渡禁止特約等の制度の行方」 4月 シンポジウム「韓国フランチャイズ法制調査調査報告と日本のあるべきフランチャイズ法制」 5月 「消費者基本計画」の検証・評価(平成24年度)及び計画の見直しについての意見書 6月 特定商品等の預託等取引契約に関する法律施行令の一部を改正する政令(案)についての意見 6月 シンポジウム「消費者法の課題と展望Ⅶ 高齢者の消費者被害の予防と救済〜地方行政における取扱と効果的な救済ルールの提言〜」 6月 シンポジウム「生活を破壊しない金利を求めて! 〜利息制限法等の上限金利の見直しを考える」 7月 越境取引における消費者紛争窓口の恒常化等に関する意見書 7月 質屋営業法改正に関する意見書 7月 クレジットカード取引等の適正化実現のため割賦販売法の改正	食品表示法公布、食品衛生法、JAS法、健康増進法、消費者契約法(食品表示法へ差止請求の対象拡大)改正 消費者の財産的被害の集団的な回復のための民事の裁判手続の特例に関する法律公布

《年表》日本弁護士連合会の消費者問題についての取組み

年	社会・消費者運動・一般法の動き	消費者問題に関する日弁連の主な提言・活動	消費者関連立法等の動き
		を求める意見書 7月 第24回夏期消費者セミナー「多様化した墓・葬儀のサービスをめぐる消費者トラブル〜老いと死の準備を考える〜」 8月 シンポジウム「えっ、まだ成立していなかったの？ 集団的消費者被害回復訴訟制度」 9月 レターパック及び宅配便を利用して現金を送付させる詐欺への対応に関する要請書 9月 シンポジウム「消費者市民教育を実践する〜消費者教育推進法の成立を受けて」 11月 プロバイダ責任制限法改正についての要望書 11月 消費者市民サポーター(仮称)の各地域での育成とその活動の支援を求める意見書 11月 公益通報者保護制度に関する意見書－消費者庁の「公益通報者保護制度に関する実態調査報告書」を受けて－ 11月 いわゆる健康食品の表示・広告規制の在り方についての意見書 11月 「いわゆる健康食品に関する景品表示法及び健康増進法上の留意事項について(案)」に関する意見書 11月 シンポジウム「今後の再販売価格拘束規制の在り方」 12月 高齢者の消費者被害の予防と救済のためのネットワークづくりに関する意見書 12月 特定商取引に関する法律における指定権利制の廃止を求める意見書 出版『消費者法講義〔第4版〕』、『保証被害救済の実践と裁判例』	

※年表中、日弁連消費者問題対策委員会の活動全般にかかわる事柄を太字で示した。

事項索引

〔数字〕

090金融　*202*
2006年改正貸金業法
　　193, 194
25条訴訟　*314*

〔英字〕

ADR　*330*
ADR法　*330*
BSE　*251*
CCCS　*212*
CCJ　*73*
CFD取引　*113*
CI　*432*
CIC　*200*
CO_2排出権取引　*56*
CRIN　*200*
C to C　*63*
Do Not Call（Registry）
　　制度　*57, 59*
EC決議　*156*
EUデータ保護規則　*88*
FINMAC　*101, 131*
FX取引　*114*
GPSデータ　*91*
HIV　*242*
IOCU　*432*
JAS法　*250*
JCCO　*212*
JICC　*200*
L&G事件　*116*
MRI事件　*124*
NITE　*233*
PIO-NET　*365*
PLオンブズ会議　*402*
PLセンター　*236*
PL法　*222*
PL保険　*237*
PTA　*6*
RMT　*86*
SGマーク　*235*
SNS　*85*

〔ア〕

アートクラシックス事件
　　178
アーバンエステート事件
　　291
アイテム課金　*86*
安愚楽牧場　*117*
アグリフーズ事件　*259*
アクワイアラー　*182*
アディダスジャパン事件
　　308
後出しマルチ　*44*
アナフィラキシーショック
　　261
アフィリエイト　*79*
アフォーダンス　*227*
アプリ　*83*
アポイントメントセールス
　　40
あまめしば事件　*226*
アメリカ情報自由法
　　412, 418
意見聴取手続　*313*
イシガキダイ食中毒事件
　　230
イシュアー　*182*
いずみ市民生協事件
　　375
移送申立て　*336*
一任売買　*110*
一般指定　*301*
遺伝子組換え食品　*258*
異物混入ジュース咽頭部負
　　傷事件　*226*
違法貸しルーム　*294*
違法伝道訴訟　*150*
違約金　*20*
　　―の制限条項　*20*
医薬品　*224*
医薬品医療機器総合機構
　　235
医薬品副作用被害者救済制
　　度　*235*

医薬部外品　*245*
医療機関ネットワーク
　　362
医療広告ガイドライン
　　323
医療若しくは歯科医業又は
　　病院若しくは診療所に
　　関して広告し得る事項
　　等及び広告適正化のた
　　めの指導等に関する指
　　針　*323*
医療類似行為　*148*
インサイダー取引　*129*
インシデント情報　*221*
インジャンクション
　　347
インターネット消費者取引
　　に係る広告表示に関す
　　る景品表示法上の問題
　　点及び留意事項　*80*
ウィーン売買条約　*73*
ウォッチねっと　*427*
請負代金前払い事件
　　291
牛トレサ法　*262*
うそつき缶詰追放対策懇談
　　会　*322*
営業所等　*39*
営業として　*43, 174*
営業のために　*43, 174*
栄養機能食品　*264*
エクイティ　*347*
エステティックサロン（エ
　　ステ）　*49*
越境取引　*73*
選ぶ権利　*416*
追い出し屋　*293*
オウム真理教　*146*
大阪サラ金被害者の会
　　195
岡本倶楽部事件　*116*
送りつけ商法　*55*
押し付けられた利得　*15*
オプション取引　*119*

事項索引

オプトアウト　42, 57, 75, 105
オプトイン　31, 42, 57, 75, 105
おまとめローン　201
オリンパス事件　375
オンラインゲーム　82, 86

〔カ〕

カード偽造　183
カード犯罪　183
カーボンフットプリント　383
開運商法　157
海外決済代行業者　181
海外先物オプション取引　112
海外商品先物取引　112
海外の消費者教育　394
外国為替証拠金取引　114
解散命令　160
外食メニュー　263
開発危険の抗弁　230
解約返品制度　41
概要書面　46
外来性　139
カウンセリング業務　212
架空クレジット　175
架空請求　76
格差　5
学習指導要領　386
学習塾　49
拡大損害　228
各地者間の契約　71
学納金　23
学納金返還訴訟　23
隠れた瑕疵　19
加工業者　223
加工助剤　257
過酷な取立て　192
瑕疵　268
貸金業協会　194
貸金業者の統廃合　215
貸金業法　193, 423
貸金業務取扱主任者　194
貸金三法　188
瑕疵担保責任　282
　―についての特例　282
果実飲料等の表示に関する公正競争規約　322
過失相殺　133, 231
貸し手責任　103
過剰性　29
過剰融資　192
過剰与信　48
　―の禁止　172
過大な保証の禁止　198
ガチャ　86
課徴金　311
課徴金減免制度　312
割賦購入あっせん　164, 165
割賦手数料　167
割賦販売　164
割賦販売法　22, 164
割賦販売法改正運動　425
家庭教師　49
過当取引　109
カネボウ美白化粧品白斑事件　245
カネミ油症事件　241
過払金返還請求　214
カプセル玩具誤飲事件　225
可分債務　217
加盟店管理責任　193
加盟店契約　181
加盟店情報交換制度　186
過量販売　48
過量販売解除　171
為替デリバティブ商品　119
管轄　336
　―の合意　336
冠婚葬祭互助会　27
冠婚葬祭互助会契約の問題　27
乾燥イカ菓子食中毒事件　237
勧誘　8
勧誘をするに際し　8
監理放棄建築士　270
完了検査　272
気管切開チューブ事件　230
企業告発型消費者運動　412
貴金属スポット取引　113
危険責任　224
偽装質屋　204
既存不適格建築物　285
機能性表示食品　264
既払金返還ルール　171
基本方針　387
ぎまん的顧客誘引　305
客殺し　111
客観的瑕疵　268
キャッチセールス　40
キャリア課金　180
キャリーオーバー　257
旧五菱会系ヤミ金融事件　376
給与所得者等再生手続　210
共済　140
業者事件の排除　332
強制執行　340
　―の開始　340
　―の対処　340
　―の範囲　340
　―の実効性の確保　341
行政処分　52
共通義務確認訴訟　344
協定または規約　321
共同購入クーポン　81
京都消費者契約ネットワーク　420
業務提供誘引販売取引　50

477

事項索引

業務停止　52
居住利益控除論　277
緊急停止命令　347
禁止行為　52
金融 ADR　131
金融機関破綻時の処理　132
金融サービス法　100
金融商品のネット取引　104
金融取引と過失相殺　133
金利引き下げ運動　423
偶然性　139
クーリング・オフ　47, 171
クーリング・オフ妨害　47
苦情処理委員会　236
組入要件　18
クラウドコンピューティング　92
クラウドファンディング　126
クラス・アクション　346
グリーンコンシューマー運動　421
グリーン調達　421
グリコ・森永事件　259
グレーゾーン金利　193
クレサラ対協　424
クレジット　164, 165
クレジットカード番号の保護　184
クレジット過剰与信被害対策全国会議　424, 425
クレジット債権回収問題研究会　212
クロスボーダー　181
クロルピリホス　281
携帯電話熱傷事件　244
景表法　72, 317
契約書面　46
契約の自由　400

経由プロバイダ　66
劇場型詐欺　115
化粧品　245
欠陥　225
欠陥原因　268
欠陥現象　268
欠陥住宅　268
月刊消費者　402
欠陥責任　222
結婚相手紹介サービス　49
決済システム被害　181
決済手段　179
決済代行業者　181
ケネディ教書　354
減価償却分控除論　277
健康食品と健康増進法　264
健康増進法　250, 264
原状回復　292
原状回復・敷金・更新料返還請求訴訟　24
原状回復をめぐるトラブルとガイドライン　292
建設工事紛争審査会　289
建築確認　272
建築確認・検査制度　272
建築関係訴訟委員会　290
建築基準法　269
建築士　270
限定列挙　12
権利能力なき社団　25
権利販売　168
故意　9, 10, 11
公益通報者保護法　374
公共料金　416
　ーに関する運動　415
高金利　192
広告　8
工事監理　270
行使期間　16
交渉力　5

更新料　24
更新料返還訴訟　24
公正競争規約　321
公正競争阻害性　302
公正取引委員会　308
　ーの調査権　310
公正取引協議会　321
構造安全性能　273, 274
構造規定　274
構造計算　273
構造計算偽装事件　275
構造欠陥　273
購買履歴　91
神戸賞　419
抗弁事由　170
抗弁対抗　170
合理的資料　311
合理の原則　414
高齢化社会と消費者行政　376
高齢者と消費者教育　392
語学教室　49
国際消費者機構　432
国際消費者法　431
告知義務　135
国民生活センター　364
国利民福の会　45
ココ山岡事件　177
誤使用　227
個人再生手続　210
個人情報保護法　87
個人信用情報　185, 200
個人信用情報機関　200
個人番号カード　89
個人番号法　89
誇大広告　41
国家賠償請求訴訟　98, 117, 122
子どもの貧困に取り組むネットワーク　428
誤認　9
古物営業法　72
古物競りあっせん業　72

478

事項索引

個別信用購入あっせん　165
米騒動　403
米トレサ法　262
米よこせ運動　403
米よこせ世田谷区民大会　403
こんにゃく（入り）ゼリー　227, 255
コンビニ収納代行　179
困惑　13, 14
困惑惹起　14

〔サ〕

サークル　6
サービサー　218
在学契約　23
再勧誘の禁止　57
債権確定手続　344
再販行為　304
再販制度廃止運動　414
再販売価格維持行為　304
債務承認　216
債務整理事件処理に関する指針　207
債務整理事件処理の規律を定める規程　207
債務整理事件処理の適正化　207
債務不履行　19
債務名義　340
裁量免責　209
詐欺　53
詐欺的投資勧誘取引　115
詐欺的リフォーム　280
錯誤　53, 71
サクラサイト　69
差押禁止財産　340
差止請求　309
差止請求関係業務　342
サラ金3悪　192
サラ金3法　188
サラ金利用詐欺　199
サリドマイド事件　239

残高スライドリボルビング　167
暫定的差止命令　347
算定率　311
残留農薬　256
残留農薬訴訟　422
ジーオー事件　116
磁気活水器養殖ヒラメ全滅事件　226
敷金返還請求訴訟　24
敷引　24
事業者　6
　―の努力義務　7
　―の免責条項　19
事業者クレジット　174
仕組債　118
仕組商品　118
時効援用権の喪失　216
事故確認　130
自己啓発セミナー　152
事故情報データバンク　233, 362
事故情報の一元化　362
自己玉　111
自己破産　208
指示　52
指示・警告上の欠陥　225
事実上の推定　226
事実上の損害　228
自主回収　245
自主規制団体　101
市場構造要件　299
市場占拠率理論　314
システム金融　202
下請法　316
質屋営業法　204
シックハウス　281
シックハウス症候群　281
実質製造業者　223
指定役務制　54
指定確認検査機関　272
指定権利制　54, 168
指定構造計算適合性判定　275

指定住宅紛争処理機関　282
指定商品制　54, 168
指定商品制・役務制の廃止と指定権利制　54
指定信用情報機関（制度）　185, 193
私的独占　299
児童買春　68
支配人　337
支配人訴訟　337
支払可能見込額　172
支払督促　331
支払方法　167
事物管轄　336
司法支援建築会議　290
社会的相当性の逸脱　149
借家の原状回復トラブル　292
借金の消滅時効　216
借金の相続　217
宗教活動と子どもの人権　159
宗教団体　142
宗教法人法　160
重大事故　360
住宅ADR　289
住宅瑕疵担保履行法　283
住宅資金特別条項　210
住宅性能表示制度　282
住宅品質確保法　282
住宅ローン特則　210
集団規定　269
集団的消費者被害回復訴訟制度　344
集団名義貸し　199
重要事項　11, 12
主観的瑕疵　268
主観的な評価　9
授業料　23
受託者　17
出資法違反　116
主婦連合会　406
主婦連ジュース訴訟

479

事項索引

322
傷害保険の保障範囲と立証
　責任　139
紹介屋　206
少額管財　208
少額事件の訴訟費用負担
　335
少額訴訟　332
少額訴訟債権執行制度
　332
仕様規定　274
小規模個人再生手続
　210
状況濫用の法理　32
証言録取　348
商行為　43
商工ローン　197
証拠収集手続　338
証拠保全　338
照崇苑事件　176
消費科学センター　410
消費者　6
　　―の権利　354,385
　　―の責任　385
消費者安全確保地域協議会
　371
消費者安全調査委員会
　243,363
消費者安全法　360
消費者委員会　357
消費者運動の意義　400
消費者運動の主体　402
消費者運動の類型　401
消費者機構日本　420
消費者基本計画　359
消費者基本法　355
消費者教育　378
　　―の実践　391
　　―の体系イメージマップ
　　382
　　―の担い手　393
　　―を受ける権利　384
消費者教育支援センター
　394
消費者教育推進会議
　388

消費者教育推進地域協議会
　371,389
消費者教育推進法　382
消費者教育の推進に関する
　基本的な方針　387
消費者行政推進会議
　356,426
消費者行政推進基本計画
　356
消費者行政担当職員
　370
消費者行政への民間人の参
　画　372
消費者契約　6
消費者契約法　2,22
　　―と民法・特別法との関
　　係　22
　　―の課題　26
　　―の目的　5
　　―の立法推進活動
　　419
　　―をめぐる裁判例の動向
　　25
消費者権利院　356,
　357
消費者裁判手続特例法
　344
消費者支援機構関西
　420
消費者事故　360
消費者市民教育　383
消費者市民社会　371,
　382,385
消費者政策委員会　431
消費者政策会議　355
消費者宣言　402
消費者団体訴訟（制度）
　342
　　―の課題　345
　　―に関する運動　420
消費者団体訴訟を考える連
　絡会議　420
消費者担当大臣　358
消費者庁　356
消費者庁越境消費者センタ
　ー　73

消費者庁及び消費者委員会
　設置法　352,426
消費者庁設置運動　426
消費者の利益を一方的に害
　する条項　21
消費者被害救済委員会
　367
消費者法典　34
消費者有利解釈　26
消費生活アドバイザー
　370
消費生活協力員　371
消費生活協力団体　371
消費生活コンサルタント
　370
消費生活条例　367
消費生活センター　369
消費生活専門相談員
　370
消費生活相談　369,
　370
消費生活相談員　370
消費生活用製品安全法
　243
消費法典　34
情報　5
情報・交渉力の格差　2
情報公開オンブズマン
　418
情報公開を求める運動
　418
情報商材　78
情報提供義務　7,33
消滅時効　216,229
嘱託申立手続　338
食品安全委員会　251
食品衛生監視員　253
食品衛生監視指導計画
　252
食品衛生法　250
食品偽装　263
食品添加物　257
食品二法　422
食品の安全を守る運動
　422
食品表示法　260

480

事項索引

食物アレルギーと学校給食　261
職権探知主義　337
職権調査事項　337
書面交付義務　46
新学習指導要領　386
信義誠実の原則　21
信義則　33
紳士録　42
新生活運動　405
神世界　147
新耐震基準　273, 285
信認関係　29
信認義務　133
審判請求　313
信用購入あっせん　165
信用取引　120
信頼責任　224
心理的方法による困惑惹起　14
診療情報の提供等に関する指針　323
推奨及び体験談の広告への使用に関する指針　80
推定規定　221
スキミング　183
ステマ　80
ステルスマーケティング　80
スマートフォン　85
住まいの貧困に取り組むネットワーク　428
スモン事件　240
生活学校活動　405
生活協同組合運動　404
生活能力の喪失　228
請求異議訴訟　331, 340
青春を返せ裁判　150
製造・加工業者　223
製造業者等　223
製造上の欠陥　225
製造所固有記号　259
製造物　224
　—の特性　225
製造物責任　222

—における過失相殺　231
—における損害　228
—の免責　230
—についてのEC指令　222
—の責任期間　229
—の立証　232
製造物責任法　222
製造物責任法制定への運動　417
製造物責任保険　237
成年後見制度　329
性能規定　274
製品起因性　226
製品事故の情報・証拠の収集　233
製品評価技術基盤機構　233
生命保険における転換　134
生命保険における乗換え　134
整理屋　206
政令指定制　54
責任開始前発病の不担保　138
設計　270
設計上の欠陥　225
設計図書　271
せっけん使用推進運動　413
説明義務　107
セルフクローニング　258
全国銀行個人信用情報センター　200
全国クレサラ・生活再建題対策協議会　195, 424
全国クレジット・サラ金問題対策協議会　195
全国サービサー協会　218
全国サラ金被害者連絡協議会　195

全国サラ金問題対策協議会　195
全国消費者行政ウォッチねっと　427
全国消費者団体連絡会　408
全国地域婦人団体連絡協議会　407
全国ヤミ金対策会議　424
前後理論　314
専属的管轄合意　336
選定当事者　346
潜伏損害　229
専門委員制度　288
相続　217
　—の承認　217
　—の放棄　217
相当因果関係　226
相場操縦　129
総量規制　193
ソーシャルゲーム　86
ソーシャル・ネットワーキング・サービス　85
組織的詐欺　116
組織的犯罪処罰法　375
訴訟援助　334
措置請求　309
その他の悪質商法　56
損害賠償額の予定　20
損失補填　130

〔タ〕

ターゲティング広告　85
第2次不法行為リステイトメント　222
第一種金融商品取引業者　123
大規模クレジット被害事件　176, 177, 178
退去妨害　13
第三者　17
耐震基準　273
耐震偽装事件　275

481

事項索引

第二種金融商品取引業者　123
代理人　17
耐力壁　274
大和都市管財事件　122
高島易断　157
宅地としての基本的な安全性　287
武富士被害対策全国会議　424
他原因　226
多重債務者　192
多重債務者対策本部　192
多重債務問題改善プログラム　194
多数消費者財産被害事態　361
脱会カウンセリング　154
脱法ハウス　294
建物としての基本的な安全性　276
多様化する決済手段　179,180
短期消滅時効　16
ダンシング事件　170,175,177
単体規定　269
断定的判断　10
断定的判断の提供　10,30,108
地域生活協力員　371
地域生活協力団体　371
地域における連携・人材育成　371
地域連携　390
蓄積損害　229
地盤　287
地盤品質判定士　287
ちふれ化粧品　407
地方消費者行政　366
地方消費者行政活性化基金・交付金制度　368
チャージバック　182

茶のしずく石鹸事件　245
中間検査　272
中国産冷凍餃子事件　259
中古品　224
仲裁合意　73
中途解約　49
調査費用　244
懲罰（的）賠償制度　228,349
チラシ　8
賃貸借　24
追加変更工事　279
追認　16
通常訴訟への移行申述権　332
通常損耗　24
通常有すべき安全性　225
通常予見される使用形態　225
通信販売　41,62
通則法　73
次々販売　32,48
つけ込み型不当勧誘　26
津谷裕貴消費者法学術・実践賞　433
鶴岡灯油訴訟　315
出会い系サイト規制法　68
出会えない系　69
定額リボルビング　167
提携司法書士　206
提携弁護士　206
提携リース　58
提携ローン　166
締結時書面　46
ディスカバリー　348
ディスゴージメント　347
定率リボルビング　167
適格機関投資家等特例業務　115,123,125
適格消費者団体　342

　―による差止請求　342
適合性（の）原則　29,106
適正与信調査義務　173
適用除外　43
デビット　74
デポジション　348
テレビ発火事件　232
天下一家の会　45
転換　134
電気通信役務　67
電気通信事業法　67
電子計算機使用詐欺罪　65
電子計算機損壊等業務妨害罪　65
電子商取引及び情報財取引等に関する準則　70
電子消費者契約　71
電子消費者契約法　71,104
電子マネー　74
電話確認　173
電話勧誘　31
電話勧誘販売　42
都イチ金融　202
統一教会　144
統一消費者信用法　163
動機　12
東京三会統一基準　196
投資運用業　128
投資ジャーナル事件　128
投資者保護基金　132
投資助言業　128
投資信託　121
同種事故情報　233
投資用マンション　56
動物愛護法　429
透明性原則　7
道路運送車両法　234
遠野ダイハツ事件　176
独占禁止法違反に対する刑事告発及び犯則事件の調査に関する公正取引

482

事項索引

委員会の方針　312
独占禁止法上の損害賠償請求権　314
独占的状態　299
独占的状態の定義規定のうち事業分野に関する考え方について　299
督促異議の申立て　331
特定金銭債権　218
特定継続的役務提供　49
特定顧客　39,40
特定商取引法　22,36
特定商品預託取引法　117
特定調停　213
特定適格消費者団体　344
特定電子メールの送信の適正化等に関する法律　75
特定負担　44
特定保健用食品　264
特定利益　44
毒物混入　259
土地管轄　336
都道府県消費者教育推進計画　389
トナミ運輸事件　375
豊田商事事件　98
トライアル　348
取組高均衡　111
取消　15
　―の効果　15
取消権の行使期間　16
トレーサビリティ　262
ドロップシッピング　79
『どんなスピードでも自動車は危険だ』　412

〔ナ〕

内閣府特命担当大臣　358
内職商法　50
内部告発　374
ナチュラルオカレンス

258
奈良県浄水場談合事件　314
なりすまし　70
ニシキファイナンス　189
二重価格表示　319
二世問題　159
ニセ牛缶事件　263,322
日栄・商工ファンド対策全国弁護団　424
日弁連統一基準（サラ金）　211
日弁連判断基準（宗教）　156
日教組対プリンスホテル事件　349
日本クレジット協会　186
日本クレジットカウンセリング協会　212
日本司法支援センター　333
日本消費者協会　409
日本消費者法学会　430
日本消費者連盟　411
日本信用情報機構　200
日本生活協同組合連合会　404
日本脱カルト協会　155
日本版金融ビッグバン　99
入学金　23
入居一時金　320
任意規定　21
任意整理　211
認証ADR　330
認定割賦販売協会　186
ネガティブ・オプション　55
ネズミ講　45
ネットオークション　72
ネットバンキング　77
根保証　198
年金担保融資　203

農産物　224
農薬　256
農薬取締法　256
乗換え　134

〔ハ〕

バイオネット　365
媒介　17
媒介者の行為の効果　17
破壊的カルト　153
破壊的リフォーム　280
破産　160
パソコン教室　49
八葉物流事件　116
ハッカー　65
発信者情報開示請求　66
ハマナカ事件　308
パロマ事件　243
阪神・淡路大震災　285
犯則調査権限　310
販売目的隠匿　40
反貧困ネットワーク　428
パンフレット　8,25
ヒーリングブーム　147
被害回復給付金支給制度　376
被害回復給付金支給法　376
被害者運動　195
東日本大震災　286
ビッグデータ　91
非免責債権　209
ヒヤリハット情報　221
美容医療広告　323
美容医療サービス　56
表示製造業者　223
比例原則　198
「びわ湖条例」の制定　413
貧困ジャーナリズム大賞　428
ファーミング　77
不意打ち　47
不意打ち条項　18
フィッシング　65,77,

483

事項索引

　　　　　　183
フェアトレード　391
フェイルセーフ　227
付加金制度　228
付加的管轄合意　336
副作用報告制度　245
福祉医療機構　203
不公正な取引方法　301
不告知　11
　—による取消　53
不実告知　9, 53
　—による取消　53,
　　171
不実証広告　318
不招請勧誘　31, 57,
　　105
不正アクセス禁止法
　　65
不退去　13
付調停　288
物差理論　314
不当勧誘　25, 343
不当景品類及び不当表示防
　　止法第4条第2項の運
　　用指針　318
不動産担保ローン　201
不当条項　18, 25, 343
不当条項リスト　26
不当請求　76
不当な価格表示についての
　　景品表示法上の考え方
　　319
不当な景品類　317
不当な取引制限　300
不当表示　317
不当利得　15
不当廉売　303
不払い　137
部品・原材料製造業者の抗
　　弁　230
不服審査手続　313
不法行為　19
プライバシー　64
プライバシーポリシー
　　90
プライバシーマーク制度

　　　　　　90
フラッシュマーケティング
　　81
フランチャイザー　307
フランチャイジー　307
フランチャイズ・システム
　　に関する独占禁止法上
　　の考え方　307
フランチャイズ契約
　　307
プリーディング　348
フリーミアム　82
不利益事実の不告知
　　11
振込利用犯罪行為　205
振り込め詐欺被害者救済法
　　205
プリペイド方式　74
不良マッチ退治主婦大会
　　402, 406
ブルームーンファインアー
　　ト事件　178
プログラム規定　355
プロバイダ責任制限法
　　66
プロ向けファンド　125
文書提出命令　338
ペイオフ　102
弊害要件　299
平均的（な）損害　20,
　　23, 27
ペイパル決済　180
ペット・動物と消費者
　　429
別府マンション事件
　　276
ペニーオークション
　　72, 80
ヘリコプターエンジン出力
　　停止事件　232
ベルギーダイヤモンド事件
　　305
変額年金保険　136
変額保険　136
弁護士会照会制度　339
弁護士費用の敗訴者負担

　　　　　　335
弁護士法23条の2　339
返品制度　41
包括信用購入あっせん
　　165
包括根保証　198
放射性物質　254
報償責任　224
放送事業者　67
放送法　67
法定書面　47
法テラス　333
法の適用に関する通則法
　　73
法の華三法行　145
訪問購入　51
訪問販売　39
訪問販売お断りステッカー
　　59
訪問販売法　36
法律援助制度　333
保健機能食品　264
保険不払い　137
ポジティブリスト　256
補修費用　268, 277
補修方法　268
ポストペイ方式　74
ホメオパシー　148
ホリディ・マジック事件
　　305
ホルムアルデヒド　281
ポンジー詐欺　45

〔マ〕

マーク制度　235
マインドコントロール
　　151
前払金　320
前払式割賦販売　169
前払式特定取引　169
松江人権大会　34
マルウェア　84
マルチ商法　44
マンション管理組合　6
マンスリークリア
　　165, 167

484

萬世工業事件　349
三菱リコール隠蔽事件　220, 375
みなし弁済規定　196
見守り　372
見守りネットワーク　372
民事制裁金　347
無意味な反復売買　109
向かい玉　111
無限連鎖講の防止に関する法律　45
無断売買　110
無認可共済　140
名義貸し　175, 199
名義冒用　175
名目支配人　337
名誉毀損訴訟と宗教団体　158
迷惑メール　75
免責不許可事由　209
申込時書面　46
木造3階建て住宅　274
モニター商法　50
森永ヒ素ミルク中毒事件　238

〔ヤ〕

薬害エイズ事件　242
約定違反リフォーム　280
約款　18
約款変更　18
ヤミ金融　202
ヤミ金融対策法　202

優越的地位の濫用　306
優越的地位の濫用に関する独占禁止法上の考え方　306
有価証券虚偽記載　127
融資者責任　103
有利誤認表示　81
有利条件提示　40
優良誤認表示　81, 318
有料老人ホーム　320
有料老人ホームに関する不当な表示に関する告示　320
雪印食品国産牛肉偽装事件　375
雪印乳業低脂肪乳食中毒事件　220
ユッケ食中毒事件　249, 253
ユニカねっと　402, 427
輸入漢方薬腎不全事件　226
輸入業者　223
幼児用自転車ペダル損傷事件　225
預金債権の差押命令　341
預金保険機構　205
預金保険制度　102
抑止的付加金　349

〔ラ〕

ラルフ・ネーダー　412
リース　58
理解困難性　29

リコール　234
リコール隠し　234
リコール情報　234
リコール費用担保特約　237
リスクコミュニケーション　251
利息制限法　22
立証責任　23, 139
利得　15
リニエンシー制度　312
リファンド　182
リフォーム　280
リボルビング払い　165
龍神村事件　176
旅行契約　28
霊感商法　14, 144
霊視商法　145
例示列挙　12
レシーバー　347
レジ袋持参運動　413
連鎖販売取引　44
レンダーライアビリティ　103
連帯責任　223
連帯保証　198
ローン提携販売　166
ロコ・ロンドン金取引　113
ロッチデール原則　401

〔ワ〕

和牛預託商法　117

判例索引

大審院・最高裁判所

大判大 4・12・24民録21輯2182頁　　　*18*
大判大 6・ 4・28民録23輯812頁　　　*198*
大判大15・ 8・ 3民集 5 巻679頁　　　*217*
大判昭 5・12・ 4民集 9 号1118頁　　　*217*
最判昭33・ 4・30民集12巻 6 号938頁　　　*311*
最判昭34・ 6・19民集13巻 6 号757頁　　　*217*
最判昭39・11・18民集18巻 9 号1868頁　　　*196,214*
最判昭41・ 4・20民集20巻 4 号702頁　　　*216*
最判昭42・ 6・27民集21巻 6 号1507頁　　　*231*
最判昭43・11・13民集22巻12号2526頁　　　*196,214*
最判昭50・ 7・10判時672号 1 頁　　　*304*
最判昭51・ 7・ 1家月29巻 2 号91頁　　　*217*
最判昭53・ 3・14民集32巻 2 号211頁　　　*322*
最判平元・12・ 8判時1340号 3 頁　　　*314,315*
最判平 2・ 2・20判時1354号76頁　　　*170*
最判平 4・ 2・28判時1417号64頁　　　*110*
最決平 8・ 1・30判時1555号 3 頁　　　*160*
最判平 8・10・28金法1469号49頁　　　*136*
最判平 9・ 7・11判タ958号93頁　　　*228,349*
最判平13・ 4・20判時1751号171頁　　　*139*
最判平14・ 9・24判時1801号77頁　　　*277*
最決平14・12・12公刊物未登載　　　*160*
最判平14・12・20公刊物未登載　　　*237*
最判平15・ 7・18民集57巻 7 号895頁　　　*197*
最判平15・10・10判時1840号18頁　　　*268*
最判平15・11・14判時1842号38頁　　　*270*
最判平16・ 2・20民集58巻 2 号380頁　　　*197,211*
最決平16・ 9・ 3公刊物未登載　　　*103*
最判平17・ 7・14判時1909号30頁　　　*100,106*
最判平17・ 7・19民集59巻 6 号1738頁　　　*211*
最判平17・12・16判時1921号61頁　　　*24,292*
最判平18・ 1・13民集60巻 1 号 1 頁　　　*196,211*
最判平18・11・27判時1958号12頁　　　*20,23*
最判平19・ 2・13判時1962号67頁　　　*214*
最判平19・ 6・ 7判時1977号77頁　　　*214*
最判平19・ 7・ 6民集61巻 5 号1769頁　　　*276*
最判平19・ 7・ 6判時1984号108頁　　　*139*
最判平19・ 7・13判時1984号26頁　　　*214*
最判平19・ 7・19判時1981号15頁　　　*214*
最判平19・10・19判時1990号144頁　　　*139*
最判平20・ 1・18判時1998号37頁　　　*214*
最判平20・ 6・10判時2011号 3 頁　　　*202,204*
最判平20・ 7・ 4判時2028号32頁　　　*307*

486

最判平21・1・22判時2033号12頁　　214
最判平21・7・14判時2069号22頁　　214
最判平21・7・16民集63巻6号1280頁　　111
最判平21・12・18集民232号833頁　　111
最判平22・3・30判時2075号32頁　　11
最判平22・4・8判時2079号42頁　　66
最判平22・4・13判時2082号59頁　　66
最判平22・6・17判時2082号55頁　　277
最判平23・3・24判時2128号33頁　　24, 292
最判平23・7・12判時2128号43頁　　24
最判平23・7・15判時2135号38頁　　21, 24
最判平23・7・21判時2129号36頁　　276
最判平23・9・13判時2134号35頁　　127
最決平23・9・20金商1376号29頁　　341
最判平23・10・25裁判所HP　　170
最判平23・12・1判時2139号7頁　　214
最判平24・2・6判時2145号143頁　　218
最判平24・2・20判時1550号7頁　　300
最決平25・1・17判時2176号29頁　　341
最判平25・3・26集民243号101頁　　275
最決平25・6・4公刊物未登載　　147

高等裁判所

仙台高秋田支判昭60・3・26判時1147号19頁　　314, 315
東京高判昭63・3・11判時1271号3頁　　228
福岡高判平元・11・9判時1347号55頁　　175
東京高判平5・3・29判時1457号92頁　　305
東京高決平7・12・19判時1548号26頁　　160
東京高判平8・1・30判タ921号247頁　　136
大阪高判平11・10・12セレクト14巻55頁　　30
東京高判平12・4・27判時1714号73頁　　30
広島高岡山支判平12・9・14判時1755号93頁　　150
大阪高判平13・3・8裁判所HP　　314
大阪高判平14・8・7法ニュース別冊「宗教トラブル特集」246頁　　154
大阪高決平14・9・27公刊物未登載　　160
大阪高判平15・7・30法ニュース57号155頁　　6, 43, 174
東京高判平16・2・25金商1197号45頁　　103
大阪高判平16・4・16法ニュース60号137頁　　175, 177
福岡高判平16・7・6法ニュース62号173頁〔速報〕　　175
東京高判平16・8・31『自立への苦闘』253頁　　154
福岡高判平16・12・16判タ1180号209頁　　276
大阪高判平16・12・17判時1894号19頁　　292
大阪高判平19・1・30判時1962号78頁　　339
東京高判平19・2・27公刊物未登載　　228
名古屋高判平19・11・19判時2010号74頁　　6, 43, 58, 174
東京高判平19・11・28判時2034号34頁　　303

487

判例索引

大阪高判平20・6・5法ニュース76号281頁　　157
大阪高判平20・8・27判時2051号61頁　　120
大阪高判平20・9・26判タ1312号81頁　　122
東京高決平20・11・7判タ1290号304頁　　341
名古屋高判平20・11・11裁判所HP　　72
福岡高判平21・2・6判時2051号74頁　　276
名古屋高判平22・1・20LLI　　287
東京高判平22・3・10法ニュース84号216頁　　182
仙台高判平22・4・22判時2086号42頁　　225,226,232,244,335
東京高決平22・9・8判時2099号25頁　　341
東京高判平22・9・29判時2105号11頁　　339
仙台高判平22・10・29LLI　　287
東京高判平22・11・25判タ1341号146頁　　349
大阪高判平23・6・10判時2145号32頁　　293
名古屋高判平23・8・25LLI　　204
東京高判平23・8・31判時2127号124頁　　375
東京高決平23・10・26金法1933号9頁　　341
東京高判平24・4・26法ニュース95号354頁　　113
大阪高判平24・5・16先物取引裁判例集65巻216頁　　113
大阪高判平24・5・25LLI　　255
福岡高判平24・9・25WLJ　　213
東京高判平24・12・6公刊物未登載　　147
大阪高判平25・1・25判時2187号30頁　　27
東京高判平25・6・19判時2206号83頁　　69
東京高判平25・8・30判時2209号10頁　　306,307,314
大阪高判平25・11・28公刊物未登載　　158
大阪高判平26・6・27法ニュース102号363頁　　429
札幌高判平26・12・18公刊物未登載　　175
名古屋高判平27・2・26裁判所HP　　339

地方裁判所

長野地判昭52・3・30判時849号33頁　　45
東京地判昭53・8・3判時899号48頁　　223
静岡地判昭53・12・19判時934号87頁　　45
山形地鶴岡支判昭56・3・31判時997号18頁　　315
東京地判昭61・4・25判時1224号34頁　　279
長崎地判平元・6・30判時1325号128頁　　175
大阪地判平5・10・6判タ837号58頁　　98,305
大阪地判平6・3・29判時1493号29頁　　232
福岡地判平6・5・27判時1526号121頁　　144,149
東京地決平7・10・30判タ890号38頁　　160
名古屋地判平10・3・26判時1679号62頁　　149
名古屋地判平11・6・30判時1682号106頁　　226
福岡地判平11・12・16判時1717号128頁　　14
東京地決平12・3・29公刊物未登載　　160
福岡地判平12・4・28判タ1028号254頁　　145

福岡地判平13・3・13判タ1129号148頁　　*216*
東京地判平13・6・28判タ1104号221頁　　*30*
札幌地判平13・6・29判タ1121号202頁　　*150,159*
東京地判平13・6・29判タ1139号184頁　　*158*
和歌山地決平14・1・24訟月48巻9号2154頁　　*160*
神戸地姫路支判平14・2・25先物取引裁判例集32巻16頁　　*111*
東京地判平14・3・13判時1792号78頁　　*237*
東京地判平14・8・21公刊物未登載　　*150*
徳島地判平14・10・29裁判所HP　　*226*
東京地判平14・12・13判時1805号14頁　　*224,230*
東京地判平15・1・27判時1837号37頁　　*170*
大分地判平15・2・24民集61巻5号1775頁　　*276*
仙台地判平15・2・25判タ1157号157頁　　*335*
東京地判平15・3・20判時1846号62頁　　*230*
大阪地堺支判平15・6・18労判855号22頁　　*375*
東京地判平15・10・23判時1846号29頁　　*5*
神戸地尼崎支判平15・10・24法ニュース60号58頁　　*10*
名古屋地判平16・4・9判時1869号61頁　　*226*
広島地判平16・7・6判時1868号101頁　　*225*
名古屋地判平17・1・26判時1939号85頁　　*10*
富山地判平17・2・23判時1889号16頁　　*375*
仙台地判平17・4・28法ニュース65号99頁　　*170*
東京地判平17・12・5欠陥判例4集438頁　　*281*
福岡地判平18・2・2判タ1224号255頁　　*11*
東京地判平18・3・24判タ1266号156頁　　*213*
横浜地判平18・4・18判時1937号123頁　　*228*
大津地判平18・6・28公刊物未登載　　*5*
東京地判平18・8・30WLJ　　*11*
大阪地判平18・9・29法ニュース71号178頁　　*170*
京都地判平19・1・24判タ1238号325頁　　*339*
大阪地判平19・6・6判時1974号3頁　　*122*
神戸地洲本支判平19・12・25法ニュース75号227頁　　*14,157*
大阪地判平20・1・30判時2013号94頁　　*43*
大阪地判平20・4・23判時2019号39頁　　*29*
鹿児島地判平20・5・20判時2015号116頁　　*225,231*
東京地判平20・7・16金法1871号51頁　　*114*
東京地判平20・7・29判タ1285号295頁　　*6*
大阪地判平20・8・27法ニュース77号182頁　　*6*
福岡地判平20・9・19法ニュース79号324頁〔速報〕　　*175*
東京地判平20・10・16先物取引裁判例集53巻352頁　　*79*
名古屋地判平21・2・26LLI　　*226*
奈良地決平21・3・5法ニュース79号200頁　　*341*
大阪地判平21・3・24判ニュース81号362頁〔速報〕　　*29*
東京地判平21・4・13法ニュース80号198頁　　*6*
東京地判平21・9・25消費者庁消契法運用状況調査399頁№13　　*14*
東京地判平21・10・1欠陥判例5集244頁　　*281*

489

判例索引

東京地判平21・10・2法ニュース84号211頁　　182
東京地判平21・10・26法ニュース82号179頁　　177
福岡地判平21・12・3法ニュース83号65頁　　293
東京地判平22・4・19判タ1335号189頁　　114
大阪地判平22・5・28判時2089号112頁　　293
東京地判平22・5・28WLJ　　16
大阪地判平22・7・22公刊物未登載　　243
静岡地下田支決平22・8・26金法1913号4頁　　341
大阪地判平23・3・23判タ1351号181頁　　79
札幌地判平23・3・24法ニュース89号178頁　　243
名古屋地判平23・4・27法ニュース88号208頁　　293
東京地判平23・10・27判タ1367号182頁　　157
東京地判平23・11・17判時2150号49頁　　6,25
京都地判平23・12・13判時2140号42頁　　27
札幌地判平24・1・13ふぉあ・すまいる28号21頁　　279
東京地判平24・1・25先物取引裁判例集64巻422頁　　115
東京地判平24・1・30判時2208号46頁　　232
京都地判平24・4・25先物取引裁判例集66巻357頁　　125
横浜地判平24・5・1公刊物未登載　　147
大阪地判平24・5・16金商1401号52頁　　58
静岡地判平24・5・24判時2157号110頁　　291
大阪地判平24・7・27判タ1398号159頁　　58
東京地判平24・9・7判時2171号72頁　　293
東京地判平24・12・21判時2196号32頁　　243
東京地判平25・3・22TKC　　287
京都地判平25・3・27公刊物未登載　　158
旭川地判平26・3・28法ニュース100号367頁　　175
佐賀地判平26・4・25公刊物未登載　　159
東京地判平26・6・19金商1448号56頁　　114
東京地判平26・10・8判時2247号44頁　　287
さいたま地判平26・12・24TKC　　291

|簡易裁判所|

東京簡判平11・3・19判タ1045号169頁　　216
神戸簡判平14・3・12兵庫県弁護士会HP　　8,25
京都簡判平14・10・30法ニュース60号57頁〔速報〕　　8
東京簡判平15・5・14裁判所HP　　16
神戸簡判平16・6・25兵庫県弁護士会HP　　12
大阪簡判平16・10・7兵庫県弁護士会HP　　12
東京簡判平16・11・15裁判所HP　　10
佐世保簡判平17・10・18公刊物未登載　　16
大阪簡判平21・5・22判タ1307号183頁　　293
大阪簡判平21・8・28法ニュース81号223頁　　293

|審　決　等|

公取委審決昭28・3・28審決集4巻119頁　　302
公取委審決昭50・6・13審決集22巻11頁　　305

490

執筆者一覧

◆研究者・消費者団体関係者（五十音順）◆

板谷　伸彦（全国消費者団体連絡会）	坂東　俊矢（京都産業大学教授）
犬伏由利子（消費科学センター）	細川　幸一（日本女子大学教授）
小田　典靖（消費者庁消費者制度課）	松岡萬里野（日本消費者協会）
河村真紀子（主婦連合会）	増田　朋記（内閣府消費者委員会事務局）
角田真理子（明治学院大学准教授）	圓山　茂夫（明治学院大学准教授）
富山　洋子（日本消費者連盟）	椋田芙規子（消費者ネット・しが）

◆弁護士（五十音順）◆

青木　貴央（広島）	上柳　敏郎（第一東京）	川本　真聖（大阪）
青島　明生（富山県）	大神　周一（福岡県）	神崎　哲（京都）
浅岡　美恵（京都）	大迫恵美子（東京）	菅　陽一（愛媛）
足立　珠希（鳥取県）	大田　清則（愛知県）	岸田　和俊（島根県）
荒井　哲朗（東京）	大高　友一（大阪）	北後　政彦（第一東京）
飯田　修（東京）	大西　聡（徳島）	北村　純子（兵庫県）
飯田　直樹（長崎県）	大橋　賢也（横浜）	紀藤　正樹（第二東京）
五十嵐　潤（第二東京）	大濱　巌生（京都）	木下　徹（山梨県）
池本　誠司（埼玉）	大村　真司（広島）	木村　達也（大阪）
伊澤　正之（栃木県）	岡　小夜子（福岡県）	久保内浩嗣（第二東京）
石井　研也（香川県）	岡島　順治（静岡県）	黒木　和彰（福岡県）
石井　宏治（兵庫県）	岡田　崇（大阪）	黒田　一弘（大阪）
石川　真司（愛知県）	荻上　守生（第二東京）	桑原　義浩（福岡県）
石川　直基（大阪）	奥野　弘幸（大阪）	国府　泰道（大阪）
石田　光史（福岡県）	織田　幸二（愛知県）	五條　操（大阪）
石津　剛彦（和歌山）	小野　仁司（横浜）	小林　由紀（札幌）
石戸谷　豊（横浜）	小野　毅（横浜）	齋藤　拓生（仙台）
井田　雅貴（大分県）	小野寺友宏（仙台）	斎藤　英樹（大阪）
伊東　達也（千葉県）	小原　喜雄（東京）	齋藤　雅弘（東京）
伊藤　陽児（愛知県）	片山登志子（大阪）	坂　勇一郎（第二東京）
猪野　亨（札幌）	加藤進一郎（京都）	桜井　健夫（第二東京）
井上　善雄（大阪）	釜井　英法（東京）	佐々木幸孝（東京）
井原　真吾（千葉県）	鎌田　健司（仙台）	佐藤　千弥（東京）
茨木　茂（東京）	釜谷　理恵（第一東京）	佐藤　靖祥（仙台）
今井　孝直（大阪）	神山美智子（東京）	佐藤　由麻（仙台）
上田　敦（京都）	上條　剛（長野県）	澤田　仁史（千葉県）
植田　勝博（大阪）	河合　敏男（第二東京）	塩地　陽介（宮崎県）
上田　憲（大阪）	川井　康雄（第二東京）	島　幸明（第二東京）
上田　孝治（兵庫県）	河端　武史（岡山）	島田　広（福井）
上田　純（大阪）	河原田幸子（大阪）	白石裕美子（第一東京）
上田　申平（第一東京）	川村　哲二（大阪）	白出　博人（大阪）

執筆者一覧

城田　孝子（横浜）	中村　新造（第二東京）	三上　　理（東京）
城野　雄博（愛知県）	中村　雅人（東京）	三木　俊博（大阪）
末吉　宜子（東京）	中村　忠史（東京）	御子柴　慎（岐阜県）
菅　聡一郎（大阪）	中村　昌典（東京）	水谷大太郎（愛知県）
杉浦　英樹（愛知県）	新里　宏二（仙台）	道尻　　豊（札幌）
鋤柄　　司（愛知県）	西野　大輔（秋田）	満尾　直樹（埼玉）
鈴木　　覚（仙台）	西本　　暁（横浜）	薬袋　真司（大阪）
鈴木　裕美（仙台）	二之宮義人（京都）	宮城　　朗（東京）
鈴木　尉久（兵庫県）	野島　佳枝（奈良）	宮田　隆男（横浜）
鈴木　嘉夫（大阪）	野々山　宏（京都）	村　千鶴子（東京）
瀬戸　和宏（東京）	拝師　徳彦（千葉県）	村井　　潤（大阪）
高木　篤夫（東京）	橋爪健一郎（富山県）	村上　　晃（長野県）
高橋　敏信（大阪）	花田　勝彦（青森県）	村本　武志（大阪）
武井　共夫（横浜）	羽山　茂樹（福井）	元松　　茂（愛知県）
武田　香織（東京）	林　　尚美（大阪）	森　　哲也（第一東京）
田島　啓己（沖縄）	樋口　和彦（群馬）	森竹　和政（兵庫県）
辰巳　裕規（兵庫県）	日髙　清司（大阪）	安田　周平（鹿児島県）
田中　　厚（大阪）	平泉　憲一（大阪）	山口　　廣（第二東京）
谷合　周三（東京）	平尾　嘉晃（京都）	山口　貴士（東京）
谷山　智光（京都）	平澤　慎一（東京）	山﨑　省吾（兵庫県）
壇　　俊光（大阪）	平田　元秀（兵庫県）	山﨑　敏彦（大阪）
千葉　晃平（仙台）	弘中　絵里（第二東京）	山本　健司（大阪）
茆原　洋子（横浜）	藤崎　千依（大分県）	山本　雄大（大阪）
千綿俊一郎（福岡県）	船江　莉佳（第二東京）	由良　登信（和歌山）
塚田　裕二（第一東京）	舟木　　諒（群馬）	吉岡　和弘（仙台）
靏岡　寿治（静岡県）	風呂橋　誠（広島）	吉岡　康博（大阪）
出口　裕理（山口県）	洞澤　美佳（第二東京）	吉田すみ江（三重）
土井　裕明（滋賀）	本間　紀子（東京）	吉田　哲也（兵庫県）
富本　和路（兵庫県）	前川　直善（金沢）	吉野　　晶（群馬）
中嶋　慎治（長野県）	牧野　一樹（愛知県）	吉野建三郎（佐賀県）
中嶋　　弘（大阪）	増田　　尚（大阪）	吉見　仁宏（熊本県）
中城　剛志（第二東京）	松井　良太（大阪）	吉村健一郎（第一東京）
中藤　　寛（福岡県）	松尾　善紀（大阪）	若狭　美道（埼玉）
長野　浩三（京都）	松苗　弘幸（埼玉）	和田　聖仁（東京）
中西　法貴（高知）	松本　圭司（福岡県）	渡邊　　大（福島県）
中野　和子（第二東京）	丸谷　　誠（釧路）	
中野　和信（福岡県）	三浦　直樹（大阪）	

──────◆『キーワード式消費者法事典』改訂編集実行委員会（五十音順）◆──────

池本　誠司（埼玉）	野々山　宏（京都）	洞澤　美佳（第二東京）
国府　泰道（大阪）	拝師　徳彦（千葉県）	山本　雄大（大阪）

第2版あとがき

　日本弁護士連合会消費者問題対策委員会（以下、「当委員会」といいます）が発足して30年が経過しました。当委員会の活動は幅広いものになり、被害救済はもとより、消費者法制や消費者行政に対しても活発な活動を展開するようになって、毎年大きな成果を上げています。30周年の記念事業の一つとして、20周年の際に刊行した『キーワード式消費者法事典』を第2版として大幅に改訂し、発行しました。

　『キーワード式消費者法事典』は、消費者問題に取り組む、またはこれから取り組もうとする弁護士・司法書士・消費生活相談員・法科大学院生や、消費者問題に関心をもつ市民の皆さんに消費者問題の情報源を提供することを目的として発行されました。今回の改訂作業で改めてキーワードを点検してみると、この10年で消費者を取り巻く状況が大きく変わってきたことを感じます。情報化社会・高齢化社会の進展による新しい諸問題が多く生じ、対処を求められています。また、消費者法制や消費者行政に大きな転換が起こっています。そして何より、消費者教育推進法によって、自覚し積極的に行動する「消費者市民」を多く育てて、多くの消費者市民によって構成される「消費者市民社会」を築いていく方向性が示されたことは重要です。

　当委員会は、これらの日々変化している消費者をめぐる諸問題のほとんどに、中心的に関与してきました。『キーワード式消費者法事典〔第2版〕』は、消費者問題の多様な分野で取り組んできた当委員会の委員・幹事を中心に執筆し、当委員会の取組みを踏まえた内容となっています。本書では、消費者問題を15分野に分けて、最新の視点で合計370項目のキーワードをピックアップし、各項目のエキスパートである214名の弁護士、研究者などが、それぞれ執筆しています。消費者問題を知り、学び、考え、消費者市民として行動するための有益な情報源として多くの皆さんにご活用いただくことを願っています。

第2版あとがき

　執筆は弁護士だけでなく、研究者や消費者団体の皆さんにもご協力いただきました。お忙しい中ご執筆いただいた、坂東俊矢氏（京都産業大学教授）、細川幸一氏（日本女子大学教授）、角田真理子氏（明治学院大学准教授）、圓山茂夫氏（明治学院大学准教授）、河村真紀子氏（主婦連合会）、板谷伸彦氏（全国消費者団体連絡会）、長見萬里野氏（日本消費者協会）、犬伏由利子氏（消費科学センター）、富山洋子氏（日本消費者連盟）、椋田芙規子氏（消費者ネット・しが）には、この場を借りて感謝申し上げます。

　本書は、当委員会内に、6名の委員で構成された「『キーワード式消費者法事典』改訂編集実行委員会」を設置して、洞澤美佳事務局長が中心となって改訂作業を行いました。

　また、なかなか原稿の集まらないなか、予定通り30周年に間に合う時期に発行できたのは、㈱民事法研究会の鈴木真介氏、大槻剛裕氏をはじめとした皆さんのおかげであり、御礼申し上げます。

　この『キーワード式消費者法事典〔第2版〕』が広く皆さんの手に届き、消費者市民社会の実現の一助となることを祈念しています。

2015年6月

　　　　　　　　　　日本弁護士連合会消費者問題対策委員会

　　　　　　　　　　　　　　　　　委員長　野々山　宏

　　　　　　『キーワード式消費者法事典』改訂編集実行委員会

　　　　　　　　　　　　　　　　　委員長　池本　誠司

あとがき（初版）

　当委員会の20周年記念事業を企画するにあたり、シンポジウム「消費者のための法律を作ろう」を開催して当委員会の消費者立法運動の到達点を明らかにするとともに、『キーワード式消費者法事典』を刊行して、消費者問題に取り組むまたはこれから取り組もうとする弁護士・司法書士・消費生活相談員・法科大学院生等に向けて情報源を提供しようということになりました。

　消費者問題を15分野に分けて合計364項目のキーワードをピックアップし、当委員会で各分野に取り組んできた委員・幹事を中心に149名の弁護士がその執筆を担当しました。これだけ多数の原稿を短期間に分担執筆できたのは、消費者問題に取り組む専門化がさらに増えてほしいと願う委員・幹事等の熱意の賜であり、各分野のエキスパートによる解説として、消費者問題を学ぶ多くの方々の有益な情報源として活用していただくことを願います。

　また、弁護士が取り組む消費者問題の分野は、契約・取引関連の項目が中心となるため、消費者運動の分野については、資料の収集および執筆につき学者のご協力をお願いしました。ご協力・ご執筆いただいた坂東俊矢氏（京都産業大学教授）、細川幸一氏（日本女子大学助教授）、角田真理子氏（明治学院大学助教授）、ご執筆および膨大な年表の作成のとりまとめを行っていただいた圓山茂夫氏（兵庫県立神戸生活創造センター）には、この場を借りて感謝申し上げます。

　さらに、消費者団体の活動については、当該団体の方に原稿をお願いしたものがあります。ご執筆をお引き受けいただいた犬伏由利子氏（消費科学連合会）、木本希氏（日本消費者協会）、佐野真理子氏（主婦連合会）、富山洋子氏（日本消費者連盟）、山崎若水氏（全国消費者団体連絡会）にも、感謝申し上げます。

　最後に、予定どおりの時期の発行に漕ぎ着けることができたのは、㈱民事法研究会の代表取締役田口信義氏、田中敦司氏、鈴木真介氏をはじめとした

あとがき（初版）

皆様のお陰であることを記して御礼申し上げます。

　2006年1月

　　　　　　　　　日本弁護士連合会消費者問題対策委員会20周年記念事業実行委員会

　　　　　　　　　　　　　　　　　　　実行委員長　三木　俊博
　　　　　　　　　　　　　　　　　　　事務局長　　池本　誠司

〔編者所在地〕
〒100-0013　東京都千代田区霞が関1-1-3　弁護士会館
日本弁護士連合会
TEL 03-3580-9841　FAX 03-3580-2866
http://www.nichibenren.or.jp/

キーワード式 消費者法事典〔第2版〕

平成27年6月28日　第1刷発行

定価　本体4,200円＋税

編　　者　日本弁護士連合会消費者問題対策委員会
発　　行　株式会社　民事法研究会
印　　刷　藤原印刷株式会社

発 行 所　株式会社　民事法研究会
　　〒150-0013　東京都渋谷区恵比寿3-7-16
　　　［営業］TEL 03(5798)7257　FAX 03(5798)7258
　　　［編集］TEL 03(5798)7277　FAX 03(5798)7278
　　　http://www.minjiho.com/　info@minjiho.com

落丁・乱丁はおとりかえいたします。ISBN 978-4-86556-026-8 C2032　￥4200E
カバーデザイン　袴田峯男

信頼と実績の消費者問題関連図書

▶2014年改正まで織り込んだ最新版！
▶消費者法に関連する重要法令はもちろん、政令・省令・通達・ガイドラインを掲載し、さらに、被害救済に役立つ判例・約款などを網羅的に収録！

消費者六法
〔2015年版〕 毎年3月発刊！
——判例・約款付——

編集代表　甲斐道太郎・松本 恒雄・木村 達也
（Ａ５判箱入り並製・1534頁・定価　本体5000円＋税）

推薦
（公社）日本消費生活アドバイザー・コンサルタント・相談員協会
（公社）全国消費生活相談員協会

《法令編》
1　消費者法(137件)
　（1）一般法(20件)
　（2）物品・サービス関係法(18件)
　（3）貸金業関係法(7件)
　（4）生活困窮者支援関係法（5件）
　（5）金融サービス関係法(12件)
　（6）居住・不動産関係法(13件)
　（7）医療関係法(7件)
　（8）ＩＴ・情報関係法（9件）
　（9）安全関係法(10件)
　（10）表示関係法(15件)
　（11）国際関係法（3件）
2　民事法（9件）
3　刑事法（9件）

《判例編》
《約款・約定書・自主規制編》（9件収録）
《付録》
　現行法におけるクーリング・オフ等一覧
　時効期間等の期間一覧　など

▶今、問題になっている消費者問題のテーマを、第一線で活躍する研究者・実務家が分析！
最先端の理論・実務を収録する、消費者問題にかかわるすべての方必読の専門情報誌！

現代　消費者法

Ｂ５判・100～160頁内外・定価　本体1857～2300円＋税
年間購読料　本体7238円＋税（送料込）
（季刊　3月・6月・9月・12月刊）

《各号特集》
No.1　動き出した消費者団体訴訟　ほか
No.2　改正特商法・割販法
No.3　若者と消費者法
No.4　民法改正と消費者法　ほか
No.5　消費者庁設置と地方消費者行政の充実
No.6　広告と消費者法
No.7　多重債務と貸金業法
No.8　集団的消費者被害の救済制度の構築へ向けて
No.9　不招請勧誘規制
No.10　貧困ビジネス被害
No.11　事業者破綻と消費者法
No.12　集団的消費者利益の実現と実体法の役割
No.13　検証　消費者庁・消費者委員会
No.14　消費者契約法の実務と展望
No.15　高齢者と消費者法
No.16　消費者撤回権をめぐる法と政策
No.17　中小事業者の保護と消費者法
No.18　電気通信サービスをめぐる諸問題
No.19　保証被害の救済に向けて
No.20　消費者契約法改正への論点整理
No.21　食品表示と消費者法
No.22　詐欺的悪質商法業者の探知と被害回復
No.23　集団的消費者被害救済制度　ほか
No.24　制定20周年を迎える製造物責任法の現状と課題
No.25　スマートフォンをめぐる諸問題
No.26　医療と消費者
No.27　特定商取引法の見直しへ向けて

発行　民事法研究会

〒150-0013　東京都渋谷区恵比寿3-7-16
（営業）TEL 03-5798-7257　FAX 03-5798-7258
http://www.minjiho.com/　info@minjiho.com